Die

Geschichte des Selfgovernment

in

England

oder

die innere Entwicklung der Parlamentsverfassung
bis zum Ende des achtzehnten Jahrhunderts

von

Dr. Rudolf Gneist.

Ergänzungsband zur 1. Auflage des II. Haupttheils des Englischen Verfassungs- und Verwaltungsrechts (Darstellung der heutigen Kreis- und Gemeindeverfassung).

Springer-Verlag Berlin Heidelberg GmbH 1863

ISBN 978-3-662-36100-9 ISBN 978-3-662-36930-2 (eBook)
DOI 10.1007/978-3-662-36930-2
Softcover reprint of the hardcover 1st edition 1863

Die Darstellung des heutigen englischen Selfgovernment erschien als zweiter Haupttheil meines Engl. Verfassungs- und Verwaltungsrechts im Herbst 1859 eiliger als ursprünglich beabsichtigt war.

Es kam mir darauf an, in einem Wendepunkt unseres Staatslebens aus dem innern Bau der Parlamentsverfassung darzuthun was im ersten Theil aus der äußeren Zusammensetzung nachgewiesen war: daß nämlich die Form der Leitung der höchsten Staatsgeschäfte in Preußen, insbesondere der Ministerrath, der ersten Grundlage entbehre, auf welcher ein constitutioneller Staat ruht, — ich meine die feste Unterscheidung zwischen Recht und Unrecht, — daß eine so gestaltete Regierung nothwendig in die Weise einer Cabinetsregierung zurückgleiten und in innere Conflicte gerathen müsse.

Es kam ferner darauf an, aus den Grundsätzen des Selfgovernment nachzuweisen, daß es sich in einer deutschen Kreis- und Gemeindeverfassung, außer der selbstverständlichen Beseitigung des Feudalismus, nicht um ein inhaltloses Schema, sondern um die Unterlagen und Lebensbedingungen der ganzen Verfassung handle; daß Gemeindeordnungen ohne solide Grundlage sich durch die Erfolge des letzten Menschenalters in England und Frankreich als unheilbringend für das Bestehen einer constitutionellen Verfassung erwiesen haben.

Es schien mir recht, jene Schrift lieber in sehr unvollkommener Gestalt, aber in einer Zeit zu veröffentlichen, in welcher sie, im Beginn einer Staatsregierung mit rechtschaffenen und wohlwollenden Intentionen, einigen Nutzen für unsere Verhältnisse hätte haben können. Ich glaube auch, daß die Schrift ihre wohlwollende Aufnahme hauptsächlich dem Anerkenntniß verdankt, daß in diesen Dingen ein Bekanntwerden der wirklichen Verhältnisse wichtiger ist als die Form der Darstellung.

Inzwischen habe ich die Zeit gefunden, gleichzeitig mit der zweiten Auflage dieses II. Theils den damals fehlenden geschichtlichen Theil nachzuholen, welchen ich für die Besitzer der ersten Auflage als Ergänzungsband drucken lasse.

Eine Geschichte des englischen Selfgovernment ist noch nicht geschrieben worden, weil den Engländern das Gefühl eines Bedürfnisses dafür fehlt. Ihr Gemeindeleben ist seit Jahrhunderten so fest geregelt und fest gewurzelt, daß es in täglicher Uebung als selbstverständlich erscheint. Ihre Darstellungen haben sich daher aufgelöst in Einzelschriften zum Handgebrauch der Gemeinde-Beamten und in Handbücher, welche alphabetisch in herkömmlichen Rubriken das Nöthige so geben, wie man sich in der Praxis leicht orientirt. Das Geschichtliche beschränkt sich auf kurze Einleitungen, welche der Darsteller von seinem Vorgänger wörtlich zu übernehmen pflegt, und die nur so weit in das Mittelalter zurückreichen, wie für das Verständniß unumgänglich nöthig. Man fühlt das Bedürfniß einer zusammenhängenden Kenntniß des Mittelalters da am wenigsten, wo sich die Grundgedanken des Mittelalters in ihrem gesunden Kern fortgepflanzt haben.

Anders ist das Bedürfniß des Continents. Während man unablässig bemüht war, das Vorbild der englischen Freiheit nachzuahmen, fanden sich Anknüpfungspunkte und Uebertragungen in sehr verführerischer Weise. Die Elemente von Staat und Gesellschaft sind in der mitteleuropäischen Staatengruppe wirklich so gleichartig, daß in den Endpunkten der Entwicklung gleichartige Formen und Maximen anwendbar scheinen. Den warmen geistvollen Darstellungen eines Montesquieu und Delolme war im neunzehnten Jahrhundert gefolgt eine gemeinverständliche, sogar praktisch durchgeführte Zurechtlegung der parlamentarischen Regierungsweise, besonders durch französische Politiker. Analoge Grundsätze mit einigen Ermäßigungen sind dann in Deutschland mit der gewohnten Folgerichtigkeit des Denkens zu einer ziemlich festen Dogmatik geworden, vertreten durch Männer, deren Persönlichkeit keinen Zweifel läßt über ihre wahrhaftige Ueberzeugung, daß mit diesen Formen und Maximen die persönliche und politische Freiheit im Wesentlichen begründet sei. Ich spreche nicht von absichtlichen Verzerrungen des parlamentarischen Staatsrechts, wie sie in feudalistischen Ideologen und anderen socialen Extremen ein ephemeres Dasein haben: sondern von dem sittlich gesunden Kern constitutioneller Parteien, die mit fest formulirten, auch in Verfassungs-Urkunden ausgesprochenen Sätzen, das Wesentliche und unmittelbar Lebensfähige in der Hand zu haben glauben. Die Selbsttäuschung, welche dabei unterläuft, beruht darauf, daß die Zwischenglieder, in welchen sich Verfassung und Verwaltung an einander ketten, nicht klar gelegt sind, und daß deshalb die Bewegung, welche durch die äußere Anfügung von Parlamentskörpern an den geschlossenen Beamtenstaat entsteht, nicht hinreichend gewürdigt und nicht richtig berechnet wird. Dies innere Gefüge der Parlamentsverfassung ist deshalb schwer zu erkennen, weil die einzelen Elemente von Staat und Gesellschaft sowohl in England, wie in Frankreich, wie in Deutschland verschieden combinirt liegen. Keine Institution und keine Regierungsmaxime ist deshalb unmittelbar übertragbar. Freilich handelt es sich um staatsrechtliche Grundsätze, welche eine allgemeine Wahrheit haben, die aber bei uns niemals in denselben Formen zur Geltung kommen können. Um jenes innere Gefüge und die daraus anwendbaren Grundsätze zu finden, habe ich einen analogen Weg versucht wie denjenigen, auf welchem die englischen Institutionen entstanden sind, den Weg des lebendigen Verkehrs mit Menschen und Verhältnissen: ich habe eine vieljährige Bekanntschaft mit Land und Leuten und innerer Verwaltung in England, Frankreich und Deutschland verbunden mit einer zwanzigjährigen Selbstthätigkeit im Staatsdienst und Communalwesen, in großen und in kleinen Kreisen, bis zu dem gering geachteten Büreaudienst herab, ohne welchen ich die Mysterien englischer Reichskanzlei und Friedensrichter-Verwaltung niemals verstanden haben würde. Nur dadurch bin ich zu Ansichten im Einzelen und Ganzen gekommen, welche nicht überall conform demjenigen sind, was auf anderen Wegen festgestellt ist, und was ich selbst früher für richtig gehalten habe. Auf welcher Seite die Wahrheit liegt, wird in wenigen Jahrzehnten entschieden sein.

Die Geschichte des englischen Staatswesens ist allerdings von bedeutenden Männern und glänzenden Darstellern fast aller europäischen Nationen mit sehr viel mehr Gelehrsamkeit, Geist und Scharfsinn bearbeitet worden als in dieser gedrängten Geschichte des innern Staatslebens. Mir haben an Quellen nur zu Gebote gestanden einige Tausend längst gedruckte Urkunden des Mittelalters, die wichtigeren Veröffentlichungen der Record Commission, die englische Gesetzsammlung und ein Theil der Parlamentspapiere. Im Uebrigen habe ich aus zweiter, aber zuverlässiger, Hand schöpfen müssen, und nicht viel mehr vor Augen gehabt als die Litteratur, welche in dem bescheidenen Umfang angegeben ist, wie sie in deutschen Bibliotheken zugänglich. Das Neue aber, welches dieser geschichtliche Theil bringt, ist die Herstellung der innern Verbindung zwischen den äußerlich an einander gereihten Gliedern des parlamentarischen Staats. Es ist das in der Mitte liegende zwischen bekannten Gebieten. Das eine ist die englische Rechtsgeschichte, unter welcher man auch in England gewöhnlich nur eine Aneinanderreihung der Institute und Gesetze des Privatrechts versteht. Das andere ist die äußere Verfassungsgeschichte Englands, so wie sie in zahlreichen, glänzenden Darstellungen ein Gemeingut der politisch gebildeten Welt geworden ist. Das Fehlende aber, was zwischen beiden in der Mitte liegt, — die festen Institutionen, welche Staat und Gesellschaft mit einander verknüpfen: das grade ergiebt das öffentliche Recht in seinem Werden, in dem pragmatischen Zusammenhang eines unablässigen Schaffens bis zum heutigen Augenblick. Diesen Bildungsprozeß halte ich für das eigentlich Entscheidende, auch für andere Völker Lehrreiche. Ich darf deshalb zuerst auf das Inhaltsverzeichniß verweisen, welches einen Ueberblick giebt. Für die Hauptpunkte bedarf es sodann neben dem Text noch eines größeren Details, welches ich statt einer ermüdenden Masse bloßer Citate in Gestalt von Exkursen gegeben habe. In derselben Weise reihen sich die Anknüpfungen des Communallebens an die höher liegenden Verhältnisse an. Die Sprödigkeit und die Ueberfülle des Stoffs haben auch Hallam zu einer ähnlichen Behandlung genöthigt. Ueber diese annähernd hundert Spezialausführungen ist noch eine besondere Uebersicht gegeben. Sie enthalten gar manchen Gegenstand von größerer Bedeutung für die jüngeren Kräfte unserer deutschen Wissenschaft als unsere zahllosen Abhandlungen über die kleinsten Verhältnisse des Privatrechts in ihrer Ueberfülle.

Ich selbst bin tief durchdrungen von dem Bewußtsein der zahllosen Mängel dieser nach ihren Unterlagen so schwierigen Arbeit. Auch abgesehen von den absichtlich kurz gehaltenen Verhältnissen der angelsächsischen Zeit und von dem Privatrechtlichen überhaupt, wird es noch zahlloser Ergänzungen und Berichtigungen bedürfen, bevor die Höhe eines der deutschen Wissenschaft würdigen Werks erreicht ist. Ich hoffe aber, daß die betretene Bahn Nachfolge finden wird, daß in wenigen Jahrzehnten die unerschöpfliche Kraft des deutschen Geistes sich diesem öffentlichen Recht mit ebenso großem Erfolge zuwenden wird, wie fast allen Gebieten menschlichen Wissens. Wenn auch die großen starken Grundstriche der Rechtsbildung, die schon in dieser unvollkommenen Darstellung hervortreten, sich wenig ändern dürften, so bedarf es doch frischerer, vielseitigerer Kräfte zur correcten Durchführung und zu einer geschmackvollen, gemeinfaßlichen Darstellung. Ich darf dabei wenigstens das Verdienst geltend machen, daß kein späterer Darsteller das hier Gegebene übertreffen wird in dem Streben nach Wahrheit. Nur demjenigen, der die Wahrheit als Selbstzweck sucht, wird sich das einfache Sittengesetz offenbaren, welches in der tausendjährigen Geschichte dieses großen Volks waltet.

Berlin, 31. December 1862.

Der Verfasser.

Inhalts-Verzeichniß.

Erste Periode.

Die angelsächsischen Grundlagen.

Zweite Periode.

Die normannische Zeit (a. 1066—1272).

Dritte Periode.

Die reichsständische Zeit (a. 1272 — 1485).

Vierte und fünfte Periode.

Das Zeitalter der Reformation und Revolution (a. 1485 - 1688)

Sechste Periode.

Das achtzehnte Jahrhundert.

Uebersicht der Spezialexkurse.

I. Angelsächsische Periode.

II. Normannische Periode.

III. Die reichsständische Periode.

Der

geschichtliche Entwickelungsgang

des

englischen selfgovernment.

Erste Periode.

Die angelsächsischen Grundlagen.

Egbert 800—836.	Aethelred II. 978—1016.
Aelfred 871—901.	Cnut 1016—1035.
Edward d. Aelt. 901—924.	Edward d. Bek. 1042—1066.
Aethelstan 924—941.	Harold II. 1066.

A. Die Grundlagen des englischen Staatswesens sind in den ersten sechs Jahrhunderten des Mittelalters im Wesentlichen rein germanisch. Die Gemeinde-Institutionen Englands haben also dieselben Wurzeln wie in den großen Kulturländern des Continents, welche durch die germanische Nationalität gebildet oder umgebildet worden sind. Es fehlt in England alles das, was auf dem Continent aus der Vermischung mit einer zahlreichen, durch romanische Kultur gleichmäßig gebildeten Provinzialbevölkerung hervorging. Dagegen haben die Besitzverhältnisse schon in den ersten Jahrhunderten dem angelsächsischen Gemeinwesen ein eigenthümliches Gepräge gegeben. Die Eroberung der britischen Insel durch Sachsen, Angeln und Jüten seit der Mitte des fünften Jahrhunderts hat den Charakter einer allmälig, aber stetig fortschreitenden Occupation. Germanische Militair-Colonien und Ansiedelungen waren schon zur römischen Zeit vorhanden gewesen. Nach Zurückziehung der römischen Legionen aber beginnt ein langsamer Kampf, in welchem sächsische Heerhaufen anfänglich als Bundesgenossen, dann als Eroberer, die uneinigen, theils verweichlichten, theils verwilderten Kelten zurückdrängen — ein Kampf, in welchem die städtischen Ansiedelungen in Masse untergehen, die römischen Kulturelemente verschwinden, die britische Bevölkerung theils in die Berge verdrängt, theils in den Zustand der Leibeigenschaft oder einer verarmten Bauerschaft herabgesetzt wird.

Schon diese Weise der Eroberung durch Schwärme von landlosen Leuten unter kriegserfahrenen Führern, so wie die späteren Kämpfe unter den neu begründeten kleinen Reichen, haben den alten Geschlechtsverband der Heimath frühzeitig zersetzt. Allerdings enthalten Fehde und Blutrache — die zähsten Theile jeder alten Verfassung — noch Grundsätze, die einer ältern Gentilenverfassung angehören. Die Haftbarkeit für Verbrechen erscheint in der beglaubigten Zeit als Gemisch einer Verhaftung der gens, Clanschaft, Maegth einerseits, — des territorialen Distrikts andererseits, — jenes die verschwindende, dieses die aufsteigende, eigentlich praktische Gestaltung. Das englische Staatswesen in seiner Fortbildung beruht auf jener eben so wenig, wie auf einer fest ausgeprägten Markenverfassung, die viel ruhigere und stetigere Zustände voraussetzt, und auf welche in ihrer Anwendung für England eine anscheinend unfruchtbare Gelehrsamkeit verwendet ist (Kemble, Cap. II.). Vielmehr zeigt England schon frühzeitig ein aus dem Heerführerthum erwachsenes Königthum und unter dessen Einfluß eine positive Gestaltung des Heer- und Gerichtswesens, in unzweifelhaftem Zusammenhang mit den Besitzverhältnissen.

Nach der Occupation des Landes hat eine Besitzvertheilung stattgefunden, zwar nicht (wie auf dem Continent) zwischen Siegern und Besiegten, wohl aber unter den Siegern selbst. Ist dabei kein gleichmäßiger Plan sichtbar, so ergab sich doch ein gewisser Maßstab aus der durchschnittlichen Ertragsfähigkeit des englischen Bodens und aus dem Bedürfniß einer Familie auf damaliger Kulturstufe. Dies geringste Maß der Landansiedelung ist ein Pflug Landes, hîda, familia, mansus. Nach einer neuen, eben so gründlichen wie scharfsinnigen Untersuchung ist diese Hufe zu gewöhnlich 33 sächsischen acres gleich 40 normännischen acres als Normale gedacht, wozu noch Weide und Holznutzung tritt, als genügende Grundlage eines bäuerlichen Hausstandes. Das so besessene Erb und Eigen wird wohl, sofern es der alte Stammsitz einer Familie ist, gelegentlich als Ethel bezeichnet. Ein Substantivum hat aber die alte Sprache für das echte Eigen eben so wenig gebildet, wie bei den alten Römern. Erst seit den Zeiten König Aelfreds erscheint (vielleicht im Zusammenhange mit einem damals errichteten Reichsgrundbuche) der Name Bôcland (terra libera, hereditaria) als legale Bezeichnung des Allod, dessen feste Ausbildung in Wechselwirkung mit der Zersetzung der Geschlechtsverfassung steht. Das nicht übereignete Land bleibt im Gesammteigenthum der erobernden Genossenschaft, als Folkland, ager publicus, der in der historischen Zeit regelmäßiger Gegenstand der Verleihung durch die

Häuptlinge oder Könige wird, und mit Volkszustimmung auch in echtes Eigenthum verwandelt werden kann. Seit Anfang des zehnten Jahrhunderts erscheinen die Ausdrücke bôcland und folkland als erschöpfender Gegensatz. In den ersten Ansiedelungen, wie in dem kleinen Königreich Kent, wo die Ansiedler auf kultivirten Boden sich eng zusammendrängten, scheint die Einzel-hîda ein ziemlich gleichmäßiger Maßstab für Erb und Eigen gewesen zu sein. Die weiter fortschreitenden Occupationen aber fanden im Mittelland und im Norden einen reichlicheren Spielraum, und hier erhielt der vollberechtigte bewaffnete Mann wohl von Anfang an größere Besitzungen, so wie sie sich durch Austheilung vorgefundener britischer Höfe bequem gestalteten. Dem Heerführer fielen, wie überall, größere Complexe zu, den selbständigen Familienhäuptern reichlichere Besitzungen. Die Einzelhufe war hier vielleicht von Anfang an mehr die Aushülfe für jüngere Söhne und dienende freie Leute, die aus der Heimath als solche herübergezogen waren. Ueberall aber ist die frühzeitige und sehr entschiedene Ausbildung des Privateigenthums charakteristisch für die Angelsachsen, so wie die freie Uebertragbarkeit des Eigenthums durch Urkunden und Testamente.

Die Verfassung beruht, wie bei allen Germanen, zunächst auf dem Unterschied der Freien und Unfreien. Die Klasse der leibeigenen Unfreien (theows) hat sich gebildet durch die Eroberung und durch die späteren Grenzkriege; zum kleinen Theil wohl durch Privatkriege, durch Ergebung (besonders in Hungerjahren), durch Verkauf der Kinder, durch Schuldknechtschaft. Der Unfreie gilt rechtlich als Sache, ist veräußerlich gleich den Hausthieren, an die Scholle gebunden mit ungemessenen Diensten, so weit er mit einem Stück Land angesiedelt ist. Doch wird seine Rechtlosigkeit gemildert durch die Sitte und durch den Einfluß der Kirche. Die Anzahl der Unfreien erscheint nicht übergroß, die Freilassung verhältnißmäßig erleichtert.

Recht und Verfassung sind aber nur vorhanden für die Gemeinfreien, freols, freomen, ceorls, welche die ganze Masse der Freigeborenen und Freigelassenen umfaßt, ohne Unterschied des Besitzes. Unter diesen Freien erscheinen jedoch von Anfang an bedeutende Zurücksetzungen:

1) Durch Nationalität: der britische Wäle, auch wo er frei geblieben, wird nur zu einem durchschnittlich halben Wehrgelde veranschlagt, und hat keinen Antheil am Gemeinderecht, außer in einigen Grenzstrichen. Aehnlich ist die Stellung der laetas in Kent.

2) Zurücksetzung durch Geburt für Freigelassene. Der Makel ihrer Geburt bedingt eine Zurücksetzung im Wehrgeld, der Mangel eines eigenen Geschlechtsanhangs ihre Abhängigkeit von einem Schutzherrn; aus beiden Gründen ergiebt sich auch ihre regelmäßige Ausschließung von Ehrenrechten.

3) Eine Abhängigkeit durch Landleihe und Dienst ergab sich von Anfang an für solche Freie, welche bei der Landtheilung kein Grundeigenthum erhalten oder bei späteren Vererbungen eigenthumslos ausgegangen waren. Es blieb ihnen nur übrig, entweder zu persönlichem Dienst in den Hausstand eines Grundbesitzers zu treten, oder als angesiedelte Leute ein Stück Land gegen Dienste und Abgaben von einem Besitzenden zu leihen. Thatsächlich sind diese Abhängigkeitsverhältnisse dauernd. Die gemeinsamen Namen dafür, folgan, folgarii, hlafaeta, umfassen ohne klare Scheidung sowohl die Angesiedelten auf geliehenem Lande, wie das persönliche Hausdienerthum. Das dadurch begründete Gesindeverhältniß (gesith) erscheint Anfangs gleichartig vom Königshof bis zum Bauerhof herab.

In dem weiteren Verlauf tritt indessen eine sehr merkbare Verschiedenheit ein, zunächst in der Sache, allmälig auch in den Namen.

Der Eintritt in den persönlichen Dienstverband gewinnt allmälig eine sehr verschiedene Bedeutung mit dem Zurückziehen der höheren Klassen vom Ackerbau, — insbesondere am Hofe des Königs. Die Ehre dieser Stellung, ihre Verbindung mit Geschäften des Heer- und Gerichtswesens, giebt den Gefolgen des Königs eine so hervorragende Stellung, daß diese Gefolgschaft nicht nur von den jüngeren Söhnen der größten Besitzer, sondern auch von freien Grundbesitzern eifrig gesucht wird. Trotz des gleichen Namens scheidet sich dieser Theil der Gesithmänner allmälig ab, nicht sowohl als ein abhängiger, sondern als ein besonders geehrter Stand (die späteren Thane).

Andererseits bringt die Abhängigkeit durch Ansiedelung auf geliehenem Lande meistens eine niedrere Stellung mit sich als diejenige, welche das Wort ausdrückt. Die so Angesiedelten sind der Mehrzahl nach kleine Colonen, untermischt mit angesiedelten leibeigenen Knechten. Wenn auch mitunter der freie Grundbesitzer laenland annahm (unbeschadet seiner Freiheit und Ehre), so erscheint doch im Ganzen die Masse der so Angesiedelten als eine sehr abhängige, schwer belastete, halb unfreie Bauerschaft. Die Urkunden dieser Zeit ergeben die äußerst mannigfaltige Weise der Verleihungen des Laenlands, auf Ruf und Widerruf, auf Zeit, auf Lebenszeit, auf zwei oder drei Leiber; Klauseln wie den Vorbehalt des Rückfalls an den Grundherrn wegen Verbrechens (Codex No. 328); Vorbehalt zahlreicher Abgaben (gafol), in Naturalien und Geld, in Feld- und Ackerdiensten, gemessenen und ungemessenen. Sowohl die Zahl wie die geschäftliche Fassung der Urkunden ergiebt, daß der Grundbesitz wie die landlosen Klassen durch beiderseitiges Interesse auf ein System der Landleihe im weitesten Sinne angewiesen waren, aus dem sich ein Herrschafts- und Abhängigkeitsverhältniß in größtem Maßstabe über das Land verbreiten, die abhängigen Schichten der Bevölkerung sich stetig vermehren mußten. Der große Grundbesitz, persönlich außer Stande große und zerstreute Besitzungen selbst zu bewirthschaften, verwerthete sich durch solche Ansiedelungen am leichtesten, und beschaffte sich die Naturalleistungen und Dienste, deren ein großer Hausstand für das Privatleben und für seine Leistungen im Heerbann bedurfte. Die massenhafte und systematische Belastung des Laenlandes mit unzählbaren Leistungen deutet darauf, daß dies die normale Wirthschaftsweise für den großen Besitz geworden war. Die so begründeten Abhängigkeiten wurden thatsächlich erbliche, da des Landlosen Kinder noch schwerer Grundbesitz finden, als ihr Vater. In Kriegszeiten vermehrt sich die Klasse durch den Ruin der kleinen Wirthschaften, in Friedenszeiten durch die Vermehrung der landlosen Familienmitglieder. Die günstigen Bedingungen eines neuen Erwerbs durch Eroberung und Beute kamen wieder nur den besitzenden Klassen zu gut. Und da Handel und Gewerbe nur an wenigen Punkten des Landes einen selbständigen, vom Grundbesitz unabhängigen Erwerb begründen konnten, so erscheint die gesellschaftliche Bildung der angelsächsischen Zeit im Ganzen unbeweglich, nur fortschreitend in der Vermehrung der abhängigen Klassen. Das namenlose Elend der Periode der dänischen Raubzüge insbesondere hat auf englischem wie auf französischem Boden den Wohlstand der kleinen Alodbauern massenhaft zerstört und das Uebergewicht des großen Besitzes entschieden. Am Schluß der angelsächsischen Zeit bildet das damals angebaute England auf einem Flächenraum von kaum 2000 Quadratmeilen ein Material zur Bildung von 60,000 kleinen Ritterlehnen, auf denen sich nach der Eroberung etwa 9000 Herren und Rittergutsbesitzer angesiedelt finden, während die übrige Masse auf kleinem zersplitterten oder abhängigen Besitz, oder als Landlose dasteht.

Die letzten Jahrzehnte haben reiche Aufschlüsse über die gesellschaftlichen Grundlagen der sächsischen Zeit gebracht. Es gehört dahin vor Allen: Kemble, the Anglosaxons in England 1849 2 Vols 8 (übersetzt von Dr. Brandes, Leipzig 1853—54, 2 Bde. 8) und dessen reiche Urkundensammlung:

Codex diplomaticus, 6 Vol. 1839—1846. Mannigfaltiges nutzbares Material enthält auch ein Ergänzungsband zu Turner's History, unter dem besonderen Titel: The History of the Manners, Landed Property, Government, Laws, Poetry, Literature, Religion and Language, of the Anglosaxons. By Sharon Turner, 1805. 8. Eine besondere Hervorhebung verdient ferner das werthvolle, reichhaltige Glossarium zu Reinhold Schmid, die Gesetze der Angelsachsen, 2te Aufl. 1858, (wegen der Besitzverhältnisse vergl. die musterhafte Untersuchung über Bôcland S. 538. 539, über Folkland S. 575—578, über die hîd S. 610 und Landau, Territorien S. 34—38.) Eine angelsächsische Rechtsgeschichte in den Hauptpunkten enthält Konrad Maurer, Münchener kritische Ueberschau Bd. I. S. 47—120, 405—431, Bd. II. S. 30—68, 388—440, Bd. III. S. 26—61 (1853—1856). Sie stellt in besonnener Combination den Standpunkt der deutschen Wissenschaft zum angelsächsischen Recht wohl am vollständigsten dar. Auch der ältere Versuch von G. Phillips, Geschichte des angelsächsischen Rechts, Göttingen 1825, verdient durch die Benutzung der Quellen immer noch eine achtungsvolle Erwähnung. Der Zweck unserer Darstellung macht es indessen nöthig, den Ausgangspunkt von den angelsächsischen Grundlagen möglichst zu beschränken. Die geschichtlichen Quellen dieser Zeit giebt in musterhafter Gründlichkeit Lappenberg, Geschichte Englands, Bd. I. 1834, literarische Einleitung. Ueber Quellen und Literatur des angelsächsischen Rechts verweise ich auf K. Maurer's Abhandlung, auf R. Schmid, angelsächsische Gesetze, Einleitung, und dessen Aufsatz über die angelsächsischen Rechtsquellen in der Zeitschrift Hermes, Bd. 31 H. 2 (1828).

Nur zum Verständniß der nachfolgenden Citate wird Folgendes nöthig sein. Die sog. Gesetze der angelsächsischen Zeit bilden folgende Gruppen:

1) Die altkentische Gesetzgebung umfaßt Aethelbirht's (560—616) Gesetze über Wehrgeld und Bußen; die sog. Gesetze Hlothars und Eadric's (nach 673) über Eigenthumsschutz und Bußen; die Gesetze Wihträd's (691—725) betr. Kirchenrecht, Strafrecht und Freilassungen.

2) Die Gesetze Ine's, Königs von Westsachsen (688—727), betr. Strafrecht und Schadensersatz, — in der vorliegenden Gestalt wahrscheinlich später überarbeitet, vielleicht unter Aelfred.

3) Aus der Zeit des consolidirten Reichs: die Gesetze Aelfred's von Westsachsen (871—901), enthaltend kirchliche Gebote, Kap. 1—49, und sodann 77 hauptsächlich strafrechtliche Kapitel. Rechtliche Satzungen enthält auch der Vertrag Aelfred's mit dem Dänenhäuptling Guthrun (nach 880); sodann die Gesetze Eduard des Aelteren (901—924), betr. Privatrecht und vermischte Gegenstände; Gesetze Aethelstan's (924—940), enthaltend eine Verordnung über den Zehnten, Beschlüsse des Concilium Greatanleagense, das Capitulare Fefreshamense, das Concilium Thunresfeldense und Exoniense und die sog. judicia civitatis Lundoniae; Gesetze Edmund's (940—946) betr. Fehde und Diebstahl; Edgar's (959—975), nämlich Concilium Andeferanense und Withbordestanense, betr. Bürgschaftsleistung und Diebstahl; sodann die zahlreichen Gesetze Aethelred's (978—1016), nämlich das Concilium zu Woodstock, ein Friedenstraktat mit Dänemark, Concilium Wanetungense und Aenhamense etc.

4) Die Gesetze Knut's (1016—1035), Concilium Wintungense, enthaltend eine ausführliche Compilation von größtentheils älteren angelsächsischen

Rechtssätzen und die sog. Constitutiones de foresta in einer späteren Bearbeitung.

5) Compilationen aus der normannischen Zeit, welche dem Inhalt nach größtentheils angelsächsisches Recht wiedergeben, nämlich die sog. leges Henrici primi, ihrem Haupttheil nach eine Privatcompilation über den Rechtszustand zur Zeit Eduard's des Bekenners, und die sog. leges regis Eduardi Confessoris, eine Privatcompilation, beide aus dem 12. Jahrh.

6) Vereinzelte Anordnungen ungewisser Zeit, wie die constitutio de hundredis aus dem 10. Jahrhundert, betr. Verfolgung und Bezahlung des Diebstahls; ferner die rectitudines singularum personarum, eine Zusammenstellung der Lasten, welche auf den verschiedenen Gütern und Arten der Gutsangehörigen zu ruhen pflegen, Constitutiones de wergildo, Eidesformeln ꝛc.

Die älteren Abdrücke bei Wilkins sind jetzt weit übertroffen durch die amtliche Ausgabe der Record Commission von R. Price und Thorpe, unter dem Titel Ancient Laws and Institutes of England, comprising Laws enacted under the Anglo-Saxon Kings, from Aethelbirht to Cnut, with an English translation of the Saxon; the Laws called Edward the Confessor's; the Laws of William the Conqueror, and those ascribed to Henry the First, with a compendious Glossary, etc. 1 Vol. folio and 2 Vol. in 8, 1840. Kritischer, zum Theil vollständiger und durch eine sorgfältige Uebersetzung uns zugänglicher ist die oben citirte Ausgabe von R. Schmid, die Gesetze der Angelsachsen, 2te Auflage, Leipzig 1858. Von den englischen Bearbeitungen der angelsächsischen Geschichte ist immer noch von sachlichem Werth Sharon Turner's History of the Anglosaxons 1799—1835. 3 Vol. 8. Reich an geistvollen Combinationen aber mit Vorsicht zu gebrauchen: Sir Francis Palgrave, the English Commonwealth 1832, 4, enthaltend im zweiten Theile Proofs and Illustrations.

B. Die Weise, in welcher die Angelsachsen auf dem Boden dieser Besitzverhältnisse ihre Landesvertheidigung, ihre Rechtspflege und die Aufgaben der Kirche erfüllten, bildet das, was wir nach heutigem Ausdruck das Staatswesen nennen. Die Gruppirung der angesiedelten Bauerschaften zu diesen Zwecken bildet das angelsächsische Gemeindewesen, welches sich danach aus der Gestaltung (1.) des Heerwesens, (2.) des Gerichts und (3.) der Kirche ergiebt.

I. **Das Heerwesen ist die erste Lebensbedingung** aller germanischen Stämme nach ihrer festen Ansiedelung. Alle ersten Organisationen sind militairische, also nach gleichen runden Zahlen (10, 100) gebildete, welche die Natur buchstäblich „dem Menschen an die Hand gegeben" hat. Die ursprüngliche Gliederung des Heeres nach Abtheilungen von 100 ist fast bei allen Stämmen gleichmäßig nachweisbar, auch bei den Sachsen, also auch bei den Angelsachsen anzunehmen. Nach der Ansiedelung aber werden die Hundertschaften aus persönlichen Abtheilungen zu territorialen (Tacitus Germ. cap. 6).

Die alte Heeresverfassung beruht auf der allgemeinen Wehrpflicht jedes Freien. Die Wehrpflicht enthält aber (sehr verschieden von der heutigen) drei Pflichten: (1.) Die Pflicht, mit seiner Person dem Heerbann zu folgen, (2.) die Pflicht, sich auf eigene Kosten auszurüsten, (3.) die Pflicht, sich auf eigene Kosten zu unterhalten während des Feldzuges. Diese Combination ist auf die Dauer unvereinbar mit dem abgeschlossenen Privateigenthum. Dennoch haben Jahrhunderte lang gemeinsame Einrichtungen gefehlt, um sie besser zu vertheilen. Die nothwendige Folge war, daß nach der festen Ansiedelung thatsächliche Beschränkungen eintreten mußten. Die kleine Bauerwirthschaft (hîda, familia), die nur zur Erhaltung einer Familie berechnet ist, konnte jene Pflicht nicht mehr als Regel leisten; die Hundertschaften stellten daher gewiß schon frühzeitig nicht 100, sondern geringere Contingente, bei denen man aus wirthschaftlichen Gründen auf die Zahl der Hufen Rücksicht nehmen, auch dem Besitzer gestatten mußte Söhne und Gefolgen statt seiner zu stellen. Dazu kam die allmälige Aenderung der Bewaffnung. Je weniger Fortschritte die Angriffs- und Fernwaffen dieser Zeit machen, um so mehr beschränkt sich alle Vervollkommnung auf Verstärkung der Rüstung. Diese selbst wird durch die Schwierigkeit der Metallarbeit zu einem kostbaren Gegenstand. Auf dem Continent berechnete man im siebenten Jahrhundert den Werth einer vollen Rüstung auf 33 solidi, d. h. den Werth von eben so viel Rindern — nach angelsächsischen Bodenpreisen den Werth einer Hufe Land. Zwar blieb in England aus örtlichen Gründen der Dienst zu Fuß noch immer die Regel und die Rüstung schwächer: allein es kam dazu noch die Unmöglichkeit der längeren Verproviantirung des Mannes aus einem nur zur Erhaltung einer Familie bemessenen Besitz. Die Wehrpflicht konnte also auch von den grundbesitzenden Freien nicht in gleichem Maße geleistet werden. Eine gleiche Vertheilung war nicht mehr möglich auf Personen, sondern nur auf Verbände. Die Hundertschaft bedeutet jetzt ein gleiches Contingent innerhalb einer größeren Einheit. Die alten Landestheile bildeten jedoch eine so große Zahl kleiner Hundertschaften (wie in Kent), die später occupirten eine so kleine Zahl großer Hundertschaften, daß das Contingent in den verschiedenen kleinen Königreichen und späteren Grafschaften ein verschiedenes gewesen sein muß. Eben so mußte sich immer entschiedener die Nothwendigkeit ergeben, auch im Innern der Hundertschaft Rücksicht auf das Besitzmaß zu nehmen. In den mittleren und nördlichen Grafschaften, in welchen der größere Besitz von Anfang an vorherrschte, konnte der Großbauerhof unbedenklich einen Vollbewaffneten stellen, während man den Einhufner wohl als Reserve betrachtete und nur zu leichteren Dienstleistungen aufbot. Wo das kleine Bauerthum vorherrschte, begnügte man sich theilweise wohl mit leichterer Bewaffnung, oder vielleicht überließ man es dem Gemeindeverband, durch gemeinsame Beiträge einen Vollbewaffneten auszurüsten oder durch Reihedienst das Contingent zu stellen. Rückschlüsse aus späterer Zeit können auf die Vermuthung führen, daß ein 5 Hufen-Besitz allmälig zum ungefähren Maßstab des vollen Heeresdienstes auf eigene Kosten wurde. Zu einer festen gesetzlichen Ordnung ist aber die angelsächsische Zeit überhaupt nicht gelangt. Das Schweigen der Gesetze und Besitzurkunden ergiebt, daß man nur die Gleichheit der Contingente festhielt, die Einzelvertheilung den Hundertschaften überließ, woraus eine sehr ungleichmäßige und mangelhafte Gestalt des Heerbannes hervorgehen mußte, innerhalb deren der kleine Besitzer sich des selbständigen Heerdienstes früh entwöhnte.

Schon in den Zeiten der sogenannten Heptarchie waren daher die einzelen Häuptlinge für ihre zahlreichen Streitigkeiten auf andere Kräfte verwiesen. Der Angriffskrieg setzte altherkömmlich einen gemeinsamen Beschluß voraus, für welchen die ehemaligen kleinen Königreiche und Landesverbände gewissermaßen ein eigenes Heer bildeten. Zu solchen Aufgeboten erschienen aber die langen, zahlreichen Fehden jener Zeit wenig geeignet, der angesiedelte Kleinbauer wenig geneigt. Nach alter Sitte bildeten sich daher jene Häuptlinge aus ihrem freien Haus- und Hofgesinde bewaffnete Gefolge zu ihrem persönlichen Aufgebot. Außer den jüngeren Söhnen fanden sich auch angesehenere Grundbesitzer immer geneigter, in solches Gesithverhältniß einzutreten. Alle königlichen Hofämter haben von Anfang an zugleich einen militärischen Charakter. Aussicht auf Beute, Ehre, Gunst und Belohnung bewog wohl im Beginn einer Fehde auch andere Freie, sich der Gefolgschaft anzuschließen, ohne die Absicht eines dauernden Dienstes. Außer der Beute war es namentlich die Verleihung des Folklandes, durch welche die Könige Verdienste der Art lohnten. So bildet sich um jene kleinen Könige eine kriegsgeübtere, persönlich aufzubietende Mannschaft, die einen Rückgriff zur Volkswehr mehr auf Fälle einer Landesnoth beschränkt. Der ältere Name gesith umfaßt zwar noch lange Zeit die Gesammtheit der dem König persönlich Dienstbaren; allein die Scheidung einer höheren Klasse der Ministerialen zu Hof- und Kriegsdienst von der niederen Klasse des heutigen Gesindes mußte sich von selbst, fortschreitend mit jeder Generation, herausbilden, und wird allmälig sichtbar in besonderen Namen, dem der Thane, thaini regis, comtes etc. Mit dem Königthum wächst die Bedeutung dieser Klasse: in späterer Zeit gehören gerade die Großbeamten des Reichs als selbstverständlich dazu. Analoge Gründe führen nun aber dahin, daß auch eine kleine Zahl der größten Grundbesitzer sich einen kriegerischen Hausstaat aus jüngeren Söhnen, waffengeübten Hintersassen und mit steigendem Ansehn auch aus freien Grundbesitzern bilden, so daß der Begriff der Ministerialität als eines ehrenvollen Lebensberufs sich auch in diese Kreise ausdehnt und sich als höhere Klasse von dem niederen Hausgesinde (geneat, worunter auch Unfreie) ausscheidet.

Innerhalb des verfallenden alten Heerbannes standen also jetzt waffengeübtere Gefolgschaften, ausgerüstet und größtentheils unterhalten aus dem Hausstande des Königs und einiger großen Grundherren, in deren Besitz auch die Mittel zur Verproviantirung während eines Feldzuges lagen. Sie sind dem Herrn verbunden durch einen persönlichen Eid, der noch keine Beziehung auf einen verliehenen Besitz hat, sondern nur geleistet wird „unter der Bedingung, daß er mich halte, wie ich Willens bin zu verdienen und Alles das erfülle, was unter uns vereinbart wurde, als ich mich ihm unterwarf und seinen Willen wählte." Es liegt darin also nur eine Vorstufe zu dem späteren Lehnswesen. Der Gesithman kann freier Grundeigenthümer, Besitzer verliehenen Folklands oder Laenlands unter sehr verschiedenen Bedingungen sein — oder auch landlos, nur angewiesen auf den Unterhalt im Hausstande des Herrn. Es sind analoge Zustände wie in dem Frankenreich vor den Karolingern. Die persönliche Subordination ist noch ohne rechtlichen Zusammenhang mit einem verliehenen Besitz. Neben dieser kleinen stehenden Mannschaft wird aber das allgemeine Volksaufgebot der Hundertschaften allmälig immer schwerfälliger und unbrauchbarer. Etwa in dieser Weise sind die Abstufungen der Heerpflicht zu denken, wie sie immer nur beiläufig in den angelsächsischen Gesetzen erwähnt werden, namentlich In. c. 51.:

> wenn ein Gesithkundmann, der Land hat, die Heerfahrt versäumt, zahle er 120 Sh. und verliere sein Land; einer, der kein Land hat, zahle 60 Sh.; ein ceorl 30 Sh. zur Heereswette.

Der Dienst der kleineren Gemeinfreien (ceorls) scheint in gewöhnlichen Zeiten mehr zu Wachtleistung, Burgbesserung und Wegedienst verwendet zu sein, die stets mit dem Heerdienst so unbestimmt in Verbindung genannt werden (als trinoda necessitas), daß daraus auf eine Verwendung nach Umständen zu schließen ist.

Wohl konnte dieses Heerwesen noch ausreichend erscheinen, seit unter Egbert eine Vereinigung der kleinen Reiche erfolgt war. Die

Einzelfehden hören auf, die insulare Lage, die Beschäftigung mit der Viehzucht erzeugen friedfertige Neigungen und einen Zustand der Sorglosigkeit für die Landesvertheidigung. Die Königliche Thanschaft wird leicht zum friedlichen Hofdienst. Und wenn schon in diesen kampfgeübteren Elementen der Genuß und die Künste des Friedens so wie die Neigung zum Dienst der Kirche hervortritt, so mußte das kleine Bauerthum den Heerdienst um so unwilliger tragen, da ein fester Maßstab dafür fehlte. Die Klasse der kleineren Freisassen vermindert sich überdies und geräth in mannigfaltige Abhängigkeit von reicheren Nachbarn.

Diese Zustände erklären die dänischen Niederlagen, welche der kurzen Blüthezeit des vereinigten Reichs folgen. Die schwere Noth des Landes hat nunmehr seit König Alfred ein verändertes Kriegsaufgebot herbeigeführt, das nicht auf Gesetzen, sondern auf persönlichen Anordnungen zu beruhen scheint. Es scheint, daß der König alle größeren Grundbesitzer (Großbauern) bewogen hat, ihm den persönlichen Diensteid der Thane zu leisten. Die Thanschaft erscheint jedenfalls seitdem an einen Besitz von 5 hydae gebunden, so daß nun wenigstens für die Wehrpflicht des größeren Besitzes ein Maßstab wieder gewonnen, und das Aufgebot dieser Mannschaften dem Rechte nach von einem Volksschluß unabhängig wurde. In Verbindung damit steht wahrscheinlich die neu erfolgte Regelung der Hundreds, d. h. eine neue Vertheilung der Contingente, welche von den Chronisten als Neueinführung der Hundertschaften berichtet wird. Als ordentliche Kriegsmannschaften erscheinen nunmehr die Thane, d. h. (1.) alle durch persönlichen Hofdienst Verpflichtete, mögen sie mit Folkland oder sonst vom König ausgestattet sein, unabhängig von einem Eigenthumsbesitz; (2.) alle größeren Besitzer eines freien Eigenthums von mindestens 5 Hufen. Unter ihnen erscheinen wieder die großen Besitzer mit einer Mehrzahl von Schilden, einige große Herren sogar mit zahlreichen Gefolgschaften kriegsgeübter Leute, — was anscheinend darauf beruht, daß bei der Gestellung der Contingente aus jeder Hundertschaft auf etwa 5 Hufen ein Mann zu stellen war, wie auch bei der Stellung von Schiffen, bei Burg- und Wegebesserungen nach Hufen gerechnet wurde. Die Heerpflicht ist dadurch noch nicht zur Reallast geworden, vielmehr Gemeindepflicht nach dem Maßstabe des Besitzes geblieben. In dem alten Recht ist direkt überhaupt nichts geändert. Die Masse der Kleinbauern bleibt also waffenpflichtig in einem ungeregelten zweiten Aufgebot, der freie Mann noch waffenfähig; die große Zahl der bewaffneten Gefolgen wird sogar vorzugsweise aus Söhnen und landlosen Leuten von den großen Besitzern ausgerüstet.

Zwei Menschenalter nach Alfred haben indessen die friedlichen Neigungen nochmals die Oberhand gewonnen. Das Reich ist den dänischen Eindringlingen gegenüber wiederum ohnmächtig. Tapfere Emporkömmlinge aus der Zahl jener nordischen Männer treten schnell in die Stellung der großen Königsthane. Der Grundbesitz überläßt den wirklichen Kriegsdienst gern den neu gebildeten, durch Aemter und Folkland gewonnenen Gefolgschaften. Die schwer bewaffneten, kriegsgeübten Mannschaften sind jetzt meistens landlose Leute unter Führung dänischer Großthane. Unter Canut erscheint bereits eine stehende Garde von 3000 Huscarls, als eine vom Grundbesitz völlig losgerissene Soldatengilde mit eigenen Kriegsartikeln. Da auch diese Einrichtung in lebhaftem Widerspruch zu den Besitz-, Finanz- und gesellschaftlichen Zuständen der Zeit keinen Bestand haben konnte, so verfällt sie bald wieder. Der anscheinende Mangel eines Bedürfnisses hat es zu keiner nachhaltigen Reform des Heerwesens kommen lassen, weder zu einer festen Vertheilung nach dem Besitz, noch zu regelmäßiger Gliederung und Uebung der kriegsfähigen Massen. Und daran ist schließlich das angelsächsische Reich zu Grunde gegangen. Die Schlacht bei Hastings zeigt in der höchsten Gefahr des Landes die vornehmen Sachsen beim Heerbann fehlend, einen König von dänischem Stamm den letzten Kampf mit Soldtruppen und schwer bewaffneten Gefolgen zu Fuß führend.

Die angelsächsischen Rechtsquellen und Geschichtschreiber sind über keinen Theil des Gemeinwesens so schweigsam, abgerissen und dürftig wie über das Heerwesen. Es ergiebt sich nur so viel sicher, daß die königlichen Statthalter und Vögte gleichzeitig die bürgerliche und die Heeresverwaltung führen, und daß keine durchgreifende gesetzliche Vertheilung der Heerpflicht stattgefunden hat. Die naheliegende Vergleichung der gleichzeitigen Gestaltungen bei anderen germanischen Stämmen (für welche jetzt als deutsche Hauptschrift dient: v. Peucker, das Kriegswesen der Germanen. Berlin 1860. 2 Bde.) muß immer vorsichtige Rücksicht auf insulare Lage und Besitzverhältnisse nehmen. Dazu treten sporadische Notizen über die Zusammensetzung des Heeres bei den Geschichtschreibern, beiläufige Erwähnungen in den Gesetzen und Urkunden der Zeit, sowie Rückschlüsse aus der späteren Gestaltung. Die Hauptpunkte sind:

1) Ueber die Combination der alten Wehrpflicht als persönliche Dienst-, Ausrüstungs- und Selbsterhaltungspflicht des Mannes kann ich jetzt auf die durchgeführte Darstellung von Peucker verweisen. Ueber die Kostbarkeit der Ausrüstung vergl. z. B. I. 327, 328. Unter Dagobert (a 630) wird die volle Ausrüstung zu 33 solidi berechnet, das Schwerd mit Scheide zu 7, Lanze mit Schild zu 2, Helm zu 6, Ringpanzer zu 12, Beinschienen zu 6 solidi. Um dieselbe Zeit wird der Werth eines Rindes zu 1 solidus, der Werth eines Rosses zu 2 solidi veranschlagt. Ueber die Beibehaltung der keilförmigen An-

griffskolonne bei den Angelsachsen vergl. v. Peucker II. 213 ff., und über deren ursprüngliche Bedeutung II. 210: „innerhalb der Keile stellten sich die alten Germanen schaarweise nach Familien und Geschlechtern und mittelst derselben nach Hundertschaften und Gauen geordnet auf; die Schlachtordnung wurde daher durch das innerste Leben der Familie, der Verwandtschaft, der Mark und Gaugenossenschaft des Volksstammes geregelt; aus ihr reflectirte die ganze Volkszahl in ihren heiligsten Verbindungen, und war zugleich vermöge der Eintheilung der gesammten waffenfähigen Mannschaften in Hundertschaften sehr regelmäßig gegliedert."

Die dürftigen Notizen über die Kampfweise der Angelsachsen verweisen uns mehr auf die Abbildungen als directe Zeugnisse. Die Reiter erscheinen mit Helm und Speer ohne Rüstung; doch war im 11. Jahrhundert jedenfalls der Thau zu Pferde schwer gerüstet. Das Fußvolk erscheint mit Helmen von Thierfellen, ovalen Schilden, langen und breiten Schwerdtern, Einzele mit Streitäxten, Keulen und Wurfspeeren bewaffnet. Gemeinschaftlich ist ein langer Kriegsrock bis zu den Knien. Die Ordnung der Mannschaften ist noch die alte Tiefstellung mit den schweren Streitäxten in der Front, so auch in der Schlacht bei Hastings, welche den Normannen ein Viertel ihrer Mannschaften kostete.

2) Ueber die ursprüngliche Bedeutung der Hundertschaft vergl. Tacitus Germ. Kap. 6: definitur et numerus; centeni ex singulis pagis sunt, idque ipsum inter suos vocantur, et quod primo numerus fuit, jam nomen et honor est. Ueber das Alter und das ausnahmslose Vorkommen der Hundertschaften in dem germanischen Heerbann geben die Zusammenstellungen bei von Peucker einen neuen überzeugenden Beweis. Das Schweigen der angelsächsischen Rechtsquellen der ersten Jahrhunderte kann dagegen bei ihrer überaus großen Dürftigkeit über das Heerwesen nicht in Betracht kommen. Daß die englischen Hundreds nicht buchstäblich, sondern nur als ein Contingentsmaß zu verstehen sind, ergeben schon Analogie und Natur der Sache, insbesondere die wechselnde Größe der hundred, welche in England von 1 bis 300 engl. □Meilen variirt. Ueber die Eintheilung in Grafschaften vgl. unten bei der Gerichtsverfassung. Die Notizen über die Bedeutung auch der Grafschaft für den Heerbann sind eben so dürftig, daß kaum mehr zu nennen ist als die sächsische Chronik, welche den Ealdorman der Grafschaft regelmäßig als den Führer des Aufgebots nennt.

3) Die Negative, daß die Wehrpflicht der angelsächsischen Zeit die persönliche Pflicht des freien Mannes blieb, nicht zur Reallast der Grundstücke wurde, ergiebt sich auf den ersten Blick aus einer Vergleichung des sächsischen Urkundenschatzes mit dem Domesdaybook. In 1400 Besitzübertragungs-Urkunden müßte sich doch das Maß der Heerpflicht vor Allem bezeichnet finden, wenn solches nach Hufen fest vertheilt war. Auch eine durchgreifende Gesetzgebung wie die carolingische, welche seit Ludwig dem Frommen zuletzt auf 5 Hufen je einen Volksbewaffneten stellen läßt, fehlt entschieden in der ganzen angelsächsischen Zeit. Es blieb also dabei, daß Ealdorman und Grafschaftsversammlung das Contingent der Hundertschaft auf die einzelen Besitzer vertheilten, wobei natürlich auf die Hufenzahl Rücksicht genommen wurde, und wobei das früher übliche Maß wohl möglichst lange beibehalten wurde. Bei den Besitzübertragungs-Urkunden ist daher nur von der Heerpflicht oder allgemein von der trinoda necessitas die Rede, nicht von einer bestimmten

Zahl der Schilde. Das Gegentheil ist die sehr seltene Ausnahme. In ein Paar Fällen wird bei Königlichen Verleihungen durch Privilegium die Zahl der Mannschaften fixirt, welche also nicht überschritten werden soll. So bei einer großen Schenkung um das Jahr 800: verum etiam in expeditionis necessitatem viri quinque tantum mittantur. (Coenuulf 799—802 bei Kemble Codex Introd. p. LI.) Und noch einmal bald darauf: expeditionem cum duodecim vasallis et cum tantis scutis exerceant (idem 821). Im letzteren Fall handelt es sich um eine große Schenkung von einigen 20 Ortschaften an ein Kloster (cod. diplomat. I. 272). In ein Paar anderen Fällen wird bei kleineren Schenkungen der kirchliche Grundbesitz wirklich von allen öffentlichen Lasten vollständig befreit, woraus die spätere Besitzweise der tenure of frankalmoign hervorgegangen ist. Vergl. Cod. diplomat. 56, 168, 642. — Daß man bei großen Schenkungen an Kirchen und Klöster die Pflicht zur Gestellung von Mannschaften ausdrücklich vorbehielt, war um so natürlicher, als der Clerus in der sächsischen Zeit nicht persönlich zum Kriegsdienst herangezogen wurde. Ohne diesen Vorbehalt wäre, da das Contingentsmaß der Hundreds dasselbe blieb, die Last den Nachbarn zugefallen. In ähnlicher Weise sind die Privilegien der Städte in der späteren angelsächsischen Zeit zu denken, deren Heerbannpflicht auf 5, 10, 15, 20 Hyden fixirt ist, und bei denen auch schon eine Ablösung mit Geld vorkommt, bei welcher Chester = 50 Hyden, Shrewsbury = 100 Hyden zahlt. (Lappenberg I. 613). Abgesehen hiervon giebt es nur eine persönliche Dienstpflicht bei den Angelsachsen, die sich bei Vertheilung des Contingents unter die Hundertschaft auf eine Mehrzahl von Mannschaften erstrecken kann, aber dem Recht nach die persönliche Pflicht des Mannes bleibt. Damit stimmt denn auch die Gestaltung der Heerbuße Aethelred V. c. 21. „Und wenn Jemand ohne Erlaubniß die Heerfahrt verläßt, bei welcher der König selbst ist, so gefährde er sich selbst und all seinen Grundbesitz; und wer sonst die Heerfahrt verläßt, sei 120 Schilling schuldig." LL. Cnut I. c. 62. „Wenn Jemand die Burgbesserung oder Brückenbesserung oder Heerfahrt versäumt, büße es mit 120 Schillingen dem Könige nach englischem Recht, und nach Dänenrecht wie es früher festgesetzt war." Die Energie, welche wie bei den Langobarden, den Kriegsdienst nach einer Art von Centurienverfassung auf Grundbesitz und bewegliches Vermögen vertheilt, oder wie in der carolingischen Gesetzgebung dem Staat ein unmittelbares Recht auf einen vollbewaffneten Mann für je 5 Hufen beilegt, ist der ganzen angelsächsischen Zeit fremd. Aus dieser Gestaltung erklären sich auch die Weitläuftigkeiten, die in späterer Zeit bei einem ernstlich gemeinten Landesaufgebot entstanden (z. B. in dem berüchtigten Jahre 999), da die Vertheilung des Contingents in jedem Bezirk und Unterbezirk streitig werden konnte.

4) Auf die Beschränkung des regelmäßigen persönlichen Heerdienstes auf die größeren Besitzer von wenigstens 5 hydae lassen sich mehrere Stellen der angelsächsischen Chronik deuten, die von Reformen des Heerwesens unter Alfred sprechen. Ferner die Analogie der Zustände des Continents und die spätere Gestaltung der englischen Landesmiliz, in welcher auch die volle Bewaffnung nur von dem größeren Besitzer verlangt wird, aber nicht als eine Verpflichtung des Besitzes (tenure), sondern als eine persönliche Gemeindepflicht des Besitzers. Eine solche Beschränkung des eigentlich activen Dienstes auf den Fünfhufenbesitz nimmt auch Heywood, on Ranks, S. 187,

188 an. In Verbindung damit mag auch die von Ingulphus berichtete Catastrirung des Grundbesitzes in einem Reichsgrundbuch stehen: talem rotulum ediderat quondum Rex Alfredus, in quo totam terram Angliae in comitatus centurias et decurias descripserat (Ingulfus p. 908), welche für eine willkürliche Erfindung zu halten bei allem Verdacht gegen Ingulf kein hinreichender Grund vorliegt. Nach der Eroberung taucht dann diese Einrichtung in vereinzelten Zeugnissen auf, wie in Berkshire I. 56b: si rex mittebat alicubi exercitum de V. hidis tantum unus miles ibat, et ad ejus victum vel stipendium de unaquaque hida dabantur ei IV. solidi ad II. menses. Hos vero denarios regi non mittebant, sed militibus dabant. Eben deshalb weil die neue Maxime nur ein Grundsatz für die Gestellung der Contingente war, wurde sie kein festes Element der Gestaltung des Grundbesitzes, wurde in der Ausführung wohl vielfach modificirt und erhielt sich daher als festes Herkommen nur in einzelen Grafschaften. Auch von der Gestellung der Gefolgen großer Herren enthält das Domesdaybook noch anscheinend Spuren, wie in Wirecestre (p. 172) Quando Rex in hostem pergit, si quis edictu ejus vocatus remanserit, si ita liber homo est, ut habeat socam suam et sacam, et cum terra sua possit ire quo voluerit, de omni terra sua est in misericordia Regis. Cujuscumque vero alterius Domini liber homo si de hoste remanserit, et Dominus ejus pro eo alium hominem duxerit, 40 sol. Domino suo qui vocatus fuit emendabit. Quod si ex toto nullus pro eo abierit, ipse quidem Domino suo 40 sol. dabit, Dominus autem ejus totidem sol. Regi emendabit. — Die Ausdehnung der Verpflichtung zum heriot in der späteren sächsischen Zeit auf freie Allodialbesitzer scheint ebenfalls mit der Ausdehnung des Thanenrechts auf jeden Besitzer von 5 Hufen zusammenzuhängen. — Es sind dies alles nur Vorstufen, welche erst später zu dinglichen Rechtsverhältnissen im normannischen Lehnrecht zusammenwachsen. Auch die Rectitudines personarum wissen noch nichts von einem besonderen Schilddienst der Thane, sondern erwähnen deren Pflicht mit Worten, die auf jeden freien Landbesitzer passen:

> Gesetz des Thanen ist: daß er sein verbrieftes Recht haben soll, und daß er drei Dinge von seinem Lande leistet: Heerpflicht und Burgbesserung und Brückenarbeit. Von manchen Gütern erwächst auch ein umfassenderes Landrecht zum Banne des Königs, dergleichen ist Wildgehege für des Königs Heimwesen, und Schiffsrüstung und Seewacht, und Hauptwacht und Heereswacht, Almosen und Kirchenschoß und manche andere verschiedene Dinge.

5) Selbst die Verleihung des Folklandes wurde von den Königen nicht dazu benutzt, ein bestimmtes Maß von Mannschaften als Reallast aufzulegen. Die angelsächsische Zeit hat weder ein ausgebildetes Beneficialwesen, noch den Seniorat. Das Folkland wird theils als Allod weggegeben, theils widerruflich verliehen mit mannigfaltigen Lasten, mit allgemeinem Vorbehalt von Wehr- und Wachtdienst, aber nicht mit der Auflage einer bestimmten Zahl von Schilden als Reallast. Die Verleihung erfolgt massenweis an große Thane zur Vergeltung für geleistete Dienste und in Erwartung zukünftiger Dienste: sie ist ein Ausdruck der Gunst, aber keine Basis für fixirte Kriegsleistung. Es ist dies gewiß der am meisten charakteristische Ausdruck der Schlaffheit, mit dem das sächsische Kriegswesen überhaupt behandelt ist, und es ist daraus wiederum ein Rückschluß gestattet, wie um so weniger bei dem freien Allodbesitz an eine Fixirung der Mannschaften nach dem Besitzmaß gedacht wurde.

Das Königthum gewann also auch durch die Verleihung des Folklandes nur Ansprüche auf persönliche Dankbarkeit, nicht Rechtsansprüche auf dauernde gleichmäßige Kriegsleistung. Und als der Vorrath des Folklandes sich allmälig erschöpfte, die Könige zuletzt so gut wie nichts mehr zu vergeben hatten, hörte auch dies Band zwischen ihnen und den Großen auf.

6) Ueber das Herabsinken des alten Volksaufgebots kann wiederum auf die Analogie des Continents verwiesen werden, wo die Wacta et Warda des Gemeinfreien zum Polizeidienst, zur Straßen- und Brückenbaulast herabkommt. Kam es in dem äußersten Falle der Landesnoth wirklich noch zu einem allgemeinen Landesaufgebot, so schlossen sich die ex tempore bewaffneten Bauerschaften als ein ziemlich unbrauchbares zweites Aufgebot an die kriegsgeübteren Thane und Gefolgschaften an, und es entstand ein lockeres, ungleichartiges Ganze, welches in dieser Gestalt weder den Dänen, noch den Normannen gewachsen sein konnte. Die Unbeholfenheit und zeitweise Wehrlosigkeit dieses Heerbannes war sicherlich mehr die Folge der verfallenen Organisation als einer allgemeinen Entartung der Angelsachsen. Der immer mehr sichtbare Mangel an Gemeinsinn ist die Folge der verloren gegangenen Gewöhnung an einen gleichmäßigen Heerdienst.

Bei dieser Gestaltung des Ganzen waren die angelsächsischen Könige für gewöhnliche Kriegsläufte zunächst auf den guten Willen der Großen mit ihren Gefolgschaften, und sodann auf den Versuch verwiesen, sich stehende Soldtruppen zu bilden. Das Letztere hat jedenfalls schon seit Athelstan begonnen, der sich seine Haushaltstruppen aus Dänen bildet, die dann unter Kanut auf mehrere tausend Mann stehender Soldaten mit geordneter Disciplin, Kleidung und sogar mit besonderer Regelung der Ehrenhändel erscheinen. Allein die Finanzen der sächsischen Zeit waren darauf nicht eingerichtet, und man concentrirte die vorhandenen Mittel nicht einmal darauf. Hatte doch selbst Aelfred von seinem Reichseinkommen nur ein Sechstel für militärische Zwecke verwendet! Es kam dazu noch der Volkshaß gegen die bestehenden, meist aus Dänen geworbenen Truppen, ihr Widerspruch mit der Sitte und dem wirthschaftlichen Leben des Volkes. Ebenso scheinen die Burgen und befestigten Plätze Englands in ziemlich vernachlässigtem Zustand geblieben zu sein.

So ist denn dieser entscheidende Theil der germanischen Verfassungen des Mittelalters bei den Angelsachsen gerade am schwächsten gestaltet, und es erklärt sich auch aus dem Bewußtsein dieses schweren Mangels gerade das Umschlagen in die extremste Gestalt des Feudalwesens nach der Eroberung. Ueber der politisch wichtigen Frage, wie weit dieses spätere Lehnswesen schon in die angelsächsische Zeit zurückgreift, pflegen die englischen Darstellungen die vorhandenen dürftigen Notizen über das sächsische Heerwesen nicht einmal sorgfältig zu benutzen, sondern ergehen sich in luftigen Hypothesen über das angebliche „Feudalwesen" der sächsischen Zeit und in oberflächlichen Parallelen mit den Zuständen des Continents. Ziemlich unbefangen ist hier Palgrave II. p. CCCLXVIII—LXXV.

II. **Das Gerichtswesen der Angelsachsen** ist das typisch gleichmäßige der Germanen, wie es schon bei Tacitus angedeutet ist. Lange Zeit erhalten sich darin Reminiscenzen an eine frühere Stufe der Geschlechterverfassung, die sich allmälig in positive Gemeinde-Institutionen auflösen. Die Parteien im Gericht treten auf mit zahlreichen Eideshelfern aus der Zahl der Gemeindegenossen; eben so zahlreich erscheint noch die rechtfindende Gemeinde. Die umfangreichen Gesetzesstellen*) geben freilich an sich kein zusammenhängendes Bild des Ganzen. In der ausgebildeten angelsächsischen Verfassung aber finden sich zwei Stufen des Gerichts:

1) Das Hundertschaftsgericht, hundred gemote, in monatlichen Versammlungen zusammentretend für den engeren Kreis einer Sammtgemeinde (vicinetum), entscheidet die gewöhnlichen Civilprozesse, leichte Straffälle und ist die Hauptstelle zur feierlichen Abschließung von Verträgen und letztwilligen Anordnungen;
2) das Grafschaftsgericht, shir gemote, jährlich zweimal zusammentretend, übt die eigentliche Strafgewalt, entscheidet die Streitigkeiten zwischen den Einsassen verschiedener Hundreds, zieht überhaupt die Streitsachen unter mächtigeren Parteien an sich, und bildet für alle öffentlichen Geschäfte der Grafschaft eine periodisch wiederkehrende Kreisversammlung.

Eine regelmäßige Theilnahme an solchen Gerichten mit ihren zahlreichen Urtheilern und Eideshelfern setzt indessen eine wirthschaftliche Selbständigkeit voraus, die unter einem System des entwickelten Privateigenthums bei dem kleinen Einhufenbesitz nur bedingt vorhanden war. Eine regelmäßige Theilnahme ist aber nothwendige Vorbedingung aller Rechtskunde: der nur ab und zu Erscheinende kann nicht als Träger des Rechtsbewußtseins und der Rechtssitte gelten. Schon dadurch erhält auch hier der größere Besitz ein frühzeitiges Uebergewicht. Das Grafschaftsgericht schon in seiner ersten beglaubigten Erscheinung ist eine Versammlung von Großbauern (Thanen), umgeben von einem Umstand, der sich aus den Leuten der nächsten Nachbarschaft bildet und aus solchen Kleinbauern, die wegen eines besonderen Geschäfts zum Thinge gekommen waren. Eine regelmäßige Betheiligung an oft wiederkehrenden, meilenweit entfernten Sitzungen war offenbar dem kleinen Manne unmöglich; eben deshalb aber konnte dieser zufällig erscheinende weitere Kreis keinen nachhaltigen Einfluß auf die Entscheidung üben. Er mochte Zeichen des Gefallens oder Mißfallens über einen Rechtsspruch abgeben, sein Widerspruch mochte auch in zweifelhaften Fällen Beachtung finden: die eigentlich rechtfindende Grafschaftsgemeinde aber bestand schon nach frühen Zeugnissen nur aus Großbauern, die nun eben in ihrer Eigenschaft als regelmäßig wiederkehrende rechtskundige Gerichtsmänner die Bezeichnung der witan führen.

Schon aus dieser Gestaltung des Grafschaftsgerichts ergab sich die Nothwendigkeit der Königlichen Ernennung des Vorstandes. Der König erschien seit der Ausbildung des Königthums als der erbliche Landesrichter. Die Festigkeit und Erblichkeit seiner Richterwürde wurde sehr wohl empfunden als ein Gegengewicht gegen die wachsende Uebermacht des großen Besitzes, welchem ohne das die Richterwürde von Besitz wegen zugefallen sein würde. Die oft wiederkehrenden Klagen über Parteilichkeit und Gewaltsamkeit der „judices“ beruhen ohne Zweifel auf socialen Gründen. In den größeren Reichen und nach Vereinigung der Heptarchie ernennt der König selbstverständlich seine Statthalter, Ealdormen, subreguli, comites, duces, als höchste Beauftragte für das Gerichts- und Heerwesen. Daß diese höchsten Beamten jemals aus Volkswahl hervorgegangen wären, ist unerweislich, bei der frühzeitigen Ungleichheit des Besitzes unwahrscheinlich, nach dem Hergang der Entstehung der kleinen Königreiche und ihrer späteren Vereinigung nahezu undenkbar; der König mag sie daher auch absetzen (In. 36. Cod. dipl. 1078). Als Ealdormen erscheinen im Anfang häufig mediatisirte Häuptlinge, nahe Anverwandte des Königs (athelingi), jedenfalls große Grundbesitzer; in der dänischen Zeit kriegstüchtige Anführer großer Gefolgschaften. Die Führung im Heerbann und im Gericht bedingte in ihrer damaligen Gestalt von selbst einen großen Hausstand und Besitz. Die Königliche Ernennung hielt zwar dem Recht nach den Charakter eines widerruflichen Amtes fest, konnte aber die thatsächliche Nothwendigkeit nicht ändern, den Ealdorman aus einer sehr kleinen Zahl meistbegüterter Familien zu ernennen, in manchen Bezirken den Erbsohn ziemlich stetig zum Nachfolger des Vaters.

Bezirk und Geschäfte eines solchen Statthalters waren so groß, daß es eines weiteren Personals von Voigten (gerefas) für die Einzelgeschäfte bedurfte. Es ist zwar quellenmäßig nicht nachzuweisen, wie weit und seit wann die alten Hundredschaften des Heerbannes als Untergerichte thätig waren, doch wäre dies nach der Analogie anderer Stämme nicht unwahrscheinlich, und eben so, daß sie gewählte Vorsteher haben konnten (welche unter dem Namen von Hundredors oder hundredmen später gelegentlich vorkommen, — sporadisch vielleicht in solchen Landestheilen, in welchen sich die alten freien Bauerschaften in einigem Zusammenhange erhalten hatten). Der Regel nach waren jedenfalls seit König Alfred dem Ealdorman Königliche Voigte untergeordnet, welche im Gerichtswesen die laufenden Geschäfte besorgen. Für eine ganze Grafschaft erscheint der Landvoigt, Shirgerefa, als Assistent des Ealdorman (Cod. dip. No. 755), eben so frühzeitig aber auch allein als Vorsitzender des Grafschaftsgerichts, zur Vollstreckung der Urtheile, Einziehung der Bußen und verwirkten Güter, für Aufrechterhaltung des Friedens sorgend. In dichter bewohnten Ortschaften, mit den Keimen einer Stadtverfassung, erscheinen auch besondere wîc-gerefas und port-gerefas.

Wenn nun seit Alfred unter dem Vorsitz des Shir-gerefa in jeder Hundertschaft allmonatlich ein Gericht abgehalten wird, so ist dies anscheinend eine Neuerung, jedenfalls eine neue regelmäßige Geschäftsordnung, die dem König in späterer Sage die Ehre verschaffte, für den Erfinder der Hundertschaften und der Schwurgerichte zu gelten. Es wurde dadurch ein strengerer Gerichtszwang eingeführt, der auch die kleineren Freisassen zu einem regelmäßigen Erscheinen nöthigte, wie er in dem engeren Kreise des vicinetum noch ausführbar war, — in sofern ein Element zur Erhaltung der gemeinen Freiheit. Freilich hing es dann wieder von örtlicher Vertheilung des Besitzes und vom Herkommen ab, ob diese Theilnahme sich mehr zu einer activen oder passiven gestaltete; denn sehr gewöhnlich erscheinen auch in diesem engeren Kreise witan, thane, als Kern der rechtsfindenden Gemeinde. Die Besitzverhältnisse haben jedenfalls in dieser wie in der späteren Zeit die Gerichtsverfassung zunächst bestimmt. Es ist daher auch der Schluß gestattet, daß das Hundredgericht aus einem ähnlichen Bedürfniß hervorging, wie in der normannischen Zeit der turnus vicecomitis. Das Hundredgericht wäre danach als eine Abzweigung des Grafschaftsgerichts anzusehen. Um den Parteien den Weg zu kürzen, um die wachsende Masse der kleinen Gerichtsgeschäfte zu bewältigen und um die kleineren Gemeinfreien wenigstens dazu ohne Ueberbürdung heranzuziehen, delegirte man die minder wichtigen einem monatlich abzuhaltenden Ortsgericht, woraus sich auch die unbestimmte Begrenzung der Competenz, die durchweg ergänzende Stellung des Grafschaftsgerichts zu dem hundred-court und der gemeinsame Vorsitz des shir-gerefa in beiden genügend erklären würde.

Noch stärker als im Civilprozeß zeigt die Ungleichheit des Besitzes ihre Rückwirkung auf das Strafverfahren. Bei bloßen Rechtsbrüchen trat schon nach älterem Recht eine Geldbüßung ein, während die Friedensbrüche zur Fehde und Blutrache berechtigen. Wie der Erfolg der Fehde von der Stärke des Anhangs, also mittelbar vom Besitz abhängig ist, so setzt die Geldbüßung der Rechtsbrüche Besitz voraus; eben so die Eideshülfe, wenn es zu dem gerichtlichen Bestreiten der Schuld kommt. Da die Angelsachsen keine geschlossenen gentes mehr haben, so bildet sich die Eideshülfe aus Verwandten und Nachbarn, deren Theilnahme eine freiwillige ist, welche also der Besitzende nur zu leicht, der Nichtbesitzende nur zu schwer findet. An diesem Punkte erscheint nun das Königthum frühzeitig thätig in dem Rechtsschutz des schwächeren gegen den stärkeren Theil. Zahlreiche Anordnungen suchen die Fehde zu beschränken. Ein Theil der Eideshelfer wird vom Königlichen Voigt ernannt und adcitirt, und damit die Ungleichheit der Machtverhältnisse theilweis ausgeglichen. Bei Friedensbrüchen findet sich ein früh erweitertes System von Strafen an Leib und Leben. Die Rechtsbrüche erweiterten sich zu einem umfangreichen System von Geldbußen zum Schutz des Körpers, der Ehre, des Hausrechts, des Eigenthums.

Wie schon auf diesem Wege Manches zur Sicherung des friedfertigen Verkehrs und zum Rechtsschutz des schwächeren Theils geschah, bedurfte es auch neuer Einrichtungen, um sich einerseits der Person des Schuldigen, andererseits der Zahlung der Bußen zu versichern; denn die Furcht vor der Buße, das wirksamste Mittel der Friedensbewahrung, wurde unwirksam an den Besitzlosen. Aus dem Strafgericht entwickelt sich daher ein System der Friedensbewahrung (Sicherheitspolizei), welches bei den friedlichen Neigungen und Zuständen des Landes und bei dem durch Ungleichheit des Besitzes sich lockernden Gemeindeverband in England ungewöhnlich frühzeitig auftritt. Die positiven Maßregeln dieser Richtung sind:

1) indem das Gesetz den Hausherrn für seine Hausleute, den Landherrn für alle auf seinem Boden Ansäßige haftbar erklärt, — zunächst für das Erscheinen im Gericht. In. c. 22. Athelst. III. 7.
2) indem die Hundertschaften in kleinere Bauerschaften, Zehntschaften, zerlegt werden, welche zugleich für Zwecke des Heerbannes und der Friedensbewahrung dienen, und zu diesem Zwecke ihre besonderen Zehntvorsteher oder Schulzen, in fester Unterordnung unter die Königlichen Voigte erhalten.
3) indem jeder landlose Mann, der nicht zum Hausstand eines ansäßigen Herrn gehört, gezwungen wird in einen Zehntschaftsverband einzutreten.

Der erste Zweck dieser Polizeieinrichtungen war wohl nur, das persönliche Erscheinen vor Gericht zu sichern, auf welchem die ganze Rechtsordnung zunächst beruht. Der größere Grundeigenthümer gewährt diese Sicherheit durch seinen Grundbesitz; der in der Gewehre und im Dienst eines Grundbesitzers Befindliche gewährt sie durch die gesetzlich ausgesprochene Haftung des Herrn. Alle fluctuirenden Elemente der Gesellschaft aber werden nunmehr durch indirekten Zwang

(Versagung des Rechtsschutzes) genöthigt, sich einem engeren Gemeindeverbande, einer Zehntschaft mit einem verantwortlichen Schulzen (chief pledge, headborough) anzuschließen, oder in sofern sie dies nicht können oder wollen, einen grundbesitzenden Herrn zu suchen, der die Prozeßbürgschaft freiwillig und von beiden Seiten widerruflich übernimmt. Die Gesetze Athelstans sprechen zunächst nur von einer Bürgschaft sicherheitsgefährlicher Personen für ihr Wohlverhalten. Die Gesetze Eadgars aber verlangen die Bürgschaft für Jedermann, d. h. entweder Anschluß an eine Zehntschaft oder Wahl eines Thanen als Schutzherrn und Bürgen. Dasselbe wiederholen die Gesetze Cnuts II. Cap. 20. als allgemeine Regel:

> Und wir wollen, daß jeder Freie in eine Hundertschaft und in eine Zehntschaft gebracht sei, wer Anspruch auf Reinigung und Were macht, wenn ihn jemand bezichtigen will, da er über 12 Winter alt ist, oder er sei hinfort der Rechte eines Freien unwürdig, sei er ansässig oder Dienstmanne. Und jeder sei in eine Hundertschaft und unter Bürgschaft gebracht, und der Bürge halte und leite ihn zu allem Recht.

Die mannigfaltigen Streitigkeiten und Zweifel über die Natur dieser sogenannten Gesammtbürgschaft**) lassen das sichere Resultat zurück, daß die Stellung jedes Landlosen unter Bürgschaft eine nothwendige war, und daß der Bürge solche entweder bei einem Than oder bei einer Bauerschaft nachsuchen konnte, die vermöge ihres nachbarlichen Grundbesitzes zu einer Zehntschaft (wenn auch nicht zu einem geschlossenen Dorfe) vereint war. Die letztere konnte nicht gezwungen werden, den Landlosen als ihren Schützling aufzunehmen; wenn sie ihn aber aufnahm, so hatte sie durch ihren Vorsteher, praepositus, tithingman, Bürgschaft für ihn zu leisten. Die daraus entstehende Geldverantwortlichkeit fiel zuletzt auf die Gemeinde als eine Communalpflicht, die in normannischer Zeit wohl nur juristisch ungenau als eine „wechselseitige Bürgschaft" bezeichnet wird. Dabei liegt aber die Vermuthung nahe, daß die Bürgschaft bei einem Than im Ganzen leichter zu erlangen war, während eine Bauergemeinde sich zur Uebernahme einer Verantwortlichkeit schwer entschließt. Ohnehin war die Verbürgung durch einen Mächtigeren mit socialen Vortheilen verbunden, welche die Genossenschaftsbürgschaft nicht bot. Das System der Zwangbürgschaften führte also den landlosen Mann wohl überwiegend in die Abhängigkeit vom großen Grundbesitz und konnte leicht mit den Rechten des Grundherrn über seine angesiedelten Lehnleute und Hausdienerschaft zu einer Gerichtsgewalt zusammenschmelzen. Je ernstlicher dies System durchgeführt wurde, um desto fester wurde nun das Niederlassungsrecht, welches die ganze landlose Bevölkerung entweder dem Grundbesitz eines Thanen und einer von ihm abhängigen Gemeinde, oder einer freien Bauerschaft, decenna, einverleibte. Allerdings konnte der Freie den Bürgen wechseln, d. h. umziehen. Er muß aber einen anderen Bürgschaftsverband gewinnen. Sowohl diese Schwierigkeit wie die ökonomische Abhängigkeit fesselte die Masse der freien Bevölkerung de facto fast eben so beständig an ihre zeitige Niederlassung, wie die als Sachen besessenen Leibeigenen. Am Schluß der angelsächsischen Zeit ist die ganze Bevölkerung in freie und noch viel zahlreichere unfreie Bauerschaften aufgetheilt, die sich dann in Hundertschaften und analoge größere Verbände gruppiren.

In weiterer Verbindung mit diesem System einer Ortspolizei stand dann eine weitere Haftung der Hundertschaft***) zur Verfolgung von Dieben und zur Stellung ihrer Mitglieder vor Gericht. Nach dem Vorbild der Kirche hatte man auch, wie auf dem Continent, daraus ein Rügeverfahren mit einer Pflicht der Hundertschaft zu eidlichen Anzeigen zu bilden versucht (Aethelred III. c. 3. § 3.), dessen genauere Gestaltung aus den angelsächsischen Gesetzen indessen nicht erkennbar ist.

Einrichtungen dieser Art ergaben sich aus der späteren Gestaltung des Volksbannes zur Landesmiliz, der alten Wehrpflicht zu einem Polizeidienst für die innere Sicherheit des Landes. Als Resultat ist jedenfalls so viel erkennbar, daß sich aus der Strafgerichtsbarkeit ein zusammenhängendes System einer Friedensbewahrung mit einem festen Niederlassungsrecht, und gesetzlicher Haftung der kleinen Bauerschaften herausgebildet hat, — ein System, welches in normalen Zeiten nach dem Zeugniß der Geschichtschreiber den inneren Frieden und Wohlstand des Landes in hohem Maße zu sichern geeignet war.

*) **Ueber die Gerichts-Verfassung** sind die Nachrichten und die gesetzlichen Anordnungen zahlreich, aber wenig zusammenhängend; die Hauptsache wird wie gewöhnlich vorausgesetzt. Ein Gesammtbild ist nur möglich im Zusammenhang mit der so typisch übereinstimmenden Gerichtsverfassung anderer germanischer Stämme. Eine Uebersicht giebt Phillips, Angelf. Rechtsgesch. S. 166—210, Lappenberg's Geschichte Bd. I. 581—592, 601 ff., ferner reichhaltig aber mit Vorsicht zu gebrauchen Palgrave, Commonwealth Bd. I.

1) Das Grafschaftsgericht, Shir-gemote, ist ursprünglich identisch mit den Landesversammlungen der kleinen Königreiche. Die Unterordnung derselben unter das vereinigte Reich und die Theilung der größeren Königreiche in shires (von einem mäßigen, zur Verhandlung der Gerichtsgeschäfte nicht zu großen Umfang) läßt dann das Grafschaftsgericht als

die normale Kreis- oder Provinzialversammlung der späteren Zeit erscheinen, die noch immer vorzugsweise als „Volksversammlung", folkgemote, bezeichnet wird (LL. Aelfr. c. 22, 38). Sie erscheint als die Hauptgerichtsversammlung (Edg. III. 5, Cn. II. 18, 19, sodann LL. Henr. I. 7, §. 2 und 4) und soll jährlich zwei Mal gehalten werden in Anwesenheit des Ealdorman und Bischofs. Das Namensverzeichniß dieser Grafschaften enthält Simon von Durham in der Geschichte des heiligen Cuthbert: Anglia habet triginta duo Sciras extra Cumberland et Cornwalas. In Cornwalas sunt septem parvae Scirae. — Sunt hae triginta duo Scirae divisae per tres leges: West Sexenalaga, Denelaga, Merchenelaga. West Sexenalaga habet novem Scyras: Suthsexia, Suthwai, Kent, Berocscire, Wiltescire, Sudhamtescire, Somersetescire, Dorsetescire, Devenascire. — Denelaga habet quindecim Sciras: Eborascira, Snotinghamscira, Deorbiscira, Leorcestrescira, Lincolnescira, Norhamtunscira, Huntedunescira, Grantebrigescira, Northfolc, Sudfolc, East Saxe, Bedefordscira, Hertfordscira, Midlesexa, Bukingehamscira. — Merchenelaga habet octo Sciras: Herefordscira, Gloucestrescira, Wircestrescira, Scrobscira, Cestrescira, Steadfordscira, Warewicscira, Oxenefordscira. (Palgrave I. 48.) — Sehr nutzbare Nachweisungen über die geschichtliche Bildung der Grafschaften giebt die Introduction zum Census von 1851; über das Alter der Grafschaftsnamen Kemble I. Cap. 8.

Mochte der Ealdorman an der Sitzung des Grafschaftsgerichts Theil nehmen oder nicht, so war jedenfalls der shiregerefa der regelmäßige Leiter der laufenden Geschäfte schon in früher Zeit (vergl. Wihtr. 22; In. 73; Alfr. 22, 34; Edw. I. pr. 2), und ebenso wird bei den Einzelgeschäften regelmäßig nur der shiregerefa genannt, wie bei der Vollstreckung der Urtheile (Athlr. I. 4 pr. § 1; Cn. II. 33), bei der Einziehung der Bußen und verwirkten Güter. Vor dem gerefa werden Kaufgeschäfte abgeschlossen (Athst. II. 10, Edw. III. 5), er beaufsichtigt die Münzen (Cn. II. 8), er sorgt für den richtigen Eingang der Abgaben an die Kirche (Athlst. I. pr. und §. 4; Edg. I. 3; Athlr. VIII. 8.; Cn. I. 8). Vergl. die Zusammenstellung in Schmid Gloss. S. 795. Wenn neben dem shiregerefa einmal ein shireman erwähnt wird (In. Cap. 8) so kann allenfalls noch gemeint sein ein gewählter Vorstand der Grafschaft, der aber in Gerichtsgeschäften durch den vom König ernannten gerefa verdrängt wurde. Solche gewählten Beamten der älteren Ordnung konnten noch fortbestehen für die Miliz und damit zusammenhängenden Polizeigeschäfte, wie es sich in ähnlicher Weise auch mit dem hundredman verhalten mag. Bei der häufigen Erwähnung der gerefas ist übrigens zu beachten, daß die Vieldeutigkeit des Wortes auch bloße Gutsverwalter des Königs und die Vögte der großen Grundherren mit umfaßt.

Ueber die Beschränkung des Grafschaftsgerichts auf Thane als active Mitglieder vergl. Biener, Engl. Geschw.-Ger. III. 131. Phillips, Angelsächs. Rechtsgesch., Note 470, 471, 486 und die LL. Henr. I. § 29.

2) Das ältere Verhältniß des Hundertschaftsgerichts ist in mancher Hinsicht unklar. In den Gesetzen erscheint die Hundred als Bezirk unter König Edgar (959—75). Von da an ist die Erwähnung des hundredcourt eine ziemlich häufige, namentlich auch des regelmäßigen Turnus von vier Wochen (Edm. II. 8., Edg. I. 1.; Cn. II. 17; Henr. 7, § 4, 51, § 2; Edw. Conf. 32, § 12). Weiter zurück gehen die Nachrichten, welche die Einführung

einer großen Zahl von Grafschaftsbeamten, also auch wohl von Grafschaftsbezirken, auf König Alfred zurückführen, dem Malmesbury de gest. Anglor. lib. II. 4. die Einführung der hundreds geradezu zuschreibt: centurias, quas hundred dicunt, — ut omnis Anglus, legaliter duntaxat vivens, haberet et centuriam et decimam. Noch deutlicher, freilich weniger zuverlässig, Ingulph in seiner historia Croyland I. 41: Totius Angliae pagos et provincias in comitatus primus omnium commutavit; comitatus in centurias, i. e. hundredas, et in decimas, i. e. trithingas divisit, ut omnis indigena legalis in aliqua centuria et decima existeret, et si quis suspectus de aliquo latrocinio per suam centuriam vel decuriam vel condemnatus vel invadiatus poenam demeritam vel incurreret vel vitaret etc. Auffallend ist allerdings die Schweigsamkeit Bedas, der Sachsenchronik und der älteren Urkunden über die Hundertschaft, während sie die Grafschaft, ihren Inhalt und einzele Ortschaften so oft erwähnen. Allein ich folgere daraus nur, daß die Hundred zunächst als Unterbezirk für den Heerbann (wie überall) bestand, mit diesem frühzeitig verfiel, und daher für den Landesverkehr wenig Interesse hatte. Es bleibt nach Allem die wahrscheinlichste Combination, daß als unter Alfred eine neue Regelung des Heerbanns und der Hundreds zu militairischen Zwecken stattfand, die Hundred auch gleichzeitig als Gerichtsbezirk in Wirksamkeit trat, in welchem nunmehr der shiregerefa periodisch Gerichtstage halten sollte. Neben ihm konnte ein besonderer hundredsealdor noch vorkommen, wo ein solcher schon nach älteren Einrichtungen bestand (Edg. I. 2, 4, 5. IV. 8—10), und nunmehr zu Miliz- und Polizeizwecken dienen.

Das System der Gesammtbürgschaften ist früher in sehr übertriebener Weise zur Grundlage des ganzen angelsächsischen Staatswesens gemacht worden, indem man Aussprüche der normannischen Zeit ohne Weiteres auf ältere Jahrhunderte zurückbezog. Es gilt dies auch von der Schrift G. L. Maurer's über die Freipflege 1848. Es bedarf dagegen einer Revision aller Nachrichten über die angelsächsische Bürgschaft, wie sie z. B. Schmid Glossarium S. 644 bis 649, giebt. Ein sehr entschiedenes Verdienst für die kritische Aufklärung hat Marquardsen: über Haft und Bürgschaft bei den Angelsachen, 1851, mit welchem nach sorgfältiger Untersuchung im Resultat übereinstimmt Konrad Maurer, krit. Zeitschrift Bd. I. S. 87—96. Die älteren Gesetze sprechen unzweifelhaft nur von Prozeßbürgschaften, namentlich cautio judicio sisti. Die Haftung des Herrn zur Prozeßgestellung seiner Hausgenossen und Dienstleute erscheint zuerst in den LL. Inae 22, allgemeiner Athelstan III. 7: omnis homo teneat homines suos in fidejussione sua contra omne furtum; woran sich die zahlreichen Vorschriften schließen, daß Niemand einen Dienstmann annehme, der nicht vorher bei seinem früheren Herrn alle Verbindlichkeiten erfüllt und dessen Entlassung erhalten habe, sowie daß landlose Leute (Athlst. II. 8) sich nicht herumtreiben sollen, ohne in ein Dienstverhältniß zu treten. Von der Verpflichtung der kleineren Grundeigenthümer, einer bestimmten Zehntschaft anzugehören, ist vor Cnut. II. 20 cit. nicht die Rede. Erst die in der normannischen Zeit redigirten sogenannten Gesetze Wilhelm's I., Heinrich's I. und Eduard's des Bekenners sprechen von der „Freibürgschaft" als einer angeblich „wechselseitigen" Bürgschaft und einem allgemein geltenden polizeilichen Institut. Indessen ist das Wesentliche doch wohl angelsächsischen Ursprungs. Schon in Edgar I. 2, 4, wird der theoding-man als Untergeordneter des hundredes-man erwähnt, und die theoding selbst in Athelst. VI. 4, 8, §. 1, und Cnut II. 20. Als militairische Untereintheilung der Hundred ist die Zehntschaft überhaupt unentbehrlich und sicherlich uralt, und da die verfallenden Milizeinrichtungen seit Alfred zu polizeilichen Zwecken dienen, so ist der Schluß wohl gerechtfertigt, daß so wie die Hundredschaft nunmehr Grundeintheilung für Heerbann und Gericht geworden war, nun auch die Zehntschaft als Unterglied zu allen Zwecken diente. Sie kann dann aber im Gegensatz der Thane und der von ihnen verbürgten Leute nur einen Bauerschaftsverband von kleinen Eigenthümern bedeuten. An eine bloße Landeseintheilung ist um so weniger zu denken, als ja überhaupt geschlossene Ortschaften in England die Ausnahme sind. Es liegt also sehr nahe, daß man sich an den praepositus solcher Zehntschaft ebenso zu Gerichts- wie zu Milizzwecken hielt, daß der Königliche Voigt die Gestellung des beklagten Genossen zunächst von ihm verlangte, wie vom Thanen die Stellung seines Schützlings, daß er also im Fall der Nichtgestellung die Geldbuße zu zahlen hatte, die er womöglich von dem Schuldigen event. von seiner Bauerschaft wieder einzog, was dem Erfolge nach zu einer Haftung der Zehntschaft führt, die in der normannischen Zeit juristisch incorrect als „wechselseitige" Bürgschaft bezeichnet wird. Dies Verhältniß finde ich auch angedeutet in den Leges Edw. Conf. Cap. 20 §. 4 (Text Harl.): Quod si facere non poterit (wenn sich der praepositus nicht reinigen kann), restauraret dampuum, quod ipse fecerat, de proprio forisfactoris quantum duraverit, et de suo; et erga justitiam emendent, secundum quod legaliter judicatum fuerit eis, — und nach dem Text des Hoveden Cap. 19 §. 4: Quid si facere non posset, ipse cum Frithborgo suo damnum restauraret de proprio malefactoris quantum duraret. Quo deficiente, de suo et Frithborgi sui perficeret, et erga justitiam emendaret, secundum quod legaliter judicatum fuisset. Dies Verhältniß entspricht so sehr dem späteren System der Büßungen von Zehntschaften, Hundertschaften und Grafschaften, und ist so wohl vereinbar mit der Wortfassung der Quellen normannischer Zeit, daß diese Lösung des Streitpunktes wohl annehmbar erscheinen wird (vergl. Palgrave I. 192—197). Von den großen Grundherren erlangte man ähnliche Einrichtungen: Si tunc sit aliquis qui tot homines habeat, quod non sufficiat omnes custodire, praepositum talem praeponat sibi singulis villis, qui credibilis ei sit et qui concredat hominibus. Et si praepositus alicui eorum hominum concredere non audeat, inveniat XII. plegios cognationis suae, qui ei stent in fidejussione (Athlstan Conc. Fevresham.) So gestaltete sich die Haftung dieser Schulzen bei freien und unfreien Gemeinden ziemlich ähnlich. Wie man in Frankreich die zersprengten Bauern zu militairischen Zwecken nöthigte, sich selbst einen senior zu suchen (Karl der Kahle a. 847), so werden hier zu polizeilichen Zwecken die kleinen Leute genöthigt, sich einen Than zu suchen, oder alternativ eine Bauerschaft.

Unter dem Namen seignorial und collective frankpledges faßt Anstey, Guide Const. History (S. 121), dies System zusammen zugleich mit der praktisch treffenden Bemerkung, daß diese Einrichtung sich an der Stelle der modernen besoldeten Constabler und stehenden Heere befindet. In gleicher Unterordnung unter den Königlichen Vogt und das Hundertschaftsgericht steht die herrschaftliche Gemeinde unter dem herrschaftlichen Schulzen, die freie Bauerschaft unter dem Gemeindeschulzen. Uebrigens ist die Ortsgemeindeverfassung für beide gleichartig. Das Positive ist die zwangsweise Vereinigung der nachbarlichen Elemente zu Miliz- und Polizeizwecken, ohne daß bei diesen Bauerschaften an geschlossene Dörfer zu denken wäre. Wo das Institut der collective frankpledge fehlt, wie in Northumberland und einigen nördlichen Theilen, hat sich die polizeiliche Haftung der alten townships und boroughs durch die Miliz- und Polizeigewalten des Königs analog gestaltet. Anstey 122.

***) **Ueber die weitere Haftung und Rügepflicht der Hundertschaft** erwähnen die angelsächsischen Gesetze zunächst die Verfolgung von Dieben und die Stellung ihrer Mitglieder vor Gericht (Edg I. 5; Cn. II. 20; Henr. 8, § 2; Wil. I. 22, III. 3 u. s. w.) Die hundred haftet in subsidium für die villa wegen des nicht entdeckten murdrum Edw. Conf. c. 15, 16. Als Hauptstelle für ein förmliches Rügeverfahren dient aber die freilich isolirte in Aethelred III. c. 3, § 3:

> .... Und daß man ein Gemot in jedem Wapentäke (hundred) habe, und daß die zwölf ältesten Thane hinausgehen und der Gerefe mit ihnen, und schwören auf das Heiligthum, welches man ihnen in die Hand giebt, daß sie keinen Schuldlosen beklagen und keinen Schuldhaften verhehlen wollen.

Ueber die Anknüpfung der späteren Anklagejury an diese Stelle vergl. Biener. das Engl. Geschw.-Gericht Bd. I. § 12 (und unten II. Periode). Im Zusammenhang mit polizeilichen Functionen stand auch offenbar die häufige Abhaltung der Hundertschaftsgerichte von vier Wochen zu vier Wochen.

Eine neuere Auffassung des angelsächsischen Rechts macht sich aus der Gesammtgestalt des Hundertschafts- und Grafschaftsgerichts ein lebendiges Bild einer allseitigen Thätigkeit im öffentlichen Leben. Ein solches Bild entwirft schon Palgrave, noch lebhafter Anstey, Guide Const. History, S. 126 ff. in folgender Weise:

Das Hundertschaftsgericht wird monatlich unter dem Bischof und Eealdorman abgehalten mit den Thanen und „Landlords" der Hundert, mit dem Priester, dem Reeve und den vier Männern aus jeder Ortschaft. Der Reeve repräsentirt den Grundherrn, und erfüllt polizeiliche und Zeugnißpflichten in dessen Namen. Er wird aber nicht vom Grundherrn ernannt, sondern durch die Männer der Ortschaft erwählt, und ebenso die ihn begleitenden vier Männer. Die meisten Geschäfte des Hundertgerichts werden indessen durch Ausschüsse von 12, zuweilen von 24 und 36 Männern versehen. Der Gerichtshof hat Civil- und Strafgerichtsbarkeit, Steuereinschätzungen und andere Geschäfte

Das Grafschaftsgericht wird ebenso von dem Bischof und Ealdorman unter Assistenz des shiregerefa abgehalten mit den „Landlords" der Grafschaft, entweder in Person oder vertreten durch ihre reeves. Dazu treten 12 „Geschworene" aus jeder hundred, ebensoviel aus jeder burgh und jeder Krondomäne, und endlich der reeve und die vier Männer aus jeder Ortschaft. Hier wurden die placita coronae entschieden, der öffentliche Friede gehandhabt, die Rechte der Kirche geschützt, und eine Reihe von Civil- und fiskalischen Geschäften erledigt, in Concurrenz mit der Hundertschaft oder durch Appellation von der Hundred.

Die großen Landesversammlungen sind dann endlich eine Zusammenfassung derselben Elemente im größten Maßstabe.

Nachweisbar ist diese Gestaltung im Einzelen nicht. Es liegen augenscheinlich Interpolationen aus der normannischen Zeit dabei zu Grunde. Richtig aber ist wohl eine vielseitigere Betheiligung der Bevölkerung an den Gerichtsversammlungen, als wie solche aus den Rechtsquellen allein erkennbar wird, wenn diese Theilnahme auch in der Regel durch Ausschüsse und für die kleineren Gemeinfreien vorzugsweise zur Erfüllung polizeilicher Pflichten zu denken ist.

Der Volksfriede der ältesten Zeit, d. i. der ursprüngliche Antheil der Gemeindeverbände an der Verfolgung und Büßung der Rechts- und Friedensbrüche ist also zu einem Königsfrieden geworden, und ausgedehnt zu einem weiteren System der Verhütung von gewaltsamen Rechtsverletzungen. An der Stelle der alten Geschlechtsverbände stehen positiv gestaltete kleinere und größere Gemeindeverbände, über welchen der König als hlâford und mundbora des ganzen Volkes (Chr. Sax., a. 921) als oberster Bewahrer des Friedens mit weitgehenden anordnenden Gewalten dasteht.

III. Die Kirche der angelsächsischen Zeit stellt zu diesen Verhältnissen des Heerbannes und des Gerichts die nothwendige Ergänzung dar. Ohne die Kirche hätte der zersetzende Einfluß des ungleichen Besitzes auf die germanische Verfassung zur Verwilderung oder zur Knechtung der Masse des gemeinfreien Volks führen müssen. Die weltliche Seite der Staatsbildung ist in der That auf dem Wege dazu. Jene Taxen menschlicher Glieder nach Schillingen, jene Abstufung des Wehrgeldes (Menschenlebens) nach Hufen, jenes Abschätzen der Eideshelfer und der Eide nach Landbesitz, hätte ohne Gegengewicht in der Kirche zu einem rohen Materialismus geführt, wie er die weltliche Seite des Staatslebens im Mittelalter wirklich zum Theil erfüllt.

Die Thätigkeit der Kirche wird am sichtbarsten, wenn man sie von unten nach oben hinaufgehend verfolgt in ihrer Thätigkeit für die Klassen, welche in der weltlichen Gerichts- und Heeres-Verfassung schutzlos oder mit mangelhaftem Schutz dastehen. Und diese Klassen bilden von Anfang an die große Mehrheit der Bevölkerung: Leibeigene, Frauen, Kinder. Die Kirche war es, welche zuerst dem Knecht einen Ruhetag, einen eigenen Erwerb, eine wirksame Freilassung verschaffte. Sie beschränkte zuerst den Verkauf der Hauskinder. Sie hat die Ehe versittlicht, und schrittweise die Erhebung und annähernde Gleichstellung der Frauen im Privatrecht bis zum Schluß der sächsischen Zeit durchgesetzt. Sie ist die erste Schöpferin einer Armenpflege, welche, planlos und unvollkommen genug, doch dem armen Heimathlosen und Wanderer Hospiz und Speisung bot bei Klöstern und Pfarrkirchen. Sie ist die erste Schöpferin eines Unterrichts für die höheren Klassen; während niedere Geistliche und Mönche allen Klassen durch Rath und Belehrung zugänglich blieben. In jener Zeit sind die Klöster die ersten Wiegen gewerblicher Fertigkeit, und alle kirchlichen Einrichtungen der Milderung der Sitten und friedlichem Verkehr zugewandt. In diesem Sinne bemächtigt sie sich auch des Vereins- und Gildewesens, und bildet die ersten Mittelpunkte eines friedlichen Tauschverkehrs in Messen und Märkten. In das Gerichtswesen einwirkend, fördert sie den allmäligen Uebergang des Geldbuße-Systems in öffentliche Strafen. Im gerichtlichen Beweise bemächtigt sie sich des Aberglaubens der Gottesurtheile, läßt die Betheiligten vorher beichten und nach dem Resultat der stillen kirchlichen Untersuchung die Feuer- und Wasserproben ausfallen, bis später die Zeit kam sie gänzlich aufzuheben. In die höheren Kreise des Staatslebens hinauf erstreckt sich dann der Einfluß der Geistlichkeit auf die Berathungen der Landesversammlung und auf ihre Geschäftsführung, für welche sie allein ein schreibkundiges Personal stellen konnte.

So ist die Kirche mit einem Worte der zweite Staat zur Ergänzung der Funktionen, für welche sich in dem Heer-, Gerichts- und Polizeiwesen noch kein wirksames Organ fand. Diese Wirksamkeit wird um so verständlicher, je lebhafter man die Zersetzung der Gesellschaft und die daraus hervorgehende Entartung der alten Verfassung vor Augen hat. Eben weil die germanischen Stämme zur Freiheit geboren sind, haben sie zwei Institutionen erzeugt, welche damals Hand in Hand gehend, Träger der persönlichen und socialen Freiheit im Mittelalter wurden: das Königthum und die Kirche. Das Königthum, zuerst mehr negativ, die Schutzidee des Staats, die Erhaltung der Gemeinfreiheit gegen die Uebermacht des Besitzes darstellend; die Kirche, die positive Staatsidee vertretend, die Erhebung der passiven Glieder zu menschlicher Würde, die Fortbildung des Gemeinwesens durch Erziehung, sittliche Besserung, Pflege der Künste des Friedens.

Für alle diese tiefgehenden Aufgaben bildet sich auch bei den Angelsachsen ein eigener Stand der geistigen Arbeit, der eben so wie später der Stand der erwerbenden Arbeit selbständig in das Volksleben eintritt. Der Erwerb des Besitzes, damals zunächst des Grundbesitzes, war dieser geistigen Arbeit eben so nothwendig, das Streben danach eben so rechtmäßig, wie für die geistige Arbeit in späteren Generationen. Der allmälig durchgesetzte Anspruch auf Zehnten, die überreichlichen Vergabungen an Klöster und Bisthümer, sodann die Ausstattung der Pfarrkirchen mit Zehnten und Pfarrhufen bilden einen festen Realbesitz, der schon als solcher die Geistlichkeit den höheren und mittleren Klassen einreiht.

Freilich können die Staatsfunktionen der Kirche sich zuerst

nur in losem Zusammenhang dem weltlichen Gemeindeleben dieser Zeit neben- und überordnen. Es war aus inneren Gründen unmöglich, auf diesen kirchlichen Organismus die Formen des Heer- und Gerichtswesens anzuwenden. Eine Beschließung der Grafschafts- und Hundertschaftsversammlungen über Gegenstände der Kirche hätte nur zur Verwilderung und Zersplitterung führen können. Schon ihre Stellung als die universale Lehranstalt führte zu einer Organisation von oben nach unten in Erzbisthümer, Bisthümer, Ortsämter, Klöster, welche ihren Mittelpunkt zuletzt sicher in dem römischen Primat fand. Die daraus hervorgehende monarchische Verfassung ist im germanischen Leben das erste Bild des reinen Beamtenstaats, welcher grundsätzlich alle seine Funktionen nur durch Beamte, die ihrem Stande ganz und ausschließlich angehören, üben will und kann, — unabhängig von Geburt und Besitz. Wie im weltlichen Staat der Besitz zum Amt, so führt hier das Amt zum Besitz, stellt die Bischöfe und einige Aebte den großen Thanen, die Pfarrgeistlichkeit den Grafschaftsthanen gleich. Die friedlichen Neigungen eines konsolidirten Staatslebens führen gerade in England auffallend früh die vornehmsten Familien mit Vorliebe dem geistlichen Berufe zu, und bewirken auf diesem Wege eine sociale Verschmelzung der Klassen, die der englischen Kirche schon frühzeitig eine nationale Färbung und Abgeschlossenheit giebt. Das Elend und die Verwilderung der Periode des Kampfes mit den Dänen aber wendet die Gemüther mit eigenthümlichem Eifer einer mönchischen Ordnung zu, welche nach der Zeit des Erzbischofs Dunstan die Kirche in schroffer Abgeschlossenheit der zeitigen Staatsgewalt gegenüberstellt.

In der That ist die Verbindung der kirchlichen mit den weltlichen Sprengeln eine ziemlich äußerliche. Die Bisthümer entsprechen den Grafschaftsverbänden, in welchen der Bischof mit dem Ealdorman gemeinschaftlich den Vorsitz führt, die kirchlichen Angelegenheiten aber gesondert behandelt werden. Die fundirten Pfarrkirchen fallen großentheils mit den Besitzungen der Thane zusammen. Der kirchliche Grundbesitz bleibt, mit einzelen Befreiungen, beitragspflichtig zu den wichtigsten Gemeinlasten (trinoda necessitas), wobei freilich der verfallende Heerbann der Kirche verhältnißmäßig geringe Opfer zumuthet. Vielleicht war es in nicht geringem Maße das Interesse der Kirche, welches eine durchgreifende Vertheilung des Kriegsdienstes nach dem Maß des Grundbesitzes verhindert hat.

Gegen den Schluß der angelsächsischen Zeit bildet nun die Kirche 2 Erzbisthümer, 12—15 Bisthümer (mit einigem Wechsel) und sehr zahlreiche Klöster. In dem Domesdaybook sind 1700 Pfarren verzeichnet, regelmäßig mit Pfarräckern ausgestattet. Sehr bedeutend ist der Grundbesitz der großen Kathedralkirchen und der großen Klöster; zu dem Realbesitz gehört aber auch die große Masse der Zehnten, Zinsen, Dienste und anderen Naturalleistungen, welche ganz der wirthschaftlichen Weise entsprechen, in welcher der große Grundbesitz jener Zeit das Bodeneigenthum verwerthete. Wilhelm der Eroberer fand darin ein Material zu 28,015 Ritterlehnen!

Ueber die Verhältnisse der angelsächsischen Kirche vergl. Henry Soames, the Anglosaxon Church, 1845, 1846. 2 Bde. Palgrave, Commonwealth cap. VI. Lingard, History of the Anglosaxon Church, 1845, 2 Bde. Dugdale, Monasticon Anglicanum ed. Calley etc., Lond. 1817—1830, 6 Vol. Lappenberg, Geschichte von England I. S. 188—191 (kirchliche Geographie).

Was die Verknüpfung mit der weltlichen Verfassung betrifft, so sind die Bisthümer ursprünglich für die einzelen Königreiche gegründet, entsprechen also in den kleineren Königreichen den späteren Grafschaften, während sie in den größeren Königreichen mehre spätere Grafschaften umfassen.

Das Maß ihrer äußeren Ausstattung wird an dem Grundbuch Domesdaybook unter Wilhelm dem Eroberer sichtbar. Die Pfarren sind sehr gewöhnlich mit 5—50 acres Land ausgestattet; Bisthümer und Klöster mit Herrschaften, manors, Zehnten und Grundrenten. Ueber die bestimmungsmäßige Verwendung des Zehnten ergehen von Zeit zu Zeit Reichsbeschlüsse, wie Aethelred VIII. c. 6:

„Und über den Zehnten haben der König und seine Witan beschlossen und bestimmt, wie es recht ist, daß der dritte Theil des Zehnten, welcher der Kirche gebührt, zur Kirchenausbesserung verwendet werde, der andere Theil den Gottesdienern zufalle, und der dritte Theil den Bedürftigen und armen Dienstleuten."

Das Anfangs centralisirte Einkommen der Kirche vertheilt sich immer fester an Bischofssitze, Klöster, Pfarren. Die feste Dotirung der Pfarren wird im 9. Jahrhundert zur Regel. In Domesdaybook gehört eine ecclesia sine terra zu den Seltenheiten. Aus der Weise der Stiftung hat sich ein weit verbreitetes Patronatsrecht über die Pfarrpfründen ergeben. Die Maßlosigkeit neubekehrter Völker in Freigiebigkeiten an die Kirche ist auch in England sichtbar.

Der kirchliche Grundbesitz unterliegt den gemeinen Landeslasten. Wiefern er zum Heerbann der angelsächsischen Zeit wirklich herangezogen wurde, ist nicht genau ersichtlich (Palgrave I. 156, 157); von einem gesonderten Zuzug kirchlicher Kriegsmannschaften unter einem besonderen Vogt des Bischofs findet sich nur eine Spur. Soweit die Leute der Kirche wirklich herangezogen wurden, standen sie also wohl unter unmittelbarer Leitung der Königlichen Vögte und unter oberer Führung des Ealdorman. Doch mochten große Prälaten gleich anderen Großthanen ihre bewaffneten Gefolge selbst führen. Das ganze Heerwesen wurde auch von dieser Seite aus wohl nur nach Königlichen Befehlen und administrativer Konvenienz, nicht nach festen Rechtsgrundsätzen gehandhabt.

Eine allgemeine Befreiung der Geistlichen von der weltlichen Gerichtsbarkeit wurde nicht durchgesetzt (Lappenberg I. 194), ist vielmehr nur in der normannischen Zeit gewährt. Die Höhe des Wehrgeldes (ob mit oder ohne Rücksicht des Geburtsrechts) war streitig; für die Leistung der Eide mit Eideshelfern ergingen besondere, dem geistlichen Stande entsprechende Anordnungen. (Aethelred cap. XVa.)

C. Heerwesen, Gericht und Kirche ergeben die Weise, in welcher die angelsächsischen Besitzklassen die für das Gemeinwesen nothwendigen Leistungen erfüllen — eine Weise, aus der sich die vorzugsweise Vererbung des Guts an Männer als selbstverständlich ergab. Heer-, Gerichts- und Polizeiwesen, ja selbst die Kirche, sind aber in solcher Weise auf Leistungen des Besitzes verwiesen, daß der Landlose für die unmittelbaren Ansprüche des Gemeinwesens so gut wie nicht mehr vorhanden ist. Auch der kleine Einhufenbesitz vermag jenen Ansprüchen nur noch unvollständig und dürftig zu genügen. Mit der festen Ansiedelung und wirthschaftlichen Entwickelung des Privateigenthums vermindert sich also der Kreis der leistungsfähigen Subjekte für den Staat; die Mehrzahl der Freigeborenen erscheint nur noch präſtationsfähig im Dienst der Besitzenden, verliert in diesem Sinne die Reichsunmittelbarkeit. Durch den gesammten Besitz geht fortschreitend (und stetig nach der Weise des Grundbesitzes) ein Zug zur Abhängigkeit, welcher nach rechtlicher Anerkennung strebt. Der Besitz giebt dazu die Macht, die Leistung für den Staat das Recht; nach diesem Prinzip erfolgt nun die ständische Bildung der angelsächsischen Zeit wie folgt:

1. Die öconomische Abhängigkeit der besitzlosen Klassen wird durch König und Reichsversammlung anerkannt:*) das schon vorhandene familienähnliche Verhältniß wird dadurch zum Rechtsverhältniß (vergleichbar den modernen Gesindeordnungen). Die Pflicht zur Anhänglichkeit, Liebe und Treue erscheint in bestimmten erzwingbaren Wirkungen. Die Vertheidigung des Herrn wird zum anerkannten Recht, zur Pflicht des Dienstmannes; sein Verrath gegen den Herrn zum unsühnbaren Verbrechen wie der Verrath gegen den König. Der Treueid lautet an den Herrn wie der Treueid an den König: „sicut homo debet esse fidelis domino suo, sine omni controversia et seditione, in manifesto, in occulto, in amando quod amabit, nolendo quod nolet.“ Herrendienst gilt als echthafte Noth. Von der Tödtung des Mannes erhält der Herr die Mannbuße so wie der König von unabhängigen Leuten. Der Mann steht unter dem besonderen „Frieden“ des Herrn. Auch der Dritte, welcher einen Anspruch gegen den Mann hat, soll zuerst

den Herrn angehen und dann erst das Gericht des Königs. — Dafür hat der Herr den Mann anzuhalten zur Erfüllung seiner Rechtspflichten gegen Dritte und gegen den Staat. Wie weit diese Verantwortlichkeit und Quasivertretung des Mannes in Schadenersatz und Buße ging, ist allerdings aus den Gesetzesstellen nicht ganz klar zu begrenzen. Der Kläger mochte nöthigenfalls den höheren Herrn angehen, event. das Königliche Gericht; im äußersten Fall konnte der Herr in die Lage kommen, die Buße selbst zu zahlen.

Diese Grundsätze werden zunächst für die persönliche Dienstmannschaft erwähnt. In wie weit sie auf angesiedelte Leute, cotsaeten, geburen, Zinsmänner auf Laenland, Anwendung fanden (unter denen auch Leibeigene sein konnten), ist in den Gesetzen nicht ausdrücklich gesagt, aber wohl selbstverständlich. Die polizeiliche Verhaftung des Herrn erstreckte sich jedenfalls auf alle auf dem Boden des Landherrn Gesessenen, mochten sie persönliche Diener oder Lehnleute oder Zugehörige solcher sein.

2. Die höheren Leistungen in Heerbann und Gerichtswesen führen zur rechtlichen Anerkennung eines höheren Standes,**) zu dem Begriff der Thanschaft, der angelsächsischen gentry, und weiteren Abstufungen. Schon vor der Zeit Alfreds treten die Gefolgschaftsmänner, welche die Könige und großen Herren zum Kriegsdienst und zu den militärischen Hofämtern verwenden, als eine geehrtere Klasse aus dem Stande der Gemeinfreien hervor. Aeußerlich vergleichbar den Ministerialen des Continents bildet sich diese Thanschaft aus unbestritten Freigeborenen. Mochte der Than zugleich Landeigenthümer sein oder nur mit Folkland oder Laenland ausgestattet sein, oder seinen Unterhalt nur in dem Hofhalt des Königs finden: immer brachte es schon die besondere Waffenehre und der kostbare Dienst der Schwerbewaffneten mit sich, daß die ganze Masse der Thane in der Gesellschaft höher stand, als die Masse der Einhufner und Landlosen. Die höhere Leistung in Heer und Gerichtswesen erscheint aber auch als hinreichender Grund einer höheren rechtlichen Geltung des Mannes im Bußsystem, im Beweisverfahren, in der Theilnahme am Gericht.

Der unmittelbare Ausdruck des Mannwerthes ist das Wehrgeld, welches sich auf ein Verhältniß von 200 Shilling zu 1200 Shilling fixirt hat, d. h. den Than sechsfach höher stellt, als den Gemeinfreien. Bei den Nordangeln ist es das Verhältniß von 266 Thrymsas (gleich 200 Shilling) zu 2000 Thrymsas. Letztere Summe wird verdoppelt für den Shirgerefa, und nochmals verdoppelt für den

Ealdorman oder Bischof. Seitdem nun aber unter Alfred und seinen Nachfolgern der größere Besitz von mehr als 5 Hufen Land als solcher zum ordentlichen Heerbann als Schwerbewaffneter herangezogen wird, ist die Thanschaft das Recht des Fünfhufenbesitzers als solchen, und die Würde des Thanen ein Gemisch eines Ranges durch Besitz, Dienstleistung und Amt, ähnlich den späteren Bezeichnungen barones, Mannen. Wo zwei Stufen des höheren Standes vorkommen, ein 1200 Mann (than) und ein 600 Mann (gesithcundman) mag jener den Kriegspflichtigen mit Fünfhufenbesitz, dieser den Kriegsmann ohne solchen Freibesitz bedeuten.

Analog stuft sich die Mannbuße ab, welche der König oder der Herr des Erschlagenen erhält (30, 80, 120 Sh.). Ebenso der Schutz des Hausrechts in der Verletzung des Burgfriedens (5, 15, 30 Sh., beim Bischof 60, beim Erzbischof 90 Sh.). Analog die Bußen für die Verletzung der Keuschheit und das Mundium der Wittwen.

Da nun aber das ganze Rechtssystem dieser Zeit zunächst auf einem Rechtsschutz durch Bußen beruht, so ist die durchgehend höhere Buße die Anerkennung eines höheren Klassenrechts oder Standes. Wo das Grundeigenthum Vorbedingung der Staatsleistungen geworden ist, muß das größere Eigenthum kraft seiner Prästationen der Rechtstitel zu größerer Geltung im Gemeinwesen werden. Und hat sich ein erhöhter Maßstab für die Normalleistung gebildet (wie in der späteren angelsächsischen Zeit der Fünfhufenbesitz), so erscheint umgekehrt der kleinere freigeborene Mann nicht mehr als voller Mann. Die Mehrzahl der Freigeborenen sinkt zu unvollständigen Subjekten für das Staatswesen, zu einem niederen Stande herab. Gerade die Gewöhnung an Selbstthätigkeit im Gerichts- und Heerwesen, — der gewaltige Charakterzug des germanischen Lebens, — führt nach der festen Ansiedelung zu starken Klassengegensätzen, die ihren unmittelbarsten, naiven Ausdruck in einer stufenweisen Geldschätzung finden. Daß es sich um feste Rechtsvorstellungen handelt, zeigt die ursprüngliche Entstehung der Sätze aus der Praxis der Volksgerichte.

3. Aus dem Zusammenwirken der beiden vorigen Verhältnisse entwickelt sich allmälig der Begriff einer Grundherrlichkeit.***) Der Haus- und Landherr hatte zunächst die factische Macht, seinen Gesith zu entlassen, dem Hintersassen sein Laenland zu nehmen. Aus dieser herrschaftlichen Stellung ergiebt sich de facto ein Entscheidungsrecht des Herrn über Streitigkeiten seiner Gesith- und Laenleute unter sich. Eine Anrufung des Königlichen Gerichts wider Willen des Herrn hätte die ganze öconomische Stellung

des Mannes gefährden müssen. Allein auch Ansprüche Dritter sollen zuerst bei dem Herrn angebracht werden; thatsächlich werden sie gewöhnlich durch seine Vermittelung geschlichtet. Der Theil der Wette (wite), der bei Unabhängigen dem Königlichen Sheriff gezahlt wird, fällt hier an den Herrn, als analoge Anerkennung seiner Friedensvermittelung. Dazu kommt, daß der Grundherr bei Stellung des Contingents zum Heerbann nach seinem Eigenthumsbesitz eingeschätzt wird, also seine Lehnleute darin vertritt. Als ferner die erweiterte Polizeihaftung des Herrn für alle auf seinem Boden Gesessene hinzutrat, mußten der polizeilichen Pflicht auch polizeiliche Rechte entsprechen: jene polizeiliche Haftung für den Mann (für die der Herr selbst sich wieder Bürgen stellen lassen konnte), führte offenbar zu einem Verhaftungsrecht und anderen präventiven Maßregeln.

Durch die Anerkennung des Staats wird hier aus einem häuslichen imperium eine wirkliche jurisdictio, ein zusammenhängendes Ganze, welches für den gewöhnlichen Lebensverkehr das eigentliche wirksame Gericht für die Abhängigen darstellte. War der Grundbesitz so bedeutend und zerstreut, daß der Herr seine Leute nicht zu übersehen vermochte, so sollte er den einzelen Verbänden Vögte vorsetzen, praepositi, welche in dem polizeilichen Bürgschaftssystem den Schulzen der freien Bauernschaften coordinirt erscheinen mußten. Die so abgeschlossenen Bezirke heißen saca et soca, später Freibezirke. Mit der wachsenden Macht der Großen gehen stückweise auch noch weitere Königliche Rechte auf diese Grundherrschaften über, seit der Zeit Cnuts auch eine niedere Strafgewalt. Wo in solchen geschlossenen Herrschaften noch sporadisch freie Allodbauern angesessen blieben, war zuletzt aus praktischen Gründen kaum ein anderer Ausweg möglich, als kraft Königlicher Verleihung sie dem herrschaftlichen Gericht mit unterzuordnen (Cod. dipl. No. 902).

Erwägt man nun, daß die größten Grundherren durch ihre bewaffneten Gefolgen auch die wirksamen Zwangsmittel zur Aufrechterhaltung des Friedens in unmittelbarer Nachbarschaft besaßen, daß ihre grund- und dienstherrlichen Gewalten, ihre Militär-, Gerichts- und Polizeiherrschaft mit jeder Generation enger in einander wuchsen, so ergaben sich hier schon die Grundlagen eines Kleinstaatenthums, analog wie auf dem Continent. Die großen herrschaftlichen Bezirke mit mehren herrschaftlichen Schulzen stellten sich nun coordinirt neben die Hundertschaften. Der Grundbesitz kleiner Thanen coordinirte sich wenigstens den Zehntschaften der Allodbauern. Grundsätzlich umfaßt allerdings der Amtsbezirk der Grafschaft alle diese Herrschaften in sich; gegenüber einer abgerundeten saca et soca ist aber das Einschreiten des Königlichen Shirgerefa nur noch die thatsächliche Ausnahme, ein beschränktes Recht, ein Königliches Reservat.

Durch Vermittelung dieser Gesetzgebung erscheinen die durch den Besitz gesonderten Klassen nun auch in rechtlicher Abstufung als Stände,****) bei denen außer den angelsächsischen Gesetzen auch die Geschichtschreiber und die Staatsurkunden zu beachten sind:

1. Als erste Klasse erscheinen die großen Thane, d. h. die Inhaber großer Herrschaften und bewaffneter Gefolgschaften. Ihre Zahl war, wie die Urkunden und die Natur der Sache ergiebt, eine geringe, vergleichbar der Zahl der späteren barones majores. Sie sind rechtlich ausgezeichnet durch eine eigene Gerichtsbarkeit saca et soca in dem Umfange eines Hundertgerichts. Nach einer Andeutung im Chron. Eliense betrachtete man damals etwa einen Vierzighufenbesitz als geringstes Maß des standesmäßigen Besitzes eines solchen Großthans. Thatsächlich besetzen sie die hohen Hofämter und die weltlichen Würden der Ealdormen. Thatsächlich erscheinen sie als die Führer bewaffneter Gefolge. — Immer ist jedoch ihre Abgrenzung gegen die kleineren Thane keine streng rechtliche. — Ihnen gleichstehend sind in der geistlichen Hierarchie die Bischöfe und einige große Aebte. Durch Würden und Besitz zugleich erhoben, stehen die Bischöfe auf einer höheren Stufe des Wehrgeldes als die übrigen Thane.

2. Eine Art von Mittelklasse (gewissermaßen den Mittelstand der Zeit) bilden die mehren Tausend Grafschaftsthane, d. h. die Besitzer von mehr als fünf Hufen Land und die kriegerischen Ministerialen, twelf-hyndemen, beziehungsweise six-hyndemen. Die ersteren bilden (als witan) den regelmäßigen Bestand der Grafschafts-Versammlung, und wo sie zahlreich genug sind, auch im Hundertgericht. Der Beruf der Thane zu den Königlichen Aemtern ist aber so selbstverständlich, daß der Ausdruck Than für einen Königlichen Beamten, einen Königlichen Kriegsmann und für einen größeren Grundbesitzer abwechselt. Aus der geistlichen Hierarchie rechnet man zu dieser Klasse die ordinirten Priester als „Messethane."

3. Die dritte Klasse bilden die kleineren Landbesitzer, welche noch immer einen thätigen Bestandtheil des Hundertgerichts bilden, wo der freie Bauerstand noch zahlreich genug, und nicht wie in vielen Theilen von der Thanschaft schon erdrückt ist. Daran reihen sich die landlosen Leute, theils im Hofdienst oder auf Laenland ansässig, gesetzlich genöthigt sich unter die Friedensbürgschaft eines

Thanen oder einer genossenschaftlichen Zehntschaft zu stellen. Sie alle sind liberi homines, aber nur noch im privatrechtlichen Sinne, im Gegensatz der Leibeigenen. Sie leisten auch noch Kriegsdienste, selbst als Schwerbewaffnete, aber nur im Gefolge größerer Besitzer; während die gemeine Heerpflicht der kleinen Besitzer mehr dem Namen nach und für den äußersten Nothfall besteht. Um dieser gemeinsamen Merkmale willen faßt sich die Gesammtklasse in der späteren angelsächsischen Zeit unter dem Namen ceorls zusammen. Wegen des normalen Wehrgeldes von 200 Sh. heißen sie twy-hyndemen.

Diese Abstufungen von Ständen sind zunächst gegeben durch den Besitz, in zweiter Linie durch den Beruf. Wie der Besitz aber vererben sie durch die Geburt, und nähern sich mit jeder Generation dem Charakter eines Geburtstandes. Die großen Aemter und Prälaturen sind dem Rechte nach nicht erblich; der Sache nach werden sie dem Erben des Großthan unter gewöhnlichen Umständen häufiger verliehen als versagt. Noch massenhafter erscheinen die kleineren Thane durch Besitz und durch Eintritt der Söhne in dasselbe Dienstverhältniß wie erbliche Klassen; die Söhne haben „Thanrecht" auch schon vor Antritt des väterlichen Besitzes. Am sichersten traf diese erbliche Abschichtung die ceorls in ihrer niedrigen, allmälig fast verachteten Stellung.

Dem ceorl gegenüber faßt man die höheren, politisch einflußreichen Klassen als „eorls" zusammen. Auch erscheinen schon Ausdrücke, welche Erblichkeit andeuten, wie ceorlisceman, ceorlborn, thegenborn, ethelborn. Die wiederholten Zusicherungen, daß auch die neuen Erwerber von fünf Hufen Land 2c. Thanrecht haben sollten, drücken aus, daß die höhere Klasse sich nicht nur positiv als erblich zu betrachten anfing, sondern auch einen Empörkömmling nicht gern mehr als ihres Gleichen ansah.

Bei der Grundauffassung dieser Ständeverhältnisse durchkreuzen sich zwei Anschauungen. Die etwas ältere sieht den Gemeinfreien noch als die normale Grundlage des Staates an und betrachtet die höhere Klasse als eine erhöhte Ehre. Seit Canut dagegen erscheint der Than als der eigentliche „liberalis homo," dem gegenüber der ceorl als illiberalis bezeichnet wird (L. L. Cnuti III. 21. 25), ohne daß deshalb dem ceorl der Charakter der Freiheit im privatrechtlichen Sinne bestritten ist. Neben liberalis homo erscheint daher auch der Than wieder als liberalior.

*) **Ueber die Anerkennung eines rechtlichen Abhängigkeitsverhältnisses** der dienenden und auf geliehenen Besitz angesiedelten Klassen vergl. K. Maurer, Krit. Zeitschr. II. S. 331—365. Mit Unrecht hat man die

rein persönlichen Eide der sächsischen Zeit (vergl. die Formel Schmid Anhang S. 405) in Verbindung gebracht mit dem späteren Lehnswesen. Die Rechtsanschauungen der germanischen Völker sind noch Jahrhunderte lang nach der Ansiedelung bestimmt durch die Grundidee der persönlichen Pflichten und Rechte. Der Gesammtstaat wird noch regelmäßig durch den Volksnamen bezeichnet. Die Verschiedenheit des Besitzes erscheint noch als eine Verschiedenheit der freien Personen von wegen des Besitzes. Ebenso ist nur die Rede von einer Abhängigkeit eines Volksstammes von dem andern. Vergl. darüber die treffenden Bemerkungen bei Palgrave I. 586 (nations considered themselves as encamped upon the land). Jene Abhängigkeitsverhältnisse sind noch als rein persönliche gedacht, vergleichbar den modernen Gesindeordnungen.

) **Die Abstufungen der Klassen nach dem Wehrgeld, die Anwendung analoger Stufen auf das ganze Bußensystem und auf das Gewicht der Eideshelfer, ist dem angelsächsischen Recht mit den Volksrechten des Continents gemein. Die große und frühzeitige Ungleichheit des Besitzes erscheint aber bei den Angelsachsen in dem weiten Abstand der Klassen (200 Sh., 1200 Sh. ꝛc.), während auf dem Continent die Abstände durchschnittlich geringer sind, wie bei den Alemannen der Meliorissimus 240, der Medianus 200, der Minofledis 160, der Freigelassene 80 Shilling.

Der Normalmaßstab von 200 Shilling für den ceorl (als gleichbedeutend mit twyhyndeman) findet sich zunächst bei Alfred 10, 18 § 1, 2. 29, 39, 40, nach dem Recht von Wessex. Derselbe Ansatz findet sich in dem angelsächsischen Aufsatz über das Wehrgeld (Schmid, Anhang VII. S. 394—399) als das Recht von Mercia. — Nach dem Gesetz der Norderleute soll des ceorl's Wehrgeld 266 Thrymsen sein, „das ist 200 Shillinge nach Mercischem Recht." (Cap. 2. §. 6.)

Das Wehrgeld des Thans wird nach Mercischem Recht ausdrücklich als „sechsmal so viel, d. i. 1200 Shillinge," bezeichnet (Cap. 3. §. 1). Ebenso nach westsächsischem Recht (Cap. 1. §. 1). Ebenso in in der LL. Will. I. 8, wo der Than auf 20 £ nach Mercen Law, auf 25 £ nach Westsaxon Law angesetzt wird (was dem Betrage nach dasselbe ist, weil der Mercische Shilling 4 d., der westsächsische 5 d. hat).

Sehr streitig ist die Stellung der sixhyndemen, welche in Wessex zwischen dem twelfhyndeman und dem ceorl in der Mitte stehen und dann auch wieder wie gleichbedeutend mit den gesithcundmen erscheinen. Man hat unter Anderem vermuthet, „daß dabei schon ein Unterschied zwischen ritterlichem Leben und ritterbürtiger Geburt hervortrete," daß der eigentliche Geburtstand der Ritterbürtigen noch von den ritterlichen Dienstmannen unterschieden werde. (Schmid Gloss. 600. 601.) K. Maurer sucht im sixhyndeman den Landbesitzer unter 5 Hufen im Gegensatz des landlosen ceorl (Krit. Zeitschrift II. 60—62). Der Gesammtheit der Verhältnisse entspräche wohl am meisten die Annahme, daß der twelfhyndeman der kriegspflichtige Besitzer von fünf Hufen, der sixhyndeman der kriegsgeübte Dienstmann ohne einen solchen Allodialbesitz ist (wahrscheinlich dann auch mit Einschluß der Söhne des twelfhyndeman). Doch bleiben auch dabei Schwierigkeiten. Anscheinend hat sich diese Mittelstufe nicht lange erhalten, und wird im Anfang der normannischen Zeit in einer Weise erwähnt, die auf eine Antiquität deutet. Vergl. Schmid Gloss. v. Gesith und Thegn. Maurer Zeitschr. II. 396—413. Lappenberg I. 569—73.

Ueber die Einzelheiten des Wehrgeldes vergl. den angelsächsischen Aufsatz de weregildis (Schmid, Anhang VII.), der allerdings Spuren späterer Nachträge an sich trägt. Ueber die Mannbuße vergl. In. cap. 70; über die Bußsätze der Wittwe Aethelbirth cap. 74. Ich kann im Allgemeinen auf die bekannten Sätze der germanischen Volksrechte verweisen und auf die Zusammenstellungen bei Turner, Hist. IV. S. 314 ff., Lappenberg I. S. 601 ff., Schmid Glossarium und K. Maurer, Ueber das Wesen des ältesten deutschen Adels, München 1846, S. 123—197.

***) **Ueber die Bedeutung der angelsächsischen Grundherrlichkeit** vergl. den Aufsatz von Zöpfl: Nachweisung, daß die Jurisdictionsbefugnisse der großen englischen Barone im XI. und XII. Jahrhundert genau dieselben waren, wie die der deutschen Dinghofherren (in Zöpfl, Alterthümer des deutschen Reiches und Rechts, Bd. I. 1860 Nr. V. S. 170—211), wo aber die Analogien der continentalen Verhältnisse doch mit Vorsicht zu gebrauchen sind. Vergl. ferner die quellenmäßige Behandlung der Frage bei K. Maurer II. S. 49—56. Lappenberg I. 572. Schmid, Gloss. v. socn. Da der Grundherr als der Eigenthümer die öffentlichen Lasten trägt, also seine Colonen dem Staate gegenüber in ihren Pflichten vertritt, so entstand folgeweise auch die Vorstellung einer Vertretung in ihren Rechten. Er ist ihr Hlaford in einem noch eminenteren Sinne als der Brodherr gegenüber der bloß persönlichen Dienerschaft. Das Zusammenwachsen jener wirthschaftlichen und rechtlichen Verhältnisse war ein so unvermeidliches, daß selbst die gewaltige Persönlichkeit Cnut's darin nichts zu ändern vermochte. Die dänische Herrschaft hat vielmehr den rechtlichen Charakter der saca et soca consolidirt und die Entwickelung des aristokratischen Charakters der Verfassung nur beschleunigt. Gerade seit Cnut erscheinen die Königlichen Hoheitsrechte diesen herrschaftlichen Bezirken gegenüber nur noch als Reservate. Cn. I, cap. 12: „Dies sind die Gerechtsame, die der König hat über alle Leute in Westsex, nämlich: Mundbruch und Hausfrieden, Wegelagerung und Behausung von Flüchtlingen und Heerbann, außer wenn er Jemand weiter beleihen will und er ihm diese Gerechtsame gewährt." (Vergl. Cap. 13—15.)

****) **Ueber die angelsächsischen Ständeverhältnisse**, die sich aus dieser Combination ergeben, ist eine umfassende Monographie Sam. Heywood, Dissertation upon the distinction in society and ranks of the people under the Anglosaxon Government, London 1818. 8. Sie handelt in einer umsichtigen, kritischen, von ähnlichen atiquarischen Arbeiten sich vortheilhaft unterscheidenden Weise c. 2. of ealdormen and earls S. 53—117, c. 3. of thanes p. 118—243, c. 4 of sithcundmen, sixhyndmen p. 244—272, c. 5 of freemen (including ceorls, gafolpayers, villans, bordars, cottars, coscets, hired servants, freedmen and burgesses) p. 273—354, c. 6 of slaves. Vergl. auch Hallam Middle Ages. App. III. K. Maurer, Ueber das Wesen des ältesten deutschen Adels, München 1846, S. 123—196, und Krit. Zeitschr. II. 415. 31. II. 30—68. 388 ff. Kemble, Anglosaxons c. 7. (Der Dienstadel.)

1) Die Stellung der weltlichen Großthane ist in der privatrechtlichen Abstufung des Wehrgeldes und der Bußen nicht verschieden von der folgenden Klasse. Sie sind twelfhyndemen von Besitz- und Geburtswegen, wie alle übrigen Thane, und haben ein höheres Wehrgeld nur in ihrer Stellung als ealdormen oder in anderen Würden. Ebenso ist ihre Grundherrlichkeit

(saca et soca) über einen größeren Bezirk für die Gerichtsverfassung nicht verschieden von der saca et soca eines gewöhnlichen Thans über ein einzeles Gut. Auch ist die Vererbung der Würde des Ealdorman (abgesehen etwa von der Grafschaft Chester) nur ein faktisch, nicht rechtlich anerkanntes Verhältniß. Selbst am Schluß der angelsächsischen Zeit ist in der Familie des Majordomus Godwin noch keine erbliche Würde zu erkennen. Die unruhigen späteren Zeiten, namentlich die dänischen Kämpfe, sind auch hier dem aristokratischen Elemente nur günstig gewesen. Fortgesetzter Kriegsdienst und Gunst verschafft den Herren bewaffneter Gefolgschaften stets neue Beute, wachsenden Grundbesitz, stete Bevorzugung bei Verleihung des Folklandes, häuft also den großen Besitz, während der kleine Besitz sich nicht vermehrt, versplittert, verarmt. Die dänische Zeit läßt darum so wenig Spuren in der Verfassung zurück, weil sie hauptsächlich nur einen theilweisen Personenwechsel in der Thanschaft und lokale Colonisationen herbeiführte.

2) Ueber die Stellung der Grafschaftsthane vgl. Schmid Glossar. S. 664—68. Die scheinbar unüberwindlichen Schwierigkeiten lösen sich nur durch die spätere Gestalt des Heerbanns, der jedenfalls seit Alfred (1) die Fünfhufenbesitzer als solche, (2) die schwerbewaffneten Ministerialen (ritterlicher Lebensweise) im Dienst des Königs oder eines großen Grundherrn unabhängig von eigenem Freibesitz umfaßt; ferner dadurch, daß die Staatsämter und die Hofämter am Hof des Königs wie der Großen zugleich militärische Aemter sind. Die Thanschaft ist also ein Gemisch von Verhältnissen des Besitzes, eines militärischen Standesberufes und eines Amtes, wozu das vieldeutige Wort Than sich ebenso gut eignet, wie das spätere Wort Baro. Diese Bezeichnung der „Mannen" umfaßt gewissermaßen das volle active Staatsbürgerrecht der Zeit. Es erklärt sich daraus u. A. von selbst die ausdrückliche Erwähnung der Thane ohne eigenes Land (Aethelstan VI. 11, vergl. Jn. 45, 51), und die vielfältige Erwähnung von Thaini ohne Besitz oder mit sehr kleinem Besitz im Domesdaybook. Es erklärt sich ferner die halbentwickelte Erblichkeit der Thanschaft, die soweit sie auf Besitz beruht, selbstverständlich, soweit sie auf der kriegerischen Ministerialität beruht, erst in den Anfängen der Entwickelung war. Die Idee eines erblichen Standes zeigt sich bereits darin, daß der ceorl durch Erwerbung von 5 Hufen nicht mehr ohne Weiteres zum Than wird, sondern erst, „wenn er eine Kirche und eine Küche, ein Glockenhaus und einen Sitz im Burgthore und ein besonderes Amt (sunder-note) in des Königs Halle hat" (Schmid Anhang V., vom weltlichen Rang, § 2). Andererseits wird in dem Aufsatz vom Wehrgeld Cap. 2 wieder anscheinend nur vom Besitz als Vorbedingung gesprochen:

§. 9. Und wenn ein ceorlischer Mann dahin kommt, daß er 5 Hyden Landes zu des Königs Heerbann hat, und man ihn erschlägt, vergelte man ihn mit 2000 Thrymsen.

§ 10. Und wenn er auch dahin kommt, daß er Helm und Harnisch und ein mit Gold ausgelegtes Schwert hat, wenn er das Land nicht hat, so ist er doch ein Ceorl (nach Lambard's Text: „obschon er das Land nicht hat, so ist er sithcund").

§ 11. Und wenn sein Sohn oder sein Sohnessohn dahin kommt, daß er so viel Land hat, dann ist die Nachkommenschaft von gesithkundem Geschlecht mit zweitausend.

§ 12. Und wenn sie das nicht haben und dahin nicht kommen können, gelte man sie als ceorlisch.

Es sind dies Uebergangs- und Mischverhältnisse, wie sie auch in den ersten Entwickelungsstufen des niederen Adels auf dem Continent vorkommen. Eine ausdrückliche Erwähnung, daß auch Thane wiederum Thane zu Dienstmannen haben konnten, findet sich in dem Aufsatz vom weltlichen Rang (Schmid Anhang V., § 3). Vergl. Edg. II. 3, Aethelr. VIII. 8, Cn. I. 8. a. E., II. 32, § 1. Eine rechtliche Scheidung von mittelbaren und unmittelbaren Thanen ist indessen nicht durchzuführen. Für die Geistlichkeit ist die Thanwürde gewissermaßen ein persönlicher Adel; das Wehrgeld des Erschlagenen richtet sich also nach dem Geburtsstand des Geistlichen. LL. Henr. I. cap. 68.

3) Die Stellung des gemeinfreien ceorl hängt nur noch dadurch mit den activen politischen Rechten zusammen, daß der ceorl als Urtheilsfinder in dem Hundredgericht nach örtlichen Verhältnissen thätig sein kann. Im Uebrigen ist die Masse der ceorls bereits zu passiven Gliedern des Staats herabgesunken. Um so mehr sind die Landlosen, die Wälen, die Freigelassenen, die Leibeigenen infra classem. Der ganze dritte Stand der angelsächsischen Zeit in seiner politischen Bedeutung ist am Schluß der Periode im Verschwinden. Mit Unrecht aber hat man häufig die privatrechtliche Freiheit des ceorl am Schluß der sächsischen Zeit verkannt, wie denn auch Kemble in den Grundirrthum verfällt, alle privatrechtliche Abhängigkeit als „Unfreiheit" anzusehen. Der ceorl hat sein Wehrgeld aus eigenem Recht, ist waffenfähig im vollen Sinne, des Freieigenthums fähig, und ebenso des Aufsteigens in den höheren Stand durch Erwerbung des Fünfhufenbesitzes. Der öconomische Druck, der aus der Belastung des Grundeigenthums, die wirthschaftliche Noth der unteren Klassen, die aus den Wirren der späteren angelsächsischen Zeit hervorging, und die Unterwerfung unter eine saca et soca wird mit Unrecht als persönliche Unfreiheit aufgefaßt. Das spätere Niederlassungsrecht fesselt allerdings die Masse der arbeitenden Klassen de facto an die Scholle, ohne deshalb Unfreiheit im privatrechtlichen Sinne zu begründen. Richtig ist es aber, daß die spätere aristokratische Anschauung der angelsächsischen Zeit auf die Masse der ceorls mit socialem Hochmuth herabzusehen anfing, daß der Name des gemeinfreien ceorl eine etwas verächtliche Nebenbedeutung erhielt.

Dabei ist es aber für England charakteristisch, daß die massenhafte Abhängigkeit der niederen Klassen von dem großen Grundbesitz nicht wie in Frankreich auf dem Seniorat beruht, sondern auf dem Polizeischutz des Hlaford über die auf seinem Lande Angesessenen. Die relative Vernachlässigung des Heerwesens hat schon damals mehr die Polizei- als die Militärverfassung zu dem bestimmenden Grundton der Ständeverhältnisse gemacht, und giebt schon der angelsächsischen Aristokratie mehr die politische Stellung von Polizeiherren, als von Seigneurs im continentalen Sinne des Worts.

D. Die bisher bezeichneten Elemente des Besitzes, — ihre Leistungen in Heerbann, Gericht und Kirche, — ihre Abstufungen nach rechtlich anerkannten Klassen, Ständen, — ergeben zusammengefaßt den möglichen Antheil des Volks an dem Gesammtwillen, die Staatsverfassung der

angelsächsischen Zeit. Es sind ähnliche Elemente wie die, welche die germanischen Landesverfassungen des Continents bilden. Der letzte Grund dieses Antheils ist die Selbstthätigkeit im Heerwesen und Gericht; es ist die Gewöhnung an die Thätigkeit im Einzelen, welche den Sinn für das Gemeinsame erhält und das Recht der Theilnahme am Gemeinsamen begründet. Die germanische Volksanschauung vermag sich eben deshalb ihre Obrigkeiten nicht anders zu denken wie an der Spitze beschließender Versammlungen, die in den kleinen Reichen als identisch zu denken sind mit den später sogenannten Grafschaftsgerichten.

Seit der Vereinigung zu größeren Verbänden finden sich Landesversammlungen (concilia) um die Könige, in denen das innere Leben der Gerichtsversammlung zusammengefaßt wiederkehrt. In diesem Sinne konnte man schon damals sagen, daß „der Staat eine große Grafschaft, die Grafschaft ein kleiner Staat sei." In den kleinsten Königreichen, wie Kent, war die ordentliche Gerichtsversammlung gewiß von Hause aus identisch mit der Volksversammlung. In den größeren Königreichen konnte die Landesversammlung nur einen engeren Kreis auserlesener Mitglieder begreifen. In noch höherem Maß galt dies nach der Vereinigung der sogenannten Heptarchie.

Bestimmend für die Gestalt der Versammlungen war natürlich der Zweck ihrer Berathung. Sie sollten über gemeinsame Kriegsunternehmungen, über gemeinsame Einrichtungen oder Aenderungen im Heer-, Gerichtswesen und in der Kirche berathen. Alle diese Verhältnisse sind aber durchdrungen einerseits von dem Einfluß des Besitzes, andererseits von dem Rechtsgrundsatz, daß die höhere Leistung für das Gemeinwesen das höhere Recht im Gemeinwesen giebt. Aus beiden Grundsätzen hat sich eine rechtliche Abschichtung von Ständen ergeben, welche sich an diesem Punkte zusammenfassen muß.

1. Gemeinsame Einrichtungen des Heerbannes und kriegerische Unternehmungen sind nothwendig zu berathen mit den Führern. Die durch den Besitz gegebene Führerschaft findet sich nun aber jetzt in den Großthanen, die mit zahlreichen bewaffneten Gefolgen dem Heere zuziehen. Die rechtliche Führerschaft beruht auf dem Amt der vom König ernannten Ealdormen aus der Zahl der Großthane. Von diesem Standpunkte aus waren also zur Reichsversammlung die Ealdormen und die übrigen Großthane zuzuziehen, und die wegen ihrer Kriegserfahrung etwa sonst zu Commandos ernannten Thane.

2. Gemeinsame Einrichtungen und Aenderungen im Gerichtswesen sind nothwendig mit denen zu berathen, welche gewohn-

heitsmäßig das Gericht leiten. Es sind dies aber wiederum die vom König ernannten Ealdormen, neben ihnen die Shirgerefas; abgesehen von diesen Aemtern aber auch die Großthane als Herren eigener Gerichte über ihre Leute. Auch von diesem Gesichtspunkt aus waren also Großthane und vom König ernannte Thane zu berufen. Da bei dem Zurücktreten der Militärverfassung das Gerichtswesen vorzugsweise die Verfassung bestimmt, so ist auch die Bezeichnung witan (Rechtskundige) von diesem Gesichtspunkt die regelmäßige Bezeichnung der Mitglieder der Landesversammlung.

3. Kirchliche Angelegenheiten sind nothwendig mit denen zu berathen, welche Lehre und Seelsorge leiten. Es sind das die vom König ernannten Bischöfe, und neben ihnen mit dem Aufblühen großer Klöster auch einzele Aebte. Der große Besitz der Prälaten stellt sie ohnehin den Großthanen gleich, und giebt in Verbindung mit ihrer geistlichen Würde ihnen den ersten Rang. Ihrem eigenen Organismus gemäß ist gerade die Kirche mehr an das Centrum der Landesversammlung, als an die einzelen Grafschaftsversammlungen gewiesen; dort concentrirt sich der kirchliche Einfluß, ketten sich der kirchliche und der weltliche Staat an einander. Die Hand der Geistlichkeit ist in zahlreichen Beschlüssen, die zunächst gegen das Klassenrecht gehen, wohl erkennbar. Geistliche Dinge werden an erster Stelle und meistens wohl ausschließlich von den Prälaten besprochen.

Diesen sachlichen Voraussetzungen entsprechen sämmtliche Nachrichten über angelsächsische Landesversammlungen, welche seit der Vereinigung des Reiches, namentlich seit Eduard dem Aelteren, in großer Zahl vorliegen. Die „Witenagemotes" bilden sich aus den leitenden Elementen in Heer, Gericht und Kirche. Sie versammeln sich von Zeit zu Zeit, um die Konflikte zwischen den verschiedenen Elementen des Gemeinwesens zu entscheiden, um die wichtigsten Maßregeln der Gegenwart und Zukunft gemeinsam zu berathen und zu beschließen. Da alle leitenden Stellungen in Heer, Gericht und Kirche auf Königlicher Ernennung beruhen, so erfolgt auch die Ladung der einzelen Mitglieder durch Königliches Berufungsschreiben (writ). Da eine anerkannte Hauptstadt, als herkömmlicher Ort der Landesversammlung, nicht vorhanden ist, so bestimmt solchen der König, nach Zeit und Umständen mannigfaltig wechselnd, — was auch von dieser Seite aus eine Berufung durch ausdrückliche Ladung bedingt. Da alle leitenden Stellungen im Gemeinwesen durch den Besitz bedingt sind (mit dem Unterschied, daß in der weltlichen Verfassung der Besitz zum Amt, in der kirchlichen das Amt zum Besitz führt), so liegt in der

Versammlung zugleich eine Repräsentation des Besitzes: aber nicht des nackten Besitzes um seiner selbst willen, sondern des Besitzes nach seinen Leistungen für das Gemeinwesen, — des Besitzes so, wie er die Funktionen des Staates wirklich erfüllt. Eben deshalb findet sich keine Spur von gewählten Mitgliedern; denn weder in Heer, noch in Gericht, noch in der Kirche findet ein Wahlprinzip im modernen Sinne Anwendung. Keine Spur von einer besonderen Vertretung der Städte, da sie weder für Gericht, noch für Heer, noch für die Kirche eine selbständige Bedeutung haben, sondern in der Grafschaft aufgehen. Keine Spur von Vertretung von Grundherrschaften; denn die großen Thane bilden zwar faktisch im Heerbann eigene Abtheilungen, im Gerichtswesen eigene Herrschaftsgerichte, aber Heer- und Gerichtspflicht liegen doch dem Recht nach noch immer den einzelen Unterthanen ob. Daher auch keine Spur eines anerkannten Geburtsadels, weder eines hohen für die Großthane, noch eines niederen für die übrigen Thane; wohl aber eine faktische Erblichkeit von Besitz und Einfluß, der in Einzelheiten und in der gemeinen Vorstellung schon wie ein Geburtsstand erscheinen muß.

Die Unentschiedenheit dieser Verhältnisse und die Einmengung der späteren Institutionen hat manches Irrige der sächsischen Witenagemote angedichtet. Sie sollte bald ein Haus der Lords, bald ein Haus der Gemeinen, jedenfalls eine gesetzgebende und steuerbewilligende Versammlung sein. In der Wirklichkeit war sie keines von beiden, auch nicht gesetzgebende und steuerbewilligende Körperschaft im späteren Sinne. Vielmehr ist die Witenagemote die Versammlung der leitenden Elemente in Heer, Gericht und Kirche, — eine Ablagerung der Besitzmassen in der Weise darstellend, wie sie die Staatsfunktionen wirklich erfüllen. Unverkennbar ist aber das entschiedene Uebergewicht der großen Thane in diesen Versammlungen, welches in der Regel den König nöthigt, sowohl die großen Aemter nach ihrem Beirath zu besetzen, wie die wichtigsten Maßregeln nach ihrer Meinung zu beschließen. Dies tritt immer stärker hervor, je mehr mit dem Verfall des gemeinen Heerbannes die Waffenmacht sich in Großthanen und kriegsgeübten Dienstleuten concentrirt. Das Gegengewicht gegen die Großthane, welches die kirchliche Verfassung bot, verliert später seine Kraft. Besonders seit der Bekehrung der Dänen zum Christenthum gehen die Prälaturen immer vollständiger an Mitglieder derselben vornehmen Familien über, welche in der weltlichen Seite des Staats als große Thane dominiren. Besetzung und Anschauung werden auf beiden Seiten immer gleichartiger. In der ziellosen Verwirrung des Staatswesens unter Aethelred hat sich dieser aristokratische Charakter der Verfassung entschieden. Unter Cnut ist er vollendete Thatsache. Unter Edward dem Bekenner ist die höchste Würde ein Schattenkönigthum.

Der angelsächsische Staat verkörpert sich nun in verhältnißmäßig wenigen Personen: im König, einer mäßigen Zahl von Prälaten, Hofbeamten, Ealdormen, Shirgerefas. — Außerdem haben die Könige ihre Domainenvögte, Bailiffs, judices u. s. w., als Gerichts-, Polizei-Vögte und Rentmeister in ihren Herrschaften und Gütern, die wie gewöhnlich so auch in der angelsächsischen Geschichte mit den Staatsbeamten verwechselt werden. — Eine gegenseitige Einwirkung jener Elemente war bei der relativen Einfachheit der Verhältnisse eine unvermeidliche. So bedeutend die Rechte des angelsächsischen Königthums bereits sind, so leicht werden sie dem Einfluß der Prälaten und Großthane am Hofe und in der Landesversammlung dienstbar. Daher die überraschenden Schwankungen je nach der Persönlichkeit der Könige.

Was große Persönlichkeiten in einer solchen Landesverfassung vermochten, zeigen einige glänzende Erscheinungen, wie die Alfreds des Großen. Er, der Retter des Vaterlandes vom dänischen Joch, galt nun mehre Jahrhunderte lang einem dankbaren Volk als der Urheber alles Ehrwürdigen und Guten, was aus der alten Zeit in die spätere hinüberreichte. In der That bezeichnet Alfreds und seiner nächsten Nachfolger Thun auf allen Gebieten des Staats, in welcher Richtung die Reformen vor sich gehen mußten, um dem Staat die verlorene Kraft wiederzugeben.

Allein solche Schöpfungen bedürfen Menschenalter fortdauernder Pflege. Das Königthum war noch nicht stark genug, um sich ohne tüchtige Persönlichkeiten zu behaupten. Erst spät hatten sich die sogenannten sieben Königreiche vereint; noch immer lebten Stammeseifersuchten fort, noch stärker der Zwiespalt dänischer und sächsischer Elemente: beide verkörperten sich in der Uneinigkeit der großen Herren. Auf der mittelalterlichen Stufe der Civilisation waren überhaupt die reichsten Klassen der Gefahr der Entartung, Völlerei und Genußsucht am dringendsten ausgesetzt. Hader, Gewaltthätigkeit und Mangel an Gemeinsinn treffen, wie auf dem Continent, mit dem Mißgeschick der persönlichen Unfähigkeit der Königlichen Familie seit Aethelred zusammen. Auch Cnuts gewaltige Persönlichkeit geht wie ein Phänomen vorüber. Das Kriegselend mehrer Menschenalter trifft am meisten zerstörend die Klasse der freien Allodbauern. Die meisten Grafschaften sind so durchbrochen von großen Gütern und herrschaftlichen Gemeinden, daß in den meisten Hundreds die freie Gemeinde kein zusammenhängendes Ganze mehr bildet. Mit dem Herabsinken der gemeinen Freiheit und des freien Gemeindelebens sinkt auch das Nationalgefühl und die Nationalkraft. Unter dem Hadern der Großen sucht eine mächtige und herrschsüchtige Geistlichkeit schon unter Eduard dem Bekenner Verbindungen mit dem Normannenherzog, dem zum letzten Mal tapfer kämpfend der sächsische Heerbann in der Schlacht bei Senlac oder Hastings (1066) erliegt.

Es gab bei den Germanen eine Zeit, in welcher die Leistungen für Heerbann und in dem Gericht für jeden Freien grundsätzlich gleich, und daher auch die Berathung über die gemeinsamen Dinge eine gemeinsame unter gleichmäßiger Theilnahme der Freien gewesen war. Das heidnische Priesterthum ordnete sich diesen Verhältnissen ein und unter. Bei den kleinen Stammeinheiten fiel die große Gerichtsversammlung von selbst mit dieser Berathung gemeinsamer Dinge zusammen. Jene Versammlungen waren, modern ausgedrückt, Parlament und Grafschaftsversammlung zugleich.

Diese Verhältnisse mußten sich indessen schon dann modifiziren, wenn eine Mehrheit von kleinen Verbänden sich zu einem größeren Gemeinwesen einigte, wie dies in Folge gemeinsamer Kriegszüge und gemeinsamer Landesvertheidigung schon frühzeitig beginnt. Den großen Unternehmungen der Völkerwanderung, welche auf gemeinsamen Kriegsplänen im größten Maßstabe beruhen, müssen zahlreiche Combinationen zu größeren Verbänden vorangegangen sein. In der Regel beruhten diese größeren Vereinigungen anscheinend nur auf der Anerkennung eines gemeinsamen Kriegführers und auf einer Berathung der zeitigen Häuptlinge der Einzelstämme unter sich. Eine Verschmelzung der Unterstämme zu einer großen gemeinsamen beschließenden Versammlung war schon aus örtlichen Gründen unausführbar. Eine Tendenz dazu setzte ohnehin eine so enge Einigung voraus, wie sie in der Regel gar nicht erstrebt wurde. Es giebt daher in der ganzen beglaubigten Geschichte nur eine Notiz über ein solches Gesammtparlament, und zwar bei den Sachsen des Continents. Nach einer Nachricht in Hucbaldus sollen sich die Sachsen des Continents alljährlich zu einer großen Reichsversammlung in Marklo vereinigt haben, zu welcher 36 Boten, aus Ostphalen, Engern und Westphalen je zwölf, und davon vier aus jedem der drei Stände der Edlen, Freien und Lassen erschienen: Statuto quoque tempore anni semel ex singulis pagis, atque ex iisdem ordinibus tripartitis, singillatim viri duodecim electi, et in unum collecti, in media Saxonia secus flumen Wiseram, et locum Marklo nuncupatum, exercebant generale concilium, tractantes, sancientes et propalantes communis commoda utilitatis, iuxta placitum a se statutae legis. Sed etsi forte belli terreret exitium, si pacis arrideret gaudium, consulebant ad haec quid sibi foret agendum. (Ex vita S. Lebuini auctore Hucbaldo Elnonensi Pertz II. 361.) Ob dabei an eine Versammlung von Häuptlingen und Vorstehern zu denken, ist nicht recht ersichtlich. An eine Wahl im modernen Sinne ist jedenfalls nicht zu denken. Der Typus einer solchen Verfassung würde sich sonst ebenso klar ausgeprägt finden, wie der der Gerichtsverfassung. Daß auch der Reichstag zu Marklo keine feste, das Volksleben durchdringende Institution gewesen, ergiebt das spurlose Verschwinden desselben, das tiefe Schweigen früherer und späterer Nachrichten darüber.

Bei den Angelsachsen auf der britischen Insel konnte eine Vereinigung solcher Art sich von Hause aus nicht bilden. Ihre Eroberungszüge hatten schrittweis den neuen Boden erkämpft, und waren von Anfang an auf eine dauernde Stellung der kleinen Häuptlinge verwiesen. Daher das frühe Entstehen erblicher Stammfürstenthümer, die sich nach endlosen Fehden größeren Königen, und seit Egbert (821) und Edward d. Ae. einem Könige unterordnen, unter welchem aber besondere Landesversammlungen der früher getrennten Reiche noch lange fortdauern. Erst seit Eduard dem Aelteren ist das periodische Dasein von Gesammtparlamenten einigermaßen beglaubigt.

Nachrichten über 147 witenagemotes vom Jahre 698—1066 hat Kemble Bd. I. S. 207—230 zusammengestellt. Der Name witenagemote ist dabei mehr ein conventioneller. Urkundlich hießen sie wie alle sächsischen Gerichtsversammlungen gemotes — commune concilium, curia magna, assisa generalis, placitum universi populi, placitum omnium liberorum et hominum etc. Die Einheit, welche wir heute Staat nennen, heißt im Mittelalter Volk (beziehungsweise Kirche): es ist das Gesammtvolk im Gegensatz der einzelen Gemeinden.

Die Gegenstände der Berathung ergeben sich aus den noch vorhandenen angelsächsischen Gesetzen: Beschlüsse über Krieg und Frieden, Beschließungen über das Gerichtswesen, vor Allem über die Aufrechthaltung des Friedens, also polizeiliche Anordnungen. Dazu die gesonderte Gruppe geistlicher Angelegenheiten. Die ursprünglich vorhandenen Beschlüsse bilden natürlich nur einen Theil dessen, was von dauernder Wichtigkeit erschien. Die eigentlich laufenden Geschäfte waren die Schlichtung von Streitigkeiten unter mächtigen Thanen und Prälaten, Landesbeschwerden aller Art, vor Allem Beschwerden über Rechtsversagung. Die witenagemote ist nicht sowohl Appellationsgericht, als eine ergänzende Hülfe für solche, die in der Grafschaft ihr Recht nicht zu finden vermögen.

Die beschließende Stellung der Versammlung ist analog der Grafschaftsverfassung: wie dort der ealdorman mit Zustimmung seiner witan, so beschließt hier der König mit Zustimmung der witan des Reichs. Dies drückt sich auch im Style aus: (Ina) per commune concilium et assensum omnium episcoporum et principum, comitum et omnium sapientum et populorum totius regni. — Edgardus rex consilio sapientum, — sapientes consilio regis Athelstani instituerunt, — rex Edmundus et episcopi sui cum sapientibus constituerunt etc. Ausdrücklich erwähnt wird die Zustimmung beim Abschluß von Verträgen, beim Aufgebot der Heeresmacht, bei kirchlichen Verordnungen, am häufigsten aber bei der Allodificirung von Folkland.

Wie in der Grafschaft bilden sich auch hier nach Bedürfniß engere Ausschüsse zur Verhandlung laufender Geschäfte, namentlich solcher Rechtssachen, welche der König hierhergezogen hat, bei denen das Gericht analog besetzt sein muß, wie bei Prozessen im Grafschaftsgericht. Insofern ist mit der witenagemote eine curia regis verbunden, d. h. ein aus Mitgliedern dieser Versammlung in herkömmlicher Weise besetztes Gericht. Wie die Grafschaftsversammlung, so enthält auch die Landesversammlung nach dem späteren Sprachgebrauch mehre „courts" in sich, d. h. die Mitglieder sind in mehren Ausschüssen und in verschiedener Weise der Besetzung für verschiedene laufende

Geschäfte thätig. Anfänge stehender Reichsgerichte mit festen Beisitzern beginnen erst viel später unter den Plantagenets. Für die Urkundenbewahrung und für den schriftlichen Geschäftsgang des Reiches besteht aber eine Reichskanzlei, unter einem Kapellan des Königs, der seit Eduard dem Bek. ein großes Siegel erhält.

Ueber die Bestandtheile der witenagemote geben authentische Auskunft die erhaltenen Unterschriften. Sie beginnen gewöhnlich mit den Namen der Mitglieder der Königlichen Familie und der Bischöfe. Dann folgen einige principes, duces und Hofchargen, d. h. ealdormen und andere Großthane. Sodann bis zu 30, 40 und mehr milites, d. h. Thane, die eine Berufungsorder erhalten haben. Die höchste Zahl der bisher aufgefundenen Unterschriften beträgt 106; ziemlich häufig sind Zahlen zwischen 90 und 100; oft aber auch geringere Zahlen bis auf zwanzig und weniger herab, wobei namentlich auch zu beachten ist, daß für die alten Haupttheile des Reichs sehr gewöhnlich besondere Versammlungen gehalten wurden. Natürlich fand sich wie bei den Grafschaftsversammlungen ein Umstand ein. Die Männer der Grafschaft waren wohl meistens anwesend, und noch unfehlbarer brachten die großen Herren ein zahlreiches Gefolge von Thanen, Priestern und anderen mit sich. Allein vor dem Uebergewicht der Bischöfe und Königsthane verstummte hier die Stimme des Gemeinfreien und des Gefolgen. Nur bei der Anerkennung eines neuen Königs galt die Acclamation oder die Unzufriedenheit des Umstandes (in Reminiscenz an uralte Zeiten) noch als bedeutungsvoll.

In diesem Sinne mag man von einem engeren und von einem weiteren Kreise der Landesversammlung reden, nur ist an eine Mitabstimmung des zufällig anwesenden Umstandes niemals zu denken. Wie die Erblichkeit der Monarchie, so hing auch die Bedeutung der Stände noch vielfach von zeitigen Machtverhältnissen ab. In Nothfällen beschließt auch die Landesversammlung wohl einmal ohne den König; obgleich das Recht des Königs, weltliche und geistliche Versammlungen zu berufen und zu leiten, als unzweifelhaft dasteht.

Fragen wir schließlich, ob diese Verfassung den Charakter einer freien Verfassung an sich trägt, so ist die Frage mit folgenden Maßgaben zu bejahen.

1) Die Freiheit im socialen Sinne ist erhalten durch die Kirche und durch das Königthum. Vor Allem war es die Kirche, welche allen Klassen das Aufsteigen zu den höchsten Würden des Reichs, dem Rechte nach, offen ließ. Aber auch im weltlichen Staat war das Klassenrecht noch nicht zu Geburtsständen abgeschlossen, das Aufsteigen noch offen gehalten. Zunächst für den erblichen Knecht durch die Gesetze über Freilassung. Für den Wälen durch das Gesetz, daß auch der Wäle als Than gelten soll, wenn er 5 Hufen Land besitzt. Für den ceorl durch das Gesetz, daß auch er Thanenrecht gewinnt, wenn er 5 Hufen Land ꝛc. erwirbt. Auch ein Kaufmann soll als Than gelten, wenn er dreimal über See gereist ist. Durch Verleihung des Königs mit hohem Amt (und selbstverständlicher Ausstattung mit einem Grundbesitz) mag auch der gewöhnliche Than zum Königsthan und Grafen aufsteigen. Wie an dem Hofe der Carolinger waren namentlich die Hofämter der nächste Weg neue Geschlechter den älteren gleichzustellen. Mit Rücksicht darauf sagen die Gesetze: „es sei ein Antrieb zu redlichen Handlungen, daß durch Gottes Gnade ein sclavischer Leibeigener Than werden könne, ein ceorl zum eorl, ebenso wie ein Sänger Priester und ein Schreiber Bischof werden könne."

2) Die persönliche Freiheit im rechtlichen Sinne war unzweifelhaft mit starken Schutzmauern umgeben durch die altsächsische Gerichtsverfassung.

Das Urtheil durch Rechtsgenossen, pares, und die Formen der Eideshülfe konnten dem Schwachen versagen gegenüber dem mächtigeren Rechtsgenossen: sie waren aber andererseits eine starke Wehr gegen die Willkür Königlicher Vögte. Auch in dem Verfall des allgemeinen Staatswesens und trotz zeitweiser Klagen über Unrecht macht doch der sächsische Prozeß den Eindruck eines fair trial. Und eben darum wird das Grundrecht des genossenschaftlichen Gerichts auch von dem ärmsten Freien eifersüchtig festgehalten. Dies war der wesentliche Punkt, der dem privatrechtlichen Begriff der Freiheit noch einen Werth gab. Auch wo sich eine herrschaftliche saca et soca über Hintersassen dem Hundertgericht coordinirt hatte, hielt der ceorl noch am Freiheitsrecht fest. Der herrschaftliche Vogt procedirte hier analog wie der shirgerefa mit seinen Gerichtsmännern.

3) Die Freiheit im Sinne der Selbstbestimmung zu einem gemeinsamen Willen war allerdings in den beschließenden Versammlungen des Reichs und der Grafschaft repräsentirt: aber nur für die höchsten Klassen des Besitzes und für einige Elemente der mittleren Klassen durch königliche Ernennung. Die Uebermacht des großen Besitzes, die mangelhafte Heeresorganisation, das Eingreifen der Kirche mit ihrer reinen Beamtenverfassung machte eine breitere Grundlage unmöglich. Das Wahlprinzip ist nur in den untergeordnetsten Kreisen und auch da vielleicht mehr als Vorschlagsrecht vorhanden. In allen bedeutungsvollen Aemtern hat einerseits das innere Bedürfniß von Heer, Gericht und Kirche für ein umfangreiches Staatswesen den Grundsatz der königlichen Ernennung durchgeführt, andererseits waltet dabei das sociale Gesetz, welches die Uebermacht des Besitzes durch Königliche Ernennung ermäßigt, ohne welche die Aemter sich den Großen wie auf dem Continent von Besitz wegen apropriirt hätten. Dies wird auch in einer Urkunde gesagt (Cod. dipl. no. 996), welche, freilich verfälscht, doch zeigt, nach welcher Richtung die herrschende Auffassung sich neigte. Buchstäblich wahr ist der Ausspruch Palgrave's Bd. I. S. 118:

> Es mag bezweifelt werden, ob Volkswahlen im modernen Sinne jemals unter den Angelsachsen bestanden. Ich habe mit Eifer gesucht in den alten Urkunden dieses Königreichs nach den Beweisen einer solchen Gewohnheit; und als ich zuerst begann das Studium unserer Verfassungsgeschichte, war es mit dem festen Glauben, daß alle Beschränkungen des Wahlrechts usurpirte Gewalten seien. Jedes Jahr weiterer Forschung hat die Beweise gehäuft, um jene Meinung zu widerlegen und zu zeigen, daß wo immer ein ausgedehntes Stimmrecht besteht, es ein Sieg ist, erlangt von den Vielen über die Wenigen und entspringend aus einer Destruction der ursprünglichen Uebung ꝛc.

Nicht hierin, sondern in dem Mangel der festen Vertheilung der Staatslasten, in erster Stelle des Heeresdienstes, lag die Schwäche der angelsächsischen Zeit. Grade diese Schwäche vergaßen spätere Generationen am leichtesten. Was in der Erinnerung zurückblieb, war ein gerechtes und billiges Gerichtsverfahren, Schutz der persönlichen Freiheit gegen Willkür Königlicher Vögte, ein im Ganzen mildes Regiment der angelsächsischen Herren über ihre Leute (im Gegensatz ihrer habsüchtigen Nachfolger). Das Alles mußte die Zeiten des großen Königs Alfred, und selbst noch die des guten Königs Eduard den Nachkommen als „die gute alte Zeit" in jedem Sinne des Wortes erscheinen lassen.

Zweite Periode.

Die normannische Zeit.

Wilhelm I. 1066—1087.	Henry II. 1154—1189.
Wilhelm II. 1087—1100.	Richard I. 1189—1199.
Henry I. 1100—1135.	Johann 1199—1216.
Stephan 1135—1154.	Henry III. 1216—1272.

A. Staat und Gesellschaft treten mit dieser Periode in ein neues Verhältniß.*) Das angelsächsische Gemeinwesen erscheint plötzlich durchbrochen durch eine Eroberung, durch das Einschieben eines herrschenden Volksstammes, der auf dem Boden der Normandie französische Sprache und Sitte angenommen, ein eigenthümliches Kriegs- und Gerichtswesen mit sich herübergebracht hat.

Der bisherige Herzog der Normandie ist König des besiegten sächsisch-dänischen Stammes in einer Stellung geworden, wie sie kein anderer Monarch des späteren Mittelalters gewonnen hat. Als Beherrscher zweier Nationalitäten, von welchen keine mehr in geschlossener Einheit fortbestand, keine überwiegend genug war, um die andere zur dienenden Klasse herabzusetzen, fiel den normannischen Königen die Militär-, Gerichts-, Polizei- und Finanzhoheit in diesem Zwiespalt gewissermaßen von selbst zu. In weiser politischer Erwägung war Herzog Wilhelm als angeblicher Testamentserbe und legitimer Nachfolger König Eduards in den Besitz des Landes getreten. Nicht der Volksstamm der Normannen, sondern Herzog Wilhelm hatte das Land erworben, mit einem Titel aus dem angeblichen Testament Eduards, mit Zustimmung der Kirche, mit zahlreichen Bundesgenossen und Lohntruppen. Thatsächlich und rechtlich wurde es dadurch möglich, das Land als eine persönliche Erwerbung zu behandeln.

Der nächste Gesichtspunkt war jedenfalls der einer dauernden militärischen Behauptung, welcher neben zahlreichen Befestigungen und Beibehaltung von Lohntruppen zu einem durchgreifend neuen Heeressystem führte. Indem König Harold und die mit ihm kämpfenden und später Widerstand leistenden Sachsen als Rebellen behandelt wurden, fand sich der Rechtsgrund zu den allerumfassendsten Confiscationen. Die Erbschaft Eduards, der Besitz der Sippschaft Harolds, die Reste des alten Folklandes wurden als Königliches Reservat vorweggenommen. In die Besitzungen der Großthane traten durch Verleihung die Führer des eroberuden Heeres, — hauptsächlich normannische Herren — und eben so wurden die unmittelbar unter dem Herzog dienenden Mannschaften mit einzelen vacant gewordenen Gütern in den verschiedenen Theilen des Reiches beliehen. In gleicher Weise verfuhren die Großlehnsträger mit ihren Mannschaften durch Verleihung ihrer Ländereien, doch so, daß ein großer Theil der sächsischen Thane, die am Kampfe keinen Theil genommen, als Untervasallen auf ihrem alten Besitz blieben. In ähnlicher Weise wurden die Besitzungen der Kirche, insbesondere auch der Klöster erhalten, zum Theil sogar erweitert, und nunmehr der ganzen Masse der alten und neuen Besitzer eine gleichmäßige Heerbannpflicht auferlegt. Der Maßstab dabei entsprach ungefähr dem Fünfhufenbesitz der angelsächsischen Zeit, jedoch mit Rücksicht auf die mannigfaltigen Gefälle. Ein Grundbesitz von solchem Ertragswerth ist fortan schuldig, auf Königliches Gebot einen schwer bewaffneten Reiter zum Dienst auf 40 Tage im Jahre zu stellen (servitium unius militis).

Nach gleichmäßiger Durchführung dieser Maßregeln erscheint nunmehr der Grund und Boden in 60,215 Realportionen, Ritterlehne von ungefähr gleichem Werth, ausgetheilt, die von nun an den gesammten größeren Freibesitz umfassen. Der gewöhnlichen Berechnung nach fallen

1,422 manors auf das Königliche Reservat,
28,015 Ritterlehne auf die Ausstattung der Kirche,
über 30,000 auf die weltlichen Herren.

Es ist dabei keineswegs nur an geschlossene Güter zu denken, sondern der Realbesitz von dauerndem Ertragswerth ist mit der Kriegspflicht belastet, also auch Gebäude, Holzungen, Mühlen, Fischereien, Salz- und Bergwerke, Zölle, Marktgerechtigkeiten, Zehnten, — sodann als „Bekleidung des Bodens" die Masse der Hintersassen, der einst allodfreie Bauer wie der angesiedelte Mann mit allen herkömmlichen Schutzgeldern, Abgaben, Dienstleistungen — das alles bildet das Material für die neue Besitzweise durch Belehnung.**) Das Verhältniß des Besitzers zu Boden und Einsassen bleibt zunächst ziemlich unverändert. Es verändert sich aber das Personal durch Verdrängung vieler sächsischer Familien, am meisten der Großthane, weniger der Thane, am wenigsten der kleinen Besitzer. Noch mehr verändert sich das Verhältniß zum König, der zwar diese Besitzungen als erblich anerkennt, aber nur nach den Grundsätzen des in der Normandie geltenden Lehnrechts, also so, daß das Gut durch Absterben des Besitzers ohne lehnsfähige Descendenz (escheat) und durch Verwirkung wegen Felonie (forfeiture) zurückfällt, mit einer Verpflichtung zu schweren Gebühren beim Besitzwechsel, mit nutzbarer Vormundschaft über den minderjährigen Erben, und mit einer Beitragspflicht in außerordentlichen Ehren- und Nothfällen (auxilia). Da ferner die Eroberung selbst und die Mischung der Nationalitäten das naturwüchsige Band zwischen den größeren Vasallen und ihren Hintersassen zerrissen hatte, so konnte der Eroberer die Maxime erzwingen, daß jeder Untervasall dem König unmittelbar den Lehnseid zu leisten hat, daß jeder Treueid an einen Privatlehnsherrn den Königs-Gehorsam ausnimmt, daß also in der Kriegspflicht alle Unterthanen Reichsunmittelbare sind. Das am Schluß der Regierung Wilhelms aufgenommene Reichsgrundbuch ergiebt nunmehr folgende Abstufungen der Besitzweise:***)

1. Ungefähr 600 Personen und Körperschaften erscheinen als weltliche und geistliche Kronvasallen (tenentes in capite), und auch diese in verschiedenem Maße. Etwa 20—40 Herren sind mit Gütercomplexen belehnt, vergleichbar den Herrschaften der sächsischen Großthane, aber absichtlich zerstreut in den verschiedenen Grafschaften. Es sind dies die späteren barones majores. Etwa 400 unmittelbar unter dem Herzog dienende Mannschaften sind mit einzelen Ritterlehnen in verschiedenem Maße ausgestattet, die später sogenannten barones minores. Die Grenze zwischen beiden ist lange Zeit nur eine thatsächliche und flüssige. — Unter den geistlichen Herren ist der Besitz der meisten Bischöfe und einiger großen Aebte vergleichbar dem der weltlichen Meistbelehnten. Die große Mehrzahl sind auch auf dieser Seite kleinere Lehne. Erst mit Einzählung vieler kleiner zweifelhafter Besitzverhältnisse kommt die gewöhnlich angegebene Zahl von 1400 tenentes in capite zum Vorschein.

2. Die zweite Stufe bilden 7871 Untervasallen. Da die Meistbelehnten ganze Fähnlein Schwerbewaffneter (die zwölf größten sogar 100—793 Mann) zu stellen haben, und auch die kleineren

Mannen sehr oft mehr als einen Mann, so war eine Afterbelehnung schon aus diesem Grunde nothwendig geworden. Für den normannischen Soldaten lag darin eine neue Verleihung von Seiten seines Führers; für den sächsischen Than, den man im Besitz ließ, lag darin eine bedingte Recognition des Besitzes mit neuen Lasten. Auch von diesen Untervasallen sind oft wieder 2, 3 und selbst bis zu 10 Männer zu gestellen.

3. Die übrige nicht von Besitz wegen kriegspflichtige Bevölkerung in Masse erscheint nunmehr wie Hintersassen den Kriegslehnen einverleibt, in ihrem alten, meistens precären oder schwerbelasteten Besitz, dem noch einige neue Lasten durch die Lehnspflicht des Grundherrn hinzutreten. Die Hauptmassen sind: 10,097 liberi homines; 23,072 sochemani; 7,968 burgenses; 108,407 villani (ceorls); 82,119 bordarii; 25,156 servi.

Die neue Grundanschauung ist eine durchgreifende Gliederung der Gesellschaft nach der Kriegspflicht, eine unmittelbare und wirksame Unterordnung der höheren Klassen in militärischen Gehorsam unter den König, und eine daraus folgende um so strengere Unterordnung der unteren Klassen. Der gesammte Grundbesitz ist damit gleichmäßig dem Staate dienstbar geworden, und ist es (nach mannigfaltigen Umwandlungen der Bedürfnisse des Staates) geblieben bis heute.

Neben diesem militärischen Gesichtspunkte ist der finanzielle dem Normannenkönige der wichtigste, und für die Gestaltung der laufenden Verwaltung zunächst entscheidend. Nach dem Muster der Normandie wird ein Echiquier, Exchequer, eine Hof-, Kriegs- und Domainenkammer gebildet, die einzige vorhandene feste Behörde, mit früh geregeltem Geschäftsgang und Rechnungswesen, — als Oberbehörde über alle Königlichen Statthalter und Spezialvögte gesetzt. Für die Ortsverwaltung bleiben die vorgefundenen Grafschaften, Hundert- und Zehntschaften als große und kleine Amtsbezirke fortbestehen. An die Stelle der Shirgerefas erscheinen normannische Vicecomites, welche von Jahr zu Jahr ihr Amt meistbietend „pachten," d. h. die ungewissen Gefälle mit einer festen Summe berechnen. Diese normannischen Landvögte üben als Finanz-, Gerichts- und Polizeiherren die Königlichen Gewalten mit dem Vorbehalt, welchen schon der Eroberer zugesagt hatte, „die guten und bewährten Gesetze Eduards des Bekenners aufrecht zu erhalten." Es ist das alte Sheriffsamt in neuer Besetzung mit zuverlässigen normannischen Herren, unter der strengsten persönlichen Verantwortlichkeit und Rechnungslegung, deren

Formen und Namen sich zum Theil bis heute erhalten haben. Da der Vicecomes ein rein Königlicher Bailiff ist, so sind alle diese Gewalten auch theilbar. Besondere Forst- und Zollbeamte, Spezialpächter von Städten und Gilden, besondere Burgvögte für befestigte Orte kommen von Anfang an neben den Sheriffs vor. Auch die Gerichtsgewalt wird häufig in besondere Bezirke abgezweigt, Exemptionen ertheilt (namentlich für geistliche Gerichte und geistliche Sachen im weitesten Maßstabe), doch so, daß auch diesen Spezialverwaltungen der Sheriff starke Hand leihen muß zu Pfändungen und Zwangsvollstreckungen.

In dieser Weise geht der normannische Staat in eine dem Mittelalter sonst unbekannte Verwaltungsordnung****) über. Ohne eigentlich durchgreifende Aenderung der Rechtsgrundsätze erscheint die thatsächliche Wirkung der Königlichen Gewalten von Grund aus geändert durch gesellschaftlichen und nationalen Zwiespalt. Schon das sächsische Königthum war oberster Richter, Polizei- und Kriegsherr geworden, mit zahlreichen Ernennungs- und Ehrenrechten: aber in keiner dieser Stellungen hatte es die Regierungsgewalten gewonnen, um das durch die Ungleichheit des Besitzes entstandene Klassenrecht zu ordnen, um die höheren und niederen Klassen zu den Pflichten des Staates gleichmäßig heranzuziehen. Die Normannenkönige haben diese Gewalten in vollstem Maß; ihre Befugnisse sind in der Wirklichkeit sogar noch größer als dem Rechte nach, weil alle ständischen Rechte durch den Zwiespalt der Nationalitäten gebrochen sind. Dieser Zwiespalt und die bewußte Politik der ersten Normannenkönige verwandelt England in einen Polizeistaat mit einer geordneten Geldwirthschaft von einem überraschenden, fast modernen Ansehen.

So einfach diese Verfassung, so locker zeigt sie sich freilich in dem Augenblick, wo der Träger dieser Gewalten zweifelhaft wird. Mit dem Streit um die Thronfolge unter Stephan geräth daher der straffgeordnete Militär- und Polizeistaat in grenzenlose Verwirrung und Faustrecht. Nach der Durcheinanderwerfung aller Verhältnisse zeigen sich unter Heinrich II. die ersten Symptome eines weichenden Hasses der Nationalitäten. Zur Ordnung des Landfriedens und der schwierig gewordenen Verhältnisse der Kirche beruft der König selbst zu wiederholten Malen Notablen-Versammlungen für Reichsangelegenheiten. Diese Vorparlamente hören zwar wieder auf; ein Menschenalter später aber führt die schimpfliche Regierung Johanns einen Aufstand der Lehnsmilizen herbei, welcher dem König die Magna Charta abnöthigt (1215) — die erste verfassungsmäßige Beschränkung normannischer Regierungsgewalten. Die ersten Versuche einer reichsständischen Vertretung erweisen sich indessen als verfehlt und unausführbar. Erst nach einem halben Jahrhundert der Verwirrung unter Heinrich III., nach einem Baronenkrieg und Gefangennehmung des Königs, nach mühsamer Wiederherstellung der Königlichen Gewalt, war unter Eduard I. (1272) die Zeit zur Begründung einer verfassungsmäßigen Regierung wiedergekommen.

*) **Ueber die allgemeinen geschichtlichen Quellen der normannischen Zeit** vergl. Lappenberg, Geschichte Englands, Bd. 2 S. 372—395 (ältere Geschichte der Normandie), und Pauli, Fortsetzung von Lappenberg, III. 858—96. Die Quellen für das Staats- und Gemeindewesen lassen sich etwa so ordnen:

1) Das Reichsgrundbuch, Domesdaybook, vollendet am Schluß der Regierung Wilhelm's, enthaltend eine genaue Uebersicht der Grundverhältnisse des Reichs, hauptsächlich für die Zwecke der Finanzverwaltung (vergl. Lappenberg II. 143—154), amtlich gedruckt im Jahre 1783. 2 Vol. fol. Dazu sind 1816 von der Record-Commission zwei Nachtragsbände erschienen, enthaltend eine Einleitung, Inhaltsverzeichnisse von Namen und Sachen, sowie vier ergänzende Verzeichnisse Exon Domesday Inquisitio Eliensis, Liber Winton, Boldonbook. Erläuternde Bearbeitungen: Kelham Domesdaybook illustrated, London 1788. 8. Sir H. Ellis, Introduction to the Domesdaybook. 1833. 2 Vol. 8.

2) Staatsverträge und Verwaltungsurkunden der normannischen Zeit in Rymer, foedera, conventiones, litterae etc. New edition 1816—1830. 3 Vol in 6 Parts A. D. 1066—1391. fol. (die ältere korrektere Ausgabe Lond. 1745 ff. Ueber die Entstehung des Werkes vergl. Cooper, Account c. 2.) Die Verwaltungsurkunden, welche seit König Johann chronologisch inrotulirt, neuerdings von der Record-Commission theils beschrieben, theils herausgegeben sind, zerfallen für unsere Zwecke in folgende Hauptgruppen: (1) Patent-rolls von 1200—1483, im Tower befindlich, betr. die eigentlichen Regierungsakte einschließlich der Rechtssachen, auswärtige Verträge und Correspondenzen, Verleihung von Aemtern, Privilegien, Incorporationen, Commissionen (A description of the Patent rolls in the Tower of London, by Duffus, Hardy 1835. Rotuli Litterarum Clausarum in Turri Londinensi asservati. 2 Vol. 1833—1844). (2) Gerichtsprotokolle und Akten, seit Heinrich II. vorhanden, theilweise gedruckt: Placitorum abbreviatio, London 1811. Rotuli curiae regis, ed. Palgrave. (3) Rechnungen und Verhandlungen des Schatzamts, Exchequer, theilweise gedruckt (Rotuli oblationum et finium, Magnus Rotulus Pipae etc. Dazu der Dialogus de Scaccario bei Madox Bd. 2.) Eine Uebersicht dieser Gruppe giebt Cooper, an Account of the most important public records of Great Britain, and the publications of the Record Commissioners. London 1832. 1835. 2 Vol. 8. cf. Report of the Commissioners on the Public Records. 1836. fol. Zusammenstellung und zahlreiche Abdrücke aus der Gesammtmasse enthält bereits Th. Madox, the History and Antiquities of the Exchequer of the Kings of England. 2 Vols. 4. London 1769. — Die Magna Charta insbesondere wird im Eingang der englischen Statutensammlungen abgedruckt (nach exemplificirter Abschrift auch bei Pauli-Lappenberg, Geschichte Englands Bd. 3 S. 897—909). Dazu Sir Wil. Blackstone, Magna

Charta and charta de foresta. Oxford 1758, und ein Commentar in Coke Inst. II. S. 1—78.

3) Die Rechtsbücher dieser Zeit umfassen (1) die sogenannten leges Henrici primi und Eduardi Confessoris, Privatarbeiten aus dem 12. Jahrhundert. Sie enthalten angelsächsisches Recht in seiner Anwendung unter normannischer Herrschaft; ebenso zum großen Theil die sog. LL. Willelmi I. Die Parallelstellen aus dem angelsächsischen Recht giebt die Table of Concordance am Schluß von Thorpe's Antient Laws and Institutes (s. oben S. 9). (2) Glanvilla, Tractatus de LL. et consuetudinibus Angliae tempore Henrici II compositus, (abgedruckt u. A. in Philipp's Englische Rechtsgeschichte Bd. II.), betr. das Verfahren vor der Curia regis. (3) Bracton de LL. et consuetudinibus Angliae (London 1640 etc.), ausführliche Darstellung des Privatrechts und Prozeßverfahrens aus der Zeit von 1240—1250. (4) Britton und Fleta, zwei abgekürzte Rechtsbücher aus der Zeit Eduard's I. — Nachrichten über diese Rechtsbücher in Biener, Beiträge zur Geschichte des Inquisitionsprozesses, Leipzig 1827. S. 217—228. Vergl. Güterbock, Henr. de Bracton. Berlin 1862. 8. Abschn. I. Eine dankenswerthe Generalübersicht der Rechtsquellen dieser Zeit giebt Biener, Engl. Geschwornen-Ger. Bd. II. Anh. VI. S. 83—99.

4) Als parallel gehende Rechtsquelle dienen die Rechtsbücher der Normandie, nämlich (1) die Etablissemens et Coûtumes de Normandie (statuta et consuetudines Normanniae), entstanden bald nach 1205, in einem französischen und lateinischen Text, in dem letzteren abgedruckt bei Warnkönig, französische Rechtsgeschichte Bd. II., Urkundenbuch; (2) Der Coûtumier de Normandie oder Grand Coûtumier, zwischen 1260 und 1280, in einem französischen und lateinischen Text, in letzterem bei P. de Ludewig reliquiae manuscr. Tom. VII. 149—418. Ueber die Entstehung vgl. Warnkönig, französische Rechtsgesch. II. S. 44. — Ueber das normannische Recht auf der Insel Jersey vergl. den Report of Commissioners for inquiring into the criminal Laws in the Channel Islands (1846). Eine wunderliche Schrift: Les Manuscrits de Philippe Le Geyt, Ecuyer, sur la constitution de Jersey. Jersey 1846. 4 vols. 8. enthält nur privatrechtliches und antiquarisches Material. Der neue Report of Commissioners on the Law of Jersey 1861 ist mir unbekannt.

5) Bearbeitungen der englischen Rechtsgeschichte: Sir M. Hale's History of the Common Law, 2 Vols. 8. ed. Rimmington 1794. Reeve's History of the English Law, third Edition 1814 (hierher gehörig Bd. 1 und 2 theilweis). Crabb, History of the English Law (übersetzt von Schäffer 1839). Eine wunderliche aber nutzbare Zusammenstellung giebt Henrici Spelmanni Codex legum veterum statutorum regni Angliae ab ingressu Guilelmo I. usque ad a. 9 Henr. III., also von der Eroberung bis zur Magna Charta, eine Compilation von Fragmenten der Geschichtschreiber, königlichen Charten, writs, assisae u. s. w. Abgedruckt aus Spelman's Papieren bei Wilkins S. 284 ff. und in Houard, anciennes loix des François, Rouen 1766. Vol. II. S. 180—428., nach welchem letzteren Abdruck ich citire.

6) Allgemeine Geschichte Englands: Lyttleton the History of Henry II. London 1767. 3 vols. 4. Hallam, Middle Ages, cap. VIII. Thierry, Histoire de la Conquête de l'Angleterre par les Normands. Lappenberg-Pauli, Geschichte von England (Bd. 2 und 3).

) **Ueber das privatrechtliche Detail des englischen Lehnswesens sind die ältesten Quellen in auffallender Weise schweigsam. Kein Gesetz hat das Lehnswesen in England eingeführt oder irgendwie in seinen Einzelheiten geordnet. Die Charte Wilhelm's enthält nur eine allgemeine Anerkennung der Besitzverhältnisse:

Volumus etiam ac firmiter praecipimus et concedimus, ut omnes liberi homines totius monarchiae regni nostri praedicti habeant et teneant terras suas et possessiones suas bene et in pace, libere ab omni exactione injusta et ab omni tallagio, ita quod nihil ab eis exigatur vel capiatur, nisi servitium suum liberum, quod de jure nobis facere debent et facere tenentur, et prout statutum est eis, et illis a nobis datum et concessum jure hereditario in perpetuum, per commune consilium totius regni nostri praedicti.

Ebensowenig findet sich eine Spur etwa von Lehnsauftragungen, durch welche die sächsischen Thane eine Neubeleihung „zu Lehnrecht" nachgesucht oder erhalten hätten. Auch aus der Fassung der Lehnbriefe kann es sich nicht gebildet haben, da diese erst viel später in ausführlicher Fassung erscheinen. Ich bin vielmehr der Ansicht, daß sich bei den Einzelverleihungen und Bestätigungen im Besitz das englische Lehnrecht mittels Bezugnahme auf herkömmliche Verhältnisse durch die Praxis gebildet hat, und daß das Neue darin sich nur aus dem neuen Verhältniß zwischen Personen und Sachen auf englischem Boden ergeben hat. Einerseits unterwirft sich jede zum Lehnsmann angenommene Person (Normann oder Sachse) durch den Lehnseid (devenio homo vester) dem in der Normandie üblichen Lehnrecht mit seiner viel strengeren, über die Pflichten der angelsächsischen Thanschaft weit hinausgehenden Disciplin; auch der Angelsachse kann von dieser Seite aus kein besseres Recht beanspruchen als der Normann. Andererseits ist die verliehene Sache ebenso selbstverständlich nach dem Recht verliehen, welches der Besitzvorgänger am Boden, Zubehör und Hintersassen gehabt hat; auch der Normann soll darin kein größeres Recht haben als der Sachse. Es conserviren sich also objectiv die alten Verhältnisse des Grundbesitzes in einer neuen Besitzweise (tenure) für den jetzigen Inhaber. Die Incongruenzen des Verhältnisses sind durch die Praxis des Exchequer und der Curia regis allmälig ausgeglichen; in manchen Fragen ist ein Mittelweg zwischen normannischem und sächsischem Recht eingeschlagen; die durchgreifende ratio juris war dabei wohl, daß der Sachse nicht mehr beanspruchen dürfe als der Normanne, und daß die niederen Klassen (abgesehen von der Pflicht zum Kriegsdienst) sich den Beschränkungen und Lasten der höheren Klassen unterwerfen müssen. Wenigstens ist dem Königlichen Recht und Einkommen gegenüber dieser Gesichtspunkt standhaft geltend gemacht. Es ergab sich daraus:

1) Die bedingte Erblichkeit der Verleihung, die nach normannisch-französischem Herkommen schon feststand. Auch der sächsische Than blieb also im erblichen Besitz, doch mit den mannigfaltigen Beschränkungen des Lehnrechts, welche Veräußerungen, Verpfändungen, Verschuldungen, testamentarische Verfügungen ausschließen, und in Ermangelung von Söhnen die Erbtochter nur unter der Voraussetzung zulassen, daß sie einen kampffähigen, dem Kriegsherrn genehmen Mann heirathe.

2) Das Heriot, Relevium, Relief war altes Herkommen für die kriegspflichtigen Thane und wird als ein Quantum von Waffen und Pferden

aus dem Nachlaß geleistet (LL. Cnuti II. c. 71—75). Das normannische Lehnrecht hatte eine ähnliche Abgabe, zahlbar vom Lehnsfolger. Beide verschmelzen zu einem Anerkennungsgeld, welches Anfangs in Naturalien, dann in Geldsummen, Anfangs nach Ermessen des Herrn, später in fixirter Summe gezahlt wird. Leges Will. I. cap. 22—24. Assize of arms, 27. H. II. Ellis Introduction 270. 271. Gegenüber dem Kronvasallen tritt dazu das Recht der Krone auf primer seisin.

3) Die Lehnsvormundschaft und Verheirathung war in der Normandie mit besonderer Strenge ausgebildet, und verschmolz mit analogen Rechten des angelsächsischen Herrn über den von ihm ausgestatteten Than (LL. Cnuti c. 70—75), erstreckte sich nun aber auch auf den sächsischen Freieigenthümer als Vasallen.

4) Die Hülfsgelder, Auxilia, Aids, welche der Vasall in außerordentlichen Ehren- und Nothfällen dem Herrn zu leisten hat, sind normannisches Herkommen, werden im Grand Coûtumier als solches genannt, auch in Neapel und Sicilien von König Wilhelm als die tria capitalia auxilia Normanniae eingeführt. Natürlich muß auch der sächsische Vasall sich diesem Herkommen fügen, durch welches der ganze größere Realbesitz einer subsidiären Grundsteuer unterworfen wird.

5) Der Rückfall des Lehens, Escheat und Forfeiture ist der letzte entscheidende Punkt, an welchem die bedingte Widerruflichkeit der Verleihung zum Vorschein kommt. Er tritt ein zunächst, wenn der Lehnsmann ohne Lehnserben stirbt (escheat), ein Fall, der bei weltlichen Mannen häufig vorkommen mußte, da bis zu Heinrich VIII. das Recht, über Grundstücke zu testiren, fehlt. Noch häufiger tritt eine Strafverwirkung (forfeiture) ein wegen Felonie; während das angelsächsische Recht nur eine Verwirkung wegen Verraths kannte. Die Praxis hat hier das strengste Recht generalisirt.

Unzweifelhaft sind diese Einzelheiten nur durch die Consequenz gefolgert. Der Eroberer hatte im Laufe seiner Regierung die Masse der verwirkten Ländereien successive an seine Getreuen verliehen, und erst am Ende seiner Regierung die Mannen zur großen Heerschau nach Salisbury entboten, um durch einen großen Huldigungsakt die im Einzelen vollendete Thatsache zu proklamiren. Omnes praedia tenentes, quotquot essent notae melioris per totam Angliam, ejus homines facti sunt, et omnes se illi subsidere, ejusque facti sunt vasalli, ac ei fidelitatis juramenta praestiterunt, se contra alios quoscunque illi fidos futuros. (Chron. Sax. A. D. 1086.) Auch der viel besprochene Grundsatz des englischen Rechts, daß „alle Ländereien im Reich unmittelbar oder mittelbar vom Könige verliehen sind," ist erst eine spätere Abstraction der Jurisprudenz aus analogen Schlußfolgerungen vom höheren Besitz auf den niederen.

***) **Für die gesellschaftlichen Grundlagen und Abstufungen** gilt diese Zeit sehr mit Unrecht als eine Periode der Dunkelheit, die man in englischen Darstellungen gern möglichst kurz erledigt. Kein Theil des Mittelalters liegt statistisch so zuverlässig vor, wie dieser aus dem Domesdaybook zu constatiren ist, und zwar nach den gewöhnlichen Zusammenstellungen: tenentes in capite (einschließlich aller kleinen) 1400 — Untervasallen 7871 — Liberi homines 10,097 — Liberi homines commendati 2041 — Burgenses 7968 — Sochemani 23,072 — Homines 1287 — Villani (ceorls) 108,407 — Bordarii 82,119 — Coscets 1749 — Cottarii 5054 — Servi 25,156. — Dazu noch 994 Presbyteri (Messethane) und einige ganz kleine Gruppen. Die Gesammtzahl der constatirten Männer beträgt 283,242, was mit Rücksicht auf einige Auslassungen auf eine Bevölkerung von gegen zwei Millionen hindeutet. Rücksichtlich der privatrechtlichen Stellung der einzelen Klassen bleiben allerdings erhebliche Zweifel.

Ueber die Verzeichnisse der mit dem Herzog aus der Normandie gekommenen Krieger s. Lappenberg I. 554. 555, Thierry I. Anh. Nr. 3. 4.

Im Domesdaybook sind auch die früheren Zustände tempore R. Eduardi angegeben. Danach läßt sich eine vergleichende Statistik geben, die schon von Turner zusammengestellt, später von Mackintosh in dem Anhang seiner Geschichte berichtigt ist. Diese Zusammenstellung der angelsächsischen Bevölkerung in den 34 Grafschaften, welche Domesdaybook überhaupt umfaßt, giebt sowohl die Gesammtzahlen wie die Durchschnittszahl für die einzelen Grafschaften in zwölf Klassen wie folgt:

		Temp. Eduardi.			Temp. Wilhelmi.	
1)	Proprietors	1,599,	Durchschnitt	47	Tenentes in capite.	1,400
2)	Kings thanes	326,	„	9		(600)
3)	Milites	213,	„	6	Subtenentes.	7,871
4)	Tenentes and Subtenentes	2,899,	„	85		
5)	Ecclesiastici	1,564,	„	46	. . .	994
6)	Sochmanni	23,404,	„	688	. . .	23,072
7)	Burgenses	17,105,	„	503	. . .	7,968
8)	Others	1,607,	„	47	. . .	?
9)	Villani	102,704,	„	3020	. . .	108,407
10)	Bordarii	74,823	„	2200	. . .	82,119
11)	Cottarii	5,497	„	161	. . .	5,054
12)	Servi	26,552	„	781	. . .	25,156

Die zahlreichen Untervasallen, welche den Hauptgegensatz der Zustände bilden, sind durch die systematische Zertheilung der großen Lehne entstanden, und ist dadurch für die spätere Zeit die Grundlage einer viel zahlreicheren gentry gelegt, als diejenige, mit der die angelsächsische Zeit schloß.

Auf eine genauere Detaillirung der Kronvasallen komme ich unten S. 65 bei der Heeresverfassung zurück. Namentlich verzeichnet sind in dem Index zum Domesdaybook nur etwa 460 weltliche Kronvasallen und 160 Bischöfe, Klöster, Kirchen, Geistliche.

****) **Die Verhältnisse der normannischen Staatsverwaltung** sind schon aus den bisher gedruckten Staatsurkunden klarer, wie für manchen späteren Theil des Mittelalters. Die Unterwürfigkeit der Großen wie der Kleinen, der Kleriker wie der Laien unter die Königliche Militär- und Polizeigewalt ist in Gneist Engl. Verf.-Rt. Bd. I. § 1—10 nachgewiesen, namentlich die Stellung des Sheriff (§ 3), Finanzen und Schatzamt (§ 7, 8), die Großbeamten (§ 10). Im Uebrigen komme ich auf die Gesammtzustände der Verwaltung am Schluß der Periode zurück.

B. Die Weise, in welcher auf diesen Besitzgrundlagen die Staatsfunctionen erfüllt werden, beruht noch immer auf den Grundpfeilern: Heer, Gericht und Kirche. Das Heerwesen tritt für diese Periode in den Vordergrund und wird zur eigentlichen Grundlage der Staats- und Standesbildung. Das Gerichtswesen wendet sich nach mehrfachen Umwandlungen zu einer neuen Weise des Gerichtsdienstes in Gestalt der Jury. Aus dem Strafgerichtswesen entwickelt sich ein formirtes Polizeisystem. Aus einer eigenthümlichen Gruppirung von Gerichts-, Polizei- und Steuerwesen bilden sich endlich die Stadtverfassungen. Allen diesen vervielfältigten Functionen steht aber noch unverändert gegenüber die Kirche, welche in dieser Zeit den Gipfelpunkt ihrer Macht erreicht hat.

I. **Das Kriegswesen**, einst der schwächste Theil des angelsächsischen Staats, wird jetzt die stärkste Grundlage des normannischen. Der größere Realbesitz des Reichs ist wie erwähnt in 60,215 Ritterlehne aufgetheilt, von welchen 28,015 auf den geistlichen Besitz, mehr als 30,000 auf die weltlichen Mannen fallen. Das Ritterlehn begründet die Verpflichtung zur Gestellung und Erhaltung eines Schwerbewaffneten zu Pferde, auf einen Dienst von 40 Tagen im Jahre. Die Kronvasallen sind die unmittelbaren Soldaten (homines) des Königs; die Aftervasallen zunächst die Mannen ihres Lehnsherrn, zugleich aber auch homines regis. Die Meistbelehnten stellen aus ihrem zerstreuten Besitz 30, 40, 100, selbst mehre hundert Mann, je nach der Zahl ihrer Lehne. Der Lehnsmann wird persönlich zum Dienst aufgeboten, stellt aber die übrige auf ihn fallende Zahl durch Untervasallen und andere Schwerbewaffnete, nach Uebereinkunft auch andere Leute, ähnlich wie in der sächsischen Zeit. Das Neue ist die streng persönliche Dienstpflicht von Besitz wegen, die gleichmäßige Vertheilung auf den freien Realbesitz, die Strenge der Disciplin und der sich daran knüpfenden Rechtsverhältnisse, Felonien und Lehnsbußen.*)

Dies strengere Kriegsrecht war aus der Normandie herübergebracht. Die Normandie war in der Weise der Markgrafschaften, der Militär-Colonien des Mittelalters begründet. Im Laufe von 150 Jahren hatte die straffe Heerespflicht dort eine sonst unbekannte Ordnung begründet. Zwar ist kein militärischer Codex vorhanden, der ein geschriebenes normannisches Lehnrecht begründet hätte. Die Etablissements und der Grand-Coûtumier der Normandie datiren erst aus den Jahren 1205—70. Wohl aber hatte sich durch Anordnungen der Herzöge und unter Anlehnung an eine früh geordnete Gerichts- und Finanzverwaltung das Lehnswesen in seinen Einzelheiten bereits fixirt. Auch hatte sich unverkennbar aus der Hierarchie des Lehnswesens und aus der Stellung eines erobernden Stammes bereits ein Standesrecht in einzelen Grundzügen entwickelt. Die fränkisch-normannische Lehnsverfassung der Zeit beruhte auf dem Seniorat, der den großen Lehnsträger zum erblichen Capitain (seigneur) seiner Untervasallen machte, und nachher — begünstigt durch den Einfluß des Besitzes, der gleichen Nationalität und Interessen — dies Band leicht zu einem stärkeren werden ließ, als das der Untervasallen zum Oberlehnsherrn.

In England tritt das Gegentheil dieser Gestaltung ein. Der Besitz der normannischen Herren ist ein neuer; Nationalität und Interessen ihrer sächsischen Untervasallen sind den ihrigen entgegengesetzt, auch ihre normannischen homines sind großentheils zusammengeraffte Leute. Dazu tritt der wichtige Umstand, daß ihre Besitzungen, also auch die Unterlehnsleute, absichtlich zerstreut in verschiedenen Grafschaften vertheilt sind. Der Seniorat kann daher hier keinen festen Fuß fassen. Nicht einmal das Aufgebot der Untervasallen konnte ausschließlich durch die Hände des Unterlehnsherrn gehen, vielmehr ergeben die vorhandenen Ordres, daß der Königliche Vicecomes alle Lehnspflichtigen seiner Grafschaft im Namen des Königs aufbietet. Weder im Feldzug noch im Gerichtsdienst, vielleicht nicht einmal bei der Heerschau, bilden daher die Mannschaften eines Seigneur eine geschlossene Einheit.**)

Um so vollständiger war der König im Stande, das höchste Commando sich persönlich vorzubehalten und damit auch die Vertheilung und Verwendung der Lehnsmilizen. Alle activen Commandos beruhen auf seinem persönlichen Auftrag (commission). Die persönliche Macht der Könige war in den nächsten Generationen so überwiegend, ihre Geldmittel, Soldtruppen und befestigten Plätze so zahlreich, daß diese Rechtsbefugnisse auch thatsächlich wirksam bleiben. Natürlich werden die Commandirenden größerer Abtheilungen regelmäßig aus der Zahl der Seigneurs ernannt. Auch bleiben dem Constable und Marshall der vom König befehligten Armee gewisse Ehrenrechte, Amtsfunctionen und Sporteln nach normannischem Herkommen. Allein selbst diese höchsten Lehnswürden scheinen bis zur Zeit Stephans nicht mit einem bestimmten Grundbesitz verbunden, sondern durch persönlichen Auftrag verliehen. Wenn so an höchster Stelle die Commandos den Amtscharakter festhielten, so erstreckte sich derselbe natürlich auf die niederen gleichmäßig herab.

So macht die englische Lehnsmiliz nach der Eroberung den monotonen Eindruck einer stehenden Armee, deren Offiziere von Zeit zu Zeit zu Hofe geladen, deren Mannschaften periodisch durch Aufgebot der Könige gemustert werden. Größere Abtheilungen werden in längeren Zwischenräumen zu Kämpfen auf dem Continent, oder im Norden des Landes, oder gegen vereinzelte Aufstände verwendet. Uebrigens ist eine Lehnsarmee von 60,000 Schwerbewaffneten nie zum Kriegsdienst beisammen gewesen. Die Zahl der Kriegslehne bildet vielmehr nur die große Matrikel, nach welcher der große Grundbesitz gleichmäßig die Lasten trägt. Im Einzelen hing es wohl schon von Anfang an von gütlicher Uebereinkunft ab, dem König statt eines Schwerbewaffneten nach Umständen Fußsoldaten, Naturalleistungen oder eine Geldsumme zu offeriren.

Nach zwei Generationen einer straffen, militärischen Ordnung folgt dann schon unter Stephan eine fast 20jährige Periode der Verwirrung und des Faustrechts, in welcher das Ritterthum und die Idee eines Seniorats bedeutende Fortschritte machen, und die höchsten Lehnswürden des Constable und Marshall dauernd als erbliche Würden verliehen werden. Einige Menschenalter hindurch ist auch der Einfluß der Kreuzzüge sichtbar.

In derselben Zeit macht sich aber auch andrerseits der natürliche Einfluß der insularen Lage des Landes, des Klimas und der Lebensweise bei einem Theil der Lehnsmannen geltend. Der erobernde Stamm fühlt sich jetzt sicher in seinem Besitz. Für entferntere Kriegszüge auf dem Continent schien eine gleichmäßige Heranziehung englischer Lehnsmilizen weder billig, noch wegen der kurzen Dienstzeit brauchbar. Es beginnen daher seit Heinrich II. bereits Ablösungen der Lehndienste mit Geld. Anfangs wechselnd, fixirt sich allmälig ein Maßstab dieser sogenannten Schildgelder (scutagia).

Die großen normannischen Herren konserviren indessen die kriegerischen Neigungen und fangen an, dem Königthume gefährlich zu werden. Uneinigkeit in der Königlichen Familie selbst, der Einfluß der Kreuzzüge, das böse Beispiel der Normandie und Frankreichs, die Zwistigkeiten mit der Kirche, die Schwäche einzeler Könige trafen jetzt zusammen, um das einst gehorsame Lehnsheer zu einer nicht mehr zuverlässigen, auch in sich nicht mehr gleichartigen Masse umzugestalten, gegen welche die Könige selbst ein Gegengewicht suchen.

In dieser schwierig gewordenen Zeit hat sich Heinrich II. veranlaßt gesehen, die alten sächsischen Grafschaftsmilizen wieder neu einzurichten durch eine Assize of Arms 1181.***) Dem Rechte nach war die alte Landwehrpflicht aller freien Männer niemals erloschen, sondern nur zu einem zweiten Aufgebot von Bauermilizen herabgesunken. Es sollte darin jetzt ein Gegengewicht gegen die Macht der großen Lehnsmannen gefunden werden, noch mehr zunächst ein Schutz für die innere Landesordnung, die in der Zeit des Faustrechts schwer erschüttert war. Das Königthum hatte bereits seit langer Zeit die Sachsen ihrem Königlichen Schutzherrn treuer befunden, als die Normannen. Offenbar hatten auch die Kreuzzüge die Lust der Freisassen, in ihrer Kampfweise sich an der Ehre des Kriegsberufs zu betheiligen, neu erweckt. Schwerlich ist daraus jedoch schon damals eine feste, wirksame Einrichtung geworden; denn sowohl die Kämpfe zur Zeit der Magna Charta wie unter Heinrich III. hätten mit einer wirksamen Grafschaftsmiliz anders verlaufen müssen. —

*) **Die Ordnung des Feudaldienstes** war die in der Normandie feststehende. Sie bedurfte also keiner Feststellung durch ein Gesetz. Das was die LL. Willelmi darüber enthalten, ist nur eine Königliche Charte, gewissermaßen ein Tagesbefehl des Kriegsherren: Omnes comites et barones, et milites, et servientes, et universi liberi homines totius regni nostri praedicti, habeant et teneant se semper bene in armis et in equis, ut decet et oportet; et sint semper prompti et bene parati ad servitium suum integrum nobis explendum et peragendum cum opus fuerit; secundum quod nobis debent de feodis et tenementis suis de jure facere; et sicut illis statuimus per commune concilium totius regni nostri praedicti, et illis dedimus et concessimus in feodo jure heditario. Hoc praeceptum non sit violatum ullo modo super forisfacturam nostram plenam. (Schmid, Gesetze der Angelsachsen LL. Will. III. Cap. 8.) Der Eingang ist der gewöhnliche der Charten mit dem Charakter eines Generaledicts: „Willelmus rex Anglorum, dux Normannorum, omnibus hominibus suis francis et anglis salutem.“ Denselben Charakter hat die allgemeinere Einschärfung im Cap. 2:

> Statuimus etiam, ut omnes liberi homines foedere et sacramento affirment, quod intra et extra regnum Angliae (quod olim vocabatur regnum Britanniae) Willelmo regi, domino suo, fideles esse volunt, terras et honores illius omni fidelitate ubique servare cum eo, et contra inimicos et alienigenas defendere.

Die Formel des Lehnseides lautet nach der späteren englischen Fassung bei Littleton:

> „Hear this, my Lord, I will be faithful and loyal to you, and will bear to you faith for the tenements I hold of you; and will loyally perform the customs and services which I owe to you, at the times assigned. So help me God and His Saints.“

Die periodischen Ordres zum Aufgebot der Vasallen, aus denen sich weitere Rechtsverhältnisse ergaben, ergingen an jeden vicecomes nach folgendem Formulare: Vicecomiti Kanciae salutem. Praecipimus tibi, quod sine dilatione summoneri facias per totam ballivam tuam Archipiscopos, Episcopos, Abbates, Priores, Comites, Barones, Milites, et libere tenentes, et omnes alios qui servitium nobis debent sive servitium militare vel Serjeantiae: quodque similiter clamari facias per totam ballivam tuam, quod sint apud Wigorniam in crastino S. Trinitatis anno regni nostri septimo, omni dilatione et occasione postpositis, cum toto hujusmodi servitio quod nobis debent, parati cum equis et armis ad eundum in servitium nostrum quo eis praeceperimus. — Eodem modo scribitur omnibus Vicecomitibus Angliae. (Cl. 7 H. III.) Die Sheriffs erließen darauf ihre Proklamation an die Dienstpflichtigen der Grafschaft. Unter Umständen wurden daneben noch Königliche Spezialmandate an die einzelen größeren Barone erlassen und durch den Vicecomes insinuirt. Daß solche aber nicht wesentlich waren, ergiebt ihre Seltenheit und die Fassung des writ an den Vicecomes.

Personen mit Bruchtheilen eines Ritterlehns leisten den Dienst auf verhältnißmäßig kürzere Zeit; so ein halbes Ritterlehn auf jährlich 20 Tage. Schon im 12. Jahrhundert gehen diese Theile bis auf ein Zwanzigstel Lehn herab, wobei es offenbar nur auf die Ehrenrechte eines Kronvasallen, nicht mehr auf persönlichen Dienst abgesehen war.

Das Ausbleiben nach formellem Aufgebot wurde nach Umständen bald mit hundert Mark, bald mit Besitzentsetzung gebüßt. Madox, Exch. I. 662 ff. Zum Ausweis über die geleistete oder abgekaufte oder erlassene Dienstpflicht diente ein Certificat des Marshal.

Daß selbst Geistliche dem Rechtsbuchstaben nach in Person kommen mußten, ergiebt noch ein bei Rymer abgedrucktes writ an die Bischöfe (eo quo singuli, tam praelati quam alii in propriis personis venire debeant, at defensionem coronae et regni nostri 41. Henr. III.). In der Regel ist indessen nur die Rede davon, daß die Prälaten milites suos zu senden haben.

Die Nothwendigkeit einer ergänzenden Stellvertretung ergab sich übrigens schon aus der großen Zahl der Ritterlehne. Die Gesammtzahl der besitzenden Kron- und Untervasallen betrug nicht volle 8500. Von 60,000 Schwerbewaffneten konnten also fünf Sechsstel nur durch Ausrüstung von Söhnen, Angehörigen und freien Dienstleuten gestellt werden. In einem späteren Fall unter Eduard I. thut der Bischof von Hereford seinen Dienst für fünf Ritterlehne durch Stellung von zwei Rittern und sechs Esquires, wobei also zwei Knappen für einen Ritter gerechnet werden. (Madox Baron. I. c. 5.) Auch die Weise dieser Gestellungen ließ offenbar vielerlei Variationen und mancherlei Willkür offen. Ein Theil der Mannschaften zog jedenfalls schon damals als Bogenschützen und Hellebardiere mit.

Uebrigens bedingt der schwere Reiterdienst langjährige Uebung und Gewöhnung, wo möglich schon vom Knabenalter an. Das ritterliche Gildewesen mit seiner Meisterwürde, die Abstufungen des Ritters (knight), des Knappen (esquire), und des Pagen haben sich seit den Kreuzzügen gleichmäßig auch in England entfaltet. Die Turniere blühen unter Stephan und Richard Löwenherz. Aus der Pflicht zum vollen Ritterdienst folgerte man auch die Verpflichtung zur Erlangung der Ritterwürde, und es ergingen nun von Zeit zu Zeit Königliche writs an die Kronvasallen: „ut arma capiant et se milites fieri faciant, sicut tenementa sua quae de nobis tenent diligunt (Rot. Cl. 19. H. III. Madox I. 510), woraus sehr bald eine Sportelquelle wird.

) **Die Vertheilung der Lehnslast auf das Personal der Kronvasallen ist aus dem Domesdaybook ziemlich genau ersichtlich, aber noch immer nicht zuverlässig summirt. Nach älteren Zusammenstellungen, welche Hume Hist. Vol. II., App. II. u. A. nach Brady, Odericus Vitalis und Dugdale geben, erscheinen als Meistbelehnte unter Angabe der Zahl der Ritterlehne oder manors (die in diesen Zählungen meistens durcheinander geworfen werden): Rob. Gf. Moreton (793), Alban Gf. Richmond (442), W. de Warenne (298), H. de

Ferrers (222), Rich. de Clare (171), Balduin de Ridvers (164), Rog. Mortimer (132), Rob. de Stafford (130), Rog. Bigot (123), Rob. Gf. v. Ewe (119), W. de Percy (119), Geoff. de Mandeville (118), Walter Giffard Gf. Buckingham (107), Todeney (81) Hugh de Beauchamp (47), Walter Eurus Gf. Salisbury (46), Norman d'Arcy (33) 2c. Zu dieser Klasse der Großlehnsträger gehören auch Odo von Bayeux (439) und Geoff. Bischof von Coutance (280). Leider sind diese Zusammenzählungen weder gleichzeitige noch vollständige. R. Kelham, Domesdaybook illustrated. Lond. 1788, hat die Kronvasallen in den einzelen Grafschaften namentlich excerpirt. Es sind

1) geistliche Eintragungen: Erzbischöfe und Bischöfe 19 (darunter einige normannische), Canonici (20), Aebte, Aebtissinnen, Abteien (56), Ecclesiae (38), Presbyteri (11), Diaconi (2), Capellani (3), zusammen 153 einzele Eintragungen;

2) weltliche Herren: 10 Comites, 394 andere Herren (darunter 214 nur in einer Grafschaft, 180 an zwei oder mehren Stellen eingetragen), 10 Comitissae, 20 andere Frauen und Töchter; sodann folgende Collectivbezeichnungen: (4mal) homines liberi R., (1) ministri R., (1) Servientes R., (1) Thaini R., (1) vavassores R., (1) Carpentarii R., (1) Elemosinarii R., (1) Bedelli, (1) invasiones R., (1) ad nullam firmam pertinent, (3) milites v. homines von Großlehnsträgern, (1) Burgenses de Lincoln — zusammen 451 weltliche Eintragungen.

Die Zahl der weltlichen Vasallen ist nach meiner Zählung aus den Indices zum Domesdaybook ungefähr damit übereinstimmend, 460. Unterscheidet man je nachdem ihre Besitzungen sich über mehre Grafschaften erstrecken, so finde ich folgende Gruppen:

1) 290 Kronvasallen, deren Besitzungen nur in einer Grafschaft liegen, darunter sind an einigen Stellen Collectivnamen: liberi homines regis, servientes regis, vavassores, die auf eine Mehrheit von Personen deuten, so daß die Gesammtzahl wohl noch etwas größer ist.

2) Eine mittlere Gruppe bilden 69 Kronvasallen mit Besitzungen in zwei Grafschaften, 28 in drei Grafschaften, 20 in vier Grafschaften, 17 in fünf Grafschaften.

3) 41 Herren, deren Besitzungen in 6—21 Grafschaften zerstreut liegen, nämlich: Graf Hugo (21), Graf Moreton (20), Gislebert de Gand (14), H. de Ferieres (14), R. de Mortemer (13), Graf Eustachius (12), Graf Roger (12), W. de Warenne (12), Graf Alanus (11), Gräfin Juditha (11), Rob. de Todeni (11), Wilh. fil. Ansculphi (11), Walter Gifard (10), Ernulph de Hesting (10), Wil. de Ow (10), Wilh. Pevrel (10), Rad. de Limesy (9), G. de Mannevile (9), Rob. Malet (8), R. de Bilgi (8), Rog. Pictavensis (8), Ranulphus frat. Ilgeri (8), Edw. Sarisberiensis (8), Turstinus fil. Rolf (8), Hunfrid der Kämmerer (7), M. Crispin (7), Eudo fil. Huberti (7), H. de Grentemaisnil (7), R. de Stadford (7). Unter den 12 Herren mit Besitzungen in sechs Grafschaften sind Namen wie Braiose, Busli, Osbern, Gifard, R. de Iueri, Rad. de Todeni. Auch unter der mittleren Gruppe sind Namen, die damals oder bald darauf zu den ersten Familien gehörten, wie Graf Albericus (5), Falaise, Walter Flandrensis, de Laci, de Percy, de Port, A. de Ver, R. de Bigot, Eudo Dapifer, H. de Montfort u. a.

In den Zusammenstellungen von Kelham wird Odo, Bischof von Bayeux mit 439 manors angegeben (S. 25), Hugo de Montfort mit mehr als 100 lordships (S. 27), Graf Moreton mit 793 (S. 31), William, fil. Anfculphi mit 86 (S. 35), Milo Crispin mit 88 (S. 36), Graf Allan mit 442 (S. 40), Hugo de Port mit mehr als 55 (S. 40), William de Percy mit mehr als 118 (S. 41), William Peverel mit 162 (S. 48), Robert de Stadford mit 150 (S. 49), Roger de Lazi mit 116 (S. 50), Radulfus de Pomerei mit 50, Radulfus Pagenel mit 45, Radulfus de Linesi mit mehr als 41 (S. 62), Balduin de Brionis mit 159 (S. 65), Alured de Lincoln mit 51 (S. 100), Wido de Credun mit 60 (S. 108), Roger von Poitou mit 398 (S. 115), Ilbert de Laci mit 164 (S. 118), Robert de Bronis mit 94 (S. 121), Swein of Esser mit mehr als 55 (S. 128), Eudo Dapifer mit mehr als 25 (S. 129), Ralph Baignard mit mehr als 25 (S. 130); außerdem aber wird noch eine erhebliche Zahl Meistbelehnter ohne genaue Angabe der Besitzungen genannt.

Die geistlichen Besitzungen der Bisthümer, Abteien, Kirchen, Pfarrer sind der Natur der Sache nach über weniger Grafschaften zerstreut. Ich zähle über 90, die in einer Grafschaft belegen sind, über 30 in zwei Grafschaften, und etwa ebensoviel in drei und mehr Grafschaften. Unter den letzteren ragen wieder einzele durch ihre Größe und die weite Verbreitung ihrer Besitzungen hervor, wie Canterbury, Lincoln und Winton, Abtei Westminster (mit Besitzungen in 15 Grafschaften). Die Erzbischöfe und Bischöfe werden in der Zusammenstellung von Kelham S. 381 mit ihren Besitzungen so verzeichnet: Kantuariensis in 8 Grafschaften, Eboracensis in 6, Londinensis in 5, Dunelmensis in 5, Wintoniensis in 11, Cestrensis in 6, Cicestrensis in 2, Excestrensis in 10, Herefordensis in 5, Lincolniensis in 9, Sarisberiensis in 5, Tetfordensis in 2, Wellensis in 1, Wirecestre in 3.

***) **Die Restauration der Grafschaftsmiliz unter Heinrich II.** ist, wie der Erfolg zeigt, nicht zu überschätzen. Die angelsächsische trinoda necessitas dauert auch unter den Normannenkönigen fort; denn es ist überhaupt kein Recht der sächsischen Zeit von ihnen aufgegeben. Auch zeigen sich bald nach der Eroberung einzele Spuren davon, wie bei Henr. Hunt. ann. 5. Will. II. Fecit interim rex summoneri 20000 peditum Anglicorum, ut venirent in Normanniam; cum autem ad mare venissent, rex ab unoquoque eorum pecuniam victualem sciliret decem solidos arripiens eos remisit. Es war dies wohl nichts Anderes als ein Aufgebot der sächsischen Bevölkerung nach alter Weise. Die alten Bezirkseintheilungen des sächsischen Heerbanns in Hundreds und Zehntschaften dauerten unverändert fort, und konnten von einem gewaltthätigen Monarchen zur Aushebung benutzt werden. Im Wesentlichen scheinen aber jene Reste angelsächsischer Landwehrverfassung nur zu polizeilichen Zwecken benutzt zu sein. Die Zustände des Faustrechts unter Stephan hatten auch wohl vorzugsweise dazu beigetragen, das Bedenkliche eines Zustandes zu zeigen, in welchem die ländliche und städtische Bevölkerung wehrlos einer unruhigen Ritterschaft und ihrem Anhang gegenüberstand.

In diese Zustände tritt nun die Assize of Arms 27. Henry II. (1181) mit folgenden Vorschriften: Jeder Besitzer eines Ritterlehns soll eine eiserne Rüstung, einen Helm, einen Schild und eine Lanze haben, und zwar jeder Ritter so viele Rüstungen wie Ritterlehne. Jeder weltliche Freisasse, der in beweglichem Gut oder Rente 16 Mark besitzt, soll ebenso Rüstung, Helm, Schild und Lanze halten. Jeder weltliche Freisasse von 10 Mark in Gütern oder Renten soll eine Halberge (Brustharnisch ohne Armstücke), eiserne Pickelhaube und Lanze haben. Alle Bürger und übrigen Freisassen sollen ein gestopftes Wamms, eiserne Pickelhaube und Lanze haben. Jeder soll den Treueid schwören, und daß er diese Waffen zum Dienst nach Befehl und in Treue gegen den König halten will. Diese Waffenstücke dürfen nicht veräußert oder verpfändet werden. In den Hundreds und Flecken sollen Gemeinde-Commissionen von Männern nicht unter 16 Mark in Land oder 10 Mark in beweglichem Vermögen ernannt werden, um jene Vermögensstufen festzustellen. Die Königlichen Commissarien sollen auf ihren Rundreisen die Namen der Pflichtigen verzeichnen, und dieselben auf Befolgung der Königlichen Assize beeidigen. Ueberall ist nur von freemen die Rede, und es wird schließlich noch ausdrücklich eingeschärft, daß nur freie Männer zu dem Waffeneid zuzulassen.

Die ganze neue Einrichtung sollte also gleichmäßig die Lehnsmilizen und die sächsischen Freisassen umfassen, doch waren die Großlehnsträger ebenso wie später wohl selbstverständlich ausgenommen. Die Ritter der Grafschaft sollten außer ihrer Lehnpflicht von Besitz wegen, nun auch wie die übrigen Freisassen von Gemeinde wegen zum Milizdienst pflichtig sein. Daß man auch die Besitzer von Ritterlehnen ausdrücklich zur Haltung von Rüstungen verpflichtete, erklärt sich wohl daraus, daß schon viele kleinere Vasallen sich in Folge der Ablösung vom Kriegsdienste zu entwöhnen anfingen.

Die Führung dieser Grafschaftsmilizen war den vicecomites bestimmt. Möglich ist es, daß man schon damals auch Musterungs-Offiziere (Constables) in den einzelen Hundertschaften ernannte, wie dies später in dem Gesetz Eduard's I. geschah. Aus den Adversarien von Watt's Ausgabe des Matthew Paris wird ein Writ 36. Henry III. in älteren englischen Rechtsschriften citirt, wonach „in jeder Hundertschaft ein Chief Constable eingesetzt werden soll, nach dessen Befehl alle Mannschaften der Hundred zu den Waffen eingeschworen, sich versammeln und ihm gehorsam sein sollen, um alle solche Dinge zu thun, die zur Bewahrung des Friedens des Königs gehören," ebenso soll in jeder Ortschaft (village oder township) ein Constable eingesetzt werden, oder deren zwei nach Verhältniß der Zahl der Bewohner. Mag jene Angabe zuverlässig sein oder nicht, so ist sie an sich wahrscheinlich.

II. **Die Gerichtsverfassung der normannischen Zeit** schließt sich am nächsten an die angelsächsischen Verhältnisse an, wie denn auch die alten Gerichtsbezirke unverändert in die neue Verwaltung übergehen. An Stelle des alten Shirgerefa tritt der normannische Vicecomes als der eigentliche Statthalter der Grafschaft.*) Wie weitgreifend dessen Gewalten auch in anderer Richtung waren, so ist seine Stellung als Gerichtshalter doch eine verfassungsmäßig beschränkte durch die eidliche Zusicherung des Eroberers: „die guten und bewährten Gesetze Eduards des Bekenners aufrecht erhalten zu wollen" (4. Will. I. Chron. Sax. a. 1070). Der König hatte rechtskundige Männer ernannt, „um solche Gesetze und Gewohnheiten festzustellen, welche zur Zeit der Sachsenkönige in Gebrauch gewesen." Eine amtliche Aufzeichnung hat indessen nicht stattgefunden; die unter dem Namen Wilhelms vorhandene Sammlung ist nur eine konfuse Privatarbeit. Die sächsische Bevölkerung hielt aber an jener Zusicherung um so eifersüchtiger fest, als die einzige Garantie der persönlichen Freiheit gegen die Willkür eines allgewaltigen Landvogts in dem alten Gerichtsherkommen lag. In allen historisch beglaubigten Fällen ist es ersichtlich, daß Wilhelm die herkömmliche Gerichtsverfassung anerkannte, daß er Gerechtigkeit üben wollte, daß er darin ein Mittel erkannte, den neuen Staat vor einem Auseinanderfallen durch den Gegensatz der Nationalitäten zu bewahren. Im Sinn und Sprachgebrauch der Zeit konnte mit jener Zusicherung nur gemeint sein: Es soll von denselben und für dieselben Personen nach denselben Formen und Grundsätzen Recht gesprochen werden, wie vor der Eroberung. Es ergaben sich daraus die alten Stufen der Gerichtsverfassung:

1. Das Grafschaftsgericht, bei welchem nach sächsischem Herkommen die ordentlichen Gerichtsmänner Thane waren, an deren Stelle jetzt die Kron- und Untervasallen stehen, und welche wohl überall ausreichen, um ein besetztes Gericht oder einen Gerichtsausschuß von zwölf oder mehren Thanen in alter Weise zu bilden. Aushülflich sind indessen noch immer alle libere tenentes gerichtspflichtige sectatores (suitors). Von den alten Geschäften scheiden die kirchlichen aus, die seit der Eroberung ihr eigenes Gerichtssystem bilden. Es bleiben aber dem Grafschaftsgericht Straffälle, Streitigkeiten unter verschiedenen Hundertschaften, Streitigkeiten unter den Thanen — jetzt inter vavassores duorum dominorum. Streitigkeiten über Kronlehne dagegen sind dem Königlichen Hofe (curia) vorbehalten, d. h. der persönlichen Anordnung des Gerichts durch den König, was aber nicht ausschloß, kleinere Kronvasallen und kleinere Streitsachen dem Grafschaftsgericht zu belassen. Schon aus diesem Grunde und vermöge der Lehnspflicht sind auch die Kronvasallen verpflichtet, bei dem Grafschaftsgericht zu erscheinen (LL. Henr. I. c. 9); doch unter Zulassung einer Stellvertretung, und mit dem Vorbehalt, daß kein Untervasall Gerichtsmann über seinen Lehnsherrn sein darf.

Die inneren Disharmonien der Gesellschaft hatten schon in der späteren sächsischen Zeit zu einer Vermehrung der Prozesse vor dem Grafschaftsgericht geführt. Die untere Instanz des Hundertgerichts war seit dem Verfall des Standes der ceorls und der gewaltigen Ausdehnung der herrschaftlichen Gerichte überaus mangelhaft besetzt, und bot dem schwächeren Theil gegen den stärkeren, dem Sachsen gegen den Normannen wohl immer geringere Garantien dar. Bei dem ergänzenden Verhältniß zwischen Grafschafts- und Hundertgericht wurden daher die Civilprozesse massenweise an das Grafschaftsgericht gebracht. Aehnlich verhielt es sich mit den leichteren Straffällen, und noch mehr verstand sich dies schon aus fiskalischem Interesse von der Ueberzahl der neuen Bußfälle, welche aus der Polizeigewalt der normannischen Zeit hervorgingen (s. unten). Aus dieser Ueberhäufung des Grafschaftsgerichts erklärt sich auch wohl, daß dasselbe später allmonatlich abgehalten wird, und daß es selbst so nicht ausreicht, die Masse der kleinen Straffälle zu erledigen.

Aus dem Grafschaftsgericht zweigt sich daher noch ein turnus vicecomitis, Sheriffs tourn, aus, d. h. eine Einrichtung, nach welcher der Landvogt wenigstens zweimal jährlich die einzelen Hundertschaften bereist, und in denselben als königlicher Commissar die leichteren Bußfälle erledigt, deren Verhandlung an Ort und Stelle practisch geboten war, da sonst durch die weiten Entfernungen zum Grafschaftsgericht unverhältnißmäßige Beschwerden und Kosten entstanden wären. Commissarische Abordnungen ähnlicher Art bestanden schon in der Normandie. Aus dieser Stellung des Vicecomes als königlicher Commissarius ad hoc erklärt sich auch wohl, warum der Sheriffs Tourn bis heute als königlicher „court of record" gilt, im Unterschied vom Grafschaftsgericht. Bei diesen Rundreisen erschien nun zu polizeilichen Zwecken wieder die ganze männliche Bevölkerung des kleinen Bezirks, weshalb denn auch der Name eines Volksgerichts, court leet, gerade für diese Gerichtsversammlungen per delegationem üblich wurde. Unter dem normannischen Buß- und Sportelsystem gestaltet sich daraus ein Lokal-Polizeigericht, welches in diesem Umfange Gegenstand von Verleihungen an Grundherren und Gemeinden wurde.

2. Das Hundertschaftsgericht, hundred court, dauert zwar dem Rechte nach fort, allein schon in der späteren angelsächsischen Zeit war durch die weite Ausdehnung herrschaftlicher saca et soca diesem Untergericht vielfach der Gegenstand und das nöthige Personal an Freisassen entzogen; die meisten hundreds sind wenigstens durchbrochen von herrschaftlichen Gerichten. In Wechselwirkung damit steht der Uebergang der Masse der Civilprozesse an das Grafschaftsgericht, die wachsende Centralisation der Civil- und Straffälle überhaupt. Der hundred court befindet sich daher von nun an in fortschreitendem Verfall. Eben deshalb hat auch die Besetzung dieses Gerichtes ein schwindendes Interesse. Schon in sächsischer Zeit erscheinen auch hier die Thane oft als Urtheilsfinder, dem Recht nach aber immer noch die liberi homines als active Theilnehmer, Gerichtsmänner. Dies Ver-

hältniß konnte auch jetzt noch fortdauern, da nach den Durchschnittsverhältnissen im Domesdaybook die Freisassen noch zahlreich, wenn auch sehr ungleich vertheilt waren. Und wenn auch mit dem wachsenden Verfall des hundred court diese Betheiligung nur noch wie eine Reminiscenz bestand, so blieb es doch eine wichtige Grundlage für die Zukunft, daß sie als „liberi et legales homines“ zum Gericht berufen seien.

3. Als dritte Stufe bestand die gutsherrliche Gerichtsbarkeit saca et soca,**) seit den Zeiten Canuts zu einer wirklichen Patrimonialgerichtsbarkeit erweitert, durch königliche Verleihung auch auf vereinzelte Allodbauern in dem herrschaftlichen Gebiet ausgedehnt — ungefähr in dem Umfange eines Hundertgerichts. Diese herrschaftlichen Grundrechte gingen natürlich auch auf den normannischen Besitzer über, und wurden in Lehnbriefen mit den alten Bezeichnungen saca et soca, infangtheft and outfangtheft etc. ausdrücklich bestätigt. Die Fortdauer der „Gesetze Eduard's“ bedingte auch die Fortdauer der Gutsgerichte: omnis causa terminetur in comitatu vel hundredo vel halimoto sacam habentium (LL. Henr. I. c. 9). Durch das Lehnswesen kam der Grundsatz hinzu, daß dem Lehnsherrn eine Gerichtsgewalt über das verliehene Gut zusteht. Diese beschränkte Civilgerichtsbarkeit über den Untervasallen schloß sich aber sehr einfach an die schon erweiterte saca et soca an; Personen und Sachen fielen sogar häufig zusammen. Eine Erweiterung auf schwerere Straffälle ist dagegen nicht eingetreten. Die Herzöge hatten eine solche in der Normandie nicht zugestanden; noch weniger geschah es in England. Schon die Zersplitterung aller Besitzungen der Großlehnsträger brachte es mit sich, daß selten so viele Untervasallen desselben Herrn in einer Grafschaft beisammen saßen, um eine ansehnliche curia feudalis zu bilden; noch weniger ließ das geschlossene Staatssystem der Normannenkönige Usurpationen zu. Eine materielle Erweiterung der saca et soca hat also im Ganzen nicht stattgefunden.

Die spätere Jurisprudenz sonderte unter technischen Namen die verschiedenen Bestandtheile des herrschaftlichen Gerichts. Court baron nannte man die Civilgerichts-Jurisdiction über Aftervasallen und Freisassen von wegen des abhängigen Freiguts. Customary court nannte man das Hofgericht in seiner ursprünglichen Gestalt über Leute auf Laenland und Gesinde. Court leet endlich ist ein erst auf späteren Verleihungen beruhendes Polizeigericht über alle Einsassen.

So regelmäßig geordnet diese Gerichtsverhältnisse äußerlich erscheinen mochten, so mangelhaft und zerrissen war ihr inneres

Leben. Habsucht und Uebermuth normannischer Landvögte und Vasallen, Stammeshaß der normannischen und sächsischen Untervasallen und kleineren Leute machte diese Gerichte zur Stätte der Ungerechtigkeit und Unterdrückung. Wo die Parteien sich nicht selbst über eine Auswahl der Gerichtsmänner einigten, ernannte sie der sportulirende Landvogt, dessen Wahl oft parteiisch war, und noch öfter dafür gehalten wurde. Die anzuwendenden Formen und Rechte waren vielfach verschieden und sich widerstrebend, die normannischen Gerichtsmänner übermüthig und gewaltthätig, die sächsischen mißtrauisch und den Eindringlingen feindselig. Die stetige Collision nationalverschiedener Rechtsvorstellungen ließ ein weites Gebiet der Willkür offen, welches der Landvogt wohl meistens für seine Landsleute und Standesgenossen oder für den Meistbietenden ausbeutete. Nur das gelegentliche Eingreifen des Königs und die fast in jeder Erzählung der Zeitgenossen als selbstverständlich vorausgesetzte Parteilichkeit der vicecomites, so wie der habituelle Haß gegen das Amt, läßt ahnen, wie tausendfältiges Unrecht hier das Schweigen der Geschichte deckt. Unter Stephan, nach fast 20jährigen Zuständen des Faustrechts, sank das Vertrauen auf die Gerichtsverwaltung der Sheriffs gänzlich, und unter der Verwirrung dieser Zeit beginnt nun die entschiedene Tendenz zur Centralisation. Die schon unter Heinrich I. und Stephan vorkommenden reisenden Commissarien***) von Hofe werden unter Heinrich II. eine periodisch wiederkehrende Erscheinung. Sie dienen zu militärischen und Finanzzwecken (namentlich zur Einschätzung der Hintersassen für die tallagia und zur Entscheidung der stetigen Reklamationen dagegen), so wie zur Visitation der Amtsführung der Sheriffs und Untervögte. Sehr bald treten aber die Gerichtszwecke in den Vordergrund. Zur Beruhigung des Landes nach dem wilden Treiben mußte der Königsfriede wiederholt verkündet und durch unmittelbar Abgeordnete energisch gehandhabt werden. Aufruhr gegen die Person des Königs, gegen das Reich, im Heere, Todtschlag, Brandstiftung, Raub, Entführung, Fälschung, überhaupt Verbrechen an Leib und Gliedern und Vergehen tumultuarischen Charakters, werden jetzt als placita coronae (Glanvilla I. c. 2) immer häufiger den periodisch abgeordneten Special-Commissarien überwiesen.

Am stärksten trifft die Centralisation den Civilprozeß, und zwar aus Gründen, welche auch in der Beschaffenheit der vorhandenen Rechte lagen. Die Rechte des Lehnsherrn gegen Untervasallen und Hintersassen, die Vererbung der Lehne, Gestaltung des Witthums und zahllose Einzelheiten bedurften schon aus fiscalischen Gründen einer einheitlichen Gestaltung. Die Rechtsentscheidungen der Gerichtsmänner darüber mußten nach der Mischung der Nationalitäten und der Besitzklassen in den einzelen Gerichtsbezirken sehr verschiedenartig ausfallen. Was auf dem Continent erst bedeutend später durch die innere Zersetzung der Besitzgruppen in gesonderte Rechts- und Gerichtskreise zum Vorschein kam, tritt hier überraschend früh hervor: die Unmöglichkeit, die Rechtsfindung Gemeindegenossen im einzelen Falle zu überlassen — die Unmöglichkeit einer Schöffenverfassung — innerhalb eines zusammengesetzten, fortschreitenden Staatswesens. Je mehr das Ineinanderschieben zweier Nationalitäten die naturwüchsige Einheit der Rechtsanschauung (zwischen Normannen und Sachsen, zwischen Herren, Freisassen und Hintersassen) gelöst hatte, desto zufälliger mußte die Rechtsfindung durch die pares erscheinen. Die widersprechenden Entscheidungen führten zu zahllosen Berufungen an den König zu Schaden und Zeitverlust der Parteien; und ebenso wurde von dem Schatzamt aus die Gleichförmigkeit des Privatrechts dringend erstrebt. So erschienen die reisenden Commissarien als Rechtsweiser, die das in der Centralverwaltung festgestellte Recht mitbrachten, und welche wohl schon frühzeitig de facto den Rechtspunkt allein entschieden. Die in Aussicht stehende Berufung an die curia regis, die vielen discretionären Gewalten der Königlichen Beamten, das allseitige Mißtrauen gegen den Sheriff führten zu einer Gefügigkeit der Parteien. Wie selbst die größten Kronvasallen aus bewegenden Gründen sich sehr gewöhnlich der Entscheidung des Königs durch einfaches Rescript (writ) unterwarfen, so fügsam folgten die Parteien in der Grafschaft dem Spruch des Königlichen Commissars.

Das Recht des Königs, wichtigere Sachen an seinen Hof zu ziehen, kam unter diesen Umständen den Wünschen der Parteien entgegen. Die Streitigkeiten der Kronvasallen und gewisse Personalfragen waren schon früher der curia regis vorbehalten (Glanvilla I. c. 3). Jetzt findet sich der weitere Zusatz: Quodlibet placitum de libero tenemento vel feodo potest rex trahere in curiam suam, quando vult. (c. 5). Uebermacht der Großen, Parteilichkeit der Sheriffs, ihrer Unterbeamten und der Gutsgerichte ließen diese Erlaubniß als Wohlthat erscheinen. Nachdem der Weg dazu einmal eröffnet war, scheint eine Fluth von Civilprozessen an den Hof gegangen zu sein, welcher nun gegen eine Gebühr sich öffnete. Die beliebige, oft sehr bedeutende Summe fügt auch das Finanzinteresse dem sachlichen hinzu. Einzelen Personen und Körperschaften wird das Recht dazu sogar als Privilegium verliehen.

Diese Gestaltung der Civiljustiz führte dann einen Schritt weiter zur Entstehung der Civil-Jury.****) Zu den vielfachen Bedrückungen des angelsächsischen Stammes gehörte der durch normannische Feudalsitte eingeführte Zweikampf, der dem Erfolge nach dem Nichtwaffengeübten sein Recht verschränkt. Er war schon lange der Kirche und der sächsischen Bevölkerung ein Gegenstand der Beschwerde. Den wichtigeren Städten waren Privilegien dagegen ertheilt. Als eine seiner populären Concessionen hat nun Heinrich II. die sogenannten assisae oder recognitiones eingeführt, die als eine Vergünstigung durch Königliches Rescript, writ, der nachsuchenden Partei gegen Gebühr gewährt werden. Jede Partei hat nunmehr ein Wahlrecht bei Besitz- und Erbschaftsklagen statt des Beweises durch Zweikampf die Feststellung durch eine Commission von Gerichtsmännern zu beantragen (recognitio), — eine Einrichtung, die um dieselbe Zeit in der Normandie vorkommt, welche durch mannigfaltige, schon früher zu Verwaltungszwecken gebildete Gemeinde-Commissionen und durch die Stellung der Königlichen Reise-Commissarien schon längere Zeit vorbereitet war. Dies Verfahren dehnt sich durch Uebereinkunft der Parteien auch auf Zwischenpunkte und auf andere Civilprozesse aus. Nachdem ein Richter-Commissar schon regelmäßig als Rechtsweiser fungirte, beschränken sich die so ernannten Gemeinde-Commissionen immer mehr auf das Thatsächliche (die question of fact).

Um dieselbe Zeit und im Zusammenhang damit hat sich am Hofe des Königs ein Justiz-Collegium (bancum) gebildet zur Aufrechterhaltung der Einheit der Rechtsgrundsätze. Auf dem Hoftage zu Northampton 1176 erfolgt die Eintheilung des Reichs in sechs große Circuitus für den Umgang der reisenden Richter. Seit den Zeiten der Magna Charta sondern sich dann die Justiz-Collegien in die drei noch heute vorhandenen Reichsgerichte. Und so sind am Schluß der Periode die Umrisse der heutigen Gerichtsverfassung vorhanden: Gerichtscollegien für die question of law, — reisende Richter, — Gemeindeausschüsse für die question of fact.

Die Criminaljustiz ist diesem Gange analog gefolgt, jedoch in so enger Verbindung mit den polizeilichen Einrichtungen, daß sie dem folgenden Abschnitt vorbehalten werden muß.

*) **Ueber die Stellung des normannischen Landvogts,** vicecomes, sheriff, vergl. Gneist, Engl. Verf. I. § 6. Der höhere sächsische Beamte, earl (ealdorman) war schon am Schluß der sächsischen Zeit auf einen gelegentlichen Vorsitz beschränkt. In der neuen Ordnung der Dinge ist der Earl ein Titulargraf, welcher ein Drittel der Gerichtssporteln als ein Ehreneinkommen bezieht, mit der laufenden Verwaltung der Grafschaft bald in gar keiner Verbin-

dung mehr steht, überhaupt nur in dem kleineren Theil der Grafschaften vorkommt, da dieser Ehrenrang als höchste Auszeichnung sparsam ertheilt ist. Die sächsische Bevölkerung sah den vicecomes oder bailiff als Nachfolger des shirgerefa an; und später nach der allmäligen Verdrängung des lateinischen und normannischen Sprachgebrauchs ist denn auch der Name sheriff im Volksmunde der übliche geblieben.

Als Gerichtshalter des Königs hält der vicecomes wie der shirgerefa periodisch sein Gericht in jeder Grafschaft und Hundertschaft mit den herkömmlich berufenen Gerichtsmännern. LL. Henr. I. c. 51 § 2 (de summonitione hundreti): Debent autem, ad singulos menses, i. e. per annum duodecies, congregari hundreta; comitatus bis, si non sit opus amplius, et omnis homo rectum faciat alteri ad rectum terminum, et omnis causa finem habeat, et submoneatur comitatus VII. dies antea. — Nach Bedürfniß kann also das Grafschaftsgericht öfter als zweimal zusammentreten. Die später, namentlich auch in der Magna Charta, vorkommenden 12 Sitzungen erklärt man daraus, daß wegen Ueberhäufung der Geschäfte die shire-gemote sich zu vertagen pflegte. Zu den prorogirten Sitzungen als gebotenem Thing (county court) seien dann nur die Betheiligten citirt worden.

Auf die commissarische Abhaltung eines turnus vicecomitis für polizeiliche Zwecke in den einzelen hundreds deuten die LL. Henr. I. c. 8 § 1: Speciali tamen plenitudine si opus est, bis in anno conveniant in hundretum suum quicunque liberi, tam hudefest quam folgarii, ad dinoscendum scilicet, si decaniae plenae sint etc. Die Behauptung in Sullivan's Lectures S. 269, daß die Einrichtung des turnus bis auf König Edgar zurückgehe, beruht wohl auf Verwechselungen.

Die allgemeine Pflicht der Vasallen zur secta war Lehnspflicht und sächsisches Herkommen zugleich; doch wurde schon frühzeitig eine Stellvertretung anerkannt. LL. Henr. I. c. 7 § 7: Si quis baronum regis vel aliorum comitatui secundum legem interfuerit, totam terram, quam illic in dominio suo habet, acquietare poterit. Eodem modo est, si dapifer ejus legitime fuerit. Si uterque necessario desit, praepositus, et sacerdos, et quatuor de melioribus villae adsint pro omnibus, qui nominatim non erunt ad placitum submoniti.

Die Bezugnahme auf das Herkommen bei Besetzung des Grafschaftsgerichts mit milites (Thane), liberi et legales homines kehrt häufig wieder, und damit stimmt auch die angebliche Charte Heinrich's I. (Rymer I. 12): Sciatis quod concedo et praecipio, ut a modo comitatus mei et hundreda in illis locis et iisdem terminis sedeant, sicut sederunt in tempore regis Edwardi, et non aliter. Ego enim, quando voluero, faciam ea satis summoneri propter mea dominica necessaria ad voluntatem meam. Et si modo exurgat placitum de divisione terrarum, si est inter barones meos dominicos, tractetur placitum in curia mea. Et si est inter vavassores duorum dominorum, tractetur in comitatu. Et hoc duello fiat, nisi in eis remanserit. Et volo et praecipio, ut omnes de comitatu eant ad comitatus et hundreda, sicut fecerunt in tempore regis Edwardi.

Für die mannigfaltigen Gerichts- und Finanzgeschäfte in der einzelen Hundertschaft hielt sich der Landvogt seine Untervögte, bailiffs, balivi hundredorum, balivi errantes (zur Bestellung der Ladungen, Zwangsvollstreckungen und zur

Dienstleistung an periodischen Gerichtstagen), die schon frühzeitig als Quelle von Bedrückungen genannt werden.

Wie das Verfahren sich gestalten mochte ist im Einzelen nicht festzustellen (Biener, Engl. Geschw.-Ger. I. S. 52—56). Der sächsische Freisasse beanspruchte als herkömmlich eine sächsische Ladung, Bürgschaft, Eideshelfer, Gottesurtheil. Der Normanne beanspruchte das in seiner Heimath übliche, wie es aus den späteren Coûtumiers der Normandie zu entnehmen ist, und welches mit zierlichen Formen auf den Zweikampf als ultima ratio hinauslief. Die nöthige Einheit konnte hier nur durch Königliche Anordnung geschaffen werden; den Hauptpunkt, die Regelung des Beweises, hatte schon der Eroberer nach einem jus aequum geordnet. (LL. Will. I. c. 67—69.) Ein formales Verfahren fand überhaupt wohl nur statt für Thane, also jetzt für Kron- und Untervasallen, und dem Recht nach für Freisassen. Gewöhnlich wurde die Urtheilsfindung wie in der sächsischen Zeit kleineren Ausschüssen von Gerichtsmännern überlassen. Mit kleinen Leuten verfuhr der Landvogt ziemlich summarisch. Wie das Verfahren sich etwa 100 Jahre nach der Eroberung vor dem Königlichen Oberhof unter dem Einfluß schriftkundiger Gerichtsschreiber und Fürsprecher gebildet hat, zeigt das Rechtsbuch des Glanvilla. (Glanv. XIV. c. 8 in fine. Phillips II. S. 91 ff.)

) **Die untergeordnete Stellung der curiae baronum oder Gutsgerichte beruht im Allgemeinen darauf, daß zwar das Militärsystem normannisch-feudal geworden, das Gerichtssystem dagegen angelsächsisch geblieben ist, daß das letztere die ungetheilten Sympathien der sächsischen Bevölkerung und bald auch zum guten Theil die Interessen der Normannen für sich hatte. Allerdings sind gewisse Grundlagen zur Entstehung einer Gutsgerichtsbarkeit (die Combination der alten germanischen Gerichtsverfassung mit den neuen Besitzverhältnissen, und das praktische Bedürfniß einer Lokaljustiz) England und dem Continent gemeinsam. Lehrreich ist in dieser Beziehung der Aufsatz von Zöpfl: Alterthümer des deutschen Reichs und Rechts Bd. I. 1860 Nr. V., insbesondere über die Bedeutung von Sacha, Socha, Infangtheof, Team, Tol (§ 39—42). Bei den Competenz-Verhältnissen (§ 44, 45) ist indessen zu beachten, daß Alles, was über das Bereich einer niederen Strafjustiz (einschließlich der Diebstähle in flagranti) herausgeht, ganz vereinzelte Verleihungen waren, die bei Rückfällen an die Krone meistens eingezogen wurden, sofern sie überhaupt von den normannischen Königen anerkannt waren. Diese Ueberschreitungen aus der Zeit Eduard's des Bekenners sind nicht mehr als geltendes Recht der normannischen Zeit anzusehen. Es treffen sodann aber in England folgende Umstände zusammen:

1) Die zerstreute Lage der herrschaftlichen Besitzungen, durch welche die Bildung großer Lehnshöfe schon die bedeutendsten Hindernisse in der Entfernung fand. (LL. Henr. I. c. 55.) Der Hauptsitz des Herrn, das caput baroniae, konnte wohl ein Sammelplatz von Untervasallen für Feierlichkeiten, Investituren u. dgl. werden, aber kein großer Lehnshof, zu welchem sich die Gesammtheit der Vasallen gewohnheitsmäßig zusammen fand. Wie die Herrschaft selbst, so erscheint auch die Gerichtsgewalt nur als ein Aggregat von Gutsgerichtsbarkeiten, manorial jurisdictions, unter- und eingeordnet den Grafschaftsgerichten. „Obgleich eine Herrschaft (honour) aus vielen manors

besteht, so sind es doch (auch wenn für alle manors nur ein Gericht gehalten wird, wie das in den alten Abteien vorkam) immer verschiedene und gesonderte Gerichtshöfe" (Scriven on Copyholds I. 6 u. cit. Scroggs 81.)

2) Wenn auch die Civilgerichtsbarkeit eines court baron im Allgemeinen der Competenz eines Hundred-Court gleichstand, so blieb doch über beiden die sehr wirksame oberaufsehende und concurrirende Gewalt des Königs als des obersten Reichsrichters stehen, und wurde im Geist normannischer Verwaltung schon der Sporteln wegen sehr eifrig geübt. Zahlreiche Justizmandate des Königs an die Inhaber von größeren Lehnskurien enthalten die Verwaltungsurkunden dieser Zeit nach dem Formular: „Mando tibi ut facias plenum rectum Abbati Westmonasterii, de Hominibus etc. Et nisi feceris, Barones mei de Scaccario faciant fieri, ne audiam clamorem inde pro penuria recti." Sehr gewöhnlich wird dann zu diesem Zweck ein Königlicher Commissar bezeichnet. Die Writs of right an die kleineren Patrimonialgerichte werden als letters patent offen erlassen und gehen durch den vicecomes mit der stehenden Clausel: „et nisi feceris, vicecomes hoc faciat ne amplius clamorem audiamus pro defectu recti." Das dem Privatlehnsherrn zustehende Pfändungsrecht, distress, ist nur ein Sequestrationsrecht zur Erzwingung der Dienste, ohne Verkaufsrecht. Bei eigentlichen Zwangsvollstreckungen muß also der König angerufen werden, und die Sache durch writ zur weiteren Verhandlung an den Sheriff gehen. Jede Klage, daß das herrschaftliche Gericht Recht verweigere oder nicht gehörig Recht spreche, bringt Civil- wie Strafsachen an das Königliche Gericht; ebenso alle Appellationen durch writs of false judgment. Bei nicht gehöriger Besetzung des herrschaftlichen Gerichts (die bei der zerstreuten Lage der Untervasallen so oft vorkommen mußte), devolvirt die Sache sofort an das Königliche Gericht. Wenn große Herrschaften durch Rückfall oder Verwirkung an die Krone gekommen, werden bei der Neuverleihung die Aftervasallen oft zu Kronvasallen gemacht, später die Afterbelehnungen ganz untersagt, wodurch die courts baron ihre angesehensten Beisitzer verlieren und nun als suspendirt gelten, wenn nicht wenigstens zwei Freisassen übrig. Versuche zur Bildung einer Obergerichtsbarkeit einer großen Lehnscurie über die Urtheile einer kleineren Curia baronis schneidet das Statut Marlebridge durch die Clausel ab: Nullus de caetero (excepto domino regio) teneat placitum in curia sua de falso judicio facto in curia tenentium suorum, quia hujusmodi placita specialiter spectant ad coronam et dignitatem domini regis. Ebenso den Versuch, eigene Gefängnisse zu halten, das St. Merton: magnates petierunt propriam prisonam de illis, quos caperent in parcis et vivariis suis. Quod quidem dominus rex contradixit, et ideo differtur.

3) Entscheidende Gründe für das Abbrechen der Patrimonialgerichte lagen in der Beschaffenheit des alten Rechts und in der Nothwendigkeit einer völligen Umgestaltung der Rechtsfindung wie der Beweisung. Die nothwendige Einheit der Grundlagen des Privatrechts war in England durch sociale und nationale Gegensätze dringender indicirt als auf dem Continent. Sie erfolgt daher in England früher und entschiedener durch die Concentrirung der Rechtsfindung in einem gelehrten Richterpersonal, neben welchem die alte Besetzung der curia baronis immer unzureichender wurde. Ebenso unpraktikabel erwies sich das alte Verfahren, welches hier unverändert fortdauerte. (Glanvilla XII. 6: Placita cujusque curie secundum

consuetudines suas agitantur. Solent autem placita ista in curiis dominorum deduci secundum rationabiles consuetudines ipsarum curiarum, quae tot et tam varie ut sunt, in scriptum de facili reduci non possunt.) Insbesondere zeigte sich das hier fortdauernde Verfahren mit Eideshelfern (legis vadiatio) immer ungenügender. Dieser Grund war so entscheidend, daß er auch die städtischen Civilgerichte, bei denen die legis vadiatio noch fortdauerte, ziemlich bald in Verfall brachte. Die zeitgemäßen Reformen der Civiljury wurden durch kein Gesetz auf diese Patrimonialgerichte ausgedehnt und fanden nur sporadisch hier und da durch eine Charte oder durch prescription Eingang. (Scriven II. 750. 51.)

Schließlich genügte schon der Umstand, daß die Privatgerichte auf dem alten Fuß stehen blieben, während eine unermüdliche Gesetzgebung den Königlichen Gerichten die wichtigsten Reformen zuwendet, um einen fortschreitenden Zustand des Verfalls herbeizuführen. Für die Bedürfnisse eines Ortspolizeigerichts wurde auf anderem Wege dadurch gesorgt, daß man die courts leet zu Untergerichten mit mandirter Königlicher Gerichtsbarkeit umgestaltete, wovon im folgenden Abschnitt zu handeln ist.

***) **Ueber die Centralisirung der Gerichte, die Entstehung der reisenden Richter und Gerichtskollegien** s. Gneist Bd. I. § 13, 14. Unhaltbar wird auf die Dauer eine Rechtsfindung durch die Gemeindegenossen aus allgemeinen Gründen. Sie hört überall auf, wo an die Stelle einfacher, gleichmäßiger, besonders ländlicher Besitzweisen verschiedenartige Besitz- und Standesverhältnisse treten. In England hatte das Besitzrecht sich durch Anwendung des normannischen Kriegsdienstrechts auf sächsische Grundverhältnisse, also von Anfang an aus disparaten Elementen gebildet. Ebenso war die Gemeinsamkeit der Rechtsanschauung der Urtheilsfinder gebrochen durch den feindseligen Gegensatz der beiden Nationen. Die Rechtszustände des Continents zeigen uns in den letzten Jahrhunderten des Mittelalters, wie es immer unmöglicher wird, das Recht für den Einzelfall aus der Brust der Gemeindeschöffen zu schöpfen, je mehr die ländlichen und städtischen und kirchlichen Rechtskreise in täglichen Wechselbeziehungen an einander rücken. Die verschiedenen *Interessen und Lebensanschauungen einer so zusammengesetzten Gesellschaft heben den einheitlichen Rechtssinn auf und machen es nothwendig, die Fortbildung des Rechts von staatlicher Einheit ausgehen zu lassen.* In England war jene naturwüchsige Einheit schon im 11. Jahrhundert gebrochen durch Gerichtsmänner, die aus normannischen und sächsischen Vasallen und Freisassen zusammengesetzt, einen gemeinsamen Prozeß und gemeinsames Recht handhaben sollen. *Die Rechtsfindung mußte hier schon frühzeitig auf Interpretationen und Analogien beruhen.* Von einem Gewohnheitsrecht aus einem Bewußtsein der Gemeinde wird sich kaum eine Spur entdecken lassen. Ein Gewohnheitsrecht wäre fast in jeder Grafschaft, Hundertschaft, Stadt ein anderes geworden, je nach der Mischung der Nationen und nach der Mischung von Rittern, Freisassen, Bürgern. Noch in erhöhtem Maße gilt dies vom Strafrecht und Strafverfahren, in welchem zur Aufrechthaltung des öffentlichen Friedens *die wichtigsten Grundsätze von oben herab octroyirt werden mußten.* Die Normirung des anzuwendenden Rechts erfolgt daher anfangs durch zahlreiche Anweisungen aus dem Exchequer oder vom Hofe (curia); seit den Zeiten Stephan's auch durch reisende Richter-Commissarien, seit Heinrich II. durch die Praxis einer collegialischen Justizabtheilung (bancum). Die Fortbildung des Rechts kommt dadurch viel früher als auf dem Continent in die Hände technisch gebildeter Richter, das Gewohnheitsrecht wird weiter beschränkt als jemals in Deutschland. Der Uebergang der Rechtsfindung auf gelehrte Richter ist eine sociale Nothwendigkeit, die auch auf dem Continent zur Reception der fremden Rechte ebenso entscheidend mitwirkte, wie das Bedürfniß materieller Aenderungen des bestehenden Rechts.

Eine Uebersicht der Gerichtsverfassung im 12. Jahrhundert hat Biener, Engl. Geschw.-Ger. Bd. I. § 7 S. 48—56 aus den Rechtsbüchern zusammengestellt. Er unterscheidet folgende Stufen:

1) Die curiae baronum entscheiden Prozesse ihrer Unterthanen und über Grundstücke ihres Bezirks; nur muß bei einem Hauptprozeß über ein liberum tenementum der Kläger zuvor ein breve de recto von der Kanzlei ausbringen zur Anerkennung der Justizgewalt und des Obereigenthums des Königs. In Strafsachen entscheiden sie nur kleine Vergehen und Diebstahl in flagranti.

2) Das Grafschaftsgericht unter dem Vicecomes hat die Jurisdiction über die Grundstücke seines Bezirks, und über Grundstücke aus dem Gebiete der Grundherrschaften, theils propter defectum curiae de recto, theils auf besonderes Ansuchen einer Partei; in Strafsachen über Diebstähle und kleinere Vergehen (metletae, verbera, plagae, transgressiones), die auch aus den Gutsgerichten an sie gebracht werden können.

3) Die curia regis entscheidet die wichtigeren Prozesse über Kronlehne oder Kirchenvogtei, auch eine Anzahl geringere Civilsachen, z. B. Witthum und Geldschulden; ferner Prozesse aus den unteren Gerichten, theils wegen defectus recti, theils auf besonderes Ansuchen; in Strafsachen über Hochverrath und alle Felonien contra pacem regis, welche an Leib und Glieder gehen.

Die ganze Zeit Heinrich's II. ist eine Uebergangsperiode, welche centralisirend durch die reisenden Richter die wichtigeren Sachen nach oben zieht. Die Commissarien werden in längeren oder kürzeren Zwischenräumen für einzele oder für alle Grafschaften, für engere oder für weitere Zwecke ernannt, je nach Bedürfniß. Specielle Justices of dower, justices of assizes deuten auf die einheitliche Umgestaltung des Privatgerichts in gewissen Hauptfragen im Finanz- und Justizinteresse. Erst auf dem Reichstag zu Northampton (1176) gewinnt die Einrichtung eine festere Gestalt durch Eintheilung des Landes in sechs große Reisebezirke, circuits. Den Commissarien für diese Bezirke werden neben den Finanzgeschäften sowohl Straf- wie Civilsachen überwiesen, jedoch mit Vorbehalt der Verhandlung der wichtigsten Fälle bei Hofe.

Schon drei Jahre später wird zwar eine neue Bezirkseintheilung beliebt, im Ganzen haben sich indessen die sechs circuits erhalten bis heute. Lange Zeit gehen noch General- und Specialcommissionen regelmäßig und pro tempore ernannt neben einander fort.

In Wechselwirkung mit den reisenden Commissarien hat sich nun aber am Königlichen Hofe selbst eine Art von Collegium für diese Justizgeschäfte im engeren Sinne gebildet. Die reisenden Commissarien bestanden großentheils aus dem Personal des exchequer, doch auch aus anderen Personen, unter welchen eine Verabredung über gleichmäßige Grundsätze des Verfahrens wie des anzuwendenden Rechts stattfinden mußte. Diese Justizabtheilung bleibt jetzt noch mit dem exchequer verbunden. Der Name bancum, der dafür allmälig üblich wird, bezeichnet wohl auch noch kein besonderes festes Collegium, jedenfalls ist der Vorsitzende des exchequer, der summus justitiarius, auch Vorsitzender des bancum, und die Mitglieder sind zum großen Theil dieselben. Der König tritt nach Belieben noch selbst als reisender Richter auf und führt gelegentlich den Vorsitz im banco wie im exchequer. Die Nothwendigkeit einer regelmäßigen und unbeeinflußten Rechtsprechung in gemeinen Civilprozessen unter Privaten hat aber schon unter Richard I. dahin geführt, von dem Bancum wieder abzusondern eine Abtheilung für gewöhnliche Civilprozesse, communia placita, die nicht mehr dem Hofe folgt, sondern in Westminster bleibt. Als König Johann dies wieder rückgängig zu machen anfing, entstand daraus eine Landesbeschwerde und die ausdrückliche Zusicherung der Magna Charta: Communia placita non sequantur curiam regis sed teneantur in aliquo certo loco. Am Schluß der Periode sind der Court of Common Pleas, Court of Exchequer, Court of Kingsbench constituirte Gerichtshöfe.

****) **Ueber die Entstehung der Civiljury** verbreitet sich Biener, das Engl. Geschwornen-Gericht Bd. I. § 6—11, S. 38—80. Das Vorbild dieser Einrichtung scheint in der Normandie zu liegen. Die beiden Quellen des normannischen Rechts, sowohl die Etablissements de Normandie (bald nach 1205), wie der Grand Coûtumier de Normandie (vor 1280) enthalten das Institut als ein fest ausgebildetes (Grand Coût. c. 91, 92, 113, 114). In der Normandie ist es aber nicht die Königliche Curie, sondern der Landvogt (bailiff), der in den gewöhnlichen Grafschaftsgerichten die Recognitionen abhält. Schon dies spricht dafür, daß das normannische Institut das ältere, das englische, künstlicher gestaltete, das übertragene ist. Dazu kommt die ausdrückliche Verweisung auf einen älteren Gebrauch: Les unes enquêtes sont d'établissemens, les autres de droit. Celles sont de droit, qui sont faites par jugement de sages hommes et par raison et par coûtume gardée de longtemps (Grand Coût. c. 92). Auch innere Gründe sprechen mehr für die Entstehung in der Normandie. (Biener S. 45—47, 60, 61.) Ein analoges Verfahren unter dem Namen iurata kommt sogar bei den normannischen Patrimonialgerichten vor. Die Klagen, in welchen die recognitio stattfindet, sind dieselben Besitz-, Eigenthums- und Erbklagen wie in England und das Verfahren wesentlich übereinstimmend.

In England ist ausdrücklich die Rede von der Einführung durch eine assisa (Glanv. II. 7, 19, XIII. 1), und zwar mit „Beirath der Großen". Es liegt darin eine Rückverweisung auf die Reichsschlüsse von Clarendon 1164 und Northampton 1176, in denen sich auch wirklich Spuren der recognitio vorfinden. In dem Rechtsbuch des Glanvilla (um 1189) sind sie bereits feststehende Praxis. Wegen dieser Einführung ist auch in England der Name „assize" das Gebräuchlichere geworden. Bei den wichtigeren Eigenthums- und Erbklagen hat der Sheriff auf Befehl der Curia vier Ritter zu berufen, welche in einem Termin in Gegenwart der Parteien die zwölf Geschworenen ernennen. Bei den Besitzklagen ernennt der Sheriff sogleich selbst die 12 Geschworenen. Die gestellte Frage lautet: Utrum A vel B, majus jus habeat in terra illa, geht also noch auf Entscheidung der ganzen Streitfrage. Die Weise der iurata verallgemeinert sich aber sehr bald, und damit auch die Beschränkung auf die question of fact. Das Verfahren ist ein Vorbehalt der curia regis

(Glanv. XII. 25) und niemals auf die Grafschafts- und Gutsgerichte ausgedehnt. Die Ausdehnung dieses Verfahrens auf Zwischenpunkte und auf andere Civilprozesse kann durch Uebereinkunft der Parteien erfolgen, wodurch auch die den Geschworenen zu stellende Frage bestimmt wird. (Biener I. S. 65. Ueber die Unterschiede der assisa und jurata und ihre allmälige Verschmelzung S. 73—80.)

III. Das Polizeisystem der normannischen Zeit in enger Verbindung mit einer Umgestaltung der Strafjustiz gehört zu den eigenthümlichsten Gebilden des neuen Staatswesens. Die Wurzel dieser im Mittelalter sonst unbekannten Polizeigewalt*) liegt unzweifelhaft im Lehnswesen und in dem Zusammentreffen desselben mit den eigenthümlichen Mängeln und der Unzuverlässigkeit der Besetzung des ordentlichen Gerichts.

Das normannische Lehnswesen brachte ein Strafsystem als Theil der militärischen Disciplin mit, welche der Kriegsherr in leichteren Fällen durch Buße (emenda) am beweglichen Gut handhabte. Unter den Namen misericordia, mercy, ist dies auch den normannischen Rechtssammlungen bekannt. Da aber in England die Gesammtheit der eigentlichen Grundbesitzer des Königs Soldaten, homines, geworden sind, so ließ sich daraus eine Strafgewalt wegen Indisciplin in weitestem Umfange folgern, wie sie bereits aus den ältesten Schatzurkunden ersichtlich wird. Der Ungehorsame fällt in die misericordia regis, welche nicht, wie die ehemalige angelsächsische Amtsbuße, mit einer festen Geldsumme, sondern nach dem Stande der Personen abgelöst und gebüßt wird, admensuratur, adforatur, und die nun so fixirt ein amerciament heißt. Da die Kriegsgewalt des Königs unmittelbar auch für die Untervasallen gilt, da der Sachse denselben Gehorsam schuldig ist wie der Normanne, so erstreckt sich dies Ordnungsstrafensystem auf weltliche und geistliche Würdenträger, auf den größten Herrn wie den kleinsten villain, auf die Eingesessenen ganzer Grafschaften, Hundertschaften, Zehntschaften, unbegrenzt in der Zahl der Fälle.

Die Grenze zwischen einer Unterwerfung unter die misericordia und dem ordentlichen Gerichtsverfahren war wohl von Anfang an nicht scharf zu ziehen. Eine Berufung auf die angelsächsischen Gesetze, d. h. auf die ordentlichen Formen des Gerichts, wurde überhaupt eine bedenkliche Sache, da der König, sein Commissar oder sein Vogt die urtheilsfindenden Gerichtsmänner ernennt, die Garantien für ein gerechtes Urtheil gegen den erzürnten Herrn also sehr gering sind, die Gefahr der Verurtheilung in schwere Buße oder in den Verlust des Lehns aber eine große ist. Die Feindschaft der Nationen, die factiösen

Streitigkeiten unter den normannischen Großen selbst, haben der Gerichtsverfassung ihren Halt nach oben entzogen. Zuweilen wird dieser Gesichtspunkt, wenn auch nicht in den Gesetzen, angedeutet (Regi cui militatur in pecuniam reus judicabitur, nisi festinaverit postulando misericordiam praevenire judicium. Dial. de Scaccario I. c. 8).

Im Entstehen lag diesem polizeilichen Strafsystem wohl eine praktische Nothwendigkeit zu Grunde. Der Uebermuth des erobernden Stammes, die soldatische Neigung zur Gewaltthätigkeit, die stetigen Reibungen der Normannen unter sich und mit den sächsischen Thanen machten die eiserne Militärdisciplin nothwendig, welche die Geschichtschreiber an dem Eroberer rühmen. Die Gewalt der amerciaments wird daher zunächst die Quelle wirksamer Polizeianordnungen. Erst in etwas späterer Zeit wird wie im modernen Polizeistaat die andere Seite der Sache, die grenzenlose Willkür von oben, die Schutzlosigkeit der Unterthanen gegen den Mißbrauch sichtbar.

Die nächste Folge ist, daß allgemeine Anordnungen des Königs zur Erhaltung des Friedens nunmehr eine unmittelbare Wirksamkeit gewinnen durch summarische Büßung ohne die Weitläufigkeiten eines Gerichtsverfahrens. Nach dem Regierungsantritt des Monarchen wurde schon in sächsischer Zeit der Königsfriede durch eine allgemeine Proklamation verkündet, und diese erste Proklamation galt als in Kraft stehend während der ganzen Regierungszeit. Die normannischen Könige fanden in ihrer Zeit wiederholte Veranlassung dazu. Gerade die älteste vorhandene Schatzrolle (5 Stephen, oder nach Hardy vielmehr 31 Henr. I.) enthält schon Bußsummen von 11 Mark, 5 Mark, 20 Pfd. Sterl. und dergl. pro pace fracta, vorzugsweise gegen normannische Herren. Die allgemeine Rubrik infractio pacis und contemptus brevium regis, verschaffte den Königlichen Anordnungen im Allgemeinen und im Besondern einen summarischen Gehorsam. Beleidigungen der Königlichen Beamten, Gewaltthätigkeiten gegen solche, oder wohl gar Tödtung der servientes regis, deuten auf Fälle von Tumult, welche im Wege der Gnade durch schwere Geldbußen erledigt wurden. Eben deshalb eignete sich das System der Amerciaments ganz besonders zur Einschärfung der angelsächsischen Polizeiordnung, die mit den LL. Eduardi von selbst auf die normannische Zeit überging, und sich in folgenden Stufen fortbildet:

1. Der Grundsatz, daß jeder Landlose oder kleinere Besitzer entweder unter Bürgschaft eines Thans oder unter der Bürgschaft einer Bauerschaft stehen muß, wird in

den sogenannten LL. Willelmi I. c. 52 „ut dominus in francplegio habeat suos“ eingeschärft, und dann allgemein in der Charta III. c. 14: „Omnis homo qui voluerit se teneri pro libero sit in plegio.“ Nach den LL. Henr. I. c. 8 soll in jedem Hundert alljährlich nachgesehen werden, si decaniae plenae sint, und Jedermann soll sich in einer decima vel plegio liberali befinden. Am umständlichsten aber verbreiten sich die sog. LL. Edw. Conf. c. 20 über eine decennalis fidejussio, quam Angli vocant Frithborgas, ita quod si unus ex decem forisfecerit, novem eum haberent ad rectum. Sowohl der Name Frithborg und das latinisirte Francplegium, wie auch die angebliche Haftung von je neun für den Zehnten, kommen allerdings in den angelsächsischen Gesetzen nicht vor. Allein die Neuerung beschränkte sich doch wohl nur auf eine verschiedene Handhabung der Buße. Da (wie die Schatzurkunden ergeben) in dem formlosen System der Amerciaments die Bauerschaften und Hundertschaften sowohl im Einzelen wie im Ganzen (in gross) gebüßt werden konnten, so erschien die Verantwortlichkeit der Bauerschaft als eine gegenseitige. Zu den vielen Geschäften des Vicecomes gehörte nun auch die periodische Revision des angemeldeten Bestandes der Bauerschaften (visus francplegii, view of francpledge), der von Anfang an, jedenfalls unter Heinrich I., schon in geordneter Weise vorhanden war, mit der Rundreise des Vicecomes zu Michaelis verbunden wurde, und dem Namen nach sogar bis heute fortbesteht. Das System des angelsächsischen Niederlassungsrechts, die Nothwendigkeit der Aufnahme eines jeden Umziehenden in einen Gemeindeverband, war mit jenem polizeilichen Bußsystem in wirksamster Weise zu handhaben, und blieb Jahrhunderte lang die Basis einer strengen Behandlung vagabundirender und verdächtiger Personen.

2. An die Freipflege knüpft sich sodann eine erweiterte Haftung der Hundertschaft und eine erweiterte Pflicht zur Rüge, die sich im Verlauf der Periode zu der Anklage-Jury entfaltet.

Die Unsicherheit der Normannen inmitten einer erbitterten Bevölkerung hatte eine Verordnung Wilhelms veranlaßt, nach welcher die Hundred 46 Mark zahlen soll, in deren Bezirk ein Normanne erschlagen gefunden wird, „wenn der Thäter nicht binnen 8 Tagen ergriffen und vor Gericht geführt ist“ (LL. Wil. I. c. 22). — Außerdem findet sich der Grundsatz, daß die Hundred überhaupt in subsidium eintritt, wenn die Ortschaft zur Zahlung verwirkter Polizeibußen nicht die hinreichenden Mittel besitzt. Die Beispiele solcher Büßungen der

Hundreds sind in den Schatzrechnungen so zahlreich, daß sie auf eine allgemeine Verwaltungsmaxime deuten.

Einen Schritt weiter entwickelt sich aus diesem System eine organisirte Rügepflicht. Das Bedürfniß, die Verfolgung von Verbrechen nicht lediglich der Privatwillkür des verletzten Theils zu überlassen, sondern im Interesse des beleidigten Gemeinwesens (des Königs) ex officio zu verfolgen durch eine inquisitio, inquest, lag so nothwendig im Bereich der Forderungen eines geordneten Staatswesens, daß die Kirche schon seit dem achten Jahrhundert begonnen hatte, unter Leitung ihres geordneten Beamtenwesens eine Rügepflicht der Gemeinden durchzuführen. Wie früher erwähnt, erscheint auch in den angelsächsischen Gesetzen die Spur einer Rüge durch zwölf Thane in der Hundertschaft (Athelr. III. 3. §. 3), welche aber in dieser Gestalt sich nicht erhielt. Offenbar sträubte sich die alte Rechtsvorstellung von dem Klagerecht des Verletzten gegen diese Neuerung, die zugleich eine schwere Belastung der Gemeindegenossen herbeiführen mußte. Trotz der Strenge des francplegium findet sich auch in der regelmäßig wiederkehrenden Freipflegeschau noch keine Spur einer weitergehenden inquisitorischen Thätigkeit. Wohl aber kommt von Anfang an eine mannigfaltige Verwendung von Gemeindeausschüssen zur Feststellung der Interessen der Krone vor. Die normannische Verwaltung, so wie sie mit ihren Vögten einer feindseligen Bevölkerung und einem zerrissenen Gemeindewesen gegenüberstand, war von Anfang an darauf verwiesen, locale Feststellungen durch ernannte eingeschworene Nachbarsleute vorzunehmen, und sie fand dabei die sächsische Bevölkerung wahrhaft. So waren schon zur Aufnahme des Domesdaybook den königlichen Commissarien angesehenere Grundbesitzer beigeordnet, und in unterer Instanz der Ortspfarrer, der Ortsvorstand und 6 ceorls in jeder Township. Unmittelbar nach der Eroberung kommen ferner inquisitiones ad quod damnum vor, über Kronverleihungen; inquisitiones post mortem zur Feststellung des Nachlasses eines Kronvasallen; inquests of office über andere Interessen der Krone. Etwas später (1194) findet sich die allgemeine Instruction: In quolibet comitatu eligantur tres milites et unus clericus, custodes placitorum coronae, d. h. die Einsetzung der sog. coronatores, coroners, wiederum hauptsächlich zu fiskalischen Zwecken (Reeves I. 202).

Wahrscheinlich waren es die tumultuarischen Zustände unter Stephan, welche eine verstärkte Thätigkeit der Staatsgewalt auch in dieser Richtung provocirten. In den reisenden Richtern fanden sich jetzt die angesehenen Organe des Staats, deren die Einrichtung der Rügegerichte unbedingt bedurfte. Erst seitdem die reisenden Richter zu einer regelmäßigen Institution geworden sind, findet sich die erste sichere Spur eines Rügeverfahrens vor dem Königlichen Justitiarius bei seinem Erscheinen in der Grafschaft (a. 1176). Etwas specieller handeln davon die capitula placitorum coronae regis von 1194 und 1198 in Spelman's Codex p. 330. 340. Den reisenden Richtern wurde danach eine Reihe von Fragestücken mitgegeben, nach welchen sie zu inquiriren, d. h. die Gemeinden zu examiniren haben über eingetretene Straffälle, Beeinträchtigungen Königlicher Hoheitsrechte, Uebertretung der Verordnungen über Maß und Gewicht u. s. w. Die so gestellten Fragen werden zuerst von den Ortsschulzen und den vier Männern, sodann nochmals durch einen Ausschuß von 12 milites oder liberi homines aus jeder hundred beantwortet. Das obrigkeitliche Amt tritt hier in eine neue Verbindung mit der Gemeinde. Vollständig wird aber das Bild derselben seit der Mitte des dreizehnten Jahrhunderts durch die Darstellungen der Rechtsbücher (Bracton fol. 116—118. Fleta I. c. 19, 20. Britton c. 2—21). Auf Grund vorhergehender Bekanntmachung finden die reisenden Richter die Hundertschaften der county beisammen; sie examiniren die Schulzen und vier Männer, und schreiten zur Bildung der Rügejury so, daß aus jeder Hundred vier Ritter ernannt werden, welche als Wahlmänner zwölf milites **oder** liberos et legales homines ernennen. Die zwölf Geschworenen werden vereidet: quod veritatem dicam de hoc, quod a me interrogabitis ex parte domini regis (wörtlich wie bei der Jurata in Civilprozessen). Demnächst beantworten sie auf ihren Eid die reglementsmäßigen, von einem Geschworenen verlesenen Fragen, capitula itineris: nämlich was sie wissen über begangene Verbrechen und deren muthmaßliche Urheber; von Uebertretungen gegen die Polizeigesetze über Maß und Gewicht, Brod, Bier und Wein; über Eingriffe in Königliche Rechte und Prärogativen, über Amtswidrigkeiten und Erpressungen der Landvögte und ihrer Untervögte. Sie bestätigen und ergänzen in dieser Weise die Anzeigen der Ortschaften. Diese Fragestücke finden sich jetzt auch in der offiziellen Gesetzsammlung als statuta incerti temporis (Statutes of the Realm I. p. 233 ff.) und haben von Zeit zu Zeit Zusätze erhalten. Es sind ungefähr 138 Fragen, welche annähernd Alles enthalten, was die Staatsgewalt jener Zeit in den Gemeinden zu suchen hatte. Den Geschworenen wird die nöthige Zeit zur Berathung und Beantwortung gestattet. Die von zwölf Geschworenen bestätigte Rüge gilt als amtliche Anklage (indictment, presentment) und kann nun sogleich zur Hauptverhandlung kommen, wenn die reisenden Richter zugleich ad audiendum et terminandum beauftragt sind; event. kommen sie zur nächsten Spruchsitzung.

Das so formirte neue System eignete sich, nachdem es unter der stärkeren Autorität der Commissarien einmal in Gang gebracht war, nun auch unmittelbar zur Uebertragung auf die Gerichtstage des Sheriff in der Hundred, wo es sich mit der Freipflegeschau und den sonstigen Straf- und Polizeigeschäften des Vicecomes naturgemäß verband. Die Gemeinde erscheint hier als ein Medium der Inquisition dem Königlichen Beamten untergeordnet, in einer allerdings lästigen und unpopulären, aber äußerst wirksamen Stellung. Bis zum Schluß des Mittelalters entwickeln nun reisende Richter, Sheriffs und Ortsgerichte concurrirend eine Inquisitionsthätigkeit, welche durch die formulartigen Instructionen sich gleichmäßig fortbildet. Die gesammte männliche Bevölkerung über zwölf Jahre wird in regelmäßigen Perioden versammelt, nicht um als aktive Gerichtsmänner, wie die Thane im Grafschaftsgericht, Urtheil zu finden und Kreisgeschäfte zu verwalten, sondern um passiv Rechenschaft zu geben über Erhaltung der Ruhe und Ordnung, um auf Verlangen den Unterthaneneid zu leisten oder zu erneuern, um eine förmliche Polizei-Revüe zu passiren. Natürlich kehrt auch hier die Klage über Bedrückungen und Chikanen der Königlichen Landvögte gleichmäßig wieder. Die vornehmeren Klassen ziehen sich immer mehr von einer persönlichen Theilnahme an einem solchen turnus zurück und erlangen unter Heinrich III. eine formell anerkannte Befreiung davon. In der folgenden Periode führt dies dazu, daß die reisenden Richter das Rügegeschäft einer größeren, aus der ganzen Grafschafts-Versammlung gebildeten Commission übertragen, und erst in dieser Form heißt das Rügegericht the graund inquest, große Jury, und gewinnt damit die Gestalt, in welcher sie noch heutigen Tages fortbesteht.

3. Die weitere Folge dieser Umgestaltung ist sodann die Entstehung der Urtheilsjury, welche aus einem Zusammentreffen des veränderten Strafrechts, der centralisirten Strafjustiz und der Anklagejury mit dem Verfall der alten Grundsätze vom Beweise hervorging.

Die militärische Autokratie der normannischen Könige hat die schon in der sächsischen Zeit begonnene Ausdehnung der Strafen an Leib und Leben fortgesetzt. Vom Standpunkte ihrer lehnrechtlichen Kriegshoheit aus werden die schweren Verbrechen als Militärverbrechen (felonies) Gegenstand von Strafverordnungen des Kriegsherrn. Namentlich unter Heinrich I. ist eine große Zahl neuer Fälle zu Capitalverbrechen erklärt, und das alte Wehrgeld- und Bußsystem vollends in den Hintergrund gedrängt. Die eigentlichen Criminalfälle erscheinen nun als feloniae contra pacem Domini Regis (Glanv. I. 2), und in prozessualischer Beziehung als placita coronae. In der Hand des Königs liegt Gewalt über Leben und Tod (Glanv. XIV. 1., Bracton 104b., 144b.), wobei zu beachten, daß die Criminaljustiz auch ein Theil der Finanzverwaltung ist, da die Confiscation des beweglichen, und öfter auch des unbeweglichen Vermögens, charakteristisches Merkmal der Felonie geworden ist.

Die Folge ist, analog wie auf dem Gebiete des Civilrechts, daß die urtheilsfindenden Gemeindegenossen (pares) auch in den so gestalteten Straffachen sich allmälig deplacirt sehen. Auch hier ist das Recht nicht mehr im einzelen Falle zu schöpfen, sondern vielmehr das von der Obrigkeit gesetzte Recht anzuwenden. Dies (in Verbindung mit der verhaßten Stellung der Landvögte) gab seit den Zeiten Stephans den reisenden Richtern ein weites Feld der Thätigkeit. Der Vorbehalt der schweren Straffälle für die curia regis, d. h. für die persönliche Anordnung des Gerichts durch den König, wird von der Ausnahme immer mehr zur Regel. Aufruhr gegen König und Reich, im Heere, Todtschlag, Brandstiftung, Raub, Entführung, Fälschung, „et si quae sunt similia" (Glanv. I. c. 2) werden als placita coronae ausschließlich vor die curia gezogen, — selbst Schlägereien, medleta, verbera, plagae, wenn sie einen tumultuarischen Charakter annehmen (si accusator adjiciat de pace regis infracta). Der Vorbehalt des Königlichen Einschreitens gestaltet sich jetzt zu einer periodischen Abordnung delegirter Strafrichter, die seit Heinrich II. in dem bancum einen Halt für gleichmäßige Praxis fanden, und die schon ziemlich früh auch definitiv im Namen der curia regis das Strafurtheil zu sprechen „ad audiendum et terminandum" beauftragt wurden. Wenn man diesen Commissionen noch eine Anzahl Grafschaftsritter beiordnete, so war dies eine Reminiscenz an die alte Stellung der urtheilsfindenden Gerichtsmänner und wurde bald zur Formalität. Es ging damit ähnlich wie später auf dem Continent mit dem Verfall der Schöffenverfassung.

Zu diesen amtlichen Strafrichtern trat nunmehr eine amtliche Weise der Anklage durch Rügejury seit der zweiten Hälfte des zwölften Jahrhunderts. Das Gebiet der Anklage im Namen des Königs erweitert sich, sobald es einmal vorhanden ist, mit großer Schnelligkeit. Zwischen amtlichen Richtern und amtlicher Anklage konnte sich aber das alte rohe System des germanischen Beweises durch Eideshelfer, Zweikampf und Gottesurtheil unmöglich länger erhalten.

Die Eideshelfer, welche einen lebendigen genossenschaftlichen Zusammenhang der größeren und kleineren Gemeinden voraussetzen, hatten ihren Boden schon verloren mit der Zerreißung des Communallebens durch Einschiebung des normannischen Elements; sie hatten sich in Städten und Ortsgerichten nur noch erhalten, weil das Herkömmliche jedenfalls besser erschien, als der normannische Zweikampf.

Der Zweikampf verliert (abgesehen von der alten Opposition der Kirche und der Städte) seinen Boden mit der amtlichen Anklage; er hat keinen Sinn gegen einen Spruch der Rügejury: „quia rex non pugnat, nec habet campionem."

So blieb nur das Gottesurtheil übrig zu einer Zeit, wo in England wie in den anderen nordgermanischen Ländern der alte Glaube an die Wasser- und Feuerproben zum Kinderspott zu werden drohte. Im Jahre 1215 hatte das Lateranensische Concil die Mitwirkung der Geistlichkeit dabei untersagt, und damit die Ausführung in England praktisch unmöglich gemacht. Nach einer kurzen Zwischenzeit provisorischer Maßregeln ist darauf wahrscheinlich eine königliche Instruction an die Justitiarii 14 Henr. III. (1220) des Inhalts ergangen:

> daß sie fortan den indictatus veranlassen sollen, sich dem Spruch einer jurata aus der hundred statt dem Gottesurtheil zu unterwerfen (ponere se super patriam).

Es wird also das bereits im Civilprozeß übliche Verfahren mit jurata nunmehr auf den Schuldspruch im Strafprozeß ausgedehnt. Inzwischen hatten die periodischen inquisitiones zu polizeilichen Zwecken, die in dem Rügegericht der Justitiarien, im Sheriffsturn und seinen Abzweigungen alltäglich mit geschworenen Gemeindemitgliedern vorgenommen wurden, die Bevölkerung immer mehr an ein solches Zusammenwirken Königlicher Beamten mit Gemeindeausschüssen gewöhnt. Der Gebrauch von Localcommissionen zur Feststellung thatsächlicher Verhältnisse in der Grafschaft bestand nun schon seit so vielen Menschenaltern, daß die späte Anwendung derselben auf den Schuldspruch beinahe auffallend erscheinen könnte. Allein es sollte im Gebiete der jurisdictio ordinaria ja nach den Gesetzen Eduards, d. h. nach altem Herkommen verfahren werden, wozu noch die ausdrückliche Zusicherung des judicium parium nach Landesrecht in der Magna Charta hinzugekommen war. Jedes Volk hält überhaupt am zähesten die alten Formen seiner Gerichte fest, am meisten bei dem Schuldspruch über delicta occulta.

Als aber das Bedürfniß dem neuen Verfahren einmal Bahn gebrochen, ist die Umgestaltung in dieser Richtung reißend schnell vor sich gegangen. Die allgemeine Anweisung dazu, wahrscheinlich aus dem Jahre 1220 oder 1221, ist zwar nicht wörtlich bekannt, wird aber aus den ungedruckten Urkunden im Tower vielleicht noch zum Vorschein kommen. Bereits in den Jahren 1221—26 erscheint urkundlich eine Reihe von Anwendungen, in welchen die Angeschuldigten nach dem Spruch einer jurata verurtheilt werden. Und schon in diesen ersten Fällen findet sich das neue Verfahren auch auf Privatanklagen ausgedehnt. In dem Rechtsbuch des Bracton (also noch vor 1250) ist der Schuldspruch durch jurata ein völlig geläufiges Verfahren. Bei einem Verfahren vor Königlichen Reiserichtern konnten es dieselben zwölf Geschworenen der Rügejury sein, die nun zum zweiten Mal auf die Schuldfrage vereidet wurden; doch nahm die Praxis schon Rücksicht auf Einwendungen gegen einzele Personen. In dem Rechtsbuch des Britton ist bereits der Grundsatz anerkannt, daß jeder Rügegeschworene als solcher recusirt werden könne. Zum Zweck des Schuldspruchs wird also regelmäßig eine neue Jury gebildet aus analogen Elementen wie die Rügejury der Hundred, und mit derselben Eidesformel wie die jurata im Civilprozeß.

So ist am Schluß der Periode auch das Criminalverfahren bereits auf ein systematisches Zusammenwirken von Königlichen Richtern mit Gemeindeausschüssen basirt, und schon in dem Rechtsbuch des Bracton das neuere Grundprinzip der Gerichtsverfassung in seiner Allgemeinheit ausgesprochen: Veritas in juratore justicia et judicium in judice. Bracton fol. 186 b. Die Rechtsfindung — jetzt überwiegend Anwendung allgemeiner Gesetze, — ist von der Gemeinde auf die beamteten Richter übergegangen. Der alte Antheil der Gemeinde aber, in Urtheilssprechung, Eideshülfe, Gemeindezeugniß, ist allgemein herabgesetzt auf eine Feststellung der question of fact durch ernannte Ausschüsse aus dem Gemeindeverbande der Hundred.

Unzweifelhaft war damit ein Weg beschritten, der den Bedürfnissen eines entwickelten, reiferen Staatswesens entsprach. Dieser Fortschritt war in England gemacht durch eine im Mittelalter sonst unerhörte Centralisation, die das Element der beamteten Richter überraschend früh zur Entwickelung bringt. Gleichzeitig aber beginnt mit der Umbildung auch wieder die Decentralisation, nämlich:

4. **Die allmälige Absonderung engerer Ortspolizeigerichte, courts leet, von dem sheriffs tourn**, dem allgemeinen court leet der Grafschaft.

Durch die Centralisation in den Reichsgerichten und reisenden Richtern war das Sheriffsamt zu einem Untergericht für Straffachen herabgesunken. In der Magna Charta wird ihm die Aburtheilung von placita coronae ausdrücklich untersagt. Andererseits sind dem Sheriffsturn die lästigen Geschäfte der Rügejury und eine Menge neuer Polizeistraffälle zugewachsen, welche (durch die reisenden Richter und capitula itineris in Gang gebracht) mit jedem Menschenalter an Zahl wachsen. Das Aufbieten der Hundertschaft zu solchem unpopulären Geschäft und das von dem Sheriffsamt untrennbare Sportelwesen machen den Turn zu einer wiederkehrenden Landesbeschwerde. Die Magna Charta giebt zur Schonung der Gerichtseingesessenen die charakteristische Zusicherung, es solle nicht öfter als zweimal jährlich zu bestimmten Zeiten, an herkömmlichen Orten und zu bestimmten Zwecken geschehen.

Um sich zu vergegenwärtigen, wie belästigend in den Händen der Sheriffs und ihrer Bailiffs diese zweimalige Polizeirevüe erscheinen mußte, wolle man sich nochmals aus den Rechtsbüchern des Umfanges dieser Inquisitionsthätigkeit erinnern. Der Sheriff examinirt: ob das Register der Gemeindebürgen vollständig; ob Niemand unter verdächtigen Umständen sich entfernt hat; ob alle Gerichtsmänner zum Gerichtstag erschienen sind; betreffend Hausbrecher, Diebe, Räuber, Fälscher, Mörder, Brandstifter, ihre Gehülfen und Hehler; betreffend Geächtete; betreffend falsche Maße und Gewichte; betreffend Tag- und Nachtwache; Instandhaltung der Landstraßen, Brücken u. s. w. (Fleta II. 52). Es wurde begreiflich wohl als schwerste Last des Gerichtsdienstes empfunden, wenn zu diesem Zweck die Gemeinden in Masse vor dem Landvogt erscheinen sollten. Die jährlich wechselnden Sheriffs und ihre Bailiffs, auch wenn sie guten Willen hatten, brachten dazu oft auch nicht die nöthige Localkenntniß mit.

Es zeigt sich daher frühzeitig und schon vor Einführung der Rügegerichte das Bestreben einzeler dichtbewohnter Ortschaften, einen court leet für sich zu bilden. Am leichtesten gelang dies den Bischofssitzen, nächstdem anderen Ortschaften, die von Alters her Elemente des städtischen Lebens in sich hatten, und die nun als cities und boroughs durch eigenen court leet eine Hauptgrundlage des späteren Stadtrechts erhielten. Der Grundherr, zu dessen Lehn die Ortschaft mit ihren Grund- und Schutzabgaben gehörte, war sehr geneigt, die periodischen Polizeigerichtstage des Sheriffs los zu werden und den leet lieber durch einen herrschaftlichen Vogt abhalten zu lassen. Das Interesse der Einsassen auch der kleinen Ortschaften neigte eben so zu einem abgeschlossenen kleineren Gerichtsbezirk, in welchem die Gerichtspflicht leichter zu erfüllen, und ein herrschaftlicher Vogt jetzt weniger drückend und verhaßt erschien als der sportulirende Vicecomes und seine Untervögte. Sie empfanden es eher als eine Wohlthat, wenn es dem Grundherrn gelang, eine Exemtion von dem Sheriffsturn auszuwirken. Allmälig ist dies mit den alten manors massenhaft geschehen, und ein court leet fast regelmäßiger Begleiter eines court baron geworden. Man unterschied nunmehr solche private leets von dem public leet des Sheriff. Auch der private leet ist indessen nur übertragene Gutspolizei und Patrimonialgericht, — ein Ausfluß der Königlichen Gerichtsgewalt, ein court of record, der im Namen des Königs die Einsassen zur Königlichen Gerichtsfolge (suit real) aufbietet. Er ist nur eine Abzweigung des Sheriffsturn, also mit gleicher Gerichtsbarkeit über Vergehen, die nach gemeinem Recht und nach dem einfachen Bußsystem geahndet werden; nicht über placita coronae, bei denen wie im Sheriffsturn nur zu inquiriren ist. (Coke 2 Inst. 71.) Der mit dem leet beliehene Grundherr hat die formale Richtergewalt der älteren Zeit, d. h. er hegt das Gericht, leitet die Verhandlungen durch einen Gerichtshalter, steward, und bezieht Gerichtsgebühren und Strafgelder. Wegen Nichtgebrauchs, nicht gehöriger Besetzung oder nachlässiger Verwaltung kann die Krone den leet suspendiren, sequestriren oder definitiv einziehen; die versäumte Jurisdiction kehrt dann wieder an den Sheriffsturn zurück. — Die gewöhnlichen Gerichtstage finden zweimal jährlich statt, im ersten Monat nach Ostern und nach Michaelis. Gerichtspflichtig sind alle Personen vom zwölften bis sechszigsten Jahre, welche seit Jahr und Tag in der Gemeinde ansässig, — ausgenommen Lords und Geistliche, in Folge der unter Heinrich III. zugestandenen Exemtion. Die bei der Urtheilssprechung zugezogenen Ausschüsse von 12—23 Männern werden zwar im späteren Sprachgebrauch Juries genannt, aber nur in dem Sinne von Gerichtsmännern und juries of inquiry, eben so wie im Sheriffsturn.

Uebersehen wir hiernach noch einmal das Ganze, so gehört die gleichmäßig strenge Handhabung dieser Straf- und Polizeiordnung zu den eigenthümlichsten Zügen der normannischen Verwaltung. Die Könige besaßen damit die allerwirksamsten Mittel der landesherrlichen Autorität nicht nur gegen ihre eigenen Beamten, sondern auch gegen die Mächtigsten im Lande, welche in gewöhnlichen Zeiten eine Ueberschreitung ihrer patrimonialen Gerichtsgewalt kaum versuchen konnten. Weiter herab finden wir eine halb militärische Disciplin, — eine Gewöhnung der ganzen Bevölkerung an Gehorsam, wie sie ein von den Zeitgenossen anerkanntes System der öffentlichen Sicherheit in ungewöhnlichem Maße darbot. Zugleich ist es aber einleuchtend, welcher furchtbaren Willkür unter einer schlechten Regierung Personen und Gut unterworfen waren, und wie später die ersten Versuche der Magna Charta zur Erlangung von Grundrechten dahin gingen, die Einschätzung der amerciaments auf den gerichtlichen Weg zu bringen:

> „Comites et Barones non amercientur nisi per pares suos, et non nisi secundum modum delicti — et alii non nisi per sacramentum proborum et legalium hominum de vicineto."

*) **Die Polizei- und Disciplinarstrafgewalt der Normannen-Könige**, so sehr sie auf den Geist der gesammten Staatsverwaltung zurückwirkte, hat früher keine zusammenhängende Würdigung erfahren. Die Handhabung derselben ergiebt sich zwar in vieltausendfältigen Anwendungen aus den Schatzurkunden und anderen gleichzeitigen records, so gering auch der bisher davon gedruckte Theil verhältnißmäßig ist. Die eigentlichen Rechtsquellen enthalten aber davon so wenig, daß daraus wenig Citate für eine Rechtsgeschichte zu entnehmen sind. Andererseits gehört das Polizeiwesen überhaupt zu den unbeliebtesten Partien. Von Engländern selbst wird die normannische Zeit gern als eine dunkle Partie mit Eile übergangen, und das ganze System der amerciaments als eine böse Erinnerung an normannische Tyrannei in die große Rubrik der Amtsmißbräuche und Bedrückungen eingeworfen, während es doch von Anfang an und schon in den ältesten Schatzrollen als ein zusammenhängendes System erscheint, ohne welches die spätere Polizeigesetzgebung und das Friedensrichteramt nicht wohl verständlich sind.

Schon in der angelsächsischen Zeit werden die Königlichen Gerefas unter Androhung der oferhyrnes des Königs an die Erfüllung ihrer allgemeinen oder besonderen Amtspflichten erinnert. Es ist dabei immer nur die Rede von einer Mißachtung der Anordnungen oder Befehle des Königs. Athlst. I. § 5, II. § 26 2c. Für ein solches „Uebersehen" soll eine Buße von 120 Shilling (Edw. II. 1, II. 2) als feste Ordnungsstrafe entrichtet werden — nach damaligem Münzfuße gleich 2½ Pfd. Sterl., also nach späterem Münzfuße gleich 50 Shilling. LL. Henr. I. 34, § 3; 35 § 1: Overseunesse regis est in causis communibus XX mancae, quae faciant L sol. In Westsexa reginae XX mancae, episcopi X mancae, comitis X, thaini vel baronis V mancae. Unzweifelhaft ist dabei nur zu denken an die Ungehorsamsbuße des Beamten gegen seinen Auftraggeber, nicht an eine ordentliche Strafbuße.

Ebenso kommt das Wort Misericordia regis in den älteren Gesetzen, Ed. Conf. 12, § 3, 18 2c., noch nicht im normannischen Sinne vor. (Schmid, Glossarium h. v.) Auch in den normannischen Rechtsbüchern ist die Erwähnung nicht gerade häufig, beispielweise in den Statuta et Consuetud. c. „de juratore et juramentis", wo schon die Mißbräuche der polizeilichen Praxis erwähnt werden. Ebenso tritt das Recht der Unterlehnsherren zu amerciaments gegen ihre Untervasallen wenig hervor. Nur in der Hand des Königs erhält es durch die Gesammtgestalt der normannischen Staatsverwaltung eine eigenthümliche Tragweite. Ueber seine spätere praktische Gestaltung in den unteren Polizeigerichten vgl. z. B. Scriven on Copyholds II. c. 20. sect. 3.

In Gneist Bd. I. § 6 sind, soweit dies annähernd möglich ist, die amerciaments nach den Schatzurkunden in vier Rubriken geordnet:

1) Zur Ergänzung des Strafrechts z. B. die misericordia de foresta wegen Jagdübertretungen, — sodann wegen Beleidigung Königlicher Beamten mit Schmähworten, Gewaltthätigkeiten gegen Beamte, Verweigerung der Arbeiten an Königlichen Burgen und Brücken, Geld- und Waffenleihen an die Feinde des Königs, sowie in den allgemeinen Rubriken infractio pacis, contemptus brevium regis.

2) Zur Aufrechthaltung der angelsächsischen Polizeiordnung, die hier näher auszuführen ist.

3) Zur Aufrechthaltung der gerichtlichen Ordnung (default, non appearance), Regelwidrigkeiten im Beweis, Verweigerung des Zweikampfs, Vornahme des Gottesurtheils ohne Aufsicht Königlicher Beamten (Madox I. 547), Begräbniß eines Ertrunkenen ohne Augenschein eines Königlichen Beamten, Vollstreckung eines Todesurtheils sine visu servientis regis etc. — sodann seit der Einführung der Jury wegen nicht gehöriger Besetzung: pro rusticis (villains) aductis ad faciendam juratam; quia recepit hominem ad juratam, qui non fuit de hundredo etc. Es ergiebt sich daraus die Methode, wie Reformen in der Gestaltung des Gerichtsverfahrens durch einfache Anweisungen von Hofe durchgeführt wurden.

4) Zum Schutz Königlicher Gerechtsame gegen Anmaßungen von Privaten z. B. wegen unrechtmäßiger Erhebung eines Zolles, Aneignung Königlicher Besitzungen (purprestura), vor Allem aber gegen Competenzüberschreitungen: so die milites curiae Comitissae de Coupland, quia fecerunt judicium de placito quod non pertinuit ad eos. (Madox I. 548.) Simon de Medelwolde debet X marcas, quia placitavit in Curia Christianitatis de Laico feodo. (Madox I. 561.) Ebenso eine communis misericordia comitatus de Sumerseta, quia miserunt duellum in Hundredo quod debuit esse in comitatu. 24. H. II. (Madox I. 546, 558.) Eine freilich unvollständige Uebersicht der Rubriken giebt Hardy, Rotuli finium pag. XVII. ff.

Die Abmessung der Höhe der Buße erfolgte damals im Schatzamt durch die höheren oder auch die niederen Beamten, in wichtigeren Fällen wurde ein Spezialcommissar zur Einschätzung in die Grafschaft gesandt, der die Männer der Grafschaft oder Hundertschaft per capita einschätzte — in späterer Zeit mit Hülfe einer eingeschworenen Jury. (Madox II. 65, 66.) In welchem Maß diese Gewalt, sowie die Sequestration gegen die Großen gebraucht wird, wegen defaults im Schatzamt, wegen Nichtvollstreckung der Königlichen Dekrete ꝛc. ergeben zahllose Eintragungen, z. B. wird auch die City von London einmal in die Hand des Königs genommen wegen eines tresspass of the assize, und die custodia einem Commissar übertragen.

Verschieden, aber doch in der Anwendung manchmal zusammenfließend ist das vieldeutige System der Gebühren, fines: fines für liberties und franchises, d. h. für Bestätigung landesherrlicher Concessionen aller Art, die fines in Prozeßsachen, die seit Heinrich II. unabsehbar werden, für Gestattung einer Prozeßführung beim Königlichen Oberhof, Gestattung eines Beweisverfahrens durch jury; jedes Prozeßmandat, jede Modalität des Prozesses, Beschleunigung, Verschiebung, Protection ist hier für baares Geld zu erkaufen; ferner die fines für Gnadenbewilligungen, von Aemtern, Gilden, Dispensationen, für Lehnserneuerungen, Erlaubniß zu Veräußerungen u. s. w. Diese administrativen Gewalten liegen den späteren Umbildungen der Landesverfassung überall zu Grunde.

1) Ueber die Gestaltung der Freipflege, francplegium, lauten die bereits angeführten Hauptstellen der Charta Wilelmi III. c. 14 dahin: Omnis homo, qui voluerit se teneri pro libero, sit in plegio, ut plegius eum habeat ad justitiam, si quid offenderit. Et (si) quisquam evaserit talium, videant plegii ut solvant quod calumpniatum est, et purgent se, quia in evaso nullam fraudem noverint. Requiratur hundredus et comitatus, sicut antecessores statuerunt, rel.

Umständlicher die LL. Henr. I. c. VII. „de hundretis tenendis": Speciali tamen plenitudine si opus est, bis in anno conveniant in hundretum suum quicunque liberi, tam hudefest quam folgarii, ad dignoscendum scilicet inter caetera, si decaniae plenae sint, vel qui, quomodo, qua ratione recesserint, vel super accreverint. Praesit autem singulis hominum novenis decimus, et toti simul hundreto unus de melioribus, et vocetur aldremannus, qui Dei leges et hominum jura vigilanti studeat observantia promovere.

Der Grundsatz der zwangsweisen Vereinigung ist hier deutlich wiederholt und in einem Zusatz auf frühere Beschlüsse der Geistlichkeit und der sapientes totius monarchiae (witan) verwiesen. Sodann weiter § 2: Communis quippe commodi provida dispensatione statutum est, ut a duodecimo aetatis suae anno in hundreto sit et decima, vel plegio liberali, quisquis verae vel witae vel jure liberi dignus curat aestimari; conductitii, vel solidarii, vel stipendiarii, duorum plegio teneantur.

Dem Verfasser standen hier sicherlich die entsprechenden Sätze aus den LL. Cnuti II. 20 vor Augen, wobei er das normannische Wort francplegium zur Erläuterung von decima einschiebt.

Am umständlichsten sind die sog. LL. Edw. Conf. nach dem Codex Harleianus c. XX.: Alia pax maxima est, per quam omnes firmiori statu sustentantur: scilicet fidejussionis stabilitate, quam Angli vocant frithborgas, praeter Eboracenses, qui vocant eam tenmanne tale, hoc est numerum X hominum.

§ 1. Et hoc est, quod de omnibus villis totius regni sub decennali fidejussione debeant omnes esse, ita quod si unus ex decem forisfecerit, novem eum haberent ad rectum. Quod si aufugeret, et dicerent, quod non possent eum habere ad rectum, daretur eis ad minus a justitia regis spatium XXX dierum et unius diei.

§ 2. Et si possent eum invenire, adducerent eum ad justitiam. Ipse quidem de suo restauret dampnum quod fecerat, et de corpore suo fiat justitia, si ad hoc forisfecerit.

§ 3. Si autem infra supradictum terminum inveniri non poterit, quia in omni frithborge unus erat capitalis, quem ipsi vocabant frithborgheued, ipse capitalis acciperet duos de melioribus in suo frithborge, et de tribus frithborgis propinquioribus vicinis suis accipiat de unoquoque capitalem, et similiter duos de melioribus, si poterit eos habere, et se duodecimo expurget, se et frithborgum suum, si facere poterit, de forisfacto et fuga supradicti malefactoris.

§ 4. Quod si facere non poterit, restauraret dampnum, quod ipse fecerat de proprio forisfactoris quantum duraverit, et de suo, et erga justitiam emendent, secundum quod legaliter judicatum fuerit eis.

§ 5. Et tamen sacramentum, quod non potuerunt complere per vicinos, per se ipsos novem jurent, se esse immunes. Et si aliquem potuerint recuperare, adducent eum ad justitiam, si potuerint, aut dicent justitiae ubi sit.

Offenbar sind dies Alles nicht dispositive Worte einer Verordnung, sondern Beschreibungen, durch welche der Verfasser dieser Privatsammlung sich selbst und den Zeitgenossen die in Verfall gerathene alte Landespolizeiordnung deutlich zu machen sucht. Das Wort frithborg oder nach Lambard freoborg mag mehr aus dem Volkssprachgebrauch als aus älteren Gesetzen herstammen. Das francplegium ist offenbar normännische Uebersetzung in den Sprachgebrauch des damaligen Geschäftslebens. Daß bei dem Vergehen eines die anderen neun haften sollen, kann von Seiten des Privatverfassers ein Mißverständniß sein; während wohl der Vorsteher haftete, event. sich an den Mitgliedern erholte. So viel ist aber klar daß die alten Verpflichtungen der Zehntschaften oder Bauerschaften fortdauern sollten, und daß decima und frithborg identisch sind. Zusammenhängend damit sind noch andere Erwähnungen. Nach cap. XV. soll die villa, wenn ein Mörder nicht zu finden ist, 46 Mark aufbringen, und wenn die villa dazu nicht im Stande ist, sollen solche in der Hundertschaft eingesammelt und an das Schatzamt abgeliefert werden. Weiter heißt es in cap. XXVIII. die witan (sapientes) hätten über je zehn fridborgi gesetzt oder decani oder Zehntschaftsvorsteher tienthe heued. Endlich wird die alte Bürgschaftspflicht der Thane über Gefolgen und Hintersassen umständlich wiederholt in cap. XXI.: Archiepiscopi, episcopi, comites, barones, et milites suos et proprios servientes suos, scilicet dapiferos, pincernas, camerarios, cocos, pistores, sub suo fridborgo habebant; et ipsi suos armigeros vel alios servientes suos sub suo fridborgo; quod si ipsi forisfacerent, et clamor vicinorum insurgeret de eis, ipsi haberent eos ad rectum in curia sua, si haberent sacham et socham, tol et theam et infangenethef.

Unzweifelhaft war es auch hier ein praktisches Bedürfniß, welches die Einschärfung der alten Polizeiordnung herbeigeführt hatte, insbesondere die persönliche Unsicherheit der Normannen, deren Leben und Sicherheit durch die Erbitterung des gedrückten Stammes vielfach bedroht schien. Ihre Handhabung ergiebt sich aus den Schatzrechnungen. In zahllosen Fällen werden hier Ortschaften gebüßt, wegen „Beherbergung eines Unbekannten, ohne francplegium von ihm zu nehmen;" wegen Beherbergung eines Mannes, „der nicht im francplegium war;" wegen Aufnahme eines Mannes „ohne Tething" u. s. w. Z. B. das francplegium des Nicolas, Son of Selary, wegen Nichtgestellung eines von ihm Verbürgten; das francplegium des Roger, Son of Godefroy, wegen der Flucht des William u. s. w. (Madox I. 546 ff. 555). Gervase, Son of Stigend, weil er Odo den Kempen in seiner Herrschaft wohnen lassen, ohne einen Bürgen zu finden (Madox I. 545); die Hundertschaft von Reckham, weil sie wissentlich einen Mann unter sich wohnen lassen ohne francplegium (I. 565).

In diesem Sinne nun erscheint das francplegium in den späteren Rechtsbüchern z. B. Bracton 124: de eo autem qui fugam ceperit, diligenter inquirendum, si fuerit in francoplegio et decenna; tunc erit decenna in misericordia coram justitiariis nostris, quia non habent ipsum malefactorem ad rectum. Vgl. Fleta I. 27. § 2—4, und über den Visus francplegii: Magna Charta c. 35. Fleta II. 52. 72. Britton c. 29. Horne's Miroir c. 1 sect. 16.

2) Die Entstehung der Rügepflicht und der Anklagejury ist gründlich behandelt in Biener Engl. Geschw.-G. I. §§ 12—14, 19. Die Vorläufer derselben sind in den zahlreichen Gemeindeausschüssen zu suchen, welche zu Verwaltungszwecken bald nach der Eroberung auftreten. Nächst der Commission zur Aufnahme des Domesdaybook gehört dahin auch ein Fall, in welchem Heinrich I. 85 Bürger von Lincoln einschwören läßt, um die dem König schuldigen Dienste der Stadt festzustellen (Palgrave I. 273). Es gehören dahin eine Menge von Untersuchungs-Commissionen für Zwecke des Exchequer, der Lehnsvormundschaftsverwaltung rc., wie sie in dem Inhaltsverzeichniß zum Registrum brevium originalium aufgeführt sind (Biener I. 271), so wie in den Rechtsbüchern. Es gehören dahin ferner die späteren Einschätzungscommissionen; sodann der Coroners inquest, und noch manche in der folgenden Periode zu Specialzwecken gebildete inquests (vgl. Dalton on Sheriffs 308), wie die Juries zur Feststellung des Thatbestandes eines Aufruhrs (riot), und bei gewaltsamen Besitzentsetzungen (forcible entries), Juries vor den escheators, vor den clerks of the market, nach dem statute of bankrupts u. s. w. Die englische Jurisprudenz nennt sie juries for inquiry, im Gegensatz der Urtheiljuries (juries for trial). In diesen Vorgängen und in dem Vorbild der kirchlichen Rügegerichte ist die Anknüpfung wohl viel mehr zu suchen, als in der angelsächsischen Zeit.

Es ist allerdings auffallend, daß die Notiz von einer Rüge durch 12 Thane aus der Hundred in Athelred III. 3, § 3 ganz isolirt und ohne Nachfolge dasteht. Es erklärt sich dies wohl ähnlich wie auf dem Continent so, daß man einen Versuch gemacht hatte, das kirchliche Rügeverfahren auf die weltlichen Gerichte zu übertragen. Da es aber an einer stetigen festen Leitung durch Königliche Beamte fehlte, so zerfiel die neue Einrichtung und dauerte (wie auf dem Continent) nur in zerbröckelter Gestalt fort, als Rüge in kleineren Gemeinden und in einer kleineren Zahl, von der sich allerdings noch Spuren finden, so in Cnut II. c. 30: „Und wenn ein Mann der Hundertschaft so ungetreu ist und so oft bezichtigt wird, und ihn drei Männer zusammen bezichtigen, so bleibe ihm nichts übrig, als zum dreifachen Ordal zu gehen." Ferner in LL. Will. c. 51: „Wenn Jemand anrüchig ist in der Hundertschaft, und vier Männer bezichtigen ihn, so reinige er sich selbzwölf."

Auch Biener hält die 12 Thane unter Athelred für eine vorübergehende Erscheinung und erkennt an, daß erst a. 1176 die erste Spur einer geordneten Rügejury vor den reisenden Justitiarien auftritt; während die ersten Nachrichten über eine Rügejury vor dem Sheriff erst aus dem dreizehnten Jahrhundert datiren. Nichtsdestoweniger ist Biener geneigt, das Rügegericht vor dem Sheriff für das ältere zu halten; ich glaube mit Unrecht. Der Schluß, daß ein analoges Institut vor dem Grafschaftsgericht das ältere, vor dem obersten Gerichtshof das jüngere sei, ist entschieden unrichtig für alle Institutionen der Inquisitio, die immer aus einer bewußten, mühsam eingeführten Maßnahme von oben herab ihren Ursprung nehmen. Alle Formationen des Inquest, besonders die dem kirchlichen Verfahren nachgebildeten Frageartikel, sind offenbar von Hause aus für reisende Commissarien berechnet, und erst von diesen auf die Localgerichte übertragen; eben so wie in der folgenden Periode das Rügegericht der Königlichen Justitiare mit der Grafschaft erst etwas später auf das Localgericht der quarter sessions übergeht. Alle Inquisitionsthätigkeit ist Schöpfung der Centralisation; sie setzt sehr verstärkte Beamtengewalten voraus. Natürlich war aber kein Grund, die mit den reisenden Justitiarien in Gang gebrachte Inquisitio auf die Reichsgerichte zu beschränken, etwa so wie die Assisae in Civilsachen. Im Gegentheil hat man die neue Einrichtung möglichst bald auf den Sheriffs-tourn und von da sofort auf die Localgerichte übertragen, nachdem die Sache einmal in Gang gebracht war. Wäre in dem Sheriffs-tourn das Rügeverfahren schon früher im Gange gewesen, so müßte bei den verhältnißmäßig häufigen Erwähnungen des Turnus und in den Schatzrechnungen irgend eine Spur zu finden sein. Auch die Zwölfzahl der Geschworenen (nach dem Vorbilde der inzwischen eingeführten Assisae) müßte doch in den älteren Rechtsbüchern irgendwo auftauchen, wenn die Sache selbst schon bestanden hätte. In den oft dafür angeführten Constitutionen von Clarendon 1164 c. 6 ist nur von g e i s t l i c h e n Gerichten die Rede. Dagegen ist nun allerdings in dem St. Marlebridge (1267) c. 25 und in dem St. Westminster I. (1275) c. 11, 15 ausdrücklich von Inquisitiones coram vicecomitibus die Rede. In dem St. Westminster II. 1285 c. 13 wird verordnet: quod vicecomites in turnis suis, cum inquirere debeant de malefactoribus per praeceptum regis vel ex officio suo, per legales homines ad minus XII faciant inquisitiones suas, und den bailiffs der liberties dieselbe Verpflichtung aufgelegt — also nochmals eine weitere Ausdehnung nach unten. Umständliche Beschreibungen des Verfahrens dieser Rügejury finden sich dann gegen Ende des 13. Jahrhunderts in den Rechtsbüchern Fleta II. 52, Briton c. 29, im Mirror und im St. Walliae c. 3, 4 (1284). Danach werden im Beginn der Verhandlung immer wieder zuerst die Freibürgschaften und O r t s c h a f t e n durch ihre Vorsteher verpflichtet nach Anleitung gewisser Frageartikel das Vorgekommene zu rügen. Ueber diese indictments haben sodann 12 Geschworene aus den Angesehensten des Hundred ihr Verdict abzugeben — auch darüber, ob nichts verschwiegen worden ist. Die Artikel erstrecken sich zugleich auf eine Reihe von Contraventionen und kleinen Uebertretungen, über welche der Sheriffsturn definitiv Urtheil sprechen kann. Noch ausführlicher bildet sich die Praxis in den späteren courts leet aus (s. die folgende Note 4).

3) **Ueber die Entstehung der Urtheiljury in Strafsachen** vergleiche vorzugsweise die Untersuchungen von Biener, das Engl. Geschw.-Ger. Bd. I. § 16, 17 S. 103—124, Bd. II. Exc. I. S. 219—239, und aus der überreichen neueren Litteratur etwa: Gundermann, Geschichte der Entstehung der Jury, 1847. Köstlin, der Wendepunkt des deutschen Strafverfahrens, 1849. v. Daniels, Ursprung und Werth des Geschw.-Ger., 1849. Forsyth, History of Trial by Jury, 1852. Die ausführlichen Untersuchungen Biener's über den äußeren Hergang der Entstehung bestätigen sich auch aus den sonst vorhandenen Rechtsurkunden; nur tritt der pragmatische Zusammenhang bei Biener oft nicht genügend hervor.

Seit der Entstehung der Rügejury gab es nun zwei Weisen des Criminalverfahrens.

1) Durch Anklage, appellum, accusatio, welche nach alter Weise mit Gerüfte erhoben und mit den alten mündlichen Klageformeln vorgebracht wird. (Secta, vergl. Bracton 139b. 140). Regelmäßig ist damit verbunden die Herausforderung zum Zweikampf, welche in dem Gerichtstermine in Gestalt einer litiscontestatio erscheint, und mit den Worten schließt: et hoc offert se disrationare adversus eum per corpus suum, sicut curia domini regis consideraverit. Darauf folgt die vadiatio duelli durch Pfand und Eid, wobei der Angeklagte die That eidlich leugnet, der Ankläger seine Klage nochmals eidlich versichert. Dann folgt ein Termin zur Abhaltung des Zweikampfes — Alles in wesentlicher Uebereinstimmung mit dem aus Beaumanoir bekannten Verfahren auf französischem Boden. In subsidium tritt das Gottesurtheil ein. Nach Stadtrechten und Ortsgewohnheit kommt auch noch eine Reinigung durch Eideshelfer vor.

2) Das Rügeverfahren, indictment, presentment, auf Grund eines Rügeeides von zwölf Geschwornen der Hundred (jurata patriae), auf welche nun der Hauptprozeß vor den Königlichen Justitiarien folgt, welcher regelmäßig in das Gottesurtheil ausläuft, da der Zweikampf gegen eine Anklage im Namen des Königs nicht statthaft ist, quia rex non pugnat.

Mit dem Ueberhandnehmen der Anklage durch Rügejury trat nun die Lücke im Beweise ein, welche durch positive Einrichtungen ausgefüllt werden mußte. Das lateranensische Concil c. 18 hatte die Mitwirkung der Geistlichkeit bei den Gottesurtheilen verboten. Mit Bezugnahme auf dies Verbot erhalten die reisenden Richter a. 1219 die Anweisung, nach erhobener Anklage durch die Rügejury nicht zum Gottesurtheil zu schreiten, sondern die Angeschuldigten in Verhaft zu halten, und sich für die diesjährige Reise mit gewissen Sicherheitsmaßregeln zu begnügen (Biener II. 231). Kurz darauf ist wahrscheinlich eine positive Instruction an die Richter erlassen. Sir Ed. Coke giebt den Hergang in seinen Reports IX. pag. 32 dahin an: 1219 seien die Gottesurtheile durch Parlamentsbeschluß (soll wohl heißen: Beschluß des damaligen Regentschaftsraths) aufgehoben. Dies ergebe sich aus „Rot. Pat. anno 3. Henr. III. membr. 5 for the record says: provisum fuit per regem et concilium etc.“ Es ist dies augenscheinlich der Rathsbeschluß, welchen Spelman in seinem Codex pag. 415 abgedruckt hat: Rex dilectis et fidelibus etc. Justitiariis itinerantibus etc. salutem: quia dubitatum fuit et non determinatum ante inceptionem itineris vestri, quo judicio deducendi sunt illi qui rectati sunt de latrocinio, murdro, incendio, et hiis similibus, cum prohibitum sit per Ecclesiam Romanam Judicium ignis et aquae, Provisum est a consilio nostro ad praesens, ut in hoc itinere sic fiat de rectatis de hujusmodi excessibus: videlicet quod illi qui rectati sunt ... teneantur in prisona nostra et salvo custodiantur, ... Cum igitur nihil certius providerit in hac parte consilium nostrum ad praesens, relinquimus discretioni vestrae hunc ordinem praedictum observandum in hoc itinere vestro,... — In einer Randnote bei Coke findet sich dann noch wörtlich das Citat: „See Rot. Par. 14. Henr. III. m. 1. de justitia facienda loco ignis et aquae,” was wohl noch auf weitere Nachsuchungen in den ungedruckten Staatsurkunden hinweist. Bis dahin sind wir auf die sorgfältigen Zusammenstellungen Bieners verwiesen.

Zuerst im Jahre 1221 erscheinen nur Fälle, in welchen man die Angeschuldigten aufgefordert hat, sich der Rügejury zu einem Spruch über ihre Schuld zu unterwerfen. Obgleich sie dies verweigert, hat die Jury einen Schuldspruch gethan, den man aber vorsichtig — im Gefühl der Neuheit der Sache — durch eine zweite Jury von 24 Rittern nochmals bestätigen läßt (Hale, Pleas of the Crown II. pag. 322). Im Jahre 1222 erscheint ein Fall, wo der Angeschuldigte sich dem Spruch der Rügejury unterwirft und demgemäß verurtheilt wird (Bracton fol. 143). Im Jahre 1226 erscheint eine Reihe von Fällen, in welchen sowohl indictati wie appellati sich dem Spruch der Rügejury unterwerfen und demgemäß verurtheilt werden (Placitorum abbreviatio 1811 p. 104). Das neue Verfahren ist also durch die Praxis sogleich auch auf die Privatanklagen ausgedehnt worden, ebenso wie im Civilprozeß die Anwendung des Geschwornenspruchs durch Uebereinkunft der Parteien über die gesetzlichen Fälle hinaus ausgedehnt wurde. In der Mitte des Jahrhunderts ist dieser Schuldspruch der Jury völlig geläufig bei Bracton. Der Justitiar kann dabei die Rügegeschworenen näher befragen, woher sie ihre Angaben entnommen haben. Er fordert den Angeschuldigten auf, sich dem Spruch zu unterwerfen und hört dessen Einwendungen gegen das indictment und gegen die Person der Geschwornen (Bracton 143, 143b). Darauf werden die Geschwornen vereidet: „hoc auditis, justitiarii, quod veritatem dicemus de iis, quae a nobis requiretis ex parte domini regis." Nach der Vereidigung folgt die Frage des Richters: „talis, qui hic praesens est, rectatus de tali crimine venit et defendit totum, et ponit se super linguas vestras de bono et malo, et ideo vobis dicimus, nobis scire faciatis inde veritatem et dicatis, si culpabilis sit de hoc, quod ei imponitur." Dies ponere se super pares suos war übrigens gewöhnliche Formel der Submittirung zum Spruch.

Handelte es sich um eine Privatanklage, so war die jurata zum Zweck des Schuldspruchs neu zu bilden. War ein indictment im Sheriffsturn erhoben, so ging es zur Hauptverhandlung vor die nächste Session der reisenden Richter, wo dann die Justitiare eine eigene Urtheilsjury zu berufen haben. (Fleta I. 34, § 34, 39.) War aber das indictment vor justices of oyer and terminer erhoben, so folgte die Hauptverhandlung sogleich, und man beeidete nun dieselbe Rügejury zum zweitenmal über die Schuldfrage (an culpabilis sit), jedoch mit billiger Rücksicht auf Einwendungen gegen einzele Personen (Bracton 143b). Man hat indessen in der Anwendung wohl sehr bald das Sachwidrige eines Spruchs derselben Personen zuerst über die Rüge und dann über die Schuld erkannt, und daher in der Praxis schon den bloßen Umstand, daß ein Geschworner an der Rügejury Theil genommen, als Recusationsgrund gegen seine Theilnahme an der Urtheilsjury gelten lassen. So findet es sich bei Britton Cap. IV p. 22, und ist dann später auf Petition des Unterhauses gesetzlich anerkannt durch 25 Ed. III. st. 5 c. 3. Dem praktischen Erfolg nach wurde nun also regelmäßig eine neue, von der Rügejury verschiedene Urtheilsjury für den Schuldspruch gebildet.

Eine Zeit lang konnte freilich noch das Duell neben der Urtheilsjury zur Anwendung kommen. Wo die Klage als appellum auf Zweikampf gestellt war, mußte dem Beklagten noch die Wahl gelassen werden, ob er sich durch Zweikampf oder durch Jury vertheidigen wolle (per corpus aut per patriam se defendere). Privatanklagen werden aber neben der öffentlichen Anklage bald seltene Erscheinungen. Die Wahl fiel ferner weg bei kampfunfähigen Personen oder bei vorhandenen Privilegien gegen das Duell. In Fällen, wo die Anklage wegen eines formellen Mangels fiel, wurde sie ex officio im Namen des Königs verfolgt und gegen diese secta regis natürlich kein Zweikampf zugelassen. Dies Alles wirkt auf Verdrängung des Zweikampfs. Schon in 20 Ed. III. wird die Herausforderung zum Duell als parole de forme bezeichnet, und in den Anklageformeln des 15. Jahrhunderts hat Biener die Worte per corpus suum nicht mehr vorgefunden (Biener I. 107). Beide Formen des Strafverfahrens führen nun also nothwendig zur Urtheilsjury.

Einige Schwierigkeit fand sich allerdings noch in dem Erforderniß der Unterwerfung des Angeschuldigten unter den Juryspruch. Nach der einen Meinung, welche sich wiederholt bei Bracton ausgesprochen findet, trat eine Verpflichtung dazu an die Stelle der früheren Verpflichtung sich dem Gottesurtheil zu unterwerfen. Man folgerte hier wie dort ein „tenetur", „compellitur", „cogendus est", vermöge dessen der Weigernde indefensus et per hoc quasi convictus remanebit. Es wird also in contumaciam auf die volle Strafe erkannt. Allein die Sache blieb doch bedenklich. Es war und blieb das neue Verfahren kein iudicium parium et per legem terrae, wie es nach der Magna Charta zugesichert ist. Durch die ausdrückliche Einstimmung des Beklagten nur erschien die Abweichung von dem legalen Beweisverfahren unbedenklich. Zur Herbeiführung dieser Zustimmung hielt man sich aber befugt, administrative Zwangsmaßregeln anzuwenden, ein prison fort et dure, doch ohne Blutvergießen und Körperverletzung, um den Buchstaben der Magna Charta genau innezuhalten. Im Jahre 1275 wird dies gebilligt und dadurch mittelbar die neue Procedur überhaupt gutgeheißen durch das St. Westminster I. Cap. 12. In Fällen der secta regis soll der Weigernde „en le prison fort et dure" gebracht werden, was sich in der Praxis zu der sogenannten Todespresse gestaltete.

Ueber das Verfahren vor der Urtheilsjury in dieser ersten Zeit, über einzele Schwankungen im Falle der Nichteinstimmigkeit, über das Examiniren der Jury wegen der Gründe ihres Spruchs und über die später angenommene Verantwortlichkeit der Urtheilsgeschwornen siehe Biener I. 114—124, dessen Untersuchungen im Wesentlichen unanfechtbar erscheinen. Vollkommen gedankenlos ist die immer noch vorkommende Ableitung des Ganzen aus der Magna Charta. Denn die Zusicherung, daß Niemand an Person und Vermögen verkümmert werden soll nisi per legale judicium parium suorum vel per legem terrae enthält gerade umgekehrt die Zusicherung des altherkömmlichen Verfahrens. Die Geschwornen heißen niemals pares, ihr Spruch niemals judicium. Die pares sind vielmehr die urtheilfindenden Gemeindegenossen, also das Gegentheil einer Jury. Diese Zusicherung war gerade ein Hinderniß für die schnellere Fortbildung der neuen Gerichtsverfassung, die auch im ganzen Mittelalter keineswegs als eine Concession von neuen politischen Rechten gedacht war, sondern als ein praktisch nothwendiges expediens prompter Justiz.

4) Ueber die Entstehung und Gestaltung der Ortspolizeigerichte, courts leet, ist die englische Litteratur reichhaltiger, weil sie noch längere Zeit neben den Friedensrichtern eine Bedeutung behielten. Als praktische Hauptschrift gilt die sehr ausführliche J. Scriven's, Treatise on Copyhold, with the jurisdiction of Courts Baron and Courts Leet etc. 4 edit. by H. Stalman. 2 vols. 1846. 8. G. Jacobs, complete Court Keeper, or Land Steward's Assistant, containing the nature of courts leet etc. 3. edit. 1819. 8. J. Ritson's, Jurisdiction of the Court Leet with Precedents. 3. edit. 1816. Nur die erste habe ich benutzen können. Die Hauptpunkte sind (Scriven II. c. 20 S. 803—97):

(1) Der Court Leet ist reiner Ausfluß der Königlichen Gewalt. Das Wort leet kommt merkwürdiger Weise im Domesdaybook und im st. 27 Edw. III. c. 28, aber nicht in den dazwischen liegenden Rechtsbüchern vor. Gegenstand der Verleihung ist nur das Recht, ein Königliches Gericht (einen turnus vicecomitis) für ein kleineres Gebiet abzuhalten, Bußen und Sporteln zu ziehen (fines, amerciaments, assoign pence) und gewöhnlich noch einen kleinen Gerichtszins, certum letae, cert-money. Ist der Beliehene Inhaber eines Court baron, so sind die Gerichtsgewalten eines solchen damit verschmolzen zu einem Patrimonialgericht mit Gutspolizei. Doch ist der Besitz eines manor oder eines Complexes von Gütern keine nothwendige Voraussetzung. Ebenso ist auch den Stadtgemeinden, zuweilen auch einer Dorfgemeinde oder einem einzelen Hause ein court leet verliehen. Wie die Kirchenpatronate in England, so sind auch die leets oft wieder von den Gütern getrennt, in einen besonderen Erbgang gekommen, öfter auch bei Weiterverleihungen des Guts zurückbehalten. Der Charakter einer delegirten Königlichen Gerichtsgewalt ist den Gerichtseingesessenen gegenüber besser innegehalten, als bei den Patrimonialgerichten des Continents. Quelle der Gerichtsgewalt ist nur die Verleihung der Krone oder unvordenkliche Verjährung (prescription), welche die Vermuthung einer Verleihung begründet. Der Gerichtsherr ist nur berechtigt zu den profits of the court, der Gerichtstag aber gehört nach dem Ausdruck der Rechtssprache dem König, the day is to the king. (Scriven II. 803, 835 und citt.) Der Gerichtshalter, steward, repräsentirt die Person des Königs. (Scriven II. 835 und citt. 41. Edw. III. c. 27. Kitchen, Powell.) Der steward soll genau den richterlichen Charakter des Sheriff im Turnus haben, und sein „a man indifferent between the lord and the law," weshalb auch der vorherrschenden Ansicht nach der Gerichtsherr nicht in Person Gericht halten darf. (Scriven II. 829.)

(2) Der leet ist eine Auszweigung des Sheriffsturn, wird also ebenso regelmäßig zweimal jährlich abgehalten, ursprünglich unter freiem Himmel; die Gerichtspflicht der Eingesessenen ist nicht Folge eines grundherrlichen Rechts, sondern Unterthanenpflicht, Königliche Gerichtsfolge, suit real, muß also in Person geleistet werden — mit Ausnahme der Lords und Geistlichen nach 52 Henry III. c. 10. Aus den Gerichtsmännern werden dann die Gemeindeausschüsse ernannt. Bei dem Sheriffsturn sollten später nur Gerichtsmänner von 20 Sh. jährlich aus freehold oder 26⅔ Sh. aus copyhold in die Ausschüsse ernannt werden (1. Ric. III. c. 4); diese Vorschrift ist aber erst aus dem Ende des Mittelalters und auf die Privatleets nicht analog angewendet worden. Die Bildung des court leet ist insoweit völlig losgerissen von feudalen Grundsätzen, als die Gerichtsfolge gar keinen Zusammenhang mit dem Grundbesitz hat, sondern eine Folge des Wohnsitzes ist, und sich nach dem strengen Buchstaben auf alle Personen im Alter von 12—60 Jahren erstreckt, wenn sie Jahr und Tag im Gerichtsbezirk ihren Wohnsitz haben (Scriven II. 823, 824).

Auch giebt es keine Stellvertretung in dieser Gerichtsfolge, sondern nur eine Entschuldigung wegen essoins. (Scriven II. 825.) Ebendaraus bildete sich wohl im gemeinen Leben der Sprachgebrauch, der diese Gerichte vorzugsweise Volksgerichte, courts leet, nennt. Bei der Auswahl der rechtsfindenden Juries wird natürlich auf Besitz Rücksicht genommen, im Nothfall kann jedoch Jeder, selbst zufällig Anwesende, in die leetjury eingeschworen werden. (2. Hawkins 69.)

(3) Die Competenz des leet geht eben deshalb parallel dem Sheriffsturn. Es ist eine Inquisitionsthätigkeit für schwerere Verbrechen, Inquisitions- und Strafgewalt für leichtere, jedoch mit der wichtigen Beschränkung, daß alle Jurisdiction der leet jury gleich der grand jury beschränkt ist auf Vergehungen oder Unterlassungen seit der letzten Gerichtssitzung (Scriven II. 870).

a. Unter den felonies sind hier nur gemeint die felonies nach gemeinem Recht, also namentlich Verrath (als Felonie), Mord, Nothzucht, Todtschlag, Brandstiftung, Hausbruch, Sacrilegium, Diebstahl, Gefangenenbefreiung und Theilnahme an diesen Verbrechen. (Felonien nach Parlamentsstatuten bleiben ausgeschlossen, wodurch sich mit fortschreitendem Umfang der Strafgesetzgebung das Gebiet des court leet verkleinert.) In diesen Fällen stellt die leet jury die Anklage in der Gestalt eines indictment fest und präsentirt sie dem Hofe. Besteht die Jury aus mehr als 12, so genügt es, wenn 12 darin übereinstimmen (Scriven II. 868). Die Anklageacte wird in zwei Exemplaren ausgefertigt, von denen das eine dem verfolgenden Theile ausgehändigt, das andere den Königlichen Richtern der nächsten Criminalassise zum weiteren Verfahren übersandt, und ebenso behandelt wird wie ein indictment der großen Jury (Scriven II. 878, 847). Inzwischen wird der Angeschuldigte durch den steward in das Grafschaftsgefängniß abgeliefert.

b. In den leichteren Straffällen hat der court leet den definitiven Schuldspruch und die Büßung durch fine, amerciament, und leichtere Strafen nach besonderen Gesetzen. Es sind dies wie im Sheriffsturn namentlich Schlägereien, Uebertretung der Bierhausordnung, liederliche Häuser, falsch Gericht, Uebertretung der Polizeiordnung für Bäcker, Brauer, Fleischer und andere Gewerbe, versäumte Wegebesserung, Versäumung der Dingpflicht, verweigerte Uebernahme von Gemeindeämtern u. s. w. — überhaupt Aufrechthaltung des öffentlichen Friedens und Beseitigung der public nuisances. In dem court leet werden ferner auch die Polizeischulzen, constables, ernannt, wobei ein ursprüngliches Präsentationsrecht der Gemeinde (jury) nicht selten zum Wahlrecht geworden. — Es waren meistens Vergehen, bei denen das alte System der Geldbußen noch immer sehr wohl anwendbar blieb, und da die Magna Charta die Zusicherung gegeben hatte, daß amerciaments gegen liberi homines nicht ohne Spruch von Gemeindegenossen (pares) erkannt werden sollten, so gestaltete sich dies zu einer eidlichen Abschätzung einer billigen Buße durch zwei oder drei Gerichtsmänner (affeerers). Die Interpretation der Gerichte dehnte dabei den Begriff der „liberi homines" immer weiter aus, so daß der court leet in England gerade eine Hauptform wurde zur Verschmelzung des Gerichts über Freie und Unfreie. Gegen Unvermögende wird auf Block und Halseisen erkannt und damit „pillory and tumbril" das Symbol des court leet.

(4) Das Verfahren des leet ist dem Verfahren vor den normannischen Landvögten im turnus entlehnt. Es finden sich darüber mancherlei Zeugnisse

noch aus dem Mittelalter. Dazu die ältere Schrift unter dem Titel: The Complete English Copyholder, 1735. Die Formulare für den Geschäftsgang finden sich in der gewöhnlichen Ausführlichkeit bei Scriven II. Anh. S. 418 bis 481.

Unter dem herrschaftlichen Gerichtshalter, steward, fungirt noch ein ernannter bailiff (oft auch von der Gemeinde gewählt), der auf Anweisung (precept) des Gerichtshalters die Dingpflichtigen zum Gerichtstag zu laden hat. Dieser Untervogt hat auch selbständig und ohne Einmischung des Gerichtshalters die Jury von wenigstens zwölf Personen auszuwählen und zu laden. (Sriven II. 837.) Der Steward eröffnet den Hof — was wie in allen Königlichen Gerichtshöfen durch dreimaligen Ausruf des bailiff: Oyes, Oyes, Oyes, proklamirt wird, und mit den Worten: „Alle Klassen von Personen, welche ansässig sind oder Zehntschaftsgenossen, und welche Königliche Gerichtsfolge diesem leet schulden, thut Eure Folge und antwortet auf Euren Namensaufruf bei Strafe und bei Eurer Gefahr." — Der bailiff übergiebt sodann das Verzeichniß der geladenen jurymen und die Liste der Dingpflichtigen, welche aufgerufen, und die Ausbleibenden gebüßt werden. Mit einem oyes, oyes, oyes werden dann diejenigen, welche essoigns vorzubringen haben, aufgerufen. Das Ausbleiben des Dingpflichtigen kann vom Gutsherrn nicht einseitig erlassen werden, da es suit real ist, wird aber gegen Zahlung eines essoign penny aus leichten Gründen entschuldigt. Dann folgt die Bildung der leet jury von 12—23 Personen, die in manchen leets auf ein ganzes Jahr im Amte bleibt, in anderen ordnungsmäßig bei jedem Gerichtstag neu gebildet wird. Die Jury wählt ihren foreman, der eingeschworen wird nach dem Formular: „Ihr sollt wohl „und getreulich untersuchen und ein wahrhaftes presentment machen über alle „solche Artikel, Gegenstände und Dinge, mit denen man euch beauftragen wird, „Geheimniß bewahren ꝛc. Ihr sollt Niemand anzeigen aus Neid, Haß oder Bosheit, auch Niemand schonen aus Furcht, Gunst oder Neigung oder Hoffnung „auf Belohnung, sondern nach eurem besten Wissen und der Information, die „ihr erhalten werdet, sollt ihr anzeigen (present) die Wahrheit und nichts als „die Wahrheit." Ebenso schwören die übrigen Geschworenen und erhalten dann ihre charge, sowie der Assisenrichter die große Jury instruirt.

Die von der Rügejury gefundenen Anklagen in Criminalsachen gehen weiter als presentments, amtliche Anzeigen, an die Königlichen Strafgerichte. In den kleineren Straffällen, in denen sogleich auf Büßung erkannt wird, erfolgt

a. Zuerst ein Schuldspruch durch die Jury, aber nur in allgemeiner Fassung (est in misericordia).

b. Demnächst erfolgt die Abmessung der Polizeibuße affeerment of the amercement durch zwei oder drei Abschätzer, die in Gemäßheit der Grundrechte der Magna Charta aus den pares ernannt werden müssen, sehr gewöhnlich aus der Zahl der Geschwornen selbst. Die Geschwornen können auch zugleich die Bußsumme mit aussprechen; es muß aber dann noch eine Nachschätzung durch afferors hinzutreten. Die Angemessenheit der Büßungssumme unterliegt keiner Anfechtung weiter, denn das sogen. writ de moderata misericordia gilt nur für Gerichtshöfe not of record (Scriven II. 852, 853).

Die neueste Zeit hat mancher Engländer mit einer gewissen Vorliebe auf diese alterthümlichen Gemeindeinstitutionen zurückgeführt. Vergl. J. Ross Coulthart, on the sanatory condition of the town of Ashton-under-Lyne. 1844. Smith, the Parish. 2. Ed. 1857.

IV. **Die Abzweigung besonderer courts leet aus dem Grafschaftsgericht in Verbindung mit dem Finanzwesen giebt nun auch einem besonderen Städterecht***) in der normannischen Zeit seine Entstehung.

Das britische Städtewesen war zwar untergegangen, doch gab es in der sächsischen Zeit Städte im volkswirthschaftlichen Sinne, d. h. dichter bewohnte Orte mit einigem Gewerbe- und Handelsbetrieb. Im rechtlichen Sinne gingen solche Ortschaften (abgesehen von London) in der Hundertschaftsverfassung auf, wie denn auch manche recht ansehnliche als die „hundred von N." bezeichnet wurde. Die Bewohner befanden sich in den mannigfaltigen Abstufungen angelsächsischer Rechtsordnung; es waren Thane darunter, aber auch Leibeigene, in Domesdaybook, socmanni, villani, bordarii. Das nachbarliche Zusammenwohnen ändert diese Verhältnisse an sich eben so wenig, wie eine Ummauerung oder leichte Befestigung des Ortes. Einige, in welchen städtisches Leben schon in sächsischer Zeit sich entfaltet hatte, führen noch den britisch-römischen Ehrennamen city (civitas), der aber keine besondere Art der Verfassung anzeigt. Andere unter dem Schutze des Königs oder eines anderen Grundherrn aufgewachsene werden burghs genannt.

Etwas zurückgekommen durch die Kriege, wurden sie von Wilhelm I. in ihrem herkömmlichen Rechtsverhältniß übernommen, die erheblicheren dem Königlichen Reservatbesitz einverleibt, kleinere mit ihren Schatzungen und Abgaben einem großen Lehnsträger als Lehnsbesitz angerechnet. Als befestigte Orte werden im Domesdaybook nur Canterbury, Nottingham, York, Oxford, Hereford, Leicester, Stafford, Chester, Lincoln und Colchester bezeichnet.

Wie die Grafschaftsgefälle eine Generalpacht bilden, so werden die Königlichen cities, burghs, towns als Specialpachtungen (firma) behandelt, und entweder der Gesammtpachtung des Vicecomes einverleibt, oder an Specialpächter fermors, oder besondere Stadtvögte, custodes, provosts, überlassen nach Ermessen des Schatzamtes. Bestanden besondere Handels- und Gewerbsgilden, so konnten diese wieder Gegenstand einer besonderen Unterpachtung werden. Als Grundherr und Wächter der Aus- und Eingänge des Reichs mag der König Zölle vom Import und Export erheben. Für die normannische Verwaltung sind sie also Unteramtsbezirke, und als besonders nutzbare Besitzungen werden sie auch im Domesdaybook, etwa 80 an Zahl, hervorgehoben. Jede City ist zugleich ein borough, aber nicht umgekehrt.

Allmälig tritt indessen eine stärkere Scheidung von den gewöhnlichen hundreds hervor, zunächst wegen des Finanzinteresses, dann wegen einer besonderen Gerichtsverwaltung. Aus dem Zusammenschmelzen beider Momente entsteht ein besonderes Stadtrecht.

1. Periodische Schatzungen zu den großen Bedürfnissen des Grundherrn, tallagia,[1]) waren eine natürliche Folge des Lehnsystems. Da selbst die Ritterlehne in außerordentlichen Ehren- und Nothfällen Hülfsgelder zahlen, so konnte die analoge Verpflichtung der unwehrhaften Hintersassen nicht zweifelhaft sein; jedenfalls war sie noch leichter zu erzwingen. Ursprünglich mochte die Schatzung nur gemeint sein als Hülfsgeld für einen drohenden Krieg; das Schatzamt fand aber sehr bald andere Gründe der Noth, und schrieb nun periodisch nach Ablauf von einigen Jahren Schatzungen aus nach Bedürfniß, oder bei gewissen Ehrenfällen, oder überhaupt wenn man glaubte, daß die Ortschaft eine Schätzung jetzt wieder tragen könne. Auch das große mächtige London ist schatzungspflichtig und zahlte z. B. unter Heinrich III. wiederholt je 1000 und 2000 Mark Silber. Die Taille wurde erhoben entweder von dem Einzelen oder vom Ganzen (in gross), in welchem Fall bald die Männer der Stadt (Eigenthümer und Miether), bald auch die Gilde oder die Gilden das Schuldige durch Selbstschatzung aufbrachten. Die endlosen Beschwerden wegen Ueberbürdung, die nur an Ort und Stelle zu untersuchen waren, wurden später eine der Hauptveranlassungen zur Einführung der reisenden Richter. Eine Staatsverwaltung, bei der zeitweise für Geld Alles zu haben war, verstand sich aber auch zu weiterem. Ein bescheidenes Verlangen ging zunächst dahin, gegen Zahlung einer Gebühr (fine) mit einem gewissen Pächter verschont zu bleiben. Noch bequemer war es, wenn die Stadt ihre Pachtung selbst übernahm, wozu sich eine wohlhabende Gilde erbieten konnte oder die Gerichtsmänner insgesammt. Die „Männer der Stadt" treten dann zusammen und bieten dem Schatzamt eine höhere Summe als die bisher gezahlte Pacht. Eine Zeit lang findet sich ein eifriges Ueberbieten zwischen normannischen Herren und selbstbietenden Städtern. Man präsentirt dann dem Schatzamt eine geeignete Person, die zum Stadtvogt ernannt, die Verantwortlichkeit für die Zahlung der Pachtsumme mit Bürgen übernimmt, und welche dann Gebühren und Gefälle wieder von den Einzelen einzieht. Der so bestellte Vogt führt nach wie vor den Namen reeve, bailiff, provost, oder auch den normannischen

Namen mayor, der mit der normannischen Mode besonders da üblich geworden sein mag, wo die Bürgerschaft mit normannischen Elementen stärker gemischt war. Uebrigens bleibt seine Stellung diejenige aller Specialvögte, mit strengster Rechnungspflicht im Schatzamt, strenger Verantwortlichkeit, Absetzbarkeit, und Wiederkehr derselben prekären Lage von Jahr zu Jahr, da gelegentlich einmal wieder ein verwaltungslustiger normannischer Ritter Meistbietender blieb. Die Selbstpachtung, firma burgi, fee farm, war indessen für beide Theile so vortheilhaft, daß sie durch die Praxis des Schatzamts immer mehr die Regel wurde.

Durch charters, die für erneute Geldzahlung bei jedem Regierungsantritt erneut wurden, gestaltet sich dies Verhältniß allmälig zu einem Rechtsanspruch.

2. Der Borough bildet für Gerichts- und Polizeiverwaltung allmälig einen geschlossenen Bezirk.[2]) London und noch ein Paar Städte hatten schon im zwölften Jahrhundert das Privilegium besonderer Civilgerichte über städtische Grundstücke, Mobilien und Schuldsachen erhalten. Auch abgesehen davon findet sich in einigen Orten von Anfang an ein Stadtvogt, der anscheinend die ganze Straf- und Civilgerichtsbarkeit des Vicecomes übt und diesen gänzlich ausschließt. Die übrigen Städter blieben verpflichtet zur Gerichtsfolge bei dem Grafschaftsgericht und turnus vicecomitis. Schon zur Erleichterung dieser Pflicht hatten sie aber die natürliche Neigung, ein besonderes Gericht zu bilden, welches für die Bedürfnisse einer dichter wohnenden Bevölkerung ohnehin wünschenswerth war. Einschärfung des Königlichen Friedens und der Wachtpflicht (watch and ward), Einschwörung der Bürger zum Unterthaneneid, Einschärfung der Zwangsbürgschaft und polizeiliche Büßung wegen Versäumniß, Einschärfung der Pflicht zur Gerichtsfolge, zu Gemeindedienst und Gemeindelast sind so häufige Themata gerade für die burghs, daß sie auf das Bedürfniß einer engeren Gerichts- und Polizeiverwaltung hinweisen. Solche Verleihungen erfolgen nun durch den König als Grundherrn mittels einer Charte, je nach Bedürfniß, Fürsprache, Zahlung hoher Gebühren. Bei Bischofssitzen sind die Verleihungen vorzugsweise alt; bei Besitzungen der Abteien haben sie regelmäßig stattgefunden. In einigen Charten Heinrich's II. wird schon eine volle Exemtion von aller Einmischung des Vicecomes ausgesprochen, und die daraus folgende Befreiung von der Gerichtsfolge in der Grafschaft und die eigene Polizeiverwaltung, die nun durch das Rügeverfahren eine neue Gestalt zu gewinnen anfängt. Unter Johann erfolgen Verleihungen in großer Menge, welche

in der späteren Ordnung der Dinge mindestens einen court leet begründeten. Der seit Heinrich II. zunehmende Wohlstand der Städte traf in jener Zeit zusammen mit dem wachsenden Bedürfniß des Schatzamts. Freilich mußten auch nach dauernd verliehener franchise neue Gebühren bezahlt werden für Erneuerung und Bestätigung.

3. Die firma burgi und die besondere Gerichtsverwaltung bildeten durch ihr Zusammenwachsen einen Communalverband. Die „Männer der Stadt", welche periodisch zum court leet zusammenkommen mußten, vereinigten sich auch leicht zur Uebernahme der städtischen Schatzungen, und der von ihnen als Specialpächter präsentirte reeve wurde zugleich zum Gerichts- und Polizeivogt bestellt. Die Annahme, Bestätigung und Beeidigung der präsentirten Bürgermeister erscheint von nun an als ein regelmäßiges Geschäft des Treasurer und der Barons im Schatzamt. Der Geschäftskreis dieser Municipalverwaltung ist die Erhebung der gemeinsamen Beiträge zu den Schatzungen und Abgaben, die Verwaltung des gemeinsamen Eigenthums, die Ernennung von Unterbeamten, wobei die Bürgerversammlung in analoger Weise Theil nahm, wie sie im court leet an der Gerichtspflicht betheiligt war. Mit dem Zusammenwachsen zu einer öffentlichen Körperschaft erscheint nun auch die Benennung communa, deren selbstverständliche Theilnehmer diejenigen sind, welche an der Zahlung der städtischen Geldleistungen (scot) und an dem Gerichts- und Polizeidienst des Stadtgerichts (lot) Theil nehmen. Dem städtischen Bedürfniß entsprechend, waren darunter unzweifelhaft auch einzele Nichteigenthümer, deren Hausstand nur auf Gewerbe und Handel beruhte, und denen man die Gleichstellung in diesem Kreise nicht versagen konnte, weil man ihrer bei den städtischen Lasten nicht entbehren konnte. Die einmal sich als Einheit fühlende Commune wußte sich dann auch durch schweres Geld noch weitere vortheilhafte Rechte zu verschaffen, besonders in der geldbedürftigen Lage der Krone, welche seit Richard I. eingetreten war. Die Charten werden von nun an umständlicher. In einer Charte für Northampton (1. Jo.) kommt z. B. schon die speciellere Zusicherung vor, zwei der angesehensten Männer zu präsentiren, aus denen der reeve ernannt werden soll, — daß kein Bürger außerhalb seiner Stadtmauern Prozesse zu führen brauche, — Ablehnung des Zweikampfs u. s. w. mit Bezugnahme auf die gleichen Freiheiten der City von London. Daran reihen sich für einzele gegen besondere Gebühr die Verleihung eines Wochenmarkts (market) oder eines Jahrmarkts (fair), mit der dann wieder die Verleihung der Marktpolizei verbunden war, oder genauer

eines Court of the clerk of market (in welchem der Marktschreiber gewisse Marktvergehen büßt), und eines Court of piepowder zur Entscheidung gewisser Marktstreitigkeiten und zur Prüfung der Maße und Gewichte. In den mannigfaltig wechselnden Verhältnissen**) ist erst sehr langsam eine gewisse Gleichförmigkeit durch das Interesse der Staats- und Finanzverwaltung, durch das ähnliche Bedürfniß und durch die gleiche Tendenz der Stadtgemeinden entstanden. Mit der gleichmäßigeren Gestaltung treten nun aber auch die vier Merkmale hervor, auf denen dieses Bürgerthum beruht:

(1) Liberi homines, d. h. persönliche Freiheit. Die in dichter bewohnten Orten fortdauernde Theilnahme am Gericht hat die Vorstellung eines freien Standes erhalten; wie auch der städtische Grundbesitz, besonders nach Ablösung der Gefälle durch firma burgi, als Freigut (free socage) gilt. Nicht zur Bürgerschaft gehören unfreie Bauern, villani, als solche; der unangefochtene Besitz der Freiheit in einer Stadtgemeinde auf Jahr und Tag hebt jedoch auch dies Hinderniß. Das Gewicht, welches das Mittelalter darauf legt, wurde dann auch die Veranlassung zu der späteren Bezeichnung freemen für die Mitglieder der geschlossenen Bürgerschaft. Ausgeschlossen sind schon durch dies Merkmal Personen, die an ihrer Ehre und ihrem Recht unvollkommen sind.

(2) Resiants, d. h. der städtische Bürger muß mit eigenem Hausstand angesessen sein; sei er übrigens Eigenthümer oder Miether. Ausgeschlossen waren dadurch bloße Tagelohnarbeiter, Einlieger, Gäste, Fremde (während zu einer Gilde von jeher auch auswärtige Mitglieder gehören konnten). Die später so vielfach erörterten Titel zum städtischen Bürgerrecht: durch Geburt (birth), Gewerbebetrieb (apprenticeship) und Heirath (marriage) sind nur die normalen Weisen zur Begründung eines eigenen Hausstandes. Wo sich besondere Gewerbsrechte und Nutzungen an das Bürgerrecht knüpften, entstand natürlich auch die Forderung eines Zutrittsgeldes für Neuanziehende (purchase), ebenso wie die Möglichkeit einer Verleihung durch free gift.

(3) Paying scot, d. h. der Bürger muß zu den städtischen Abgaben und Lasten beitragen; ausgeschlossen bleiben daher Arme, die wegen Unvermögens Almosen erhalten oder wenigstens beitragsfrei gelassen werden.

(4) Bearing lot, d. h. nur solche, die an der städtischen Gerichtspflicht (suit), und an den sonstigen städtischen Aemtern und Diensten Theil nehmen; nicht active Bürger sind also Minderjährige,

Frauen, Geisteskranke, Geistliche und Pairs in der späteren Ausbildung der Pairie.

Die Prüfung der erforderlichen Eigenschaften, insbesondere der bürgerlichen Ehrenhaftigkeit, des eigenen Hausstandes, der Theilnahme an scot und lot, erfolgte durch die Gemeindeversammlung, wie sie sich periodisch zum court leet versammelte (Merewether I. 105). Das formelle Merkmal des recipirten Bürgers ist daher: „to be sworn and enrolled at the court leet."

*) Das gelehrte Hauptwerk über die ältere Geschichte dieser boroughs ist N. Brady's Historical Treatise of cities and burghs or boroughs. 1704. 1711. 1722. fol. 1777. 8., — in den geschichtlichen Angaben meistens correct, aber einseitig in den Folgerungen daraus. Zunächst daran reiht sich Th. Madox's Firma Burgi, a Treatise of boroughs. 1726. fol. Aus neuerer Zeit: Merewether and Stephen's History of the Boroughs and Municipal Corporations in the United Kingdom 1835. 3 Vols. 8., mit einem sehr reichhaltigen, unverarbeiteten Material. Ein solches enthalten auch Sir F. Palgrave's Parliamentary Writs. 2 Vols. 1827—34. fol. Die Dürftigkeit der Quellen, die außer den leges Henrici I. et II. und dem Domesdaybook erst mit den Charten Johann's etwas reichlicher fließen, läßt sich ergänzen durch Interpolation aus der späteren Zeit. Ein Verzeichniß der im Domesdaybook verzeichneten cities und boroughs giebt Ellis, Introduction I. 190. Es fehlt darin London, Winchester, Abington wahrscheinlich wegen gewisser Immunitäten gegenüber dem Schatzamt; denn gewiß war die Bedeutung der boroughs für das Königliche Einkommen der nächste Gesichtspunkt ihrer Heraushebung aus der Grafschaft. Allein Finanz- und Gerichtsverwaltung hängen doch so zusammen, daß eine gesonderte Finanzverwaltung leicht zu gesonderten Gerichtsbezirken führte, wenn dem Schatzamt dafür ein solider Vortheil geboten wurde. Von den beiden Elementen, aus denen das Stadtrecht sich zusammensetzt, ist also

1) **das städtische Steuerwesen** das früher wirksame; wie denn überhaupt im normannischen Staat Alles zunächst von der Finanzseite aus betrachtet wird. Daß die kleineren Landsassen und Hintersassen, welche nicht persönlich kriegspflichtig waren, zu einem tallagium, taille heranzuziehen, war eine Rechtsvorstellung, welche sich aus der schweren Kriegsbelastung des großen Besitzes von selbst bilden mußte. Die Taille erscheint als die stete Begleiterin der Feudallasten. Das Uebergewicht der Königlichen Gewalt hat jedoch in England von Anfang an einen gleichmäßigen Druck geübt, und ein frühzeitiges Zusammenfließen der Steuerweisen bewirkt, die sich nur aus den Schatzrechnungen einigermaßen constatiren läßt. Zu den auxilia (aids) wurden nicht nur die kriegspflichtigen Vasallen, sondern auch die Königlichen Immediat-Landsassen, sowohl auf den alten Domänen als auf den Herrschaften unter Königlicher Verwaltung, Sequestration oder Vormundschaft herangezogen (Madox I. 572). Daher auch die Städte, z. B. London und Lincoln (Madox I. 585). Die Bezeichnung donum umfaßt in der ersteren Zeit alle Grundabgaben, wobei der Name scutage von den Schildgeldern der Ritterlehne, hidage von anderem Landbesitz, tallage von den burghs, wenigstens zu Stephan's Zeit, am Meisten ge-

braucht wird, während später wieder das Wort donum vorzugsweise für tallage gebräuchlich scheint (Madox I. 694). Als a. 1215 die Barone ihre Artikel für die Magna Charta aufstellten, war darunter auch die Clausel, daß es mit den aids und tallages der City von London und anderer Cities ebenso gehalten werden solle, wie mit den aids und scutages der Barone (Art. 32). Bei der späteren Redaction ist aber diese Clausel weggelassen. In Nothzeiten wurde ein gleiches hidagium wohl einmal von allen Hufen im Lande gleichmäßig erhoben. (9 Ric. I.) Die Städte, um die zu schnelle Wiederkehr der Schatzungen abzuwenden, bezahlen oft auch freiwillige dona durch Vergleich mit dem Schatzamt. Seit 6 Richard I. ist ein ungefähres Merkmal der tallagia, daß sie als Zehntel oder Funfzehntel, d. h. als Quoten des Einkommens bezeichnet werden. Es findet sich nun eine Zeit lang die Weise, daß vor einem Kriegszuge von den Domänenbauern ein auxilium verlangt wird, nach dem Kriegszuge ein Zehntel oder ein Funfzehntel, je nachdem das vorgängige Auxilium größer oder geringer ausgefallen war. (Thomas, Exchequer pag. 35.) Die Einschätzung der Quoten war in dieser Uebergangszeit variirend. In 8. Jo. werden die Einzelen genöthigt, ihr Einkommen eidlich abzugeben. In 9 Henry III. werden Gemeindecommissionen zur Prüfung der eidlichen Angaben eingesetzt. Von 16 Henry III. bis Edw. II. werden regelmäßig Inquests für die Hundreds oder Ortschaften gebildet (Palgrave I. 275).

2) Die andere Seite, die Gestaltung der Stadt zu einem gesonderten Gerichtsbezirk, court leet, ist für die rechtliche Gestaltung der Stadt die überwiegende. In einigen älteren Ortschaften bestand schon das noch werthvollere Privilegium eines gesonderten Civilgerichts. Oefter wird auch die ausdrückliche Zusicherung gegeben, daß sich die Bürger in alter Weise gegen eine Anklage durch Reinigungseid vertheidigen dürfen (se disrationare secundum consuetudinem civitatis), wie in dem Freibrief für Dunwich 1215, und in der Charte für London 52 Henr. III. Coke 4 Inst. 252. Fleta II. 55. Die Basis ist also von dieser Seite aus ein gesondertes Stadtgericht, in der Regel aber nur in dem geringeren Umfange eines court leet. — Mit Unrecht hat man dagegen den Gilden oder Hansen mehr Bedeutung beigelegt, als ihnen zukommt, — theils durch Uebertragung von dem Continent, wo die Gilden für das Städtewesen eine größere Bedeutung haben, theils vermöge der modernen Neigung, politische Bildungen zu socialen zu machen. In den ersten Anfängen mochte eine firma burgi öfter von Gilden unternommen werden: ein court leet dagegen mit seiner regelmäßigen Gerichtsfolge ließ sich nicht auf eine Privatgilde beschränken oder basiren. Auch heutigen Tages läßt sich keine Stadtverfassung auf bloßen wirthschaftlichen Verhältnissen aufbauen, sondern nur auf öffentlichen Pflichten. Aus jener Anfangsbildung mögen sich die beiläufigen Worte bei Glanvilla V. c. 5 erklären: „Item si quis nativus quiete per unum annum et unum diem in aliqua villa privilegiata manserit, ita quod in eorum communiam, scilicet gyldam, tanquam civis receptus fuerit, eo ipso a villenagio liberabitur," — wenn nicht etwa das verdächtig eingeschobene scilicet gyldam ein späteres Glossem ist. Unter Richard I. und Johann werden allerdings eine Anzahl Gilden privilegirt (Madox, Firma burgi 27). Die Untersuchungen von Merewether und Stephen weisen jedenfalls überzeugend nach, daß in der beglaubigten Zeit die Stadtverfassung mit den guilds und guidhalds nicht zusammenhängt. Ebenso ist die Verleihung eines Markts ein häufiges Accidens, aber kein wesentliches Merkmal der Stadt; auch dieses Recht beruht auf Königlicher Beleihung, d. h. Charte, oder präsumptiver Charte durch unvordenkliche Verjährung (Coke 2 Inst. 220). Für Gewerbe und Binnenhandel lag in den wirthschaftlichen Verhältnissen des Landes überhaupt keine dringende Neigung zu corporativer Abschliessung, wohl aber für den Exporthandel, welchen einzele Städte ursprünglich auf Grund der Abgaben vom Export durch die sogenannten Stapelprivilegien sich zu sichern wußten. Die so monopolisirten Exportartikel waren Wolle, Wollfelle, Leder, Blei und Zinn, welche nur die merchants of the staple, als Corporation mit einer exemten Gerichtsbarkeit, exportiren sollten. Die Stapelorte waren London, Bristol, Canterbury, Chichester, Exeter, Lincoln, Newcastle-on-Tyne, Norwich, York, und in Wales Caermarthen. Solche Privilegien haben die Stadtverfassung nicht bestimmt; sie haben aber später in einigen Orten dazu beigetragen, die normale Stadtverfassung durch eine Art von Zunftverfassung zu durchbrechen.

In der Zeit, als die Charten vollständiger und formulerartig gleichmäßiger lauten, sind die gewöhnlichen Clauseln: daß die Stadt ein freier Burgflecken sein soll, daß die Stadtleute freien Handel haben sollen und Befreiung vom Zoll in jedem Theil der Königlichen Besitzungen, daß alles nicht im Sondereigenthum stehende Land als Gemeindeland der communitas gehören soll, daß die Stadtleute dem König aufkommen sollen für sein Pachtgeld durch ihren eigenen mayor, bailiff oder andere Stadtgenossen beim Königlichen Schatzamt, daß sie wählen mögen einen mayor, bailiff oder portreeve, der von der Krone anzunehmen (zu bestätigen) ist, der beim Exchequer Rechnung zu legen hat für das Pachtgeld, und die Autorität der Ortsobrigkeit üben soll; oft auch, daß alle Geldgefälle aus fines, amerciaments etc. in den städtischen Gerichten der communitas gehören sollen zu ihrem eigenen Besten und zur Zahlung ihrer Pacht; oft auch, daß sie einen Jahres- oder Wochenmarkt haben sollen, daß die Bürger frei verfügen mögen über ihre Grundstücke im Stadtbezirk durch letzten Willen, daß Niemand an diesen Freiheiten Theil haben möge, der nicht in scot und lot stehe mit den Einwohnern der Stadt u. s. w.

) **Von diesen durchschnittlichen Verhältnissen der englischen Städte erscheinen als Ausnahmen:

(1) Die City von London. Schon in der sächsischen Zeit durch Bevölkerung und Besitz einer ansehnlichen Grafschaft gleichstehend, hat sie durch Annectirung der Grafschaft Middlesex auch die verfassungsmäßige Stellung einer ganzen Grafschaft erworben. Ihre Stadtbezirke (wards) sind vergleichbar den Hundertschaften. Beim Regierungsantritt Richards Löwenherz erscheinen statt des Portreeve zwei Bailiffs als Stadtvögte, und bald nachher ein Mayor, dessen eigene Wahl (Nomination) durch Charte 10 Jo. den Bürgern gestattet wird. Unter Heinrich III. wird ihnen die Befugniß beigelegt, den Sheriff der kleinen Grafschaft Middlesex zu nominiren. Während die übrigen Städte nur in Gerichts-, Polizei- und Steuersystem sich den Grafschaften gleichstellten, hat London frühzeitig auch durch die Stellung eines bedeutenden Contingents an Milizen für den Staat die volle Bedeutung eines Grafschaftsverbandes erhalten.

(2) Die bevorzugte Stellung der alten Fünfhäfen (cinque ports), nämlich Dover, Sandwich, Romney, Hastings und Hythe (wozu später Winchelsea und Rye gekommen sind), beruht weniger auf ihrer damaligen Bedeutung für den Handel, als auf ihrer militärischen Bedeutung, d. h. der

Verpflichtung zur Gestellung einer sehr großen Zahl von Schiffen, welche bis zu Henry VII. dauert. Sie wurden aus der Grafschaft Kent und Sussex herausgenommen und bilden sogar noch heute nominell eine Art von Militärgouvernement unter einem Lord-warden. Sie erwarben in Folge dessen eine sehr selbständige Gerichtsbarkeit vor Mayor und Juraten (zum Theil vergleichbar den unten zu erwähnenden Pfalzgrafschaften), und erhielten deshalb in späterer Zeit auch eine bevorzugte Stellung im Parlament.

(3) Andererseits sind die Mediatstädte eine mehr untergeordnete Bildung. Zu den Besitzungen der Meistbelehnten gehörten öfter auch burghs, in denen der Grundherr die herkömmlichen Renten und Abgaben bezog und gutsherrliches Gericht hielt, wofür er dann die Leistungen eines oder mehrer Ritterlehne übernommen hatte. Das Schatzungsrecht haftete auch an diesen Hintersassen, von welchen der Grundherr periodische tallagia ausschreiben konnte wie der König in seinen Domänenstädten. Als Maßstab einer billigen Ausschreibung galt dabei das Verfahren des Königs gegen seine Städte. Auf Anrufen der Betheiligten und gegen eine fine im Schatzamt scheint der König solche Orte gegen Ungebühr geschützt zu haben. Die überaus häufige Erwähnung einer besonderen Königlichen Erlaubniß deutet auf eine allgemeine Controlle des Schatzamts über diese tallagia. Bei dem häufigen Rückfall der Herrschaften an den König wird in der neuen Verleihung stets der Vorbehalt gemacht, daß solche Orte nur dann tallagia zahlen sollen, wenn der König die seinigen schatzt. Bei dieser gleichen Lage wird es begreiflich, daß manche solcher Orte vom Grundherrn gegen Gebühr analoge Rechte erkauften, wie sie der König seinen Städten verlieh. Unter den Charters of enfranchisement dieser älteren Zeit finden sich auch 49 baronial charters für kleine Mediatstädte. Die weitere Ertheilung eines besonderen court leet konnte aber nur durch Königliche Verleihung erfolgen. Die Verhältnisse dieser Mediatstädte haben daher keinen bestimmenden Einfluß auf die englische Stadtverfassung geübt. Im Verlauf der Zeit waren durch Heimfall und Confiscation die dem Staat wichtigen Rechte meistens wieder in die Hände der Krone gekommen. Es sind überhaupt nur kleine Ortschaften, und die Zahl von 49 baronial charters, verglichen mit der Gesammtzahl von 1500 städtischen Charten, drückt schon äußerlich die untergeordnete Bedeutung derselben aus, die auch später beim Erlaß der neuen Städteordnung (1835) zum Vorschein kam.

V. **Die Kirche der normannischen Zeit** steht diesen Gestaltungen des Heeres, Gerichts, der Friedensbewahrung gegenüber wie ein zweiter Staat auf dem Höhepunkt der Macht. Zu ihren früheren schwerwiegenden Aufgaben ist durch die Eroberung noch die neue getreten der Ermäßigung des Uebermuths eines erobernden Stammes, der Vermittelung nationaler Feindschaft.

Wilhelm der Eroberer hatte die Bedeutung der Kirche nicht unterschätzt. Er hatte sie vorgefunden als eine entscheidende Macht, unter Eduard dem Bekenner schon im Besitz von etwa einem Drittel der Einkünfte des Bodens. Mit ihrer Unterstützung war der neue Thron gewonnen, die Sanction des Papstes der einzige unbestreitbare Titel dazu, die niedere Geistlichkeit der Stand, von welchem Gehorsam oder Widerstand der Massen zunächst abhing. Lehnsstaat und kirchlicher Staat waren auf ein Bündniß angewiesen, um ihren Höhepunkt zu erreichen. Der Eroberer erkennt dies an durch folgende bedeutende Concessionen.

1. England nimmt die römische Liturgie an und fügt sich den Ritualvorschriften des römischen Stuhls. Nur der Cölibat der Geistlichkeit findet noch einen passiven Widerstand, der erst seit Heinrich I. allmälig überwunden wird.

2. Die reiche Ausstattung der Kirche in ihren zwei Erzbisthümern und 13 Bisthümern wird nicht nur conservirt, sondern erweitert durch manche neue Gaben und einige reiche Klosterstiftungen. Die Klöster vermehrten sich namentlich unter Heinrich I., Stephan, Heinrich II. so, daß ihre Zahl in der Notitia monastica auf 300 veranschlagt wird. Am Schluß der Periode sprach man vom Besitz an ungefähr der Hälfte des Bodens (d. h. wohl nur der Hälfte der Bodenrente des größeren Besitzes).

3. Die kirchliche Gerichtsbarkeit über kirchliche Sachen und Personen wird nicht nur anerkannt, sondern nunmehr auch äußerlich von den weltlichen Gerichten getrennt. Charakteristisch für die gesetzgebende Gewalt dieser Zeit, erfolgt dieser Schritt durch ein Cabinets-Rescript (writ) an die Bischöfe, doch mit der Versicherung, daß es „communi concilio et consilio archiepiscoporum, episcoporum et abbatum et omnium principum regni“ geschehe.

Bis zum Schluß der angelsächsischen Zeit hatte der Bischof gemeinschaftlich mit dem Earl und Shirgerefa im Grafschaftsgericht und dessen Abzweigungen gesessen, wenn auch in getrennter Geschäftsverhandlung. Der Earl war jetzt als thätiges Element des Gerichts verschwunden; um so weniger mochte beiden Theilen eine solche Geschäftsführung zusagen. Der innere Gegensatz zwischen dem Geist des Volksgerichts und des reinen Beamtengerichts hatte sich fortschreitend geltend gemacht. Die gewünschte Trennung war jetzt zugestanden. Kein Bischof oder Archidiaconus soll fortan „Gericht de legibus episcopalibus in dem weltlichen Gericht halten, noch dem Urtheil weltlicher Personen irgend eine Sache unterwerfen, welche Bezug habe auf die Seelsorge.“ Sollte Jemand der Ladung des geistlichen Gerichts Folge und Gehorsam zu leisten sich weigern, so soll er excommunicirt sein; wenn nöthig, möge der Beistand des Königs oder des Vicecomes angerufen werden. „Kein Vicecomes, Vogt oder Königlicher Diener, noch sonst ein Laie solle sich einmischen in irgend einen Gegenstand der Beurtheilung, welcher dem Bischof zugehöre."

Diese Gerichtsbarkeit über Ehesachen, Testamente, mündliche Verträge (mittelbar also auch über Legitimität und Transmission des beweglichen Vermögens); über Zehnten, Kirchenabgaben und Kirchensitze; diese Strafgewalt über Kirchendisciplin und Lehre, über Blutschande, Bigamie, Unzucht und andere Sittenvergehen; die sich immer mehr abschließende Gewalt über das ganze Personal der Geistlichkeit enthielt bereits die Grundzüge eines in sich selbständigen Staatswesens. In Verbindung damit beginnt die Bildung zweier großer Provinzialconcilien, die Praxis der Ernennung von päpstlichen Legaten, „um geistliche Sachen zu hören und zu entscheiden", und die weitere Praxis einer Appellation von der kirchlichen Entscheidung nach Rom, zuerst versucht unter Wilhelm II., anerkannt unter Stephan.

Wenn dennoch eine äußere Einheit des kirchlichen und weltlichen Staats noch erhalten wird, so beruht dies auf der Erhaltung und theilweisen Erweiterung der Königlichen Rechte, und zwar:

1. Der König ernennt die Bischöfe und Aebte nach altem Herkommen. Der alte canonische Antheil der Geistlichkeit an der Wahl der Bischöfe, der in der späteren Formirung auf eine Wahl durch die Canonici, oder wie sie in England oft heißen, die „Mönche" hinauslief, war zwar nicht formell beseitigt; aber seit Jahrhunderten stand die actuelle Ernennung durch den König als Herkommen fest. Wie einst die Ernennung in der Witenagemote, so erfolgt sie jetzt an den glänzenden Hoftagen der normannischen Könige, nicht ohne Anhörung der geistlichen und weltlichen Großen, freilich mit wenig Rücksicht auf die Meinung derselben. Sehr gewöhnlich wird ein Königlicher Kapellan, in jedem Fall ein Mann des persönlichen Vertrauens ernannt. Vor und nach ihrer Ernennung zu jenen hohen Würden erscheinen oft dieselben Männer als die vertrauten Sekretäre des Königs in der Leitung der Staatsgeschäfte. Gewöhnlich ist es auch ein Bischof, der als Kanzler, d. h. als Cabinetsrath des Königs die Beziehungen zum päpstlichen Stuhl, die auswärtigen Verhältnisse, überhaupt die Theile der Staatsverwaltung, zu welchen eine gelehrte Rechtskenntniß vorausgesetzt wird, leitet, und für die gesammte Staatscorrespondenz eine Reichskanzlei bildet. Wie die normannischen Herren in Finanz- und Gerichtsverwaltung auf den permanenten Dienst der clerks verwiesen waren, so ist auch die Kirche wieder in ihren Leistungen für den Staat auf den permanenten Dienst weltlicher milites verwiesen. Durch das ganze verwickelte Verwaltungsrecht zieht sich

die gemischte Verwendung von geistlichen und Laienkräften. Die Geistlichkeit ist noch im Besitz der lateinischen Geschäftssprache, neben welcher sich aber das normannische Idiom und andere technische Fähigkeiten geltend machen, in welchen die Laien mit Erfolg Concurrenz machen, und innerhalb welcher eine Classe der Laienjuristen sich schon in merklichen Anfängen, ja schon früh in Erscheinungen wie Glanvilla der Geistlichkeit gegenüberstellt. Trotz mancher Eifersucht scheint sich auch schon ein esprit de corps durch das große Personal der geistlichen und weltlichen Beamten hindurchzuziehen, welche ihren gemeinsamen Mittelpunkt in Reichskanzlei und Schatzamt finden.

2. Der große Grundbesitz der Geistlichkeit ist zu gleichem Besitzrecht verliehen, wie die Herrschaften und Rittergüter, also mit der Reallast der Lehndienste. Die Macht des normannischen Königthums hatte diese Lehnspflicht wenigstens im Prinzip durchzuführen gewußt. Die großen Landcomplexe der Bischöfe und einzeler Klöster waren damit auf die Nothwendigkeit einer Afterbelehnung verwiesen, um die nöthigen Mannschaften zu stellen. Viele alte Besitzverhältnisse sächsischer Thane waren in dieser Form conservirt worden, manche neue zu diesem Zweck begründet. Das Interesse der weltlichen Herren erforderte dringend diese Gleichstellung. Mehr als Gleichheit mit dem höchst privilegirten Besitz hatte die Kirche auch bisher nicht zu beanspruchen vermocht. Sie war überdies durch neue Concessionen reichlich bedacht, durch einige schonende Ausnahmen begünstigt. Einige Klostergüter behalten ihre altherkömmliche Befreiung von Kriegs- und Staatslasten als tenures of frankalmoign; den geistlichen Herren wird zuerst eine Ablösung des Lehndienstes durch Geld gestattet. Und selbst so blieb ein Theil ihrer Lehndienste wohl von Anfang rückständig und wurde nachgesehen. Längere Zeit hindurch erscheinen in den Schatzrechnungen die Schildgelder der Prälaten in zwei Reihen geschieden, in solche quae recognoscunt, quae non recognoscunt, — welche letztere dahin gestellt bleiben. Ueberhaupt ist nach vielen Symptomen der wirkliche Antheil des geistlichen Besitzes an der Heermatrikel sehr viel geringer gewesen als die Zahl von 28,015 Ritterlehnen ausdrückt. Auch bei aids, bei verwirkten amerciaments und Sequestrationen ist eine gewisse Schonung Verwaltungsmaxime. Mit dieser Maßgabe aber sind die Prälaten in ihrer weltlichen Stellung den Lehndiensten, Abgaben und der Gerichtspflicht unterworfen. Die Aufgebote der Lehnsmannschaften ergehen ausdrücklich an omnes archiepiscopos, episcopos, abbates et priores; Bischöfe und Aebte werden deshalb gebüßt und ihre Güter sequestrirt

(Madox I. 662. 663). Geldansprüche des Königs an einen Cleriker werden zunächst durch Pfändung aus dem Lehen beigetrieben; in dessen Ermangelung aber ergeht eine Order an den Bischof zur Auspfändung des kirchlichen Beneficium, „widrigenfalls der König sich an des Bischofs Baronie halten werde."

3. Der geistliche Landbesitz bleibt ferner unterworfen den alten Landeslasten (trinoda necessitas), also der Pflicht zum Landsturm, Burg- und Brückenbau, woraus sich dann die Milizpflicht der kirchlichen Unterthanen, die Beitragspflicht der Geistlichen, selbst mit Zehnten und Amtseinkommen, zu den Gemeinde- und Kreislasten ergab, an die sich später ihre hervorragende Stellung in der Kirchspielsverfassung mit anknüpfte.

In dieser Stellung der Kirche waren unverkennbar schon viele Elemente des Zwiespalts enthalten. Heinrich I. versuchte bei seinem Regierungsantritt die Wiedervereinigung der weltlichen und geistlichen Gerichtshöfe, welche aber rein äußerlich blieb, da die Synode von Westminster (3. Henr. I.) sofort beschloß, daß kein Bischof sich an der Verhandlung weltlicher Streitsachen betheiligen solle. Der Investiturstreit endet, wie in Deutschland, in einem vieldeutigen Vergleich über Belehnung mit Ring und Stab und mit dem Scepter. Unter Stephan wird die Ausschließlichkeit bischöflicher Jurisdiction über geistliche Personen und Sachen in einem abgedrungenen Eide des Königs ausgesprochen, und in dem nun folgenden Thronstreit ist die Macht der Kirche so weit vorgeschritten, zugleich aber die niedere Geistlichkeit in dem Maße verwildert, daß Heinrich II. nur mühsam die äußere Ordnung wieder herzustellen vermag.

Die sogenannten Reichstage von Clarendon und Northampton führen zwar zu einer formellen Anerkennung der Königlichen Gewalt über die Kirche, in der Hauptsache aber wird schließlich die Strafgewalt der Kirche über die Geistlichkeit dennoch durchgesetzt.

Unter Johann beansprucht der Papst in einem Streit zwischen dem König und dem Kapitel von Canterbury die päpstliche Ernennung des Erzbischofs, und erlangt im weiteren Verlauf des Streits die freie canonische Wahl der Bischöfe überhaupt, so wie die Oberlehnsherrlichkeit, trotz deren indessen die hohe Geistlichkeit in dem Streit der Magna Charta sich auf die Seite des Landesrechts stellt.

Unter Heinrich III. ist am Schluß dieser Periode die Kirche auf dem Höhepunkt ihrer Macht. Sie steht unter den Wirren dieser schwachen Regierung in imponirender Einheit dem Staate gegenüber, wie eine eigene Welt (the christianity) der anderen Welt (the laity).

Es ist der Wendepunkt, an welchem die innere Bedeutung der Kirche noch ungefähr im Gleichgewicht steht mit ihrem äußeren Glanz und ihrer politischen Macht.

Für die kirchenrechtliche Litteratur der normannischen Zeit verweise ich im Allgemeinen auf R. Burn's, Ecclesiastical law (Ausgabe von Phillimore 1842) 4 Vols. 8. Ein zusammenhängendes Ganze bildet indessen nur die Einleitung von den kirchenrechtlichen Quellen; alles Andere löst sich nach englischer Weise in alphabetisch geordnete Artikel auf. Auch der große codex juris ecclesiastici anglicani von Edw. Gibson, Oxf. 1771. II. Vol. fol., ist nur für die Zeit nach der Reformation bedeutend. Das Geschichtliche giebt recht gut Henry, History of Gr. Britain. Eine lange Reihe politischer und rechtlicher Erörterungen pflegt in den englischen Geschichtswerken namentlich an den Kirchenstreit mit Thomas Becket angeknüpft zu werden.

Vollständig wiedergewonnen hat auch Heinrich II. die Staatsgewalt über die Kirche niemals. Ueberall stand sie mit ihrer gesonderten Justiz und Administration (jurisdictio) der weltlichen Justiz und Verwaltung gegenüber. Die Sympathie der sächsischen Bevölkerung war überwiegend auf Seite der Kirche, die große Mehrzahl der Geistlichkeit, wenn auch nicht die höchste, gehörte dem sächsischen Volksstamme an. Es war dieselbe Zeit, in welcher ein Angelsachse, Nicolas Brakspear, den päpstlichen Stuhl bestiegen hatte. Die Kirche war frei von der fiskalischen Gehässigkeit der weltlichen Verwaltung; sie theilte die Popularität aller Widerstandskräfte gegen eine absolutistische Verwaltung. Heinrich II. getraute sich unter diesen Umständen die Wiederherstellung der königlichen Rechte nicht ohne ein Aufgebot der mächtigsten und einflußreichsten Personen des Laienstandes durchzuführen. Er berief zu diesem Zweck eine mehr als gewöhnliche Zahl von einflußreichen Mannen zu außerordentlichen Hoftagen, den sogenannten „Reichstagen" von Clarendon und Northampton. Zur Eröffnung des ersten (Januar 1164) wurden sechszehn Artikel, verfaßt von den rechtskundigen Baronen des Königs, vorgelegt, welche hauptsächlich die verfassungsmäßige Begrenzung der geistlichen Gerichtsbarkeit zum Gegenstand hatten. Der Hauptartikel XI. lautet:

Archiepiscopi, episcopi et universae personae regni, qui de rege tenent in capite, habeant possessiones suas de rege, sicut baroniam; et inde respondeant justitiariis et ministris regis, et sequantur et faciant omnes consuetudines regias; et sicut caeteri barones debent interesse judiciis curiae domini regis, cum baronibus, usque preveniatur in judicio ad diminutionem membrorum vel mortem.

Bei dem Verhör geistlicher Verbrecher soll ein Abgeordneter des weltlichen Gerichts zugegen sein, und der Ueberführte von der Kirche nicht ferner geschützt werden. Lehnsmannen des Königs sollen nur nach vorgängiger Untersuchung und mit Genehmigung des Königlichen Gerichts gebannt werden. In gewissen Collisionsfällen soll eine vom Sheriff berufene Jury zu dem geistlichen Gericht hinzutreten. Nach vergeblicher Appellation an den Archidiaconus, Bischof, Erzbischof soll der König entscheiden:

Art. VIII. De appellationibus, si emerserint, ab archidiacono debent procedere ad episcopum, et ab episcopo ad archiepiscopum. Et si archiepiscopus defecerit in justicia exhibenda, ad dominum regem perveniendum est postremo, ut praecepto ipsius in curia archiepiscopi controversia terminetur, ita quod non debet ulterius procedere absque assensu domini regis.

Würdenträger der Kirche sollen nicht ohne Erlaubniß des Königs außer Landes gehen. Die Einkünfte erledigter Bisthümer und Abteien fallen in die Königliche Schatzkammer, bis die Zeit zur Neuwahl gekommen ist. Die Wahl selbst findet in des Königs Kapelle und unter seiner Zustimmung statt, und dort wird ihm als Lehnsherrn wegen weltlicher Lehen Huldigung geleistet unter Wahrung des geistlichen Standes. — Wegen seines Widerstandes dagegen wurde Thomas Becket noch in demselben Jahre durch ein besetztes Gericht von geistlichen und weltlichen Kronvasallen zum Verlust seines beweglichen Vermögens, und an dessen Stelle zu einem Amerciament von 500 Pfd. Sterl. verurtheilt. Der mühsam errungene Sieg ging indessen bald verloren durch den gewaltsamen Ausgang des Streits und das Märtyrerthum Becket's. Durch spätere Artikel wurde dem Legaten des Papstes u. A. der Hauptpunkt zugestanden, daß ferner kein Geistlicher wegen Verbrechens vor den weltlichen Richter geladen werden soll, es sei denn wegen eines weltlichen Lehns oder eines Jagdvergehens. Auch das sonst Mißfällige ist meistens weggeblieben. In weiterer Fortbildung führte die Concession eines gesonderten Gerichtsstandes zu dem Privilegium der milderen Bestrafung, dem sogenannten benefit of clergy.

Der große Kampf zwischen imperium und sacerdotium, welcher hier in Heinrich und Becket zwei ebenso bedeutende wie charakteristische Vertreter gefunden hatte, führte dann unter den mannigfaltigen Bedrängnissen König Johanns zur Anerkennung päpstlicher Oberlehnsherrlichkeit und zur Anerkennung einer „freien kanonischen Wahl" der Prälaten. Auch die Magna Charta erkennt die Bewahrung dieser kirchlichen Freiheiten an erster Stelle an.

Unter Heinrich III. hat die päpstliche Macht in England ihren Höhepunkt erreicht, der freilich in Folge der Ueberschwemmung des Landes mit ausländischen Geistlichen auch schon zu einer kräftigen Reaction der landbesitzenden gentry als Kirchenpatrone führt. Der Einfluß des Königs beschränkt sich jetzt auf Einbehaltung der Temporalien während der Sedisvacanz, auf die vermittelnde Stellung des Lordkanzlers, auf den moralischen Einfluß des Lehnseides, bei welchem sich durch Zurückbehaltung der Temporalien ein Verzicht erzwingen ließ, „auf alle Clauseln der päpstlichen Bulle, welche der Königlichen Prärogative und dem Landesrecht zuwider sein sollten."

Durch den Wegfall des Königlichen Ernennungsrechts der Bischöfe war nun aber das unmittelbare Band und der Schwerpunkt der Verbindung zwischen Kirche und Staat in die gemeinsamen Lehns- und Landeslasten gelegt. Die Kirche erhielt dadurch namentlich für die auxilia und scutagia ein sehr lebendiges gemeinsames Interesse mit den weltlichen Kronvasallen, welches auf die Situation zur Zeit der Magna Charta und auf die Streitigkeiten Heinrich's III. mit seinen Großen einen unverkennbaren Einfluß geübt hat.

C. Die normannische Gestaltung des Heer-, Gerichts-, Polizei-, Städtewesens und der Kirche ergab eine Abstufung der Stände, für welche das Nächstbestimmende jetzt das Heerwesen geworden war. Danach zerfiel die Bevölkerung in Kronvasallen, Untervasallen und Landsassen. Vom Standpunkt der

kriegerischen Barone aus erschien das normannische Kronvasallenthum wie eine regierende Klasse, das Aftervasallenthum im Ganzen als ein Mittelstand, die übrige Bevölkerung als eine Rotüre, die ihren Besitz durch Duldung des erobernden Stammes behalten habe. National-, Berufs- und Standesstolz trafen hier zusammen. In der Wirklichkeit macht sich indessen der Einfluß des Besitzes und der Leistungen für den Staat fortschreitend geltend, führt zu einer Trennung der großen und der kleinen Kronvasallen, zu einer Verschmelzung der kleinen mit den Aftervasallen, zu einer Annäherung der so gebildeten Ritterschaft an die Städte. Während das Lehnswesen auf dem Continent zur Fortbildung der Grundherrlichkeit, zur Pairie der Grundherren unter sich, und zu einem vertragsmäßigen Verhältniß derselben mit dem Königthum führt, ist dieser Gang der Sache durch die frühzeitige Macht des Königthums in England verhindert, und die Verbindung des Besitzes mit den Staatspflichten, später mit den staatlichen Rechten in andere Bahnen gelenkt.

I. Die Klasse der großen Kronvasallen[1]) umfaßt bei der ursprünglichen Vertheilung diejenigen Mannen, welche schon auf dem Continent die Stellung von Grafen gehabt, oder welche dem Heere ganze Abtheilungen zugeführt hatten. Sie sind mit größeren Gütercomplexen, Herrschaften beliehen. Die Besitzungen der 20 Meistbelehnten in Domesday umfassen nach der gewöhnlichen Zusammenzählung (außer der Grafschaft Chester): 793, 439, 442, 298, 280, 222, 171, 164, 132, 130, 123, 119, 119, 118, 107, 81, 47, 46, 33 Ritterlehne mit mehrerlei Zubehör, und haben schon für sich ein Heer von nahezu 4000 Schwerbewaffneten zu stellen. In analoger Besitzstellung befinden sich die meisten Bischöfe und manche Aebte. Erwägt man indessen die verhältnißmäßige Kleinheit der Ritterlehne, die massenhafte Schmälerung der Gütercomplexe durch Afterbelehnung, so ergiebt sich doch, daß sie von Hause aus viel kleiner waren als die Herzogthümer und Grafschaften des Continents. Noch wichtiger war ihre zerstreute Lage. Schon oben ist bemerkt, daß die Besitzungen von 36 weltlichen Herren in 6—21 Grafschaften zerstreut lagen. Zwischendurch lagen die Königlichen Domänen und Besitzungen kleinerer Kronvasallen in allen Grafschaften. Die Grundherren konnten sich also weder örtlich noch zeitig consolidiren, da das strenge Rückfallsrecht durch Mangel eines Lehnserben oder Confiscation dieselbe Besitzung in einem Jahrhundert oft mehrmals an die Krone zurückbrachte. Denselben Erfolg hatte das Anfangs häufige Zurückgehen einzeler Herren nach dem Continent. Im Ganzen jedoch blieben die älteren Gütercomplexe in den Händen normannischer Herren und werden im Schatzamt als ausgezeichnete Lehne unter der Bezeichnung (capital) honors geführt, wiewohl sie dem Rechte nach nicht anders verliehen sind, wie das einzele Ritterlehn. Ihre in den Grafschaften zerstreuten Untervasallen werden von dem Königlichen Vicecomes aufgeboten, der später auch die Schildgelder von allen Lehnen seines Bezirks erhebt. Die Bildung einer geschlossenen Militärmacht war hierdurch und durch den Treueid der Untervasallen gegen den König thatsächlich und rechtlich verhindert. Dieselben Hindernisse fand die Bildung großer Lehnshöfe. Wie die Herrschaft selbst, so erscheint auch die Gerichtsgewalt nur als ein Aggregat von Gutsgerichtsbarkeiten, welche überdies durch das System der reisenden Richter und die stehenden Reichsgerichte immer mehr beengt, bei Neuverleihungen noch geschmälert und zerbröckelt werden. Allerdings fehlte es nicht an dem äußeren Glanz, den die normannische Zeit so sehr liebte. Gar mancher herrschaftliche Haushalt bildete einen kleinen Hofstaat mit den herkömmlichen Hof-, zuweilen sogar Erbämtern. Viele Herren werden als Besitzer von Parks bezeichnet; einzele besaßen eine befestigte Burg. In den Charten an ihre Mannen und Hintersassen gebrauchen sie den Styl der Königlichen Charten: „Dapifero meo et omnibus hominibus meis, tam Francis quam Anglis.“ Allem äußeren Glanz aber fehlt in der normannischen Zeit der feste Boden, am meisten der Rückhalt an treuergebenen Lehnsleuten.

Nach alledem war die hervorragende Stellung dieser Herren mehr eine thatsächliche als eine rechtliche, mehr eine sociale als eine politische. Unzweifelhaft erschienen sie in dem Heerbann als barones majores, als Bannerherren, aus deren Besitz dem Heere ganze Abtheilungen von Schwerbewaffneten gestellt wurden. Unzweifelhaft erschienen sie so im Schatzamt, wo ihre Anfallsgelder, Vormundschaften und Verheirathungen Hauptposten bilden; baroniae majores und minores (Dialogus de Scacc. II. c. 10) werden in den mannigfaltigsten Beziehungen der Finanzverwaltung unterschieden. Schon nach einer Notiz im Domesdaybook sollen die Besitzer von mehr als 6 Ritterlehnen ihr relevium unmittelbar an den König einzahlen. Während die relevia der einzelen Rittergüter auf 100 Sh. fixirt sind, bleiben die der Honors noch längere Zeit der persönlichen Bestimmung des Königs vorbehalten und fixiren sich erst später auf 100 Mark. Bei der Abmessung der amerciaments, die überhaupt nach Maßgabe des Besitzes erfolgt, haben die barones majores die unerwünschte Ehre einer höheren Taxe. Eben so mußten die barones majores im Grafschaftsgericht hervortreten als Herren, die in der Versammlung der Grafschaftsritter selbst Untervasallen haben, über welche ihnen ein Eigengericht zusteht, während der Vasall nicht Urtheil finden darf über sie. Selbstverständlich war bei den Königlichen Hoftagen die Bevorzugung der barones majores vor den knappenlosen Rittern, ihre namentliche Einladung zu Hofe. Noch natürlicher endlich war die Unterscheidung von barones majores und minores in den Anschauungen des Volks und im Sprachgebrauch des gemeinen Lebens. — Dennoch ist in den amtlichen Verzeichnissen der Lehne unter Heinrich III. und Eduard I. noch keine rechtliche Scheidung zwischen honors, baroniae und feuda zu ziehen (Testa de Nevill. ed. 1807) und noch am Schluß des Mittelalters kennt die juristische Autorität des Littleton on tenures keinen Unterschied zwischen Lehnsbesitz durch Baronie und Lehnsbesitz durch Ritterdienst. Eben so wenig erscheint ein fester Adelstitel zur Unterscheidung der großen und kleinen Barone. Selbst der höchste Titel der normannischen Zeit, der des Earl, steht in keiner Verbindung mit bestimmten Herrschaften, wird vielmehr bald von einer Grafschaft, bald von einer Stadt oder Ortschaft, bald von einem Familiennamen entnommen (womit sehr wohl vereinbar ist, daß später im Schatzamt die großen Herrschaften der mit der Grafenwürde beehrten Barone unter dem Namen von „Grafschaften" mit höheren Gebühren, Taxen und amerciaments beehrt wurden). Aus dem Ganzen wie aus jeder Einzelheit ergiebt sich das Resultat, daß der thatsächliche und sociale Unterschied der barones majores und minores noch immer kein rechtlicher war: staatsrechtlich nicht, weil keine Reichsstandschaft, kein privilegirter Gerichtsstand, keine cour de baronie für große im Unterschied von kleinen Baronen vorhanden war; privatrechtlich nicht, weil Große wie Kleine tenentes in capite zu gleichem Besitzrecht sind.

Wenn dessen ungeachtet seit den Zeiten der Magna Charta eine politische Bedeutung der großen Barone hervortritt, so beruht dies auf einem Hergang, der an die spätere angelsächsische Zeit erinnert. Die immer wieder eintretende Erschlaffung der persönlichen Kriegspflicht in Folge der insularen Lage, die massenhafte Ablösung des Kriegsdienstes mit Geld, die geringe Zahl von kriegsgeübten Mannschaften, welche später von den geistlichen Herrschaften zu gestellen ist, die Entwöhnung vieler kleinerer Vasallen vom kriegerischen Beruf: dies Alles verweist den König für die Bildung des Heeres vorzugsweise auf die großen Barone, bei denen die kriegerische Neigung und Gewöhnung fortdauert, und um welche sich das kriegslustige kleinere Vasallenthum wieder langsam zu gruppiren beginnt. Sie bilden mit ihren Mannschaften den Kern des noch activen Lehnsheeres.

II. Die zweite Klasse bilden die kleineren Kronvasallen in ihrer allmäligen Verschmelzung mit den Untervasallen.[2])

Die kleineren Kronvasallen unterscheiden sich, wie bemerkt, in ihrem Besitzrecht durch nichts von den großen. Auch sie sind unmittelbar vom König beliehen und fähig, als Rechtsgenossen der curia regis zu Gericht zu sitzen über jeden Kronvasallen, sobald sie berufen werden. Viele finden in einflußreichen Aemtern eine den Großvasallen auch äußerlich gleichstehende Stellung. Unter der ursprünglichen Zahl von etwa 400 barones minores sind die meisten unzweifelhaft normannische Ritter, d. h. Besitzer von Ritterlehnen in der Normandie oder jüngere Brüder und Söhne von solchen; sodann die Inhaber von kleineren Hofämtern, wie der Unterkämmerer Herbert, die 4 Köche, der Zimmermann, der Bogenspanner, der Förster, der Falconier, der Steward, der Porter. Nur bei Wenigen deuten Namen wie Oswald, Eldred, Albert, Grimbald, Edgar, Edmund, Allured auf Sachsen.

Die Zahl der Untervasallen ist 7871. Die Besitzungen der minder zahlreichen kirchlichen sind durchschnittlich etwas größer als die der weltlichen. Die Untervasallen, welche selbst mehr als ein Ritterlehn erhalten haben, können auch selbst wieder subtenentes haben. Die Mehrzahl der normannischen Untervasallen waren wohl bei der Eroberung Gefolgen der Meistbelehnten, jüngere Brüder oder Söhne, Dienstleute, Söldner oder sonst bisher landlose Leute. Die kleinere Hälfte (so weit man nach den Namen schließen darf), waren sächsische Thane auf ihrem alten Besitz, — nunmehr sehr wider ihren Willen normannischen Herren unterthan geworden.

Im Besitzmaß erscheinen beide Klassen von Anfang an gleichartig. Ihr Lehnsbesitz umfaßte den Boden mit seinen herkömmlichen Rechten. Wo also eine saca und soca an dem Besitz haftete, ging sie auf den neuen Besitzer über. Ein so mit Patrimonialrechten ausgestatteter Besitz heißt nunmehr mit dem normannischen Wort manor, und unterscheidet sich von den Herrschaften der großen Barone nur durch den geringeren Umfang. Wo die Hintersassen geschlossene Bauerschaften bilden, enthält der manor eine oder mehre villae oder villatae. Der Grundherr erhebt hier durch seine herrschaftlichen Schulzen, praepositi, reeves, bailiffs, stewards die herkömmlichen Abgaben und hält meistens durch solche auch Gericht in den Fällen und Formen des court baron und customary court, und nach späterer Verleihung auch ein Königliches Ortspolizeigericht, court leet.

Der gleichmäßige Druck, welchen die Königliche Gewalt auf die größten wie auf die kleinsten Vasallen übte, sowie die Unmöglichkeit einer Erweiterung der ursprünglichen Befugnisse, mußte nun aber die ganze Masse dieser kleineren Vasallen immer mehr als ein Ganzes erscheinen lassen. Da die Unterbelehnung die Form der selbständigen Verfügung über das Lehngut bildete, so wurden in zahlreichen Fällen Kronvasallen zugleich Untervasallen für einen neuerworbenen Besitz; selbst die großen Lehnsträger und Prälaten verschmähten es nicht, von anderen Herren und von der Kirche Afterlehn zu nehmen. Die Besitzverhältnisse werden dadurch, besonders seit den Kreuzzügen so durcheinander geworfen, daß sich die Idee eines niederen Standes beim Afterlehn verlieren mußte. Dazu kommen noch politische und sociale Momente. Die Ausbildung des innungsmäßigen Ritterwesens hatte die Ritterwürde zu dem gemeinsamen Band gemacht für alle Vasallen, Kron- wie Aftervasallen, Angelsachsen wie Normannen. Erziehung, Lebensberuf, kriegerische Ehre, die Betheiligung an der Grafschaftsversammlung ist für die ganze Masse der kleineren Vasallen ungefähr dieselbe. Seit den Kreuzzügen tritt aber auf lange Zeit auch in England die Seite der Berufsehre als vorherrschende Anschauung hervor. Innerhalb dieser Anschauungen mochte der kleinere Kronvasall wohl noch einen Ehrenvorrang beanspruchen vor dem Untervasallen. Selbst ein solcher wurde aber immer zweifelhafter, je mehr bei Neuverleihungen von Herrschaften die Krone ehemalige Aftervasallen in unmittelbare Vasallen verwandelte, je mehr unter Genehmigung des Königs neue Erwerber in kleine Kronlehne eintraten. Und als zuletzt das Statut Quia Emptores 18. Edward I. die neuen Afterbelehnungen ganz untersagte, um den endlosen Besitzverwickelungen ein Ende zu machen, als jeder neue Erwerber nunmehr unmittelbar Vasall des Oberlehnsherrn wurde, wäre es geradezu widersinnig gewesen, jedem Kronvasallen einen Vorrang vor den alten Untervasallen einzuräumen, die seit Menschenaltern auf ihrem alten Grundbesitz saßen. Seit Heinrich II. war dazu die entscheidende Neuerung gekommen, daß die Naturalkriegsdienste immer regelmäßiger mit Geld abgefunden wurden; der Unterschied von dieser Seite also bestand nur noch darin, daß der kleine Baron sein Schildgeld an den Sheriff zahlte, der Aftervasall bald an den herrschaftlichen Beamten, bald an den Sheriff. Der Unterschied in dem Gerichtsdienst verlor ferner jede Bedeutung seit der Einführung der recognitiones und ihrer Fortbildung zur Jury. Wo es sich nicht mehr um Rechtsfindung durch die Pares, sondern um Beweiscommissionen handelt, kommt es nur auf angesessene, angesehene Männer aus der Nachbarschaft an, also nur auf „milites“ schlechthin.

Das entscheidende Moment, der Inbegriff der Leistungen für den Staat, ist also für Alle gleich geworden, die Ritterschaft bildet am Schluß dieser Zeit ein Ganzes, — eine normale Standesbildung, die sich dann später erweitert und wiederholt, natürlich mit gesellschaftlichen Ehrenansprüchen alter Besitzer und Geschlechter vor den neuen.

III. Die ganze Masse der übrigen freien Land- und Hintersassen[3]) erschien vom Standpunkte der Ritterschaft aus wohl ursprünglich als „Bekleidung des Bodens“. Die Königlichen Zusicherungen nach der Eroberung enthielten zwar im Allgemeinen eine Garantie für den Schutz aller vorgefundenen Besitzrechte. Allein die Masse der ceorls, villani war schon zur angelsächsischen Zeit großentheils in der Lage von Pachtbauern; normannischer Uebermuth so wie die Gestalt der Gerichtsverfassung haben die Gesammtlage jener Klasse während dieser Periode noch weiter herabgedrückt, so daß sie durchschnittlich dem Grundherrn gegenüber in einem precären Zustand, ohne ein anerkanntes und geschütztes Besitzrecht dastehen. Die besseren Besitzrechte dagegen werden in dem Domesdaybook unter den Rubriken der liberi homines, sochemanni, burgenses wiedergegeben. Viele darunter waren alte Allodien, die nun aber den Lasten des Lehnssystems immer gleichmäßiger unterworfen wurden, je mehr sich die Consequenz geltend macht, daß der niedere Besitz die Lasten des Vasallenbesitzes, der Sachse die Lasten des Normannen tragen müsse. Die Ausdehnung lehnrechtlicher Grundsätze darauf ist augenscheinlich das Erzeugniß einer fortschreitenden Praxis, die vom Schatzamt und der curia regis ausgehend, zuletzt zu der allgemeinen Maxime gelangt, daß aller Grundbesitz im Lande dem König lehnbar sei, entweder unmittelbar oder mittelbar durch einen Zwischenherrn. Die privatrechtlichen Einzelheiten dieser Verhältnisse werden wohl niemals vollständig festzustellen sein. Für das öffentliche Recht aber treten allmälig folgende Umstände ein, welche zu einer schrittweisen Erhebung der Freisassen führen und die spätere Wurzel ihrer politischen Rechte werden:

(1.) das Wiederaufleben der Grafschaftsmilizen seit Heinrich's II. assisa de armis, trotz seiner anfänglich geringeren militärischen Bedeutung. Schon in der Lehnsmiliz war allerdings der Waffendienst solcher Leute als Ersatzmänner üblich und unentbehrlich. Die so Ausgerüsteten (servientes) erscheinen aber dort nur als Dienstmannschaften ihres Herrn; während die assisa de armis sie als Landwehrleute aus eigener Pflicht, also aus eigenem Recht aufbietet.

(2.) Die Civilgerichtsverfassung ließ in dem freilich verfallenden hundred court alle libere tenentes als Gerichtsmänner fortbestehen. Mit den Anfängen der Juryverfassung erweiterte sich diese Betheiligung. In Beweiscommissionen, welche immer mehr nur das Thatsächliche festzustellen haben, war eine Betheiligung angesessener, respectabler Leute aus der Nachbarschaft erforderlich. Neben den Rittern werden daher regelmäßig auch andere libere tenentes genannt, nur sollen es keine bloßen Pachtbauern, villani, rustici, sein.

(3.) Die Criminaljustiz und Polizeiverwaltung des turnus vicecomitis zog als court leet die gesammte erwachsene Bevölkerung heran, um Rechenschaft zu geben über Erhaltung des Friedens, um jährlich einmal eine polizeiliche Revue, view of francpledge, zu passiren. Bei allen Beschwerden lag darin eine Gewöhnung der gesammten Bevölkerung zu gemeinsamem Dienst. In den immer zahlreicher abgezweigten Localpolizeigerichten, welche nach dem Vorbild des turnus vicecomitis verfahren, mußte man in Ermangelung von Freisassen die villani vielfach auch zum activen Dienst als Gerichtsmänner heranziehen.

(4.) In größerem Maßstab und systematisch bildete sich dies in den Courts leet der Städte, in denen auch eine erhebliche Steuerlast sich gleichmäßig vertheilte, und damit die Idee einer bürgerlichen Gleichheit erzeugte. Die verschiedenen Geburtsstände und Besitzweisen verschmelzen hier entschiedener. Die Gesammtheit der an scot und lot Betheiligten wird nun mit Nachdruck als „liberi homines", freemen bezeichnet, — als vollverpflichtete, also vollberechtigte Männer. Die Städte werden der feste Kern einer neuen, aus den alten Verhältnissen von liberi homines, socmani, villani gemischten Standesbildung, welche in persönlicher Leistung für das Gemeinwesen dem nachfolgt, was die Ritterschaft leistet, besonders seit der Ablösung der Lehnskriegsdienste durch Schildgelder.

In dem Gesammtbild dieser ständischen Verhältnisse liegt trotz alles Drucks eines fiskalischen und polizeilichen Regiments mancher bedeutungsvolle Keim für die Zukunft. Es liegt darin die Gewöhnung aller Klassen an eine friedliche Ordnung des inneren Landesverkehrs, eine Nöthigung zu gemeinsamer Betheiligung am Kriegs-, Gerichts- und Polizeidienst, zu gemeinschaftlicher Thätigkeit im Dienste des Staates. Wie bescheiden auch das Maß der politischen Berechtigung war, welches diese Grafschafts- und Stadtverbände zunächst erringen sollten, das wichtigste Fundament der Parlamentsverfassung war bereits begründet: das gewohnheitsmäßige persönliche Zusammentreten zu öffentlichen Geschäften, das örtliche und zeitliche Zusammenwirken des Staatsbeamtenthums mit den Gemeinden.

In Wechselwirkung damit stand die allmälige Versöhnung und Verschmelzung der Nationalitäten, in welcher die anspruchsvolle normannische, durch französische Frauen schon auf dem Continent gemischte Race, in aller ihrer Bildungsfähigkeit, Verschlagenheit, Tapferkeit sich zuletzt als das nachgiebigere Element erwies.

1) **Ueber die Standesbildung des höheren Adels** (und nachher der Ritterschaft) darf ich wohl verweisen auf meine Schrift über Adel und Ritterschaft in England. Berlin 1851. 8., in welcher freilich die Autoritäten von Hallam und Allen, und die älteren von Selden und Dugdale hie und da zu sehr befolgt sind. Die Streitigkeiten über die Stellung der großen Barone beruhen auf der Vermischung älterer und späterer Rechte, sowie auf der Vieldeutigkeit des Worts baron. In den LL. Henr. I. ist baro der persönlich kriegspflichtige Mann, gleich dem Than der sächsischen Zeit, daher auch baro vel thainus genannt. Bei Erwähnung des Gerichtsdienstes in LL. Henr. 29. § 1 u. a. sind es die Gerichtsmänner, die sächsischen witan, aber auch überhaupt Freisassen, soweit sie zur Gerichtsfolge verpflichtet. Die vorzugsweise Beziehung auf Kronvasallen und dann die Umbildung zu einem Adelstitel tritt erst in der folgenden Periode hervor.

Ueber die ersten Vertheilungen des Grundbesitzes durch den Eroberer vergleiche oben S. 59, 65. Ellis, Introduction I. 226 ff. Ueber die überaus zahlreichen Hof- und niederen Hausämter der normannischen Großen Ellis I. 91 ff.

In welcher Weise die Besitzungen der Großen vertheilt lagen, ergiebt z. B. folgende Uebersicht über die Zahl der Hufen (hidae) in Sussex, in welcher Grafschaft der herrschaftliche Besitz besonders massenhaft vertreten ist: Graf Roger 818, William von Warenne 620, Graf Moreton 520, William von Braiose 452, Erzbischof von Canterbury 214, Graf Oro 196, Bischof von Chichester 184, Bischof Osbern 149, Abt von Fescamp 135, Battle church 60, der König 59, Abt von St. Peter 39, Abt von St. Edward 21, Odo und Eldred 10, Abt von Westminster 7.

Ueber die häufige Verwandlung von Aftervasallen in unmittelbare Vasallen vergl. I. Peerage Rep. 40. Coke II. Inst. 29.

Ueber die höheren Taxen der earls und barons bei der Abschätzung der amerciaments III. Peerage Rep. 251, 252.

Ueber die Stellung der earls, barones majores und minores dieser Zeit vergl. Gneist Bd. I. § 14, sowie die weitläufigen Ausführungen in den Reports on the dignity of a Peer. Die Streitpunkte bei den englischen Historikern, namentlich z. B. Hallam II. c. 8., beruhen auf vorgefaßten Meinungen, welche eine Reichsstandschaft annehmen, wo keine ist.

Eine wirkliche Ausnahme von der normannischen Behandlung der Grundherrschaften machte die Grafschaft Chester, welche ihrer besonderen Lage wegen bei der Eroberung als eine Markgrafschaft constituirt wurde. Acht große Untervasallen und vier geistliche Institute bilden hier eine Art von Cour de baronie im französischen Sinne. Der Graf hat seinen eigenen Kanzler, seinen Exchequer, seine eigenen Justitiarien, übt die Gerichtsbarkeit in eigenem Namen, selbst mit Begnadigungsrecht, — Alles vorbehaltlich der Oberhoheit des Königs. Schon frühzeitig trat indessen auch hier ein Besitzwechsel ein und unter Heinrich III. ist die Markgrafschaft erloschen (a. 1234). Die selbständigen Jurisdictionsrechte, jura regalia, in dieser Gestalt heißen seit Heinrich II. Pfalzgrafschaften. Eine solche wurde später von dem Hause Lancaster als ein besonderer Hausbesitz gestiftet, und in ein Paar abgelegenen Gebieten auch noch später durch Königliche Verleihung gebildet. Sie haben nie einen bestimmenden Einfluß auf die Gesammtverfassung gehabt, ihr staatsrechtliches Interesse jedenfalls seit den Tudors verloren, seit welcher Zeit sie nur als formelle Ausnahmen von der Gerichtsverfassung fortbestehen.

2) **Die Bildung der englischen Ritterschaft aus einer Verschmelzung der kleinen Kronvasallen mit den Aftervasallen** ist dem Resultat nach ersichtlich aus Testa de Nevill sive Liber Feodorum in curia Scaccarii temp. Henr. III. and Edw. I. 1. Vol. folio 1807. (Record-Commission.) Die Aufzählung der sämmtlichen kleinen Kronlehne, des lastenfreien Kirchenbesitzes (tenure in frankalmoign), des Betrages der scutagia und auxilia eines jeden Kronvasallen ergiebt, daß sich auf der Grundlage eines so zersplitterten Besitzes kein geschlossener Stand bilden konnte, daß vielmehr die kleinen Kronvasallen sich verlieren mußten unter der Masse der Aftervasallen, welche oft 2, 3, 4 und mehre Ritterlehne besaßen und in denen ja auch die altsächsische Thanschaft enthalten war. Wenn im Domesdaybook neben Vasallen noch einige Personen schlechthin als Thaini bezeichnet werden, so sind dies sächsische Thane, die ihre alte Bezeichnung tempore Eduardi fortführten, obgleich sie wegen der Kleinheit des Besitzes oder aus anderen Gründen nicht in die Vasallenschaft eingereiht waren, also dem Rechte nach nur als gewöhnliche Freisassen gelten konnten. Uebrigens wird die Bezeichnung Thaini abwechselnd auch für die belehnten Vasallen, also gleichbedeutend mit barones gebraucht (Ellis I. 46). Wie zweifelhaft an vielen Punkten die Abgrenzung werden mußte, zeigt die Grafschaft York, wo unter 105 Kronvasallen nur 29 größere Besitzer sind; die übrigen werden meistens als Thane des Königs bezeichnet, während sie nur noch im Besitz verwüsteter Ländereien sind, welche in diesem Zustande unmöglich einen Ritterdienst leisten konnten. Das Wort Than wird im Anfang der normannischen Zeit bald gebraucht für die Reste des großen angelsächsischen Adels, bald für Unterbeamte des Königs, bald für Untervasallen, bald für ehemalige Thane, die nur noch Freisassen sind. Das Wort miles bezeichnet bald einen einfachen Reitersmann, bald einen angesehenen Besitzer von großen Ritterlehnen. Schon dieser Sprachgebrauch drückt aus, daß die Besitzverhältnisse für sich — und die Leistungen in dem Gemeinwesen für sich — in Betracht kommen, daß also noch keine geschlossenen Standesverhältnisse aus dem Zusammenwachsen von persönlichen Rechten und Pflichten mit dem Besitz vorhanden sind. Auch das homagium drückt solche nicht aus. Es steht fest, daß ein Treueid auch einem Privatmann für einen Lehns- und Dienstbesitz geleistet werden kann, — ohne das freilich nur dem König (Bracton II. c. 35 §. 6). Uebrigens ist es ganz vergeblich, einen technischen Unterschied zwischen homagium ligium und simplum von dem Continent auf England übertragen zu wollen. Das ligium bedeutet

den Lehnseid überhaupt (Glanvilla IX. c. 1. Bracton II. c. 35. 37. Fleta III. c. 16 § 16. Britton c. 68). Die Ehre, dem König zu dienen, hat in erster Stelle der große Besitz, umsomehr gilt dasselbe als Ehre für den kleinen Besitz. „Sr. Majestät liege subject" zu sein, betrachtet noch der heutige Engländer als seine Ehre. Die entscheidenden Punkte dieser Standesbildung sind:

(1) Der Begriff des manor, der erst seit der normannischen Zeit auftaucht, Ellis Introd. I. 224, 225 und citt. Es ist die Verschmelzung der sächsischen saca et soca mit dem Recht des Privatlehnsherrn über seine Untervasallen, und bildet nun einen Complex von Patrimonialrechten, welche die Meistbelehnten in Masse, die kleinen Kronvasallen vereinzelt, die Untervasallen noch vereinzelter besitzen. Die Stellung des Vasallen wie des Untervasallen ist davon an sich unabhängig. Es gab Tausende von Untervasallen ohne einen wirklichen manor. Der Besitz eines solchen erschien aber doch gewissermaßen als ein naturale eines gentleman und erzeugte durch die Massenhaftigkeit herrschaftlicher Gerichte, Dienste und Abgaben die Vorstellung einer herrschenden Klasse.

(2) Die Veräußerlichkeit der Ritterlehne — ursprünglich befördert durch die fiscalischen Maximen des Schatzamts, dem jeder zahlungsfähige Erwerber gleich genehm war, und durch die Leichtigkeit gegen Zahlung von Gebühren den Königlichen Consens zu allen möglichen Dingen zu erhalten. Seit Heinrich II. wurde durch die Ablösung der Lehndienste mittels scutagia der Besitzwechsel noch unbedenklicher. Die Zeit der Kreuzzüge veranlaßte dann weiter zahlreiche Veräußerungen, Pfandschaften und Parcellirungen. Offenbar mußte dies der Ritterschaft im Interesse ihres Standes bedenklich werden und veranlaßte daher in der Magna Charta die Clausel: Nullus liber homo det de caetero amplius alicui, vel vendat (alicui) de terra sua, quam ut de residuo terrae suae possit sufficienter fieri domino feodi servitium ei debitum, quod pertinet ad feodum illud. Den Abschluß macht sodann im Anfang der folgenden Periode das Statut Quia Emptores 18. Ed. I.: quod de caetero liceat unicuique libero homini terras suas, seu tenementa sua, seu partem inde ad voluntatem suam vendere, ita tamen quod feoffatus teneat terram illam, seu tenementum illud de capitali domino per eadem servitia et consuetudines, per quae feoffator suas illa prius de eo tenuit, et si partem aliquam earundem terrarum, seu tementorum alicui vendiderit, feoffatus ille partem illam immediate teneat de domino. Seit der Ablösung der Lehndienste durch Schildgelder erschien die Belehnung und Afterbelehnung ja überhaupt nur als eine spezifische Weise der Veräußerung, durch welche der neue Erwerber mit dem Grundbesitz die Geldlast der relevia, die Zahlung der periodischen auxilia, die Beschränkungen durch Lehnsvormundschaft, Heirath 2c. übernimmt. Die Veräußerung enthält also die Bildung neuer casueller Grundrenten, bei denen die Gesetzgebung dringend veranlaßt war, eine Vereinfachung der Rechtsverhältnisse herbeizuführen.

(3) Die Parcellirungen in dem Lehnbesitz hängen zusammen mit dem häufigen Besitzwechsel und mit dem Umstand, daß die Gerichtsgewalt zu keiner festen Consolidirung mit dem Grundbesitz kam. Bald hat die Krone bei Rückfällen und Verwirkungen eine Wiederverleihung in getheilten Stücken vorgenommen, bald hat sie eine Theilung unter mehren Miterben gestattet, bald gegen gute Gebühr auch Veräußerungen von Parcellen, so daß selbst Hundert-

theile von Ritterlehnen vorkommen. Schon in der Mitte dieser Periode ist daher die Zahl der Lehnsbesitzer sichtlich vermehrt. Viele sind jüngere Zweige von Familien der Kron- und Untervasallen; andere sind Landsassen, welche für geleistete Kriegsdienste oder aus Gunst beliehen sind; andere sind wohlhabende Leute, namentlich aus den Städten, welche zur Zeit Richard's I. die vielfach an den Meistbietenden ausgebotenen Ländereien in Form einer Belehnung erworben haben.

(4) Die Gesammtheit dieser Umstände hat im englischen Mittelalter das Ritterthum zu keinem geschlossenen Geburtsstande kommen lassen. Nicht der Besitz als solcher, sondern die erlangte Meisterwürde im Reiterdienst verleiht den Ehrentitel Herr, dominus, Sir, welcher eine persönliche Würde bleibt, zu deren Erwerbung die Kronvasallen für ihre Person verpflichtet sind. Dieser Ehrentitel wird im Mittelalter auch der höheren Pfarrgeistlichkeit und den Graduirten der Universitäten ertheilt. Spezieller bezeichnet den ritterlichen Dienstrang das Wort Knight. Da indessen keine besonderen Standesrechte damit verbunden sind, da die Besitzrechte, der Einfluß in der Grafschaft 2c. davon nicht abhängen, so wird die Erlangung der Ritterwürde schon ziemlich früh der hohen Sporteln wegen mehr als eine Last empfunden und durch Königliche Verordnungen von Zeit zu Zeit eingeschärft. Schon in dieser Zeit enthalten die Schatzurkunden unzählige Gebühren, die für einen Aufschub (pro respectu militiae) gezahlt werden. Die Rittergutsbesitzer, welche die formelle Ritterwürde nicht erworben haben, nennen sich nunmehr scutarii, esquires. Auch die mehr normannische Sitte, Familiennamen von den besessenen Gütern mit dem Zusatz de anzunehmen, setzt sich später anscheinend nicht fort. In seiner Grafschaft war der esquire und knight durch seine Stellung im county court hinreichend bekannt. Dagegen wird seit den Kreuzzügen die Annahme von Familienwappen immer festere Sitte, welche in dem Heerbann durch die Art der Rüstung zu einer Nothwendigkeit geworden war.

3) Die Privatrechtsverhältnisse der Landsassen, Hintersassen und Leibeigenen sind erst aus den Rechtsbüchern einigermaßen ersichtlich, und lassen für die Zwischenbildung seit der späteren angelsächsischen Zeit empfindliche Lücken. Für die Zeit unmittelbar nach der Eroberung dient als Anhalt das obige Verzeichniß aus Domesdaybook. Die vereinzelt vorkommenden liberi homines (ad nullam firmam pertinentes) sind wohl noch alte Allodbauern, denen zunächst nichts anzuhaben war, und die erst allmälig durch die Gerichts- und Finanzpraxis unter das Feudalsystem gebeugt wurden. Liberi homines in größeren Massen erscheinen nur in der Grafschaft Leicester, Lincoln, Norfolk, Suffolk. Liberi homines commendati kommen namentlich in geistlichen Besitzungen vor. Die Hauptstelle über die sochemanni ist die alte Schrift de natura brevium: Sochemannus proprie talis est, qui est liber et tenet de rege seu de alio domino in antiquo dominico terras seu tenementa villenagia, et est privilegium etc. vergl. LL. Ed. Conf. 12, § 4. Guil. I. 29. Wie die normannisch-büreaukratische Anschauung diese Leute ansah, ergiebt der Dialogus: Communicato tandem super his consilio, decretum est, ut quod a dominis suis exigentibus meritis interveniente pactione legitima poterant obtinere, illis inviolabili jure concederetur: caeterum autem nomine successionis a temporibus subactae gentis nihil sibi vendicarant. Quod quidem quam discreta consideratione cautum sit, manifectum est, praesertim cum sic modis omnibus ut sibi consulerent, de caetero studere tenentur devotis obsequiis Dominorum suorum gratiam emercari. Sic igitur quisquis de gente subacta fundos vel aliquid hujusmodi possidet, non quod ratione successionis deberi sibi videbatur, adeptus est; sed quod solummodo meritis suis exigentibus, vel aliqua pactione interveniente, obtinuit. (Dial. de Scacc. I. c. 10. Madox II. 392.)

In dem Rechtsbuch des Glanvilla und Bracton ist der fortschreitende Druck auf die villani so weit gediehen, daß ehemals Leibeigene und die von Geburt freien Besitzer in den gemeinsamen Begriff des villenagium aufgehen (Ellis I. 81). Sie bilden seitdem die „villeins regardant" im Gegensatz der besitzlosen „villeins in gross". Unzweifelhaft ist hier ungerechter Druck, Rechtsverweigerung und mannigfaltiger Uebermuth von dem erobernden Stamme geübt worden. Die Königliche Willkür aber, der büreaukratisch-polizeiliche Geist der normannischen Verwaltung traf Normannen und Sachsen, Große und Kleine ziemlich gleichmäßig. Es ist insofern nicht genau, wenn man immer nur von dem Niedertreten einer „Nation" durch eine andere Nation spricht. Die Großwürdenträger der Zeit sind allerdings normannischer Geburt, der privatrechtliche Druck ging aber nicht blos von ihnen aus; der staatsrechtliche Druck ging nur von dem Königthum aus, welches sie dem Recht nach nicht anders behandelte als die sächsischen Untervasallen.

D. Die Gesammtheit dieser Verhältnisse gab den normannischen Königen eine im Mittelalter sonst unerhörte Regierungsgewalt, und bestimmte zugleich den Charakter der sogenannten Reichstage dieser Zeit.

Das normannische Heer-, Gerichts- und Polizeiwesen in seiner Staat und Gesellschaft neu zusammenfassenden Gestalt hatte es den Königen möglich gemacht, Jahr aus Jahr ein ihre Vögte in den Grafschaften ein- und abzusetzen, ihre Mannen und Prälaten zu Paraden und Hoffesten zu versammeln, ohne ihnen einen anderen Einfluß zu gestatten als in widerruflichen Aemtern und Commissionen. Den normannischen Großen fehlt dagegen jeder Halt, weil sowohl ihre Besitzungen durch die zerstreute Lage, wie ihre Mannschaften durch nationale Feindschaft getrennt und zerspalten sind. Ihre normannischen Untervasallen sind im Anfang zusammengeraffte Leute, ihre sächsischen Untervasallen dienen widerwillig einem aufgedrungenen Herrn; die Gesammtheit der sächsischen Bevölkerung bleibt der Gesammtheit der Eindringlinge abgeneigt.

Dieser Zwiespalt hat im Beginn der Periode von unten herauf den Verband der Grafschaften durchdrungen und zerrissen, hat die alten Kreisversammlungen der Thane uneinig und nach oben machtlos gemacht. Es waren freilich dieselben Besitzelemente wie in der angelsächsischen Zeit, äußerlich glänzender und anspruchsvoller, aber ohne den inneren Zusammenhang, welcher die Wurzel politischer Freiheit ist.

Es war der prachtvollste Hof der Christenheit, an welchem in langem und glänzendem Reiterzuge von Zeit zu Zeit die reichen normannischen Herren und Prälaten erschienen, gefolgt von ihren Untervasallen und Dienstleuten in den Farben und Abzeichen des Herrn. Vielleicht ergingen die persönlichen Einladungen zu Hofe durch Königliches writ im Ganzen ungefähr an dieselben Besitzer von Herrschaften und Prälaturen wie in der angelsächsischen Zeit (chron. Sax. a. 1023). Es waren dieselben Besitzelemente, welche einst zusammengefaßt als Witenagemote das Königthum Eduards zu einem Schattenkönigthum herabgesetzt hatten. Trotz alledem regieren die Normannenkönige das Land wie absolute Herren durch Kabinetsorders und Gnadenbriefe.

Ueber diese Regierungsweise ergeben die noch vorhandenen Schatz- und Staatsurkunden die unzweideutigste Auskunft. Die Bedürfnisse des Königs waren durch reichliche Guts- und Lehnseinkünfte gedeckt. Für periodische größere Ausgaben schrieb man auxilia von den Vasallen, tallagia von den Königlichen Landsassen aus, oder man erhöhte durch Anweisungen an das Schatzamt die amerciaments und fines. Für die laufenden Hauptbedürfnisse des Staats sorgten Dienstanweisungen an das Schatzamt und die vicecomites. Der eigentliche Mittelpunkt dieser Regierung ist also der Exchequer, in welchem Jahr aus Jahr ein eine Anzahl Königlicher Beamten beschäftigt sind, die Zahlungen der Sheriffs, Specialpächter und Administratoren in Empfang zu nehmen, ihre Rechnungen zu prüfen und zu dechargiren, periodische Schatzungen auszuschreiben und zu vereinnahmen, die Landvögte und andere Pächter und Verwalter einzusetzen und zur Rechenschaft zu ziehen, Streitigkeiten in dem Bereich dieser Verwaltung zu entscheiden. Der gegebenen Zusicherung der Fortdauer der sächsischen Landesgesetze war formell genügt, wenn der vicecomes über Vasallen und Freisassen mit Rechtsgenossen als Urtheilsfindern zu Gericht saß, und wenn der König in den dem Hofe vorbehaltenen Sachen selbst oder durch einen ernannten Stellvertreter Gericht hielt, und eine Commission von Urtheilsfindern aus (größeren oder kleineren) Kronvasallen ernannte. Die zur Vermittelung dieser Reichsgeschäfte dienenden Anweisungen erläßt der König jetzt vorzugsweise durch seinen Kanzler, der nunmehr als Reichskanzler in kirchlichen, Justiz- und Gnadensachen und zugleich als Controlle des Schatzamts fungirt. Bei der häufigen Abwesenheit der Könige war ein Reichsverweser, Capitalis justitiarius, ein fast regelmäßiger, aber stets auf Widerruf ernannter höchster Stellvertreter. Diese Weise einer Regierung durch writs liegt noch dem ganzen englischen Verwaltungsrecht zu Grunde.

Für Gnadenbewilligungen von mehr dauerndem Charakter dient die Form der Charte, wie denn auch die allgemeinen Zusicherungen, welche die Normannenkönige über gewisse Grundsätze der Landesregierung geben, nur die Form von Charten tragen.

Aus dieser Gestalt der Landesregierung wird dann auch verständlich die Bedeutung der normannischen Hoftage, über welche die sächsische Chronik anno 1086 die historische Hauptnotiz giebt: „Dreimal trug er (Wilh. I.) seine Krone in jedem Jahre, so oft er in England war; Ostern trug er sie in Winchester, Pfingsten in Westminster und Weihnachten in Gloucester. Und dann waren ihm gewärtig alle Großen durch ganz England, Erzbischöfe und Bischöfe, Aebte und Grafen, Thane und Ritter.“ Dies dreimalige Hoflager war bereits Hofsitte der Normandie, wo sich aber wichtige Gerichts- und Rechnungsgeschäfte damit verbanden. Als herkömmliches Hoffest heißt es in England Curia de more, — eine glänzende Versammlung der Großen, zugleich als Heerschau dienend, bei besonderer Veranlassung auch zur „Besprechung“ von Kriegs-, Gerichts- und Kirchenangelegenheiten, wobei aber nichts von einer „gesetzgebenden oder richterlichen Gewalt“ zu finden ist. Alle Andeutungen beschränken sich darauf, daß in einigen Fällen die am Hoftage versammelten Großen um ihre Meinung befragt wurden. So geschah dies bei durchgreifenden Maßregeln für den gesammten Lehnsbesitz, wie in 4 Will. I. bei der Verordnung, welche die Gesetze Eduard's des Bekenners bestätigt und modificirt, wovon dann Heinrich I. in der vielversprechenden Charte bei seinem Regierungsantritt wohl wörtlich richtig sagt, daß jene Zusätze von seinem Vater „consensu baronum“ gemacht seien. Am häufigsten wurde jene Meinung bei einer Neubesetzung der höchsten Kirchenstellen und bei Kirchenstreitigkeiten gehört, obwohl auch dabei von einer Abstimmung oder verfassungsmäßigen Beschlußnahme nicht die Rede ist. Alle sogenannten Gesetze der normannischen Zeit sind nur Proklamationen, Charten, Amtsanweisungen, welche noch lange Zeit für widerruflich gelten. Auch die offizielle Gesetzsammlung von 1810 hat für diese ganze Periode nichts Anderes aufzubringen vermocht als Charten, die nach Form und Inhalt Willensausdruck eines souverainen Gesetzgebers sind. Durch keinen Act war freilich das alte Recht der Witenagemote aufgehoben, durch keinen Act das Recht normannischer Barone auf die Freiheiten des normannischen Stammherzogthums für England negirt. Allein den Elementen einer solchen Versammlung fehlte in dieser Zusammensetzung der sympathische Zusammenhang unter sich und mit dem Lande. Das mangelnde Gefühl der Zusammengehörigkeit hat eine militärische Autokratie mit Schatzamt und Landvögten herbeigeführt, der sich auch die Normannen als der Bedingung ihres Besitzes in England fügen.

Das stille Widerstreben dagegen flüchtete sich Anfangs in ohnmächtige Widerstandsversuche der nächsten Verwandten des Königs, hinter welchen Umtriebe unzufriedener Kronvasallen standen. Der erste Bruch in die absolute Königsgewalt kam erst durch die Thronusurpation Stephans und den daraus folgenden Kampf zweier Kronprätendenten mit mächtigem Anhang. Dadurch war die Provinzialverwaltung der Landvögte so tief erschüttert worden, daß Heinrich II. sich nicht getraute den Landfrieden und die schwierig gewordenen Verhältnisse zur Kirche anders herzustellen, als indem er zu seinen Hoftagen wieder mehrmals notable Geistliche und Vasallen berief, um wichtige Maßregeln der geistlichen und weltlichen Gerichtsverwaltung mit ihnen zu besprechen und als mit ihrer Zustimmung gemacht zu proklamiren.

Auch diese Notablen-Versammlungen hören indessen wieder auf. Die Finanz- und Polizeigewalten der Königlichen Landvögte wachsen sogar nach der Natur einer solchen Verfassung weiter, und machen auch den schwachen Schutz der alten Gerichtsverfassung illusorisch. Während die Blüthezeit der Kreuzzüge in England den romantischen Sinn und das Selbstgefühl der Lehnsmilizen zu ihrem Höhepunkt erheben mußte, war in dem Schatzamt und in der Administration der Landvögte das prosaische System der Polizei- und Finanzverwaltung durch amerciaments und fines auf den Höhepunkt gelangt. Beide Umstände wirkten zusammen mit dem natürlichen Ineinanderwachsen der lange feindseligen Nationen, die nun in der vierten Generation auf einem Boden, unter einem Königthum, unter einer Kirche durch mannigfaltige Wechselfälle eines Kampfes um die Thronfolge wie der Kreuzzüge durcheinander geworfen, unter gemeinsamem Druck das Bewußtsein gemeinsamer Rechte und Interessen wiederfanden.

Als unter König Johann die Mißregierung den höchsten Grad erreicht und zugleich der Verlust der Normandie die auf der Insel ansässigen Normannen mit ihrer ganzen Zukunft auf England verwiesen hatte, kam es zu einem Aufstand der Lehnsmilizen unter Beistimmung der hohen Geistlichkeit und unter Sympathie der gesammten Bevölkerung, welcher dem König die erste durchgreifende Beschränkung der Regierungsgewalt abnöthigt, die Magna Charta (1215).

Sie enthält die beschworene Zusicherung gewisser Formen und Schranken in der Regierung über die Kirche, in der Lehnsvormundschaft, in der Gerichtsverwaltung, überhaupt Beseitigung der drückendsten Verwaltungsmißbräuche gegen Vasallen, Untervasallen, Städte und Hintersassen. Mitten darunter steht der monumentale Artikel 39, ursprünglich 42:

„Nullus liber homo capiatur vel imprisonetur aut dissaisiatur aut utlaghetur aut exuletur aut aliquo modo destruatur, nec super eum ibimus, nec super eum mittemus, nisi per legale judicium parium suorum vel per legem terre."

Es lag darin die nochmalige bündige Anerkennung des Schutzes der alten Gerichtsverfassung für alle Ansprüche an die Person und das Vermögen, die freilich wie andere Zusicherungen politisch wenig wirksam blieb, so lange daneben das System fortdauerte, den Ungehorsam gegen obrigkeitliche Anordnungen mit arbiträren Ordnungsstrafen zu verfolgen. Dagegen ergeht der unmittelbar wirksame Artikel 20, der die mäßige Handhabung derselben zusichert, und die Einschätzung auf den Eid von Gerichtsmännern: nulla predictarum misericordiarum ponatur, nisi per sacramentum proborum hominum de visneto. Das System der Polizeibüßungen ist damit auf den Rechtsweg gebracht und der späteren Polizeiverwaltung der feste Weg gewiesen.

Das Charakteristische der Magna Charta ist der praktische Sinn in der Abgrenzung der Regierungsgewalten gegenüber dem individuellen Recht. Im Gegensatz neuerer Verfassungsurkunden ist keine sociale Forderung darin zu finden — ein deutlicher Beweis, daß es sich um keinen Streit unter Besitzklassen und Ständen handelte. Wohl aber bezeichnet jeder Artikel der Magna Charta die praktische Kenntniß von der Staatsverwaltung, die den damaligen weltlichen und geistlichen Großen eigen, und die daher auch den Punkt des Leidens und der Abhülfe sicher zu finden wußte.

Zugleich enthält die Magna Charta den ersten Versuch einer reichsständischen Vertretung im Artikel 14:

„Wenn ein Lehnshülfsgeld (auxilium) in anderen als den drei herkömmlichen und ausdrücklich benannten Fällen, oder wenn ein Schildgeld (scutagium) an Stelle der Lehnskriegsdienste erhoben werden soll, wird der König die Bischöfe und Aebte, die Grafen und größeren Barone einzeln durch ein writ zu einem commune concilium regni laden lassen. Und außerdem wird er alle unmittelbaren Kronvasallen durch die Vicecomites und Vögte mindestens 40 Tage vorher mit Angabe des Gegenstandes der Ladung zu dem bestimmten Orte laden: und dann soll die Verhandlung an dem gesetzten Tage vor sich gehen nach dem Beirath der dann Anwesenden, wenn auch nicht alle Geladenen erschienen wären."

Wahrscheinlich entsprach die so projectirte Versammlung den Ladungen, wie sie nach normannischer Hofsitte zu der curia de more ergingen. Die so projectirte Versammlung ist indessen niemals de iure zur Ausführung gekommen. Eine Beschlußnahme über diese Gegenstände durch eine gleichzeitige Versammlung der Prälaten und großen Barone mit mehr als einem halben Tausend kleiner Kronvasallen, deren Zahl seit den Kreuzzügen jedenfalls bedeutend gewachsen war, — dem größten Theil nach Besitzern kleiner Ritterlehne oder Bruchtheile solcher, — und mit ganz unverhältnißmäßig kleiner Stimmzahl des kirchlichen Besitzes, — wäre ein polnischer Reichstag geworden.

Unmittelbar darauf, nach dem Tode Johanns, wird daher auf dem Concilium zu Bristol unter dem Reichsverweser Pembroke zwar mit allgemeiner Zustimmung die Magna Charta bestätigt, jedoch mit Weglassung einiger „gravia et dubitabilia," namentlich jenes Artikels über die Berufung der Kronvasallen zur Steuerbewilligung. Auch die späteren Bestätigungen der Magna Charta lassen immer wiederholt die reichsständischen Klauseln weg, und es folgt nun zunächst ein halbes Jahrhundert der Kämpfe und Schwankungen, in welchen die Elemente einer lebensfähigen Verfassung erst sehr langsam und experimental hervortreten.

Auf der einen Seite versucht ein charakterschwacher, stets wortbrüchiger und unzuverlässiger Monarch die lästigen Zusicherungen der Magna Charta rückgängig zu machen und in alter Weise mit persönlichen Vertrauten und Büreaubeamten die Regierung zu führen; auf der anderen Seite versuchen die großen Barone die reichsständischen Klauseln der Magna Charta zu einer reichsständischen Verfassung auszudehnen, indem sie

(1) periodische Berufungen der Kronvasallen für die Normirung der Hülfs- und Schildgelder beanspruchen und daran allgemeine Beschwerden knüpfen;

(2) indem sie den Einfluß, welchen die großen Barone in der lange dauernden Regentschaft über den minderjährigen König auf Besetzung der Staatsämter erlangt haben, dauernd zu behaupten versuchen.

Das erste Bestreben widerspricht nun aber der zeitigen Gestalt der Staatsleistungen, das zweite der zeitigen Gestalt der Staatsregierung.

Da die Berufungen nach der Magna Charta nur für die scutagia und auxilia bestimmt waren, so war dabei nur von Vasallen die Rede, welche unmittelbar an die Krone zahlen, also tenentes in capite, während doch die materielle Last des Heer-, Gerichts- und Polizeiwesens eben so auf den Untervasallen, zum Theil auf Freisassen und Städten beruhte, welche gar nicht gehört werden sollten. Andererseits sollten große und kleine Kronvasallen indistincte berufen werden, während doch die großen Herren, und noch mehr die Prälaten, jenen Hunderten von knappenlosen Rittern keine Gleichheit zuerkennen konnten, und gegen den Versuch eines selbständigen Mitredens der kleinen sofort ihre überwiegende Macht geltend machten, die dann wieder auf einen Widerspruch der Mittelstände stieß.

Die büreaukratische Gestalt der Staatsregierung andererseits gab jedem Versuch einer Einwirkung auf die Staatsgewalt sofort die Richtung auf Besetzung der Großämter und des Sheriffamts. Die großen Barone waren damit unmittelbar in den Besitz der Gewalt gesetzt, in einer verführerischen, aber auch allen andern Klassen sofort fühlbaren und zum Widerstand reizenden Weise.

Die Kirche, — jetzt auf dem Höhepunkt ihrer Macht, — ist eben so auf Erweiterung ihrer Gewalten bedacht, und macht in so weit mit den großen Baronen gemeinschaftliche Sache.

Da das Königthum in keiner Richtung der Situation gewachsen ist, so gestaltet sich der Streit immer entschiedener zu einem Parteikampf der besitzenden Klassen um den unmittelbaren Besitz der Staatsgewalt. Auch der Versuch, das Königliche Ernennungsrecht durch ein künstliches Wahlsystem und eine Art von „Theilung der Gewalten" zu ersetzen, führt immer wieder zu einer gewaltthätigen Parteiregierung zurück. Der richtige Ausweg einer Heranziehung der Mittelstände zu dem Regiment durch Berufung der communae (a. 1164) wird von dem staatsklugen Führer der Adelspartei zwar endlich gefunden, geht aber in dem gewaltsamen Parteikampf noch einmal verloren.

Die Magna Charta bleibt das größte Dokument der englischen Verfassung. Ihr Verlauf ist aber auch der stärkste Beweis der Wahrheit, daß der gerechteste Widerstand gegen den Despotismus und der edelste Aufschwung des Volksgeistes die politische Freiheit noch nicht unmittelbar zu begründen vermögen; daß es dazu vielmehr einer ausdauernden, bewußten, positiven Gestaltung von Staat und Gesellschaft bedarf, um die besitzenden Klassen an den gleichmäßigen Dienst des Staats zu gewöhnen, um sie durch die Selbstthätigkeit im Einzelen zu der Fähigkeit einer Selbstbestimmung im Ganzen zu erziehen; und daß es dazu wiederum der Königlichen Initiative bedarf, die in England rechtzeitig eintrat. Auf dem Königthum beruhte auch hier der Segen und der Fluch der Völker.

Erst dem regierungsfähigen Nachfolger Heinrich's III. war es vorbehalten, die gegebenen Elemente zu einer reichsständischen Verfassung wirklich zu vereinigen.

Ueber die Gestalt der Staatsregierung und die Hoftage der normannischen Zeit darf ich wohl auf Gneist Bd. I. § 3—11 zurückweisen, sowie auf die sachkundige eingehende Recension von Marquardsen in der Münchener krit. Vierteljahresschrift 1859 Bd. I. S. 234 ff., wo die traditionelle, namentlich auch von Hallam vertretene Ansicht in Schutz genommen wird. Dieser Streitpunkt wird wohl im dritten Theil dieser Schrift (über das Parlament) zum Austrag kommen. Vorläufig kann ich mich auf die quellenmäßigen und vielseitig erwogenen Untersuchungen über die Entstehung der Reichsstandschaft in den Reports on the Dignity of a Peer beziehen, sowie auf die ältere solide Jurisprudenz, welche die Entstehung des öffentlichen Rechts noch in ihren Einzelheiten urkundlich vor sich hatte, wie Lord Coke 9 Reports p. 27: „Every Franchise, Liberty or Privilege, either lies in point of Charter, and cannot be claimed by prescription, or in prescription and usage, without the help of any charter."

*) **Die Artikel der Magna Charta** wurden von Seiten des Königs durch den Grafen Pembroke, von Seiten der Barone durch Robert Fitzwalter, Grafen von Dunmore vereinbart, mit der Ueberschrift: Ista sunt capitula quae Barones petunt, et Dominus Rex concedit. Dann weiter: „Johann von Gottes Gnaden, König &c. an alle Unsere Vögte und Getreuen Gruß: zu wissen, daß wir in der Gegenwart Gottes &c. und mit Beirath Unserer ehrwürdigen Väter Stephan, Erzbischof von Canterbury (folgen noch zehn Prälaten) und der edlen Personen Wilhelm Marschall Graf von Pembroke (folgen noch funfzehn Barone) und anderer Unserer Getreuen — gewähren für Uns und Unsere Erben für immer".

Die Artikel derselben (nach der ersten Fassung von 1215) lassen sich nach verschiedenen Gesichtspunkten ordnen — für die innere Verwaltung am anschaulichsten etwa so wie folgt:

(1) Die Kirche (Anglicana ecclesia) soll frei sein und genießen ihre gesammten Rechte und ihre Freiheiten unverletzlich. Die früher ertheilte Charta über die Freiheit der kirchlichen Wahlen soll getreulich befolgt werden. (Art. 1.) Doch folgt in der Bestätigung 9. H. III. auch schon eine Clausel gegen Veräußerungen zur todten Hand.

(2) Betreffend die Lehnsbeschwerden: der Lehnserbe soll seine Erbschaft haben mit dem alten Relevium für die ganze Herrschaft eines Grafen 100 Pfd. Sterl., für eine ganze Baronie 100 Mark, für ein ganzes Ritterlehn 100 Sh. (Art. 3.) Der Lehnsvormund des minderjährigen Lehnserben soll seine angemessenen Einkünfte und Dienste haben, die Ländereien nicht verwüsten, vielmehr im Stande erhalten. (Art. 5, 6.) Lehnserben sollen standesmäßig verheirathet werden. (7.) Die Wittwe soll ihr Witthum haben und zur Wiederverheirathung nicht gezwungen werden. (8, 9.) Keinem Unterlehnsherrn soll das Recht verliehen werden anders Hülfsgelder, auxilia, von seinen freien Vasallen zu nehmen als ein angemessenes Hülfsgeld in den herkömmlichen drei

Fällen. (18.) Niemand soll pfändungsweise gezwungen werden, mehr an Diensten für ein Ritterlehn oder anderes Freilehn zu leisten als er von früherher schuldig. Der bewegliche Nachlaß eines Vasallen soll nach Abzug der Schuldforderungen des Königs der Wittwe und den Kindern verbleiben. (29.) Kein Burgvogt soll einen Ritter zwingen, Geld zu zahlen für die Burgwacht, wenn er solche in eigener Person thut, oder im Fall der Behinderung durch einen geeigneten Mann, und wenn der König ihn zur Armee sendet, soll er frei sein von Burgwacht während der Zeit, wo er auf Befehl des Königs bei dem Heere ist. (32.) Beschränkung der Vormundschaft über Besitzungen zu feefarm, socage, burgage, petit sergeanty. (40, 41.) Alle vorgedachten Freiheiten, die der König seinen kirchlichen und weltlichen Vasallen verliehen, sollen auch die Unterlehnsherren gewähren ihren Untervasallen. (65.)

(3) Betreffend Städte, Freisassen und Handel: Wenn ein Freimann ohne Testament stirbt, soll sein bewegliches Gut vertheilt werden durch die Hände der nächsten Verwandten und Freunde unter Aufsicht der Kirche, vorbehaltlich der Schulden des Verstorbenen. (30.) Kein Burgvogt oder Königlicher Vogt soll Korn oder anderes Gut von Jemand nehmen, außer gegen Entgeld (31.) Kein Sheriff oder Königlicher Vogt oder Anderer soll Pferde oder Wagen von einem Freimann nehmen zu Fuhren, außer mit dessen Zustimmung. (33.) Weder der König, noch ein Königlicher Beamter oder ein Anderer soll Jemandes Holz nehmen zu Königlichen Burgen oder anderem Gebrauch, außer mit Zustimmung des Eigenthümers. (34.) Jedermann soll rechtmäßig das Königreich verlassen zu Land oder zu Wasser, außer in Kriegszeiten, ausgenommen Gefangene und Geächtete nach dem Recht des Landes. (46.) Außer dem Forst Wohnende sollen nicht vor die Forstrichter geladen werden. (48.) Die neu angelegten Forsten sollen entforstet werden. Alle Mißbräuche, betreffend Forsten, Jagden, Förster, Sheriffs und ihre Beamten sollen in jeder Grafschaft untersucht werden durch zwölf geschworene Ritter der Grafschaft, gewählt durch die guten Männer derselben Grafschaft. (52.) — Ueberhaupt sollen die Freiheiten und Immunitäten aller Städte und Flecken aufrecht erhalten werden. Keine Stadt und kein Freisasse sollen zum Dämmen- und Brückenbau genöthigt werden, wo es nicht herkömmlich gewesen vor Henry II. Das Zwangsfouragiren (Purveyance) soll nur gegen Hintersassen stattfinden. Fremde Kaufleute sollen ohne Beschwerde das Reich betreten und verlassen dürfen. Maße und Gewichte sollen im Reich fest geordnet sein.

(4) Betreffend die Justizverwaltung: Alle Amerciaments sollen abgestuft werden nach der Schwere des Vergehens wie folgt: Liber homo non amercietur pro parvo delicto, nisi secundum modum delicti, et pro magno delicto amercietur secundum magnitudinem delicti salvo contenemento (nöthigem Unterhalt) suo, et mercator eodem modo salva marcandisa sua, et villanus eodem modo amercietur salvo waignagio (Ackerinventar) suo, si inciderint in misericordiam nostram, et nulla predictarum misericordiarum ponatur, nisi per sacramentum proborum hominum de visneto (Art. 23). Comites et barones non amercientur nisi per pares suos, et non nisi secundum modum delicti. (Art. 24.) Ebenso soll ein Geistlicher für sein weltliches Lehen nur nach obigem Maßstab gebüßt werden und nicht nach dem Werth seiner kirchlichen Pfründe. (Art. 25.) Ein writ of inquisition in Criminalsachen auf Leib oder Glieder soll kostenfrei ertheilt und nicht verweigert

werden. (Art. 39.) Kein Freimann soll ergriffen, oder gefangen gesetzt, oder des Besitzes entsetzt, oder geächtet, oder sonst unterdrückt werden, noch wird der König an ihn gehen anders als durch rechtmäßiges Urtheil seiner Rechtsgenossen oder nach dem Landesrecht. (Art. 43, über die Fassung dieses Grundartikels in der Charta Henry III. siehe oben Seite 134.) Nulli vendemus, nulli negabimus aut differemus rectum vel justitiam. (44.) Kein Sheriff oder Königlicher Bailiff soll fernerhin placita coronae entscheiden. Die Richter sollen alljährlich in jeder Grafschaft Umreise halten. Die Bank der gemeinen Prozesse soll nicht mehr dem Hofe folgen, sondern einen festen Sitz erhalten.

(5) Die Gruppe der Artikel, welche die Keime reichsständischer Verfassung enthalten, sollen sogleich noch einer besonderen Betrachtung unterworfen werden.

Gegen den Schluß folgt die Zusicherung, daß der König diese Zugeständnisse nicht widerrufen oder vermindern werde. (68.) „Und es ist beschworen sowohl von Seiten des Königs als von Seiten der Barone, daß alle vorgesagten Dinge getreulich und wahrhaftig befolgt werden sollen." (72.)

) **Die drei Clauseln, welche als Keime einer Reichsstandschaft betrachtet werden können sind:

(1) Die Clausel wegen der amerciaments der Kronvasallen: Comites et barones non amercientur nisi per pares suos, et non nisi secundum modum delicti. Dies hätte im folgenden Jahrhundert zur Bildung eines Pairsgerichtshofs geführt. Für jetzt kam es indessen dazu nicht. Man verstand vielmehr die Clausel so wie man das Gericht der Rechtsgenossen bisher überhaupt behandelt hatte. Es genügte, daß die Sache vor eine Behörde oder Commission verwiesen wurde, welche aus Kronvasallen bestand. So verfuhr schon die Vormundschaftsregierung der Barone selbst (Rot. Cl. 1 Henry III. m. 13). Diese amerciaments werden daher fortan bei dem Königlichen Rath erkannt („coram consilio" nach Bracton). Das Resultat ist also nur ein privilegirter Gerichtsstand vor der Oberbehörde.

(2) Die Zusicherung, daß die auxilia außer den drei herkömmlichen Fällen nicht ohne Zustimmung der Kronvasallen ausgeschrieben und die scutagia nicht ohne ihre Zustimmung normirt werden sollen, ist enthalten in den beiden Artikeln 14 und 17.

(Art. 14.) Nullum scutagium vel auxilium ponatur in regno nostro, nisi per commune consilium regni nostri, nisi ad corpus nostrum redimendum et primogenitum filium nostrum militem faciendum et ad filiam nostram primogenitam semel maritandam, et ad hoc non fiat nisi rationabile auxilium.

(Art. 17.) Et ad habendum commune consilium regni de auxilio assidendo, aliter quam in tribus casibus predictis, vel de scutagio assidendo, summoneri faciemus archiepiscopos, episcopos, abbates, comites et majores barones sigillatim per litteras nostras. Et praeterea faciemus summoneri in generali per vicecomites et ballivos nostros omnes illos, qui de nobis tenent in capite, ad certum diem, scilicet ad terminum quadraginta dierum ad minus, et ad certum locum, et in omnibus litteris illius summonitionis causam summonitionis exprimemus: et sic facta summonitione negotium ad diem assignatum procedat secundum consilium illorum, qui presentes fuerint, quamvis non omnes summoniti venerint.

Es bestätigt sich hier die immer wiederkehrende Erscheinung, daß die ersten aus einem Widerstand gegen die Staatsgewalt unmittelbar hervorgehenden Verfassungsideen unausführbar sind. Die großen Kronvasallen konnten die kleinen, ihre bisherigen Rechtsgenossen, von jenem Zustimmungsrecht weder ausschließen, noch fand sich in dem Herkommen eine Form, ihnen etwa ein vermindertes Recht zu ertheilen. Sie greifen daher auf die herkömmliche Weise zurück, nach welcher aus Courtoisie die großen Herren bisher durch eigenes Kabinetsschreiben (sigillatim per litteras nostras) geladen wurden. Wenn alle anderen collective durch den Sheriff geladen werden, so mochte man wohl darauf rechnen, daß die Mehrzahl nicht erscheinen würde. Immer wäre jedoch ein „polnischer Reichstag" entstanden, wenn die kleine Zahl der majores barones mit mehren Hundert kleineren Besitzern von Einzelhöfen und Parzellen auf gleichem Fuß hätten verhandeln sollen. Es erklärt sich schon daraus, warum im Herbst 1216 gleich nach dem Tode Johann's der Reichsverweser Pembroke diese Clausel für unausführbar hielt, und warum sie in keine spätere Redaction wieder aufgenommen wurde. In einer Conferenz mit dem französischen Prinzen zu Merton war man übereingekommen, in der Magna Charta die gravia et dubitabilia wegzulassen, welche mit der Staatsregierung in ihrer zeitigen Gestalt nicht vereinbar erschienen.

(3) Ein erster Versuch zur Bildung eines landständischen Ausschusses. Zur Sanction gegen Ueberschreitungen beschwören beide Theile die Charte, und für den Fall einer Verletzung seinerseits gesteht der König seinen Unterthanen im äußersten Falle dasselbe Pfändungsrecht zu (distringere), welches ihm gegen diese zukommt zur Erzwingung des Gehorsams. Eine Art von Committee soll die Charte überwachen und im äußersten Falle „cum communa totius terrae" dies Pfändungsrecht ausüben. Zu dem Zweck sollen 25 Barone einen (landständischen) Ausschuß bilden, der seine Beschwerden an den König zu bringen hat, und im Fall der Nichtabhülfe nach 40 Tagen zu jenen Zwangsmaßregeln schreiten mag. Die 25 Barone, unter ihnen der Mayor von London, wurden wirklich erwählt, die Anordnung indessen verlief in einen Bürgerkrieg, in welchem die Barone den ältesten Sohn des Königs von Frankreich unter Anerbieten der Lehnstreue ins Land rufen. Mitten in diesen Wirren stirbt am 19. Oktober 1216 Johann. Unter der nun folgenden Regentschaft wird die Clausel (als durch Wegfall der Veranlassung erledigt) weggelassen. In dem folgenden Menschenalter freilich kam die Adelspartei unwillkürlich auf die Praxis des Widerstandscommittees zurück, und erst der folgenden Periode war es vorbehalten, eine Verfassung zu gestalten, die sich ohne das rohe Hülfsmittel der Gewalt selbst zu tragen vermochte.

***) **Die späteren Bestätigungen und der spätere Verlauf der Magna Charta** zeigen uns neben den schönen kräftigen Zügen eines zur Selbstthätigkeit erwachenden Volks zugleich das erste Bild der Widersprüche zwischen Staat und Gesellschaft in einer unfertigen Verfassung, und die Schwierigkeit ihrer Lösung.

An formellem Verfassungsrecht enthält die Charte, wie gezeigt, sehr wenig, und doch enthält sie im Keim bereits große Züge des englischen Staatswesens, insbesondere auch für die Stellung der höheren Klassen. Die normannischen Herren waren jetzt genöthigt worden, ihre Wahl zu treffen zwischen der Insel und dem Festland. Sie konnten sich hier nicht hinter den schützenden Wällen von Burgen gegen das Königthum festsetzen. Bei der Unmöglichkeit des Einzelwiderstandes gegen die Militärmacht und die Regierungsgewalten dieses Königthums blieb ihnen nur die Wahl, in ihrer Gesammtheit gemeinschaftlich, mit der Geistlichkeit und mit den Sympathien des Volkes hinter sich, die Willkür einer absoluten Regierung zu bekämpfen, sich und dem Volke gemeinschaftliche Rechte und Garantien dagegen zu erkämpfen, und so die Verfassung zuerst auf die persönliche Freiheit, den gleichmäßigen Rechtsschutz für Personen und Vermögen, zu begründen. In diesem Sinn war die Magna Charta zugleich ein Pfand der Versöhnung der Nationalitäten wie der Stände, — das historische Grunddenkmal der Zeit, die staatsrechtliche Grundlage aller Zukunft. „Daß England jenes große Blatt hervorgebracht, es erhalten, es gefördert hat, das begründet sein unvergängliches Recht auf die Achtung der Menschheit. Sein Bacon und sein Shakespeare, sein Milton und sein Newton mit all den Wahrheiten, die sie geoffenbart, sind doch nicht Erscheinungen von so hoher Bedeutung wie jene einmüthige Huldigung, die das Volk und seine Fürsten dem Rechte dargebracht und der Gerechtigkeit. Aber vielleicht wird man mit größerer Wahrheit sagen, daß jene mächtigen Geister nur da erstehen konnten, wo Gleichheit des Gesetzes waltete, nur da zur vollen Kraft des Wirkens sich erheben, wo jener Geist wehte, den der große Freiheitsbrief seinen Vätern eingeflößt." (Mackintosh, History Bd. II. a. 1215.)

An die Stelle des früheren Verlangens nach Bestätigung der Gesetze Eduards tritt nunmehr das immer wiederholte Verlangen nach Bestätigung der Magna Charta, und bis zum Schluß des Mittelalters hat man 38 solcher Confirmationen zusammengezählt. Ihre Entstehung wie ihre Bestätigungen hielten Jahrhunderte lang lebendig das Gefühl der Gemeinsamkeit gewisser Grundrechte für alle Klassen. Da das Vermögens- und Familienrecht der Freisassen sich einmal einheitlich gestaltet hatte, da ein besonderes Recht für Adel, Bürger und Bauern nicht mehr möglich war, so nahmen diese Kämpfe fortan die Richtung auf gemeinsame rechtliche Schranken der Regierungsgewalt. So lange der Streit diese Richtung hat, finden wir Geistlichkeit und Volk auf der Seite des Adels, darüber hinaus die unteren Klassen auf Seite des Königthums.

Ein halbes Jahrhundert hindurch bot England freilich statt der Früchte eines so großartigen Anfangs zunächst nur das Bild einer wunderbaren Unstetigkeit und blutiger Parteikämpfe dar. Nach Wiederherstellung einiger Ordnung im Reich war 1217 eine neue Bestätigung der Magna Charta erfolgt, mit Weglassung der ständischen Clausel, dagegen mit Gewährung einer besonderen Charta de foresta über mildere Handhabung der Forstgesetze. Nach dem Tode des Reichsverwesers beginnen unter der Regentschaft schon bedenkliche Adelsfehden. In 9. Henry III. wird (wieder mit Weglassung jener Clausel) die Magna Charta nochmals bestätigt, und in dieser Gestalt ist sie später in die currenten Gesetzsammlungen aufgenommen. Zwei Jahre später übernimmt indessen Heinrich III. auf dem Reichstage zu Oxford persönlich die Regierung des Reichs (1227) und beginnt solche mit dem Widerruf der beiden Freibriefe, dem sich Adel und Geistlichkeit murrend fügen. Die Verwaltung wird nun in alter fiskalischer Weise im Innern, unbesonnen und schwach gegen die römische Curie nach Außen, durch Günstlinge und mit wachsender Unzufriedenheit geführt. Es scheint, daß bei periodischen Ausschreibungen von Hülfs- und Schildgeldern in dieser Zeit mit den zu Hofe geladenen Prälaten und Baronen wirklich verhandelt wurde. Schon in 28. Henry III. tritt jedoch die Forderung der Berufung einer allgemeinen Versammlung zur Festsetzung der Hülfs- und Schildgelder bestimmter auf (quod sine communi universitate nihil facerent Math. Paris). In 30. Henry III. sieht sich der König durch dringende Geldverlegenheit zur Wiederbestätigung der Magna Charta gezwungen, in der jedoch auch diesmal die reichsständischen Clauseln wegbleiben, ebenso wie in den nachfolgenden Bestätigungen. Um dieselbe Zeit, wie gerade 100 Jahre früher in Frankreich, tritt nun auch zum ersten Male der Name Parliamentum auf, (Chron. Dunst. 1244. Math. Paris 1246) und merkwürdiger Weise bezeichnet Heinrich III. mit diesem Namen gerade den Entstehungsakt der Magna Charta (Rot. Claus. 28. Henry III. Parliamentum Runemede, quod fuit inter Dom. Joh. Regem et Barones suos Angliae). Der Name Parliament wird von nun an häufiger, ohne die unbestimmteren Concilium, Colloquium etc. zu verdrängen.

Von da an beginnt ungefähr ein Vierteljahrhundert hindurch ein Streit zwischen Adel und König über Besetzung des Königlichen Raths. Die Reichsregierung, welche von den früheren Normannenkönigen durch das Schatzamt, durch einen capitalis justitiarius, Kanzler und einige persönliche Räthe geführt worden war, hatte während der elfjährigen Regentschaft eine mehr collegialische Form, die eines „consilium regis" erhalten. Der beherrschende Einfluß, welchen dadurch die Vornehmsten des Landes gewonnen, war unvergessen. Ohne die Königlichen Regierungsgewalten, welche im Kriegs-, Finanz- und Gerichtswesen längst feststanden, in Frage zu stellen, nehmen nun die Kämpfe des Adels unmittelbar die Richtung auf Besetzung der Hauptstellen in dem Rath des Königs, während dieser, das alte Recht der persönlichen Ernennung festhaltend, nur durch persönlich ergebene Vasallen und Büreaubeamte die Regierung in alter Weise fortzuführen sucht. Im Jahre 1248 beschweren sich die Barone gegen die „Günstlinge", insbesondere darüber, daß weder ein Großrichter, noch ein Kanzler, noch ein Schatzmeister im Parlament ernannt sei. Bald darauf (1253) erfolgt eine Bestätigung der Magna Charta mit Zuziehung der Prälaten in der großen Halle von Westminster unter dem größten kirchlichen Ceremoniell und Excommunicationsdrohungen gegen jeden Uebertreter. Heinrich beschwört sie, „so wahr er ein Mann, ein Christ, ein Ritter, ein gekrönter und gesalbter König" sei (erhielt aber doch noch einmal eine päpstliche Dispensation vom Eide). Die Bestrebungen des Adels greifen nun aber weiter. Dem König wird durch die Adelsverbindung ein Großrichter, Schatzmeister und Siegelbewahrer geradezu aufgedrungen. Auf dem Reichstag zu Oxford (1258) lebt die Idee eines landständischen Ausschusses nach dem Vorbild der Magna Charta wieder auf, mit allerlei künstlichen Projecten, welche die Neuheit des Verhältnisses hinreichend bezeichnen. (Hauptstelle: Les XXIV ont ordene, ke treis parlamens seint par an; a ces treis parlamens vendrunt les cunseillers le roi eslus, — ke le commun eslise 12 — prodes hommes ke vendrunt as parlemens — pur treter de besoigne le rei et del reaume. Peerage Report I. p. 102.) Zwölf aus dem Königlichen Rath und zwölf aus den Baronen sollen zusammentreten, jeder Theil zwei aus der anderen Abtheilung wählen, diese vier dann einen weiteren Rath von 50, und diese eine Regierung von je sieben Personen aus jedem der beiden Theile wählen. Die Verfassungsideen dieser Zeit sind der naive Ausdruck der Weise, in welcher ge sellschaftliche Klassen sich den bestimmenden Antheil an der Staatsregierung denken, bevor die Grundlagen dazu und die Gewöhnung an Selbstverwaltung im Einzelen vorhanden sind. Sie erinnern insofern an die cahiers des französischen Adels vor Ausbruch der Revolution: jährlich dreimal ein Parlament, jährliche Ernennung des Großrichters, Kanzlers, Schatzmeisters u. A. im Parlament; die Barone übernehmen die Bewachung der Königlichen Schlösser; die Sheriffs sollen künftig von den Grafschaften gewählt werden, dagegen sollen die Barone nicht mehr schuldig sein, als Gerichtsmänner vor dem Sheriff zu erscheinen u. s. w. Die nach diesen Ideen gebildete Regentschaft läßt sich Gehorsam schwören, vertreibt die nächsten Angehörigen des Königs, verlängert sich die Aemter; der Adel spaltet sich indessen, der König behält wieder die Oberhand (1261). Die Adelsverbindung unter Simon von Montfort greift nun aber zu den Waffen, der König wird in der Schlacht bei Lewes (12. Mai 1264) gefangen genommen, die Magna Charta nochmals bestätigt, eine neue Regentschaft im Namen des Königs eingesetzt, eine Versammlung von 23 Baronen der Adelspartei als Parliamentum berufen. Allein die siegreiche Partei findet von Anfang an zweifelhaften Gehorsam. Die von ihr eingesetzten Grafschaftsbeamten gebährden sich hochmüthig und willkürlich. In der sehr bald eintretenden Reaction unterliegen die Führer. Der König gewinnt wieder die Oberhand, die Besetzung der Aemter, und nach schweren Prüfungen finden wir 1267 Heinrich III. wieder auf dem Parlament zu Marlebridge als Gesetzgeber die Verhältnisse des Reichs ordnend, unter wiederholter Bestätigung der Magna Charta.

Die Staatsregierung hatte nun einmal durch die normannische Zeit eine Gestalt gewonnen, in welcher der Besitz und das Recht der herrschenden Klasse, die Stellung der Städte, alle normale wie alle Ausnahmsgestalt des obrigkeitlichen Rechts als Ausfluß der Königlichen Gewalt erschienen. Alle Organe des Staats waren so gestaltet, um ihre Impulse unmittelbar von dem König im Rath zu erhalten. Sobald sich daher die Adelsparteien der Gewalt an dieser Stelle einmal bemächtigt hatten, so verkehrte sich die Regierungsgewalt unmittelbar zum Parteiinstrument, wie überall, wo ständische Körper unvermittelt an den absoluten Staat herantreten.

Unter solchen Umständen zeigte es sich bald, daß noch ein drittes Element vorhanden war, welches in der Vertretung der Staatsleistungen noch fehlte. Dieses dritte Element ist aber die Gesammtheit der kleineren Kronvasallen, Untervasallen und freien Männer Englands, die Communitates der Grafschaften und Städte. Von Anfang der Regierung Heinrich's III. an mehren sich daher die Aufmerksamkeiten, welche man ihnen erweist. Man fordert sie auf, durch Abgeordnete ihre Beschwerden gegen die Sheriffs vorzubringen, man betheiligt sie bei der Umlegung und Erhebung von Steuern, man bietet ihnen die Wahl ihrer Sheriffs an; 1258 werden sie aufgefordert zwei Ritter vice omnium et singulorum zu erwählen, damit diese der Berathung der auxilia wegen coram consilio Regis erscheinen. 1261 beruft Simon von Montfort drei Ritter aus jeder Grafschaft zu einer (berathenden) Versammlung, während der König dieselben Abgeordneten zu seinem Concilium nach Windsor einladet. Nach der Gefangennahme des Königs endlich beruft Simon unter dessen Namen 2 Ritter aus jeder Grafschaft, 2 Bürger aus einer Anzahl Flecken (1265) zu einem Reichsrath, und insofern schließt dieser Zeitabschnitt — mit dem Geburtstag des Unterhauses.

Dritte Periode.

Die reichsständische Zeit.

Eduard I. 1272—1307.	Heinrich V. 1413—1422.
Eduard II. 1307—1327.	Heinrich VI. 1422—1461.
Eduard III. 1327—1377.	Eduard IV. 1461—1483.
Richard II. 1377—1399.	Eduard V. 1483.
Heinrich IV. 1399—1413.	Richard III. 1483—1485.

A. Mit Eduard I. beginnt das Jahrhundert englischer Geschichte, welches für das innere Leben der Verfassung die fruchtbarste Periode geworden ist. Zwar folgt noch einmal eine Zeit der Verwirrung und des scheinbaren Rückganges im 15ten Jahrhundert. Allein die Grundlage, welche das englische Staatswesen durch jenes Jahrhundert der organischen Gesetze einmal erhalten hat, sind dennoch entscheidend geblieben für die Zukunft des Landes.

Der feindselige Gegensatz der Nationen ist jetzt überwunden. Die noch erkennbar vorhandene Mischung der Stämme, der aufblühende Wohlstand des Landes durch Ackerbau, Handel und Gewerbe, ja selbst die wachsende Spannung zwischen Kirche und Staat und die wachsende Macht der Großvasallen, erhalten lange Zeit hindurch unter der kräftig ordnenden Hand des Königthums eine glückliche Richtung zur Entfaltung der Staatskräfte. Der Anerkennung der persönlichen Freiheit durch die Magna Charta folgt die politische Freiheit, welche durch Umbildung der communalen Institutionen auch die bisherigen Mittelstände zur Theilnahme an dem Reichsregiment heranzieht. Dieser neue volksthümliche Geist vermag nicht nur das Gebiet des Inselreichs zu erweitern und abzurunden, sondern sich dann auch mit überwältigender Kraft auf das innerlich zerrissene Frankreich zu werfen.

Ein halbes Jahrhundert der Schwankungen und Kämpfe unter der ruhmlosen Regierung seines Vaters hatten in Eduard I. die Ueberzeugung hinterlassen, daß die immer wiederholte Forderung der Magna Charta, der Widerstandsgeist der Barone, die Uebergriffe der Kirche ihren letzten Grund hatten in dem erwachenden Volksgeist der jetzt wieder einheitlichen Nation. Mit dem Gefühl der nationalen Einheit war der Hauptgrund weggefallen, der England auf zwei Jahrhunderte der politischen Freiheit unfähig gemacht. Mit jener Magna Charta, mit den dadurch gebotenen zahlreichen Rücksichten der Reichsverwaltung, mit den Concessionen welche der Kirche thatsächlich gemacht waren, mit der wachsenden Geltung der Ritterschaft in den Grafschaftsverbänden und mit den Ansprüchen der Städte, war eine Regierung nicht mehr möglich, wie sie die Könige von England bisher mit ihrem Schatzamt und einigen vertrauten Rathgebern geführt hatten. Der wahrhaft königliche Gedanke in Eduard I. und III. ist die Zusammenfassung dieser widerstrebenden Elemente zur Selbstthätigkeit im Dienst des Staats, die Heranziehung ihres Volks zu den großen Aufgaben des Staats im Innern und nach außen.

Unter Eduard I. erscheint als Mittelpunkt der Staatsregierung ein fester Staatsrath, the continual council, gebildet aus den Baronen und Prälaten, welche die höchsten Militär-, Gerichts- und kirchlichen Angelegenheiten in verfassungsmäßigen Aemtern leiten, — unter dem späteren Namen Privy Council Jahrhunderte lang der verfassungsmäßige Sitz der Reichsregierung.

Die langerstrebte Mitbeschließung der besitzenden Klassen wird nun so gestaltet, daß eine größere Zahl von Prälaten und Baronen durch Königliche Berufung dem permanenten Rath hinzutreten. Die Bischöfe und eine Anzahl Aebte für die kirchliche Hälfte des Staats, die Seigneurs der Lehnsmilizen und andere in Commandos und Grafschaftsverwaltung bewährte Mannen für die weltliche Seite, treten periodisch dem Staatsrath hinzu, und bilden mit diesem ein Magnum Concilium oder Reichsrath, der bis zum Schluß dieser Periode den Charakter einer stetigen, erblichen Reichsstandschaft gewinnt.

Als weitester Kreis werden zu dem Reichsrath Abgeordnete der communitates berufen, d. h. der Grafschaften und einer Anzahl (in Gericht, Polizei und Steuer analog gestellter) Städte zur Besprechung über außerordentliche Beiträge, und bald auch weiter „zur Stärkung der Gesetze und zur Abhülfe der Landesbeschwerden." Im Laufe der Regierung Eduard's III. erscheinen die Communen zu einer Körperschaft constituirt mit ihrem eigenen Sprecher.

So war der äußere Rahmen eines Ober- und Unterhauses gebildet, unter dessen Beirath und Zustimmung im engeren und weiteren Kreise das Königthum, als King in Council und als King in Parliament, die organische Gesetzgebung dieser Zeit gestaltet hat, welche Besitz und Amt, gesellschaftliche Macht und öffentliche Pflicht in jenes harmonische Verhältniß setzt, auf dem die Parlamentsverfassung beruht.

Es geschieht dies zunächst mittels Durchführung der persönlichen Wehrpflicht. Neben dem Lehndienst, der nur auf dem größeren Grundbesitz ruht, werden die gesammten Freisassen zu einem persönlichen Milizdienst, abgestuft nach Grundbesitz und beweglichem Vermögen, herangezogen.

In noch stärkerem Maß werden Ritter, Freisassen und Städter an dem Gerichtsdienst in der jetzt zeitgemäßen Gestalt des Geschworenendienstes betheiligt.

Die schwerfällige und lästige Polizei- und Inquisitionsthätigkeit der Gemeinden nach dem normannischen System concentrirt sich mehr in Einzelämtern. Für die höheren Functionen ist nach längeren experimentalen Versuchen seit 1360 das Friedensrichteramt gebildet, welches die wichtigeren Polizeifunctionen von dem Amt der Sheriffs abzweigt, und ernannten Polizeiverwaltungs-Commissionen von gentlemen unter Assistenz von Rechtskundigen überträgt. Die unteren Pflichten der kleineren Ortsgemeinden consolidiren sich in dem Gemeindeamt der constables.

In gleicher Weise wird in den Städten die Polizeiverwaltung und der Geschwornendienst der eigentliche Kern der Städteverfassungen.

Alle diese Aenderungen bedingen eine sehr specialisirte Gesetzgebung, besonders in den Gebieten der Rechtsprechung, der Sicherheits- und der Gewerbepolizei, welche in Wechselbeziehung zu dieser Entwickelung der Selbstverwaltung stehen. In keinem Lande Europas ist im Mittelalter so viel positiv gestaltet worden, wie in dieser Gesetzgebung, für welche kein Gegenstand zu groß, kein Gegenstand zu klein erscheint. Dem barschen Regiment der Normannenzeit verdankte das Land ein Großes: die Gewöhnung der besitzenden Klassen, Jahr aus Jahr ein dem Gebot des Staats hold und gewärtig zu sein im Kriegs-, Gerichts- und Polizeidienst. Nachdem seit Menschenaltern der große Besitz gewohnheitsmäßig zu persönlicher und Steuerleistung herangezogen war, blieb dieser ausbauenden Gesetzgebung die Aufgabe, jene Leistungen für den Staat zeitgemäß umzugestalten und gleichmäßiger zu vertheilen.

Dank ihrer Selbstthätigkeit aber gewinnen neben den Seigneurs und Prälaten auch die Kreis- und analogen Stadtverbände in dieser Zeit ihre Selbständigkeit. Die durch das ganze Land gehende Gleichmäßigkeit ihrer Leistungen giebt ihnen, stetig wachsend, das Gefühl der gleichen und gemeinsamen Rechte. Im Laufe von zwei Jahrhunderten hat nunmehr das Haus der Communalverbände schrittweise seine Gleichstellung mit dem Oberhause und gemeinsam mit diesem die parlamentarischen Grundrechte errungen.

So ist dies Zeitalter in Entfaltung der politischen Freiheit zugleich die Bildungszeit für den Nationalcharakter Englands, seine Staats- und Gerichtsverfassung, sein gemeines Privatrecht, seine Universitäten, sein Sprachidiom geworden.

Unter den Quellen und Hülfsmitteln für diese Periode sind wieder voranzustellen die Staatsurkunden, und zwar:

1) Die Statute Rolls, die als amtliche Redaction der Parlamentsbeschlüsse von dauernder Geltung, seit 6. Edw. I. bis zu 8. Edw. IV. vorhanden sind, mit einer Unterbrechung von 1430—1445, und welche auch der amtlichen Gesetzsammlung von 1810 ff. (Statutes of the Realm) zu Grunde liegen. Ueber deren Quellen vergl. die Introduction.

2) Die Staatsrathsverhandlungen, jetzt gedruckt als Proceedings and Ordinances of the Privy Council of England, commencing 10 Ric. II. to 33. Henr. VIII. 7 Vols. 8. 1834—1837, und dazu die Monographie Sir Fr. Palgrave's, An Essay upon the Authority of the King's Council. 1 Vol. 8. 1834. Ueber die Schatzurkunden und die Verarbeitung derselben in Madox, History of Exchequer vgl. oben S. 47, wozu noch Devon's Auszüge aus den Schatzkammerrollen für den Schluß dieser Periode hinzutreten. Ueber das große Verzeichniß der Lehne, Unterlehne, serjeanties, Kirchen Königlichen Patronats, Lehnsabgaben aus der Zeit Edw. II.—III. unter dem Titel „Testa de Nevill, or liber feodorum" vergl. Cooper, Account Vol. I. p. 258. Ueber die Hundred Rolls aus der Zeit 2. Edw. I. vergl. Cooper I. 267.

3) Die Parliamentary Rolls, d. h. Registraturen von Beamten der Kanzlei über die wichtigeren Hergänge im Parlament, jetzt gedruckt als „Rotuli parlamentorum ut et petitiones et placita in parliamento." Vol. I.—VI. und Index, 1832. fol., sehr reichhaltig seit Eduard III.

4) Speziell wichtig sind die noch vorhandenen Ladungsschreiben für die Pairs und Prälaten zum Oberhaus und die noch vorhandenen writs an die Sheriffs zur Ladung der Grafschafts- und städtischen Abgeordneten, gesammelt in Sir W. Dugdale, A perfect copy of all Summons of the Nobility to the great Councils and Parliaments of the Realm from 49. Henr. III. to his now times. London 1685. fol., und im Appendix zu den Reports on the Dignity of a Peer. H. of Lords. 1826. Dazu die Parliamentary writs ed. Fr. Palgrave 1827. fol.

5) Die allgemeine Sammlung der Staatsurkunden von Rymer, Foedera, Conventiones, Litterae etc., new Edition 1816—1830. 3 Vols in 6 parts, reicht bis anno 1391.

Von den zur vorigen Periode erörterten Rechtsbüchern reicht in den Anfang dieser Zeit Britton und Fleta, sowie Horne's Myrrour aux Justices (vgl. Biener, Engl. Geschw.-Ger. II. 287 ff.). Die eigentliche Autorität für die Gerichtspraxis sind die sog. Yearbooks, d. h. die seit Edw. II. beginnende Präjudiziensammlung der Reichsgerichte.

Von der englischen Rechtsgeschichte des Reeves, History of the English Law, third Edition, London 1815, gehört hierher hauptsächlich Bd. II. und III. Einen Commentar zu den Hauptgesetzen giebt Coke, Institutes P. II. und Barrington, Observations. 1775. 4. Bedeutende Grundlagen für die Verfassungsgeschichte dieser Zeit enthält der Lords Report on the Dignity of a Peer von 1820 ff. First, Second, Third, Fourth Report (gedruckt 1826. 2 Vols. fol.).

Von den Darstellungen der allgemeinen Geschichte Englands vorzugsweise: Hallam, View of the State of Europe during the Middle Ages, Cap. VIII. Lappenberg-Pauli, Geschichte Englands, Bd. III.—V.

Von deutschen Monographien verdient auch hier eine ehrenvolle Erwähnung: Biener, die englische Jury, 1850, 1851, 1855. 3 Bde. 8.

Richtig erkannt ist die stille, aber großartige Bedeutung dieser Periode in Macaulay's Geschichte Cap. 1 med.: „Wie unfruchtbar und dunkel (?) auch dieser Theil unserer Annalen ist, so müssen wir doch dort den Ursprung unserer Freiheit, unseres Glückes und unseres Ruhmes suchen. Denn damals war es, wo das große englische Volk sich bildete, wo der Nationalcharakter jene Eigenthümlichkeiten zu entwickeln begann, die er seitdem immer bewahrt hat, und wo unsere Väter im vollständigsten Sinne Insularen wurden, Insularen nicht blos in der geographischen Lage, sondern auch in ihrer Politik, ihren Gefühlen und ihren Sitten. Da erst zeigte sich mit Bestimmtheit jene Verfassung, welche immer seitdem, durch alle Wechsel, ihr identisches Wesen bewahrt hat; jene Verfassung, deren Nachbildungen alle anderen freien Verfassungen der Welt sind, und die, trotz einiger Mängel, als die beste betrachtet zu werden verdient, unter der irgend eine große Gesellschaft noch jemals durch viele Jahrhunderte bestanden hat. Damals war es, wo das Haus der Gemeinen, dieses Vorbild aller repräsentativen Versammlungen, welche jetzt in der alten, wie in der neuen Welt zusammenkommen, seine ersten Sitzungen hielt. Damals war es, wo das gemeine Recht sich zu der Würde einer Wissenschaft erhob und plötzlich ein nicht unwürdiger Rival der kaiserlichen Jurisprudenz wurde. Damals war es, wo der Muth jener Schiffer, welche die rohen Barken der fünf Häfen bemannten, zuerst die Flagge Englands furchtbar auf dem Meer machte. Damals war es, wo die ältesten Collegien, welche noch bestehen, in den beiden großen nationalen Sitzen der Gelehrsamkeit gegründet wurden. Damals bildete sich jene Sprache, weniger musikalisch zwar als die Sprachen des Südens, aber an Kraft, an Reichthum, an Tauglichkeit für die höchsten Strebungen des Dichters, des Philosophen und des Redners nur der Sprache Griechenlands nachstehend. Damals auch erschien der erste schwache Schimmer jener edlen Literatur, des Glänzendsten und des Dauerndsten von dem Vielen, was Englands Ruhm ist." — Ueber die von Macaulay behauptete „Dunkelheit" läßt sich aus den Unterlagen dieses Staatswesens wohl an den meisten Punkten Licht verbreiten.

B. Das Communalwesen dieser Zeit erscheint zunächst als Consolidirung der seit Heinrich II. begonnenen Refor-

men. In dem Heerwesen entstehen aus Lehns- und Grafschaftsmilizen neue zusammengesetzte Armeen. In der Gerichtsverfassung gestaltet sich die Jury für Civil- und Strafsachen gleichartiger, unter gleichmäßiger Leitung der Reichsrichter. In der Polizeiverfassung treten die bedeutendsten Reformen ein, namentlich durch die Entstehung des Friedensrichteramts, welches auch auf die Stadtverfassungen zurückwirkt. Aus den fortschreitenden Bedürfnissen der größeren Gemeindeverbände entwickelt sich ein Communal-Steuersystem. Allen diesen Fortschritten gegenüber steht die alte Verfassung der Kirche, äußerlich noch unbeweglich, innerlich schon erschüttert durch die Vorboten der Reformation.

I. **Die Heeresverfassung ist jetzt eine zusammengesetzte.** Die seit Heinrich II. wieder auflebende Grafschaftsmiliz ist die fortschreitende Bildung, die Lehnsmiliz die verfallende. Aus einer glücklichen Combination beider Elemente aber bilden sich zur Zeit der großen Kriege mit Frankreich die zusammengesetzten Heere, welche lange Zeit hindurch den Kriegsruhm in Europa davontrugen.

1. Die Grafschafts-Miliz[1]) erhält eine neue Ordnung unter der kriegerischen Regierung Eduard's I. Mit Zustimmung des Parlaments erklärt das St. Winchester 13. Edw. I. c. 6 die waffenfähigen liberi homines vom 15ten bis zum 60ten Jahre pflichtig zu Landwehrdienst und Waffenhalten. Der römischen Centurienverfassung vergleichbar werden dabei 5 Stufen gebildet von 15, 10, 5, 2 bis 5 und unter 2 Pfund Silber, also ungefähr von 300 Thlr., 200 Thlr., 100 Thlr., 40 bis 100 Thlr. und unter 40 Thlr. Grundrente. Neben die beiden ersten Klassen ist ein bewegliches Einkommen von 560 Thlr. und 280 Thlr. gestellt. Nach heutigem Geldwerth sind diese Ansätze jedenfalls mehr als fünfmal höher zu denken. Die erste Klasse soll mit Brustharnisch, Brustplatte, Schwert, Messer und Pferd gerüstet sein, und unverkennbar sind darin die alten Lehnsmilizen enthalten; denn am Schluß der vorigen Periode berechnete man ein Ritterlehn gerade zu 15 Pfund Silber Jahresertrag. Durch die neue Berechnung nach Geldwerthen sind aber Rittergutsbesitzer, Bürger, Freibauern, Hauseigenthümer ꝛc. stufenweis neben einander gestellt, die wohlhabenden freemen der Städte auch ohne Rücksicht auf Grundbesitz überhaupt. Der Bürger und kleinere Freisasse der unteren Stufen soll mit Wamms, Eisenhut und Lanze bewaffnet sein. Daneben sind die specielleren Vorschriften der Assize of arms Hen. II. als fortdauernd gemeint. Der König hat also die Befugniß, durch besondere Commissarien die Waffenpflichtigen zu verzeichnen, abzuschätzen,

Ungehorsame zu büßen. In jeder Hundertschaft soll ein Constable (Chief Constable) ernannt werden; in den alten Zehntschaften und villatae wird der Dorfschulze meistens zum Constable (Petty Constable) ernannt und erhält dadurch ein neues Milizamt. Eine Waffenschau, view of armour (Compagnieversammlung), soll jährlich zweimal stattfinden. Für die Zwecke des Landfriedens stehen diese Mannschaften unter dem Aufgebot des Sheriff. Bei drohendem Kriege aber sendet der König kriegskundige Personen als Commissarien, um die Miliz des Bezirks „in militärische Ordnung zu bringen.“ Unter Eduard I. und II. kommen mehre solcher Ordonnanzen vor, mit der Anweisung, allen Personen von genügendem Besitz bekannt zu machen, daß sie sich bereit halten, dem König gewärtig zu sein, so oft er sie berufen werde. Es werden Commissionen ertheilt, um in verschiedenen Grafschaften „eine Anzahl von Pferden und Fußvolk für den Dienst der Krone“ zu gestellen. Eine Verwendung für auswärtige Kriege stieß indessen auf den Widerspruch des Parlaments. Nach 1. Eduard III. st. 2 c. 5 u. 7 soll Niemand fortan verpflichtet sein, sich zu bewaffnen anders als er schuldig gewesen in der Zeit der früheren Könige von England, und Niemand gezwungen werden aus seiner Grafschaft zu gehen, außer wo es die Nothwendigkeit erfordert und ein plötzliches Einbrechen fremder Feinde in das Reich; und dann soll es geschehen, wie es üblich gewesen in vergangenen Zeiten zur Vertheidigung des Reichs. Nach 25. Eduard III. st. 5 c. 8 soll Niemand verpflichtet sein bewaffnete Männer zu gestellen, Hoblers (leichte Reiter) oder Bogenschützen, anders als wenn er durch seinen Besitz dazu verpflichtet ist, und Niemand gezwungen werden außerhalb des Reichs zu gehen unter allen Umständen, — noch aus seiner Grafschaft, außer in Fällen dringender Nothwendigkeit, ohne Consens des Parlaments. Der regelmäßige Dienst war damit auf die Grafschaft und auf die Zwecke der Landesvertheidigung beschränkt, alles Weitergehende an die Zustimmung des Parlaments gebunden. Beide Statuten wurden dann bestätigt durch 4 Henry IV. c. 13, und namentlich die Commission of Array, so gefaßt, um die Einführung neuer Strafartikel darin zu verhüten. In den meisten Theilen des Landes mochte diese Miliz als Masse unkriegerisch genug aussehen, in vielen Bezirken aber diente sie als treffliche Schule für ein gutes Fußvolk und Bogenschützen, welche auf dem Continent noch nicht ihres Gleichen fanden.

2. Die alten Lehnsmilizen[2]) hatten schon im Verlauf der vorigen Periode ihre straffe normannische Ordnung verloren. Die Zustände des Continents: Hunderte von fehdeberechtigten Grundherr-

schaften und befestigten Städten, unzählige Burgen, zahlreiche kurze Feldzüge, kleine Belagerungen, sind in England nicht vorhanden. Die Burgen und befestigten Städte sind im Besitz oder unter Botmäßigkeit des Königs. Auch von Behauptung der normannischen Eroberung konnte seit der Verschmelzung der Nationen, seit der Magna Charta nicht mehr die Rede sein. Nachdem die Gefahr der dänischen Einfälle aufgehört hatte, schien eine stehende Vertheidigungsarmee nur noch nöthig für einige Grenzmarken, die eben deshalb eine abweichende Heeresverfassung behalten. Die Zusammenberufung der Lehnsmilizen in Masse aber erschien nunmehr auch in der gemeinen Meinung nur als eine Musterung. Nur die großen Barone haben unveränderlich die alten Kriegsneigungen bewahrt, während die kleineren Kron- und Untervasallen in verschiedenen Richtungen auseinandergehen, und ihrer Neigung nach bald dem Ackerbau, bald dem Kriegsdienst gegen Sold, bald dem früh angesehenen Staatsdienst folgen. Bezeichnend genug dafür sind die seit Heinrich III. immer wiederkehrenden Zwangsmaßregeln zum Einholen des Ritterschlags. Es werden allmälig wieder dieselben Momente wirksam, aus denen die Zersetzung des Kriegswesens in der späteren angelsächsischen Zeit hervorgegangen war.

Eine Stellvertretung im Lehndienst mit Genehmigung des Kriegsherrn scheint von Anfang an häufig gewesen zu sein. Seit Heinrich II. hat ein System der Geldablösung des persönlichen Dienstes durch ein Schildgeld, scutagium, in großem Maßstab begonnen. Es wird Anfangs von Einzelen 3 Pfund Silber für den vierzigtägigen Dienst eines Jahres gezahlt; doch wechseln die Ansätze mit 1, 2, 3 Pfd. Sterl., 1, 2, 3 Mark Silber, wahrscheinlich mit Rücksicht auf die Bedeutung des Feldzuges, das zeitige Geldbedürfniß und die zeitige Machtstellung des Königthums. Eben dieser Willkür wegen vereinigt sich die Gesammtheit der Kronvasallen zu der Forderung, daß die Abmessung der Schildgelder durch Vereinbarung mit einem Parliament geschehen solle. Seit der Magna Charta ist diese Forderung einmüthig festgehalten, unter Heinrich III. thatsächlich geübt, unter Eduard I., II. und III. dem Rechte nach anerkannt. Die Ablösung wird nunmehr die Regel, und seit Eduard II. schmelzen die Schildgelder mit den allgemeinen Bodensteuern, seit Eduard III. mit der Gesammtheit der directen Steuern immer vollständiger zusammen.

Indessen wurde doch der Grundsatz der Verpflichtung der Lehnsbesitzer zum persönlichen Kriegsdienst nicht aufgehoben, um so mehr, als der Milizdienst seit Eduard III. ausdrücklich auf einen inneren Landesdienst beschränkt war, während der Lehndienst von Anfang an auf ein „intra et extra universum regnum“ gestellt war. Bei den Fehden mit Schottland werden auch noch zuweilen Abtheilungen der Lehnsmilizen als solche activ. Es hört überhaupt mit dem Ablösungssystem weder die kriegerische Neigung, noch die kriegerische Uebung des großen Grundbesitzes auf; es tritt aber eine Arbeitstheilung ein, bei welcher der schwere Reiterdienst vorzugsweise von denen, welche Beruf und Neigung dazu fühlen, insbesondere auch von jüngeren Söhnen gegen Soldzahlung versehen wird, zu welcher nun die Ritterlehne in erster Stelle und gleichmäßig steuern. Ueberhaupt führt dieser Zersetzungsprozeß vorzugsweise zu einer Erweiterung der Macht der großen Barone. Der blühende Zustand des Reichs hatte den Reichthum des großen Grundbesitzes und seine Jahreseinkünfte außerordentlich erhöht. Der Theil der kleineren Vasallen und jüngere Söhne, deren Neigungen sich dem Kriegsdienst zuwandten, sammelte sich nun wieder wie ein Gefolge (retinue) um die kleinen Höfe der Grafen und großen Barone. Hier wurden die Vorstufen des Kriegsberufs als Page (varlet) und als Schildknappe (esquire) in freiwilligem Dienst und Tischgenossenschaft des Herrn durchlebt. In neuer Gestalt lebte das Comitatswesen wieder auf. Aus Untervasallen und anderen nichtbesitzenden Leuten von Rittersart — und weiter aus Pächtern und Dienstleuten — bilden sich hier stehende kriegsgeübte Trupps in den Farben und Abzeichen eines Grundherrn (liveries), deren Verbindung unter sich und mit dem Herrn zwar nur eine persönliche ist, darum aber nicht minder eng, und seit dem Beginn der französischen Kriege lockend durch die Aussicht auf Reichthum und hohe Ehren, unabhängig vom Besitz eines ererbten Ritterlehns.

3. Die Zusammensetzung eines Heeres für den auswärtigen Dienst[3]) ergab sich hieraus um so leichter, als unter Eduard I., II. und III. die Parlamentsverfassung wieder reichlichere Geldmittel flüssig machte, viel reichlicher als auf dem Continent. Zahlreiche Heere von Rittern und Leichtbewaffneten waren hier bei größerer Auswahl passender zusammen zu setzen und taktisch besser zu gliedern. Schon seit Eduard I. ergeben die Heereslisten, daß regelmäßig die Zahl der Leichtbewaffneten fünf bis acht mal größer war als die der Gewappneten. Die Masse der Reiterei bestand noch aus dem Lehnsadel und seinen Gefolgen. Die großen Barone erschienen oft noch mit einer großen Zahl von Rittern und Pferden unter eigenem Banner; der Einzelritter (Knight bachelor) mit Knappen und berittenem Gefolge mochte einen Wimpel führen. Die größere Masse der Schwerbewaffneten aber waren esquires, berittene Pächter und Dienstleute.

Die Masse des Fußvolks und der Bogenschützen war mit Eisenhaube, gestopftem Wamms und Lanze gut bewaffnet nach dem Waffensystem der Grafschaftsmiliz. Darunter sind in der Regel auch Waliser, geworbene Truppen mit einer Art von Uniform (in una secta vestiendis Rymer II. 993) — eine Erweiterung des Systems der Normannenkönige, die zu allen Zeiten aushülflich Besatzungs- und Lohntruppen gehalten hatten. Als neue Elemente erschienen Compagnien von Handwerkern, Mineuren, Kanonieren.

Seitdem der Parlamentsbeschluß 25. Edw. III. die auswärtige Verwendung der Grafschaftsmilizen untersagt hatte, fand man es vortheilhafter, Truppen für auswärtige Kriege theils durch Commissions zur Anwerbung von Freiwilligen in den Grafschaften, theils durch Entrepriseverträge zu beschaffen. Der König contrahirte mit einem angesehenen Herrn als Condottiere auf Gestellung eines größeren oder kleineren Trupps mit Tagelöhnung für Mann, Pferd, Rüstung und Waffen. Die Cadres waren in den Gefolgschaften der großen Barone schon vorhanden, an die sich dann kampflustige Gentlemen und Pächter, die kampflustigsten und tüchtigsten Elemente der Grafschaftsmiliz freiwillig anschließen. Die Geschichte der französischen Kriege ergiebt, daß die bessere Taktik, Beweglichkeit, Disciplin und gute Bewaffnung dieser Massen die schwerfälligen Lehnsheere Frankreichs überwunden hat. Die nothwendigen Militär-Vorräthe waren seit Heinrich III. unter Verwaltung eines Ballistarius in dem Tower von London niedergelegt. In dieser Periode erscheint ein Attiliator ballistarum für Kriegszeug und Soldatenrüstung, ein Galeator, Armourer, Bowyer, Fletcher, die dann im 15. Jahrhundert unter dem Feldzeugmeister, Master of the Ordnance, vereinigt werden.

Wie die Grafschaftsmiliz in Friedenszeiten Schwer- und Leichtbewaffnete zusammenbrachte, so wurde auf französischem Boden gemeinsamer Kriegsruhm erworben. Es war damit eine Verschmelzung gewonnen, so wie sie den damaligen Besitzverhältnissen und Neigungen des Volks entsprach, wie sie zur kriegerischen Erziehung eines Volks stets wohlthätig wirkt. Schon am Schluß dieser Periode beginnt freilich im Kampf der beiden Rosen der alte Ruhm der Bogenschützen vor der stärkeren Wirkung des schweren Geschützes zu erbleichen. Das Nebeneinanderstehen der Lehns- und Grafschaftsmilizen hat indessen seine dauernde Rückwirkung auf die Standesverhältnisse geübt. Die Ritterwürde ward schon längst nur von einem Theil der Besitzer von Ritterlehnen gesucht, und dehnte sich andererseits als Königlich verliehene Verdienstwürde auch auf andere aus. In den Esquires, Centenaren und Constables der Feldarmeen und der Grafschaftsmilizen waren Uebergangsstufen gegeben, die in dem Freisassen mit der Waffenübung auch das Vollgefühl der kriegerischen Ehre erhielten. Die Vorstellung von einer Untrennbarkeit der höheren kriegerischen Ehre mit gewissen Grundstücken konnte sich unter diesen Umständen in England nicht wohl bilden, noch weniger dauernd erhalten.

1) **Das englische Milizsystem** bietet in Sache und Namen noch mancherlei Analogien mit den späteren Umbildungen des germanischen Kriegssystems zu einer Landwehr, wacta and warda, watch and ward. Es ist in England aber die aufsteigende Bildung. Das Wiedererwachen des kriegerischen Geistes in der sächsischen Bevölkerung führt Palgrave (Anglosaxons I. 304, 305) auf die Berührung und Reibung mit den Normannen zurück, von welchen der englische Bauer den Bogen handhaben lernte, mehr noch thaten wohl die Kreuzzüge. Die Constables der Grafschaftsmilizen erscheinen gelegentlich schon unter Johann und Heinrich III., für die Ortschulzen erscheint die Bezeichnung als (petty) Constables freilich erst seit Eduard III. regelmäßig. Die genaueren Abstufungen der Bewaffnungspflicht in dem Statut Winchester sind folgende: Jeder Besitzer von Ländereien zum jährlichen Werth von 15 Pfd. Sterl., oder 40 Mark in beweglichem Vermögen, soll Brustharnisch, eiserne Pickelhaube, Schwert, Messer und Pferd halten; von 10—15 Pfd. Sterl. ebenso mit Ausnahme des Pferdes; Personen von 5—10 Livres in Land ein gestopftes Wamms, eine eiserne Pickelhaube, Schwert und Messer; von 40—100 Sh. Schwert, Bogen, Pfeile und Messer; unter 40 Sh. in Land Säbel, Gisarmes (sehr streitige Piken), Dolche und andere kleine Waffen; Personen unter 20 Mark in beweglichem Vermögen ähnliche Waffen. Zweimal jährlich soll eine Revision der Waffen durch zwei Constables aus jeder Hundred erfolgen, welche die Unterlassungen den Königlichen Commissarien anzuzeigen haben. Dies Statut bestand bis zu Philipp und Mary.

Das St. Winchester wird gewöhnlich nur als eine Polizeiordnung angesehen. Allein die Gewöhnung an die strenge Disciplin normannischer Feudalordnung, die Kreuzzüge und die französischen Kriege gaben dem ganzen Institut einen Charakter, der damals ebenso militärisch als polizeilich war. Die überaus tüchtigen Heere in Frankreich, der europäische Ruhm der Bogenschützen, die großen Truppenmassen, welche in den Kämpfen der beiden Rosen wie aus der Erde zu wachsen scheinen, setzen ein lebendiges Milizsystem voraus — nur war die Ausbildung nach örtlichen Verhältnissen unzweifelhaft eine sehr ungleiche. Die Verpflichtung der einzelen Ortschaften, kleine Waffenvorräthe zu halten, bestand auch noch im 16. Jahrhundert (vergl. z. B. T. Smith, Parish S. 522, 523). Jede Ortschaft soll ihre Schießstände haben und sich fleißig an Sonntagen und angemessenen Zeiten mit dem langen Bogen üben. Es erscheint dies auch als ein regelmäßiger Artikel für die periodischen Visitationen des Sheriffs. (Lambards Eirenarcha p. 481.) Bei drohenden Einfällen konnte daher wohl der Versuch gemacht werden, von der Grafschaftsmiliz aus ganze Armeen zu stellen. So wird einmal jedes Kirchspiel angewiesen, „einen Fußsoldaten gerüstet und gewaffnet auf 60 Tage zu stellen." Oder der Schulze und die vier Gerichtsmänner sollen „für einen man at arms verantwortlich sein." Auch die

Stellung des Sheriff konnte vielfach zu einer Vermengung der Miliz- und Lehnspflicht führen. Die dadurch entstehende Willkür führte begreiflich zu den oben erwähnten Parlamentsbeschlüssen. Im amtlichen Auftrage hat einst Sir Robert Cotton die Weisen zusammengestellt, in welchen die Kriegsmannschaften dieser Uebergangszeit aufgebracht wurden. (Handschriftl. in der Cotton library, Julius f. 6.) Unter Henry III. soll von je zwei Pflug Landes ein Mann gestellt werden zum Dienst auf 40 Tage und auf öffentliche Kosten der Ortschaft. (Dors. Claus. 14. Henr. III.) Im folgenden Jahre werden die Männer von dem Ritterlehn herab bis zu 20 Sh. beordert, sich auf Kosten der Grafschaft mit Munition und Lebensmitteln auf 40 Tage zu versehen. (Dors. Claus. 15. H. III. m. 8.) In 27. H. III. werden die gleichen Dienste für den Feldzug in Gascogne verlangt. (Rot. Vasc. 27. H. III.) — Unter Ed. I. wiederholte Aufgebote der Kronvasallen. In 1. Eduard I. Aufgebot der Schwerbewaffneten, die Lebensmittel von der Grafschaft. In 4. Eduard I. ein Mann aus jeder Ortschaft und Munition für sieben Wochen. (Rot. scac. 1. Ed. II. dorso.) In 12. Eduard II. soll der Herzog von Lancaster von seinem Land 2000 Mann Fußvolk stellen, und ähnlich andere Edelleute; die Städte und Ortschaften sollen eine bestimmte Zahl von Männern auf 40 Tage mit Ausrüstung auf ihre Kosten stellen, London 500 Mann sumptibus propriis (Claus. et Pat. 12. Ed. II.) In 13. Ed. II. Aufgebot der Ritterschaft (ibid. 13. Ed. II.) In 15. Eduard II. auf 40 Pfd. Sterl. Land Dienst für eigene Kosten, aus jeder Ortschaft ein Mann auf 40 Tage und für eigene Kosten, was die Grafschaft Bucks mit 600 Mark abkauft (Rot. Claus. 15. Ed. II.). — In 18. Eduard II. und 8. Eduard III. Aufgebote der Ritterschaft. In 10. Eduard III. Aufgebot der Ritterschaft und einer bestimmten Zahl Reiter aus den Grafschaften mit dem Anheimstellen einer Abfindung nach einer festgestellten Taxe. (Rot. scac. 10. Ed. III.) In 11. Eduard III. Aufgebot der Lehnsvasallen und der Mannschaften aus Städten und Ortschaften vom sechszehnten bis zum sechzigsten Jahre, die Unfähigen und Bejahrten sollen zu den Kosten beitragen. (Vasc. 11. Ed. III. und Rot. . . . 13. Ed. III.) Die Vorstellungen des Parlaments dagegen werden zurückgewiesen. In 16. Eduard III. namentliches Aufgebot verschiedener Lehnsmannschaften (Rot. Franc. 16. Ed. III.) Jeder Mann im Besitz von Ländereien zu 5 Pfd. Sterl. soll dem König einen Bogenschützen stellen. (Rot. Franc. 17. Ed. III.) In 20. Eduard III. Aufgebot der Städte und Ortschaften (Rot. Franc. 20. Ed. III.) In 24. und 25. Eduard III. stellt London 300 Bogenschützen. — Darauf ergeht der Parlamentsbeschluß 25. Eduard III. Nach diesem Jahre erfolgt die Gestellung der Kriegsmannschaften meistentheils durch Verträge mit Lords und Rittern, die von da an bis zu Eduard IV. noch in den Archiven vorhanden sind. (Vergl. den Abdruck in Grose, Military Antiquities 1812. Vol. I. S. 71—74.)

2) **Die militärische Stellung der Lehnsmilizen** ist in dieser Zeit ein Gemisch, welches aus den Gesetzen nur bruchstückweise zu erkennen, vielmehr aus gelegentlichen Notizen und aus dem späteren Verlauf der Dinge zu combiniren ist. Das Lehnsheer ist taktisch zu allen Zeiten sehr mangelhaft gewesen. Die immer noch langsamen Fortschritte der Fernwaffen gaben der Armatur die einseitige Richtung auf Verstärkung der Rüstung, die trotz aller Erfahrungen der Kreuzzüge immer dieselbe blieb und sich bis zur Carricatur steigerte. König Jakob konnte nicht mit Unrecht zum Ruhm der Rüstung sagen, „sie schütze nicht

nur den Träger, sondern verhindere ihn auch, anderen Personen ein Leids zuzufügen." Lange Zeit war es bei den ritterlichen Kämpfen hauptsächlich auf Abwerfen des Reiters und auf Lösegeld abgesehen. Wo der Grundherr als solcher seine Hintersassen führt, entstehen ungleichartige Trupps, die sich nicht in feste Massen gliedern lassen; es fehlt der pünktliche Gehorsam gegen die oberste Führung, sehr gewöhnlich auch die Disciplin. Es fehlt der Anreiz zu persönlicher Auszeichnung wegen der Schwierigkeit eines Aufrückens in höhere Stellungen. Schon die Gemessenheit der Lehndienste macht das Lehnsheer für lange Kämpfe unzureichend. — Diese Mängel glichen sich auf dem Continent dadurch aus, daß der Gegner an denselben Mängeln litt. Die Verbindung germanischer Volkssitte mit dem Besitz angesiedelter, halbcivilisirter Volksstämme hatten gleichmäßig das Lehnswesen durch den damaligen orbis terrarum durchgeführt. Aller Mängel ungeachtet blieb die Ueberlegenheit der schwergerüsteten Reiterei über die alten, jetzt völlig undisciplinirten und schlecht bewaffneten Bauermassen unbestreitbar. Noch immer war der Angriff der Reiterei unwiderstehlich, wenn ihm nicht eine neue taktische Ordnung des Fußvolks gegenübertrat. Auf dem Continent geschah dies zuerst durch ein neues System der Phalanx in den ruhmreichen Kämpfen der Schweizer gegen Oesterreich und Burgund. In England geschah es durch die Ausbildung einer leichten Infanterie, die, in wenigen Gliedern eingeübt, durch Pallisaden den Anprall der Reiterei für den Augenblick abhielt, durch Vervollkommnung des Bogens in furchtbaren hageldichten Massen eine mörderische Wirkung auch gegen die schwere Rüstung übte, und dann mit pfeilschneller Geschwindigkeit in die Lücken einstürmte. Das Nebeneinanderstehen der Lehns- und der Grafschaftsmilizen gab den Engländern die Möglichkeit, die starken Seiten des alten und des neuen Systems zu verbinden, aus Reiterei und Fußvolk die tüchtigsten, kampflustigsten und kampfgeübtesten Elemente zum auswärtigen Dienst herauszunehmen. Die Gefolgschaften der großen Barone dienten dazu, die schwere Reiterei nicht nur in dauernder Uebung, sondern auch in taktischer Zusammengewöhnung auszubilden, so daß auch von dieser Seite aus die englische Reiterei trotz ihrer geringen Zahl den plumpen Massen der französischen gewachsen war. Trotz des verfallenden territorialen Lehnsnexus zeigt daher der englische Adel die volle Tapferkeit und Virtuosität auch noch im Reitergefecht, und ein sehr hohes Standesbewußtsein. Während das Band der Untervasallen zu ihren Lehnsherren sich lockert, steigern sich die Ansprüche eines berufsmäßigen Ritterthums bis an die Grenze eines Geburtsstandes. Das Pagen-, Knappen- und Ritterwesen hat gerade jetzt seine sociale Blüthezeit. Der Esquire führt sein Wappen an Helm und Schild, und trägt das ritterliche Schwert mit dem Bewußtsein eines höheren kriegerischen Standes schon vor dem Erwerb des Ritterschlages, der goldenen Sporen und der Degenkoppel. Gerade diese Periode war die Blüthezeit des Court of Chivalry, die Zeit, wo die feudale Würde eines Banneret eine Zwischenstufe zwischen dem großen Lehnsbaron und dem Ritter zu werden scheint. Auch am Hofe des Königs bildet die seit Richard Löwenherz errichtete Nobelgarde der serjeants-at-arms (13 Ric. II. st. 1 c. 6) eine stark hervortretende ritterliche Zierde. Es schien, als ob gerade in dieser Zeit der beginnenden Parlamentsverfassung England eine privilegirte Kriegerkaste, ein stehendes Heer in fester Absonderung vom Volk mit eigenen Rechtsverhältnissen erhalten sollte. Nach den inneren Kämpfen unter Richard II. sahen die Könige die heranziehende Gefahr dieser Gefolgschaften mit herrschaftlicher Livrée und Abzeichen vollkommen ein. Heinrich IV. untersagt sie, und Northumberland wird deshalb im Parlament zu Strafe verurtheilt (1402). Indessen mit den französischen Kriegen und dem Condottierewesen lebt das System nothwendig wieder auf und steht bald in seiner vollen Blüthe da, bis am Schluß der Periode die inneren Widersprüche zum gewaltsamen Austrag kommen.

Das militärische Verhältniß der Truppengattungen im Ganzen, auf welches ich im folgenden Excursus zurückkomme, war in dieser Periode folgendes:

(1) Die Reiterei umfaßt zunächst die Schwerbewaffneten, die wirklichen Ritter meistens unter der Bezeichnung knights, die ganze Masse unter der allgemeinen Bezeichnung men at arms, wozu auch die Esquires und andere Freisassen gehören, die in schwerer Rüstung beritten gemacht sind (servientes). Ihre Ausrüstung scheint im Ganzen gleichartig zu sein ohne eine streng pedantische Unterscheidung der Armaturstücke nach Ständen wie in Frankreich. Als leichte Reiterei erscheinen aus der Zeit Eduard's II. die hobylers, so genannt von ihren kleinen Pferden, bestimmt zum Recognosciren und Schwärmen. In den französischen Kriegen kommen dazu zahlreiche berittene Bogenschützen. Die schwere Reiterei ist noch immer in kleine constabulariae von etwa 25 oder 30 Mann gegliedert. (Vergl. ein writ 18. Edw. III.: ita quod omnes armis sufficientibus muniti, videlicet equites in constabulariis, et pedites in centenis et vintenis arraiati, prompti sint et parati. Rymer IV. p. 78.) Es war das Amt des Marschalls, die von den verschiedenen Gütern zusammenströmenden men at arms in solche Abtheilungen zu gliedern.

(2) Das Fußvolk bildet Compagnien von 100 Mann unter Constables oder Centenaren und zerfällt in Pikenmänner und in Streitaxtmänner, in schwere Armbrustschützen (cross-bowmen) und leichte Bogenschützen (long-bowmen). Die Handhabung des langen Bogens wurde zur eigentlichen Virtuosität des englischen Fußvolks. Die Armaturstücke der Grafschaftsmiliz, namentlich die eiserne Kappe und das stark gestopfte Leder- oder Leinenwamms sind als zweckmäßig und tüchtig beibehalten.

3) Die Zusammensetzung der Heere für den auswärtigen Dienst ist bei gleichzeitigen Geschichtschreibern allerdings oft verschieden angegeben, wie dies schon aus der Einrechnung oder Nichteinrechnung der Diener und Knechte der Berittenen sich hinreichend erklärt. Die Angaben ergeben aber doch ungefähr das System der Zusammensetzung. So bei der Einschiffung a. 1346: 2500 Ritter und 30,000 Dienstleute und Fußvolk (Villani pag. 943). Vor Calais: 13 Grafen, 44 Barone und Bannerets, 1046 Ritter, 4022 Esquires, Constables, Centenare, 5104 Vintenare und berittene Bogenschützen, 19,954 Fußvolk und Valiser (Archaeol. Brit. VI. 213. Pauli V. 657). Bei dem Aufgebot unter Heinrich V. soll ein Herzog mit 50 Pferden, ein Graf mit 25, ein Baron mit 16, ein Ritter mit 6, ein Esquire mit 4, ein Schütz mit einem Pferd erscheinen (Rymer 227 ff.) Bei der Einschiffung 1415: 6000 Reiterlanzen, 23,000 Schützen, 1000 Schanzgräber und Kanoniere (Rymer 298). Nach den späteren Angaben auf französischem Boden: 900 Ritterlanzen und 5000 Bogenschützen; nach Monstrelet 2000 Ritterlanzen und 13,000 Schützen (Pauli V. 111). Durch die vom französischen Boden zurückströmenden Massen und durch die Grafschaftsmilizen wurde es möglich, daß in der Schlacht bei Towton (1461) auf der Seite des Lancaster angeblich 60,000 Mann, auf der Seite des York

48,660 Mann einander gegenüberstanden. Indessen hielt es doch schon bei der Aushebung von 1453 schwer genug, 13,000 Bogenschützen aufzubringen. Die Zusammensetzung der Truppen in dem großen Entreprisevertrag bei Rymer S. 392 ist: 6 Bannerets, 34 Ritter, insgesammt 600 Gewappnete und 1700 Bogenschützen; der Bannerherr zu 4 Sh., der Ritter zu 2 Sh. der Gewappnete zu 1 Sh., der Bogenschütz zu 6 P. Nach den älteren Angaben bei Brady, Geschichte II. Anh. S. 86: Der Baron und Bannerherr 4 Sh., der Ritter 1 Sh., der Bogenschütz zu Pferde 6 P., der Bogenschütz zu Fuß 3 P. (a. 1346). Artilleristen werden höher bezahlt als die Gewappneten. — Sir William Willoughby stellt zu dem Feldzug nach Schottland 2. Henry IV.: 3 Ritter, 27 Men-at-arms, 169 Bogenschützen. In 19. Henry VI. zählte das Heer auf französischem Boden 800 Speere zu Pferd mit dazugehörigen Bogenschützen, 800 Speere zu Fuß und 2200 Bogenschützen, die Berittenen zum Felddienst, die zu Fuß für den Garnisondienst (Nicolas IV. p. XC.). Eine Zusammenstellung von Werbeverträgen bei Mackintosh, History II. Anh. ergiebt am Schluß des Mittelalters folgendes Verhältniß von schwerbewaffneten gentlemen (men at arms), anderen Schwerbewaffneten (launces), berittenen Bogenschützen und Bogenschützen zu Fuß:

	Men at arms.	Launces.	Bogenschützen zu Pferd.	Bogensch. zu Fuß.
Lord Latymer stellt . . .	3	10	2	6
„ Powys	1	60	—	—
„ Barnes	2	6	4	7
„ Grey	9	10	25	60
„ Devon	6	2	25	66
„ Scoop of Bolton . .	3	11	10	10
„ Scoop of Upsal . .	1	—	15	15
„ Surrey	5	12	20	46
„ Audeley	3	20	11	20
„ Straunge	10	5	24	249
„ Welles	3	20	15	45
Thomas Bryan Esq. . .	—	1	4	14
Andere 13 Ritter stellen .	26	68	190	432
	72	225	345	970

Die men at arms sind gentlemen (Rittergutsbesitzer oder Söhne solcher), welche nach alter Weise noch ihre Knappen und Pagen bei sich führen; die Lanzen dienen als schwere Reiter einzeln und erhalten gewöhnlich nur den halben Sold, nicht viel höher als die Bogenschützen. In den Staatsrathsprotokollen unter Heinrich V. und VI. wechselte die Zusammensetzung der zum Feld- und Garnisondienst bestimmten kleineren Abtheilungen natürlich nach dem Bedürfniß. Ueberall aber erscheint der Fußsoldat, den die Lehnsmiliz nur als Knecht zu verwenden wußte, als gesonderte Waffe, und das Verhältniß des Leicht- und Schwerbewaffneten, des Reiters und des Fußmanns nicht mehr als das Verhältniß des Herrn zum Diener, sondern des Offiziers zum Soldaten — ein Umstand, der in Verbindung mit der Geschwornenverfassung eine bedeutungsvolle Rückwirkung auf die Ständeverhältnisse übte. Die mehrfachen Schwankungen in den Bezeichnungen dieser Zeit rühren her von der Vermischung der Ehrenrechte des Besitzes und der Ehrenrechte des Militärdienstes in diesem Conglomerat von Lehns- und Grafschaftsmilizen. In derselben Zeit, in welcher auf dem Continent das alte Lehnssoldaten- und Kriegsministerialenthum sich zu einem erblichen Stande abschloß, bildeten sich aus dieser gemischten Heeresverfassung in England die Standesverhältnisse der heutigen gentry.

II. **Die Gerichtsverfassung hat seit den Zeiten der Magna Charta** eine entschieden neue Wendung genommen. Die Zeit, in welcher die Gerichtsverwaltung als Geschäft eines sportulirenden Generalpächters angesehen werden konnte, war jetzt vorüber. Der Ausdruck des neuen Zeitgeistes zeigt sich in dem Rechtsbuch des Bracton, welches die Pflicht des Königs zur Rechtsprechung überall in den Vordergrund stellt.

Eine rechte Justiz, eine wirkliche Ausführung der Zusicherungen der Magna Charta, nulli negabimus, nulli vendemus justitiam vel rectum, war aber nur möglich durch eine fortschreitende Ablösung der Justiz von dem Amt des Sheriff. Die Weise, in welcher dies lange Zeit geschehen, nämlich so, daß durch reisende Finanz-, Justiz- und Kriegscommissarien von Hofe aus periodisch die wichtigsten Sheriffsgeschäfte besorgt wurden, konnte ebenfalls nur eine Uebergangsstufe sein. Der bestehende Rechtszustand erforderte unzweifelhaft stehende Richtercollegien, welche seit der Zeit Heinrich's III. etwas stetiger besetzt erscheinen: ein Court of Exchequer für die nach Prozeßformen zu behandelnden Geschäfte der Schatzkammer; ein Court of common pleas für gewöhnliche Civilprozesse unter Privaten; ein Court of kings bench für die dem König noch persönlich vorbehaltenen Justiz-Hoheits- und Strafsachen. Die Gründe, welche schon in der vorigen Periode eine Rechtsfindung durch Gemeindegenossen unausführbar machten, dauern und wirken fort, und machen es nothwendig, die Fortbildung des Rechts immer vollständiger vom Staat ausgehen zu lassen. Sollte dabei aber die administrative Willkür aufhören, so konnten nur die Reichsgerichte das Bildungsorgan des gemeinen Rechts werden. „Das gemeine Recht beruht in der Brust der Richter der Höfe des gemeinen Rechts," es ist eine judge-made-law schon seit dem Beginn dieser Periode, und zwar mit solcher Entschiedenheit, daß sich die Autorität der Privatrechtsbücher daneben sehr bald verliert, dagegen die Präjudiziensammlungen, yearbooks, zur lebendigen Rechtsquelle werden.

Die jetzige Fortbildung besteht (1) in der Consolidirung der Reichsgerichte mit den reisenden Richtern, (2) in der Consolidirung der Juries, (3) in der gesetzlichen Regelung des Geschwornendienstes, woneben dann (4) der Sheriff, die alten Grafschafts- und Ortsgerichte schon sichtbar in den Hintergrund treten.

Die Centralisation der Justiz macht es zunächst nothwendig, Personal und Geschäfte der Reichsrichter in eine festere Verbindung mit den Grafschaften zu bringen.*) Die ordentlichen Reiserichter, justitiarii errantes, kamen so langsam herum, daß man ihre Rundreisen als einen Cyclus von 7 Jahren ansah (Coke Litt. 293). Die für die assisae und andere specielle Zwecke abgeordneten Justitiarien bildeten noch kein stetiges System, und repräsentirten noch nicht den Gerichtshof selber. Es wurde daher nothwendig, die zahlreichen Beweiscommissionen der assisae nach London zu bescheiden. Die vier vom Sheriff ernannten Ritter und die zwölf von diesen designirten Gerichtsmänner mußten nach eingenommenem Augenschein auf Grund des writ of assize in jedem einzelen Prozeß während der Terminszeit zu Westminster erscheinen. Nach einem Zwischenversuch der Magna Charta erfolgt die definitive Gestaltung nunmehr durch st. 13. Eduard I. c. 3., das sog. Statut Westminster II. Assisenrichter sollen fortan sein zwei vereidete Reichsrichter, welche sich beiordnen einen oder zwei angesehene Ritter der Grafschaft. Sie sollen die Assisen nicht öfter als dreimal jährlich abhalten. Sie mögen auch leichtere Straffälle (inquisitions of trespass) und andere Civilprozesse, die in den Höfen der Kings bench und Common Pleas angebracht sind, mit abmachen. Die Geschworenen sollen in der Regel nicht mehr in Westminster erscheinen, sondern es soll ihnen in der Zwischenzeit vor der nächsten Sitzungsperiode ein Termin in der Grafschaft gesetzt werden. Der Sheriff ladet die Geschworenen also fortan nur pro forma zur nächsten Sitzungsperiode nach Westminster, „wenn nicht zuvor“ (nisi prius) an einem bestimmten Tage die Assisenrichter in der Grafschaft erscheinen. Dies mußte aber regelmäßig der Fall sein, weil nach Anordnung desselben Gesetzes, während der dazwischen liegenden Gerichtsferien, die Richter in der Grafschaft erscheinen müssen, so daß die Ladung nach Westminster zu einer bloßen Formalität wird. Nach weiteren Consolidationen durch 27. Edw. I. c. 4; 12. Edw. II. c. 3; 14. Edw. III. c. 16 trat das gesammte Personal der Reichsgerichte in regelmäßige Verbindung mit den Civilassisen kraft periodischer Commissionen.

Einen analogen Verlauf nahm die Strafgerichtsbarkeit. Sie blieb allerdings in den politisch schwankenden Zeitläufen längere Zeit in einem mehr flüssigen Zustand. Das System persönlicher Regierung hielt daran länger fest; die Verhandlung der wichtigsten Sachen sollte ja noch immer „coram rege ipso" vor sich gehen. Eine Abordnung besonderer justices of oyer and terminer fand nach praktischem Bedürfniß noch oft statt, da die Herstellung des öffentlichen Friedens und die Verflechtung der Strafjustiz mit der Polizeigewalt und dem Finanzinteresse, die lange schwankende Behandlung der Criminalanklage und des Criminalbeweises hier größeren Wechsel mit sich brachte. In einzelen Fällen war durch Statut den justices of assize zugleich eine Criminaljurisdiction beigelegt. Allmälig jedoch werden die Commissionen zur Aburtheilung der Strafsachen, die commission of oyer and terminer, und die noch weiter gefaßte commission of gaol delivery, die Form, in welcher auch die Strafjustiz der Reichsgerichte mit den Rüge- und Beweiscommissionen der Grafschaft (juries) in eine regelmäßige Verbindung tritt.

Durch die regelmäßige Verbindung der Civil- und Criminal-Commissionen mit einander ist nun der neuere ordo judiciorum in England wesentlich durchgeführt; das Personal der reisenden Richter in Justizsachen ist am Schluß des Mittelalters im Wesentlichen identisch mit dem der Reichsgerichte. Die Trennung der Rechtsfrage von der Thatfrage bildet jetzt den Grundtypus der englischen Justiz in ganz anderer Weise als das judicium parium der Magna Charta gemeint war. Anscheinend hat gerade jene Zusicherung der Magna Charta über eine Fortdauer der Rechtsfindung durch Gemeindegenossen diese Umbildung viel mehr aufgehalten als befördert. Es bedurfte deshalb ausdrücklicher Parlamentsbeschlüsse zu den Reformen, und noch immer wurden die Commissionen der reisenden Richter zugleich auf eine Anzahl „Grafschaftsritter" und Andere ausgestellt, um dem Buchstaben der Magna Charta zu genügen. In der Hauptsache ist aber das Grundsystem der Gerichtsverfassung am Schlusse des Mittelalters das heutige.

Nachdem so die festen Organe für die Einheit und Fortbildung des gemeinen Landesrechts gewonnen waren, erfolgt nun die Consolidirung der bereits in der vorigen Periode gestalteten Jury**) in dreifacher Richtung.

1. Die Civiljury bestand nach den assisae Heinrich's II., also Kraft Gesetzes, nur für die ursprünglich genannten Fälle, und dann noch immer in der Gestalt, daß die 4 ernannten Grafschaftsritter und die 12 von ihnen cooptirten Geschworenen die Hauptfrage des Prozesses unter Mitwirkung und Belehrung des Königlichen Richters entscheiden sollen. Sie sind also noch eine Entscheidung „per judicium parium vel per legem terrae." Das praktische Bedürf-

niß hatte aber die Beweisführung durch Geschworenencommissionen von 12 als „iurata“ über den ganzen Civilprozeß ausgedehnt. In dieser leichter zugänglichen (und wohlfeileren) Weise beschränkt sich ihr Spruch auf die question of fact, und ist sehr bald in dem Maße geläufig, daß von der umständlichen assisa mit den 4 Rittern selten Gebrauch gemacht wird. Schon frühzeitig kommen auch Beweisverhandlungen vor der Civiljury vor; zuerst in der Gestalt, daß die bei Aufnahme von Urkunden zugezogenen Zeugen, mit der Jury vereint, derselben ihre Mittheilungen machen; dann so, daß sie gesondert von der Jury ihre Aussage in der Gerichtssitzung abgeben. Der Uebergang auf Zeugen anderer Art und nebenbei auch andere Beweisstücke hat sich durch die Praxis gemacht. Ein Beweisverfahren vor den Geschworenen ist schon am Schluß des Mittelalters ziemlich ausgebildet (Fortescue de laud. c. 26).

2. Die Anklagejury war zunächst verbunden mit den Grafschaftsversammlungen, welche die Königlichen justices of oyer and terminer in immer regelmäßigeren Perioden abzuhalten hatten. Das Rügegeschäft bestand nun darin, daß sie die einzelen hundreds aufrufen, und die vorgebrachten presentments von einer besonderen Jury dieser hundred prüfen und bestätigen ließen. Dies Verfahren mußte indessen zeitraubend und umständlich erscheinen, und schon aus dem Bestreben einer Zusammenziehung der Geschäfte erklärt sich eine Abänderung, deren erste Spur im Jahre 1368 sichtbar wird. Man hat es zweckmäßig befunden, die großen Versammlungen der Grafschaftsritter und anderer zugleich zu diesen inquisitiones zu benutzen, und so entstand der graund inquest, die große Jury, neben welcher die Rügejuries der einzelen Hundertschaften allmälig verkümmern. Die Rügepflicht der Ortsgemeinde war bisher controllirt durch einen Rügeausschuß der hundred, dieser jetzt wieder durch einen großen Ausschuß der Grafschaft, der dann nach der Weise aller inquisition leicht die unteren Instanzen absorbirt, und allmälig die presentments der Gemeinden wie die Anzeigen der Einzelen nur als Information benutzt. In dieser Weise übernimmt nun die große Jury das Anklageamt, und neben ihr verschwindet immer vollständiger die Privatanklage. Die Erweiterung des Geschäftskreises der großen Jury bringt begreiflich aber auch ein Bedürfniß mit sich, die anzeigenden Personen, vielleicht auch schon andere Zeugen summarisch zu hören, so daß sich der Spruch der großen Jury weniger auf eigene Kenntniß als auf eine summarische Prüfung der Glaubwürdigkeit und Erheblichkeit der Anklage erstreckt, und in die heutige Weise jenes Beschlusses über die

Anklage übergeht. — Nachdem nun aber im vierzehnten Jahrhundert das Institut der Friedensrichter in Gang gekommen war, wird diese Formation des grand inquest auch auf die Quartalsitzungen der Friedensrichter übertragen, und dadurch um so mehr die kleine Rügejury des sheriffstourn und des court leet von dieser größeren und kräftigeren Gestaltung überwachsen.

5. Die Urtheilsjury in Strafsachen, welche Bracton und Fleta noch als eine Fortsetzung der Rügejury mit theilweis verändertem Personal darstellen, hat sich durch die Praxis abgesondert. Die prinzipiell entscheidende Trennung erfolgt aber durch 25. Edw. III. c. 3., wonach jeder Geschworne der Rügejury (indictor) von der zweiten Jury ausgeschlossen werden soll. Und als nun bald nachher das Rügegeschäft immer mehr auf die große, aus der Grafschaftsversammlung gebildete Jury überging, erscheinen beide Geschwornengerichte unter dem Namen der „großen" und „kleinen" Jury in dauernder Trennung. Von einem Zeugenverhör und anderen Beweisaufnahmen findet sich vor dieser Jury im Mittelalter noch keine Spur. Sie ist also immer noch als eine Gemeinde-Beweiscommission gedacht, die auf ihren Eid die von der großen Jury bestätigten Anklagen nachzuprüfen und aus nachbarlicher Kenntniß und Erkundigung definitiv zu entscheiden hat „an culpabilis sit vel non." Eben deshalb bleibt auch das Erforderniß der Nachbarschaft stehen, und, nachdem die Praxis schon laxer geworden, verlangte man zur Zeit Eduard's III., daß wenigstens 6 hundredors; zur Zeit Fortescue's, daß 4 hundredors in der Urtheilsjury sitzen sollen. Von einer Verantwortlichkeit durch attincta ist hier nicht die Rede, wohl aber von Bußen für Verhehlung, concealment.

Nach der Durchführung des Systems im großen Maßstabe mußte sich die Nothwendigkeit einer Consolidirung des Geschwornendienstes***) schrittweise herausstellen. Es konnte von Hause aus kein Zweifel sein, daß die Geschwornen in der Grafschaft wie in den Unterbezirken aus den herkömmlichen Gerichtsmännern genommen werden sollten. Alle älteren Bezeichnungen sind nur Bezugnahmen auf die herkömmlichen Qualitäten der Gerichtsmänner. Nach den Rechtsbüchern des Glanvilla und Bracton werden für die große Civil-Assise XII legales milites de vicineto verlangt; zu den minder wichtigen Besitzklagen XII liberi et legales homines de vicineto. Für die Rügejury der reisenden Richter lautet die Bestimmung in den Beschlüssen von Northampton 1176: XII milites de hundredo, et si milites non adfuerint, XII liberi et legales homines. Eben so in den Anordnungen über die Rügejury vom Jahre 1194 und in Bracton fol. 116. Auch in der Normandie ist auf die gewöhnlichen Eigenschaften von Gerichtsmännern Bezug genommen. Coût. 69: on doit semondre aux jureurs les plus preudhommes et les plus loyaux et les plus prochaines etc. Aehnlich verlangen die Articuli super chartas, 28. Edw. I. c. 9: les plus procheins, les plus suffisantz et meins suspecenous. Wo das Grafschaftsgericht die Basis der Jury ist, war also wie in der sächsischen Zeit die Thanschaft vorausgesetzt. Bei der großen Civil-Assise, bei der Oberjury für eine attincta und bei der großen Anklagejury ist also zunächst von Rittern die Rede. Allein der Dienst des Gerichts in dieser neueren Gestalt nahm so viel Kräfte in Anspruch, daß schon bei den assisae für minder wichtige Fälle liberi et legales homines, also Freisassen gern genommen wurden; bei der grand jury treten sie gleich Anfangs aushülflich ein; bei allen Juries aus der Hundredschaft sind zwölf milites meist gar nicht zu beschaffen, und daher Freisassen von Anfang an das eigentliche Material der Jury. Auch fielen die inneren Gründe weg für ein Festhalten am großen Grundbesitz; denn es handelt sich nicht mehr um Rechtsfindung, die eine habituelle schöffenähnliche Stellung voraussetzt, sondern um nachbarliche Kenntniß und Nachbarzeugniß, zu dem jeder ehrenhafte Mann auch in wechselndem Dienst aufgeboten werden kann. Es zeigt sich daher von Anfang an das Bestreben, die Freisassen in Masse heranzuziehen; ja die Schatzurkunden ergeben, daß man mißbräuchlich sogar villani (copyholders) in Civilsachen stellte und daß die Hundertschaften deshalb oft gebüßt wurden. Die Gefahr lag jetzt nach der anderen Richtung hin, in einer Belästigung der ärmeren Leute durch den Dienst, in der minderen Zuverlässigkeit, Bestechlichkeit, Furchtsamkeit dieser Elemente. Man sieht sich daher genöthigt, nach einem Durchschnittssatz ein Maß des Besitzes zu fixiren, welches den Geschwornendienst zu tragen vermag. In Erwägung des Uebelstandes, „daß sonst die Reichen frei werden, und die Aermeren die Juries besetzen," verordnet zuerst das stat. Westminster II. c. 38, daß nur Freisassen von 20 Sh. Grundbesitz für die assisae aufgeboten werden sollen. Durch 21. Edw. I. st. 1 wird dieser Census verdoppelt: es sollen nur Personen von 40 Sh. Rente zur Civilassise aufgeboten werden. Durch st. 2 Hen. V. c. 3 wird dann noch genereller dieser Census von 40 Sh. für Capitalsachen, Realklagen und Personalklagen im Werth von 40 Mark gefordert. Die Bedeutung des Census ergiebt sich, wenn man erwägt, daß es ein Zehntel der Taxe eines Ritterguts ist, daß es sich also um etwa eine halbe Hufe Land, einen kleinen Bauerbesitz oder entsprechenden Hausbesitz handelt, wobei Fortescue c. 29 rühmend erwähnt, daß in England eine große Zahl solcher Besitzer zu finden sei. Erwägt man die bedeutende Zahl der jährlich nothwendigen Geschwornen in den Civilassisen, in den großen Juries der reisenden Richter und der Friedensrichter, in den Urtheiljuries derselben Höfe, in dem sheriffstourn und in den courts leet, so ergiebt sich eine jährliche Betheiligung von Tausenden, eine neue gleichmäßige Vertheilung der Gerichtslast auf Ritter, Freisassen und Städter, die zu einer Hauptgrundlage des Parlamentsrechts werden sollte.

Nach allen diesen Aenderungen hat das alte Amt des Vicecomes****) die erheblichen Bestandtheile seiner Justizverwaltung eingebüßt. Der Vicecomes ist für den Civilprozeß jetzt schon überwiegend nur eine Unterstelle der Reichsgerichte in Functionen, für welche ein Localgericht unentbehrlich, nämlich für Ladungen, Executionen und Gestellung der Juries. Als Civilrichter ist er durch die Ausdehnung der Civilassisen meistens auf Bagatellprozesse bis 40 Sh. beschränkt. Es bleiben ihm aber noch wichtige Untersuchungs-, Polizei-, fiscalische und Administrativgeschäfte. Noch immer ist das Amt durch Ehrenrechte und Gebühren wichtig genug, um Gegenstand der Bewerbung zu sein. Offenbar um der Ritterschaft zu schmeicheln ist daher zeitweise der Versuch gemacht, das Sheriffamt durch Grafschaftswahlen zu besetzen. Der erste Versuch (1258) durch das Statut der Provisoren war auf reine Parteiwahlen hinausgelaufen, welche später kassirt wurden. Der zweite Versuch 28. Eduard I. endete damit, daß nach 7 Jahren die Sheriffs in Masse abgesetzt und neue eingesetzt werden mußten. Es zeigte sich, daß ein Wahlsystem an dieser Stelle unanwendbar ist, und jene Versuche wurden nicht wiederholt. Der Sheriff bleibt also ein Unterbeamter des Schatzamts und der Reichsgerichte, wird daher dem König vorgeschlagen durch den Schatzmeister, den Kanzler, die Schatzbarone und die Reichsrichter, 9. Edw. II. st. 2, wie wesentlich noch heute. Er soll hinreichenden Grundbesitz haben, um seine vielfachen Verantwortlichkeiten tragen zu können. Uebrigens soll kein Sheriff oder Bailiff einem Anderen das Amt verpachten oder überlassen.

In noch stärkerem Maße wirkt die neuere Gerichtsverfassung auf die ordentlichen Hundredgerichte in Civilsachen, für welche seit der Beschränkung des Grafschaftsgerichts auf Bagatellsachen kein praktischer Gegenstand bleibt. Analog folgte das weitere Absterben der Patrimonialgerichte in Civilsachen. Kein neues Recht, keine Reform wird auf sie ausgedehnt. Schon der Mangel einer Jury und eines wirksamen Pfändungsrechts mußte sie ziemlich unpraktisch machen, und die Jurisdiction auch über villani, copyholders immer vollständiger an die Königlichen Gerichte bringen.

Für das Strafverfahren geht der allmälige Verfall der Grafschaftsgerichte indessen einen etwas langsameren Gang, und steht in solcher Verbindung mit der Einführung der Friedensrichter, daß diese Seite dem folgenden Abschnitt vorbehalten ist.

*) **Die Consolidirung der Reichsgerichte, der reisenden Richter** und die Bedeutung des Beamtenelements für die Einheit der Rechtsbildung ist richtig gewürdigt in Hallam, Middle Ages II. c. 8. Const. history I. p. 9. „Der Einrichtung der reisenden Richter verdanken wir die Gleichförmigkeit des gemeinen Rechts, welches sich sonst wie in Frankreich in zahllose Lokalgewohnheiten aufgelöst haben würde. — Außer dieser Tendenz der Verschmelzung waren sie ein Gegengewicht gegen den Einfluß von Lehnswesen und Clanschaft, machten die Einwohner des Landes mit der Hauptstadt bekannt, gewöhnten das Volk an den gewöhnlichen Lauf der Regierung und verminderten den Geist des Provinzialpatriotismus und Provinzialhasses." — Der Bildungsprozeß, der auf dem Continent als Reception der fremden Rechte und als Uebergang der Rechtsfindung auf das Richteramt Hand in Hand geht, vollzieht sich aber auch in England nur sehr langsam. Noch immer stand die alte Rechtsvorstellung von dem judicium parium entgegen, die ja durch die Magna Charta als ein Grundrecht anerkannt war.

(1) In der Civiljustiz wurde die Cosolidirung zunächst praktisch veranlaßt durch die Beschwerden, welche mit dem Erscheinen der Beweiscommissionen bei dem Centralhofe verbunden waren. Zur Abhülfe der dadurch entstehenden Zögerungen und Kosten verspricht die Magna Charta, daß umgekehrt die Richter in die Grafschaft kommen sollen. Die Spezialverhandlungen in den currenten Besitz- und Erbprozessen (writs of novel disseisin, of mort d'ancestor, of darreine presentment) sollen in der Weise verhandelt werden, daß zwei Reichsrichter jährlich viermal in jede Grafschaft gesandt werden, welche dann mit vier ausgewählten Rittern die Assisen abhalten; nöthigenfalls, wenn am gesetzten Tage die Sache nicht zu beenden ist, mit einem engeren Ausschuß von Rittern und Freisassen die Verhandlung fortsetzen und die Sache entscheiden. (Art. 22, 23.) Dies erwies sich wohl als praktisch unausführbar. Nach der Charte von 1217 sollen die Richter einmal im Jahre Rundreise halten und schwierigere Fälle dem Collegium vorbehalten. Dann folgt das Statut Westminster II., welches die heute sogenannten nisi prius Richter einführt, und damit jene wunderliche doppelte Ladung der Civilgeschwornen, die sich als altes Formular bis in die neueste Zeit erhalten hat. (Biener, Engl. Geschw.-Ger. II. 80—83.) Die folgenden Statuten sind darauf berechnet, auch das Richterpersonal der beiden anderen Höfe promiscue an den Civilassisen zu betheiligen. Nach 27 Ed. I. c. 3, 4; 12 Ed. II. c. 3 können dergleichen Assisen und inquisitions vor irgend einem Richter des Hofes, in welchem die Klage angebracht war, verhandelt werden. Nach 14 Ed. III. c. 16 können inquests of nisi prius verhandelt werden vor jedem Richter der Kingsbench oder com-

mon pleas, mag auch die Klage nicht in seinem Hofe anhängig sein, **oder** vor dem Chief baron des Court of Exchequer, wenn er ein Rechtsgelehrter ist, **oder** sonst vor den Assisenrichtern, wenn nur einer von ihnen ein Richter der Kingsbench, Common pleas oder des Königs geschworner serjeant ist. Erst dadurch consolidirt sich die Civilgerichtsbarkeit in ihrer heutigen Gestalt. Auf Grund der statutes of assize und nisi prius fungiren nun die einzelen Richter der Reichsgerichte auch als Richter der Grafschaftsassisen in Civilsachen. Die ihnen periodisch dazu ertheilte Commission ist heute noch wesentlich so gefaßt, wie einst unter Autorität jener Gesetze, obgleich die ursprüngliche Prozeßweise durch writ of assize längst veraltet und neuerdings aufgehoben ist. Es war damit aber die allgemeine Rechtsform gebildet, in welcher nun die Reichsrichter in Verbindung mit einer Jury der Grafschaft das ordentliche Civilgericht bilden. Eine Erweiterung trat durch 14 Eduard III. cit. noch dahin ein, daß außer den ordentlichen Justitiarien auch graduirte Rechtsdoctoren, the king's serjeants sworn, als Substituten der Assisenrichter eintreten können.

(2) In **Strafsachen** war die Abweichung von dem Grundrecht der Magna Charta noch sichtbarer als bei der Magna Assisa, bei der in ihrer ursprünglichen Gestalt die Geschwornen auch den Rechtspunkt entschieden. Gerade hier mußte daher noch ein Gewicht darauf gelegt werden, eine Anzahl Grafschaftsrichter als pares in die Commission aufzunehmen. Der Gang der Umgestaltung erscheint hier langsamer und stückweiser. Hauptsächlich war es die gleichartigere Fassung der periodischen commissions, durch welche allmälig die Sache in ein festeres Geleis gebracht wurde. Mit den Rundreisen der Assisenrichter wurde nämlich immer regelmäßiger eine allgemeine commission of oyer and terminer verbunden, adressirt an den Lordkanzler, einzele hohe Staatsbeamte, Barone, an die Assisenrichter und deren Substituten, — die letzteren als nothwendige Mitglieder (quorum) — zur Verhandlung aller Verbrechen und einer großen Anzahl von Vergehen, unter der Voraussetzung, daß solche in der Grafschaft begangen und zur Rüge gebracht sind. Vorbehalten blieb dabei immer noch die Befugniß nach dem Statut Westminster II. Spezialcommissionen für besondere Fälle zu ernennen. Durch 2 Ed. III. c. 2 ward indessen die Zusicherung ertheilt, daß solche regelmäßig an Reichsrichter und nur in dringenden Ausnahmefällen an andere Personen ertheilt werden sollten. Coke II. Inst. 419. IV. Inst. 152. Daran schloß sich dann eine noch weiter gehende commission ad gaolas deliberandas, zur Ausleerung der Grafschaftsgefängnisse, in welcher unter dem großen Siegel die einzelen Gefängnisse namhaft gemacht werden. Es wird dadurch noch ein weiteres forum deprehensionis begründet, während die erstere Commission nur ein forum delicti commissi enthält. Durch die regelmäßige Verbindung beider commissions mit der Abordnung der justices of assize wird nunmehr auch eine regelmäßige Criminaljustiz durch Assisenrichter hergestellt, ohne jedoch zahlreiche Lokalstrafgerichte daneben auszuschließen. Nach 20 Ric. II. c. 3 soll Niemand Richter der Assise oder der gaol delivery in seiner eigenen Grafschaft sein und kein Großer des Reichs mit den Richtern bei den Assisen sitzen, — eine weitere Durchführung des reinen Beamtenelements. Ueber die allmälige Absonderung der Finanzsachen von den Justizsachen in der Zeit Eduard's III. vergl. die Stellen der Jahrbücher 27 Ass. pl. 44. und 42 Ass. pl. 5. bei Biener I. 97.

) **Ueber die Consolidirung der Juries in dieser zweiten Entwickelungsperiode vergl. nochmals die Untersuchungen von Biener, das Englische Geschw.-Ger. Bd. I.—III., mit dem großen Verdienst selbständig gefundener Belegstellen, sodann Starkie in der Law Review Nr. 4, August 1845, p. 370 bis 404. Forsyth, Trial by Jury 1852. Insbesondere

(1) über die Fortbildung der Civiljury im 13. Jahrhundert Biener I. § 10, über die Verschmelzung der assisa mit der jurata Biener I. § 18, S. 124—128.

(2) Ueber die Entstehung der großen Jury Biener I. § 19, 20. Die älteste Stelle darüber 42 Ass. pl. 5. 1368 behandelt einen Fall, wo eine doppelte Rügejury vernommen wird, die eine aus jedem hundred ernannt von den Bailiffs, die andere bestehend aus Rittern, ernannt von dem vicecomes der Grafschaft. Die letztere wird ein graund enquest genannt und scheint als eine Nachprüfung gegen die oft unzuverlässig befundenen Aussprüche der gewöhnlichen Rügejury nachzufolgen. Es gewinnt den Anschein, als ob man die zur Nachprüfung der Sprüche der Civiljury in der Weise der attincta berufenen 24 Ritter gelegentlich auch benutzte, um die Aussprüche der Rügejury zu revidiren, und daß diese größere Grafschaftscommission dann die kleinere weniger zuverlässige bald zu überwachsen anfing. Das zweite bestimmte Zeugniß bei Biener aus den Jahrbüchern Mich. 35 Henr. IV. 1457 pl. 14. bezieht sich auf eine große Jury bei einer Session der Friedensrichter. Die Formel für die Einberufung der großen Jury läßt sich nach Hale dahin bestimmen: Venire facias XXIV tam milites quam alios liberos et legales homines de comitatu praedicto ad inquirendum pro Domino Rege et corpore comitatus praedicti. Für die kleine Rügejury war die Formel: Venire facias XXIV legales homines de quolibet hundredo ad faciendum etc. Eine Zeit lang sind beide noch neben einander zu verfolgen, und es kommen auch noch Spuren einer Nachprüfung des Spruchs der kleinen durch die große in 20 Henr. IV. vor (Biener S. 135). In dem st. 33 Henr. VI. c. 2 wird in der Pfalzgrafschaft Lancaster noch die große Jury der Grafschaft mit der kleinen Rügejury der Hundertschaft neben einander erwähnt. Im 16. Jahrhundert ist die kleinere spurlos verschwunden. Ueber die Anfänge einer Verhandlung der großen Jury mit dem informer siehe Biener S. 138. Ueber die große Jury vor den Friedensrichtern S. 148.

(3) Ueber die Consolidirung der Urtheilsjury dieser Zeit vergl. Biener I. § 18, wo der Charakter der Beweiscommission bis zum Schluß des Mittelalters quellenmäßig richtig hervorgehoben wird: „Die Jury war für die Richter ein Mittel der Untersuchung, und sie konnten mit den Geschwornen gleich wie als Zeugen verfahren, um die Wahrheit zu finden.“ Das Strafverfahren mit Geschwornen ist für den Richter ein medium eruendae veritatis, eine inquisitio per patriam. Bracton 143b.

Die Einzelheiten der englischen Jury und ihre starken Umwandlungen nach dem Bedürfniß der Zeit ergeben wohl ein historisch richtigeres Bild als bloße Citate aus dem normannischen Coûtumier. Wenn in der Normandie „24 gute und gesetzmäßige Männer“ als Beweiscommissionen in Criminalfällen ohne Weiteres auftreten, so ist zu beachten, daß in der Normandie keine verfassungsmäßige Zusicherung wie die der Magna Charta und keine „guten Gesetze Eduard's“ einer solchen Anwendung entgegenstanden, und daß überhaupt der normannische Charakter weniger zähe an dem Hergebrachten festhielt. Der gelehrte Streit über den Zusammenhang mit den nordischen Rechten und über das Verhältniß der Geschwornen zu den alten Eideshelfern ist oft etwas zu äußerlich, oft zu speculativ geführt. Das Bedürfniß der Einheit des Rechts — und doch der Beibehaltung einer Mitwirkung des vicinetum beim Urtheilsspruch — mußte ganz unabhängig von einander in verschiedenen Ländern Aehnliches erzeugen, nämlich 1) Trennung der Rechtsprechung von der Beweisfrage, die von jeher in den Formen und Anschauungen des germanischen Prozesses lag, 2) Bildung von Gemeindeausschüssen zur Feststellung der Thatfrage, die in England durch einen Königlichen Beamten ernannt werden. 3) Concentrirung der Rechtsprechung in Königlichen Richtern, die sich in England aus dem normannischen Verwaltungsrecht sehr entschieden und leicht gestaltete. Ein unmittelbarer Zusammenhang der Geschwornen mit den alten Eideshelfern ist in England nicht vorhanden, wohl aber enthält die Auswahl der Geschwornen aus dem vicinetum und die Zulassung von peremtorischen Verwerfungen materielle und sehr populäre Elemente des älteren Instituts. Eine rühmende Anerkennung der Geschworneneinrichtung als eine Grundlage der englischen Freiheit findet sich erst in Fortescue de laudibus legum Angliae, also am Schluß dieser Periode, in einer vielfach subjectiv gefärbten Eulogie. Der nüchterne Grundgedanke der Jury ist, daß die thatsächlichen Feststellungen im Prozeß (die Feststellung der Untersätze des richterlichen Urtheils) durch ernannte Commissionen aus dem Kreis- und Gemeindeverband erfolgen sollen, weil man dafür die nachbarliche Kenntniß der Personen, Sachen und Verhältnisse nicht entbehren kann, am wenigsten hier, wo die vorsitzenden Richter nur periodisch aus weiten Entfernungen erscheinen und grundsätzlich der Grafschaft fremd sein sollen.

***) **Ueber die Qualification der Geschwornen und die gesetzliche Abgrenzung des Geschwornendienstes** vergl. hauptsächlich Biener Bd. II. S. 48—68, wo aber die inneren Zusammenhänge nicht hervortreten. Die Basis des Geschwornendienstes ist unzweifelhaft der alte Gerichtsdienst. Gerichtsfolge, secta, suit war in der älteren Verfassung die Dienstpflicht des Einsassen gegen den Gerichtsherrn. In Folge des Lehnswesens cumulirt sich damit die Lehnspflicht, die sich aber nach der Gestaltung des englischen Lehnswesens von Hause aus großentheils mit der schon vorhandenen Gerichtspflicht deckt. Im Civilgericht eines Privatgerichtsherrn heißt sie suit personal und beruht entweder auf dem Besitz eines zur Gerichsfolge pflichtigen Lehns oder auf Hofrecht (suit custom), kam aber in beiden Gestalten mit den Privatgerichten allmälig in Verfall. Desto lebendiger blieb sie in den Königlichen Gerichtshöfen, in welchen sie sich nun umgestaltet. Schon bei der Entstehung der Civilassisen mußte nicht blos auf Ritter, sondern auf libere tenentes gerechnet werden. Die Rüge- und Urtheilsjury in Strafsachen war durch ihre polizeiliche Entstehungsweise von Anfang an auf eine massenhafte Heranziehung der kleineren Freisassen berechnet, und stand in keinem Zusammenhang mit der Stellung der Ritter als Gerichtsmänner in dem großen Grafschaftsgericht. Möglich wurde diese Basirung des Geschwornendienstes auf den kleineren Besitz durch die bedeutende und stetige Vermehrung ländlicher und städtischer Freisassen in Folge der Kreuzzüge, der Veräußerlichkeit und Theilbarkeit der Lehne, der Stadtverfassungen. Der Geschwornendienst war also von Hause aus auf eine breitere Basis angelegt als derjenige der urtheilfindenden Gerichtsmänner.

Bei der Rechtsfindung ist immer entscheidend und nothwendig eine gewohnheitsmäßige Theilnahme, die nur für den größeren Besitz ausführbar. Bei dem Geschwornendienst zur Feststellung der question of fact kommt es nur auf eine genauere Kenntniß im Kreise des vicinetum an und auf persönliche Rechtschaffenheit, und dafür war das kleinere Freisassenthum ebenso geeignet wie unentbehrlich. Die Theilnahme an der Urtheilsfindung konnte als ein wichtiges politisches Recht erscheinen: die Heranziehung zu den neueren Beweiscommissionen erschien als ein neugestalteter schwerer Dienst, und die Betheiligung daran konnte niemals ein Gegenstand ständischer Eifersucht werden. Es handelte sich nur darum, die kleinen Leute mit dem Dienst zu verschonen, denen auch diese periodische Leistung zu schwer wurde, und andererseits der Jury eine gewisse Solidität zu bewahren gegen Bestechung und Einschüchterung. Dies ist der Charakter der Gesetzgebung über den Geschwornendienst nach zwei Seiten hin. Die oben citirten allgemeinen Gesetze schlossen nicht aus, daß gelegentlich in Spezialgesetzen noch ein besonderer Census ausgesprochen wurde. So bei einer jury to inquire of forcible entry or detainer 40 Sh. 8 Henr. VI. c. 9, bei einer jury to inquire of the concealments of other inquests 40 Sh. 3 Henr. VII. c 1., bei einer jury to inquire of riots 20 Sh. 19 Henr. VII. c. 13. Völlig fremd ist aber der ganzen Gesetzgebung die Idee eines politischen Rechts. Es handelt sich zunächst nur um die Beschwerden eines Dienstes, dem man sich zu entziehen sucht. Schon das St. Marlebridge 52 Henr. III. c. 14 verordnet daher, daß Königliche Freibriefe in Fällen des Bedürfnisses vom Dienst nicht dispensiren sollen. Fleta II. 52 § 36 klagt, daß sich die Leute der Rügejury des Sheriff zu entziehen suchen; ja in ein I. 20 § 91 erzählt er davon, daß man durch fingirte Verkäufe von der Gerichtssitzung der reisenden Richter loszukommen suchte. Die Wohlhabenden bestechen den Sheriff, um vom Dienste loszukommen, die Parteien versuchen die ärmeren Geschwornen zu bewirthen und zu bestechen. In 1. Edw. IV. c. 3; 1. Ric. III. c. 4 sprechen die Erwägungsgründe von dem Mißbrauch, daß arme und gewissenlose Leute in der Rügejury des Sheriff sitzen. In anderen Stellen ist die Rede von Gewaltthätigkeiten, die den Geschwornen von den Parteien drohen, 22 Ass. pl. 44. Das immer seltenere Erscheinen einer mit Rittern vollbesetzten magna assisa, (von der ein Beispiel noch im Jahre 1348 vorkommt) hängt mit den Beschwerden des Geschwornendienstes zusammen. Auch Fortescue hebt unter seinen laudes legum angliae die Criminaljury nicht als ein politisches Institut, sondern nur als eine zweckmäßige Gerichts- und Beweiseinrichtung hervor.

Wenn zuweilen von villani die Rede ist, die man zur Jury aufgeboten habe, so war dies für Civilsachen ein offenbarer Mißbrauch. Der copyholder hatte bis zu Edw. IV. kein Besitzrecht (estate) am Grundstück, und selbst bei der höher gestellten Klasse der später sogenannten privileged villenage, reichte ein dingliches Besitzrecht, die Möglichkeit einer Rechtsverfolgung gegen den Herrn, nur bis auf Edw. III., in ein paar Gütern allenfalls bis auf Henr. III. zurück. Etwas anders lag die Frage in den Rügejuries und kleinen Juries, die aus dem Polizeigericht der hundred, dem court leet, hervorgingen. Hier war die Heranziehung der copyholders zu den juries of inquiry oft nicht zu vermeiden wegen der geringen Zahl von Freisassen, und sie erschien wohl zulässig, sofern der Besitzer des Guts ein liber homo von Geburt im angelsächsischen Sinne war. Diesen Zustand voraussetzend, verordnet das St. 1 Ric. III.

c. 4 daß in dem Sheriffsturn neben freeholders von 20 Sh., auch copyholders von 26 Sh. 8 d. genommen werden (und dann noch einmal beiläufig in 19 Henr. VII. c. 13), worin nicht sowohl eine Neuerung, als nochmals eine angemessene Vertheilung des Dienstes lag.

****) **Die Ernennung der Sheriffs** auf Vorschlag des Schatzmeisters, Kanzlers und der Richter 9. Ed. II. St. 2 ward in einer Zeit bestimmt, in welcher das Königthum wieder mit den großen Baronen in Streit um Besetzung der Großämter lag. Es ward dadurch einerseits der verfassungsmäßige Einfluß des Permanent Council gesichert, andererseits eine gewisse Unparteilichkeit der Besetzung. Darauf bezog sich auch die weitere Vorschrift, daß kein Steward oder Bailiff eines großen Lords dazu ernannt werden soll, so lange er in dessen actuellem Dienst ist. Buchstäblich innegehalten wurde jene Vorschrift wohl zu keiner Zeit. Die Meinung war nur, daß die Hauptbeamten des Permanent Council das Vorschlagsrecht üben sollen. In 14. Ed. III. St. 1 c. 7; 23. Henry VI. c. 8 werden der Lordkanzler, der Lordschatzmeister, der Präsident des Raths und die drei Vorsitzenden der Reichsgerichte erwähnt. Zur Zeit Fortescue's pflegten alle Reichsrichter mit den Großbeamten und Mitgliedern des Staatsraths zusammenzutreten. Es sind dies alles nur Variationen in der Geschäftsordnung des Staatsraths, wie denn auch die Sitte, dem König drei Kandidaten vorzuschlagen nur aus der Praxis entstanden ist.

Im Zusammenhang mit dem Einfluß der Großen und mit den Amtsmißbräuchen der Sheriffs stand ferner die jener Zeit gegebene Zusicherung, daß der Sheriff, obgleich auf unbestimmte Zeit ernannt, doch nicht über ein Jahr im Amte bleiben soll. Eine Verpachtung der Aemter der Bezirksvögte (bailiffs) war in den articuli super Chartas Ed. I. untersagt. Wahrscheinlich wegen der Unausführbarkeit eines unbedingten Verbots beschränkt sich das spätere Statut auf die Vorschrift, daß es gegen mäßige Pacht und nur an Grundbesitzer geschehen soll.

Zur Beförderung eines regelmäßigen Geschäftsganges werden durch 14. Edw. III. s. 1 c. 9 die gelegentlich von dem Sheriffamt abgezweigten und besonders verliehenen und besetzten hundreds wieder mit der Grafschaft vereint (soweit nicht bestimmte Privatrechte bei den hundreds in fee entgegenstehen). Ueber die noch immer bedeutenden Sporteln des Sheriffamts vergl. Thomas on Exchequer p. 51, 52.

III. **Die Polizeiverwaltung der Grafschaft** sondert sich in dieser Periode auch äußerlich von der ordentlichen Gerichtsgewalt ab und geht aus den Händen des Sheriff in das neu geschaffene Amt der Friedensrichter über.

Der Sheriff hat im Anfang dieser Zeit noch immer die wichtige Stellung der ordentlichen Polizeiobrigkeit der Grafschaft. Wenn auch die Magna Charta ihm die Königlichen Criminalklagen ganz entzieht, so bleibt ihm doch der erste Angriff, die Annahme der Bürgschaft, die polizeiliche inquisitio. Es bleiben ihm ferner die freilich absterbenden Privatanklagen und die Entscheidung der leichteren Uebertretungen nach dem alten Büßungssystem. Es war nun aber gewiß die schwerste Last des Gerichtsdienstes, wenn man zu jener inquisitio und zu diesem Polizeistrafamt jedesmal die Gemeinden in Masse aufbieten mußte. Eben deshalb waren so zahlreiche Courts leet von dem Sheriffsturn abgezweigt worden. So groß indessen diese Erleichterung sein mochte, so wenig ausreichend ist eine Ortspolizei für die Aufrechthaltung des Friedens (der Polizeiordnung) im Ganzen. Der Hauptmangel war, daß die alten Formen des Gerichts und des Gerichtsverfahrens überhaupt nicht ausreichten für eine Reihe von polizeilichen Functionen, die vielmehr durch Einzelbeamte in unmittelbarer Nähe wirksam zu handhaben sind.

Es trafen nun aber eine Reihe socialer Gründe zusammen, um das Gebiet der Polizeigewalt in dieser Periode ganz außerordentlich zu erweitern und zu vervielfältigen. Friedensbewahrung war einmal das große Bedürfniß des Mittelalters. Keine moderne Bourgeoisie hat wohl so viel nach Polizei verlangt, wie die englischen Parlamente dieser Zeit, die niemals Friedensbewahrung und Friedensbewahrer zur Genüge erhalten konnten. Es wirkten dahin die eigenthümlichen wirthschaftlichen Verhältnisse des Landes. Städtisches und Landleben hat sich hier nicht abgeschlossen. Mit dem ziemlich frühen Absterben der Leibeigenschaft, mit der Entstehung freier Lohn- und Pachtverhältnisse lockert sich an vielen Stellen das häusliche Band zwischen Besitz und Arbeit. Dadurch und durch die Gewerbefreiheit knüpfen sich tägliche Beziehungen zwischen Besitz und Arbeit, die früher als auf dem Continent durch umfassende Gesetze zu regeln waren.

Schon das herkömmliche Gebiet der Friedensbewahrung gab dem Sheriffsturn und Court leet oft wiederkehrende und mannigfaltige Geschäfte. Das Statut Winchester hatte die Haftung der Hundertschaften verschärft. Die Pflicht zu Nachtwachen, das Aufgebot des Landsturms zur Verfolgung von Verbrechern (hue and crye), die Haftung des Wirths für den Gast und Anderes wirkte zusammen, um die Gemeinden selbst mißtrauisch, die Anträge auf Friedensbürgschaft und Bürgschaften für gutes Verhalten gegen Verdächtige häufig genug zu machen (2. Edw. III. c. 6; 34. Edw. III. c. 1). Die Untersuchung in diesen Gerichten war etwas ganz Anderes als im heutigen Prozeß. Sie erfolgte nicht nur öffentlich vor der Gemeinde, sondern in und durch die Gemeinde, mit stetigem Aufgebot von Schulzen und Gerichtsmännern, mit eidlichen Verhören über Wissen, Nichtwissen und Glauben. Zunächst daran reihten sich besondere Verpflichtungen bei gewaltsamer Besitzentsetzung (forcible entry) und das Verfahren bei aufrührerischen Versammlungen 13. Hen. IV. c. 7. Bei weitem am zahlreichsten und am beschwerlichsten erschien aber die Masse der kleineren Straffälle, in denen der Court leet definitiv auf die Geldbuße erkannte, deren ansehnlicher Umfang schon aus den Frageartikeln ersichtlich ist, in denen unter anderem auch das damalige System einer Wegeordnung und Wegepolizei lag (eigenmächtige „Verschränkung, Verengerung oder Einziehung und Verlegung von Wegen, Abflüssen, Fußpfaden"). Durch den weiten Begriff des schädlichen Unfugs (nuisance) umfaßte dies Strafgebiet zahlreiche nachbarliche Streitigkeiten und erweiterte sich auch durch neue Jagdordnungen (13. Ric. II. st. 3. c. 13) und Fischereireglements, die letzteren in unglaublicher Specialisirung 13. Eduard I. c. 47; 31. Eduard III. st. II. c. 1—3; 13. Ric. II. c. 19; 17. Ric. II. c. 9; 22. Eduard IV. c. 2; 14. Henry VI. c. 6.

Eine zweite Gruppe bildet eine äußerst verwickelte Gewerbepolizei, — die Folge der Gewerbefreiheit und der Lohnverträge mit freien Arbeitern.* Die zahllosen Reglements, welche auf dem Continent in städtischen Polizeiordnungen und Zunftstatuten zu suchen sind, erscheinen hier als Gegenstände allgemeiner Gesetzgebung; Anfangs als Königliche Verordnungen, assisae und ordinances, dann als Parlamentsbeschlüsse. Dahin gehören die gesetzlichen Taxordnungen für Brot, Bier, Feuerung und andere Lebensbedürfnisse, assisae venalium (zugleich mit Vorschriften gegen Fälschung), als deren älteste eine assisa panis schon unter Johann 1203, als deren lange Zeit wichtigste die assisa panis et cerevisiae 51. Henry III. c. 5 genannt wird, und die sich als periodische Taxen fortsetzen. Ein Reglement für das Bäckergewerbe enthält 13. Ric. II. c. 8; für Brennholzverkauf 7. Ed. IV. c. 7; für Kohlenhandel 9. Henry V. st. I. c. 10. — Specielle Vorschriften über die Anfertigung von Ziegelsteinen 17. Ed. IV. c. 4, für Tuchmacherei 37. Ed. III. c. 15, 4. Ed. IV. c. 1. Marktpolizei-Vorschriften 2. Ed. III. c. 15; 5. Ed. III. c. 5. Verbote gegen Vergoldungen 5. Henry IV. c. 13. 2. Henry V. st. 2. c. 4. Specialreglements über Bereitung und Verarbeitung des Leders 2. et 3. Ed. IV. c. 9, 11. über Malzfabrikation 2. et 3. Ed. IV. c. 10. (17. Ric. II. c. 4). Am meisten charakterisirt sich das Detail dieser Gesetze in den neuerlichen Aufhebungsakten wie 49. Georg III. c. 109, welches 40 Gesetze über Wollmannufaktur von 2. Ed. III. an aufhebt (vergl. 19. et 20. Vict. c. 64). Eine Art genereller Gewerbeordnung folgt dann noch durch 3. Ed. IV. c. 4.

Eine dritte Gruppe bildet eine Arbeitspolizei, bei der man erwägen muß, daß diese Gesetzgebung an der Stelle der Unterthänigkeit, der Zunft- und städtischen Polizei-Institutionen des Continents steht, wo die gebundene Arbeit in Stadt und Land noch Jahrhunderte hindurch den Arbeiter der persönlichen Herrschaft des Arbeitsgebers unterwarf. Das erste statute of labourers 23. Edw. III. c. 1 ff. erging nach einer großen Landes-Calamität, welche die Zahl der arbeitenden Hände vermindert, die Lohnforderungen erhöht hatte. Den Arbeitern wird dadurch anbefohlen, jedem Arbeitsgeber zu den gewohnten Lohnsätzen zu dienen. Spätere Gesetze drohen harte Strafen für die Weigerung, — für ein eigenmächtiges Verlassen der Grafschaft sogar die Acht. Im Zusammenhang damit bildete sich der durch die Praxis begrenzte Begriff der combinations, d. h. der verbotenen Verbindungen zur Erhöhung der Arbeitslöhne. In weiterer Verbindung steht das Verbot des Almosengebens an arbeitsfähige Bettler. Durch 12. Ric. II. c. 7 wird jedem Arbeiter verboten, seinen Wohnort zu verlassen, ohne Zeugniß der Obrigkeit für das Vorhandensein eines erheblichen Grundes; wer ohne solches Zeugniß wandernd betroffen wird, kann ergriffen und in den Fußblock gesetzt werden. Arbeitsunfähige sollen nöthigenfalls an ihren Geburtsort zurückkehren, um dort unterhalten zu werden. Mit der Stärke oder Schwäche der darauf folgenden Regierungen wechselt auch die Strenge der Arbeitspolizei, 13. Ric. II. c. 3; 14. Ric. II. c. 1, 2; 2. Henry IV. c. 5; 4. Henry IV. c. 15; 5. Henry IV. c. 9; 11. Henry IV. c. 8; 9. Henry V. c. 9 st. 2; 8. Henry VI. c. 24; 27. Henry VI. c. 3; 17. Edw. IV. c. 1; 1. Henry VII. c. 2; 3. Henry VII. c. 8. Als Mahnung zur Mäßigung blieb indessen ein Bauernkrieg unter Richard II. in Erinnerung. Als Gegengewicht sollten gewissermaßen die gesetzlichen Brot- und Biertaxen dienen, so wie die Befugniß der Polizeiobrigkeit, summarisch über Lohnforderungen zu erkennen, welche allmälig daneben tritt.

Eine vierte Gruppe bilden die Anfänge einer Sittenpolizei, die bereits in dem weiten Begriff common nuisances lagen, durch welche lärmende und unzüchtige Wirthschaften verfolgt werden konnten. (Die Gastwirthschaften unterlagen ferner den Regulativen über die Preise der Lebensmittel und Futterung 12. Edw. II. c. 6 unter besonderer Aufsicht über Maße und Gewicht.) Seit Edw. III. schließt sich daran eine Reihe von Luxusgesetzen über Kleidung, Mahlzeiten und anderen Aufwand, veranlaßt durch die frühzeitige Mischung der Stände in Stadt und Land, und durch das abenteuerliche Treiben, welches die Soldarmeen aus den französischen Kriegen mitbrachten. Zu dieser Gruppe gehört das Tafelgesetz 10. Edw. III. st. 3 de cibariis utendis, welches zum Mittag- und Abendbrot nur zwei Gänge gestattet; die großen Luxusgesetze 37. Edw. III. c. 8—14 für Kleidertracht und Mahlzeiten, im folgenden Jahre aufgehoben, aber theilweis erneut unter Edw. IV. Ergänzend stand daneben noch eine arbiträre Strafgewalt der king's bench als custos morum, so wie die Befugniß der Polizeiobrigkeit, Cautionsstellung für gutes Verhalten zu erzwingen bei öffentlichen anstößigen Akten der Unsittlichkeit.

Vergleichen wir diese Gesetzgebung mit den etwas späteren Polizeiordnungen in Frankreich und den mehr localisirten in Deutschland, so wird sich ein relatives Bedürfniß schwerlich bezweifeln lassen; nicht minder aber auch, daß der court-leet diesen Aufgaben eben so wenig gewachsen war, wie der sportulirende Sheriff mit seinen Untervögten. Offenbar können solche Polizeiordnungen nur durch Einzelbeamte und mehr summarisch gehandhabt werden. Die Magna Charta und das gemeine Recht kannten jetzt kein anderes Strafverfahren als ein judicium parium — in späterer Umbildung Richter und Jury.

Allerdings finden sich seit Richard I., als erster Versuch in neuer Weise, Assistenten des Sheriff, gewissermaßen Kreisdeputirte, in den capitula von 1194 als custodes placitorum coronae bezeichnet. Sie sollen ein wachsames Auge über die Königlichen Schatzungen, Gefälle und Gebührnisse haben, und sind wahrscheinlich identisch mit den später sogenannten Coroners.*) Eduard I. giebt diesen Beamten eine ausführliche Instruction, wie sie mit einer Untersuchungscommission aus den benachbarten Gemeinden bei ungewöhnlichen Todesfällen verfahren sollen. Nach 28. Edw. III. c. 6 werden sie aus respectablen Grundbesitzern im Grafschaftsgericht gewählt und dem König zur Ernennung präsentirt. Diese erste Bildung hat indessen keinen weiteren Fortgang genommen, beschränkt sich vielmehr auf Untersuchungen über Todesursachen, Unterschlagung von Schätzen und einige Assistenzgeschäfte für den Sheriff. Das Königthum war wohl nicht geneigt, die Befugnisse dieser gewählten Beamten zu erweitern. Wahrscheinlich zeigten sie sich frühzeitig durch die Anwendung des Wahlprinzips an dieser Stelle als ungeeignete Beamte.

Unter Heinrich III. kommen nun allerdings noch andere gewählte Friedensbewahrer vor. Vielleicht sind damit nur Commissarien und Chief constables der Miliz gemeint. Die von der Adelspartei unter Simon von Montfort eingesetzten Custodes waren jedenfalls nur außerordentliche Commissarien mit anomalen, sofort gemißbrauchten Gewalten. Die in 4. Eduard I. erwähnten Commissarien zur Untersuchung und Entscheidung gewisser Vergehen scheinen kaum mehr als gewöhnliche justices of oyer and terminer gewesen zu sein. Eine wirkliche Anomalie bilden allerdings die justices of trail baston 28. Edw. I., in unruhiger Zeit ernannt. In jeder Grafschaft sollen drei größere Grundbesitzer oder andere angesehene Männer präsentirt, und durch Königliches Patent als justices of oyer and terminer ernannt werden, um in abgekürzter Weise über gewisse gemeingefährliche Verbrechen zu entscheiden. Coke II. Inst. 538—540. Einige Jahre später wird ihre Gewalt noch etwas erweitert (rot. pat. a. 33. Edw. I.). Schließlich findet indessen Coke auch in diesen Ernennungen nur den Charakter der reisenden Richter wieder.

Kurz nach dem Regierungsantritt Eduard's II. werden wieder in jeder Grafschaft conservatores pacis ernannt (darunter der Sheriff), welche beständig in ihren Grafschaften residiren und solche in allen Theilen visitiren sollen, um zu überwachen die Befolgung des Statuts Winchester und die darauf bezüglichen Königlichen Erlasse. Auch dies war nur vorübergehend gemeint. Im folgenden Jahre ergehen writs an die Sheriffs des Inhalts, daß gewisse Personen behaupten ermächtigt zu sein, als Friedensbewahrer zu agiren, obwohl nicht ernannt vom König, sondern durch irgend eine andere Autorität, worüber der König sehr überrascht ist, „dieweil die Ernennung solcher Friedensbewahrer dem Könige gehört und Niemandem sonst." Die Sheriffs sollen in diskretster Weise über solche unbefugte Commissionen wachen.

Eine sehr ernste Veranlassung zur Einsetzung örtlicher Polizeiherren fand sich aber beim Regierungsantritt Eduard's III. Die verbrecherische Faction der Königin Isabella hatte Eduard II. zur Abdankung gezwungen und ermordet. Dem ungläubigen Volk wurde verkündet, daß mit Zustimmung des unglücklichen Königs der minderjährige Thronfolger die Regierung übernommen habe; mehrer Sicherheit halber wird aber die Ordonnanz 1. Edw. III. c. 16 im Parlament erlassen:

> „Zur besseren Bewahrung und Erhaltung des Friedens will der „König, daß in jeder Grafschaft gute und gesetzmäßige Männer, „welche nicht zu den Böswilligen und Ruhestörern in der Graf„schaft gehören, ernannt werden sollen, um den Frieden zu er„halten."

Bei der fortdauernd gefährlichen Lage der herrschenden Partei folgte kurz darauf das Gesetz 2. Edw. III. c. 2, durch welches die Polizeiordnung von Winchester eingeschärft und hinzugefügt wird, daß die ernannten Commissarien nicht nur untersuchen, sondern auch die Gewalt haben sollen, Ungehorsame und Widerspänstige zu bestrafen. Die herrschende Partei wird indessen kurz darauf gestürzt, und durch 4. Edw. II. c. 3 werden wieder regelmäßig reisende Richter zur Abhaltung der Strafassisen mit Juries ernannt; neben ihnen gute gesetzmäßige Männer zur Aufrechterhaltung des Friedens.

Allein das Bedürfniß zu richterlichen Localcommissionen dauert fort, wie die Parlamentsverhandlungen und die gelegentliche Ernennung von localen Strafrichtern ergeben. Durch 18. Edw. III. st. 2 c. 2 wird eine Art von gemischtem Strafgericht versucht: „es sollen in jeder Grafschaft 2 oder 3 der respectabelsten Männer als custodes pacis durch Königliche Commission ernannt, und wo zeitweise ein Bedürfniß, sollen sie mit anderen rechtskundigen Männern zusammengefaßt und angewiesen werden, zu verhandeln und zu entscheiden über Felonies und Uebertretungen gegen den Frieden in der Grafschaft, und die angemessene gesetzliche Strafe zuzusprechen.“ In 20. Edw. III. petitioniren die commoners, daß sie eine Gewalt über Entscheidung von Felonies zu haben wünschen, worauf der König erwidert: „daß rechtsgelehrte Personen dazu ernannt werden sollen.“ Als darauf in 21. Edw. III. die commons aufgefordert wurden, ihren Rath über die Erhaltung des Friedens zu geben, empfahlen sie, daß 6 Personen in jeder Grafschaft, 2 darunter von den Großen, 2 Ritter und 2 Rechtskundige, und so mehr oder weniger, nach Bedürfniß, Gewalt und Commission aus der Kanzlei haben sollten, zu hören und zu entscheiden, und daß alle courts of trail baston (summarische Strafcommissionen) als zur Unterdrückung des Volkes dienend wegfallen sollen. Offenbar hält der König und Rath das Königliche Ernennungsrecht fest, während die Stände das Hauptgewicht auf die Wahl großer Grundbesitzer legen; eine Abweichung von dem ordentlichen Prozeßgange wünschen beide Theile möglichst zu vermeiden.

Inzwischen entstanden nun aber die Zerwürfnisse mit den arbeitenden Klassen, welche die statutes of labourers 23. Edw. III. c. 1; 25. Edw. III. c. 8 hervorriefen. Zur Ausführung dieser Gesetze mußten nach Zweck und Fassung Commissarien mit außerordentlichen Gewalten ernannt werden. Sie sollten 4mal jährlich eine Sitzung in allen Grafschaften halten. Wahrscheinlich wurden dieselben Personen dazu ernannt, die schon nach 18. Edw. III. zu commissions of oyer and terminer ernannt waren (Reeves II. 472). Es war dies eine Zeit, in welcher von Seiten des Unterhauses wie des Königlichen

Raths eine Geneigtheit zur definitiven Ordnung dieser Verhältnisse vorhanden war. Unzweifelhaft haben darüber Verhandlungen im Parlament stattgefunden, leider aber fehlen die rotuli gerade dieser Zwischenzeit 29—34. Edw. III.

Endlich nach so langen versuchsweisen Gestaltungen e r f o l g t 1360 d i e E i n s e t z u n g v o n K r e i s p o l i z e i h e r r e n a l s d a u e r n d e s I n s t i t u t durch 34. Edw. III. c. 1:

„In jeder Grafschaft von England soll e r n a n n t werden zur Erhaltung des Friedens ein Lord, und mit ihm drei oder vier der Respectabelsten in der Grafschaft, nebst einigen Rechtsgelehrten; und sie sollen Gewalt haben zu bändigen die Gesetzübertreter, Aufrührer und alle anderen Ruhestörer, und sie zu verfolgen, zu ergreifen, in Haft zu nehmen, und zu z ü c h t i g e n nach Maß ihres Vergehens, und sie in das Gefängniß setzen lassen, und sie gebührend b e s t r a f e n nach dem Gesetz, nach den Gewohnheiten des Reichs und nach ihrem besten Ermessen und eingeholtem Rath: Ferner die Gewalt, Anzeige anzunehmen, und Untersuchung zu führen gegen alle bestrafte Subjecte und Verbrecher, welche aus den Besitzungen in Frankreich zurückgekommen, sich herumtreiben und die früher gewohnte Arbeit nicht wieder beginnen wollen; und zu ergreifen und zu verhaften alle gefährlichen Personen auf Anklage oder auf Verdacht und sie ins Gefängniß zu setzen; und sich bestellen zu lassen genügende Sicherheit und Bürgschaft für ihr gutes Verhalten gegen den König und das Volk von allen übel Berüchtigten, wo sie auch betroffen werden mögen; und die anderen gebührend zu bestrafen, damit das Volk nicht durch solche Aufrührer und Rebellen beunruhigt, noch beschädigt, noch der Friede gestört, noch Kaufleute oder andere Reisende auf den Landstraßen belästigt oder gefährdet werden von solchen Uebelthätern: und auch zu hören, zu verhandeln und zu e n t s c h e i d e n, auf Anklage im Namen des Königs alle in der Grafschaft begangene Felonies und Uebertretungen nach den vorgedachten Gesetzen und Gewohnheiten."

Leider fehlen, wie bemerkt, gerade für dies Gesetz die vorangegangenen Verhandlungen. Lambard (I. c. 9) hat eine nach diesem Gesetz ausgefertigte Commission schon aus dem folgenden Jahre 35. Edw. III. eingesehen, in welcher auch schon die Bezeichnung Justices vorkommt (Justitiarios nostros) und ein Zusatz, betreffend „Maße, Gewichte, Diener, Handwerker, Tagearbeiter." Zwei Jahre später (36. Edw. III.) petitioniren die Gemeinen, daß den ernannten Kreispolizeiherren angemessene Gebühren bewilligt werden, und die Befugniß „zu inquiriren sowohl innerhalb wie außerhalb der Freibezirke in Angelegenheiten von victuallers, regraters und forestallers eben so wie von labourers und artificers;" ferner möge in die Commissionen sowohl für die Justices of the Peace, wie für die Justices of Labourers, die Klausel aufgenommen werden, daß sie viermal im Jahre gemeinschaftliche Sitzungen halten. Dies letztere wird genehmigt und durch 36. Edw. III. c. 12 zum Statut erhoben. — Im nächsten Jahr folgt die Petition, daß der König den im Parlament versammelten Rittern und Bürgern gestatten möge, die Justices of the Peace und die Justices of Labourers and Artificers zu wählen, und daß die so Gewählten nicht wieder entfernt und andere minder Genügende an ihre Stelle gesetzt werden. Die Antwort lautet: das Parlament möge Personen vorschlagen, aber der König werde ernennen nach seinem Belieben. — Noch einmal 50. Edw. III. folgt eine Petition, nach welcher das Parlament die Justices of the Peace ernennen möchte, worauf sie vor dem Königlichen Rath beeidigt, und nicht ohne Zustimmung des Parlaments abgesetzt werden möchten. Die Antwort lautet: „die Richter sollen ernannt werden vom König und seinem Staatsrath (Continual Council)," — womit der Wahlpunkt erledigt ist für alle Zeiten (1. Parl. Hist. 343).

In dieser Zeit schon wird auch der ehrenvollere Titel Justices neben oder anstatt des älteren Custodes pacis üblich. Nach sonstigen Analogien läßt sich annehmen, daß wohl meistens dieselben Personen zu Justices of the Peace und Justices of Labourers ernannt wurden. Beide Stellungen fließen immer mehr in einander. Die Form der Commission ist schon seit 3. Ric. II. der heutigen gleichartig. Die Commissionen 4. Ric. II. z. B. ernennen Conservatores pacis zur Ausführung der Statuten von Winton, Northampton und Westminster, zugleich als Justices zur Untersuchung zahlreicher aufgezählter Vergehen, so wie zur Unterdrückung gesetzwidriger Versammlungen, Ausführung der Verordnungen über Maße, Gewichte, das st. of Labourers u. s. w. Auch die Statuten 13—17. Ric. II. enthalten ähnliche Aufzählungen mit Einschluß der Regelung der Lohnverhältnisse der labourers und servants. In späteren Statuten wie 2. Henry V. c. 4 §. 2 werden die Friedensrichter als Polizeirichter in Sachen der Dienstboten, Handwerker und Lohnarbeiter selbstverständlich vorausgesetzt.

Der Inhalt ihrer Geschäfte war nunmehr nach der Fassung der Friedens-Commissionen ein doppelter. (1.) Die Bewahrung des Friedens nach common law, d. h. Verhaftung, Zwangsbürgschaft, und die sonstigen reinen Polizeigeschäfte, welche herkömmlich schon in der Amtsgewalt der normannischen Landvögte lagen. (2.) Die analogen Geschäfte nach der Polizeiordnung von Winchester, dem Statut Westminster und den späteren Gesetzen über Gewerbe- und Arbeitspolizei, die sich nun mit jedem Menschenalter vermehren. Wirkliche Criminalstrafen erkennen sie nur kollegialisch in ihren Quartalsitzungen, mit Zuziehung einer Jury. Ihre Commission lautet so allgemein, daß sie auch bei Felonies mit den reisenden Richtern eine concurrirende Criminalgewalt haben. Andererseits sind ihnen eine Menge kleinerer Vergehen gegen die Gewerbe-, Sitten-, Arbeitspolizei, durch die Fassung der Statuten besonders vorbehalten. Es ist dabei noch nicht die Absicht vorwaltend, die Jury in ihrer Anwendung wesentlich zu beschränken. Allein die Fassung der neueren Polizeigesetze giebt ihnen auch für ihre Person erweiterte, ohne Jury zu übende Gewalten. Nach 15. Ric. II. c. 2 sollen sie z. B. den Thatbestand der gewaltsamen Besitzentsetzung feststellen, nach 2. Henry IV. c. 4 § 2 sollen „die Friedensrichter fortan die Gewalt haben, eidlich zu verhören alle Arten von Arbeitern, Diener und ihre Herren, und artificers über alle Dinge, die von ihnen geschehen sind gegen die gedachten Ordonnanzen und Statuten, und sie demgemäß zu bestrafen auf ihr Geständniß als ob sie überführt wären durch inquest.“ Die Gesetze der folgenden Periode erweitern dies immer mehr zu einer summarischen Urtheilssprechung ohne Jury auch gegen den leugnenden Angeschuldigten.

Das Personal der Friedensrichter sollte im Sinne der Parlamentspetitionen vorzüglich aus dem größeren und größten Grundbesitz entnommen werden, während König und Rath vorzugsweise auf Rechtskunde bestehen. Aus beiden Elementen wird nunmehr das Personal nach Ortsbedürfniß wirklich zusammengesetzt, ohne das Ermessen der Krone in der Auswahl erheblich zu beschränken. Nach 34. Edw. I. c. 1 sollen in jeder Grafschaft 1 Lord, 3 oder 4 der würdigsten Männer und einige Rechtskundige dazu ernannt werden. Nach 13. Ric. II. c. 7 sollen sie aus den wohlhabendsten Rittern, Rittergutsbesitzern und Rechtskundigen, (knights, esquires and gentlemen of the law) genommen werden. Nach 2. Henry V. st. 1 c. 4, st. 2 c. 1 sollen sie ansäßig sein in der Grafschaft. Erst der Adelseinfluß unter dem Hause Lancaster führt einen bestimmten Census ein 18. Henry VI. c. 11: „daß kein Friedensrichter in die Commission gesetzt werden soll, der nicht Ländereien zum Werth von 20 Pfund Silber jährlich hat.“ Es war dies die niedrige, schon einigermaßen veraltete Taxe eines Ritterguts. Es folgt jedoch das Proviso § 2: „daß wenn in der Grafschaft nicht genügende grundangesessene Personen vorhanden seien, welche der Rechte und der Verwaltung kundig, der Lordkanzler befugt sein soll, nach seinem Ermessen andere zuverlässige Personen, die der Rechte kundig, in solche Commission zu setzen, auch wenn sie keine Grundstücke zu dem vorgedachten Werth besitzen.“ Diese Concurrenz von Grundbesitzern und Rechtskundigen hat noch Jahrhunderte lang fortgedauert. In der Clausel der Commission, in welcher „zwei oder mehren“ Friedensrichtern die Befugniß ertheilt wird, zu untersuchen und abzuurtheilen, wird das Proviso hinzugefügt: unter dieser Zahl sollen jedoch immer einer oder mehre namentlich Benannte sein „quorum aliquem vestrum A. B. C. D. unum esse volumus.“ Die so Benannten sind die rechtskundigen Mitglieder, welche deshalb technisch die Quorum heißen. Und in späteren Statuten wird auch beim summarischen Strafverfahren und bei gewöhnlichen Polizeiacten immer speciell bestimmt, ob ein Friedensrichter selbständig, oder ob er mit Zuziehung eines rechtskundigen Collegen den Act vornehmen soll.

Das Friedensrichteramt ist hiernach nur eine Combination längst vorhandener Elemente in neuer Weise. Es ist eine neue Gruppirung von Besitz und Amt. Der König konnte von jeher Justices of oyer and terminer für die Abhaltung der Strafgerichte ernennen: durch die neue Einrichtung wird er genöthigt, sie vorzugsweise aus den ansäßigen Grundbesitzern der Grafschaft zu ernennen. Jene reisenden Richter hatten ihren Halt und Schwerpunkt im Königlichen Rath und in den Reichsgerichten: die Friedensrichter haben ihn in der Grafschaft, und bilden in ihren regelmäßig wiederkehrenden Sitzungen einen collegialischen Körper, der nun auch mit den ernannten Kreisausschüssen (juries) in eine dauernde Verbindung tritt, und eine neugestaltete Kreisverwaltung für Polizeizwecke im weitesten Sinne bildet. In den Commissionen der reisenden Richter werden neben den Reichsrichtern auch Lords und Ritter der Grafschaft beauftragt, aber nur als secundäre Personen, deren Theilnahme frühzeitig eine nominelle wird. In den Friedenscommissionen sind die professionellen Beamten nur Collegen und rechtskundige Assistenten, die vor dem dauernden Einfluß des großen Grundbesitzes allmälig zurücktreten. Da die Nichtzahlung von Diäten schon nach 14. Ric. II. c. 11 als Ehrensache für Lords und Bannerets erklärt wird, so erschien die Nichtannahme der wages bald überhaupt als Ehrensache, womit der Zudrang von Advokaten und Minderbegüterten zu den Friedens-

Commissionen sich vermindert. Der große Grundbesitz fand darin Entschädigung in größerem Maßstab für die absterbenden Gutsgerichte. Für die practischen Zwecke der Polizeiverwaltung aber ward damit die nöthige Stetigkeit und die nöthige Kraft gewonnen. Da die Friedensrichter für den Bereich der Grafschaft ernannt, da ihre Amtsgewalt von Anfang an sowohl innerhalb wie außerhalb der Freibezirke geübt werden soll, so greifen sie über die zersplitterten Gerichtsbezirke über.

Und schon hierin liegt der nächste Grund, aus welchem die Friedensrichter schrittweise die alten courts leet zurückdrängen.***) Wie alle Neuerungen dieser Art, sind die Friedensrichter concurrirend, cumulativ auf die alten Institutionen der Friedensbewahrung gesetzt. Die courts leet bleiben also bestehen als Ortspolizeigerichte, aber ohne weitere Reform ihrer Verfassung. Sie bleiben grundsätzlich beschränkt auf ihre alte Jurisdiction nach common law, wo ihnen nicht die Strafgewalt über neue Straffälle nach statute law ausdrücklich beigelegt ist, wie dies im Gebiet der Arbeits- und Gewerbepolizei allerdings öfter geschehen. In diesem Verhältniß der freien Concurrenz ist der court leet (außer an sehr wenigen Orten, wo mehr zufällige Umstände ihn lebendig erhielten) allmälig überwachsen und erdrückt durch die neue kräftigere Institution der Friedensrichter. Sie waren jederzeit zugänglich, während der court leet nur zweimal jährlich auf kurze Zeit eröffnet wird. Sie erhalten von Menschenalter zu Menschenalter neue und wirksame Strafgewalten, während der court leet im Ganzen auf eine schwerfällige Inquisition und auf die Strafbußen der common law beschränkt bleibt. Am Schluß der Regierung Eduard's III. (51. Edw. III.) bittet das Parlament noch einmal, den Friedensrichtern keine Straffälle zu überweisen, welche in den leets der Grundherren und Städte zu entscheiden seien. Die Antwort lautet: „die bisher beschlossenen Gesetze (Polizeiordnungen) können nicht aufrecht erhalten werden, wenn diese Petition bewilligt wird.“ Von da an geht der Verfall der leets stillschweigend weiter.

Dieselben Gründe gelten nun aber für das Verhältniß der Friedensrichter zu dem Sheriffsturn. Zunächst freilich bleibt dies Polizeigericht durch die Friedensrichter unberührt. Dem Sheriff bleibt das Recht des ersten Angriffs, der Inquisition und die Strafgewalt in den kleinen Büßungsfällen unter Mitwirkung der Gemeinde. Zuweilen wird durch besondere Verordnung ein Zusammenwirken von Sheriff und Friedensrichter vorgeschrieben, wie beim Aufruhr; in manchen Dingen sollen die Friedensrichter den Sheriff controliren 11. Henry VII. c. 15. Im Allgemeinen aber bleibt das Verhältniß ein concurrirendes zum Nachtheil der Sheriffs, deren Unpopularität fortdauert, und deren Polizeigewalt schon durch den unangemessenen Wechsel des Amtes von Jahr zu Jahr weiter zerfallen mußte. Die erheblichen Voruntersuchungsgewalten sind ihnen weiter durch 1. Edw. IV. c. 2, 3 (a. 1461) abgenommen. Sie sollen sich auf den ersten Angriff und auf die Annahme von indictments beschränken, den definitiven Haftbefehl und die weitere Verhandlung den nächsten Quartalsitzungen überlassen. Dem Sheriff bleibt aber noch die Verwaltung der Grafschaftsgefängnisse und im Wesentlichen das Gebiet der Strafvollstreckung, auf welche die Büreauverfassung, das Sportelwesen, das ganze System der Finanzverwaltung im Sheriffamt berechnet war und blieb.

Die unteren Functionen der Friedensbewahrung,****) die in den Ortsgemeinden, Zehntschaften, villatae, durch Schulzen und Gerichtsmänner, in Gestalt von Gemeindeausschüssen, als erster Angriff und amtliche Anzeigen gehandhabt wurden, gingen jetzt immer ausschließlicher in das Amt der Ortsschulzen über, die sich nunmehr den Friedensrichtern ungefähr so unterordnen, wie früher dem Sheriffsturn. Diese unteren Functionen folgen dem Entwickelungsgange der höheren. An Stelle der rügenden Ortsgemeinde erscheint nunmehr der alte Gerichtsschulze tithingman, (der seit Eduard III. immer regelmäßiger den von seinen Milizgeschäften hergenommenen Namen constable führt) bei den Sessionen der Friedensrichter, macht dort seine dienstlichen Anzeigen (presentments), und überwacht den Frieden in seiner Ortschaft (eben so wie die chief-constables in der Hundertschaft) mit den alten Pflichten eines Friedensbewahrers und mancherlei neuen Amtsfunctionen, die ihm durch die Gewerbe-, Arbeits- und Sittenpolizeigesetze successiv auferlegt sind.

*) **Die Entstehung des Amtes der coroners** ist in der vorigen Periode nur kurz angedeutet, um das Material nicht zu überhäufen. Es liegt darin gewissermaßen eine Vorstufe zur Bildung des Friedensrichteramts, die in dieser Weise als Wahlamt zu keiner lebensfähigen Fortentwickelung kam, und deshalb in der Geschichte wie in der heutigen Communalverfassung mehr wie eine Enclave zu behandeln ist. Die erste Spur sucht man in den capitula placitorum coronae aus dem Jahre 1194, also während der Abwesenheit Richard's I., als im Streit der Parteien innerhalb der Reichsverwesung mehrerlei populäre Concessionen gemacht wurden. Die Worte lauten bei Spelman Cod. 331: In quolibet comitatu eligantur tres milites et unus clericus, custodes placitorum coronae. Bei Erwähnung abgeurtheilter Criminalfälle aus den Jahren 1185 bis 1214 wird die Gegenwart eines Coronarius Domini regis bemerkt (ibid. p. 308), was wohl auch auf dasselbe Amt zu beziehen ist. Der finanzielle Charakter aller Feloniestrafen führte auf das Bedürfniß einer Controlle durch einen Fiskal, wozu in diesem Falle einmal ein

vereideter Kreisdeputirter bestimmt wurde. Unzweifelhaft erscheint der coronator unter Johann (Placitorum Abrev. p. 71) und in der Magna Charta; sodann ausführlich in den Rechtsbüchern, Bracton fol. 121—123, 126b, 135. Fleta I. 18 und 25. Britton c. I. — Ueber das Verfahren ergeht eine sehr eingehende Verordnung 4. Edw. I. de officio coronatoris, und in dem statutum Walliae 12. Edw. I. c. 5. Neben den reisenden Finanzcommissarien sollen auch noch Männer, welche aus der Grafschaft selber dem König präsentirt würden, eine Controle über die Bewahrung der fiskalischen und Kronrechte führen; woraus sich dann eine inquisitio in der Weise des Sheriffsturn mit Gemeindecommissionen bildete, die hauptsächlich ergänzend in der Zwischenzeit der periodisch abgehaltenen Gerichtstage da eintreten sollten, wo ein schleuniges Untersuchen an Ort und Stelle Noth thut. Gewaltsame Todesfälle und gefundene Schätze wurden daher das Hauptgebiet des coroner; die übrigen Geschäfte sind von keiner Erheblichkeit. Schon nach den ältesten Andeutungen soll dieser Beamte gewählt, d. h. dem König durch den Kanzler präsentirt werden, wofür das laufende Formular, ein breve de coronatore eligendo, wohl uralt ist. Die von dem coroner zuzuziehende Jury soll aus den nächsten Ortschaften zusammenberufen werden zur Inquisitio (per eorum sacramentum inquisitionem faciant de homine occiso), wobei man als selbstverständlich annahm, daß mindestens 12 Geschworene anwesend sein, und 12 in dem Spruch übereinstimmen müssen. Besondere Eigenschaften werden bei dieser ex tempore zu bildenden Commission nicht erfordert. Charakteristisch ist die ungemeine Umsicht, mit welcher schon in dem Gesetz Eduard's I. Instructionen für die Ermittelung der Todesursache gegeben sind.

) **Ueber die Entstehung des Friedensrichteramts handelt ziemlich ausführlich Reeves History of the English Law (3. Aufl. 1815. Bd. II. 472, III. 216. 242. 265. 290, IV. 154). Noch heute gebraucht ist das ältere Werk, Lambard's Eirenarchia, or the Office of Justices of the Peace, in verschiedenen Ausgaben von 1581, 1582, 1588, 1591, 1592, 1594, 1599, 1602, 1607, 1610, 1614, 1619. 8. Noch ausführlicher ist Dalton's Justice 1618, 1619, 1622, 1626, 1629. fol. — und nach dessen Tode 1630, 1635, 1643, 1697. fol. — ebenfalls mit rechtsgeschichtlichen Angaben, und einem reichhaltigen, confusen Material. — Geschichtliche Excerpte von Hardy enthält der First Report on Constabulary Force 1830. p. 192—202. — Die geschichtlichen Angaben Blackstone's sind aus Lambard, namentlich der vage und verworrene Ausdruck: „es habe nach gemeinem Recht conservatores pacis gegeben, entweder durch Herkommen oder durch Lehnsbesitz, mit der Verpflichtung zur Friedensbewahrung, oder solche, welche gewählt worden seien vom Volke in dem Grafschaftsgericht (Lambard 15—17). Durch den Hergang 1. Edw. III. c. 16 erst sei die Wahl der Friedensbewahrer dem Volke genommen und dem König gegeben. Lambard 20." Diese immer wieder nachgeschriebene Notiz muß nothwendig zwei Irrthümer veranlassen.

Erstens gewinnt es den Anschein, als ob die Friedensrichter von Hause aus volksgewählte Beamte gewesen, deren Ernennung dann der König an sich genommen oder usurpirt hätte. Es verhält sich damit ebenso wie mit der traditionellen Angabe über die Wahl der Sheriffs. Zur Zeit der Blüthe des normannischen Exchequer und der Landvögte kam es nicht selten vor, daß das Schatzamt gegen starke Bezahlung den „Männern" einer Grafschaft oder

Hundred gestattete, den Königlichen Vogt vorzuschlagen. Solche Einzelfälle werden dann, aus dem Zusammenhang gerissen, als Belege für ein „Volkswahlrecht" citirt. Wenn seit Richard I. gewählte custodes erwähnt werden, so sind neuere Versuche, namentlich die Coroners gemeint. Seit dem St. Winchester können auch Constables of Hundreds als gewählte Friedensbeamte vorkommen. Aber volksgewählte Beamte in der obrigkeitlichen Stellung der Friedensrichter haben in England seit der Eroberung nicht existirt. Sagen dieser Art, welche auch Coke II. Inst. 459, 558, 559 wiederholt, datiren aus der altsächsischen Gemeindeverfassung, die schon lange vor der Eroberung völlig verändert war. Für die normannische Zeit sind sie urkundlich falsch, unvereinbar mit der Stellung jener Beamten, mit dem ganzen normannischen Verwaltungswesen und dem Entwickelungsgange der Gesetzgebung über die Friedensrichter. Die gewählten custodes pacis dieser Zeit sind theils die Coroners, theils die Musterungsbeamten der Miliz, theils die Constables in der Polizeiverwaltung, theils anomale, in Zeiten bürgerlicher Kriege auf sehr kurze Zeit gemachte Versuche. Es sind Beamte mit dem Recht des ersten Angriffs der Verfolgung des presentment vor den Gerichtshöfen, höchstens mit der Befugniß zur Abnahme einer Zwangsbürgschaft, aber nicht Königliche justices of record, mit der Befugniß der Urtheilssprechung und den zahlreichen außerordentlichen und diskretionären Gewalten der Friedensrichter.

Zweitens entsteht der Anschein, als ob es in England jemals eine Patrimonialpolizei gegeben habe, wobei die alte Verfassung der courts leet mit der neuen positiven Institution der Friedensrichter zusammengemengt wird. Es konnte daher sogar die Streitfrage entstehen, ob das Amt der Friedensbewahrung durch unvordenkliche Verjährung (usage) entstehen könne. 2. Hawkins Cap. 8. § 10. Patrimonialfriedensrichter haben aber in England nie existirt. Nur die Anmaßungen des Adels unter dem Hause Lancaster und die Periode des Krieges der Rosen hatte verworrene Vorstellungen der Art erzeugt, in ein paar Fällen auch übereilte staatswidrige Verleihungen. Als aber ein solcher Fall einer Verleihung des Rechts Friedensrichter zu ernennen, in einer Charte für den Abt von St. Albans, zur Verhandlung (20 Henry VII.) vor der Kings Bench kam, erklärte der Gerichtshof übereinstimmend mit dem Staatsanwalt, daß der König nicht befugt sei, durch solche Art der Verleihung einer Person das Recht zur Ernennung Königlicher Richter zuzugestehen, da dies eine von der Krone untrennbare Prärogative sei. Der präsidirende Richter Fineux fügt noch hinzu: ein Königliches Patent sei not of record, könne also nicht einen justice of record kreiren; aus ähnlichen Gründen sei die Verleihung des Rechts zu begnadigen oder Ausländer zu naturalisiren nichtig, indem es auf Unterthanen ein Recht übertrage, viel zu groß, um anderen Händen als denen der Königlichen Regierung anvertraut zu werden. Auch Lambard selbst gesteht zu I. c. 3: „daß alle Aemter zur Bewahrung des Friedens ursprünglich vom König kommen, und daß kein Herzog, Graf oder Baron als solcher irgend eine größere Gewalt zur Bewahrung des Friedens hat, als jeder Privatmann." Ebenso geht Blackstone davon aus, daß der König durch sein Königliches Amt oberster Bewahrer des Friedens, daß also die Polizeigewalt wesentliches Hoheitsrecht ist. Es war nur eine Deklaration, wenn das Statut 27 Henry VIII. c. 24 § 2 verordnet:

daß keine Person, welchen Standes und Grades sie auch sei, vom 1. Juli 1536 ab irgend eine Gewalt oder Autorität haben soll, Assisenrichter oder Friedensrichter zu ernennen, sondern daß alle solche Beamte durch Patent unter des Königs großem Siegel im Namen und unter Autorität des Königs ernannt werden sollen in allen Grafschaften und anderen Orten des Reichs, ohne Rücksicht auf irgend welche entgegenstehende Verleihungen, Gebräuche Verjährungen, Gestattungen, Parlamentsacten und andere Dinge (vorbehalten die Friedensrichter in den Pfalzgrafschaften und gewissen Städten).

Diese Deklaration war eben nur veranlaßt durch mancherlei Anmaßungen und observanzwidrige Verleihungen aus der Zeit des Hauses Lancaster. Hier und da kam auch wohl eine Charte vor, welche den Einsassen eines Ritterguts das Recht einen Friedensrichter zu nominiren verliehen hatte. (R. v. Mashiter, 6 A. und E. 153).

) **Der Verfall des Sheriffsturn und des court leet** als Folge der aufwachsenden Institution der Friedensrichter beruht so sehr auf der Natur der Sache, daß unter allen Parteikämpfen, Stimmungen und Revolutionen der späteren Zeit der Gang der Sache unverändert blieb. Die tägliche Erfahrung zeigte unabänderlich, daß Gemeindeversammlungen weder in pleno noch in committees eine Polizeiverwaltung in der Weise führen können, wie sie schon am Schluß des Mittelalters durch den veränderten Charakter der Friedensbewahrung, und namentlich durch die detaillirtere Gewerbe-, Arbeits- und Sittenpolizei gestaltet war. Das Aufbieten ganzer Gemeinden oder Gemeinde-Ausschüsse zu solchen Zwecken wird immer schwerfälliger und sachwidriger. Muß aber das Wesentliche durch Einzelbeamte geschehen, so hätten sich die Ortspolizeigerichte höchstens in gewählte Ortspolizeirichter umgestalten können. Der Grund, aus welchem man diesen Weg nicht einschlug, lag in der Natur der Polizeigeschäfte, die wegen der Collision der Interessen die Anwendung des Wahlrechts nicht gestatten, weil dadurch die Polizeigewalt zum Instrument regierender Klassen und herrschender Parteien wird. Sobald an die Stelle patriarchalischer Ordnung eine Polizeiverwaltung nach Gesetzen tritt, muß das eigentliche Polizeiwesen überhaupt aufhören Eigenthum der Ortsgemeinde zu sein. Ohne Gesetze ließ sich aber in England schon am Schlusse des Mittelalters das Verhältniß der besitzenden und arbeitenden Klassen nicht mehr ordnen. Wie in eigentlichen Criminalsachen gestaltet sich daher die höhere Polizeifunction zu einem Richteramt. Die unteren Ortspolizeifunctionen concentriren sich in einem Schulzenamt (s. nachher Note *). Die alte Rügepflicht der Gemeinden in corpore geht stillschweigend über in eine Pflicht, dem Constable dabei zu assistiren. Noch zur Zeit der Königin Elisabeth braucht Thomas Smith den Ausdruck: jeder Engländer sei ein „serjeant (serviens) zur Ergreifung des Diebes," — eine Reminiscenz an das Aufgebot der ganzen Gemeinde im Gebiet der alten Friedensbewahrung. Es stehen hier zwei Systeme der Strafjustiz und Polizei neben einander, Menschenalter hindurch in ungehinderter Concurrenz ihre Kräfte messend, bis das eine, zwar nicht dem Gesetzesbuchstaben nach, aber doch für das praktische Leben still zur Ruhe geht. Es ist eine einseitige und willkürliche Construction der Rechtsgeschichte, wenn man das Alles als Mißbrauch und Usurpation darstellen möchte. (Smith, Parish).

Der Sheriffsturn galt wenigstens zur Zeit Lord Coke's als Antiquität. Dalton, Sheriffs S. 402, 403, zählt die Gründe des Verfalls auf, weil die

Masse seiner Geschäfte jetzt durch die Assisen, die Quartalsitzungen und die Ortspolizeigerichte private leets erledigt werden; weil durch die Concurrenz der letzteren die Zahl der Gerichtsmänner in dem Sheriffsturn ganz zusammengeschmolzen sei; weil durch die weiten Entfernungen vom Gerichtsort Sheriff und Gerichtsmänner unnöthig belästigt werden; weil viele frühere Emolumente und Sporteln, die damit in Verbindung standen, den Sheriffs entzogen seien. Uebrigens seien auch die örtlichen leets jetzt sehr vernachlässigt und viele oft schon seit langen Jahren nicht mehr abgehalten. Auch Smith, Parish (S. 216) gesteht trotz seines Eifers für die Sache zu, daß er meistens nur nominell bestehe, an sehr wenigen Orten, und auch da nur mit einem Theil der alten Functionen fortdauere.

****) **Die untere Polizeistellung der Constables** ist eine Combination aus der Miliz- und aus der Polizeiverfassung. Es war eine Arbeitstheilung, vermöge deren die Anzeigepflicht und die Pflicht den Friedensbrecher zu ergreifen, zunächst auf Schulzen und Gerichtsmänner, und dann vorzugsweise auf den Schulzen (constable) allein überging. Schon in der normannischen Zeit hatte man sich damit begnügt, wenn bei dem Sheriffsturn statt der Ortsgemeinde der provost und vier Mann im Namen der Gemeinde erschienen. Nach dem Statut Marlebridge 52. Hen. III. soll nur noch im Fall des Todtschlags die ganze Ortsgemeinde erscheinen, in allen übrigen Fällen der Sheriff zufrieden sein, wenn der provost mit vier Mann erscheint. Auch in den private leets nahm man es mit dem Ausbleiben der Gerichtsmänner niemals streng. Die laufenden Geschäfte fielen daher immer mehr in die Hände des Schulzen allein, der nun auch häufiger von seinen Amtsgeschäften in der Miliz constable oder petty constable im Gegensatz der chief constables der Hundertschaft genannt wird. In den Gesetzen erscheint diese Bezeichnung zuerst 12. Edw. III. Sie scheint in der nun folgenden kriegerischen Zeit als der ehrenvollere Titel angesehen zu sein und verdrängt nunmehr die älteren Bezeichnungen auch aus dem Volkssprachgebrauch. Die Verbindung der untersten Milizgeschäfte mit dem Schulzenamt war fast unabweisbar. Es war also die niedere constableship nur eine neue Amtspflicht, die dem längst vorhandenen Gerichtsschulzen zuwuchs, mit seinem Amte verwuchs, gegen Ende des 14. Jahrh. dessen gewöhnlicher Amtstitel ward (vergl. 2. Edw. III. c. 3; 3. Edw. III. c. 14; 25. Edw. III. st. 1 c. 6; 36. Ed. III. st. 1. c. 2). Namentlich im Westen Englands kommen noch Ortschaften vor mit 2 tithingmen, von denen dann der erste Constable for the King, der zweite einfacher Gerichtsschulze, headborough, ist. (Lambard, Constables. p. 9. 10.)

Die älteren Aufzählungen der Pflichten des Constable fallen daher großentheils zusammen mit den Inquisitionsartikeln bei dem Sheriffsturn, mit der Rügepflicht der Gemeinde: Anzeige von Friedensbrechern, Uebertretungen der Polizeiordnung, insbesondere der Bäcker- und Braurordnung, unterlassener Reparatur an Landstraßen und Brücken, Vagabunden und dgl. Die späteren Gewerbe-, Arbeits-, Sittenpolizeigesetze pflegen dann dem Constable seine Spezialpflicht und Stellung besonders anzuweisen. Jemehr nun aber an die Stelle des Sheriffsturn die Sessionen der Friedensrichter rücken, um so mehr erscheint der Constabler als dienstthuender Polizeibeamter bei den sessions. Die späteren Gesetze machen ihn durch specielle Clauseln immer mehr auch zum dienstthuenden Beamten der einzelen Friedensrichter. Indessen hat doch der militärische Anstrich dem Constabler noch bis zum Schluß des Mittelalters eine angesehenere

Stellung bewahrt. Er war noch immer der Hauptbeamte der Ortsgemeinde (erst später wurde dies der Kirchenvorsteher rc.). An vielen Orten erhielt sich der court leet, nachdem seine Gerichts- und Polizeigeschäfte eingeschlafen waren, wenigstens noch als Gemeindeversammlung zur jährlichen Wahl des Ortsschulzen. Von dieser Zeit ist wohl das Wort Selden's richtig: das Kirchspiel macht den Constable, und wenn der Constable gemacht ist, regiert er das Kirchspiel (Table Talk v. people). Die Functionen der kleinsten Gemeindeausschüsse sind auf dies Unteramt der Friedensbewahrung übergegangen, analog wie die beschwerlicheren Geschäfte der größeren Gemeindeversammlungen auf die Friedensrichter. Als eine Mittelsperson zwischen beiden dienen dann die constables of hundred, high-constables, die außer ihren Milizgeschäften nach dem Statut Westminster I., in polizeilichen Dingen wie Kreisschulzen fungiren, zur Ausführung friedensrichterlicher Befehle, Oberaufsicht über Brücken und Wege, Bildung der Geschwornenlisten und einigen anderen periodisch wiederkehrenden Geschäften.

Einige geschichtliche Angaben über die Constables enthält Spelman's Glossarium und Lambard's Duty of Constables. 1852. 8. (Anhang zu Lambard's Eirenarcha, und auch vielen Ausgaben dieses größeren Werkes einverleibt.)

IV. **Als Ergänzung der bisher geschilderten Functionen der Grafschaft bildet sich in dieser Zeit ein Communalsteuersystem,** welches demnächst auch die Grundlage der parlamentarischen Steuern wird.

Während die Reichsverwaltung der normannischen Könige schon in eine sehr geregelte Geldwirthschaft übergegangen ist, bleibt die Grafschaftsverwaltung noch lange Zeit wesentlich auf persönliche und Naturalleistungen angewiesen. Schon in der normannischen Zeit kommen indessen auch hier ergänzende Geldleistungen vor. Die zahllosen amerciaments und fines, welche gegen Grafschaften, Hundert- und Zehntschaften im Schatzamt erkannt wurden; die Sporteln der Sheriffs, ihrer Vögte und Diener, später die Sporteln der coroners, Friedensrichter und constables machten Geldbeiträge nothwendig. Die Beitragspflicht lag denjenigen Personen ob, für die sie an Stelle einer persönlichen Dienstpflicht trat. Die ältesten Geldzahlungen waren Versäumnißbußen für eine persönliche oder Gemeindepflicht, trafen also selbstverständlich den Verpflichteten. Andere Geldbeiträge dienten für Beschaffung nothwendiger Materialien und Anstalten zur Erfüllung einer Gemeindepflicht. Direkt oder indirekt war also die Steuer ein Surrogat des Gerichts-, Polizei-, Milizdienstes der größeren oder kleineren Verbände, woraus sich eine Abstufung von Tithing-, Hundred-, County-Rate*) von selbst ergab. Diese drei galten daher als Steuern nach Common-Law, d. h. Steuern, die sich aber als Consequenz der alten Gemeinde- und Gerichtsverfassung stillschweigend gebildet hatten, und welche in den älteren Gesetzen nur gelegentlich erwähnt, als vorhanden vorausgesetzt werden.

1. Die Ortssteuer, Tithing oder Town ley (levy) diente zur Bestreitung der amerciaments und fines, Bußen und Schadenszahlungen der Ortsgemeinde und entsprach den Verpflichtungen, welche die normannische Verfassung den Zehntschaften auferlegte: Bußen für entflohene Uebelthäter, für Beherbergung von Friedensbrechern, Geächteten, Unverbürgten; Versäumnißbußen für Nichtinstandhaltung der Fuß-, Fahrwege und Rinnsale, auch wohl kleinerer Brücken auf Gemeindewegen (brukbote); Bußen für versäumte Rügen (presentments) vor Gericht. War der Ortschaft ein besonderer court leet verliehen, so kam dazu die Erhaltung der Fußblöcke und andere Ortsgerichtskosten. Etwas später Bußen für Versäumniß gegen die Milizgesetze, Nichtgestellung der Mannschaften, Nichtinstandhaltung der Waffenstücke, der Schießstände &c. Um solchen Büßungen vorzubeugen wurden oft auch directe Geldausgaben nothwendig, wie zur Erhaltung der Landstraßen und Brücken. In gewissen Städten kamen dazu später die Tagegelder der Abgeordneten zum Parlament. — Natürlich wurden solche Beiträge von dem Ortsvorstand erhoben; der Provost Tithingman, mit den vier Männern, welche die Gemeinde beim Sheriffsturn vertreten, diente auch wie ein committee zur Steuereinschätzung. Seitdem an Stelle des Provost im 14. Jahrhundert der Name „Constable" erscheint, wird der Name Constable's Tax der vorherrschende für dieselbe Sache. Die Vertheilung erfolgte auf dieselben Personen, auf welche die Miliz-, Gerichts- und Polizeipflicht überhaupt vertheilt war, also die Freisassen und beziehungsweise die Gerichtsmänner des court leet. Da das Vorbild der Lehnslasten, die Vertheilung des Kriegsdienstes, der Hülfs- und Schildgelder nach dem Maß des Grundbesitzes, consequent auch die niederen Sphären des normannischen Staats durchdringt und beherrscht, so ergab sich eine Vertheilung der Steuer nach dem Maßstab des Freibesitzes, sowohl von Haus wie von Land und anderen nutzbaren Gerechtigkeiten.

2. Die Hundred-rate diente zur Zahlung der amerciaments und fines der Hundertschaft, zur Erhaltung des Hundred-Gerichts, zum Ersatz der Auslagen des Chief-Constable seit Einführung des Milizsystems, zur Erhaltung der Brücken der Hundertschaft und zu den nachher zu erwähnenden Leistungen der Grafschaft. Sie scheint durch den Bailiff, später den Chief-Constable, auf die einzelen Ortschaften vertheilt zu sein, wo sie dann wieder als Ortsbeitrag,

Town-Cess, also als Gemeindesteuer auftritt. Die älteste gesetzliche Erwähnung ist in 13. Eduard I. c. 6 (Statut Winchester).

3. Die County-rate dient für die amerciaments und fines der Grafschaft, für gewisse Kosten des Grafschaftsgerichts, der Gefängnisse, Grafschaftsbrücken; gewisse Milizkosten; später zur Zahlung der Tagegelder an die Grafschaftsabgeordneten zum Parlament. Die Erhebung scheint ursprünglich so geschehen zu sein, daß die Sheriffs sie auf Hundreds vertheilten. Dagegen verordnet nun aber das St. 3. Ed. I. (St. Westminster I.) c. 16, 18: „in Erwägung daß die von den reisenden Richtern gegen die ganze Grafschaft erkannten gemeinen fines und amerciaments von den Sheriffs ungerecht vertheilt, oft nach geschehener Zahlung nicht quittirt werden: — sollen fortan die so erkannten Summen von den reisenden Richtern selbst, vor ihrer Abreise, (auf den Eid von Rittern und anderen zuverlässigen Männern) auf alle Zahlungspflichtigen vertheilt werden; und die Richter sollen die einzelen Strafantheile in ihre an das Schatzamt einzuliefernden Straflisten eintragen und nicht die ganze Summe.“ — Dies Statut war auf Beschwerde der commoners ergangen, und ähnliche Beschwerden über unbillige Vertheilung wiederholen sich noch öfter. Dennoch scheint die von dem Parlament beliebte Einzeleinschätzung viel zu umständlich und unausführbar gewesen zu sein. Wahrscheinlich blieb die Weise vorherrschend, solche Zahlungen auf die ganzen Hundertschaften und von diesen auf die Ortschaften zu vertheilen, wobei sich ein festes Beitragsverhältniß bildete, welches freilich das bequemste, bei ungleicher Entwickelung der Wohlhabenheit aber später oft ein sehr unbilliges wurde. Bei der Aufbringung der Tagegelder für die Grafschaftsabgeordneten schreibt das St. 23. Henry VI. c. 9, 10 vor, daß der Sheriff durch öffentliche Proklamationen alle Coroners, Chiefconstables und Bailiffs und jeden anderen (Gerichtsmann), der dabei sein will, einladen, und daß jene Bezirksbeamten persönlich bei dem Einschätzungsgeschäft mitwirken sollen. Es ergiebt sich indessen aus vielen Symptomen, daß trotz solcher gelegentlicher Verordnungen im Ganzen die Neigung vorherrschte, die bisher üblichen Beitragsverhältnisse beizubehalten, um nicht das lästige, unbeliebte, mit der Kleinheit der Summe in keinem Verhältniß stehende Geschäft der Einschätzung großer Bezirke von Neuem vorzunehmen. Standen aber die Proportionen fest, so fiel das ganze Einschätzungsgeschäft auf die Ortsgemeinde zurück. In dieser lagen überhaupt die häufigsten Veranlassungen zu Geldausschreibungen, und daher eine gewisse Praxis der Einschätzung des Nachbarn durch den Nachbarn, woran man durch die

normannischen inquests gewöhnt war. Die wachsenden Geschäfte und Kosten der Instandhaltung der Wege (13. Edw. I. c. 5), der Milizmusterungen, die später den Ortschaften öfter zugemuthete Gestellung von Bewaffneten und mancherlei örtliche Bedürfnisse veranlaßten wohl ziemlich früh, daß sich ein stehendes Einschätzungs-Comité, committee of assessment, bildete.

Wie sich dies System in der Anwendung auf größere Ortschaften (Städte) gestaltete, wird sich sogleich im nächsten Abschnitt ergeben. Sobald aber der Geschäftsgang einer solchen Communalbesteuerung einmal geläufig geworden, machte sich seine Anwendung auf Staatssteuern**) gewissermaßen von selbst. Es handelte sich nur noch um eine Zusammenfassung dessen, was man im Einzelen zu zahlen gewohnt war, für die großen Bedürfnisse des Staats. — Damit, und erst damit war der Grafschaftsverband zu einem fest gegliederten Ganzen für Heer, Gericht, Polizei und Steuer geworden, und hatte damit die Gestalt gewonnen, in welcher er nun als festes Glied in die Parlamentsverfassung einrückt.

*) **Ueber die alte Bildung der Grafschafts-, Hundert- und Orts-Steuer** ist vorzugsweise zu vergleichen der Report on Local Taxation von 1843 p. 5—7, und die Denkschrift des Armenamts on Local Taxes von 1846. p. 45. Der geschichtliche Zusammenhang wird freilich im Einzelen noch mancher Aufklärung bedürfen.

(1) Ueber die Town Ley, Town Sess oder Size oder Cess vergl. den Report S. 5, 6, und Appendix A. p. 139. Ueber die Fälle der Bußezahlungen für eine Ortschaft vergl. Smith, Parish S. 609, 610. Der Mangel an gesetzlichen Bestimmungen über die Vertheilung beweist nur, daß die allgemeinen Grundsätze der Lehns- und Gerichtspflicht darüber entscheiden. Als Statuten, welche eine Ortssteuer voraussetzen, citirt der Report das st. 52. Henry III. c. 24, betr. die Leistungen der Ortschaften wegen Ausbleibens ihrer Gerichtsmänner bei dem Rügeverfahren vor Sheriff oder Coroner; ferner 25. Edw. I. c. 12, 22 (Magna Charta), wonach keine Ortschaft zwangsweise zum Brückenbau angehalten werden soll, wo dies nicht zur Zeit Heinrich's II. herkömmlich gewesen (also ein Fall von Ortsleistungen zu Wege- und Brückenbaulast).

(2) Ueber die Hundred-rate vergl. den Report S. 6 und Appendix S. 499. Sie wird sogar für älter (?) gehalten als die Ortssteuern. In der späteren Erhebungsweise erscheint sie jedenfalls repartirt auf die Ortschaften.

(3) Ueber die County-rate vergl. den Report p. 7, 8.

Es ergiebt sich schon aus den Citaten, wie die Gesetze des Mittelalters diese Verhältnisse nur gelegentlich berühren, um einzele Mißbräuche zu beseitigen. Naturwüchsigkeit herrscht aber in keinem Steuersystem. Hier war es das normannische Verwaltungswesen, welches mit seinem administrativen Büßungssystem die Miliz-, Gerichts- und Polizeipflichten nach den zeitigen Bedürfnissen des Staats in Gang brachte, und damit als Surrogat auch ein Steuersystem.

Eben deshalb ergab sich auch das steuerpflichtige Personal als selbstverständlich, nämlich Ritterguts- und Freisassenbesitz in Stadt und Land. Zum court leet erscheint allerdings auch der copyholder und die ganze erwachsene Bevölkerung als eine breitere Basis. Indessen galt dies Gerichtssystem nur als eine Auszweigung des ordentlichen Grafschaftsgerichts, dessen Basis die normale bleibt. Auch ist die Theilnahme der Masse zunächst nur eine passive; bei der Bildung der Jury wird doch wieder auf Grundbesitz gesehen. Es bleibt also ebenso wie beim persönlichen Dienst der Grundgedanke stehen, daß das freehold des Mittelalters die Basis der Staatslasten ist; jedoch so, daß das copyhold, wie zum Dienst der leet jury, so auch zu den dadurch veranlaßten Beiträgen wohl schon herangezogen wurde. Indirect tritt auch dies wieder in einzelen Parlamentsstatuten als selbstverständliche Voraussetzung auf. So rücksichtlich der Beiträge zu den Tagegeldern der Grafschaftsabgeordneten in 12. Ric. II. c. 12. "Wenn irgend ein Lord oder anderer geistlicher oder weltlicher Herr Ländereien, Grundstücke oder andere Besitzungen erwirbt, welche beitragspflichtig zu solchen Ausgaben waren vor der Zeit des Erwerbes, so sollen die besagten Ländereien und Grundstücke und die zeitigen Inhaber derselben beitragspflichtig zu den besagten Ausgaben sein, wie die besagten Grundstücke es früher waren." Zu den Ausgaben der Grafschaftsabgeordneten sind villains (copyholders) nicht mitverpflichtet. Br. Parliament 96. Registr. 261.

) **Die Anwendung des Systems der Communalbesteuerung auf die Staatssteuern fand sich gewissermaßen von selbst. Die Grundlage auch dieser Erweiterung war in der normannischen Zeit durch die auxilia und scutagia der Kriegsvasallen, durch die auxilia und tallagia der übrigen Landsassen und Städte vollständig gelegt. Der größte und angesehenste Besitz war hier von Hause aus am meisten belastet. Alle Klassen aber litten gleichmäßig durch die Willkür der Ausschreibung, Willkür in den Voraussetzungen der periodischen Wiederkehr, Willkür in der Höhe dieser Ausschreibung. Allen Klassen war wohl das Postulat der Magna Charta nach einer ständischen Berathung über die Schildgelder der Ritterschaft und über die Schatzungen der Städte gleich populär. Wie langsam und stückweise auch dieser Verschmelzungsprozeß vor sich gegangen ist, und wie mancherlei Lücken seine Geschichte auch darbietet, so steht doch das Resultat fest, daß man sich über einen gleichartigen Maßstab directer Besteuerung vereinigte, der nun zusammenfaßte, was man im Einzelen zu zahlen gewohnt war. Die Gewöhnung an gleichmäßige Schatzungen, ohne Ansehen der Person und Sache, war durch die normannische Verwaltung soweit gediehen, daß zu den Zwecken der Kreuzzüge schon $\frac{1}{10}$ des Einkommens erhoben werden konnte. In 9. Ric. I. wird die Erhebung eines gleichmäßigen Hülfsgeldes nach Hufen je zwei Rittern in jeder Hundertschaft zur Einschätzung anvertraut, und zu verschiedenen Zeiten kehren ähnliche Reichseinschätzungen wieder. Als unter Edw. I. die Sitte beginnt, Abgeordnete der Grafschaften und Städte zur Besprechung solcher Bewilligungen periodisch einzuberufen, so bot sich die schon geläufige Maschinerie der Communalsteuer unabweisbar auch für diese Einschätzung zu großen Staatsbeiträgen dar. Früher waren Commissionen für das Geschäft im einzelen Fall besonders gebildet, wie eine solche aus dem Jahre 1232 bei Matthew Paris aufbewahrt ist. In 25. Ed. I. (a. 1297) erscheint die Sache schon vollständig auf dem Fuß der Communalbesteuerung. Die Ordonnanz schreibt vor, daß in jeder Gemeinde vier

Männer gewählt werden sollen, welche ihre Einschätzungen der Grafschaftsobrigkeit einberichten, die dann wieder von Hundertschaft zu Hundertschaft und von Gemeinde zu Gemeinde gehen soll, um Beschwerden zu hören und Irrthümer in der Einschätzung zu berichtigen. Neun Jahre später (a. 1306) ist verordnet, daß eine Commission (Jury von 12 Männern) aus jeder Hundred ihre Einschätzung den Einschätzern der Grafschaft zu überliefern hat. Sie sollen zu dem Zweck von Gemeinde zu Gemeinde gehen und mit dem Provost und den vier Männern eine richtige Einschätzung machen. Die Einschätzungscommission der Grafschaft geht dann wieder von Hundred zu Hundred und von Gemeinde zu Gemeinde, um zu sehen, daß kein Unrecht geschehen ist (Smith, Parish 1857 p. 16, 17). Je häufiger nun aber der Vereinfachung wegen sich Hundertschaften und Grafschaften über feste Beitragsquoten zu Communalsteuern einigten, um so näher rückte die Uebertragung derselben Proportionen auf die Staatssteuern. Im achten Regierungsjahre Eduard's III war eine umfassende Abschätzung der Einzelgemeinden zu festen Summen vor sich gegangen, und von nun an wird es Sitte, Städte und Ortsgemeinden nach diesen Proportionen einzuschätzen, die ihre Steuerquote im Verhältniß zu den Uebrigen bildet. Die Veranlagung und die Einziehung von dem Einzelen blieb der Communitas überlassen.

Mit einigen Interpolationen bringt Anstey Guide Const. Hist. (1855) S. 166, 171 folgendes Bild dieser Steuereinschätzungen zusammen: Die Quote der Grafschaft wurde eingeschätzt in dem Exchequer. Dann wurde ein writ an die Ritter und gerichtspflichtigen Freisassen der Grafschaft gerichtet, den Königlichen Einschätzungscommissarien Assistenz zu leisten. Für jede Hundertschaft werden demgemäß 4 Ritter auserlesen und eingeschworen durch die Gerichtsmänner des Grafschaftsgerichts. Die Quote der Ortschaft wird eingeschätzt durch ihre 4 legales homines (Gerichtsmänner) oder mehre, und diese auf ihren Eid und amtliche Anzeige presentment sollen die Untersuchung vornehmen und unter Brief und Siegel den geschworenen 4 Rittern einberichten. Diese lassen die Taxe dann erheben von Grundstücken und beweglichem Gut, — alles durch den court leet; „denn die ansäßigen Leute wußten am besten die Umstände ihrer Nachbarschaft, und wer heranzuziehen und wer zu schonen.“ Beschwerden, daß der eine zu hoch, der andere zu niedrig geschätzt sei, gingen an den Exchequer, aus welchem ein writ of aequaliter taxandum erging, das durch den geeigneten Beamten Abhülfe schaffte. Coke II. Inst. 77. In 8. Edw. III. wurde ein solches writ für die ganze Grafschaft Somerset erlassen (Year Book 11. Henr. IV. f. 35). Die Gemeinde ihrerseits konnte den Steuerbetrag durch Pfändung an Mobilien und Geld beitreiben (Heyburn v. Keylow. Mich. 14. Edw. II. B. R. Rot. 60), oder durch Civilklage.

Die wichtigen Angaben über die Steuer-Einschätzung unter Eduard I. verdanke ich jetzt der Schrift von T. Smith, Parish 1857, insbesondere auch die bessere Benutzung der inquisitiones nonarum. Diese Inquisitiones nonarum (vergl. Cooper, Account I. 286—293) waren veranlaßt durch das st. 14. Edw. III. st. 1. c. 20, wodurch dem König 1/9 und 1/15 zu außerordentlichen Staats und Kriegsbedürfnissen bewilligt war, und welche in diesem Falle auf 1/9 vom städtischen Einkommen, auf das neunte Lamm, Wollfell und Schaaf gestellt waren (unter Freilassung der ärmsten Klassen), wofür der König dann die wiederholte Zusicherung giebt, „keine Hülfsgelder oder Lasten ohne Zustimmung des Parlaments aufzulegen." Gleichzeitig hatte die Geistlichkeit $^{1}/_{10}$ von ihren Spiritualitäten und Temporalitäten nach der Taxe von 1292 bewilligt, was man so verstanden hatte, daß sie nun diesen Zehnten und zugleich den vom Parlament bewilligten Neunten zu zahlen habe. Auf Beschwerde dagegen wird indessen der Neunte demnächst auf die Kronlehne der Kirche und auf die nach 1292 erworbenen Besitzungen beschränkt. Dies Alles führte zu einer complicirten Abschätzung, für die nun successive drei Instructionen, commissions, ertheilt werden. Für jede Grafschaft werden angesehene, namentlich genannte Personen als assessors and venditors für das Einschätzungsgeschäft ernannt, die nun durch geschworne Männer den Neunten vom Korn, Wolle und Lämmern feststellen; sodann weiter die alte Taxe der Kirche und ihr Verhältniß zum Neunten des wirklichen Ertrages, wobei namentlich der Werth der Zehnten für die Berechnung der Ausstattung vieler Vikarien noch heute von Interesse ist. Die Zusammenstellungen der Berichte für 27 Grafschaften sind noch im Schatzamt vorhanden und als nonarum inquisitiones 1807 fol. gedruckt; die der übrigen Grafschaften sind nicht mehr aufzufinden. Der Druck beginnt mit Berkshire, und zwar: 1) decanatus de Redyng, umfassend 37 Ortschaften; 2) dec. Abindon, umfassend 43 Ortschaften; 3) dec. de Nywebury, umfassend 26 Ortschaften; 4) dec. Walyngford, 10 Kirchen und Ortschaften, sowie den burgus Redyng. Bedfordshire ist nach der Eintheilung in 16 Hundertschaften und Villae verzeichnet. Lancastershire nach 6 Wapentakes, ecclesiae und vicariae. Dorsetshire nach 27 Hundreds und parochiae u. s. f. Auch in den Einzelheiten der Abschätzung erscheinen mannigfaltige Variationen. Die Gesammtzahl der Ortsnamen beträgt etwa 5000. Ein entscheidender Beweis ergiebt sich dafür, daß die Steuereinschätzung der Ortsgemeinde ein vollkommen geläufiges Communalgeschäft geworden war.

V. **Die Fortbildung der Städte-Verfassung dieser Zeit**[1]) läßt sich nicht kürzer bezeichnen als dadurch, daß sie in Gerichts-Polizei- und Steuerwesen (Abschnitt II.—IV.), und zum Theil für die Miliz, das Bild einer Grafschaft im verkleinerten Maßstab wiedergiebt.

1. In der Miliz-Verfassung sind die Städte zwar grundsätzlich den Grafschaften einverleibt, und gestellen ihre Contingente nach Ortschaften, Kirchspielen, Hundertschaften ebenso wie das platte Land. Für London ergab sich indessen ein eigenes Milizwesen schon daraus, daß die Grafschaft Middlesex mit der Stadtverwaltung vereint war. Einer kleinen Zahl anderer Städte wurde in dieser Periode durch Charte mit dem „Recht einer Grafschaft" auch eine besondere städtische Miliz beigelegt.

2. In der Gerichtsverfassung ist ein besonderer Court leet schon in der vorigen Periode Hauptmerkmal der Stadtverfassung geworden. Die Städte haben dazu meistens das Recht erworben, den Ortsvorsteher als Gerichtsvogt selbst zu wählen, d. h. zur Bestätigung zu präsentiren. Die innere Gerichtsverfassung selbst aber ändert sich in dieser Periode. Die fortschreitende Einheit der Rechtsbildung con-

centrirt die Rechtsprechung in rechtsgebildeten königlichen Richtern, und setzt den Antheil der Gemeinde zum Dienst der Jury für die question of fact herab. Die localen Civilgerichte werden dadurch am stärksten ergriffen und zersetzt. Aber auch die Straf- und Polizeigerichtsbarkeit folgt allmälig einem neuen Gange, besonders seit der Einsetzung der Friedensrichter unter Eduard III. Einzelen Städten ist dann freilich wieder eine Civil-Jurisdiction nach dem neuen Muster von judge and jury verliehen. Die erheblicheren Civil- und Strafprozesse werden aber durchgehends von den reisenden Richtern mit einer aus der gesammten Grafschaft gebildeten Jury entschieden.

3. Die damit eng zusammenhängende Polizeiverwaltung zeigt ein allmäliges Ueberwachsen des Court leet durch die Friedensrichterverfassung. Die Zahl der Städte, in welchen am Schluß des Mittelalters der Court leet noch eine lebendige Bedeutung hatte, ist wahrscheinlich keine sehr erhebliche. An die Stelle treten nun in den wichtigsten Verhältnissen die für die Grafschaft ernannten Friedensrichter, deren Amtsgewalt ausdrücklich, „sowohl innerhalb als außerhalb der liberties", also auch innerhalb der städtischen Sonderbezirke ertheilt ist. Das gute Vernehmen der Städte mit der Ritterschaft, die Erleichterung des Gerichtsdienstes, überhaupt Gründe der Zweckmäßigkeit und Bequemlichkeit machen es erklärlich, daß man von dieser Seite aus keinen grundsätzlichen Widerstand geleistet hat. Ueberdies waren angesehene Grundbesitzer und Rechtskundige der Städte auch befähigte Mitglieder einer Friedens-Commission. Die neueren Stadtcharten gehen indessen seit Ric. II. auch häufig auf eine abgesonderte Friedenscommission, deren Quartalsitzungen zu einem ordentlichen Strafgericht werden, für welches die Stadt ihre eigene Geschwornenliste stellt. Da aber die Friedens-Commission der Grafschaft ausdrücklich „tam infra quam extra libertates" lautet, so behalten die Friedensrichter der Grafschaft eine concurrirende Polizei- und Strafgewalt, wenn nicht durch eine besondere non intromittant Clausel ihre Concurrenz ausdrücklich ausgeschlossen und die städtische Justiz für eine exclusive erklärt ist.

4. In der Communalsteuer-Verfassung haben die kleinsten Städte nur die Bedeutung einer Ortschaft, beziehungsweise eines Kirchspiels, die Mehrzahl aber wohl die Bedeutung einer Hundertschaft. London und einige andere haben auch dafür die Bedeutung einer Grafschaft. Die Uebernahme der Königlichen Gefälle in eigene Pachtung, firma burgi, gehörte noch zu den regelmäßigen Bestandtheilen der Stadtverfassung. Sehr gewöhnlich war zugleich das Recht eines

Wochenmarkts oder eines Jahrmarkts verliehen, für welche in dieser Periode allgemeine Marktordnungen erlassen wurden. Zollbefreiungen, die Befugniß Gemeindeland zu veräußern und andere nutzbare Rechte schlossen sich zunächst daran.

Die Zahl der boroughs nach diesem System ist noch ansehnlich vermehrt. Unter Eduard I. werden 54 neue aufgezählt, unter Eduard II. 16, unter Eduard III. 28, Heinrich IV. 3, Heinrich VI. 4, Eduard IV. 2, welche sich in ihrer wirthschaftlichen Bedeutung und ihren staatlichen Leistungen den Grafschaften, freilich in sehr verschiedenen Abstufungen anreihen.

Als nun seit Eduard I. periodisch Abgeordnete der Grafschaften zum Parlament einberufen wurden, so lag es nahe zugleich diejenigen boroughs einzuberufen[2]), die als Steuerkörper für das Schatzamt eine gewisse Bedeutung hatten. Anfangs geschah dies nur mit einer geringen Zahl (Rymer II., 241). In 26 Edw. I. sind aber in planmäßiger Gestalt schon 76 Flecken berufen, und später unter derselben Regierung noch 32; weitere 24 unter Eduard II.; 33 unter Eduard III.; 5 unter Heinrich VI.; 2 unter Eduard IV., unter welchen jedoch viele ihr Recht wieder aufgaben und in Vergessenheit kommen ließen. Schon dadurch kam ein neues politisches Element in die Stadtverfassungen, welches auf die Gestaltung der activen Bürgerschaft zurückwirken mußte.

Eben dahin wirkte aber auch die verschiedene wirthschaftliche Fortbildung[3]) einzeler Städte. Der Begriff City und Borough umfaßte die größten Städte wie London, und kleine Ortschaften, in welchen sich die Ackerbürgerschaft durch nichts von den wirthschaftlichen Verhältnissen einer Bauerschaft unterschied. Zwischendurch lagen erhebliche Binnenstädte mit einem blühenden Gewerbebetrieb, in denen von altersher Gewerbs- und Handelsinnungen bestanden und neue entstanden. Die einfache Grundlage des Bürgerthums, welches alle Theilnehmer an scot und lot umfaßt hatte, ging schon durch diese Besitzverhältnisse in mehrfacher Richtung auseinander.

Dasselbe galt aber auch von der rechtlichen Grundlage des Stadtbürgerthums seit dem allmäligen Verfall des Court leet. Die periodischen Versammlungen der Bürgerschaft verloren damit ihre praktisch wichtigen Geschäfte. Der Geschwornendienst in seiner neueren Gestalt erstreckte sich auf eine geringe Zahl von Personen. Das St. 21 Edw. I. läßt es zwar für städtische Geschworene bei dem „Herkommen", ohne einen Census zu setzen. Aermere Leute aber, sowie auch mancherlei wohlhabendere Gewerbe, suchten sich demselben zu entziehen. Aus

Convenienz und Bequemlichkeit schmolz die Liste der wirklich herangezogenen Personen wohl frühzeitig zusammen, um so mehr als regelmäßig ein Unterbeamter die Jury einberief. Die laufenden Geschäfte der Polizeiverwaltung gingen immer mehr auf die Friedensrichter über, d. h. auf die höheren Klassen von Grundbesitzern und Rechtskundigen, sowohl da, wo die Friedensrichter der Grafschaft thätig waren, wie da, wo der Stadt eine eigene Friedens-Commission verliehen war.

Ebenso wurde das öconomische Verhältniß der firma burgi jetzt bald überwogen durch das neue politische Recht, nach welchem der König mit den zum Parlament berufenen Städten in förmliche Berathung über seine „außerordentliche Revenue" tritt. Die beiden Abgeordneten des borough sind zwar in den ersten Menschenaltern nur Bevollmächtigte der communitas, die von ihren Machtgebern bindende Instructionen erhalten, und es mag Anfangs in Bürgerversammlungen eine ernstliche Berathung über das Maß des zu Bewilligenden stattgefunden haben. Immer mußte jedoch zuletzt eine Vereinbarung unter den zum Parlament berufenen Communen stattfinden, durch welche der Schwerpunkt dieser Geldbewilligungen in die Körperschaft der Abgeordneten rückt. Je mehr überhaupt die wiederkehrenden Geldbewilligungen einen gleichmäßigen Charakter annehmen, und namentlich seitdem die Beitragsquoten der einzelen Communen sich fixiren, um so mehr verlieren solche Steuerberathungen ihren Gegenstand. Die Dringlichkeit der Veranlassung zu den vom König geforderten Auflagen, mußte im letzten Resultat doch einer Erwägung der Abgeordneten im Parlament überlassen bleiben. Der Auftrag des Abgeordneten geht damit unmerklich und allmälig mehr in ein allgemeines Vertrauens-Mandat über. Auch bei der Umlegung der bewilligten Subsidien und Zehntel im Bereich der einzelen Stadt war der Maßstab ein feststehender, bei welchem das Hauptgeschäft in die Einschätzungscommission fiel.

Es ist einleuchtend, wie durch diese Aenderungen stillschweigend die Bürgerversammlungen ihren eigentlichen Gegenstand verloren, und wie die active Theilnahme an der städtischen Verwaltung sich von selbst auf einen verhältnißmäßig engen Kreis beschränkte[4]). Die noch fortdauernden Geschäfte des Court leet ließen sich bequem in einem engeren Ausschuß besorgen. Für städtische Verwaltungsangelegenheiten currenter Art hatte man schon frühzeitig nach Bedürfniß Verwaltungsausschüsse gebildet, die sehr leicht entweder aus den sogenannten leet juries hervorgingen, oder aus sonst gewählten Verwaltungsräthen (councillors), die dann allmälig als town councils permanent zu werden anfingen. Daneben konnte noch eine Einschätzungs-Commission bestehen, oder auch damit zusammenfallen. Die politisch wichtigeren Geschäfte wurden durch das Friedensrichter-Personal und durch die Abgeordneten im Parlament besorgt, und damit nur den höheren städtischen Klassen ein Impuls zu öffentlicher Thätigkeit und ein permanenter politischer Einfluß gegeben. Schon lange bevor eine rechtliche Aenderung in den Stadt-Verfassungen eintrat, beschränkte sich wohl de facto die Stadtverwaltung auf einen meistens periodisch gewählten Mayor, Provost etc., und einen Ausschuß, der unter dem Namen der capital burgesses, eines town council, einer leet-jury u. s. w. leicht stehend wurde, und bei dem Absterben der Bürgerversammlungen eine Tendenz erhielt, sich durch Cooptation zu ergänzen. Die Gestalt der Verwaltung, der wirklichen Theilnahme an den öffentlichen Geschäften, entscheidet auf die Dauer stets über die Verfassung.

Die rechtliche Form aber, in welcher diese neue Gestaltung der Dinge allmälig zum Ausdruck kommen sollte, war die der **Incorporationscharten**[5]), die mit dem Schluß dieser Periode beginnen. So bequem jene Stadtverwaltung sich gestalten mochte, so unvermeidlich mußte sie juristisch-technische Schwierigkeiten ergeben. Veräußerungsgeschäfte und Prozeßführungen mußten nach gemeinem Recht von den „Männern der Stadt" ausgehen. Sollte sich nun um einer solcher einzelen, oft geringfügigen Veranlassung willen, die Bürgerschaft in pleno versammeln? Um solche Schwierigkeiten des Legitimationspunktes zu überwinden, fand in dieser Zeit der technische Begriff der „Incorporation" allmälig Eingang. Er war vermittelt durch die Geistlichkeit, entlehnt aus den fremden Rechten. Name und Sache finden sich zuerst unter dem Hause Lancaster für Universitäten, Gilden, Brüderschaften, Hospitäler. In 18. Henry VI. (1439) wird aber zum ersten Mal der Stadt Kingston-upon-Hull, und ungefähr gleichzeitig der Stadt Plymouth, eine Incorporationscharte verliehen, deren Sinn in der vorangegangenen Petition der Bewohner von Plymouth dahin erläutert wird, daß sie bitten:

> Seine Majestät wolle ihnen, ihren Erben und Rechtsnachfolgern die Befugniß verleihen, alljährlich ihren Mayor zu wählen, und daß sie, ihre Erben und Rechtsnachfolger ein body corporate sein möchten, um zu erwerben freies Grundeigenthum 2c.

Der Sinn der Incorporation ist unverkennbar nur ein künstliches Rechtssubject im **Privatrecht** zu schaffen. Die Befugniß zu einer perpetual succession, — die Führung eines eigenen Namens, common name, — die Befugniß vor Gericht unter diesem Namen zu klagen und beklagt zu werden, — die Fähigkeit Eigenthum unter diesem Namen zu erwerben und zu besitzen, — sind die Schlagworte, mit denen das neue Incorporationsrecht auftritt. Im Ganzen haben 10 Städte unter Heinrich VI. solche Incorporationen erhalten; unter Eduard IV. 10; unter Richard III. 6. Indessen dauert es noch einige Menschenalter bevor die politische Bedeutung dieser Neuerung sichtbar wird.

1) Die rechtlichen Grundlagen der Stadtverfassung (Litteratur oben S. 109) kann man mit Stephen und Merewether allerdings noch auf dieselben Punkte zurückführen wie in der vorigen Periode:

(1) Die Städte bilden noch immer einen court leet oder sonst gesonderten Gerichtsbezirk. Es wird aber von Merewether nicht genügend gewürdigt, daß durch die Einführung der Geschwornenverfassung und der Friedensrichter die Gestalt der alten Gerichtsgemeinde und damit auch die Bürgerschaft eine andere geworden ist. Allerdings dauert der städtische court leet dem Recht nach fort, es wird gelegentlich auch noch die Gerichtspflicht ansässiger Bürger eingeschärft (z. B. Jahrb. 1432). Das eigentlich lebendige Gerichts- und Polizeiwesen ist aber in den Assisen, Friedensrichtern und Jury zu suchen. Wo der court leet die nächste Grundlage der Stadtverfassung war, stand nun der leet jury ein Vorschlagsrecht für die Ernennung des mayor oder provost zu, was sich dann so fortbildete, daß in einigen Orten die leet jury gradezu wählt, in anderen Orten die leet jury den von der Mehrheit der Gerichtsmänner Gewählten nur präsentirt. (Scriven, Copyhold II. 860.) Ebenso verwandelte sich das Vorschlagsrecht der leet jury für die constables nach einigen Controversen in ein anerkanntes Wahlrecht. (Scriven II. 820.) Zur Erfüllung ihrer polizeilichen Pflichten können die Gerichtsmänner des leet auch Statuten beschließen, byelaws, die innerhalb dieser Grenze bindende Kraft haben.

(2) Die Boroughs stehen noch im Verhältniß der firma burgi. Dies Verhältniß war noch immer so sehr Basis der Municipalverfassung, daß z. B. eine Zurücknahme dieser Concession auch die gesonderte Gerichtsbarkeit wieder aufhob und den Sheriff und königliche Vögte in das Stadtgericht zurückführte (siehe den Fall von Dunwich 21. Edw. I., Merewether 524). Es ist aber bei Merewether nicht genügend gewürdigt, daß durch das Steuerbewilligungsrecht der Grafschaften und Städte dies Verhältniß ein wesentlich anderes wurde. Wo dies die nächste Grundlage der Städteverfassung gewesen war, entstand ein einfaches Wahlrecht für die städtischen Beamten, welches sich aber auch leicht auf einen kleineren Kreis von Hauptsteuerzahlern beschränkte.

(3) Die Bürgerschaft besteht noch immer aus den ansäßigen householders, welche an scot und lot theilnehmen. Die Ordonnanzen aus der Zeit des Hauses Lancaster zählen noch immer die alten Merkmale des Bürgerthums auf (being sworn to the king and the town; living by their livelihood, merchandise or crafts; householding in their own persons and names; bearing also tax and talliage, lot and scot). Auch hat das Gesetz Heinrich's V. über die Parlamentswahlen dem Rechte nach nichts geändert und

spricht noch allgemein von den ansäßigen freien Bürgern der Stadt. Alle Nachrichten aber über den thatsächlichen Zustand deuten darauf, daß der Kreis der activen Theilnehmer am städtischen Leben ein viel engerer geworden ist, und der innere Grund dafür liegt in den obigen Aenderungen der Miliz-, Gerichts-, Polizei- und Steuer-Verfassung. Solche sind auch sichtbar in den späteren Verleihungscharten, in welchen die neuere Gestalt der Gerichtsverfassung deutlich hervortritt. Ein Hauptbeispiel ist die für Leicester 4. Edw. IV. Der Mayor und 4 der notabelsten Bürger nebst einem rechtsverständigen recorder sollen Friedensrichter für das Stadtgebiet sein, collegialisch eine Criminalgewalt üben mit Ausschluß der Friedensrichter der Grafschaft und anderer königlicher Commissarien. Ebenso soll die Stadt zwei eigene Coroners haben. Die Bürger sollen befreit sein von dem Geschwornendienst bei Assisen und anderen königlichen Jurisdictionen außerhalb der Stadt (Merewether I. 227—228). Ein anderes mehrfach befolgtes Muster war die Charte von Nottingham von 1449, wonach der gewählte Mayor und sechs lebenslängliche Aldermen die vollen Gewalten der Friedensrichter üben, und die Stadt alle königlichen Bußen und Polizeigefälle beziehen solle. Das Musterbeispiel einer incorporirten Grafschaft ist die City von Coventry 30 Henry VI. (1451), wonach die gedachte Stadt nebst einer Anzahl von Vorwerken „eine Grafschaft für sich sein soll, für immer gesondert von der Grafschaft Berwick unter dem Namen County of the City of Coventry."

Es ist häufig bemerkt, daß die englischen Städte nicht die Bedeutung erhalten haben, wie die des Continents. Ihr Bestreben nach Aussonderung dauert nur so lange wie die alte Wirthschaft der Landvögte. Die Bildung eigener „Grafschaften für sich" umfaßt nur eine kleine Zahl und hört in der folgenden Periode wieder auf. Sobald durch Reichsgerichte und veränderte Stellung der Sheriffs jene Gründe wegfielen, bleiben die Städte ohne Widerstreben in der Milizverfassung und anderen Punkten innerhalb des Grafschaftsverbandes, und begnügen sich mit beschränkteren Immunitäten. Ihr Antheil an der Jury und den Friedenscommissionen, sowie die Gleichheit der Besteuerung erhielt sie in lebendigem Verkehr mit der Ritterschaft; Handel und Gewerbe andererseits befanden sich von je her auch auf dem Lande; umgekehrt hatten viele Grundherren auch wieder Stadthäuser. Die Verwaltung der ländlichen Polizeiherren erwarb sich Achtung und Popularität. Nur aus besonderen örtlichen Gründen verschaffte sich eine Anzahl Städte eigene Polizeiverwaltung durch städtische Commissions of the peace. — Kurz, es fallen hier die Gründe weg, aus welchen in Deutschland die Städte sich thatsächlich und rechtlich zu Festungen abschließen mußten, um nicht das Loos der Bauerschaften zu theilen.

2) Ueber die Vertretung der Städte im Parlament vergl. das namentliche Verzeichniß aus 26. Edw. III. bei Merewether III. 2277. Ferner, Henry, History of England Bd. 8 S. 107 ff. Nach Hallam wäre in 23. Edw. I. grundsätzlich festgestellt, daß drei Klassen von Flecken zu Parlament berufen werden sollen; (1) alle mit einer Charte versehenen Flecken, (2) alle Städte innerhalb der Krondomainen, (3) alle sonstigen Plätze, welche die Kosten der Repräsentation zu tragen vermöchten. Der leitende Gesichtspunkt war wohl, die Ortschaften welche früher durch die reisenden Commissarien zu den tallagia besonders eingeschätzt waren, jetzt zu einer gemeinsamen Besprechung darüber heranzuziehen, eine Gleichmäßigkeit der Beiträge, und durch die gütliche Verhandlung eine reichlichere Beisteuer zu gewinnen. In dieser Richtung lauten schon die writs zur Ladung der Städte 23 Edw. I. dahin: „daß die Abgeordneten volle Gewalt haben sollen, im Namen ihrer Bürgerschaften darüber zu verhandeln" und zwar für sich gesondert (divisim) von den Abgeordneten der Grafschaft. Das Beitragsverhältniß blieb wohl das herkömmliche, wobei die tallagia der Städte durchschnittlich etwa ein Drittel höher stehen als die Hülfsgelder der Ritterschaft, welche durch ihre relevia und andere Lehnslasten schon beträchtlich stärker herangezogen sind. Die Zweizahl der städtischen Abgeordneten erklärt sich wohl am einfachsten daraus, daß man die Ortschaft in herkömmlicher Weise durch eine Commission vertreten lassen wollte, — aber eine Commission in möglichst kleiner Zahl zur Vereinfachung der Geschäfte und zur Ersparung von Tagegeldern. Die stärkere Vertretung der südwestlichen Grafschaften erklärt sich vielleicht aus der alten Hegemonie von Wessex, oder noch einfacher aus der dichteren Bevölkerung und größeren Wohlhabenheit Die politischen Ansprüche der boroughs waren viele Menschenalter hindurch noch sehr bescheiden. Es lag ihnen an einer Ordnung des Landfriedens und Gerichtswesens, an mäßiger und gleichmäßiger Schatzung. Das Königthum hatte von ihnen nichts zu fürchten in einer lange Zeit nur berathenden Versammlung. Vielmehr war ihre Unterstützung wichtig als ein Gegengewicht gegen die anspruchsvollen geistlichen und weltlichen Pairs. Daher erklärt sich die stetige Vermehrung ihrer Zahl. Unter Eduard I. berechnete man das Verhältniß der städtischen zu den Grafschaftsabgeordneten etwa = 200 : 74, unter Eduard III = 282 : 74, unter Heinrich VI. gegen 300 : 74. Entsprechend der Gesammtstellung der Städte in Miliz, Gericht und Polizei, behandelte man sie formell wie Enclaven der Grafschaft, und wählte nicht selten die städtischen Abgeordneten zugleich in der Grafschaftsversammlung; wie denn auch regelmäßig die Ladungsschreiben zum Parlament durch den Sheriff gingen. Dieser erlaubte sich dabei mancherlei Willkür, welche erst in 5 Ric. II. von oben herab durch Strafbefehle untersagt wurde. Dessenungeachtet entzogen sich immer noch Städte der lästigen Pflicht der Beschickung des Parlaments, schon zur Ersparung der Tagegelder. Die Einberufung mancher recht ansehnlichen Orte kam dadurch wieder außer Gebrauch. Ueber die politische Gesammtstellung innerhalb der Commoners s. nachher unter der Parlamentsverfassung.

3) Die volkswirthschaftlichen und anderen Verschiedenheiten der Städte sind so mannigfaltig, daß sich schon daraus trotz der gleichen rechtlichen Grundlagen eine verschiedenartige Fortbildung der Bürgerschaften ergeben mußte. Abgesehen von der verschiedenartigen Mischung von Sachsen, Dänen, Normannen, Walisern schon zur normannischen Zeit, haben sich später in den See- und Handelsplätzen Normannen, Franzosen, Schotten und andere Ausländer niedergelassen. Die sogenannten fünf Häfen behalten ihre besondere Stellung in der Mitte zwischen Ritter- und Bürgerschaft, wegen ihrer Spezialverpflichtung zur Landesvertheidigung. Das System der Zünfte und Gewerke erstreckt sich auch auf zahlreiche Binnenstädte. Wie die Verfassung derselben auf königlicher Verleihung beruht, so hat nun auch die Gewerbepolizei dieser Periode ihre Verhältnisse, die Abgrenzung der Gewerbszweige, die Prüfung der gelieferten Waaren, die Controlle der Preise bis in das Kleinste geregelt. In der Gesetzgebung dieser Zeit kann man die Tendenzen der überstark vertretenen Städte an den Beschlüssen über das Stapelrecht, Lehrlingschaft und Arbeitspolizei im weitesten Sinne leicht verfolgen, mit ihrer Engherzigkeit gegen fremden Gewerbefleiß und Handel. Auch in den Luxusgesetzen waltet der Gedanke, das „Geld im Lande zu erhalten". (Siehe unten am Schluß der Periode.)

Alle diese Elemente erscheinen im großen Maßstabe aufgehäuft in London, wo die Mischung der Nationalitäten schon an den Namen der Mayors und Sheriffs erkennbar wird. Von der Magna Charta an bleibt London an der Spitze der Städte in rechtlicher, ökonomischer und politischer Entwickelung. Im Allgemeinen herrscht in der Zeit der Entstehung der reichsständischen Rechte ein gutes Einvernehmen zwischen dem großen Grundbesitz des Landes und der City, in welcher von jeher der mächtigste Theil des Adels einen Theil des Jahres hindurch auch persönlich ansäßig war. Grade an dieser Stelle zeigt sich aber ein hin- und herwogender Kampf ständischer Bildung. Während als Grundregel die Leistung für den Staat das politische Recht im Staat bestimmt, liegt hier der gewerbliche Besitz so massenhaft aufgehäuft, daß der gleichartige Besitzverband den nachbarlichen Verband, — das Zunftwesen das Gemeindewesen zu überwältigen bestrebt ist. Nach einem Versuch schon unter Heinrich III., ist unter Eduard III. (a. 1362) das städtische Wahlrecht durch Ordonnanz den Zünften verliehen. Die städtischen Wahlen gingen wirklich von der Bürgerschaft auf die trading companies über. Die Neuerung widersprach indessen doch so sehr den Grundlagen der Stadt- und Landesverfassung, daß bald nachher eine Verordnung 7. Ric. II. die alte Ordnung wieder herstellt, und die Bürgerversammlung (wardmote) wieder in ihr altes Recht einsetzt. Allein der Kampf der Zunft- und Communalverfassung dauert von da an ununterbrochen fort; die Zünfte behalten einen stetigen Einfluß auf die Wahlen und erringen von Zeit zu Zeit auch neue königliche Concessionen, wie unter Eduard IV., welcher der Politik des Hauses York gemäß, dieser Richtung zuneigt. Ein Register der älteren Charten Londons findet sich bei Merewether III. pag. 2360—65. Ein bedeutendes Material enthält auch der große der Städte-Ordnung von 1835 vorangegangene Report. Die Geschichte dieser Stadtverfassung bildet übrigens eine eigene Bibliothek, beispielsweise: G. Norton's, Commentaries on the History, Constitution and Charterial Franchises of the City of London.

4) Die Beschränkung der Bürgerschaft auf einen engeren Kreis mußte sich allmälig aus demselben Rechtsprincip (paying scot and bearing lot) ergeben, auf welchem der anfänglich weitere Kreis beruhte. Wenn der Steuerbeitrag einerseits entscheiden soll, so wurden diese Steuerbeiträge sehr viel bedeutungsvoller, seitdem die alten tallagia in periodisch bewilligte Staatssubsidien übergingen. Die Gleichheit des Stimmrechts, die zunächst aus der gleichen Verpflichtung zum Gerichtsdienst hervorgeht, paßt nicht in gleichem Maße auf diese jetzt überwiegende Steuerleistung. Es ist der Ausdruck eines Rechtsbewußtseins, wenn dann der kleinere Steuerzahler dem größeren den Vortritt läßt, wie er auch in seinen Interessen bei gleichem Steuermaßstab durch den größeren hinreichend vertreten zu sein glaubt. Schon bei den ersten in den Parliamentary writs genauer bezeugten städtischen Wahlacten zeigt sich von dieser Seite aus die Neigung zu engeren Wahlen durch Delegation, wie 1296 in London und Hereford. In dem einen Fall erfolgt die Wahl durch den Alderman und vier Männer aus jedem Stadtviertel (ward), welche auch über die Höhe der Tagegelder beschließen; in dem anderen Fall erfolgt die Wahl in Gegenwart des Custos und der Aldermen „durch sechs der besten und verständigsten Männer" aus jedem ward. — Schon von dieser Seite aus schmilzt also die Theilnahme an den Bürgerversammlungen durch Indifferenz der kleinen Leute. Andererseits führt der persönliche Dienst zu demselben Erfolg. Der neuere Geschwornendienst, bei dem es nicht mehr auf Rechtfindung ankommt, erschien den Zeitgenossen als eine bürgerliche Last, welche Niemand suchte. Die sonstigen laufenden Geschäfte kamen stillschweigend in die Hände eines engeren Kreises, seitdem die Polizeiverwaltung und Einschätzungsgeschäfte den wesentlichsten Theil derselben ausmachten; eine Armenpflege gehörte noch nicht zu dem Gemeindewesen. Dazu tritt die Verschiedenheit der städtischen Besitzweise. Wo die Zunftverfassung zu einem Einfluß gekommen war, konnten die Zunftvorstände als engerer Kreis erscheinen. In manchen kleinen Ortschaften erhielten sich das Ackerbürgerthum und die Hauseigenthümer in einer Art von Pärie, analog den Bauergemeinden, wo dann der städtische Grundbesitz, burgage tenure als active Gemeinde erscheint. Wo neben dem städtischen Bürgermeister kein stehender Rath oder Ausschuß entstanden war, kam noch am ehesten eine Berufung aller Steuerzahler oder Grundeigenthümer, oder gar aller ansäßigen Leute zu einzelnen Wahlacten vor. In dem Maße, in welchem die persönliche Thätigkeit im Gemeinwesen schwindet, macht sich überall der Besitz und die Verschiedenheit der Besitzweise geltend. Kein Gesetz und kein Gewohnheitsrecht vermag unter solchen Umständen das politische Recht, am wenigsten ein bloßes Wahlrecht für eine Parlamentskörperschaft lebendig zu erhalten. An einen tendenziösen Mißbrauch ist dabei in dieser Zeit noch nicht zu denken. Es handelt sich vielmehr um das Grundgesetz des öffentlichen Lebens, nach welchem die actuelle Betheiligung an den öffentlichen Lasten die öffentlichen Rechte bestimmt. Wie klein aber der wirkliche Kreis der Wählerschaften schon war, ergiebt sich auch daraus, daß seit Eduard IV. schon die Anfänge einer ambitiösen Wahlbestechung auftreten. Die Gesetzgebung läßt diese Zustände in ihrer Mannigfaltigkeit fortgehen. Nur hat ein Gesetz Heinrich V. die Vorschrift, daß die gewählten Abgeordneten ansäßige Grundbesitzer sein sollen, von den Grafschaften auch auf die Städte ausgedehnt.

5) **Die Incorporationscharten**, welche mit dem Schluß dieser Periode beginnen, verwandeln nun das thatsächlich vorgefundene Verhältniß in ein rechtliches und fixiren die Bürgerschaft in ihrer zeitigen Gestalt. Ueber die erste Erwähnung des Corporationsbegriffs vgl. Merewether p. 689, 690, 693, 716, 867, über die erste Anwendung auf Städte p. 918. Der Ausdruck corporate kommt anscheinend zuerst vor in der Rubrik eines Gesetzes 6. Ric. II. st 4. c. 9. Bei genauerer Ansicht ergiebt sich aber, daß in dem Gesetz nichts davon steht, sondern die Rubrik in späterer Zeit interpolirt sein muß. Die Jahrbücher aus der Zeit Heinrich IV. ergeben, daß man um jene Zeit die Universitäten (also kirchliche Institute) als „incorporated" ansah. Unter Heinrich V. kommen Gilden und Brüderschaften als „incorporirte" Körperschaften vor, mit der Befugniß Ländereien und Grundstücke für ihren Verwalter und seine Rechtsnachfolger in perpetuum zu erwerben. Es scheint dies der erste Fall (die Incorporation eines Hospitals in einer Vorstadt von Bristol 4. Hen. V. a. 1416), wo eine Incorporation mit diesen Worten ausgedrückt wird. Es war nämlich in der Zwischenzeit durch Vermittelung des Lordkanzlers der der Geistlichkeit geläufige Begriff einer idealen, fingirten, juristischen Person in das gemeine Recht aufgenommen. In 8. Hen. VI. c. 27 kommen zuerst communalties corporate vor, in 10. Hen. VI. c. 6 gilds and companies incorporated; in 18. Hen. VI.

a. 1439 wird zum ersten Mal eine Incorporationscharte der Stadt Kingston upon Hull verliehen. Bis dahin kommt das Wort in keiner Patentrolle oder sonst auf Städte angewandt vor. Es handelt sich auch dann nur um privatrechtliche Fragen, Prozeßlegitimationen und Eigenthumserwerb. Während die Jurisprudenz des gemeinen Rechts für die Männer der Stadt nur Besitz und Verleihung an die Person und ihre Erben, hereditarie, gekannt hatte, beginnt mit dem Begriff der Incorporation eine Besitzweise für eine fingirte Person und ihre Successoren, by succession, and not by inheritance. Niemand sah wohl jener Zeit eine Rechtsverletzung darin, wenn eine Bürgerschaft in der Gestalt, in welcher sie activ am öffentlichen Leben wirklich betheiligt war, auch nach außen hin als juristische Persönlichkeit anerkannt wurde. Die politische Bedeutung der Neuerung trat aber nach einigen Menschenaltern hervor, indem nun unter Berufung auf die Incorporationscharte der engere Kreis der Bürgerschaft sein ausschließliches Recht behauptete gegenüber dem weiteren Kreis, der nun später wieder in Steuer und persönlichen Leistungen an dem städtischen Wesen theilnahm, ohne an den politischen Rechten theilzunehmen. Es entstehen nun im engeren Kreis des städtischen Lebens dieselben Widersprüche und Probleme wie in den ständischen Verhältnissen des Continents in ihrer späteren Verbildung.

Es war schon in früheren Schriften wohl beiläufig anerkannt, daß diese Corporationscharten auf die ursprünglichen Rechtsverhältnisse des court leet aufgepfropft sind, „that all corporations, and their powers, have been superindured upon the leet“ (Scriven II. 820): der großen Schrift von Stephen und Merewether bleibt aber das bedeutende Verdienst, die mittelalterlichen Grundlagen der Stadtverfassung aus der Verschüttung durch das spätere Corporationswesen herausgezogen und unwiderleglich klar gelegt zu haben.

VI. **Diesen Institutionen des weltlichen Staats gegenüber steht nun die Kirche*)** noch immer als die zweite Hälfte des Gesammtstaats. Sie bildet auf ihrem jetzigen politischen Höhepunkt ein scheinbar geschlossenes Staatssystem: ein geistliches Oberhaupt gegenüber dem weltlichen König, — ein geistliches Parlament mit Ober- und Unterhaus (convocation) gegenüber dem weltlichen Parlament, — eine geistliche Gesetzgebung, Steuerbewilligung und Gerichtsbarkeit gegenüber der weltlichen. Wie die Kirche dem Königthum ihre Weihe ertheilt, so ist sie andererseits die Garantien der ständischen Rechte, und hält in England aus gleichem Interesse mit dem Adel an der Magna Charta fest, welche immer wiederholt die Bestätigung der „kirchlichen Freiheiten“ an die Spitze stellt.

Noch vielen Generationen stand das hochherzige Verfahren der hohen Geistlichkeit in dem Streit mit König Johann in dankbarer Erinnerung. Es lag eine tiefe Bedeutung darin, daß in dem Wendepunkt des englischen Staatslebens der Primas des Reichs und die Bischöfe, dem geistlichen und dem weltlichen Oberlehnsherrn zugleich gegenübergestellt, auf die Seite des Landesrechts getreten waren. Es war damit die wichtige Thatsache documentirt, daß bei der letzten Entscheidung zwischen Rom und England die Geistlichkeit hier auf der nationalen Seite stehen werde. Die Magna Charta bildet insofern eine Vorentscheidung der englischen Reformation. Es hatte sich in dem entscheidenden Augenblick gezeigt, daß trotz der schroffen äußeren Absonderung der kirchliche Staat in England einen starken nationalen Zug behalten, daß er wie in das Volksleben hinein, so aus dem Volksleben heraus seine Wurzeln getrieben hatte. Schon von Hause aus hatte die angelsächsische Kirche eine gewisse nationale Abgeschlossenheit erstrebt und erlangt. Auch seit der Normannenzeit war das kirchliche Gebiet umschlossen geblieben von dem Gemeindewesen, die geistlichen Güter im Grafschaftsverband mit den gemeinen Lasten, mit der Grundsteuerpflicht, wie sie aus dem Lehnswesen weiter hervorging. Als nun aus diesen Verhältnissen heraus die Reichsstandschaft sich bildete, erschienen die weltlichen ständischen Rechte der Kirche nicht als Ausfluß einer Grundherrlichkeit, sondern königlicher Verleihung; weshalb auch im großen Rath keine Scheidung zweier Curien, sondern eine einheitliche Versammlung entstanden ist. In gleichem Sinne hat das englische Königthum in einem zweiten Wendepunkt der Verfassung seine Entscheidung getroffen. Als Papst Bonifacius durch eine Bulle von 1296 die Besteuerung des Clerus sowohl an seinen eigenen Gütern (goods), wie an dem Vermögen der Kirche ohne die Autorität des päpstlichen Stuhles verboten und mit der Excommunication bedroht hatte, entschloß sich Eduard den Widerstand seiner Geistlichkeit durch die Gesammt-Berufung seiner Communen zu überwinden. Der Widerstand der Kirche wurde hier die entscheidende Veranlassung, auf welche hin die periodische Berufung der Gemeinen zum Parlament beginnen, und gleichzeitig mit ihnen die Sitte durch königliches writ die Kapitel und die niedere Geistlichkeit mit der Clausel praemunientes zur Besprechung über die Steuerbeiträge zu laden. Seit Edw. III. ist jene Ladungs-Clausel (praemunientes) eine regelmäßige, und damit eine großartige Vereinigung aller Stände im Parlament äußerlich vollzogen.

Trotz alledem zieht sich indessen unverkennbar bereits ein Zwiespalt durch den weltlichen und geistlichen Staat. Die Verbindung beider durch das königliche Ernennungsrecht der Prälaten war hinweggefallen. In den mannigfaltigen Kämpfen zwischen Königthum und Ständen hatte die hohe Geistlichkeit den Ausschlag gegeben, ebenso oft gegen wie für das Königthum. Während aber so der Einfluß der Geistlichkeit anscheinend noch im Wachsen begriffen ist, die hohe Geistlichkeit in ihren Familienverbindungen immer zahlreicher mit dem hohen Adel verwächst, ist grade mit der wachsenden politischen Macht wieder ein Rückgang bemerkbar in dem inneren Beruf der Kirche. Die Wurzeln ihrer Größe werden auch die Wurzeln ihres Verfalls. Beide liegen in dem sittlichen und geistigen Leben des Volks. Seitdem der Kampf der Nationalitäten vergessen, der Druck gegen die schwächeren Klassen gemildert, die Leibeigenschaft im Verschwinden, die Fürsorge des Staats für den Rechtsschutz gewachsen war, hatte die Kirche einen Theil ihrer humanen Aufgaben verloren, die jetzt in weltlicher Gesetzgebung und Verwaltung gerechtere Würdigung fanden. Dies galt auch von der Kirche als Lehranstalt, in welcher seit dem 13. Jahrhundert ein Zurückbleiben bemerkbar ist. Die frühe Regelmäßigkeit normannischer Verwaltung hatte zunächst eine Rechtswissenschaft der Laien begründet. Sobald die Rechtsinnungen eine festere Gestalt erlangen, erscheinen sie vorzüglich als die Vorläuferinnen und Vorkämpferinnen allgemeiner Emancipations-Bestrebungen. Diese Bewegung erfaßt das ganze geistige Leben der Nation. Ein im Vergleich zum Continent ruhiges und geordnetes Staatsleben hatte strebsame Geister für die Künste des Friedens empfänglicher gemacht. Die Lehranstalt der Kirche hatte bisher die Nationen gleichmäßig umgebildet; aber so gebildet und gehoben treten sie in ihre eigene Bahn zurück. Unter Eduard III. war die einheimische Sprache bereits Hof- und vielfach Amtssprache geworden.

Diesen berechtigten Bestrebungen wußte die Kirche nichts entgegenzusetzen als politische Macht und Geisteszwang. Je fester die kirchlichen Würdenträger im Besitz ihrer Baronien wurden, um so mehr begann die Geburt über Besetzung der hohen Stellen zu entscheiden, während Verdienst und Fähigkeiten zurücktraten. Das Einkommen concentrirte sich immer übermäßiger in den Prälaturen, die Zehnten wurden Klöstern und Stiftern apropriirt auf Kosten der lehrenden und seelsorgenden Geistlichkeit. Die so gestaltete Kirche hatte weder die Fähigkeit noch den Willen mit dem Aufschwung der Laienwissenschaft zu wetteifern, überließ vielmehr einen Theil ihres Gebiets den Laienjuristen, während sie den allgemeineren Bestrebungen das Verbot der Selbstforschung entgegensetzte. Die natürliche Folge waren Zweifel an der Berechtigung der Kirche auf geistigem wie auf weltlichem Gebiet, zusammentreffend mit der furchtbaren Zerrüttung der Curie und der Geistlichkeit in Italien selbst.

Ein erstes Symptom der Spannung**) war schon unter Heinrich III. sichtbar geworden, als die Ritterschaft die mißbräuchliche Ueberschwemmung des Landes mit fremden Geistlichen aus päpstlicher Machtvollkommenheit (provision) sich durch kräftige Acte der Selbsthülfe abzuwehren begann. Von der Zeit an aber, in welcher das Parlament in regelmäßigen Gang kommt, steht das kirchliche Element mitten in den Fluctuationen der Parteien. Es ist nicht mehr die innere Berechtigung der Kirche, kraft deren die Sympathie der Masse der Bevölkerung früher regelmäßig auf der Seite der Geistlichkeit stand; sondern es ist ihre politische Gewalt, die bald diesem bald jenem Macht-Element gegenübertritt, am häufigsten aber einer vereinten Opposition der Ritterschaft und Städte. Je mehr Ritter und Bürger als Commoners im Unterhause zusammenschmelzen, um so mehr scheinen sich beide der Geistlichkeit zu entfremden.

Mit dieser wachsenden Spannung des Unterhauses und der Kirche erscheint auch die Macht des Königthums über die Kirche wieder im Wachsen. Der König hatte jetzt ein vollständiges Parlament zur Seite, welches mit Eifersucht über nationaler Selbständigkeit wachte. Man ließ die Kirche zwar walten auf den Gebieten, in denen sie die Staatsidee zuerst zur Geltung gebracht hatte, wie im persönlichen Eherecht, Testamenten, kirchlichen Delicten; in den Gerichtshöfen des Kanzlers, der Universitäten, der Admiralität. Bei dem Versuch das Landesrecht abzuändern aber, bei jedem Streit mit dem Papste, finden sich Adel und commoners regelmäßig auf der Seite des Königs. So bei dem Streit über die geistliche Besteuerung. Schon 1301 konnte Eduard I. sich gegen die Ansprüche der Curie auf den Ausspruch seiner Stände berufen: „selbst wenn der König es wollte, so würden sie nie zu so Ungebührlichem und Unerhörtem die Hand bieten." Als Urban V. gar den Anspruch auf Lehnsoberhoheit und Lehnszins zu erneuern wagte, kündigte Eduard III. rückhaltlos das alte Protectionsverhältniß, um vereint mit seinen Ständen die Selbständigkeit des Landes und der Landeskirche zugleich zu behaupten. Von Seiten der Stände ergehen die wiederholten Anträge, „daß sie nicht gebunden sein wollen durch Gesetze, welche die Geistlichen zu ihrem eigenen Vortheil machen"; 1371 folgt sogar der Antrag, alle Geistlichen von den hohen Staatsämtern zu entfernen und solche mit Laien zu besetzen. Mit der Opposition des Unterhauses erscheint aber in weiteren Kreisen eine wachsende Gefahr der Häresien (Lollardien). Die Reihe von Gesetzen gegen den Erwerb zur todten Hand (statutes of mortmain), gegen Besetzung der Aemter durch die geistliche Aufsichtsbehörde (statutes of provisors), gegen die Uebergriffe der geistlichen Gerichtsbarkeit (statutes of praemunire) sind der äußere Ausdruck dieser Zurückweisung kirchlicher Uebermacht und einer inneren Bewegung, welche im 16. Jahrhundert in die Reformation endet.

Nur auf der untersten Stufe der Amtshierarchie zeigt die kirchliche Verfassung eine gewisse Fortbildung, nämlich in dem Kirchspiel. Das Kirchspiel ist die unterste Stelle, das normale Ortsamt der geistlichen Hierarchie. In ihr ist der Pfarrer Haupt der Gemeinde. Zwei Kirchenvorsteher erscheinen in dieser Zeit als kirchliche Hülfsbeamte; daneben auch noch Synodalzeugen für die kirchlichen Rügegerichte, synodsmen, sidesmen, questmen. Die besondere Veranlassung zu einer neuen Stellung der Ortsgemeinde wurden jetzt die baulichen Bedürfnisse der Kirchen. Von Alters her sollte ein fester Theil des Kircheneinkommens dazu dienen. Allein thatsächlich reichten im 13. Jahrhundert die Einkünfte der reich dotirten Kirche dazu nicht mehr aus, seitdem Prälaturen und Klöster immer massenhafter Zehnten und Kirchengut in Anspruch nahmen. Man wandte sich daher an den guten Willen der Pfarrkinder, deren Beiträge von Haus aus freiwillige waren. Als man nun aber bei wachsender Verlegenheit im Geist des Kirchenregiments des 13. Jahrhunderts kirchliche Zwangsmittel anzuwenden begann, haben wahrscheinlich die weltlichen Gerichte ein Schutzmandat, prohibition gewährt. Dagegen erließ nun 1285 Eduard I. eine Instruction an die Reichsrichter, das sogenannte Statut Circumspecte agatis, worin die Klausel vorkommt, „daß die Reichsgerichte die geistlichen Behörden nicht strafen sollen, wenn sie in rein geistlichen Dingen Recht sprechen, namentlich si praelatus puniat pro cemeterio non clauso, ecclesia discooperto, vel non decenter ornata.“ Nach damaliger Verfassung hat diese Anweisung Gesetzeskraft, wird auch später in dem st. 2 et 3 Ed. VI. c. 13 § 51 als statute bezeichnet. Damit war ein Zwangsrecht der geistlichen Behörden wenigstens indirect anerkannt, und konnte nun durch Excommunication gegen Einzele, und äußersten Falls durch Interdict gegen die ganze Gemeinde gehandhabt werden. In der Regel kam jedoch eine gütliche Vereinbarung zu Stande. Wenn der Geistliche durch die Kirchenvorsteher seine Pfarrkinder berief, so fand sich in den an gemeinsame Lasten gewöhnten Gemeinden ein bereiter Wille, die Beiträge zur Instandhaltung und Verzierung der Kirche zu bewilligen.

Die älteste bekannte Erwähnung dieser später sogenannten Kirchensteuer***), Churchrate, ist in den Jahrbüchern 44 Ed. III, (a. 1369—70), wo sie als altes Herkommen in einem einzelen Kirchspiel erwähnt wird. In derselben Zeit, in welcher die weltlichen Gerichtsversammlungen (courts leet) schon zu verfallen beginnen, findet sich so die häufig wiederkehrende Veranlassung zur Versammlung der kirchlichen Gemeinde. Die Erhebung dieser Beiträge wurde nunmehr ein Hauptgeschäft der Kirchenvorsteher. Da aber das ursprüngliche Verhältniß der Freiwilligkeit unvergessen blieb, so hielt man auch die Nothwendigkeit einer vorgängigen Besprechung mit der Gemeinde fest, um so mehr, als in dieser reichsständischen Zeit das Recht mitzurathen für Jeden, welcher mit steuert, sich von den großen auf die kleinen Verhältnisse übertrug, und zur gemeinen Rechtsvorstellung wurde. Etwa im Laufe des 15. Jahrhunderts mag sich eine ziemlich gleichmäßige Praxis solcher Kirchspielsversammlungen gebildet haben, welche dann in dem Jahrhundert der Tudors die Grundlage neuer Gemeindeinstitutionen wurden. Schon in dem späteren Mittelalter bereitet sich aber langsam und stillschweigend eine Aenderung vor, durch welche in der gemeinen Vorstellung, im Sprachgebrauch und nicht selten schon in den Gesetzen das Kirchspiel an die Stelle der weltlichen Zehntschaft, villata rückt.

*) **Ueber die Quellen und Litteratur des Kirchenrechts** vergl. oben S. 117. Aus Burn's Ecclesiastical Law (ed. 1842) gehören hierher hauptsächlich die Artikel Churchrate I. 378—98; Churchwarden, vestry I. 398—415ii; Parish III. 78—82; Prohibition III. 387—404. Dazu zahlreiche Monographien, wie Atterbury on Convocations u. a. Zu den kirchlichen Rechtsquellen treten jetzt auch die Parlamentsstatuten über kirchliche Verhältnisse, namentlich (1) Verbote über Veräußerungen zur todten Hand, 7. Edw. I. st. 2 und spätere Parlamentsbeschlüsse. (2) Die Articuli Cleri 9. Edw. II. st. 1, enthaltend 16 Beschwerdeartikel des Clerus über weltliche Eingriffe mit den darauf ertheilten Antworten des Königs im Rath, betr. hauptsächlich die Grenze des writ of prohibition, und wiederholte Zusicherung, daß geistliche Personen nicht von weltlichen Richtern an Leben und Gliedern gerichtet werden sollen. (3) Das st. 14. Edw. III. st. 4, betr. die geordnete Verwaltung der geistlichen Güter während der Sedisvacanz. (4) St. 25. Edw. III. st. 3, welches die Königlichen Eingriffe in die kirchlichen Patronatsrechte beschränkt, und wiederholte Zusicherung der geistlichen Strafjustiz über Geistliche giebt. (5) Die Statutes of Provisors unter Edw. I., Edw. III., insbesondere 25. Edw. III. st. 6, Ric. II. und Henry IV. gegen die beanspruchte Machtvollkommenheit des Papstes zur Besetzung englischer Prälaturen und Pfründen mittels Provision. (6) Das Statutum de Asportatis Religiosorum 35. Edw. I. st. 1 gegen die Abführung von Steuern und Geldern aus englischen Klöstern an auswärtige Obere. (7) Das st. 27. Edw. III. st. 1 gegen die Citationen nach Rom in Angelegenheiten, welche zur Cognition des Königlichen Hofes gehören; die darauf ergehenden writs of „praemunire facias" mit Androhung schwerer Leibes- und Geldstrafen bilden dann den Anfang einer Reihe von Statuten, welche die Strafe des praemunire gegen Erlangung von kirchlichen Aemtern zum Präjudiz des Königs oder eines Unterthanen, Ausführung von Geldern in das Ausland, Einbringung von Excommunicationsurtheilen vom

Ausland, Exemtionen geistlicher Personen, Befreiung von der Zehntverpflichtung, Einmischung des Papstes in die kirchlichen Wahlen, wiederholen: 38. Edw. III. st. 2; 1. Ric. II. c. 1; 3. Ric. II. c. 2; 7. Ric. II. c. 12; 13. Ric. II. st. 2 c. 3; 16. Ric. II. c. 5; 2. Henry IV. c. 3; 5. Henry IV. c. 11; 9. Henry IV. c. 3. (8) Die Statutes gegen die Lollarden und Ketzereien: 5. Ric. II. st. 2 c. 5; 2. Henry IV. c. 15; 2. Henry V. c. 7, mit steigender Strenge.

Als Grundlage der Besteuerung diente in dieser Zeit die Taxation of Pope Nicholas, veranlaßt durch ein Zugeständniß des Zehnten an den König auf sechs Jahre zum Zweck einer Expedition in das heilige Land, aufgenommen in den Jahren 1288—1292, gedruckt als Taxatio ecclesiasticae Angliae Auctore Pap. Nicolai. London 1802. fol. Sie diente als Matrikel bis zu 26. Henry VIII.

) **Die beginnende Spannung zwischen dem weltlichen und geistlichen Staat wird gleich von Anfang dieser Periode an sichtbar bei dem Versuch der Vereinigung der Stände zu gemeinsamer Steuerbewilligung. Um dem päpstlichen Besteuerungsverbot entgegenzutreten, wollte Edw. I. der niederen Geistlichkeit eine analoge Stellung wie den Commoners geben, um auch auf dieser Seite ein Gegengewicht gegen den hohen Clerus zu gewinnen. Es ergeht daher mit den Eingangsworten Praemunientes die Anweisung an die Bischöfe, zur Landesversammlung auch an die Dechanten und Archidiaconen in Person, das Kapitel durch je einen, den Clerus der Diöcese durch je zwei Bevollmächtigte vertreten, zu citiren, die dann in ähnlicher Weise wie Ritter und Bürger berathen sollten. Von Anfang an erfuhr aber der König den heftigsten Widerspruch gegen diese Weise einer gemeinsamen Besteuerung mit den Laien und gegen diese Art der Citation. Er mußte sich dazu verstehen, neben der Ladungsclausel an die Bischöfe noch eine besondere Ladung an den Erzbischof zu erlassen, und erst der letzteren, als geistlicher Autorität, leistete man Folge als einer Ladung zu einer convocation, und nicht zum Parlament, wobei Zeit und Ort sehr oft abweichend von dem Königlichen writ bestimmt wurden. Die Verbindung des geistlichen und weltlichen Parlaments blieb in der That zu allen Zeiten eine äußerliche. Die niedere Geistlichkeit ist anscheinend mit Rittern und Bürgern niemals zu gemeinsamer Gesetzesberathung in pleno zusammengetreten. Das weltliche Parlament seinerseits ließ es sich niemals nehmen, die von der convocation bewilligten Taxen zu bestätigen. Als in 4. Ric. II. (a. 1380) das Unterhaus versuchte, eine Subsidienbewilligung so zu stellen, daß man 100,000 Pfd. Sterl. bewillige, wenn davon die Geistlichkeit ein Drittel als nothwendigen Antheil übernehme, erwiderte der Clerus: seine Bewilligungen seien niemals im Parlament gemacht worden, noch solle es so sein; das Laienthum solle nicht den Clerus binden, noch könne er umgekehrt jene binden; es scheine ihm aber, daß wenn einer von Beiden frei sein solle, es eher der Clerus als das Laienthum sein möge. 3. Rot. Parl. 4. Ric. II. p. 98. Andererseits verlangte das weltliche Parlament, daß seine Statuten an sich den Clerus binden, „wie die Gesetze aller christlichen Fürsten in den ersten Jahrhunderten der Kirche."

Diese Hergänge bilden sicherlich ein lehrreiches Beispiel, wie vergeblich die blos formale Vereinigung von innerlich widerstrebenden socialen Gruppen und Besitzweisen zu parlamentarischen Körpern ist. Die Theilnahme der niederen Geistlichkeit am Unterhause ist augenscheinlich niemals in Gang gekommen, und hat im 15. Jahrhundert mit gänzlicher Zurückziehung in ihre Convocation geendet. — Der Form nach fügte sich die Geistlichkeit immer nur der Ladung ihrer Erzbischöfe, und setzte dem Königlichen writ als solchem einen Exemtionsprotest entgegen. Eben deshalb mußte der König seinerseits die Pflicht zum Erscheinen der Bischöfe und Aebte aus ihrer Lehnspflicht als Vasallen ableiten, und daher folgerecht solche Aebte, welche zur Zeit keine Kronlehne besitzen, vom Erscheinen dispensiren, — ein Verhältniß, aus welchem später sehr mit Unrecht ein Beweis einer Reichsstandschaft aller tenentes in capite hergeleitet wurde. Kirche und Staat streiten in dieser Periode der Spannung mit allen Zwangs- und Strafmitteln einer kirchlichen und einer feudalen Obrigkeit, oft in der wunderlichsten Weise. Zu jenen Streitmitteln gegen die separatistischen Ansprüche der Geistlichkeit gehört auch eine wunderliche Kriegsorder Rot. claus. 43. Ed. III. M. 13 (a. 1369), durch welche die Bischöfe den Befehl erhalten, alle Aebte, Prioren und Mönche und anderen geistlichen Personen im Alter von 16—60 Jahren zu bewaffnen, einzustellen und zu regimentiren, unter Berufung auf den Parlamentsbeschluß über die Landesbewaffnung gegen Frankreich. Abgedruckt ist das wunderliche Dokument in Grose, Military Antiquities vol. I. 44—66. Drei ähnliche Writs aus 46. Ed. III., 47. Ed. III. und 1. Ric. II. finden sich bei Rymer.

Die Abneigung gegen den Clerus zeigt sich unter Richard II. auch in der Protection der Lollardien, welche im Jahre 1406 sogar zu dem Antrag führt, alle der Ketzerei Verdächtigen dem bischöflichen Gericht zu entziehen. Erst unter Heinrich IV. erlangte die Kirche vom Staat die schärferen Strafverordnungen gegen die Ketzerei unter fortdauerndem Widerspruch des Unterhauses. Das usurpirte Königthum des Hauses Lancaster war so unmittelbar auf die Stütze der hohen Geistlichkeit angewiesen, daß von da an die Ketzerverbrennungen ihren Verlauf nehmen und offenbar nur desto größere Abneigung gegen die Kirche zurücklassen. Die religiösen Wirren werden dann lange Zeit verdeckt durch die noch größeren Wirren des Adelskampfes der beiden Rosen; der tief entsittlichte Zustand jener Zeit ist aber mitverschuldet durch eine Kirche, die sich ihrem Beruf und dem Herzen der Völker entfremdet hat.

***) **Ueber die Entstehung der Kirchensteuer Church Rate und der Kirchspielsversammlungen** ist durch den Streit des letzten Menschenalters eine umfangreiche Litteratur entstanden, aus welcher ich hier nur hervorhebe des späteren Lord-Oberrichters von England, Sir John Campbell's, Letter to Lord Stanley on the law of Church Rates 1837. Die Verpflichtung der Kirche eine Quote der Zehnten zu kirchlichen Bauten, fabrica ecclesiae, zu verwenden, steht bekanntlich durch alte kirchliche Gesetze fest. Auch in den Canones des Erzbischofs Alfric von 970 und in den Gesetzen Aethelred's von 1014 ist die Bestimmung eines Theils des Zehnten für den Kirchenbau anerkannt. Oft werden auch die constitutiones Othoboni (a. 1268) citirt: statuimus, ut universi clerici suorum beneficiorum domos et caetera aedificia prout indiguerint reficere studeant condecenter, — die wohl nur von den Pfarrgebäuden sprechen. Außer Zusammenhang erscheint die Kirchensteuer jedenfalls mit den kirk sceat, Kirchenschoß, der nach Verhältniß von Halm und Heerd nach den angelsächsischen Gesetzen der Mutterkirche entrichtet werden soll. Edg. II. 2; Cn. II. 11; Aethlr. VII, 4. In neuerer Zeit hat Kemble, a few historical remarks upon the supposed antiquity of churchrates, Ridgway 1836, und in seinen Anglosaxons II. Anhang D. diesen Nichtzusammenhang überzeugend dargethan. Seine spätere Ausführung, daß damit eine Abgabe von Inhabern kirchlicher Güter in recognitionem dominii gemeint sei, scheint indessen überkünstlich. Allein jedenfalls war durch die gleichmäßige Dotirung der Kirche mittels des Zehnten und durch ihre überreiche Ausstattung so hinreichend gesorgt, daß das Kirchenregiment selbst Jahrhunderte lang die Pflicht, ein Drittel der Zehnten zu fabrica ecclesia zu verwenden, ausdrücklich anerkannt hat. Die spätere Wiederheranziehung der Gemeinde war nur durch die Mißverwaltung des kirchlichen Vermögens nothwendig geworden.

Eine directe gesetzliche Entstehung der Kirchensteuer ist sicherlich nicht nachzuweisen. Das Bedürfniß, die Natur der Sache, die Analogie ist wie bei allem Gewohnheitsrechtlichen die Wurzel des Instituts. Man fand, daß ein Jeder für sein geistliches Haus zu sorgen habe, der Geistliche also für die Erhaltung der Kanzel (des Altars), die Gemeinde für das Innere der Kirche. Nach Analogie sonstiger Communallasten (rotuli parliament. 21. Edw. III. Pet. No. 7; 21 et 22. Edw. III. Pet. No. 19; H. No. 26; 9. Hen. IV. No. 53. etc.) zog die Praxis auch außerhalb Wohnende nach dem Umfang ihres Realbesitzes heran. Jeffrey's Case 5 Co. 67. Für Rechte und Pflichten dabei diente das große Vorbild der Versammlung der Commoners im Parlament. Der gute Wille der Majorität entschied jedenfalls über Maß und Art der Bewilligung, da man auch geistlicherseits gewiß ungern und selten zu Zwangsmitteln schritt. Das weitere Zusammenwachsen der kirchlichen und weltlichen Ortsgemeinde, parish und township, wird sodann in der folgenden Periode hervortreten. Es konnte aber schon hier bevorwortet werden, wie die spätere Stellung der Staatskirche zu einem solchen Ueberwachsen der geistlichen Seite geführt hat, daß erst in neuester Zeit geschichtliche Untersuchungen die mittelalterlichen Verhältnisse aufklären und der weltlichen Seite der Kirchspielsverfassung zu ihrem Recht zu helfen suchen.

C. **Die Gesammtheit der vorstehend geschilderten Institutionen bestimmt nun die ständischen Verhältnisse dieser Zeit.** Die größeren Kronvasallen und Prälaten formiren sich danach zu einem reichsständischen Adel. Die kleineren Kronvasallen bilden mit den Untervasallen verschmolzen eine politisch bedeutende Ritterschaft. Die Bürgerschaften der Städte mit den Freisassen bilden einen politisch berechtigten dritten Stand, aus welchem jedoch die städtischen Honorationen schon hervortreten. Verglichen mit der normannischen Zeit erscheinen alle Klassen gewissermaßen eine Stufe höher gehoben, kraft ihrer staatlichen Leistungen in Miliz-, Gerichts- und Polizeidienst, in Staats- und Communalsteuer.

Das normannische Feudalwesen war in zwei Richtungen auseinander gegangen. Von der *realen* Seite aus wird das Ritterlehn ein besonderes Vermögensobject, welches durch die darauf liegenden Lasten, insbesondere Steuerpflichten, vom anderen Grundbesitz sich scheidet. Von der persönlichen Seite aus dauern gewisse Ehrenrechte des Rittergutsbesitzers fort, die sich auch auf nichtbesitzende Söhne fortpflanzen, in weiteren Graden aber erlöschen, und sich nicht wie auf dem Continent zu einem rechtlich anerkannten Geburtsstand fortbilden. Das Ritterlehn als Vermögensobject erscheint mit Rücksicht darauf nach einer Normaltaxe. Unter Heinrich III. schätzte man ein Ritterlehn auf mindestens 15 L. Grundrente (Camden, Britannia 111), zur Zeit Eduard's II. auf mindestens 20 L. (stat. de militibus), zur Zeit der Königin Elisabeth auf 40 L. (Th. Smith de rep. I. c. 18). Dies Vermögensobject war noch immer für die Staatsfinanzen von einer vorzugsweisen Bedeutung, weil es durch die schweren Gebühren des Besitzwechsels, durch Lehnsvormundschaft, Heirath, Rückfallsrecht den Kern der erblichen Revenue des Königs bildet, und weil es bei den periodischen Subsidien an der Spitze alles steuernden Freibesitzes steht. Auch für den persönlichen Dienst des Staats ist die alte Lehnspflicht und Gewohnheit des Grundbesitzes noch immer ein werthvolles schwer wiegendes Element. Wenn daher auch die ständische Bildung sich in der Hauptsache durch die jetzige Gestalt des Heeres, des Gerichts und der Polizei bestimmt, so bleiben doch als Hintergrund immer noch persönliche Ehrenrechte der alten Lehnsmilizen stehen, die vermöge einer gewissen inneren Berechtigung als Reservatrechte gegen die neuere Standesbildung erscheinen.

1. Der reichsständische Adel[1]) bildet sich aus den größeren Kronvasallen und Prälaten, welche seit der Magna Charta mit den erklärten Bestrebungen einer regierenden Klasse hervortreten. Als die Magna Charta die barones majores zur Berathung über die Schildgelder namentlich einzuladen versprach, als Heinrich III. und Simon von Monfort die angesehenen Lords zu den Reichsangelegenheiten wirklich beriefen, als seit Eduard I. magna consilia aus solchen Herren periodisch berufen wurden: so lag darin zunächst die Anerkennung einer thatsächlichen Macht, die durch ihre hervorragenden Leistungen nach rechtlicher Anerkennung strebte. Die Besitzungen der Meistbelehnten mit den daran hängenden nutzbaren Rechten waren das Mittelalter hindurch bedeutender als die der kleineren Kronvasallen zusammengenommen. Ihre Einkünfte waren durch den inneren Frieden gestiegen, und der Einfluß dieses Besitzes war mit der Versöhnung der Nationalitäten gewaltig gewachsen. Rittergutsbesitzer und jüngere Söhne aus guten Familien schlossen sich nun wiederum gern diesen Herren an, nahmen Ehrenämter in ihrem Hofhalt an, sandten dorthin ihre Knaben zur Erziehung im Kriegsberuf und rit-

terlicher Sitte. Die Magna Charta hatte zum ersten Male die kleinere Ritterschaft in Masse unter die Banner großer Barone als selbstständiger Führer gebracht; unter Heinrich III. hatten die Herren in dieser Weise dem Könige siegreiche Schlachten geliefert. Die kriegerischen Unternehmungen Eduard's I. hatten solche Mannschaften in allen Richtungen zu ruhmreichen Schlachten geführt, in denen nicht mehr die Masse der Lehnsmilizen nach ihren Besitzstufen gegliedert erscheint, sondern große Herren mit ihren Gefolgschaften den Kern der Heere bilden. Unter Eduard III. beginnt mit den Kriegen in Frankreich ein förmliches Condottierewesen, in welchem die kriegerischen Herren ganze Heerabtheilungen gestellen, führen, und sogar für den großen Krieg ausbilden. Den Kern derselben bilden Privat-Hofämter, Untervasallen, Gefolgen, Pächter und Dienstleute, an die sich kampflustige Freisassen aus den Grafschaftsmilizen anschließen, gewöhnt an kriegerische Uebung unter Offizieren aus der Ritterschaft. Den großen Baronen aber giebt die gewohnheitsmäßige Führung und Waffenübung ein um so größeres Uebergewicht, als sie in ihrem Besitz stetig die Mittel finden zugleich zur Ausrüstung größerer Trupps und zu gewohnheitsmäßiger Einübung derselben. Ihre Umgebungen bilden die Cadres leicht mobil zu machender Heere. Um solche Massen mittels hoher Soldzahlungen auf längere Zeit beisammen zu behalten, besaß allerdings nur das Königthum die nöthigen Finanzkräfte. Wohl aber waren die Herren im Stande durch Coalitionen unter sich jetzt Heere zusammen zu bringen, deren augenblicklichem Andrange der König unter ungünstigen Verhältnissen nicht gewachsen war. Schon nach Beendigung der ersten Periode der französischen Kriege tritt unter der schwankenden Regierung Richard's II. diese Gefahr hervor, und führt nach manchen Wechselfällen zur Entthronung des Königs. Unter seinem Nachfolger finden wir Adelsfehden, in welchen einige wenige unzufriedene Barone binnen wenig Wochen dem König mit Heeren von 6—8000 Mann entgegenziehen, (z. B. anno 1405). Die kriegerischen Persönlichkeiten Heinrich's IV. und V. wissen diesen Widerstandsgeist noch zu beherrschen, und dann auf französischen Boden abzuleiten.

Im Besitze gleich stehen ihnen die Bischöfe und angesehenen Aebte, deren militärische Stellung freilich unbedeutender wird, je mehr mit dem Uebergang der Lehnsmilizdienste in Schildgelder ihre kriegerischen Untervasallen an Zahl und Bedeutung zusammenschmelzen. Diese Einbuße gleicht sich indessen aus durch die Familienverbindungen der jetzt immer mehr aus der regierenden Klasse gewählten Prälaten, und noch mehr durch den Einfluß der Kirche als solcher. Ihre Parteinahme wurde dadurch bei einem Streit zwischen König und Baronen sehr gewöhnlich die entscheidende.

Zum ersten Male hatten beide Elemente sich vereinigt, um sich und dem Lande die Magna Charta zu erzwingen. Der damals erhobene Anspruch auf Theilnahme an der Reichsregierung geht unvergessen durch diese Periode hindurch. Thatsächlich anerkannt schon durch viele Hergänge unter Heinrich III. erhält dieser Anspruch seine rechtliche Anerkennung durch periodische Berufungen eines Magnum Consilium unter Eduard I. Die Mehrzahl der weltlichen Barone ist freilich unter Eduard I. nur 1, 2, 3 oder 4mal zum Rath berufen; nur ein kleiner Kern der Versammlung erscheint von Anfang an ziemlich regelmäßig. Aehnliche Schwankungen zeigen sich unter Edw. II. und III. Da von einem Prinzip nichts erkennbar ist, so folgt, daß der Wille des Königs das Entscheidende war, wie dies auch aus der Natur eines Königlichen Raths sich grundsätzlich ergab. Ebenso natürlich machte sich dabei die alte Hofsitte geltend; es wurden wohl ungefähr dieselben Personen geladen, die früher durch Königliches Schreiben (writ) persönlich zu den Hoflagern eingeladen wurden, — mit Rücksicht auf die im Schatzamt bekannte Größe ihrer Besitzungen, auf ihre Erfahrungen im Kriegs- und Staatsdienst, auf persönliche Ergebenheit und persönliches Vertrauen des Königlichen Herrn. Eben deshalb sind unter den Geladenen sehr viele kleine Kronvasallen, auch einzele, die erweislich gar kein Kriegslehn besitzen. Trotz dieser schwankenden Unterlage konnte sich frühzeitig schon die Idee einer verfassungsmäßigen Körperschaft ausbilden, da das Continual Council, der permanente Rath des Königs, einen festen und stetigen Kern des Ganzen bildet, mit dem sich die Idee eines nach der Lehnsverfassung gebildeten Gerichts (curia) leicht verschmilzt. Mit dieser Vorstellung taucht auch das Wort auf, Pares regni, piers de la terre, — zum erstenmal gebraucht in dem Urtheil gegen die le Despencers 15. Edw. II. Das Magnum Consilium betrachtet sich jetzt als Pares terrae, als eine reichsständische Genossenschaft, über den Pares der Grafschaft stehend, und will eben deshalb seinen Gerichtsstand in wichtigeren Fällen vor dem König und seinen Pairs haben. Unter Eduard III. tritt diese Forderung so bestimmt auf, daß sie kaum mehr zu verweigern war (vergl. 15 Edw. III. c.). Seit Heinrich IV. ist die Pairsgerichtsbarkeit über die Barone des großen Raths als Regel anerkannt; seit 20. Henry VI. auch auf die Frauen der Pairs ausgedehnt, und insoweit als ein reines Geburtsrecht anerkannt, an welchem die Prälaten als solche nicht Theil nehmen.

Mit der periodischen Theilnahme an der Reichsverwaltung und Pairsgerichtsbarkeit war dem König gegenüber eine reichsständische Körperschaft in der That zur Anerkennung gekommen. Es fehlte noch das allem Grundadel eigene Moment der Erblichkeit. Die späte Entwickelung dieser zweiten Seite erklärt sich aus der Veräußerlichkeit der englischen Ritterlehen. Ein Versuch, den Besitz eines Kronlehns ohne Weiteres als einen Titel zur Berufung in das Magnum Consilium geltend zu machen, ist aus dem einfachen Grunde nicht gemacht worden, weil dies gegen das eigne Interesse der Meistbelehnten gewesen wäre. Denn mit gleichem Rechte hätten Hunderte kleiner Kronvasallen, hätte jeder Käufer eines Kronlehns ohne Rücksicht auf seine Herkunft dasselbe beanspruchen können. Die neue Rechtsform, in welcher eine erbliche Reichsstandschaft und ein politischer Geburtsadel zur Geltung kommen konnte, war nur die eines Königlichen Patents. Seit der Eroberung beruhte der einzige vorhandene Adelstitel, der des Grafen, auf Patent. Seit Eduard III. wurde auch eine Herzogswürde durch Patent creirt, seit Ric. II. die Würde eines Marquis, und später unter Hen. VI. die Würde eines Viscount. Nach dem Prinzip dieser Adelstitel wird nunmehr in 11. Ric. II. zum ersten Mal John de Beauchamp of Holt, Kronvasall des Ritterguts Kydderminster, zum „Baron von Kydderminster, zu erblichem Besitz für sich und seine männlichen Leibeserben, mit allen Rechten 2c. eines Barons" ernannt. Der Titel Baro wird damit zuerst als erblicher Titel zur reichsständischen Körperschaft, gleich den älteren erblichen Adelstiteln, juristisch anerkannt. — Die Kronvasallen, welche bisher durch writ berufen waren, kamen dadurch in eine neue Lage. Sowie jetzt neu baronisirte Günstlinge eine erbliche Reichsstandschaft beanspruchten, durfte den älteren angeseheneren Baronen ein gleicher Anspruch nicht versagt werden. Unter dem Hause Lancaster erfolgt nunmehr die Ladung dieses älteren Bestandes der Baronie ziemlich regelmäßig von Vater zu Sohn. Die blos persönlichen neuen Berufungen dauern noch fort, werden aber seltener und erstrecken sich hauptsächlich auf die Kriegsobersten, Bannerets der Armee in ihrer damaligen Gestalt. Unter den Tudors haben die blos persönlichen Berufungen de facto aufgehört. Die angesehensten Familien des Landes bilden am Schluß des Mittelalters einen erblichen reichsständischen Adel, dem die Bischöfe und angeseheneren Aebte hinzutreten, und ein Oberhaus bilden, wie es wesentlich nach denselben Grundsätzen noch heute besteht.

2. Die Ritterschaft, d. h. der aus einer Verschmelzung der kleinen Kronvasallen mit der Masse der Unter-

vasallen hervorgegangene Mittelstand[2]), beruht in seiner politischen Bildung auf hervorragenden Leistungen im Miliz-, Gerichts- und Polizeidienst. Während auf dem Continent die Unveräußerlichkeit der Ritterlehne die privatrechtliche Wurzel eines niederen Geburtsadels wurde, hatte in England das stat. Quia emtores 18. Edw. I. die Veräußerlichkeit der Ritterlehne grundsätzlich festgehalten, — allerdings verschränkt durch Familienstiftungen, die aber für jeden Realbesitz geltend, kein Standesrecht bilden. Dadurch und durch die stabile Wirthschaftsordnung des Mittelalters blieb die Masse der Ritterlehne wohl in den alten Familien, ohne jedoch neue Erwerber grundsätzlich auszuschließen, oder den Erwerb von ritterlicher Abstammung abhängig zu machen. In diesem Verhältniß haben sich nun die Untervasallen eine Stufe über ihre frühere Stellung erhoben. Schon am Schluß der vorigen Periode erschienen sie in Besitzmaß, Erziehung, Lebensweise und kriegerischer Ehre gleichartig den kleineren Kronvasallen. Je mehr nun aber in dieser Zeit die großen Barone sich zu einer Pärie abschließen, um so mehr verschmelzen die barones minores mit den Untervasallen zu einer Ritterschaft, welche ihre Pärie in der Grafschaft, in einer gemeinsamen und hervorragenden Stellung in dem Miliz-, Gerichts- und Polizeiwesen der Grafschaft findet.

Die Milizverfassung hatte jetzt durch einen Census von 15 L. die Ritterschaft als erste Klasse der Grafschaftsmilizen hingestellt, und ihr damit die Anwartschaft auf die Offizierstellen gegeben. In der Grafschaftsverfassung hatte die Ritterschaft von jeher den Kern der Gerichtsmänner gebildet: gleichmäßig blieb sie bei der Bildung der magna assisa und der späteren Ausdehnung der Jury an der Spitze der Geschwornenlisten. Noch vollständiger aber stellt die neue Friedensrichterverfassung die Ritterschaft in erhöhtere, vielseitigere Thätigkeit an die Spitze der Kreisverwaltung. Ritter und Freisassen bilden jetzt durch die organische Gesetzgebung des Jahrhunderts Eduard's I. II. III. einen selbstthätigen Kreisverband, der die wichtigsten inneren Functionen des Staatslebens bereits erfüllt.

Aus dieser Stellung in Miliz, Gericht, Polizei und Steuer ergab sich ein Anspruch auf Vertretung im Parlament nach demselben Grundsatz, nach welchem die großen Barone und Prälaten persönlich zum großen Rath des Königs berufen wurden. Es war hier ein Verband, von gleicher Bedeutung wie die größten Herrschaften, der als solcher mit seinen staatlichen Leistungen Vertretung beanspruchte, und der nach Vorgang zahlreicher älterer Analogien und Versuche nunmehr durch einen Ausschuß in kleinster Zahl, durch Abordnung zweier Grafschaftsritter vertreten wird. Auf diese Vertretung hat die Ritterschaft in ihrer Stellung als Offiziere in der Grafschaftsmiliz, als Großgeschworne und als Polizeiherren einen so selbstverständlichen Anspruch, daß sich nicht blos regelmäßig Rittergutsbesitzer, sondern Menschenalter hindurch sogar dieselben Namen als Vertreter ihrer Grafschaft wiederfinden.

Das dadurch neu entstandene politische Recht, welches im Verlauf der Zeit das wichtigste aller Ehrenrechte werden sollte, beruhte nun aber wesentlich auf der neueren Gestalt der Grafschafts-Verfassung, unabhängig von der älteren Stellung in den Lehnsmilizen. Man nannte die Abgeordneten zwar noch immer Knigths of the shire, betrachtete aber schon frühzeitig die neue Würde eines Grafschafts-Abgeordneten als unabhängig von dem Ritterschlag. Schon frühzeitig sind zahlreiche esquires unter den Abgeordneten, die man im Grafschaftsgericht nach der Wahl symbolisch mit dem Schwert umgürtete, um dem Buchstaben zu genügen; am Schluß des Mittelalters sind sogar die Mehrzahl nur esquires. Es lag in der Natur der Verhältnisse, daß grade solche Besitzer, die es vorzogen als Friedensrichter dem Ackerbau und dem engeren Kreis ihrer Nachbarschaft zu leben, grade solche, die aus Hofdienst, Kriegsabenteuern und Ritterschlag sich weniger machten, zu Abgeordneten gewählt wurden. Dies faktische Verhältniß erhält dann eine rechtliche Anerkennung durch das st. 23. Hen. VI. c. 15., wonach nur Ritter oder 40 L. freeholders, also Rittergutsbesitzer, als Grafschafts-Abgeordnete gewählt werden sollen. Mit diesem ziemlich bescheidenen Ehrenrecht schließt sich die neuere ständische Stellung der Ritterschaft ab.

Die alten Ehrenrechte der Lehnsmilizen, auf Grund deren sich die Ritterschaft des Continents als Geburtsstand abschloß, — der Ritterschlag, das Ehrengericht des Court of Chivalry treten daneben in den Hintergrund. Sie leben zwar in der Periode der französischen Kriege bis zu einem gewissen Maße wieder auf; diese letzten romantischen Erscheinungen des Ritterwesens gehen aber in dem blutigen Abendroth des Kampfes der beiden Rosen wieder unter.

3. Die städtischen Bürgerschaften und die Freisassen der Grafschaft bilden im Anfang dieser Periode einen politisch berechtigten dritten Stand [3]), aus dem sich aber gegen Ende derselben die städtischen Honorationen um eine Stufe erheben und der ritterschaftlichen Gentry gleichzustellen anfangen.

Die Besitzgrundlage dieses dritten Standes ist der nicht lehnspflichtige kleinere Freibesitz, dem sich in den Städten auch ein Besitz an beweglicher Habe anreiht. Die rechtliche Grundlage desselben bildet sich hauptsächlich aus der Geschwornenverfassung und aus dem court leet.

Freisassen und Bürger waren zunächst durch die Verfassung der Grafschaftsmiliz zu einer persönlichen Wehrpflicht herangezogen. In der Gerichtsverfassung hat der Geschwornendienst der Grafschaft die libere tenentes zwar nur in zweite Linie gestellt, sie aber grundsätzlich und gleichmäßig für befähigt erklärt. Hier wie im Milizdienst erscheinen die Ritter nur als primi inter pares. Im court leet geht der Gerichtsdienst noch weiter, und stellt auch copyholders, Pächter und Miether aushülflich in die Reihen der Gerichtsmänner.

Aus dieser Gestaltung ergab sich die politische Berechtigung des dritten Standes. Als man anfing die Grafschafts-Communen zu einer Vertretung ins Parlament zu berufen, bestand der county court als eine herkömmliche Kreisgerichtsversammlung. Es verstand sich von selbst, daß die Versammlung, sowie sie ihre übrigen öffentlichen Geschäfte, in derselben Weise auch die Abordnung der Grafschaftsritter vorzunehmen hatte. Eben deshalb fand die Gesetzgebung keine Veranlassung, irgend etwas über die Art der Wahl und der Wahlberechtigung zu bestimmen. Die libere tenentes waren nun zwar nach Herkommen noch Theilnehmer am Grafschaftsgericht; aber auch da, wo sie herkömmlich thätig sind, erschienen sie wohl in verhältnißmäßig geringer Zahl, ungleichmäßig und mit einem untergeordneten Antheil an den Geschäften. Der eigentliche Wahleinfluß lag in dem Jahrhundert Eduard's I. II. III. noch in den Händen der Ritterschaft.

Dies Alles mußte sich ändern, je vollständiger die neuere Geschwornenverfassung durchdrang. In den Civil-Assisen werden jetzt die Geschwornen der immer bedeutungsvollere Bestandtheil; für die kleine aus den Hundertschaften gebildete Jury sind sie von Anfang an das überwiegende Element. Die Grafschaftsversammlung erhielt dadurch für die Wahlen eine incongruente Gestalt. Ihre laufenden Gerichtsgeschäfte waren durch die Assisen der reisenden Richter größeren Theils absorbirt. Es erschien daher in den gewöhnlichen Versammlungen wohl nur eine kleine Zahl, meistens große Besitzer, bailiffs, constables u. A. zur Besorgung anderweitiger Grafschaftsgeschäfte. Waren solche Grafschaftsversammlungen als Wahlkörper zu klein, so wurden sie andererseits unförmlich, wenn zu diesem außerordentlichen Geschäft die ganze Menge der Freisassen sich einfinden wollte, deren Zahl durch die Veräußerlichkeit des Grundbesitzes ansehnlich gewachsen war. Dieser Uebelstand trat in politisch bewegter Zeit unter dem Hause Lancaster ein. Mit Heinrich IV. beginnen daher einzele Verordnungen, wie es mit den Grafschaftswahlen zu halten, in denen zuletzt der alte Rechtsgrundsatz den Ausschlag giebt, daß die politischen Pflichten die politischen Rechte zu bestimmen haben. Durch die Verordnungen Eduard's III. war nun aber die Pflicht zum Geschwornendienst in der Grafschaft auf 40 sh. Grundrente aus erblichem und lebenslänglichem freehold fixirt. Diese Freisassen bildeten mit der Ritterschaft in der That das Civilgericht der Grafschaft in seiner jetzigen activen Gestalt. Mit diesem für die Zeit ziemlich hohen Census schloß sich der dritte Stand in der Grafschaft nach unten hin ab.

Analog gestaltete sich das Verhältniß in den wahlberechtigten Städten. Hier war der court leet die ursprüngliche Bürgerversammlung, und es verstand sich, daß das außerordentliche Geschäft der Abordnung zweier Bürger zum Parlament ebenso vorzunehmen war wie andere Geschäfte im court leet. Theilnehmer war also der weite Kreis der Theilnehmer an scot und lot, die active Bürgerschaft. Als nun aber der court leet zu verfallen begann, als die wirkliche Führung der städtischen Geschäfte sich immer mehr auf Gemeinde-Ausschüsse, eine leet-jury, town council, dann auf die neu entstandenen Friedensrichter beschränkte, erhielt auch dieser städtische Wählerkreis ein anderes Ansehen. Die wirkliche Gestalt der Gerichts-, Polizeigeschäfte und Steuerverhältnisse machte die Masse der nicht mehr thätigen Bürgerschaft auch in der Regel indifferent gegen einen isolirten Wahlact. Mit und ohne Incorporationscharten war thatsächlich der Wählerkreis schon jetzt in den meisten Flecken ein eng begrenzter. — Die Gewählten mußten dem Rechte nach mindestens gleichartig sein den Wählern, also „free of the borough" 1. Henry V. c. 11. Es wurde ferner die gesetzliche Vorschrift, daß der Gewählte innerhalb der Grafschaft mit Grundbesitz angesessen sein müsse, auch auf die städtischen Abgeordneten ausgedehnt. Naturgemäß fiel daher die Wahl sehr gewöhnlich auf Honorationen und städtische Gentlemen aus den Friedenscommissionen. Da nun aber die Friedenscommission der Grafschaft sich regelmäßig auch auf die Städte entweder ausschließlich oder concurrirend bezieht, so kam durch die laufende Polizeiverwaltung die Ritterschaft auch mit den Städten in dauernde Verbindung, welche schon im 15. Jahrhundert die Wahl öfter auf sie lenken mußte. In allen Fällen waren es analoge Besitz-Elemente, welche zu den Friedenscommissionen und als Abgeordnete ernannt wurden, und denen die Ritterschaft eine Gleichstellung nicht verweigern konnte. Gegen Ende der Periode finden wir daher die Titulaturen der Ritterschaft auch auf solche städtischen Herren übertragen. Die citizens und bourgesses im Parlament werden immer zahlreicher als Esquires bezeichnet. Und so ist am Schluß des Mittelalters durch die Gleichstellung in den Friedenscommissionen und im Parlament auch die Verschmelzung der höheren städtischen Klasse mit der Ritterschaft zu einer einheitlichen Gentry bereits angebahnt.

Was nach Ausscheidung dieser drei Stände übrig bleibt[1]), umfaßt jetzt im Ganzen und Großen eine arbeitende Bevölkerung, die zwar persönlich frei, aber ohne Theilnahme an den politischen Rechten dasteht. Es gehören dazu die vom Gerichtsdienst befreiten kleinen freeholders unter 40 sh. Grundrente; sodann die copyholders, die als Hintersassen durch die Grundherrschaft vertreten sind, welche dem Staat gegenüber das eigentliche Besitzrecht mit der Verpflichtung zu den Kriegs-, Steuer- und anderen Lasten hat; es gehören dahin endlich die besitzlosen Handwerker und dienenden Klassen, unter welchen die Reste der Leibeigenschaft schon dem Verschwinden nahe sind. In den wahlberechtigten Städten können freilich auch Miether mit eigenem Hausstand zur activen Bürgerschaft gehören; doch hat die faktische Beschränkung des städtischen Wahlrechts diese günstigere Lage wieder paralysirt.

Die so abgegrenzten drei Stände umfassen aber wie früher nur rechtliche Abstufungen im weltlichen Staat. Unabhängig davon bildete noch immer die Geistlichkeit durch Amt und Beruf bestimmte, vom Besitz unabhängige Klassen. Die hohe Geistlichkeit, der das Amt zugleich den Besitz von Baronien und analogen Grundeinkünften gab, ist schon oben als ein Theil der regierenden Klasse eingereiht. Die höhere Pfarrgeistlichkeit theilte noch immer den Rang der Ritterschaft, und hatte in der Convocation auch ihre eigene parlamentarische Vertretung. Durch die Aufnahme von Pfarrgeistlichen in die Friedenscommissionen entstand auch eine Theilnahme an dem politischen Einfluß jener Polizeiherrenstellung. Zunächst daran schlossen sich die Universitäten mit ihren größtentheils geistlichen Institutionen, geistlichem Personal und geistlichen Ehrenrechten. Für den gesammten Clerus war und blieb der geistliche Gerichtsstand in eigentlichen Straffällen ein schwerwiegendes Privilegium, welches durch die Zusammensetzung der Geschwornen und Eideshelfer häufig zur Straflosigkeit führte, und welches in dieser Zeit durch eine Erklärung des bischöflichen Commissarius: „legit ut clericus" auf jede schreibenskundige Person ausgedehnt werden konnte.

Schon in der vorigen Periode hat sich ferner ein Juristenstand als ein besonderer gelehrter Beruf aus der Geistlichkeit ausgesondert. Die frühzeitige Ausbildung des normannischen Verwaltungsrechts hatte in den zahlreichen clerks des Schatzamts, der Sheriffs, ihrer Untervögte, der Specialvögte, reisenden Richter ein Büreaupersonal gebildet, welches von den Geistlichen wohl wenig mehr zu lernen hatte. Um die Zeit aber, als die Reichsgerichte stehend werden, bilden sich die ersten Anfänge von Innungen der Laienjuristen, Anfangs Lernende, Advokaten und Unterbeamte in bunter Mischung enthaltend. Unter Eduard I. wird die Zulassung von attornati and aprentitii bei den Gerichten geordnet; in dem Rechtsbuch Fleta kommen schon innungsmäßige Abstufungen vor. Im 15. Jahrhundert erscheint die höhere Klasse der Advokaten von der niederen Klasse der Anwälte geschieden, in ihren vier Inns of court wie eine große Körperschaft und Juristen-Universität. Der seviens at legem, Doctor juris, und der studirte Advokat theilen wie die niedere Geistlichkeit die Ehrenrechte des Esquire, und finden in den Friedenscommissionen der Grafschaft eine häufige vom Grundbesitz unabhängige Verwendung, wie sie denn auch immer regelmäßiger die Vorschule des höheren Richteramts werden. Am Schluß der Periode bildet das Richterpersonal einen besoldeten gelehrten Beamtenstand. Die geistlichen und gelehrten Berufe ergeben hiernach noch eine Ergänzung für einen höheren Mittelstand, der ebenso wie die städtischen Honorationen mit der Ritterschaft zu einer einheitlichen Gentry zu verschmelzen beginnt.

1) **Ueber die Entstehung des reichsständischen Adels** vergl. Gneist, Bd. I. § 22 und Gneist, Adel und Ritterschaft in England, Berlin 1853. Die Streitfragen über die Entstehung der Reichsstandschaft sind in England hauptsächlich durch Zurückübertragungen aus späterer Zeit entstanden, und durch das absichtliche Ignoriren der Gestalt des normannischen Staats, wie sie in späterer Zeit durch stillschweigende Uebereinkunft der politischen Parteien üblich geworden. Von keinem Parteistandpunkt aus war man später geneigt, die Entstehung des Oberhauses aus ursprünglich blos berathenden Notablenversammlungen anzuerkennen. Die englischen Geschichtsschreiber gefallen sich sogar darin die mittelalterlichen Lehnsverhältnisse des Continents mit übel angebrachter Gelehrsamkeit in ihr eigenes Mittelalter hineinzuziehen; während in England die Stellung des Königthums zu den großen Kronvasallen so günstig, die Stellung der Letzteren zu ihren Untervasallen und Hintersassen so ungünstig war, daß eine ganz andere Combination der ständischen Verhältnisse zum Vorschein kommen mußte. Die natürliche Rücksicht auf den Besitz eines Kronlehns bei der Berufung zum großen Rath des Königs, gestaltet sich zu der in England ganz ungeschichtlichen Idee eines Rechtstitels zur Berufung, einer Reichsstandschaft durch tenure by barony, z. B. auch bei Hallam Middle Ages Vol. III. Cap. VIII. Die vorhandenen Namensverzeichnisse der Berufenen und die rechtliche Gleichheit aller Kronvasallen in ihren Besitzverhältnissen, widerlegt diese Vorstellung auf das vollständigste. Die Annahme, daß ursprünglich jeder Kronvasall eine per-

sönliche erbliche Reichsstandschaft gehabt habe (!) und daß später mit der immer steigenden Macht der Aristokratie dieser Anspruch verloren gegangen (!), und dafür der Grundsatz persönlicher Berufungen durch Writ an die Stelle getreten sei (!), ist nicht blos „schwer erklärlich“ wie Hallam meint, sondern geschichtlich unwahr und staatsrechtlich unmöglich. Zuzugestehen, daß unter Eduard I. durchschnittlich etwa 80, unter Eduard II. kaum 40 oder 50 Barone zum Parlament geladen sind, daß in dieser Zeit 98 nur einmal, 50 nur zwei, drei oder viermal berufen sind, daß diese persönlichen Berufungen noch unter Eduard III. in ähnlichem Maßstab fortdauern — und dabei von einer Reichsstandschaft durch Lehnsbesitz sprechen, sind handgreifliche Widersprüche, über die sich aber das Heroldsamt mit den beiden politischen Adelsparteien allmälig vereinigt hatte. Erst die absurden Consequenzen jener ungeschichtlichen Auffassung, die zahllosen Ansprüche auf erbliche Pairien für einen Jeden, welcher nachzuweisen versucht, daß Einer seiner Ascendenten einmal durch Writ zum Reichsrath berufen sei, haben vom Oberhause aus eine solidere Untersuchung über die Natur der mittelalterlichen Pairie veranlaßt in den großen Reports on the Dignity of a Peer, H. of Lords. Vergl. namentlich I. S. 395 ff., III. 114 ff., III. 254 ff., IV. 269 ff. Diese Darstellung verbunden mit den älteren, Selden, Titles of Honour 1614; Dugdale, baronage of England 1675, 1676; Dugdale, summonses of the nobility 1685; Cruise, Origin and Nature of dignities 1810, bedürfen nur einer geordneten Verarbeitung des Materials, um zu vollkommen sicheren Resultaten zu führen. Daß der Besitz eines großen Complexes von Rittergütern keinen Titel zum großen Rath gab, ergiebt sich auch bestimmt aus einzelen Beispielen, wie denen der Barons of Hilton, der Cornwalls von Boufort, welche niemals zum Parlament berufen wurden. Daß umgekehrt eine große Menge der Berufenen nur einfache Ritterlehne oder auch gar kein Kronlehn besaßen, läßt sich aus vielen einzelen Berufungen darthun. Unter etwa 100 am Schluß der Regierung Eduard I. berufenen weltlichen Herren waren 66 ältere Kronvasallen (majores und minores); die übrigen von dem König neu creirte.

Die statistische Hauptgrundlage für den gesammten Lehnbesitz dieser Zeit ist das mehrfach citirte Lehnbuch unter dem Namen Testa de Nevill. Es scheint gegen Ende Edw. II. oder Anfang Edw. III. angelegt zu sein, jedoch mit Benutzung von Materialien, die schon auf amtlichen Feststellungen aus der Zeit Heinrichs III. und Eduards I. beruhen. Es enthält 6300 eingetragene Namen von großen und kleinen Kronvasallen und Untervasallen. Die letzteren sind jedoch offenbar unvollständig angegeben; denn wo der unmittelbare Vasall an das Schatzamt zahlt, sind in vielen summarischen Angaben die Untervasallen einbegriffen. Auffallend ist die verhältnißmäßig unbedeutende Zahl der benannten Untervasallen im kirchlichen Besitz. Bemerkenswerth ist ferner, daß die großen Gütercomplexe in Zahl und Gesammtmasse im Verhältniß zu Domesdaybook noch gewachsen zu sein scheinen, während Kronvasallen von einem mittleren Besitz von etwa drei bis zehn Ritterlehnen selten vorkommen. Eingezählt sind in die obige Gesammtsumme auch die zahlreichen serjeanties, sowie die unter Vormundschaft befindlichen Lehne und die unter Königlicher Verwaltung stehenden zurückgefallenen Lehne. Aus diesem bunten nur für die Schatzrechnungen bestimmten Material ist jedenfalls ein lebendiges Bild zu entnehmen von der Zertheilung der Lehne in Bruchtheile, und von dem bunten Durcheinanderliegen der geistlichen und weltlichen, der Kron- und der Afterlehne, der großen und der kleinen Lehne, für welche erstere der Name honor oder baronia am häufigsten gebraucht wird; das letztere Wort jedoch eben so oft für sehr kleine Lehnscomplexe.

Einiges über die spätere Stellung des hohen Adels bei Hofe ergiebt der Liber Niger Domus Regis Angliae aus der Zeit Eduard IV., aus welchem sich weit größere Abstände zwischen den Rangstufen des Adels ergeben als im 16ten und 17ten Jahrhundert. Für einen Herzog sind dort 240 Gefolgen gerechnet, für einen Marquis 200 Gefolgen, für einen Grafen 140 Diener, für einen Viscount 80, für einen Baron 40, für einen Bannerherrn 24, für einen Ritter 16, für einen Esquire 6, — zugleich ein Bild von dem Umfang der Gefolgschaften, mit denen die großen Herren auch beritten im Felde zu erscheinen pflegten. Für die ökonomische Bedeutung des großen Grundbesitzes erinnere ich nur an die beiläufige historische Notiz, daß im 14ten Jahrhundert englische Barone genannt wurden, die 24,000 Schafe, 500 Pferde, mehre 1000 Rinder &c. auf ihren Gütern hatten.

Das politische Recht der Reichsstandschaft ist erst durch die Gestaltung des Magnum Consilium positiv den Privatrechtsverhältnissen des Lehnsbesitzes hinzugefügt. Consequent behaupteten daher die Richter in 7. Henry VI., daß der Anspruch auf den Namen und Titel eines Pairs vor die Reichsgerichte, der Anspruch auf einen Sitz im Parlament vor den König und die Pairs gehöre, das letztere als neue Schöpfung eines neueren jus publicum (Nicolas proceeding of the privy council III. p. LVIIIff.). Noch weniger konnte bei den geistlichen Herren der Besitz einer Baronie der Titel zur Berufung sein; denn selbst die Bischöfe besaßen großentheils nicht volle Baronien im Sinne des Schatzamts und der feudalen Heeresordnung. Sie hatten überdies zur Zeit des Verfalls der Naturallehndienste sich zahlreiche Befreiungen zu verschaffen gewußt. Der Bischof von Lincoln, der unter Heinrich II. 60 Reiter zu stellen gehabt, berechnet unter Eduard I. nur noch 5, der Bischof von Bath ist von 20 auf 2 herabgesetzt. Es war offenbar die kirchliche Würde, vermöge deren die Bischöfe berufen wurden; für die Aebte und Prioren, die sich häufig der lästigen Berufung für den großen Rath zu entziehen strebten, ließ man den Nichtbesitz eines kriegspflichtigen Lehen als Entschuldigungsgrund gelten. Uebrigens besaß die größere Masse der Aebte und Prioren zu keiner Zeit ganze Baronien, sondern nur einzele Ritterlehne.

Die Gesammtbildung des reichsständischen Adels erinnert wieder an die spätere angelsächsische Zeit. Die insulare Lage des Landes führt immer wieder periodisch zu einer partiellen Erschlaffung der Kriegspflicht. Und so ist auch das schroffe normannische Lehnswesen in England als Militär-Verfassung nur eine vorübergehende Erscheinung. Die Thaten der eigentlichen Lehnsmilizen sind auch in der Kriegsgeschichte des Landes von keiner großen Bedeutung. Desto dauernder und nachhaltiger ist hier der Einfluß des Lehnswesens auf die Finanzen und auf das Privatrecht; während die Standesverhältnisse und Landesversammlungen sich zunächst nach dem Gerichts- und Polizeiwesen modeln.

2) Ueber die Stellung der Ritterschaft in dieser Periode vergl. Gneist, Adel und Ritterschaft in England, 1853, und englisches Verfassungsrecht Bd. I. § 12. Die Hauptpunkte dabei sind:

(1) Die schon in der vorigen Periode hervorgehobene Ver-

äußerlichkeit der Ritterlehne unter der Voraussetzung der Uebernahme aller Verpflichtungen gegen den Lehnsherrn, schon in der Magna Charta anerkannt, näher bestimmt durch St. quia emtores 18. Edw. I. c. 1. Bei Kronvasallen war allerdings die Genehmigung des Königs vorbehalten, deren Versäumung aber nur eine mäßige Geldbuße nach sich zieht, 1. Edw. III. c. 12. Die sogenannten Rotuli hundredorum, gedruckt von der Record commission 1812 2 Vols., sind Verhandlungen auf Grund einer königlichen Commission von 1274 über Veräußerungen von Kronvasallen ohne Licens der Krone.

(2) Die über das ständische Recht der Ritterschaft in dieser Periode entscheidende Stellung in der Miliz, Gerichts-, Polizei- und Steuerverfassung s. in den obigen Abschnitten I.—IV.

(3) Ueber die Ansätze zur Bildung eines niederen Geburtsadels ist vorweg zu bemerken, daß der Ritterschlag trotz wiederholter Strafgesetze und Geldbußen von einem sehr großen Theil der Verpflichteten nicht mehr verlangt wurde. Der gerichtliche Zweikampf ist durch die neuere Gestalt der Anklage und Anklagejury und durch die veränderten Rechtsanschauungen verdrängt. Das besondere Kriegs- und Ehrengericht der Lehnsmilizen, Court of Chivalry, welches ein wichtiger Anhalt zur Bildung eines Geburtsadels hätte werden können, kommt zu keiner Fortentwickelung, sinkt vielmehr später zu einem bloßen Heroldsamt herab. Unter Heinrich III. war zwar ein Regulativ, forma de militibus faciendis, in Gestalt von Orders an die einzelen Sheriffs (Close Rolls 24—26 H. III.) erlassen, durch welche die alte Pflicht der Besitzer königlicher Lehne in Erinnerung gebracht wird, den Ritterschlag gegen Gebühr zu erwerben. Es wird dies auch auf solche ausgedehnt, welche weniger als ein ganzes Ritterlehn besitzen, wenn sie nur mit Zurechnung anderen Freibesitzes den Werth eines solchen haben (minus quam Feodum integrum, dum tamen de Tenemento suo tam Militari quam Socagio possint sustentari). Eduard I. berief sogar noch einmal 1297 die gesammten Lehnsmilizen nach diesem Maßstab zu einer großen Heerschau, bei welcher er freilich grade auf einen Widerspruch des Großconnetable und des Reichsmarschalls, überhaupt auf ähnliche Stimmungen traf wie zur Zeit der Magna Charta, und zu großen Concessionen genöthigt wurde. Eduard II. beginnt seine Regierung mit einem sogenannten Statutum de militibus, welches der Sache nach ein Regulativ ist (writ) über allgemeine Grundsätze, nach welchen in Zukunft Reclamationen gegen den Zwang zum Ritterschlag behandelt werden sollen. Es ist dabei der Werth eines Ritterlehns zu 20 L. angenommen, der Zwang zum Ritterschlag aber wiederum auf anderen Freibesitz ausgedehnt. Heinrich VII. hat später noch einmal versucht, wenigstens Besitzer von 40 L. ernstlich anzuhalten (1500).

Die Gerichtsbarkeit des High Constable und Marshall ging aus der alten Stellung der Lehnsmilizen zu dem Kriegsherrn hervor, in dessen Namen die beiden höchst Commandirenden das Gericht über die Kriegsmannen halten. Verhandlungen dieser Gerichtsbarkeit aus der Zeit Eduard's I. befinden sich als placita exercitus regis noch heute in den Staatsarchiven. In Friedenszeiten kamen indessen solche Kriegsgerichte in Widerspruch mit den Zusicherungen der Magna Charta und mit dem Geist der gemeinrechtlichen Gerichtsverfassung, die keine gesonderten Standesgerichte kennt. Schon in 2. Ric. II. petitionirt daher das Unterhaus, daß dieser Hof keine Entscheidungen wegen Felonie treffen möge, da er nach law of arms, und nicht nach gemeinen Gewohnheiten des Landes entscheide. In Folge der französischen Kriege war eine starke Standesmeinung hervorgetreten, welche ein Rittergericht in Ehrensachen und „zur Aufrechterhaltung der Rangstufen" verlangte, während die im Parlament vertretenen Communitates kein besonderes Standesgericht neben und über dem gemeinen Recht wollen. In 13 Ric. II. c. 2. folgt die Zusicherung, daß darin kein Streit verhandelt werden soll, welcher in einem ordentlichen Gerichtshofe nach Landesrecht verhandelt werden könne, sondern nur „Contracte und andere Gegenstände, betreffend Urkunden von Wappen und Krieg in und außer dem Reich", und mit Vorbehalt der Appellation an den König. Als jurisdictio extraordinaria tritt dieser Hof nun in subsidium ein auf Specialbefehl, writ. Nach der Periode des Kampfs der beiden Rosen werden solche Writs, als der neueren Rechts- und Standesbildung widerstrebend, nicht mehr erlassen, und der frühere Gerichtshof sinkt damit zu einem Heroldsamt herab. Vergl. Gneist Bd. I. §. 20 Nr. V. Ueberdies ist seit Heinrich VIII. das Erbamt des High Constable, also das oberste Ehrenamt der Lehnsmilizen, nicht wieder besetzt. Coke IV. Inst. 124.

Allerdings finden sich in der Periode der französischen Kriege einzele Anzeichen eines Einlenkens in andere Richtung. Der Court of Chivalry hat damals eine gewisse Bedeutung erlangt. Die glänzenden Erfolge, die unermeßliche Beute, das abenteuerliche Leben der Heere in Frankreich scheint noch einmal die Romantik des Ritterthums in eine sonst nüchterne Periode einzuführen. Die täglichen Berührungen mit dem französischen Adel und seinen Standesanschauungen, langjähriges Lagerleben fern von der Heimath, mochten den Standes- und Corpsgeist in hohem Maße steigern. Die Tendenzen der englischen Ritterschaft dieser Zeit habe ich in einem Artikel über die Gentry in Ersch und Gruber Real-Encyclopädie zusammengestellt. Unter Richard II. kommt z. B. ein Patent vor, in dem John de Kingston aufgenommen wird „resceivez en l'estate de gentilhome et lui fait esquier". Unter Heinr. VI. wird ein Bernhard Angevin mit einem förmlichen nobilitamus in den niederen Adelstand erhoben. Es ist eine Zeit, in welcher das Heroldsamt mit seinen Turnierregeln, Schildern, Wappen, Stammbäumen eine gewisse Rolle spielt, in welcher die Ansprüche auf gentlemanly condition or degree eine gewisse anerkannte Bedeutung gewinnen. In gewissem Zusammenhang damit steht die damalige Bedeutung der Würde eines Bannerets. In 29. Eduard III. wird John Coupland durch Patent zum erblichen Banneret ernannt. Unter Eduard III. und Heinrich IV. werden die Bath- und Hosenbandorden gestiftet. Die Ceremonie des Ritterschlags wird mit einer gewissen Vorliebe und Feierlichkeit wieder lebendig. Die Würde des Banneret wurde eine Zeit lang gradezu wie eine neue Adelsstufe betrachtet und deshalb unter der vormundschaftlichen Adelsregierung 7. Ric. II. die Wahl eines Bannerets zum Grafschaftsabgeordneten für unzulässig erklärt. In dieselbe Richtung gehört auch eine Verordnung 1. Henry V., nach welcher in jeder formellen Citation im Civilprozeß und jeder Anklageakte fortan der Stand „estate or degree or mysterie" des Beklagten angegeben werden soll, wodurch die Prädikate eines Esquire und Gentleman von dieser Zeit an eine gewisse juristisch anerkannte Bedeutung gewinnen. Gelegentlich wird auch in anderen Statuten dieser Zeit das Merkmal des generosus a nativitate erwähnt. Weiter ist jedoch die nüchterne Gesetzgebung des Parlaments niemals gegangen. Die Pflichten, welche das Landesgesetz in Miliz, Gericht, Polizei und Steuer dem großen

Grundbesitz bereits auferlegte, waren zu ernst, um die Idee eines Geburtsadels an die bloße Abstammung von ehemaligen Rittergutsbesitzern zu knüpfen. Auf die Dauer zogen es die höheren Stände vor, ihre Vorrechte auf wirkliche Leistungen im Staat zu basiren. Aus demselben Grunde blieb jeder Anspruch auf ständisches Vorrecht im Adel wie in der Ritterschaft beschränkt auf den Erstgebornen oder sicheren Erben, der mit der Erbschaft des Besitzes auch allein im Stande war die ernsten Pflichten des höheren Standes zu erfüllen. Jene Richtung ist eine vorübergehende, wie das System jener Soldheere. In die Heimath zurückgekehrt traten diese Anschauungen in Widerspruch mit einem großen Theil der Standesgenossen und noch mehr mit den Institutionen des Landes, die durch Grafschaftsmiliz, Gerichts- und Friedensrichteramt den freien Besitz des Landes in anderer Weise verbanden. Diese dauernden Institutionen haben auch hier über die endliche Gestaltung der Stände entschieden.

3) Die Stellung der freeholders, libere tenentes, als wahlberechtigter dritter Stand, ergiebt sich wie die der Ritterschaft aus der Gestaltung der Communalverfassung, oben Abschn. I.—IV. Die Ausschließung der Copyholders, besitzlosen Handwerker und arbeitenden Klassen ergab sich so klar aus ihrer ganz anderen Stellung zu den öffentlichen Lasten, daß Jahrhunderte lang die Rechtmäßigkeit dieses Census von keinem Menschen in Frage gestellt wurde. Ueber die Vermehrung der Freisassen seit der Zeit Heinrich's II. will ich hier ein oft angezogenes Zeugniß nachtragen: „But there happened about this time (H. II.) a notable alteration in the commonwealth: Lords and owners of towns, which before manured their lands by tenants-at-will, began now to grant their estates in fee, and thereby to make a great multitude of freeholders more than had been, who by reason of their several interests, and being not so absolutely tied to their lords as in former times, began to be of a more eminent part in the commonwealth, and more to be respected therefore in making laws to bind them and their inheritance.“ (Spelman on Parliaments.)

So bunt gemischt nun auch in den Städten die Stellung der wahlberechtigten Klassen erscheinen mochte, so geht doch auch hier der letzte Gedanke hindurch, daß das Wahlrecht denen zukommt, welche an der actuellen Verwaltung des Stadtwesens persönlich betheiligt sind. Eben deshalb vergingen viele Menschenalter, ehe die Frage nach der städtischen Wahlberechtigung überhaupt einen Zweifel oder Streit veranlaßte. Es war dies um so naturgemäßer, als in dem Jahrhundert Eduards I. II. III. die Ladung zum Parlament von den Städten ebenso sehr als Bürde wie als eine Ehre betrachtet wurde, wegen möglicher Steuererhöhungen und Bezahlung der Tagegelder. Die Unterschleife der ritterlichen Sheriffs begegneten sich darin mit der Abneigung der Städte, und veranlaßten, daß manche schon berufene Städte später unvertreten blieben. Ueberhaupt ist die Bedeutung der Stadtvertretung in dieser Zeit noch nicht zu überschätzen. Sie war negativ ein Gegengewicht gegen die Tendenz der Abschließung eines ritterlichen Geburtsstandes, gegen eine Tendenz zur Unveräußerlichkeit des Grundbesitzes u. dgl. Andererseits ist aber die übertriebene Zahl der städtischen Vertretung die nächste Wurzel der strengen Arbeitspolizei (worin die Ritterschaft wohl gleiche Bestrebungen theilte), noch mehr aber der Prohibitions- und Monopolrichtung in der Gesetzgebung des 15ten Jahrhunderts. Durch den thatsächlich engen Kreis der städtischen Wählerschaft wurde übrigens eine ungefähre

Gleichartigkeit mit den Grafschaftswahlen bewirkt. Die Summe der Wahlberechtigten ist am Schlusse des Mittelalters schwer an Zahlen zu schätzen. Wie die Städte als Enclaven der Grafschaft bei der Ausschreibung der Wahlen behandelt werden, so treten auch citizens und burgesses noch lange einen Schritt hinter den Grafschaftsrittern zurück, die während dieser ganzen Zeit die politische Leitung des Unterhauses behalten.

4) Der vierte Stand dieser Zeit umfaßt der Sache nach die arbeitenden Klassen im weiteren Sinne. Die wirthschaftliche Entwickelung des Landes hat die besitzenden villani in das privatrechtliche Verhältniß lassitischer Bauern gebracht, deren Besitz allmälig gerichtlichen Schutz findet. Die besitzlosen Arbeiter treten in ein Gesinde- und Lohnverhältniß, modificirt durch eine strenge Arbeitspolizei. Früher war es mehr der Einfluß der Kirche, jetzt mehr das wirthschaftliche Interesse der Herren selbst, welches die Freilassungen der noch vorhandenen Leibeigenen beförderte, da der freie Arbeiter sich besser bewährte. Die Jurisprudenz gewährt in dieser Zeit auch dem Leibeigenen den persönlichen Schutz der liberi homines, indem sie das Verhältniß zum Herrn als eine privatrechtlich begrenzte Ausnahme ansah. Das Rechtsverhältniß der ehemals unfreien Klassen verwandelt sich also von der dinglichen Seite in bäuerliche Reallasten, von der persönlichen Seite in ein contractliches Lohnverhältniß. Die noch übrig bleibenden persönlichen Leibeigenen sind am Schluß des Mittelalters eine ganz unerhebliche Anomalie. Bei dem Bauernaufstand unter Richard II. waren die socialen Ideen der arbeitenden Klassen Hand in Hand gegangen mit den häretischen Bestrebungen gegen die Kirche. Vom Standpunkt der Menschenrechte aus war die Befreiung der Leibeigenen in den Vordergrund gestellt. Die damals ertheilte Emancipationsakte wurde zwar auf Andringen des Parlaments zurückgenommen; indessen hat das eigene Interesse der Herren anscheinend genügt um diese Beschwerde zu heben, von der später nicht weiter die Rede ist. Bei dem Aufstand des John Cade (1450) ist weder von Leibeigenen, noch von reformatorischen Ideen die Rede, sondern es sind die lohnarbeitenden Klassen, die „sieben Halbpfennigbrote für einen Pfennig“, Abschaffung des Geldes, Gleichheit der Kleidung ꝛc., — egalité et fraternité — verlangen, die natürlichen Antipoden einer überspannten Arbeitspolizei, die unter dem Hause York und Tudor wieder verschwinden.

Am meisten verbessert ist die privatrechtliche Lage der ehemaligen villani. Die alten Frohnden dieser unfreien Bauergüter waren im Verlauf der Zeit großentheils in Geldrenten verwandelt, aus Gründen, die in wirthschaftlichen Verhältnissen der großen Güter und in den Arbeitsverhältnissen des englischen Mittelalters lagen. (Scriven on copyholds I. 46, 428.) Für eine höhere Klasse derselben wurde schon im Beginn dieser Periode durch die Gerichtspraxis ein Recht am Gut insoweit anerkannt, daß die Entsetzung der Bauern nur nach Gewohnheit des Hofes erfolgen darf (die später sogen. privileged villenage). Für die übrigen wurde gegen den Schluß der Periode durch ein berühmtes Gerichtsurtheil, Taltarum case Edw. IV., ebenfalls ein Entsetzungsrecht nur ex justa causa anerkannt. Der gemeinsame Name wird in dieser späteren Zeit immer mehr die Bezeichnung copyhold, hergenommen von der Hofrolle, die ihren Besitztitel ersetzen muß. Die Gesammtmasse des copyhold hat Lord Coke in einem Gerichtsurtheil auf den dritten Theil des Bodens von England veranschlagt, — nach der späteren Statistik vielleicht um das Doppelte zu hoch.

Das Entscheidende für das politische Recht blieb im Mittelalter noch immer der persönliche Dienst im Gemeinwesen. Ein Theil dieser Klassen konnte nun allerdings im court leet noch Gerichtsmänner sein; allein der court leet selbst war eine verfallende Bildung. Die Abgrenzung zwischen dem dritten und vierten Stand nach der Verpflichtung zum activen Geschwornendienst, und in den Städten nach der activen Theilnahme an der Stadtverwaltung, war am Schluß des Mittelalters im großen Durchschnitt wohl die gerechte, wie denn auch Jahrhunderte lang kein Versuch einer Aenderung darin gemacht ist. Die Masse des vierten Standes war persönlich frei, nur ohne Theilnahme an den politischen Rechten, und trotz aller Gesetze über die Arbeitspolizei unzweifelhaft besser gestellt als durchschnittlich in irgend einem Lande des Continents.

Welchen mildernden Einfluß namentlich das früh geordnete directe Steuersystem auf die Standesverhältnisse üben mußte, habe ich Bd. I. § 27 bemerkt. Die Luxusgesetze 23. Eduard IV., die Gleichheit des Privat- und Familienrechts, die Gleichheit der Besteuerung, ergeben hier Gruppirungen der Gesellschaft, wie sie auf dem Continent unerhört waren. Die Vermögenssteuer von 1359 zeigt beispielsweise folgende Gruppirungen: die Herzöge (133 sh.), die Kronrichter (100 sh.), die Grafen und der Mayor von London (80 sh.), Barone, Bannerets, Kron- und Großadvokaten, Rathsherren von London, Mayors der größeren Städte (40 sh.), Ritter, Advokaten, Rathsherren zweiter Klasse (20 sh.), Ordensritter und Großhändler (13⅓ sh.), Esquires, niedere Anwälte, Bürgermeister und Rathsherren kleiner Städte, größere Freisassen und größere Pächter (6⅔ sh.), niedere Ordensbrüder, Esquires und Gentlemen ohne Landbesitz, kleinere Kaufleute, Gewerbtreibende, Freisassen und Pächter (3⅓ sh.) u. s. w. Daß man in den Hofämtern die drei großen Klassen der serjeants, gentlemen und yeomen unterschied, daß man bei dem Heroldsamt die Ständeverhältnisse anders ansah, war am Schluß des Mittelalters ebenso selbstverständlich wie heute. Die ernste Thätigkeit der höheren Klassen im Staat hat aber in England für die Fortbildung der Verfassung, und auf die Dauer, die Leistung im Staat als das Entscheidende festgehalten.

D. Die Parlamentsverfassung, die Schöpfung dieser Periode, erscheint als eine Zusammenfassung der bisher geschilderten Communal- und Standesverhältnisse.*) Mit Eduard I. hört das ältere System der persönlichen Regierung auf, und es bildet sich nunmehr (1.) ein collegialischer Staatsrath als verfassungsmäßiger Sitz der Reichsregierung; (2.) ein Magnum Consilium, Reichsrath, als ein durch Zutritt der Prälaten und größeren Barone erweiterter Staatsrath; (3.) eine Vertretung der Kreisverbände, communae, d. h. der Grafschaften und der analog gestellten Städte, die neben dem Staats- und Reichsrath zusammentretend, mit diesem einen eigentlichen Reichstag zur Besprechung der Steuern und öffentlichen Verhältnisse (parliamentum) bilden.

1. Der Staatsrath, continual oder permanent council, ist der eigentliche Sitz der Reichsregierung, in welchem der Erlaß allgemeiner Verordnungen, Beschließungen über Krieg und Frieden, Aufge-

bote der Heeresmacht, Verträge mit auswärtigen Mächten, Beschlüsse über Maßregeln in Fällen von Aufruhr und Landesnoth, Ernennung außerordentlicher Commissionen, Ausübung der jurisdictio extraordinaria, Beschließungen auf Petitionen und Beschwerden über Amtsmißbräuche, fiscalische Härten, mangelhaften Rechtsschutz, Begnadigungsgesuche, Gnadenbewilligungen, verhandelt und berathen werden. Dem entsprechend besteht das Privy council aus den Spitzen der Finanz-, Gerichts-, Hof- und Kirchenverwaltung, namentlich dem Schatzmeister und Schatzkanzler, den Hauptbeamten des Königlichen Haushalts, king's chamberlain und steward of the household, den chief justices und nach Gelegenheit anderen justices, dem Kanzler und seinen Nebenbeamten, dem Privatsiegelbewahrer, dem Erzbischof von Canterbury — unter persönlichem Vorsitz des Königs oder seines zeitweise ernannten Stellvertreters.

2. Das Magnum Consilium, der Reichsrath, ist die Form der unmittelbaren Verbindung der Staatsregierung mit den besitzenden Klassen. An Stelle der Hoftage der normannischen Zeit, der Notablen-Versammlungen unter Heinrich II. und III., treten seit Eduard I. periodische Versammlungen von Prälaten und Baronen zu einer geregelten Berathung der Reichsgeschäfte überhaupt. Was in dem Widerstandscomité der Magna Charta, in den tumultuarischen Versammlungen unter Heinrich III. und im Baronenkriege auf staatswidrige Weise versucht war, findet hier seine staatliche Lösung in einer regelmäßigen Betheiligung der mächtigsten und geschäftskundigsten Männer des Reichs: der Bischöfe und zahlreicher Aebte für die geistliche Seite, der großen Barone und anderer auserwählter in Commandos und Grafschafts-Verwaltung bewährter Männer von der weltlichen Seite. Es sind zum großen Theil dieselben Personen, welche nach der Magna Charta „sigillatim per litteras nostras" geladen werden sollten. Sie werden auch nach dem altherkömmlichen Hofceremonial durch writ geladen: jetzt aber zur wirklichen und regelmäßigen Verhandlung von Staatsgeschäften. Das Neue ist, daß sie in einem entwickelten Staatswesen, mit einer ausgebildeten Militär-, Gerichts-, Polizei-, Finanzverwaltung und Kirchenverfassung keinen gesonderten selbständigen Körper bilden, sondern nur einen erweiterten Staatsrath, Magnum Consilium, dessen Kern die Gesammtheit der höchsten Reichsbeamten noch Menschenalter hindurch blieb. Je nach der Veranlassung ist die Zahl der Berufungen verschieden. Im Jahre 1283 sind 111 weltliche Notablen berufen; 1295 nur 49; die übrigen Consilia

Magna halten etwa die Mitte zwischen diesen Zahlen, und zwar so, daß in der späteren Regierungszeit Edward's I. 98 Barone nur einmal berufen sind, 50 nur zwei-, drei- oder viermal. Unter Eduard II. und III. dauern ähnliche Schwankungen noch fort. Unter den berufenen Mannen finden sich sogar auswärtige Familien und solche, welche erweislich gar kein Kronlehn besitzen. Nur die erblichen (Titular-) Grafen, die Besitzer einiger Großhofämter und eine kleine Zahl Meistbelehnter werden ziemlich regelmäßig geladen. Zur Zeit der französischen Kriege kommen zahlreiche Bannerets unter den Geladenen vor. Von den geistlichen Herren, deren Zahl die der weltlichen Herren erheblich übersteigt, sind 122 Aebte, 41 Prioren und Ordensmeister sehr abwechselnd geladen. Als fester Bestand erscheinen die Bischöfe und 25 Aebte. Daß die Versammlung ein Königlicher Reichsrath sei, war wenigstens den Zeitgenossen so klar, daß im Mittelalter kein Fall vorkommt, in welchem die Notablen einem Berufenen den Platz in ihrer Mitte verweigert hätten.

Die so gebildete Versammlung bildet nun seit Eduard I. ein anerkanntes Element der Reichsverwaltung, und wird zuweilen zwei-, drei- oder viermal in einem Jahre versammelt, zur Verhandlung der wichtigsten Geschäfte des Staatsraths, eben deshalb aber auch mit Einschluß der kleinsten Regierungsgeschäfte. Die berufenen Herren treten während der Dauer der Einberufung mit dem Staatsrath zu einer Plenarversammlung zusammen, in welcher Berufene durch Amt, durch kirchliche Würde und durch Besitz, neben einander Platz nehmen. Auch wenn der große Rath beisammen ist, bildet das Permanent Council ein concilium in concilio, den administrirenden Körper unter persönlicher Leitung des Königs. Die Berathungs-Gegenstände werden im engeren Rath vorbereitet, die Verhandlungen von Beamten des engeren Raths geleitet und protocollirt, beschlossene Verordnungen nachträglich im engeren Rath redigirt (bis zu H. VI.); alle Sitzungen sind in Rathszimmern des Königlichen Palastes, alle Dienerschaft aus dem Königlichen Haushalt, wie nominell noch heute. Die regelmäßigen Sitzungen des permanenten Raths werden nur periodisch unterbrochen durch diese in der Regel nur kurzen Plenar-Versammlungen, vergleichbar den Terms der Gerichte. Die regelmäßige Wiederkehr der Versammlungen und der Geschäfte giebt aber den Magnaten einen immer wirksameren Einfluß auf die Regierung. Die Berichterstatter für die Prüfung und Bescheidung der Petitionen werden aus Prälaten und Baronen wie ein Ausschuß des großen Raths ernannt. Die Großbeamten werden im großen Rath ernannt und eingeschworen; nach den Zeitumständen versichert sich der König, ob ihre Ernennung dem Rath genehm sein möge. Die geschäftskundigsten Mitglieder des großen Raths erhalten in dieser Stellung einen natürlichen Anspruch auf die Berufung in den engeren Rath, die Reichsregierung. Schon unter dem Hause Lancaster besteht die größere Hälfte der Staatsregierung aus Mitgliedern, die ihre Berufung offenbar jener Stellung verdanken. Die höchste Appellation gegen Entscheidungen der unteren curiae wird schon unter Eduard I., II., III. häufig in dem großen Rath verhandelt; unter dem Hause Lancaster ist die Stellung des Oberhauses als Oberappellationsgericht begründet. Die Richter der Reichsgerichte, ursprünglich zur Berathung des Königs berufen, werden nunmehr Rathgeber der Lords für diesen Geschäftskreis. Es war hier im Centrum, so wie durch die Communalverfassung im Einzeln, der Weg verzeichnet, den von nun an unabänderlich die regierenden Klassen verfolgt haben: Gewinnung des politischen Einflusses und Rechts durch die persönliche laufende Thätigkeit in den Geschäften des Staats. Nach einem Menschenalter ist in dieser Körperschaft die Idee der genossenschaftlichen Einheit gereift, welche bei den Verhandlungen 15. Edw. II. in der Bezeichnung Pairs des Reichs auftritt. Unter Edw. III. schreitet diese Vorstellung fort zu der einer Pairsgerichtsbarkeit 15. Edw. III. stat. 1 c. 2., in welcher die großen Barone wegen schwerer Verbrechen von diesen ihren Rechtsgenossen gerichtet sein wollen. Unter Ric. II. wird der Titel eines Baron durch Patentverleihung wie ein erblicher Adelstitel anerkannt. Unter dem Hause Lancaster werden die blos persönlichen Berufungen seltener; die erblich Berufenen bilden schon die Mehrzahl. Die Berufungsweise durch writ und patent führt in dieser Nebeneinanderstellung stillschweigend den Uebergang in eine erbliche Pairie herbei, jedoch unter fortdauernder Anerkennung des Königlichen Rechts neue Mitglieder persönlich oder erblich hinzuzufügen. Unter Heinrich VI. ist der große Rath ein wirkliches Herrenhaus, die Staatsregierung ein Ausfluß der mächtigsten Familienverbindungen darin.

3. An diesen großen Rath der Krone schließt sich dann das Haus der Gemeinen an. Schon 1265 in dem Baronenkriege waren Abgeordnete der Grafschaften berufen worden. Zu bloßen Steuereinschätzungen und zur Entgegennahme von Landesbeschwerden war schon früher Aehnliches geschehen. Seit Eduard I. aber beginnt die Sitte zu den periodischen Versammlungen des großen Raths auch Bevollmächtigte der Grafschaften und einzeler Städte einzuberufen, entweder zur Besprechung über „außerordentliche Hülfsgelder“, oder allgemein „zur Stärkung der Gesetze und zur Abhülfe der Landesbe-

schwerden.“ Solche Berufungen sind noch längere Zeit sporadisch auf spezielle Veranlassung erfolgt. Einige Male sind nur Deputirte der Grafschaften berufen. Meistens aber werden mit den Grafschaften auch die für die Steuer wichtigen Städte aufgefordert; in den Kriegsläuften von 1295 erscheinen schon 200 städtische Vertreter.

Von da an, 23. Eduard I., gewinnen die Berufungen eine regelmäßige formelle Gestalt. Im Eingang zu dem Statut Westminster I. 1275 war eine größte Versammlung der Art zum ersten Mal legal ein parliamentum genannt; und dieser Name wird von nun an der übliche für solche Reichsversammlungen in größtem Maßstab.

Die ersten Ladungen von Abgeordneten waren auf ein Erscheinen „coram consilio“ gegangen, — ungefähr so wie zu dem Grafschafts- und Hundred-Gericht der reeve und die vier Gerichtsmänner geladen werden, ohne daß daraus eine gleiche Betheiligung an den Beschlüssen folgt. Der erste Gedanke war augenscheinlich mit einer Deputation der steuernden communitates über die „außerordentliche Revenue“ zu verhandeln. Ihre sonstigen Anträge sind nur Petitionen. Eine Zeit lang stehen Prälaten, Barone, Ritter, Städter als gesonderte Gruppen neben einander. Unter Eduard II. werden aber Ritter und Städter schon mit dem gemeinschaftlichen Namen commoners bezeichnet. Unter Eduard III. erscheinen sie wie eine Körperschaft constituirt (les gentz qui sount cy a Parlament pur la Commune 13. Edw. III.), jedoch mit einer anderen Geschäftsordnung als das aus dem Staatsrath herausgewachsene Oberhaus.

Ihre wachsende Macht beruhte zunächst auf ihrer Stellung als Steuerkörper. Die einst glänzenden normannischen Finanzen waren unzureichend geworden, und unter Johann war zum ersten Mal das Bedürfniß einer „außerordentlichen Revenue“ zur Sprache gekommen. Die auxilia der Lehne waren längst auf die drei Fälle beschränkt; über die scutagia schwebte seit der Magna Charta ein stetiger Streit wegen der Abmessung. Von Domänen und Städten mochte der König tallagia erheben; allein seit langer Zeit erhob sich ein stetiger Streit bei ihrer Einschätzung durch Sheriffs oder reisende Commissarien. An vielen Punkten standen Ablösungen durch feefarm und erkaufte Zusicherungen, überall standen wirthschaftliche Gründe einer Ueberspannung der Steuerkraft entgegen. Die Geistlichkeit bekämpfte bereits grundsätzlich weltliche Besteuerung. Keine Klasse wollte die neuen Landeslasten ausschließlich tragen. Schon seit Heinrich II. wird daher das Bestreben sichtbar, die directen Schatzungen in eine gewisse Correspondenz nach Zeit und Betrag zu bringen. Die in der Magna Charta deshalb gegebenen Zusicherungen waren zwar gestrichen, aber unvergessen, und in dem Streit Heinrich's III. mit seinen Baronen lebendig geworden. Ueberhaupt enthielt das Feudalsystem keinen Maßstab zur gleichmäßigen Heranziehung des Erwerbs aus beweglichem Vermögen. Aus gutem Willen war unter Heinrich II. einmal $\frac{1}{15}$, einmal $\frac{1}{10}$ vom ganzen Einkommen im Reich für die Kreuzzüge gesteuert worden. Das allseitige Interesse forderte Einheit des Maßstabs. Wollte man diese erreichen, so mußte man zu einer Besprechung zusammentreten: der König für seine Domänen, — die Barone für ihre Herrschaften und Mediatstädte, — die Geistlichkeit für ihren Besitz — die Ritterschaft für sich und ihre Hintersassen — die Städte für ihre communitas. Scutagia und tallagia mußten zusammenschmelzen, und mit den Quotensteuern vom Gesammteinkommen in ein festes Verhältniß treten. Für solche Gesammtbewilligungen war die Zustimmung der unter sich einigen Stände nicht zu umgehen. Und nach einigem Sträuben erfolgt die Anerkennung derselben durch Königliche Charte (vgl. die confirmatio chartarum 25 Ed. I. st. 1. c. 5 und 6), dann nochmals unter Eduard I. II. III. und fast unter jeder folgenden Regierung. Aus wirthschaftlichen und finanziellen Gründen mußten dann auch die neuen Erweiterungen der altherkömmlichen Zölle custumae in die Parlamentsbewilligung gezogen werden.

In dem inneren Leben der Grafschaften und Städte war dies Alles seit Menschenaltern vorbereitet. Der Feudalstaat hatte allen Grundbesitz, den größten voran, dem Staate dienst- und steuerbar gemacht. Die Gerichts- und Polizeiverfassung hatte die periodischen Versammlungen der Ritter, Freisassen, freemen, und mit ihnen den Gemeinsinn lebendig erhalten. Durch die Praxis der Communallasten an stetige Einschätzungen gewöhnt, finden sich die Communalverbände willig, auch neue Staatssteuern auf Ritter- und Bauergut, auf Acker und Haus gleichmäßig zu übernehmen, — in den Städten jedenfalls auch mit Heranziehung des beweglichen Vermögens. Dieselben Steuerkörper boten sich jetzt für die gemeinsamen Subsidien und Einkommensteuern dar. Schon seit Richard I. hatte man Gemeindecommissionen bei Einschätzung der tallagia herangezogen, und ebenso bei den freiwilligen Zehnteln und Fünfzehnteln. Jetzt fühlten sich die Grafschaftsverbände und Städte den königlichen Schatzungen gegenüber als Einheit. Als nun in 8 Ed. III. das Parlament sich über Parteilichkeit der vom König ernannten Grafschaftstaxatoren beschwerte, wurden Commissarien ausgesandt, um sich „mit jeder Stadt und jeder Ortschaft" über eine Summe zu vereinbaren. Die damals fixirten Summen wurden von da an stillschweigend als feste Beitragsquoten zur Einkommensteuer angesehen und von der Ortsverwaltung selbst erhoben. Man hatte Grundstücke zu 4 sh. auf das L. (also 20 proc.), das bewegliche Vermögen zu $2\frac{2}{3}$ sh. auf das L. veranschlagt; behielt dabei aber eine veraltete niedrige Taxe als Grundlage bei. Aus Grund- und Einkommensteuer schmelzen allmälig Steuersimpla zusammen, welche nach längeren Variationen unter dem Hause Lancaster auf 70,000 L. unter dem Namen einer Subsidie, und auf 29,000 L. unter dem Namen eines Fünfzehntels consolidirt, und nach feststehenden Proportionen vertheilt sind. Die einzelen steuernden Gruppen bewilligen lange Zeit gesondert; treten dann zu gemeinsamen Berathungen zusammen, aus welchen zuletzt ein gesetzähnlicher Gang der Steuerbeschließung hervorgeht, für die schon unter Richard II. das Unterhaus die Initiative in der Weise beansprucht, daß „die Gemeinen bewilligen mit Zustimmung der Lords."

Es ist damit eine normale Rechtsbildung vollzogen, in welcher die Sonderrechte der Lords, Ritter, Städter und Freisassen sich wiederfinden und aufgehen in einem gemeinsamen ständischen Consens. Das einheitlich gewordene Privatrecht und die von Hause aus gleichmäßige Staatsbelastung zeigen uns das im deutschen Mittelalter unmögliche Zusammentreten der Stände in einen einheitlichen Körper, in welchem aber die communale Verbindung von Ritterschaft und Städten im Gegensatz der persönlichen Berufungen der Lords und Prälaten, — die periodische Stellung der ersteren, die immer permanenter werdende der letzteren, — die Verschiedenheit ihrer Functionen und Interessen, — zu einer Scheidung in Ober- und Unterhaus führt, die sich stillschweigend von selbst macht, schon in 8 Ed. II. erwähnt, unter Eduard III. anerkannte Thatsache ist. Wie im Oberhaus hat sich auch hier nach einem Menschenalter die Idee einer genossenschaftlichen Einheit, communitas regni, entwickelt. Anfangs ein Anhang des Magnum consilium ist das Unterhaus jeßt ein selbständiger Körper, dessen Sprecher zuerst 51 Ed. III. erwähnt wird.

Da nun aber eine Geldbewilligung nie zu trennen ist von dem Recht, sich um die Verwendung des Bewilligten zu kümmern, so gewinnen die immer wiederkehrenden Landesbeschwerden der Gemeinen einen unabweisbaren Nachdruck, und consolidiren sich fortschreitend in ein umfassendes, oft übergreifendes Beschwerderecht gegen die Landesverwaltung im Ganzen und im Einzelen. Unter Eduard III. nehmen die Gemeinen auch schon Antheil an den Committees für die

Prüfung und Berichterstattung über die angebrachten Petitionen; bald nachher kommen schon Petitionen vor, welche direct an das Unterhaus gerichtet sind. Gegen Ende der Regierung Eduard's III. haben sich die Commoners zum ersten Male auch geeinigt zur Ausübung eines Anklagerechts, welches wegen der Wichtigkeit des Gegenstandes und der Personen die Entscheidung meistens an den „König im großen Rath" bringt, das Oberhaus als Staatsgerichtshof.

Der Fortschritt der persönlichen zur verfassungsmäßigen Regierung erzeugt nun auch von Eduard I. an ein System organischer Gesetzgebung. An Stelle der normannischen Charters, an Stelle der mit Notablen-Versammlungen vereinbarten Assizes, treten von nun an „Statuta". Die wichtigsten dieser Statuten werden unter Eduard I., II., III. „auf Antrag der Gemeinen und mit Beistimmung des großen Raths" erlassen. Unter Eduard III. haben die 70mal berufenen Parlamente bereits eine Gesetzespraxis gebildet, in welcher die wichtigeren Beschlüsse von dauernder Bedeutung als Landtagsabschiede erscheinen. Seit 1. Ed. III. datirt daher die englische Rechtswissenschaft die neuere Weise der Gesetzgebung unter dem Namen der statuta nova. Mit dem wachsenden Gewicht der Communen entsteht daraus der weitere Grundgedanke, daß, was zwischen dem König, dem großen Rath und den Gemeinen einmal vereinbart worden, auch nur durch gemeinsamen Consens wieder aufzuheben ist. In diesem Sinne kommt unter Eduard III. die ausdrückliche „Zustimmung" der Communen schon oft wiederholt vor. In 5. Ric. II. folgt die ausdrückliche Zusicherung: einer „Zustimmung" der Gemeinen bei Feststellung der Gesetze; in 2. H. V. die weitere, „daß sie in keinem Falle gebunden sein sollen ohne ihre Zustimmung", — womit dann eine grundsätzliche Scheidung von eigentlichen Gesetzen statuta beginnt. Bisher hatten im großen Rath Einzelentscheidungen, zeitweise Verwaltungsmaßregeln und dauernde Verordnungen in buntem Gemenge gelegen. Es galt als das besondere Geschäft der Richter, die Beschlüsse auszusuchen, welche dauernder Natur, zur Kenntnißnahme der Gerichte in die Statutenrolle einzutragen. Unter Eduard III. verlangen die Gemeinen an dieser Sichtung Theil zu nehmen, bei welcher von nun an statutes von den bloßen ordinances, proclamations strenger geschieden werden, ohne daß deshalb in den laufenden Geschäften des Parlaments die alte Vermengung aufhört. Nach anerkanntem Zustimmungsrecht der Commoners kommen seit Eduard IV. keine Petitionen in alter Weise mehr vor. Seit Heinrich VI. wird es Sitte die Vorschläge zu Gesetzen sogleich in Form eines Gesetzentwurfs, bill einzubringen. Seit Heinrich VII. wird das

Zustimmungsrecht der Gemeinen im Eingang der Statuten auf gleiche Linie gestellt mit dem des Oberhauses.

So schließt das Mittelalter mit Anerkennung der parlamentarischen Grundrechte.**) Die Wurzel der wachsenden Macht der Lords ist ihre Stelle im Reichsrath und ihre Militärmacht; die Wurzel der Macht des Unterhauses zunächst die Steuerbewilligung. Wie aber in den communalen Grundlagen persönlicher Dienst und Steuerpflicht grundsätzlich mit einander verbunden sind, so auch im Parlament, — nur daß bei den Prälaten und Lords die persönliche Bethätigung im Staat als das Primäre, bei den communae umgekehrt die Steuerleistung als das Vorwiegende erscheint. Ober- und Unterhaus als Ganzes betrachtet erscheinen daher in einem stetigen Wachsthum politischer Rechte; ihr Verhältniß unter sich aber ungleich im ersten Jahrhundert, wechselvoll im zweiten Jahrhundert. Die Communitates finden den gemeinsamen Boden und schließlich ihre Gleichberechtigung mit den Lords erst, nachdem die Miliz, die Geschwornenverfassung und das Friedensrichteramt, in vollen und festen Gang gekommen war.

Eben daraus ergab sich auch das Wahlrecht zum Unterhause als selbstverständlich. Wie die Ortschaft in der Hundertschaft, die Hundertschaft in der Grafschaft durch Abordnung vertreten wird, so die Grafschaft und Stadt durch eine Commission von zwei Männern. In der Grafschaft nimmt selbstverständlich die Grafschaftsversammlung, in den Städten die active Bürgerschaft in derselben Weise, wie sie den alten Gerichtsdienst leistet, auch diese Delegationen vor, welche in den ersten Menschenaltern zunächst als Pflicht gedacht wurden, — als eine Pflicht der Communen der königlichen Ladung hold und gewärtig zu sein, ebenso wie die Prälaten und Seigneurs für ihre Person dem königlichen Befehl folgen; ebenso wie jeder Lehnsmann der curia Folge leistet. Ein Zweifel kam in diese Verhältnisse aber durch den Verfall des County-court in der Grafschaft, des Court leet in den Städten. Es war nur eine Consequenz der neueren Gerichtsverfassung, wenn man nunmehr in der Grafschaft diejenigen zum Wahlakt lud, die den jetzigen Gerichts-, d. h. Geschwornendienst wirklich leisten (40 sh. freeholders), in den Städten aber den engeren Kreis der Bürgerschaft, der habituell an den städtischen Geschäften Theil nahm (freemen). Es erklärt sich auch von dieser Seite aus, warum das Parlamentsrecht der Commoners einen Schritt hinter dem der Lords zurück ist, da in den Communitates das, was der mittelalterlichen Anschauung immer obenan steht, — der persönliche Dienst, namentlich im Geschwornen- und Friedensrichteramt — sich erst *in* der Zeit Eduard III. consolidirt.

Es sind hier die lebendigen Elemente einer inneren Harmonie vorhanden, in welcher Besitz, staatliche Leistung und staatliches Recht sich in der That schon zu decken scheinen, in welcher der einige Wille eines freien Volks sich selbst bestimmend seine Gesetze zu geben beginnt. In der Zeit Eduard I. und III. und in der mittleren Zeit des Hauses Lancaster erscheint diese Harmonie in einem mächtigen Aufschwung der äußeren und inneren Kraft des Staats, als die ruhmvollste Periode englischer Kriegsmacht. Zwischen einer kraftvollen Aristokratie und den arbeitenden Klassen, war eine landbau- und handeltreibende Mittelklasse erwachsen, deren politische Kraft auf ihrer gleichen Grundlage durch das ganze Land beruht; deren Verträglichkeit mit den höheren Klassen in der stufenweisen Vertheilung der persönlichen und Steuerlasten im Staat, im gleichen Vermögens- und Familienrecht, in stufenweiser Vertheilung der politischen Rechte basirt.

Im Laufe dieser Periode werden aber auch schon die Disharmonien***) sichtbar, welche am Schluß derselben alles schwer Errungene wieder in Frage zu stellen scheinen: das wieder wachsende militärische Uebergewicht des großen kriegerischen Adels über alle anderen Stände, gefördert durch das Condottiere-Wesen der französischen Kriege; die Thronusurpation des Hauses Lancaster, welche wie immer zunächst den mächtigsten Klassen zu Gute kommt; die planlos vermehrte verhältnißlose Vertretung der Städte im Unterhaus, welche auch der Gesetzgebung eine einseitige Richtung giebt und zu Aufständen der arbeitenden Klassen führt; die wachsende Entfremdung zwischen Kirche und Staat, welche zu religiöser Indifferenz und Erschütterung der sittlichen Unterlagen führt. Ein so zusammengefügtes Staatswesen bedurfte eines starken mannhaften Königthums. An einem solchen fehlte es unter Eduard II. und unter Richard II. zur Zeit seiner Unmündigkeit und in seiner späteren übelberathenen Regierung. Die unglücklichsten Conjuncturen drängen sich aber von allen Seiten zusammen unter dem gemüthsschwachen Heinrich VI. Der ruhmlose Ausgang der großen französischen Kriege, das Zurückströmen einer an Beute, Lagerleben und Abenteuer gewöhnten Soldatesca unter ehrgeizigen Großen, die Erinnerung an den Thronraub, die inneren Zerwürfnisse zwischen Besitz und arbeitenden Klassen, die innerliche Gleichgültigkeit der Zeit gegen Gebote der Religion, — alles das sollte zusammentreffen, um einer großen Zeit ein tief tragisches Ende zu bereiten. Eduard IV. und Richard III. sind als Charaktere die Söhne ihrer Zeit. Die Politik des Hauses

York leitet zu einem systematischen Vernichtungskampf gegen die großen, mit dem Königshause selbst verzweigten Familien, in denen die Blutrache, das Hochverrathsgesetz und die Confiscation zu furchtbaren Verheerungen führen.

Wunderbarer Weise, so berichten die Zeitgenossen, gingen zwischen den Adelsschlachten der beiden Rosen die reisenden Richter und Geschworenen ihren regelmäßigen Kreislauf. In der That waren durch die Gesetzgebung dieser Zeit die dauernden Institutionen des Landes begründet, die aus allen Irrungen der Zeit wie ein fester Niederschlag hervortreten: selbständige große Communalverbände und feste große Gerichtskollegien, die einen unantastbaren Kreis um jede Regierung ziehen, sogar in dem Kampf um die Krone selbst. Das eigenthümliche Wesen der englischen Verfassung hat sich für alle Zeiten entschieden, durch die Bildung communaler Körperschaften für den Dienst des Staats, durch die grundsätzliche Vereinigung der nachbarlich verbundenen Besitzklassen zur persönlichen Erfüllung der mannigfaltigen, stetig wachsenden Functionen des Staats. Der englische Sprachgebrauch bezeichnet sie einzeln als counties, ridings, hundreds, parishes, tithings, oder zusammenfassend als communae, communitates; nur in den Städten hat die erste Bildung von corporations begonnen, welche später die Quelle künstlicher Verbildungen geworden ist.

* **Die Formation der parlamentarischen Körper** kommt hier hauptsächlich in Betracht als Zusammenfassung des Communalwesens.

(1) Ueber die Bildung des Staatsraths vergl. Gneist Bd. I. § 21. Daß der König mit vertrauten Rathgebern, einzeln oder gemeinschaftlich auch in der normannischen Zeit verhandelte, ist selbstverständlich; ebenso gelegentliche Besprechungen mit angesehenen weltlichen Herren und Prälaten an den Hoftagen. Wenn in den älteren normannischen Charten und writs von einem „consilio et consensu baronum“ die Rede ist, so sind solche gelegentliche Besprechungen gemeint. Von einem Staatsrath dagegen kann erst gesprochen werden, sobald eine feste Gestaltung der königlichen Räthe, und ein gleichmäßiger Geschäftsgang für die laufenden Angelegenheiten zur Erscheinung kommen. Dies ist zum ersten Mal in der Zeit der Regentschaft über Henry III. ersichtlich, und nach der Großjährigkeit des Königs gingen später die Forderungen der unzufriedenen Großen auf einen ähnlichen Antheil an der Besetzung des Council wie damals. Ein dauerndes Collegium, continual council, unter einem regierenden König erscheint aber erst seit Edward I. Diese Gestalt einer Staatsregierung war in der That bedingt durch die Anforderungen einer sehr verwickelten Gerichts- und Polizei-, Militär- und Finanzverwaltung, durch die Nothwendigkeit stetiger Grundsätze darin schon mit Rücksicht auf die von der Magna Charta gewährleisteten Grundrechte. Es bethätigte sich schon damals die wichtige Wahrheit, daß der Staat in einer veränderten Ordnung der Dinge immer zuerst einer festen Zusammenfassung der Elemente bedarf, welche bisher

den Staat verwaltet, und daher auch die Praxis der Staatsgeschäfte haben. Der früh geordnete Geschäftsgang erklärt sich aus der bedeutenden Entwickelung des Geschäftswesens in Schatzamt, Reichsgerichten, Kirche rc., die das Continual council ja nur zusammenfaßt. Die Militärverwaltung leitet der König persönlich mit den militärischen Hofbeamten; während die höchsten Aemter der Lehnsmiliz, der Constable und Marschall, umgekehrt zu bloßen Ehren- und Erbämtern zurücktreten. Die verhältnißmäßig schwache Vertretung der Kirche im Council erklärt sich aus ihrer Verfassung und aus der Stellung des Lordkanzlers, in dem sich kirchliche und weltliche Verwaltung gewissermaßen vereinigen. Ueber den Geschäftsgang des später sogenannten Privy Council vergl. die werthvolle Monographie Sir Francis Palgrave's, Essay on the original authority of the King's Council 1834, welche auf den Gesammtanschauungen beruht, die sich aus Tausenden von englischen Urkunden des Mittelalters ergeben.

2) Ueber die Entstehung des Magnum Consilium und der Pairie vergl. Gneist Bd. I. § 22, die oben S. 223 citirten Schriften von Selden und Dugdale. Die Hauptsache sind aber die jetzt vollständig vorliegenden namentlichen Verzeichnisse der Berufenen, aus denen die obigen Zusammenstellungen von Hallam, Parry u. A. gemacht sind, und die wohlerwogenen Ausführungen des Peerage Report. Die Zwitternatur des Consilium Magnum dauert das Mittelalter hindurch ähnlich wie im französischen Parlament fort, aber mit dem Unterschied, daß in England das ständische Element allmälig das Beamtenelement überwältigt, in Frankreich umgekehrt. Daß später die erblich werdende Pairie die Seite des Besitzes in den Vordergrund zu kehren anfing, liegt in dem Wesen aller ständischen Bestrebungen. Aus solchen ist auch eine Schrift unter dem Titel Modus tenendi Parliamentum entstanden, welche die älteren Begriffe einer Baronia integra wie sie im Schatzamt bei Abmessung der relevia, amerciaments und sonst vorkommen, mit der neueren Stellung der Herren im großen Rath so vermengt, wie es den Adelsvorstellungen in der Periode der Lancaster entsprach. Wann diese Schrift entstanden, ist streitig. Man braucht aber bei den vielen wunderlichen, der urkundlichen Rechtsgeschichte widersprechenden Angaben des Modus nicht gerade an einen feudalistischen Pseudo-Isidor zu denken; es sind vielmehr dieselben Transformationen, die bei der Auffassung aller Stammbäume noch heute vorkommen, die Auffassungen eines Heroldsamts im Gegensatz der staatlichen und staatsrechtlichen. Neuere Bemerkungen darüber enthält Pauli, Bilder aus der englischen Vorzeit, 1858, S. 65 ff. (zugleich mit lebendigen Schilderungen der Geschäftsverhandlung im Parlament). Den Communae gegenüber ergab sich die höhere Stellung der geistlichen und weltlichen Lords aus der kirchlichen Würde der Prälaten, aus der Stellung der größten Kronvasallen als seigneurs der Lehnsmilizen, aus ihrer hervorragenden Stellung in der Führung der Lohntruppen dieser Zeit, aus ihrer Thätigkeit an der Spitze der Friedenscommissionen, aus der finanziellen Bedeutung der Lehnsgefälle, welche noch immer den Kern der erblichen Revenuen bilden, und vor Allem aus ihrer Stellung als Mitglieder des höchsten Königlichen Raths in laufender Bekanntschaft und Thätigkeit in alle dem, was für den Staat bedeutungsvoll und schwerwiegend ist.

3) Ueber die Bildung des Unterhauses vergl. Gneist Bd. I. § 23. Die Vorstufen dazu liegen in jener stetigen Repräsentation der Ortschaft in der Hundred, der Hundred in der Grafschaft durch Deputationen, welche nunmehr auf das ganze Reich ausgedehnt ward, und eben deshalb — mit Rücksicht auf

Entfernung und Kosten — beschränkt auf die kleinste Zahl von zwei. Die Communalverfassung hatte solche Abordnung zu Gerichts- und Polizeizwecken, zum Zweck der Steuereinnahmen und zur Entgegennahme von Landesbeschwerden längst eingeführt. Jetzt werden sie periodische Versammlungen mit erweiterten Zwecken und mit einer Initiative in Form gemeinschaftlicher Petitionen. Richtig ist es, daß in der Zwischenzeit von 49. Henry III. bis 18. Edw. I. die Anwesenheit von Abgeordneten der communae im Parlament urkundlich nicht recht klar zu legen ist. (Hardy, Modus tenendi parliamentum praef. p. XI.) Von da an ist indessen die Institution in sicherem Gange, seit 23. Edw. I. die Berufung sowohl der Grafschaften wie der Städte durch amtliche writs genau bekannt. Die Unausführbarkeit der ständischen Clauseln der Magna Charta hatte darauf beruht, daß man nur an eine Berufung von wegen der Hülfs- und Schildgelder, also folgerecht nur an die unmittelbaren Kronvasallen gedacht hatte. Allein weder die Lehnsmiliz, noch das Gerichtswesen enthielten jetzt den ganzen weltlichen Staat. Es hatte sich inzwischen eine Reihe neuer Gerichts- und Polizeifunctionen, ein neues Milizwesen, ein communales Steuerwesen gebildet, welches weder durch die großen, noch die kleinen Kronvasallen, weder dem Namen, noch der Sache nach vertreten wurde. Diese neueren stetig wachsenden Staatsfunctionen werden geleistet durch große Communalverbände, d. h. durch die Grafschaften und durch eine Anzahl Städte, welche für Gericht, Polizei und Steuer annähernd die Bedeutung von Kreisverbänden haben. Vollständig berufen sind daher von Anfang an die 37 Grafschaften, von den Städten im ersten Anfang eine kleinere Zahl, bald aber schon etwa 100, und dann weitere in einer prinziplosen Vermehrung.

Eben deshalb, *weil* es sich nicht um Vertretung von Besitzgruppen, sondern um staatliche Leistungen handelte, wurden diese Körperschaften *so berufen, wie sie verfassungsmäßig ihre öffentlichen Geschäfte versahen*: die Grafschaft in ihrem Grafschaftsgericht (county court), die Stadt in ihrer Bürgerversammlung (court leet). Die Theilnahme an den daraus entspringenden collectiven Rechten, also das Stimmrecht, geht selbstverständlich so weit wie die persönliche Selbstthätigkeit in diesen Versammlungen, und regelte sich demnach nach dem schwersten und am häufigsten wiederkehrenden Dienst alter Zeit, also nach dem Gerichtsdienst. Das Gerichtswesen war ja von Alters her die weltliche Civilverfassung. Die Abordnung zweier Ritter oder Bürger war eines der vielen Geschäfte, die in der Grafschafts- und in der Bürgerversammlung ebenso vorzunehmen waren, wie andere Geschäfte. Es verstand sich „in pleno comitatu de consilio et voluntate eorum de comitatu," wie es in dem writ 4. Henry III. und schon bei früheren Gelegenheiten heißt. Eben deshalb hat man es mehre Menschenalter hindurch nicht nöthig befunden, irgend welche declarirende Vorschrift über die Parlamentswahlen zu geben.

Die damalige Grafschaftsversammlung bestand nun aber, verglichen mit der früheren Periode, in etwas verfallener Gestalt. Die placita coronae waren ihr abgenommen und einem anderen Gange gefolgt. Im Civilprozeß fungirten noch Gerichtsmänner, und zwar hauptsächlich Ritter, und nur aushülflich andere Freisassen, die auch als Umstand bei den öffentlichen Gerichtssitzungen anwesend sein mochten. Die Concurrenz der Reichsgerichte und reisenden Richter hatte aber auch diese Civiljustiz zurückgedrängt und auf kleinere Fälle beschränkt. Die periodischen Grafschaftsgerichte waren daher wohl schon überwiegend mit Steuer-, Miliz- und anderen administrativen Geschäften befaßt — hauptsächlich ein Kreistag der Ritterschaft — und als solche schwach und ungleichmäßig besucht. Der eigentlich beschwerliche Gerichtsdienst beruhte in den Civil-Assisen mit ihren aus Rittern und 40 sh. freeholders gebildeten Juries; in Strafsachen ebenso auf den Assisen der reisenden Richter mit ihren aus der Hundred gebildeten Rüge- und Urtheilsjuries. Seit der Mitte des 14. Jahrhunderts trat dazu die meistens aus Rittergutsbesitzern gebildete große Jury und das ungefähr ebenso besetzte Amt der Friedensrichter. Diese jetzt eigentlich activen Gerichtsmänner wurden nun aber zum Grafschaftsgericht als solche nicht mehr berufen. Der sheriffsturn und die lokalen courts leet kamen gar nicht in Betracht, da nur der Körper der Grafschaft als Ganzes zu repräsentiren war. — Diese incongruente Gestalt des Wahlkörpers konnte unbeachtet bleiben, so lange die Berufung zum Parlament mehr als eine beschwerliche und kostbare Pflicht erschien. Erst unter dem Hause Lancaster kam mit den tiefer herabgehenden Parteikämpfen die wirkliche Lage der Verhältnisse zur Contestation, und es erscheinen nun die in diesem Zusammenhang wohl selbstverständlichen Statuten. Nach 7. Henry IV. c. 15 (a. 1405) soll die Willkür und Parteilichkeit der Sheriffs aufhören, und im nächsten county court nach Empfang der Wahlorder im vollen Hofe der Wahlakt proklamirt und von allen Anwesenden, sowohl den besonders geladenen Gerichtsmännern (suitors) als von den übrigen anwesenden suitors vollzogen und unter dem Siegel aller Wähler in beglaubigter Urkunde ausgefertigt werden. Nach 11. Henry IV. c. 1 sollen die justices of assize eine Entscheidung über den Wahlbericht (return), also im Fall des Streits über die Gültigkeit des Wahlacts haben, und ein gegen die Wahlordnung handelnder Sheriff in 100 L. Strafe verfallen. Nach 1. Henry V. c. 1 (1413) sollen die Ritter, Rittergutsbesitzer und Andere, welche die Grafschafts-Abgeordneten wählen, ansässig (resident) innerhalb der Grafschaft sein, und ebenso die Gewählten. Nach 8. Henry VI. c. 7 wird in Erwägung „der übergroßen Zahl von Leuten von geringem Vermögen, welche sich in jüngster Zeit an den Wahlen zu betheiligen anfangen,“ und der daraus drohenden Tumulte verordnet, daß künftig nur Freisassen von 40 Sh. Jahresrente an den Wahlen Theil nehmen sollen; nach 10. Henry VI. c. 2, 40 sh. freeholders innerhalb der Grafschaft. Damit ist das Wahlrecht wieder auf den normalen Grundsatz des Gerichtsdienstes zurückgeführt, der seit länger als einem Menschenalter in seiner jetzigen Gestalt als Geschwornendienst ebenso begrenzt war. Nach 23 Henry VI. c. 15 (a. 1444) wird der Passivcensus hinzugefügt, „daß nur notable Ritter und solche notable Esquires und Gentlemen der Grafschaft zu wählen seien, welche Ritter werden könnten, aber keine yeomen und darunter,“ — also ungefähr übereinstimmend mit der Qualification zum Friedensrichteramt, wie denn auch in dieser Periode die custodes pacis regelmäßig als knights of the shire erscheinen, und umgekehrt. So ist es 400 Jahre lang dem Prinzip nach geblieben. Die städtischen Wahlen sind bei der Mannigfaltigkeit der Verhältnisse durch kein Gesetz normirt, sondern dem inneren Entwickelungsprozeß der Theilnahme an der Stadtverwaltung überlassen.

Die Zusammensetzung dieser Communitates ist eine sehr verschiedene von derjenigen der Landschaften und Städte des Continents. Hier sind es gesonderte Besitzgruppen, welche nach Bedürfniß und Herkommen einzele Staatsfunctionen erfüllen, und dadurch ein Anrecht auf eine halbstaatliche Selbständigkeit und Autonomie gewinnen. In England umgekehrt sind die verschiedenen Besitzklassen grundsätzlich zu gemeinschaftlichem Miliz-, Gerichts- und Polizeidienst, zu gleicher

Steuerlast gezwungen. Die dazu verbundenen Communitates sind nothwendige, gleichartige Glieder eines großen Staatsganzen geworden. Die Gesammtheit des aus diesen gleichartigen Gliedern zusammengesetzten weltlichen Staats erschien nun als communitas universi populi, dessen organische Verbindung mit dem noch widerstrebenden System der Kirche die Aufgabe der folgenden Periode ward.

) **Der Entwickelungsgang der parlamentarischen Rechte knüpft sich im ersten Jahrhundert chronologisch an folgende äußerliche Hergänge. Es ist zunächst das Bestreben Eduard's I. in den Kämpfen zur Consolidirung des Inselreichs, welches seine getreuen communitates auffordert, gemeinsame Gefahren mit gemeinsamen Kräften zu tragen und über erhöhte Kriegs- und Geldmittel mit dem König Raths zu pflegen (ut quod omnes tangit ab omnibus approbetur). Vor und nach dem großen Kriege gegen Wales erscheinen zuerst die großen Reichsversammlungen mit den zahlreichen Abgeordneten der Ritter und Städte, die dem königlichen Aufruf bereitwillig nachkommen. Den wiederholten Anforderungen in dieser Richtung tritt nun aber auch die Gegenforderung eines Rechts auf Mitberathung entgegen, welcher der König in dem Gefühl der Bedeutung dieses Schritts zögernd nachgiebt. Die aus Gent datirte Charte von 1297, welche bestimmt war, der bestätigten Magna Charta hinzuzutreten, lautet wörtlich: Avuns graunte — as Arceevesques etc. e as Countes — e a toute la communauté de la terre, que mes pur nule busoigne tieu manere des aydes mises ne prises de nre Roiaume ne prendrums fors ke par commun assent de tout le Roiaume e a commun profist de meismes le Roiaume, sauve les auncienes aydes e prises dues e acoustumees. Der Articulus insertus in Magna Charta 25. Edw. III. lautet: nullum tallagium vel auxilium imponatur, seu levetur sine voluntate atque assensu communi Archiepiscoporum, Episcoporum etc. et aliorum liberorum hominum in regno nostro. — Es ist unverkennbar, daß die päpstliche Bulle, welche die weltliche Besteuerung der Geistlichkeit ohne Genehmigung des Papstes untersagt, den Entschluß des Königs zum Nachgeben bestimmt hat. Es war nicht mehr möglich, ein einseitiges Besteuerungsrecht in der alten Weise der Geistlichkeit und Weltlichkeit gegenüber aufrecht zu erhalten. Der großartige Sinn Eduard's für die gegenwärtige und zukünftige Größe des Landes hat die dynastischen Bedenken überwogen. Der Sache nach war damit die reichsständische Clausel der Magna Charta wegen Besprechung der auxilia und scutagia wieder hergestellt; sie war erfüllt in erweiterter, zeitgemäßer Weise einer Besprechung mit den steuernden Körperschaften. Außerdem wird noch ein Statut de tallagio non concedendo 34. Edw. I. st. 4 c. 1 übereinstimmenden Inhalts citirt, welches aber in keiner Statutenrolle zu finden ist. Auch die Jahresangabe, ob 28 oder 34 Edw. I., ist schwankend. Vielleicht handelt es sich dabei um eine wiederholte Erklärung des Königs in einem writ oder in einer laufenden Parlamentsverhandlung, die wie viele Erlasse dieser Zeit später unkritisch als statute citirt wurde. Uebrigens hielt sich Eduard nach seiner Sinnesweise dadurch nicht so gebunden, um nicht in wirklicher Landesnoth noch mehrmals auxilia und tallagia ohne Parlamente auszuschreiben.

Diesen Anfängen in größtem Styl folgt freilich wieder eine schwache Regierung, die in der bequemen Weise der alten Verwaltung mit vertrauten Günstlingen sich versucht. Schon in 5. Edw. II. vereinigen sich die Prälaten und Barone zu den sogen. statutes of ordainers, welche den König unter die Vormundschaft der baronage setzen; die Regierung der Adelsparteien verläuft aber wie unter Heinrich III., und unterliegt dem König durch Hülfe der jetzt wieder einberufenen Commoners, nachdem in der Zwischenzeit die gentz de commune von den Baronen ziemlich bei Seite geschoben waren. Auf diese Veranlassung erfolgt in 15. Edw. II. eine Erklärung im Parlament, welche die exclusiven Anmaßungen der Barone zurückweist und wie ein Zugeständniß eines Antheils an der Gesetzgebung aussieht, in diesem Zusammenhang aber ein solches noch nicht enthält. Revocatio novarum ordinationum 1223: les choses, qui serount à establir — soient tretées accordées et establies en parlaments par notre Sr. le Roi et par lassent des Prelats Countes et Barouns et la communalté du roialme. Schließlich endet diese Regierung mit der Verdrängung und Ermordung des unglücklichen Monarchen.

Mit Eduard III. beginnt die erste grundsätzlich parlamentarische Regierung, welche während ihrer 50jährigen Dauer in 37 Jahren 70 Mal Parlamente zu damals noch kurzen Sitzungen berufen hat, um mit ihnen die Gesammtverhältnisse des Reichs zu ordnen. Während der Minderjährigkeit Eduard's III. beginnt eine äußerst lebhafte Thätigkeit beider Häuser in auswärtigen wie inneren Verhältnissen. Gleich im Beginn der Regierung bewilligt „tôte la commune" den fünfzehnten Pfennig, zu erheben von der Communalty, wogegen die schon ernannte Commission zur Erhebung von tallagia in den Königlichen Städten und Domänen zurückgezogen wird. In 8. Edw. III. findet sich eine Berathung, zu welcher die Ritter der Grafschaft und die gentz de la commune zusammentreten und eine gemeinschaftliche Antwort geben. In 13. Edw. III. geben die gentz qui sount cy a Parlement pour la commune eine gesonderte und von dem großen Rath abweichende Antwort. In 14. Edw. III. wird ein Ausschuß für die Petitionen ernannt, an welchem zwölf Ritter und sechs Bürger Theil nehmen. In 20. Edw. III. bewilligen die Commoners $1/15$ unter der Bedingung der Abhülfe gewisser Landesbeschwerden; in 22. Edw. III. unter der Bedingung, daß keine fernere Auflage ohne ihre Zustimmung geschehe. In 25. Edw. III. ist von einer Berathung der Commoners in dem Chapter House die Rede. In 45. Edw. III. c. 4 erfolgt die Zusicherung, daß keine Auflage auf Wolle, Wollfelle und Leder gelegt werden solle, anders als die dem König bewilligte custom. In 50. Edw. III. erscheint die erste Anklage gegen Lord Latimer.

Unter Richard II. verkündet sich ein anderer Geist durch den Antrag, „daß die üblen Rathgeber des verstorbenen Königs entfernt werden." In 5. Richard II. st. 2 c. 4 erscheint eine Art von Präsenzordnung für die Parlamentsmitglieder; in 10. Ric. II. Anklage gegen den Lordkanzler Grafen Suffolk, welche dessen Absetzung herbeiführt. In den nun folgenden gewaltthätigen Streitigkeiten geben die commoners den Ausschlag zu Gunsten des Königs, dessen Verfahren gegen die Geistlichkeit und gegen die Barone aber schließlich zu Absetzung und Ermordung führt.

Der usurpirte Thron des Hauses Lancaster stand nunmehr nicht auf Geburtsrecht, sondern auf Anerkennung des Parlaments, vorzugsweise der Geistlichkeit und der kriegerischen Barone. Es ist die Zeit einer gegenseitigen Anerkennung der Machtverhältnisse, wie sie einmal geworden waren, daher auch einer immer klareren Auseinandersetzung der einzelen Functionen des Parlaments, wie sie in dem Parlament von Gloucester 9. Henry IV. zu bestimmterem Ausdruck kommt. — Die Parlamentsrechte hatten sich an ein Königthum mit vollen Regierungsgewalten als ihre Voraussetzung angeschlossen. Der Beschluß über Krieg und Frieden und völkerrechtliche Verträge, die Anordnung und Führung der bewaffneten Macht zur See und zu Lande, directes und indirectes Schatzungsrecht, Gerichts- und Polizeigewalt, provinzielle und lokale Regierung, Aemter, Charten, franchises und liberties, kurz alle obrigkeitliche Gewalt lag in der Krone. Omnis libertas Regia est, et ad coronam pertinet. (I. Parl. Writs p. 383.) An dies Königliche Recht schloß sich das parlamentarische, das von den Ständen durch staatliche Leistung wohlerworbene Recht der Mitbeschließung. Die Krone war verwiesen auf ihre willige, kraftvolle Mitwirkung in Allem, wozu die herkömmlichen festen Einkünfte des Königs oder seine anordnende Gewalt nach den jetzt grundsätzlich befolgten Artikeln der Magna Charta nicht mehr ausreichte. Die Thätigkeit des Parlaments schließt sich daher als ein Mitsprechen an eine Staatsregierung in ihrer ganzen Machtfülle an. „It was the king's great and extraordinary court of justice, in which the complaints of the commonwealth or any part of it, or of individuals, might be discussed or heard, and in which the king was to grant redress when the courts were unable, or refused." — Die hohe Geistlichkeit wie die Barone im großen Rath waren von Hause aus nur zu geneigt gewesen, dies Mitbeschließungsrecht zu einer Selbstregierung zu machen. Seitdem nun aber Hunderte von Grafschafts- und Bürgerabgeordneten mit wachsendem Einfluß hinzugetreten waren, mußte sich schrittweise durch Erfahrungen die Grenze ergeben, innerhalb welcher die vom König berufenen Barone und die von den communae gewählten wechselnden Vertreter an den Staatsgeschäften wirklich Theil nehmen konnten. Und dies enthält nun in gegenseitiger Anerkennung jenes Statut von Gloucester (a. 1407), in welchem der König mit Zustimmung der Lords erklärt:

> Es soll rechtmäßig sein für die Lords zu verhandeln unter sich in Abwesenheit des Königs über den Zustand des Reichs und die nothwendigen Mittel der Abhülfe. Und in gleicher Weise soll es rechtmäßig sein für die commons an ihrem Theil zu berathen mit einander über den vorhergedachten Zustand und Abhülfe. Vorausgesetzt immer, daß die Lords an ihrem Theil und die commons an ihrem Theil dem König nicht einberichten sollen irgend eine von den commons bewilligte und von den Lords assentirte Bewilligung, noch von den Verhandlungen über diese Bewilligung, bevor die Lords und commons einer Meinung und Vereinbarung in solchen Dingen geworden sind, und dann in der gewohnten Weise und Form, d. i. durch den Mund des Sprechers. (Rot. Parl. 9. Henry IV. p. 610.)

Die beiden Häuser treten hier zum ersten Mal durch ausdrückliche Declarationen einander als gesonderte Körper mit gemeinschaftlichen, und auch wieder mit selbständigen Functionen gegenüber. Ihre Uebereinstimmung soll für die Geldbewilligungen vorweg perfect sein, ehe solche an den König gehen; den commoners gebührt dabei eine Art von Vortritt, den Lords der assent. Dagegen haben die Gemeinen die zeitweis beanspruchte Theilnahme an richterlichen Geschäften des großen Raths aufgegeben. Andererseits läßt der große Rath die zeitweis geübte Gerichtsbarkeit erster Instanz (original jurisdiction) fallen, und beschränkt sich seit dieser Zeit auf eine Appellationsinstanz. Die Functionen des „Königs im Parlament" treten nun überhaupt deutlicher auseinander in ihren drei Hauptrichtungen.

(1) Rücksichtlich des Besteuerungsrechts war schon die confirmatio char-

tarum 25. Edw. I. dem Grundsatz nach entscheidend. Ueber die Verhältnisse der Bewilligungen der Ritter und Barone, der Städte und Flecken, sowie des Clerus, und über die Form der Bewilligungen, die erst unter den Tudors statutenähnlich aber nicht statutengleich wird, kann ich auf Hallam verweisen. Man darf den Verschmelzungsprozeß der directen Steuern sich trotz aller günstigen Momente doch nicht allzurasch und allzuleicht vollzogen denken. Der Versuch der Barone in den zuerst entworfenen articuli der Magna Charta auch die tallagia der Städte in das ständische Zustimmungsrecht aufzunehmen, macht sicherlich ihrem Urheber alle Ehre, war aber in einer Berathung jener Versammlung von bloßen Kronvasallen unmöglich durchzuführen. Die Elemente der Steuer waren in der That noch vielfach disparate. (1) Die auxilia, aids der Kronvasallen waren für Ehren- und Nothfälle in der Familie und Person des Lehnsherrn bestimmt und durch 3. Ed. I. c. 36, — 25. Edw. III. c. 11 auf 20 Sh. von jedem Ritterlehn, und ebensoviel von je 20 Pfd. Sterl. Grundeinkünften aus socageland, fixirt, eigneten sich aber in dieser Gestalt nicht als Grundlage einer wiederkehrenden Besteuerung zu Landesbedürfnissen. (2) Die Schildgelder der großen und kleinen Kronvasallen waren zwar gleichmäßig fixirt, aber es erhob sich eine immer wiederkehrende Contestation, ob sie auf ein, zwei, drei Mark, oder wieviel für das Lehen zu berechnen; sie konnten dem Recht nach nur bei einem wirklichen Feldzug, nicht für andere Bedürfnisse des Landes verlangt werden; bei einer Steuer zu Landesbedürfnissen konnte doch auch wohl geltend gemacht werden, daß zwar die Taxe eines Ritterlehn dem andern gleich, die jährlichen Einkünfte aber jetzt in der Wirklichkeit verschieden waren; gegen eine einfache Gleichstellung mit den Schatzungen anderer Art ließ sich mit Recht geltend machen, wie schweres Geld die Krone durch relevia, Vormundschaften 2c. erhob, die bei einer einzigen Herrschaft mehr betragen konnten, als die tallagia von einem Dutzend kleiner Städte. (3) Die Geistlichkeit wehrte sich seit der Bulle des Bonifacius grundsätzlich gegen jede Besteuerung, sie konnte nur in ihrer Eigenschaft als Besitzerin weltlicher Lehne herangezogen werden, wobei sie alle Einwendungen der Kronvasallen mit geistlichen Einwendungen cumulirte und den Boden der Steuerfreiheit Schritt für Schritt vertheidigte. (4) Die alten Domänen in antient demesne befanden sich in einem schwierigen exemten Verhältnisse. Es waren darunter theils volle Freisassen, theils erbliche villani (analog der privileged villenage), theils bloße Lassiten (copyholders) die aber durch Königliche Gnade von den ordentlichen Gerichten und von der Grafschaftsverwaltung eximirt, vom Jurydienst befreit, also auch in der Grafschaft und im Parlament nicht vertreten, durch Parlamentsbwilligung nicht gebunden, ihren besonderen tallagia unterlagen, wogegen sie mancherlei Zusicherungen erhalten hatten, auf die sich dann andere Steuerpflichtige wieder berufen mochten. Man citirte öfter Abgeordnete derselben zum Parlament, die aber niemals mit den commoners zusammentraten und kein Theil des Parlaments wurden. Schon von dieser Seite aus war die positive Zustimmung des Königs zu gemeinsamen Landessteuern nothwendig. (5) Den tallagia der Städte standen die vertragsmäßigen Ablösungen durch dauernde Rente firma burgi, feefarm mehrfach entgegen. Ob und wieweit, hing freilich noch von der Fassung des Freibriefs ab; die Schatzverwaltung jedenfalls verstand die Sache immer so, daß in außerordentlichen Nothfällen dennoch Beihülfen geleistet werden müßten. Allein eben dadurch entstanden stetige Contestationen; selbst die unbedingtesten Zusicherungen einer Befreiung konnten aus staatlichen Gründen und wegen der Exemplificationen nicht dauernd gelten. London an der Spitze leistete gerade in 25. Edw. I. den allerhartnäckigsten Widerstand (I. Rot. Parl. 25. Edw. I. No. 11, App. p. 240), welcher zu dem großen Zugeständniß Eduard's einen Theil beigetragen haben mag. Diese Gestaltung der Freibriefe erklärt es denn auch, wie die Krone, die doch von Hause aus ein unbestrittenes Schatzungsrecht hatte, jetzt auf den Fuß gütlicher Verhandlungen mit den Stadtgemeinden gekommen war, warum die Abgeordneten mit so großem Nachdruck darauf bestanden, erst eine Rückfrage bei ihren Communen zu halten, wie in dem Fall 13. Edw. III. Rot. Parl. 103, und warum die nicht zustimmenden nicht rechtlich gebunden zu sein behaupteten (woraus eine neue Schule in England die eigentliche Essenz der alten guten Parlamentsverfassung machen will).

So lange der König in alter Weise darauf bestand, daß ihm persönlich gesteuert werde, mochten diese Schwierigkeiten unüberwindlich erscheinen. Ebenso wichtig fast, wie die ständische Zustimmung selbst, war die Concession Eduard's, welche die zu bewilligenden Steuern for the common profit of the realm erklärt, und damit wiederum ein Stück persönlicher Regierung aufgiebt, um dafür eine Landessteuer einzutauschen, für welche eine Menge Einwendungen wegfielen, für welche aber nun auch der Anspruch einer Prüfung der Zwecke und Mittel durch die Stände entstand. Eben daraus erklären sich unter Anderem auch die verschiedenen Quotenverhältnisse der Beiträge und die paktenartige Natur aller Steuerbeschlüsse, die niemals ganz in die normale Gestalt der Gesetzbeschlüsse kamen. Sie enthielten keinen gesetzartigen Consens des Königs, an den sie vielmehr in formaler Urkunde adressirt wurden, die man später in das Protokoll des Parlaments eintrug. Das letzte Beispiel besonderer Bewilligungen nach verschiedenem Maßstab ist 18. Edw. III. In den späteren Protokollen werden beide Häuser nebeneinander erwähnt, oft mit dem Bemerken, daß eine gemeinsame Berathung vorangegangen. Die verschiedenen alten Steuerarten Scutagia, Hydagia, Tallagia werden noch sehr lange ausdrücklich genannt. Unter dem Hause Lancaster fließen sie immer mehr in allgemeine Namen zusammen. Als gewöhnliche Steuerbewilligungen gilt zuletzt eine Subsidie (zu 70,000 Pfd. Sterl.) und $^2/_{15}$ (zu 29,000 Pfd. Sterl.) Coke 4. Inst. p. 33. Ueber das Geschichtliche der Zölle und ihrer Einreihung in das Steuerbewilligungsrecht vergl. Sinclair History of the revenue I. 109 ff. Ueber die Steuervertheilung auf die Kirchspiele geben die Inquisitiones nonarum die mehrfach erwähnte Auskunft. Einen Auszug aus den Steuerlisten von 1454 giebt Hallam, Const. Hist. I. c. 1. Es ergiebt sich dabei unter Anderem, wie man auch finanziell dazu kam, von der Seite der Steuerbewilligung aus die Städte mit den Grafschaften zu coordiniren, da manche größere Stadt mehr dafür bedeutet als manche ärmere Grafschaft.

Wenn schließlich Anstey, Guide to the Hist. of Const. 1855 S. 209, behauptet: „das Besteuerungsrecht war nicht ein Privilegium, sondern ein Amt. Jedes Votum, sei es auf Steuer, Rath oder Gesetz, war in der Weise eines Verdicts"; — so ist dies eine Uebertreibung des Gerichtscharakters der alten Volksversammlungen, die aber ein Element der Wahrheit enthält.

(2) Das Petitions- und Beschwerderecht bildet im ersten Jahrhundert die eigentliche Hauptbeschäftigung des Parlaments. Die Erörterung der Petitionen hatte freilich wegen ihrer richterlichen und administrativen Natur ihren Schwerpunkt im Oberhause. Sie wurden von den Receivers entgegengenommen, von den Triers und Auditors referirt und an die competente Stelle gewiesen. Seit

Eduard III. nimmt auch das Unterhaus an diesen laufenden Geschäften Theil. Die Grundsätze der Abschichtung der Petitionen „an den Kanzler", „an den Exchequer," „an die Justices" u. s. w., wie sie in dieser Zeit ausgesprochen werden, enthalten die allmälige festere Auseinandersetzung der Staatsdepartements. Mindestens 9/10 der Petitionen bezogen sich immer auf die administration of law. Seit Heinrich IV. kommen Petitionen an das Haus der Gemeinen in großer Zahl vor. (May, Parlamentsrecht, übersetzt von Oppenheim, S. 433.) Die Beantwortung der Beschwerden pflegte am Schluß der Verhandlungen, also nach den Geldbewilligungen zu erfolgen. Die Versuche dies umzukehren wurden Anfangs vom Könige entschieden zurückgewiesen, zuletzt aber doch nachgegeben. — Eine Privatanklage (appeal) mit Beweis durch Zweikampf oder Zeugen kam wie vor jedem Gerichtshof auch vor dem Consilium Magnum vor, wurde aber unter Heinrich IV. ausdrücklich aufgehoben. Dagegen erscheint die collegialische Anklage des Unterhauses in der Weise eines presentment durch die Grafschaftsjury zuerst in 51. Edw. III. gegen Latimer (Rot. Parl. Ed. III. Vol. II. p. 321—330), verläuft aber ohne eigentliche Erfolge. Desto wirksamer wird sie in 10. Ric. II. (Parl. History I. 417—425), und wird von da an bis zum Schluß des Mittelalters ein Instrument blutiger Parteiverfolgungen.

(3) Die Theilnahme an der gesetzgebenden Gewalt steht in Wechselwirkung mit der allmäligen Scheidung der Functionen in dem Parlament selbst. Der Uebergang der Gesetzgebung durch Charters und Assizes in Statutes ist wie bei allen staatsrechtlichen Bildungen, ein allmäliger. Die lange, an organischen Gesetzen so reiche Periode Eduard's III. ist offenbar der Wendepunkt, in welchem die Idee einer Königlichen Gesetzgebung mit formaler Zustimmung der Stände zur Reife kommt. Lange Zeit gehen einseitige Königliche Verordnungen in Gestalt von Charters und Ordinances noch nebenher, in Gegenständen, für welche die spätere Zeit ständische Zustimmung verlangt haben würde. So hat die confirmatio chartarum 25. Edw. I. noch jene Form. Die Stadtrechte, städtischen Berufungen zum Parlament, sowie die späteren Incorporationscharten sind weitere Beispiele. Noch unter Eduard III. sind die wichtigsten Gesetze so entstanden, daß der König auf Petitionen der Gemeinden mit Zustimmung des großen Raths eine genehmigende Antwort giebt, aus der dann am Schluß der Sitzung die Richter ein Statut redigiren. Doch werden die Commoners schon am Eingang des Statuts als Mitbetheiligte erwähnt. Die bewußte Scheidung dauernder statuta von einseitig abänderlichen Ordinances tritt in 28. Edw. III. (Rot. Parl. p. 254, Peerage Report I. 325) bestimmt hervor. Unter Richard II. war ein „Consens" des Unterhauses zu Gesetzgebungsacten schon eine geläufige Sache. Unter dem Hause Lancaster beruht die ganze Staatsverfassung auf gegenseitigen Anerkenntnissen zwischen König, Ober- und Unterhaus. Das Königliche Zugeständniß 2. Henry V., daß den Petitionen der Gemeinden nichts zugesetzt werden solle, was ihren Anträgen entgegen sei und sie ohne ihre Zustimmung binden könnte, war eigentlich nur Consequenz dieser Situation. Ueber die Form der Gesetzgebung vergl. Reeves History II. 142, 153, 354; III. 143, 252, 379. Vergl. auch Palgrave I. 312 ff., wo die allmälige Entwickelung des Parlaments aus einer richterlichen und administrativen Versammlung in eine gesetzgebende, eine remedial representation, in einen political congress dem Grundsatz nach vollkommen richtig entwickelt ist.

Scheidet man diese Periode in sechs Menschenalter, so ist im ersten Menschenalter der große Rath als Körperschaft pares terrae constituirt, den Grafschaften und Städten die Theilnahme an der Steuerbewilligung zugestanden.

Im zweiten Menschenalter ist die Pairsgerichtsbarkeit geltend gemacht; die Communitates nehmen thatsächlich an der Gesetzgebung Theil.

Im dritten Menschenalter beginnt ein regelmäßiger Gang der Gesetzgebung mit Zustimmung der Lords und Prälaten; Ritter und Städte haben sich zu einem Hause der Communalverbände vereint. Die Communalverbände schließen sich fester zusammen durch Contingentirung der Steuern, Geschwornendienst und Selbstverwaltung der Polizei.

Im vierten und fünften Menschenalter beginnt die Anerkennung und Creirung eines erblichen Baronentitels im Oberhaus, die erblich Berufenen bilden allmälig die Mehrzahl. Die bisherige Praxis der Gesetzgebung wird vom König anerkannt: das als Statutum mit den Ständen vereinbarte darf nur mit gemeinsamem Consens wieder aufgehoben werden.

Im sechsten Menschenalter ist das Oberhaus oberste Gerichts- und Beschwerdeinstanz des Landes, der übermächtige Schwerpunkt der Staatsregierung geworden. Unter Richard III. tritt das Unterhaus auf kurze Zeit in diese Stelle.

Die Einreihung der Kirche in diesen Organismus hat sechs weitere Generationen erfordert.

*** **Die Elemente der Harmonie und Disharmonie im Staatswesen** sind immer in der Uebereinstimmung oder Nichtübereinstimmung zwischen Besitz, staatlicher Leistung und staatlicher Geltung zu suchen. Ungemein lehrreich sind von diesen Gesichtspunkten aus die concreten Verhandlungen des Parlaments, die in den Rotuli zwar nur ein lückenhaftes, aber für eine unbefangene Auffassung lebendiges Bild ergeben. Eine solche unbefangenere Behandlung ist bereits in dem Report on the Dignity of a Peer Vol. I. in einem Sinne versucht, der nicht aus jedem einzelen Hergang ein Precedent für das praktische Staatsrecht zu machen sucht.

Gewiß waren die Verhältnisse so schwierig wie in irgend einem neueren Verfassungsleben. Auch damals stand eine ältere regierende Klasse (Prälaten, Barone, zusammenfallend mit dem hohen Civil- und Militärbeamtenthum) gegenüber einer jungen Wahlversammlung der Steuerzahler. Die Ansprüche der einen Klasse auf Theilnahme am Staat waren ebenso unabweisbar wie die Rechte der anderen; denn der Staat bedurfte des Geldes, des Miliz-, Gerichts- und Polizeidienstes der einen ebenso nothwendig, wie der Kriegsmacht und Geschäftserfahrung der anderen. Unzweifelhaft waren die Commoners des 13ten Jahrhunderts ebenso unerfahren in den wirklichen Bedürfnissen eines großen Staats wie die neuen Wahlberechtigten des 19ten Jahrhunderts. Unzweifelhaft waren ihre nächsten Wünsche, Vorstellungen, Anträge oft schwer vereinbar mit den wirklichen Bedürfnissen des Staats und mit den Ansprüchen der Prälaten und Seigneurs. Und doch fand sich die rechte Regierung des Landes, welche die streitenden Elemente zu einem kraftvollen Gesammtwillen zu vereinigen wußte, in einem Königthum, berathen von seinem permanenten Council. Trotz alles Schwankens, trotz aller Uebergriffe des Oberhauses, und oft auch schon der Commoners, hat sich unter jedem tüchtigen und unter jedem pflichttreuen König die Ausgleichung des scheinbar Unversöhnlichen in eine Harmonie der Rechte und Pflichten gefunden, aus welcher unter allen Stürmen die parlamentarische Freiheit siegreich und mächtig hervorging, und mit ihr das Bewußtsein der Nation von ihrer Macht und Weltstellung. Dem staatlich Nothwendigen, was von König und Rath aus gefordert wurde, hat sich das Parlament, trotz alles Parteistreits, gefügt. Trotz aller Leidenschaft und Gewaltsamkeit der Parteien geht bis zur endlichen Katastrophe ein Geist des Patriotismus und ein Sinn der Gerechtigkeit durch diese Zeit, der seinen letzten Grund hat in der gleichmäßigen Gewöhnung an die Staatspflichten, in der Vertheilung der Staatslasten. — Die Zeiten Eduard's II., Richard's II. und Heinrich's VI. bilden Ausnahmen, in denen man neben dem Uebermuth der Großen die völlige Unfähigkeit und schwere Verschuldung des Königthums nicht vergessen darf. Der unglückliche Schlußakt aber, der Kampf der beiden Rosen, ist das Gesammtresultat einer tief verflochtenen Situation, in welcher die Widersprüche des englischen Mittelalters zu einem blutigen endgültigen Austrag kommen.

Die langen französischen Kriege hatten sich trotz alles Glanzes und Ruhms als ein hoffnungsloses Unternehmen erwiesen. Die europäische Stellung bedingte eine endgültige Auseinandersetzung mit dem Continent, die sich zwar endlich zu Gunsten der französischen Nation entschied, aber doch auch entscheidend für das nationale Bewußtsein Englands und sein Gewicht im europäischen Staatenverband wurde. Im Laufe von Jahrzehnten war im Kampf auf französischem Boden ein zweites England entstanden, war ein Geschlecht aufgewachsen, welches in den friedlichen Grafschaften und Flecken der Heimath keinen Platz mehr fand. Uebermüthig geworden durch Lagerleben, Plünderung und Verschwendung, wußten die zurückkehrenden Herren sich noch schwerer in ihr Vaterland zu schicken, wie die Tausende von entlassenen Soldtruppen. In diesem nüchternen Communalwesen, in englischer Miliz-, Gerichts- und Polizeiverwaltung, war kein Boden mehr für Kampflust und Beute. Als diese Elemente nun massenhaft nach England zurückgeworfen waren, fand der Intriguenkampf der Adelsparteien unter den an ihre Führung gewöhnten Leuten ein nur zu bereitwilliges Material, aus welchem jeder reiche und beliebte Führer sich Heere für den Bürgerkrieg bilden mochte. Die immer trostloser werdende Schwäche Heinrich's VI. ermuthigte die ruhenden Ansprüche des Hauses York. Für alle Factionen war jetzt die Parteifahne gefunden zu einem Kampf nicht gegen, sondern um die Krone. Jener wilde gräuelvolle Adelskampf erhält eine ganz eigenthümliche Färbung grade durch die Verflechtung der großen Adelsfamilien mit dem weit verzweigten Königshause und durch die Centralisirung aller Staatsgewalt in König und Parlament. Das staatskluge Haupt der Yorks, — die Interessen der Städte, die friedlichen Bedürfnisse des Landes vertretend, — erringt in dem ersten Hauptabschnitt des Kampfes den Sieg auf Kosten der großen Familien des Landes. Es war die Reaction des Königthums und der Commoners gegen das aus der Verfassung herausgetretene Herrenthum. Nach einer weitern Kette von Freveln und Intriguen ist endlich unter dem ersten Tudor der Kampf der Adelsfactionen verblutet. Das Königthum geht mit unbestreitbarem Titel aus dem Kampfe hervor. Das Unterhaus hat in jener Katastrophe ein Gleichgewicht mit dem tief gedemüthigten und geschwächten Oberhause erlangt, mit welchem diese Periode schließt.

Aber auch während der glänzendsten Zeit dieser Staatsbildung sind doch für eine schärfere Prüfung schon die Disharmonien erkennbar, die sich in dem Schlusse zusammendrängen. Sie liegen hauptsächlich in drei Punkten:

1) In dem militärischen Uebergewicht des großen kriegerischen Adels über alle anderen Stände. Das normannische System der Lehnsmilizen, hatte

durch die Coordinirung der kleinen und großen Kronvasallen und durch die unmittelbare Unterordnung der Untervasallen unter das Königthum einst das Gegengewicht zu bilden gesucht. Die Grafschaftsmilizen, die das neue Gegengewicht werden sollten, waren in den verschiedenen Landestheilen nicht zu gleichmäßiger Entwickelung gekommen; in den französischen Kriegen hatten sich die kampfslustigsten Elemente derselben dem reichbezahlten, durch Beute und Abenteuer anziehenden Condottieredienst der großen Barone angeschlossen. Einer starken Coalition solcher Herren war das Königthum zeitweise nicht mehr gewachsen. Diese Militärmacht, verbunden mit dem Reichthum und mit der Stellung der Lords im großen Rath, verlegen den Schwerpunkt der Macht von Zeit zu Zeit in das Oberhaus. Hinter jeder kriegerischen Epoche folgt daher unter schwachen Königen eine Katastrophe, unter Eduard II., Richard II., Heinrich VI. Die Thron-Usurpation des Hauses Lancaster kam wie immer zunächst den Klassen zu gut, welche dem Königthum am nächsten standen. Grade dadurch ist die erbliche Pairie und die dominirende Stellung des Adelsraths über den Staatsrath zunächst entschieden. Der Kampf der großen Adelsfamilien war durch eine im Lauf des 15ten Jahrhunderts einseitige Entwickelung der Militärverfassung in dieser Weise möglich geworden.

2) Das zweite weniger sichtbare Element der Disharmonie liegt in dem Unterhause, namentlich in der planlos vermehrten Vertretung der Städte. Die bescheidene Stellung derselben scheint die kurzsichtige Vorstellung erhalten zu haben, daß in ihnen unter allen Umständen ein der königlichen Macht unbedingt ergebener Bestandtheil des Parlaments zu finden sei. Trotz des Widerstrebens der Städte selbst war die Zahl ihrer Abgeordneten am Schluß des Mittelalters bis auf die vierfache Zahl der Grafschaftsritter erhöht; während das den Staatsleistungen entsprechende Verhältniß eher das umgekehrte gewesen wäre. Dies ungebührliche Uebergewicht zeigt sich nicht sowohl in der politischen als in der socialen Richtung der Gesetzgebung. Schon unter Eduard I. petitioniren die Bürger von London, daß die fremden Kaufleute aus der Stadt vertrieben werden sollen, „weil sie reich werden zur Verarmung der Bürger". Der städtische Einfluß zwingt Eduard III. die schon aufgehobenen Stapelrechte wieder herzustellen. Besondere Gesetze sollen die „redlichen Kaufleute gegen das Vertheuern schützen". Die Zulassung und Duldung fremder Handwerker stößt auf wiederholten Widerspruch. Ein- und Ausfuhr von Waaren soll auf Schiffen geschehen, welche königlichen Unterthanen gehören (Ric. II.). Nur Personen von 20 Sh. Einkommen dürfen ihre Kinder städtisches Gewerbe oder Handel lernen lassen (7. Henry IV. c. 17). Weit eingreifender noch ist das System der eigentlichen Arbeitspolizei. Die Pest im Jahre 1348, die folgeweise Erhöhung der Löhne, veranlaßten zuerst eine Ordonnanz und zwei Jahre später die mehrerwähnte Parlamentsakte, die den Lohn auf die Sätze der letzten fünf oder sechs Jahre fixirt, unter Androhung von Einsperrung und Brandmarkung. Unter Richard II. folgen neue Gesetze, die den niederen Klassen eine Reihe von Belustigungen untersagen, und sie noch fester an ihren Wohnort binden. Der Bauernaufstand unter Richard II. führt zur Anwendung der Strafgesetze vom Hochverrath. Unter Heinrich VI. werden Arbeiterverbindungen zur Umgehung der Arbeitspolizeigesetze für Felonie erklärt. Das Unterhaus petitionirt sogar einmal um ein Verbot gegen die unteren Klassen, ihre Kinder in die Schule zu schicken um sie dem geistlichen Stande zu widmen, — und das „zur Ehre für alle freien Männer im Königreich". Immer machen sich

in dieser Richtung die Zeiten bemerklich, in welchen das Königthum in äußerliche Bedrängniß gerathen war. Die Ueberspannung dieser Richtung führt unter Richard II. und Heinrich VI. zu umfangreichen und gefährlichen Aufständen, die sich mit den politischen Wirren der Zeit durchkreuzen.

3) Das dritte Element der Disharmonie liegt in der wachsenden Spannung zwischen Kirche und Staat. Nachdem die wichtigsten Forderungen eines Rechtsstaats und die Reichsstandschaft durchgesetzt waren, gingen die weiteren Anschauungen und Interessen der geistlichen und weltlichen Herren vielseitig auseinander. Noch stärker aber wurde die Opposition der Commoners gegen die übermäßige Häufung des geistlichen Grundbesitzes, gegen das Bestreben der Geistlichkeit nach Steuerprivilegien, gegen die mangelhafte Erfüllung des kirchlichen Berufs durch die bereits entartete Kirche. Die Haeresien finden schon in dem Unterhause Richard's II. eine wenig verhüllte Sympathie. Die Weigerung Ric. II., die blutigen Ketzerverfolgungen gewähren zu lassen, führt zu einer Coalition der hohen Geistlichkeit mit dem Adel, die einer der Gründe zum Sturz Richard's II. wird. Die Beförderung der geistlichen Strenge, die Nachgiebigkeit gegen die Interessen der Prälatur wird eine Hauptstütze für den usurpirten Thron der Lancaster. Es fehlt bereits die innere sittliche Verbindung und Durchdringung des geistlichen und weltlichen Elements im Staat. Die Convocationen stellen sich immer äußerlicher dem Parlament gegenüber; die Kirche wird zu einem politischen Factor in den weltlichen Kämpfen. Allerdings treten in den wilden Kämpfen der beiden Rosen die Reformationsideen wieder gänzlich zurück. Allein dieser Friede ist nur die absolute Indifferenz. Für Vornehme und Geringe ist die Religion in der Kirche aufgegangen, während umgekehrt die hohe Geistlichieit grundsatzlos jede Staatsmacht anerkennt, die ihren Besitzstand gelten läßt.

IV. V. Periode.

Das Zeitalter der Reformation und der Revolution.

Tudors und Stuarts.

Heinrich VII. 1485–1509.	Jakob I. 1603—1625.
Heinrich VIII. 1509—1547.	Carl I. 1625—1649.
Eduard VI. 1547–1553.	Die Republik 1649—1660.
Mary 1553—1558.	Carl II. 1660—1685.
Elisabeth 1558—1603.	Jakob II. 1685—1688.

A. Wie weit auch das Jahrhundert der Tudors und das Jahrhundert der Stuarts*) als 2 Perioden für die politischen Schicksale des Königthums und für das gegenseitige Verhältniß der Faktoren der Staatsgewalt auseinander liegen, so bilden sie doch eine Einheit, sobald man die Grundlagen des innern Staatswesens in das Auge faßt, und gerade diese Auffassung enthält vieles Lehrreiche, welches in der vielbeschriebenen Zeit leicht übersehen und vergessen wird.

Die konstitutionelle Regierung hatte unter Eduard I. mit dem großen Wort begonnen: „daß was Alle angeht, auch von Allen berathen werden müsse.“ Jenes Wort war zunächst an Kirchenobere gerichtet, die sich den Lasten des Staatswesens zu entziehen suchten. Unter Mitwirkung der Stände war jener Widerspruch überwunden und das ganze Staatswesen mächtig erhoben, am Schluß der Zeit jedoch durch neue Disharmonien gewaltthätig zerrissen. Naturgemäß wandte sich die neu befestigte Dynastie zuerst an die dringendste Aufgabe: Beseitigung der militärischen Uebermacht der kriegerischen Magnaten. Dann an die größte Aufgabe: Aufhebung des Zwiespalts zwischen dem kirchlichen und weltlichen Staat. Die dritte Disharmonie, die anomale Stellung der Städte, ist auch in dieser Zeit ungelöst geblieben und weiter verwickelt.

Unter Heinrich VII. hat sich der Kampf der großen Adelsparteien verblutet, und mit ihm ist geschwunden die Zahl, der Reichthum und die Kraft der alten Geschlechter. Das Oberhaus der Tudors ist wieder zum Staats- und Reichsrath geworden, in welchem alte Edelleute und neu creirte Günstlinge um die Gnade des Königs wetteifern. Unter Heinrich VIII. verschwindet die größere Hälfte auch der unabhängigen geistlichen Herren; die noch übrig bleibenden Bischöfe werden königliche Verwaltungsbeamte auf Widerruf. Es giebt kaum einen stärkeren Contrast als das stolze Herrenhaus des 15. Jahrhunderts, welches dem Recht nach noch nicht einmal erblich war, mit dem jetzt als erblich anerkannten, mit vielerlei Titeln und Ehrenrechten ausgestatteten Reichsadel.

Mehr noch als diese Aenderung war es der Geist einer nationalen Reformation**), welche die Stellungen verändert. Der Abschließung des nationalen Lebens und Wollens in England fand sich die römische Kirche als ein fremdartiger Beamtenkörper, mit einer jetzt mehr als je verhaßten Sondergerichtsbarkeit, mit einem ausländischen Obern immer widerspruchsvoller gegenüber. Die Kirche, so verlangte die Volksstimme, sollte national werden, — ein organisches Glied des Staats: dann mußte aber das Staatsoberhaupt an die Stelle des ausländischen Bischofs treten. In dieser volksbeliebten Vorstellung wetteiferten die Commoners mit der persönlichen Ergebenheit der Reichsräthe. Als regierendes Haupt der Kirche aber ist der König wieder absoluter Herr geworden in jener Hälfte des Staats, welche man bisher die Kirche nannte. Die kirchlichen Gewalten gehen zunächst als ein gouvernement personnel auf den König über und consolidiren sich dann zu einem geistlichen Staatsrath. Dem König im Rath ordnet sich das bischöfliche Amt unter, jetzt in der Stellung eines administrativen Beamtenthums, durante bene placito. Mit dem bischöflichen Amt ist die Pfarrgeistlichkeit dem neuen Verwaltungsorganismus untergeordnet. Mit dem veränderten Besitz und der veränderten Amtsstellung verliert die Geistlichkeit den ständischen Charakter und ordnet sich, — in England nur zu leicht — dem System der Königlichen Staatsverwaltung ein. Die alten und neuen Gewalten des Kirchenregiments, die alte Autorität der „heiligen Kirche“, das gewohnte Unterthanen-Verhältniß des Laienthums zur Kirche, bilden eine Kette von neuen Machtverhältnissen der Krone. Der fürsorgliche bevormundende Geist des Kirchenregiments durchdringt die gesammte

Staatsverwaltung.***) Dies ist es, was mit der Entkräftung des Territorialadels und socialen Gegensätzen zusammentreffend, das Königthum wieder allmächtig macht.

Abgesehen davon bleibt die weltliche Reichsverwaltung unverändert. Die ganze bewaffnete Macht des Landes ist jetzt die Miliz unter Offizieren der Landgentry. Das alte Lehnsheer ist in Grundsteuern und Reallasten aufgegangen. In der Gerichts- und Polizeiverwaltung wächst das Friedensrichteramt durch die zunehmende Zahl und Bedeutung seiner Geschäfte; womit die Landgentry allmälig in die Stellung einer regierenden Klasse rückt. Von unten herauf bilden sich die Kirchspiele zu selbstthätigen Ortsgemeinden dadurch, daß die Gesetzgebung ihnen die ökonomischen Humanitätspflichten der Kirche auflegt, auch die Wegebaupflicht zeitgemäß umgestaltet. Aus Kirchen-, Armen-, Wegeaufsehern und Steuerausschreibungen für diese Zwecke entsteht eine gleichmäßige Ortsgemeinde-Verfassung mit einem kräftig aufblühenden Bauerstand und einem gewerbthätigen Bürgerstand. So schließt sich im 16. Jahrhundert die Kreis- und Ortsgemeinde-Verfassung zu einem abgerundeten Ganzen, in welchem die neuen Mittelstände durch Geschwornendienst und Ortsämter, die Gentry durch Friedensrichterthum und Offizierstellen, die Lords in regelmäßiger Stellung als Lordlieutenants an der Spitze der Miliz und der Friedensrichter, eine gewisse Harmonie von Besitz und politischer Gewalt wiederfinden.

Auf dem Höhepunkt dieser Zeit ist unter der langen glorreichen Regierung Elisabeth's ein kräftiges Staatswesen vorhanden, charakteristisch durch eine blühende Entwickelung der Mittelstände und eine neue geistige Entwickelung der Nation, — als Einheit zusammengehalten zunächst durch ideale Momente, durch die dankbaren Sympathien einer im Glück und Wohlstand zufriedenen Bevölkerung für die Monarchie, welche die große Aufgabe des Jahrhunderts ohne innere Erschütterung gelöst hat; — dann aber auch durch neue rechtliche Verhältnisse. Die äußerliche Weise der Kirchenreformation hatte den kirchlichen Amtsorganismus fast unverändert beibehalten. Mittels desselben befand sich jetzt das ganze Laienthum in einem neuen Subjectionsverhältniß unter der Krone. Während der King in Parliament für die weltliche Seite des Staates an steuerbewilligende, gesetzberathende Stände, an Gerichtsverfassung und Grundrechte gebunden ist, regiert er dieselben Unterthanen als geistlicher Monarch absolut in den Formen des reinen Beamtenstaats. Der bisherige Dualismus eines kirchlichen und weltlichen Staats wird dadurch zu einem unvermittelten Gegensatz innerhalb der Königlichen Staatsregierung selbst, der in sichtbarer Spannung schon unter Elisabeth vorhanden, mit jedem Menschenalter an widerspruchsvoller Schärfe zunimmt****).

Eben dies Verhältniß führte nun aber unter einer neuen Dynastie zu einem Conflict der Stände mit König und Central-Verwaltung, in welcher seit der Verschmelzung des kirchlichen und weltlichen Staats die Tendenzen eines berufsmäßigen Beamtenstandes stetig fortgewachsen sind. In diesem Kampf mußte, — wenn nicht das Königshaus der Stuarts, — so doch ihr Beamtenstaat unterliegen; denn für Heer und Gericht, für Polizei und Armenpflege, für Steuer und für Alles, was den Staat angeht, sind die Kreis- und analogen Stadtverbände bereits geschlossene unauflösliche Körperschaften. Durch sie gliedert sich die Bevölkerung in harmonische, sich gegenseitig anerkennende Stände, mit wohl erworbenen Rechten auf selbstthätige Theilnahme an der Staatsregierung im Einzelen und im Ganzen. Das Parlament war von Alters her nur die Zusammenfassung dieser Communal- und Ständeverhältnisse; der Parlamentsorganismus war also hier von Grund aus der stärkere.

Daß aber die Stuarts in der Weise unterlagen, die ihre schließliche Vertreibung als „glorreiche Revolution" erscheinen ließ, war ihre Schuld, weil das was sie wollten nur Eigenwille, dem Sinn und Inhalt nach aber zu keiner Zeit das war, was der wirkliche Beruf des Königthums „von Gottes Gnaden" ist. Im Aeußern wie im Innern, im Staat und in der Kirche, sind die großen Aufgaben der Zeit an diesem Königsgeschlecht unverstanden vorübergegangen. So konnte binnen drei Menschenaltern dies Königthum in seinem staatswidrigen Thun einem monarchisch erzogenen Volk unverständlich werden. So konnte es zu zwei gewaltigen Katastrophen kommen, die grade in dem Lande, welches der Monarchie seine Verfassung verdankt, ein unüberwindliches Mißtrauen gegen den persönlichen Beruf des Königthums zurückließen.

*) **Die reiche Litteratur der Zeit der Tudors und Stuarts,** soweit sie für das innere Staatsleben in Betracht kommt, umfaßt:

1) Die Gesetzesurkunden, seit 4. Hen. VII. ausschließlich in englischer Sprache. Die Statute Rolls enden zwar mit 9. Hen. VII. (Rot. Parl. Vol. VI.) und gehen in den Rotuli Parlamentorum auf. Die offizielle Gesetzsammlung (Statutes of the Realm 1810ff. fol.) enthält aber von Band II. an die jetzt schon sehr zahlreichen Gesetze correct und wesentlich vollständig. Für die Zeit der Republik gehört dazu ergänzend: Acts and Ordinances during the Usurpation from 1640 to 1656, by Henry Scobell. Lond. 1658 fol.

2) Die Parlamentsverhandlungen sind in den Rotuli Parlamentorum als Original-Akten seit 12. Hen. VII. im Parliament office vorhanden. Nur bis 3. Car. I. enthalten die Rotuli aber wirkliche Verhandlungsprotokolle;

von da an nur die beschlossenen Statuten. Mit 1. Hen. VIII. beginnen die amtlichen Journals of the House of Lords, gedruckt mit General Index und einem besonderen Calendar of the Journals of the H. of L., from H. VIII. to 30. Aug. 1642; in diese Periode gehören die zehn ersten Bände. — Die Journals of the House of Commons beginnen mit 1. Edw. VI. (1548) und sind von 1. Edw. VI. bis 20. März 1628, wieder abgedruckt 1803 fol. mit Indices; in diese Periode gehören Vol. I.—XIV. Das unter dem Titel Parliamentary History (1806—1820) gedruckte Sammelwerk umfaßt in den ersten fünf Bänden diese Zeit, Vol. I. a. 1066—1625, Vol. II.—V. bis a. 1703.

3) Die sonstigen State papers sind in unabsehbarem Umfang in den englischen Archiven vorhanden, nur in kleinen Bruchtheilen veröffentlicht. Die Staatsrathsprotokolle: Sir H. Nicolas, Proceedings and Ordinances of the Privy Council of England 1834—1837, reichen bis 33. Henry VIII. Ein Katalog der State papers ist jetzt gedruckt als Calendar of the State papers 1547—1580 by R. Lemon. 1857; spätere Abschnitte von A. Ev. Green und J. Bruce 1857—62; ein descriptive Catalogue von D. Hardy. Einen Abriß über den Verwaltungsorganismus dieser Zeit giebt Gneist Bd. I. Abschn. 4 und 5.

4) Die englische Rechtsgeschichte von Reeves, History of the English Law 1815, umfaßt in Band IV. und V. die Zeit der Tudors. Die juristischen Schriftsteller dieser Zeit sind allerdings wichtiger für Privat-, Strafrecht und Prozeß, als für öffentliches Recht. Doch sind Sir Edw. Coke's Institutes Part II. eine Hauptautorität auch für Fragen des öffentlichen Rechts (ich benutze die Ausgabe The second Part of the Institutes of the Law of England, London 1747, 8°, 2 Vols.), von welchen der erste Band einen Commentar zu älteren Statuten, der zweite Band das Strafrecht als Third Part, und die Gerichtsverfassung als Fourth Part enthält. Auch die strafrechtlichen Schriften von Staunforde, Hale und Hawkins enthalten mancherlei in das Communalwesen Eingreifende.

5) Für die allgemeine politische Geschichte etwa: Hallam, Constitutional History Vol. I. und II. (vom whigistischen Standpunkt, Recension in Macaulay's Essays). Lingard, History of England (vom katholischen Standpunkt). Froude, History of England etc. 1855—1860, 6 Vols. (geistvolle Apologie der Tudors, vorzüglich Heinrich's VIII.). Pauli-Lappenberg, Geschichte von England Bd. 5 (bis zu Heinrich VIII.). Jetzt in erster Stelle: Ranke, Englische Geschichte, vornämlich im 16ten und 17ten Jahrhundert Band 1—3, Berlin 1859—1861 (bis zum Tode Cromwell's). Mit beschränkterer Aufgabe: Fr. Baconi, Historia regni Henrici VII. Amst. 1662. Lord Herbert, Life and reign of Henry VIII. 1649 (amtlich). Camden, Annales Britt. regn. Elisabeth. T. Smith, the Commonwealth of England, 1638 ff. (Politischer Zustand zur Zeit Elisabeths). Neuere Beiträge: Lodge, Illustrations of British History and manners from Henry VIII. to James I. 3 Vols. 1838.

6) Für die Geschichte der Reformation ist immer noch maßgebend die einseitige aber quellenmäßige von Burnet, History of the Reformation 1681, 3 vols. fol. Unter den Ergänzungen aus neuster Zeit sind etwa hervorzuheben: J. Galt, Life of Cardinal Wolsey 1846. Für die Puritanische Zeit: Samuel Hopkins: The Puritans in the Church, Court and Parliament during the reigns of Edw. VI. and Eliz. New York 1859. J. B. Marsden: The history of the early Puritans. J. B. Marsden: The history of the

later Puritans. — Ferner: Vaughan, Revolutions in Engl. Hist. Vol. II. Revolutions in religion. A. Amos, Observations on the Statutes of the Reformation Parliament in the Reign of King Henry VIII. London 1859.

7) Eine Specialgruppe bildet die Litteratur über die Zeit und über die Staatsrechtsfragen der Revolution. An der Spitze jetzt die glänzendste der englischen Geschichtsdarstellungen: Macaulay, History of England etc. Sodann von verschiedenen Standpunkten: Clarendon, the History of the Rebellion. Oxf. 1705. Bas. 1798. Guizot: Histoire de la révolution d'Angleterre und in anderen Schriften. Dahlmann, englische Revolution. Ueber die politischen Streitschriften dieser Zeit von Hale, Prynne, Selden, Brady u. A. vgl. R. v. Mohl, die Litteratur der Staatswissensch. Bd. I. S. 325—30. II. 70 ff. 86 ff. Insbesondere Sir Roger Twysden, Certain considerations upon the Government of England, edited by J. M. Kemble, London 1849. 4°. Ein neuer Beitrag: J. Langton Lanford, Illustrations of the Great Rebellion. London 1858.

) **Der äußerliche Hergang der englischen Reformation erscheint zunächst als eine formale Verbindung zweier bisher getrennter Staatssysteme unter einem Staatsoberhaupt. Die katholische Kirche mit ihrem römischen Oberhaupt, ihrem englischen Primas, mit geistlichem Parlament, geistlicher Gesetzgebung, Steuerbewilligung, Gerichtsbarkeit, war seit dem dreizehnten Jahrhundert in wachsendem Zwiespalt mit dem ebenso geschlossenen weltlichen Staat gewesen. In England war es zunächst das Bestreben nach nationaler Selbständigkeit, welches sich gegen den kirchlichen Universalstaat auflehnte. Die Wünsche der Mehrheit des Volks und der niederen Geistlichkeit kamen darin den politischen Tendenzen und den persönlichen Wünschen des Königs entgegen. Das Königthum konnte sich daher nicht auf die Thätigkeit einzeler Reformatoren stützen, die das in England noch nicht bedeutende geistige Element der Bewegung vertraten, sondern nur auf die Masse der wenig gebildeten, aber populären Pfarr-Geistlichkeit, und auf die Masse des Volks, in der seit zwei Jahrhunderten die nationale Eifersucht gegen römischen Einfluß gewachsen war. Hier wie im weltlichen Parlament war jetzt wie früher das Element der commoners der natürliche Verbündete des Königthums. Auf Anträge der commoners ist in einem sieben Jahre lang prorogirten Parlament das politisch Wesentliche zu Stande gebracht.

Dem entsprechend sind die ersten Schritte die auf äußere Ablösung vom päpstlichen Stuhl abzielenden: Einschärfung des praemunire und des Verbots aller Appellationen an die Curie, Nichtigkeitserklärung aller päpstlichen Indulgenzen. Das päpstliche Dispensationsrecht wird dem Primas übertragen; die Wahl der Bischöfe, die Ertheilung des pallium von jeder Einwirkung der Curie befreit; jeder Doctor des Civilrechts, Geistlicher oder Laie, zur Ausübung der (jetzt am meisten verhaßt gewordenen) kirchlichen iura jurisdictionis für befähigt erklärt. So ist zunächst das obere Amtspersonal der Kirche von der Verbindung mit Rom abgelöst.

Der zweite entscheidende Schritt ist die Aufhebung der Klöster, die bisher ein Fünftel des Grund und Bodens im Reich, und etwa dreimal so viel Einkünfte wie die ordentlichen Kroneinnahmen besessen hatten. Mit Königlicher Verschwendung werden diese Massen theils an Adel und Gentry vertheilt, theils gen verwendet, theils für Staatsrechnung parzellirt; dadurch der Besitz zahlreicher Familien vom Rechtsbestand der Reformation abhängig gemacht, und die bisherige Majorität der geistlichen Pairs im Oberhaus, nach Wegfall der Aebte und Prioren, in eine Minorität verwandelt.

Theils gleichzeitig, theils nachfolgend treten zu diesen praktischen Maßregeln die zusammenfassenden Erklärungen der Königlichen Suprematie, durch welche sich der König, ebenbürtig der päpstlichen Legitimität, auf den Boden göttlicher Einsetzung und Unfehlbarkeit stellt.

Am spätesten folgt die Feststellung des dazu gehörigen neuen Dogmas; 31. Henry VIII., cap. 14, a. d. 1539, an act for Abolishing of Diversity of Opinions in certain Articles concerning Christian Religion, — später 32. Hen. VIII. c. 26; 34. Hen. VIII. c. 1. Das Parlament hatte den König zwar ermächtigt eine Commission zu ernennen „zur Vereinbarung über eine neue Form der Nationalreligion". Allein man ging dabei zögernd zu Werke, und wußte in den Artikeln Gardiner's wirklich wenig Neues aufzustellen. Erst unter Eduard VI. ist in Dogma, Kirchendienst, Liturgie, Abschaffung des Cölibats und Gestattung des Bibellesens die Reformation zur Ausführung gekommen.

Eben wegen dieser äußerlichen Weise der Einführung konnte unter der katholischen Marie ohne sichtbaren Widerstand eine äußerliche Rückkehr zur römischen Kirche stattfinden, die indessen, — eine nur kurze Unterbrechung, — unter Elisabeth doch zur vollständigen Consolidirung der Staatskirche führt. Die Act of Supremacy 1. Eliz. c. 1. und die Act of Uniformity 1. Eliz. c. 2. (1558) fassen das Gesammtresultat zu einer verfassungsmäßigen Staatskirche zusammen, der nunmehr die ganze Bevölkerung des Landes von Rechtswegen zugehört. Jeder Geistliche, jeder Engländer in einem öffentlichen Amt und beim Eintritt in das Unterhaus, sollen den Suprematie-Eid leisten. Die 39 Artikel, zuerst vereinbart mit dem Clerus, werden auch vom Parlament bestätigt, und dadurch die englische Staatskirche dem king in council und dem king in parliament incorporirt. Die Königliche Suprematie ist eine nothwendige Voraussetzung der jetzigen Staatsverfassung geworden mit allen Folgerungen für das äußere Leben. Die späteren Gesetze Elisabeths erscheinen dazu nur als Nachträge: 5.Eliz. c. 1. for assurance of the Queen's royal power over all estates and subjets; 13 Eliz. c. 1 against Bulls from Rome; 13 Eliz. c. 12 for Ministers of the Church to be of sound religion; 23 Eliz. c. 1 against Mass; 27. Eliz. c. 2 for the departure of Jesuits and Priests; 35 Eliz. c. 1 against Sectaries; 35 Eliz. c. 2 against Popish Recusants.

***) **Der Verwaltungs-Organismus der neuen Staatskirche** ergab sich schon aus diesem Hergang in fester Rechtscontinuität. Die Kirche war als die Lehranstalt der Völker aufgewachsen. Für Staat und Volk war nur eine gebietende, das göttliche Wort verkündende, in einem festen Beamtenstaat gegliederte Kirche vorhanden. Nach tausendjähriger Anschauung der Völker gab es ebendeshalb nur eine Kirche. Auf der Stufe der Zeitanschauung konnten religiöse Vorstellungen überhaupt nicht blos geistige Ideale sein. In dem Maße, in welchem die römisch-katholische Kirche äußerlich geworden war, konnte auch die davon abgelöste Staatskirche ihren Halt nur gewinnen in Staats-Institutionen, im realen Besitz, in Kirchen-Obrigkeiten, in der Person des Landesherrn. Der ganze Bestand des Lieblingswerks der Zeit und der Nation, die Stellung der Geistlichkeit, der Besitz vieler tausend Pfründen und neuer Eigenthümer auf säcularisirtem Boden, stand und fiel nunmehr mit den nachfolgenden Staatseinrichtungen:

1) Für die souveräne Kirchenregierung wird der hohe geistliche Hof, High Commission Court, gebildet. „Alle solche Jurisdictionen und Privilegien, wie sie früher ausgeübt worden durch eine geistliche oder kirchliche Gewalt zur Visitation oder Correction der Kirche, sollen für immer vereint und annectirt sein der souveränen Krone dieses Reichs." 1 Eliz c. 1, § 16, 17. Indem aber die Kirche den Bischöfen und ihrem Oberbischof göttliche Einsetzung zuschreibt, erklärt sie diese Gewalten für unabhängig von jedem anderen Willen und Einfluß. In diesem vollen Sinne war die Kirchenregierung nunmehr vom Papst auf den König übergegangen. Diese Befugnisse hatte Heinrich VIII. zuerst seinem Cromwell als Generalvikar delegirt, beschränkt auf die „Ausführung der Reformation". Nach Vollendung derselben schien es nothwendig, nach dem Vorbild der mittelalterlichen Kirche, die höchste Gerichtsbarkeit und Oberaufsicht einer collegialischen Behörde zu delegiren. Durch die Suprematie-Acte wird die Königin ermächtigt, eine solche Behörde High Court of Commission aus widerruflich durch Patent ernannten Beamten zu bilden, — einen geistlichen Staatsrath, parallel dem Privy Council in weltlichen Dingen. Der nächst ausgesprochene Zweck der ersten Commission von 1559 war eine „General-Visitation" aller Kirchen mit der Befugniß zur Suspension, Deprivation und Bestrafung der Geistlichen mit Gefängniß, Kirchencensuren oder sonst; sodann aber auch mit der Befugniß gegen Ketzerei, Irrthümer, Mißbräuche und Abweichungen in kirchlichen Dingen (offences, contempts, enormities) Geld- und Gefängnißstrafen zu erkennen. In seiner Blüthezeit (1583) bestand der Hof aus 44 Commissarien, darunter zwölf Bischöfe, eine noch größere Zahl von Staatsräthen, und andere Cleriker und Civilisten. „Er soll von Zeit zu Zeit durch eine Jury oder durch Zeugen und andere Mittel nachforschen allen Verletzungen und Vergehungen gegen die Suprematie-, Uniformitäts- und zwei andere Acte; sowie nachforschen allen ketzerischen Meinungen, aufrührerischen Büchern, Ungehorsam, Verschwörungen, falschen Gerüchten, verläumderischen Worten ꝛc. gegen die gedachten Gesetze." Je drei Commissarien, darunter ein Bischof, sind ermächtigt alle Personen zu bestrafen, welche nicht der Uniformitäts-Acte gemäß die Kirche besuchen; zu visitiren und zu reformiren Ketzereien und Kirchenspaltungen; alle Personen ihrer Pfründen zu entsetzen, welche eine Doctrin gegen die 39 Artikel behaupten; Fleisches-Verbrechen zu bestrafen; alle verdächtigen Personen eidlich zu examiniren; Ungehorsame durch Kirchenbußen, Geld- und Gefängnißstrafen zu verfolgen; die Statuten von Collegien, Schulen und Stiftungen zu verändern; den Suprematieeid zu verlangen, vgl. Gneist I. § 28. Burnet History of Reform. II. 358. Reeves Hist. of the English Law V. 216—18. Wie in der Sternkammer, mit der sich der Hof ineinandergreifend ergänzt, wurde in diesem Beamtenkörper der reine Inquisitionsproceß in Form und Geist sofort herrschend. Während der Revolution aufgehoben, blieb er auch unter der Restauration beseitigt. „Es soll nie ein neuer Hof mit gleicher Gewalt, Jurisdiction oder Autorität errichtet werden, sondern alle dergleichen Patente, Commissionen und Verleihungen nichtig und wirkungslos sein", — was freilich Jakob II. nicht abhielt eine neue Ecclesiastical Commission (1686) fast mit denselben Worten wieder einzusetzen.

2) Die Erzbischöfe und Bischöfe behalten die herkömmlichen Gewalten des Kirchenregiments und der Jurisdiction in ihren Sprengeln, aber untergeordnet dem König in Ernennung und Amtsdauer 31. Hen. VIII. c. 9 u. sp. G. Sobald ein Bischofssitz vacant wird, soll der König dem Dekan und Capitel einen congé d'elire ertheilen, mit einem Sendbrief, welcher den Namen des zu Erwählenden enthält. Wird die Wahl um zwölf Tage verzögert, so ernennt der König direct durch Patentbrief. Nach Weise der Königlichen Vertrauensämter erfolgt die Ernennung durante bene placito, also widerruflich. Beim Regierungsantritt Ed. VI. werden die Bischöfe sogar genöthigt wie andere Verwaltungsbeamte neue Commissionen zu erbitten, nach denen sie ihre Aemter widerruflich als „Delegaten des Königs in seinem Namen und unter seiner Autorität" üben. Mit dem Bisthum ist aber dem Königlichen Kirchenregiment das gesammte kirchliche Beamtenthum mittelbar untergeordnet, woraus sich auch eine neue Stellung der Convocation ergab. Die Nothwendigkeit Königlichen Consenses zu ihrer Berufung, des Consenses zu ihren Beschlüssen, waren zunächst keine bedeutenden Aenderungen des älteren Staatsprincips. Die wesentliche Aenderung aber lag in der Beamtenstellung der Personen, welche die Convocation bilden, indem die Prälaten durch ihre Königliche Commission, die niedere Geistlichkeit durch ihre hierarchische Abhängigkeit von den Bischöfen den ständischen Charakter verloren, der in einem steuerbewilligenden Körper vorausgesetzt wird. Cardinal Wolsey stieß freilich noch auf Widerstand bei Geldforderungen unter Berufung auf das verfassungsmäßige „Besteuerungsrecht nur in der Convocation". Unter Elisabeth war der neuere Geist des Beamtenthums ein Menschenalter weiter geschritten, jeder Widerspruch in dieser Richtung gebrochen. Einem solchen Beamtenthum fehlte natürlich die ständische Selbständigkeit der römisch-katholischen Prälatur. Die stehenden Heere und befestigten Plätze des kirchlichen Staats waren mit den Mönchsorden und Klöstern verschwunden; die Macht ihres materiellen Besitzes durch die Säkularisationen wesentlich abgeschwächt, alle Personalverhältnisse der für die politische Stellung der Kirche wichtigen Aemter dem Königthum untergeordnet.

3) Relativ am wenigsten geändert ist die Stellung der Pfarrer, Rectors oder Vicars. Allerdings ist dem Pfarramt nicht das wiedergegeben, was ihm gebührte. Die den Klöstern apropriirten Zehnten bleiben den eigentlichen Pfarrzwecken entzogen. Zahlreiche mit der Seelsorge betraute Aemter werden durch dürftig besoldete Vicare verwaltet. Durch das weitausgedehnte Patronatsrecht steht die Pfarrei in Abhängigkeit, aber auch in naher Verbindung mit der Land-Gentry; durch die periodisch nothwendigen Bewilligungen einer Kirchensteuer in einer gewissen Abhängigkeit von der Kirchengemeinde. Abgesehen davon ist aber der Pfarrer nach wie vor Haupt und Obrigkeit der kirchlichen Ortsgemeinde. Die beiden Kirchenvorsteher sind zugleich kirchliche und Gemeindebeamte. Wenn auch auf niederer Bildungsstufe stehend, bleibt die Pfarrgeistlichkeit im Ganzen ein populäres und einflußreiches Glied der Staatskirche.

Diesem stufenweise der Krone subordinirten Beamtenstaat ist nun aber das ganze Laienthum in kirchlichen Dingen untergeben. Die bisherigen Unterthanen des kirchlichen Staats sind durch die Reformation folgerecht in ein neues Subjectionsverhältniß zur Krone getreten, in derselben Weise, wie nach den Jahrhunderte alten Vorstellungen vom Kirchenregiment jeder Christ ein

Unterthan des Statthalters Petri geworden. Zum weltlichen Unterthaneneid tritt also der geistliche hinzu; Abschwörung der päpstlichen Gewalt ist jetzt Unterthanenpflicht, ihre Verletzung Verrath. Durch 28. H. VIII. c. 10 wird die Vertheidigung der Autorität des römischen Bischofs durch Schrift, Druck, Predigt oder Lehre, Urkunde oder Acte den Strafen des Praemunire unterworfen, die Verweigerung des Abschwörungseides den Strafen des Hochverraths, die in der späteren Gesetzgebung auf vielerlei andere näher bezeichnete Acte ausgedehnt werden. Das Gesetz Elisabeths verlangt den Suprematieeid von allen ordinirten Personen, Graduirten der Universitäten, Schullehrern und Privatlehrern der Jugend, Advokaten und Mitgliedern der Inns, Anwälten und Notaren, Sheriffs, Unterbeamten der Gerichtshöfe und allen Beamten und Dienern einer Behörde, bei Strafe des Praemunire. Unbestreitbar ist die Staatskirche in ihren Maßregeln zur Bekämpfung der Heterodoxie nicht auf eine Linie zu stellen mit den blutigen, leidenschaftlichen Maßregeln der römisch-katholischen Kirche dieser Zeit, in welcher sie dem inneren Volksleben zum großen Theil völlig entfremdet war. Dagegen erscheint die Staatskirche wieder kleinlicher, polizeilicher, quälerischer mit ihrer langen Kette von Geld- und Gefängnißstrafen, Verbannungen und den zahllosen Straffällen des Praemunire. Der Grundsatz, daß das Bekenntniß des wahren Christenglaubens Bedingung der staatsbürgerlichen Existenz sei, daß in Kirche und Staat „Niemand Mitglied des Einen sein könne, ohne Mitglied des Andern zu sein", war unmittelbar aus der alten Kirche in die neue übergegangen. Die innere Freiheit, welche sich in der deutschen Reformation in schwerem Kampfe durchsetzte, war in der englischen noch nicht zum Durchbruch gekommen, die durch eine äußerliche Transaction zunächst in eine politische Richtung gebracht war.

Der äußere Maßstab der geistigen Freiheit, welcher diese ganze Zeit characterisirt, ist die Handhabung der Censur, — zugleich ein neues bedeutsames Machtelement für die Krone. Entstanden aus dem Kampf der Kirche wider die Freidenker gegen Ende des Mittelalters, erschien sie zunächst als ein Ausfluß der Suprematie. Sie ließ sich aber auch auf die Prärogative der höchsten Friedensbewahrung zurückführen, und wurde schon in der Reformationsperiode überwiegend vor den König im Rath gezogen. Nach Erfindung der Buchdruckerkunst erließ der Staatsrath häufige Verordnungen gegen die Einführung von Büchern und zur Regulirung ihres Verkaufs. Nach einer Ordinance der katholischen Marie ist der Besitz von ketzerischen oder hochverrätherischen Büchern für Rebellion erklärt und nach dem Kriegsrecht zu ahnden. Nach den Verordnungen von 1559 soll Niemand ein Buch oder Papier drucken ohne vorgängige Licenz von dem Privy-Council oder Bischof, und jetzt gilt umgekehrt der Besitz der katholischen Streitschriften als besonders strafbar. 1585 erläßt der Staatsrath verschärfte Verordnungen zur Regelung der Presse, Einregistrirung aller Buchdruckerpressen, Verbot alles Drucks außer London und je einer Presse in den beiden Universitätsstädten. Niemand soll ein Buch oder sonst Etwas drucken, bevor es gesehen, gelesen und genehmigt ist von dem Erzbischof von Canterbury oder dem Bischof von London. Die Drucker der Gesetze bedürfen des Imprimatur der Richter. Der Verkauf anders gedruckter Schriften wird mit Gefängnißstrafe bedroht, und die Buchdrucker-Company ermächtigt, Häuser und Läden der Drucker und Händler durchsuchen zu lassen, die verordnungswidrig gedruckten Bücher wegzunehmen, die Pressen zu zerstören, die

Uebertreter zu verhaften und vor den Rath zu bringen. — So war schon unter den Tudors die Waffe der Censur in schroff entgegengesetzter Richtung gehandhabt worden. — Unter den Stuarts folgt die erste umfassende Censurordnung in dem Decret der Sternkammer vom 11. Juli 1637. Danach darf Niemand eine Schrift drucken ohne rechtmäßige Concession und Autorisation durch bestimmte dazu ernannte Personen, und ohne eingetragen zu sein in das Registerbuch der Company of Stationers, bei Strafe der Unfähigkeit zum Buchdruckergewerbe und arbiträren Strafen vor der Sternkammer und dem hohen Commissionshofe. Bücher über das gemeine Recht kommen zur Censur an einen der Präsidenten der drei Reichsgerichte; Bücher über Geschichte oder Staats-Angelegenheiten an einen der Hauptstaatssekretaire; Bücher über Heraldik und Ehrentitel an den Earl-Marshall (Herolds-Amt); alle anderen Schriften über Theologie, Naturwissenschaften, Philosophie, Dichtkunst ꝛc. an den Erzbischof, oder den Bischof von London; Drucke im Bereich der Universitäten an den Kanzler oder Vice-Kanzler. Alle diese Chefs oder die von ihnen ernannten Beamten sollen dann attestiren, daß Nichts in dem Buch enthalten ist gegen den christlichen Glauben, gegen die Lehre und Ordnung der Kirche von England, noch gegen die guten Sitten, und dies Zeugniß soll im Anfang des Buchs abgedruckt werden mit dem Namen des Censor. Alle über See kommenden Bücher werden auf dem Zollhause detinirt, und zuvor durch Beauftragte des Erzbischofs oder des Bischofs von London gehörig geprüft. Alle Bücher, Gedichte, Karten, und Portraits sollen sowohl den Namen des Druckers oder Kupferstechers, wie den Namen des Verfassers tragen. Alle Drucker bedürfen einer besonderen Gewerbe-Concession, ihre Zahl wird festgestellt, ihre Namen veröffentlicht.

In dem Kampf gegen Carl I. setzt das lange Parlament die Praxis der Sternkammer fort. Im Jahre 1543 wird von den beiden antagonistischen Parlamenten eine gleichartige Verordnung erlassen, Censoren eingesetzt und verschiedene Personen ermächtigt, fleißige Nachsuchung zu halten nach unconcessionirten Druckpressen. Nach Besiegung des Königs brachte der Lordgeneral Fairfax und später Cromwell die Ordonnanzen des Parlaments zur Ausführung. 1653 wird durch eine Rathsorder eingeschärft, daß keine öffentlichen Neuigkeiten oder Mittheilungen publicirt werden dürfen ohne Erlaubniß und Approbation des Staatssecretairs. 1654 und 1656 werden neue Commissionen niedergesetzt, mit verschärften Maßregeln gegen politische Schriften, wobei jedoch Cromwell die Verfolgungssucht in religiösen Dingen zu ermäßigen sucht. Natürlich wurden alle älteren Vorschriften jetzt im entgegengesetzten Sinne gehandhabt.

Nach der Restauration wiederholt ein Gesetz von 1662, 13. u. 14. Car. II. c. 33, wesentlich die Ordonnanzen des Parlaments über die Druckconcessionen. Die Einregistrirung der Druckpressen und die Bestimmung der Censoren ist ungefähr dieselbe wie in der Censur-Ordnung Jakob's I. Die Zahl der Druckmeister wird auf 20 beschränkt; sie müssen Caution stellen und auf Verlangen des Censors den Verfasser nennen. Die Druckorte für Bücher sind London, York und die beiden Universitätsstädte. Dies Gesetz sollte zwar nur auf drei Jahre gelten, wurde aber zweimal verlängert bis 1679. Der damals ernannte Censor Roger l'Estrange blieb sogar im Amt bis zur Vertreibung Jakob's II. Die Praxis der Gerichte wurde nun in Beschlagnahme und Bestrafung von Preßvergehen als Versuche zum Friedensbruch um so strenger. Der Staatsanzeiger vom 5. Mai 1680 enthält die Nachricht, daß die Richter dem König im Rath

Bericht erstattet und einstimmig erklärt haben, „daß Seine Majestät mit Recht verbieten möge den Druck und die Veröffentlichung aller neuen Bücher und Flugschriften, welche nicht licensirt seien unter Königlicher Autorität," und daß deshalb eine Ordonnanz im Rathe vorbereitet werde. Diese erschien am 17. Mai 1680 und wurde Gegenstand heftiger Anfechtungen im Parlament. Dennoch werden 1685 die alten Censurgesetze noch einmal auf sieben Jahre erneut, dann nochmals auf zwei Jahre durch 4 W. et M. c. 24 bis 1694, mit welchem Jahre die Censur in England formell erloschen ist. So hoch die politische Freiheit, so niedrig stand, verglichen mit Deutschland, hier die geistige Freiheit im Gebiete der Wissenschaft, Kunst und Religion.

****) **Die ersten Symptome der Spannung in dem Innern des Staatswesens** treten schon unter Elisabeth ein. Die Masse der Bevölkerung hatte in diesem Organismus der Staatskirche kaum etwas Fremdartiges erblicken können. Es war eine Succession in bestehende Verhältnisse. Die kirchlichen Unterthanen befanden sich scheinbar unverändert in dem gewohnten Verhältniß zum Kirchenregiment, welches selbst zunächst nur näher gerückt, national und populär geworden war. Alsbald wurden indessen erhebliche Aenderungen sichtbar. Dem jetzigen kirchlichen Beamtenthum fehlte die Selbständigkeit nach oben. Das geistliche Parlament, die beiden Convocations, dienen fast nur noch zur formellen Sanction Königlicher Beschlüsse. Die Gestaltung ist von dieser Seite aus parallel der Ueberwältigung ständischer Elemente durch das Beamtenthum auf dem Continent. Naturgemäß mußten sich aber weiter innerhalb dieser neuen Weise eines Kirchen- und Staats-Regiments auch neue Grundvorstellungen von Staat und Recht bilden. Während in Deutschland aus neuen Rechtslehren ein neuer landesherrlicher Beamtenstaat hervorging, bilden sich in England aus den schon vorhandenen Beamtenkörpern neue Theorien vom Staat. Sie trafen zusammen mit der alten Eifersucht zwischen Parlament und Geistlichkeit, mit der naturgemäßen Abneigung des Clerus gegen eine Unterordnung unter Parlamente, — am meisten unter wechselnde Majoritäten gewählter Vertreter der Communen. Durch das tägliche Ineinandergreifen geistlicher und weltlicher Verwaltung übertragen sich die Vorstellungen vom Recht des geistlichen Oberherrn auf dessen Stellung zu Parlament und Grafschaft. So entstehen hier zum ersten Mal förmliche Systeme des Königlichen Rechts, überwiegend durch theologische Anschauung und Argumentation gebildet. Schon in dem Staatsrath Elisabeth's war die Meinung vertreten, daß neben der verfassungsmäßigen Prärogative der Königin eine „Ober-Souveränetät" oder absolute Gewalt bestehe. Unter Jakob I. consolidiren sich die clerikalen Anschauungen bereits in den canones der Convocation von 1606, welche den Ursprung der Regierung auf das patriarchalische Familienregiment und dessen Erscheinung im alten Testament zurückführen. Wieder ein Menschenalter weiter ist in den Schriften Filmer's die Idealisirung des Absolutismus zu einem abgeschlossenen System geworden, welches in den canones der Convocation von 1640 in einer Weise zu einem Ausspruch kommt, der das Unterhaus zur Versetzung der Bischöfe in Anklagestand veranlaßte.

Im 16. Jahrhundert war die erweiterte Königsgewalt populär geblieben. Die Krone, indem sie die Nationalkirche gegen Rom vertrat, hatte noch die entschiedene Neigung der Nation für sich. So heftig Gesetzgebung und Verwaltung gegen die Reste des Katholicismus auftraten, so gab es doch keinen Zeitpunkt, in welchem die Krone so viel that, wie Parlament und Volksstimme eigentlich verlangten. Die herrschende Meinung drängte zu Gewaltmaßregeln, und alle Richtungen hießen Ueberschreitungen der Verwaltung gut, soweit sie die Gegenpartei trafen. Dieselbe Regierungsweise wendet sich nun aber in der Zeit der Stuarts dahin, daß nicht mehr die Vertretung der Reformation gegen das alte Kirchenwesen, sondern die Ausdehnung des neuen Kirchenregiments auf das Gebiet der Weltlichkeit zur Unterdrückung der Parlaments- und Communalverfassung der letzte Gedanke des Königthums wird. Eben damit beginnt nun die entschieden katholisirende Richtung der Staatskirche unter Erzbischof Laud, in der kaum noch verhüllt das Reformationswerk als Mittel zum Zweck der Erweiterung der Gewalt des Königs und des Clerus auftritt.

Diese stark fortschreitende Richtung erzeugt nothwendig ihr Gegentheil. Die unter Elisabeth beginnende Verschärfung der Uniformität veranlaßt die Entstehung von Conventikeln, Polizeimaßregeln gegen solche, Absetzung von Geistlichen und heftige Streitschriften darüber. Seit 1570 beginnt mit Cartwright zuerst ein grundsätzlicher Streit über die Berechtigung der Kirchenhierarchie und kirchlichen Gerichtsbarkeit. Es sind indessen auch dies noch Widersprüche in den Grundvorstellungen von Individuen, wie denn auch in dem Staatsrath Elisabeth's die neue Theorie sich nur in einzelen praktischen Maßregeln geltend macht. Eine verständige Nachgiebigkeit des Kirchenregiments gegen die Petitionen des Unterhauses von 1584 hätte vielleicht den Streit noch auf ein Menschenalter beschwichtigen können. Seit 1595 erscheint die dissentirende Richtung unter dem Parteinamen der Sabatarians, und unter Jakob I. ist das Sektenwesen schon zu einem erheblichen Umfang gediehen. Noch immer indessen ist das Bewußtsein eines fundamentalen Widerspruchs im ganzen Staatswesen noch nicht vorhanden. Die canones von 1606 werden vorsichtig der Oeffentlichkeit vorenthalten. Die extremen Schriften Filmer's zur Begründung des göttlichen Rechts und der absoluten Gewalt sind zwar unter Carl I. geschrieben, aber doch erst unter der Restauration zu geeigneter Zeit veröffentlicht. Der Zusammenstoß der beiden Systeme bewegt sich noch in specielleren Gebieten, namentlich in den wachsenden Klagen der kirchlichen Seite über das häufige Einschreiten der weltlichen Gerichte durch prohibitions gegen die kirchliche Competenz. Es gab bereits eine Parteirichtung in der Verwaltung, welche das ganze System der Prohibition und des Praemunire — die Grenzscheide zwischen weltlicher und geistlicher Gewalt, — als durch die Königliche Suprematie aufgehoben ansah. Seit 1616 entsteht der Streit zwischen den Billigkeitshöfen des Kanzlers und den Rechtshöfen; in dieser Zeit gestaltet sich der Streit zu einem Standesstreit zwischen Klerikalen und Juristen. Unter Jakob I. wird aber die Theorie von der Ober-Souveränetät von Kronanwalten in öffentlicher Gerichtssitzung ausgesprochen. Unter Carl I. wird sie zum ersten Mal von den Richtern der Reichsgerichte angenommen, bei denen die Steuerverweigerung Hampdens zum eigentlichen Brennpunkt der staatsrechtlichen Frage wird. Der Mißbrauch der niederen Geistlichkeit als ein Instrument zur Verbreitung politischer Parteilehren beginnt mit den canones von 1640. Es soll Hochverrath sein zu predigen und zu lehren, daß neben der Königlichen noch irgend eine unabhängige coactive power, either papal or popular, bestehen könne; alle Steuerzahlung ist eine schuldige Leistung der Unterthanen nach göttlichem, natürlichem und Völkerrecht; kein Geistlicher darf über die Gewalt Sr. Majestät anders sprechen, als es in diesem Canon vorgeschrieben ist u. s. w.

Von da an treten die Gegner der kirchlichen Hierarchie allmälig an die Spitze der Vertreter des Parlamentsrechts. Mit innerer Nothwendigkeit führt der Versuch des absolutistischen Systems in allen seinen Consequenzen, zu einer extremen Geltendmachung des Prinzips der Selbstbestimmung in Kirche und Staat. War unter den Tudors eine Nationalkirche, ohne den inneren Glauben und das Herz zu befragen — eine Form ohne den Inhalt — zu einer gar leichten Geburt gekommen, so holt sich nun die innere Berechtigung des Glaubens in einer Weise nach, welche die Kirche als Lehranstalt, als Institution, als gemeinsames Band für das äußere Leben negirt, in einzelen Gruppen nach der Weise des voluntarism auflöst, und damit von dieser Seite aus die Grundbedingungen einer parlamentarischen Verfassung umstürzt. Sobald diese religiösen Ideale in den offenen Kampf mit der bestehenden Staatsgewalt treten, führen sie zum Ideal der Republik und zu dessen Verwirklichung auf kurze Zeit.

Das Charakteristische des großen Kampfes in England ist das allmälige Ueberschreiten der großen Gegensätze aus dem äußeren in das innere Leben. Der Streit über die Grundlehren des Christenthums, wie über die Transsubstantiation, war niemals ein heftiger; schon lebhafter wird er auf dem Gebiete der Liturgie und des Ceremonials; heftig und mit der Neigung zur Gewaltthätigkeit tritt er auf bei den Verfassungs- und Machtfragen, — wo der Suprematie und dem High Commission Court die Selbstregierung der Kirche und der Gemeinde — den Bischöfen das allgemeine Priesterthum — der Hoftheologie die heilige Schrift entgegengesetzt wird. Auch dem englischen Volk konnte dieser Kampf nicht erlassen werden. Der leidenschaftlichen Gewaltthätigkeit der Puritaner erst verdankt die Staatskirche ihre Verinnerlichung und Versittlichung, welche in der deutschen Reformation von Hause aus vorhanden war. Trotz des äußerlichen Scheins der Frivolität, der mit der Restauration wieder in den höchsten Schichten der Gesellschaft durchbricht, darf man wohl behaupten, daß erst nach der Revolution die nationale Kirche wirklich Herzens- und Glaubenssache geworden ist. Der praktisch verständige Sinn des Volks hat dann aber allmälig die Verfassung gefunden, in welcher die Kirche, welche keine parlamentarische Regierungsform annehmen kann, als gesicherte Institution in den parlamentarischen Staat eintritt mit dem was ihr zukommt: selbständige Verwaltung des Lehramts, aber nicht Autonomie.

B. **Das innere Staatsleben dieser Zeit hat durch die Kirchenreformation einen sehr veränderten Charakter erhalten.** Von den alten drei Grundelementen, Heer, Gericht und Kirche, waren die beiden ersteren seit der normannischen Zeit weiter entfaltet zu einem verwickelten System der „Friedensbewahrung,“ zu geschlossenen Kreis- und Stadtverfassungen, welche in dieser Gestalt die Grundlage der Parlamentsverfassung geworden waren. **Jetzt wiederholt sich ein analoger Gang von der Seite des kirchlichen Staatssystems aus.** Der fürsorgliche, bevormundende Geist des Kirchenregiments durchdringt die Staatsverwaltung, bemächtigt sich der Humanitätspflichten, denen die Kirche mit ihrem Personal und ihren Mitteln nicht mehr gewachsen war, und regelt sie als feste Pflichten der Ortsgemeinde. Dieses neue System schließt sich ziemlich leicht an die schon vorhandenen Institutionen der Friedensbewahrung an, und bildet mit denselben zusammengefaßt eine Polizeiverwaltung im weitesten Sinne des Worts. Während aber die alte Friedensbewahrung nur negativ die Abwehr des Uebels zu ihrer Grundaufgabe hat, haben diese neuen Institutionen die positive Staatsidee der Kirche in sich aufgenommen, die Pflicht der Fürsorge für die schwächsten, hülfsbedürftigen Elemente der Gesellschaft. Von diesen Gesichtspunkten aus bildet sich seit den Zeiten der Tudors die bis dahin sehr untergeordnete Ortsgemeindeverfassung zu einem selbständigen bedeutungsvollen Glied des Communallebens fort, und wird damit zu einer primären Grundlage des Staats. Seitdem sie geordnet und befestigt ist, ergiebt sich aus dieser Selbstthätigkeit und aus den bedeutenden Lasten des Kirchspiels ein neuer Anspruch auf politische Rechte, der freilich von den Stuarts ebenso verkannt wird, wie ihrer Zeit die ersten Plantagenets diese Grundlage verkannt hatten. Die absolutistischen Ansprüche ihres Beamtenstaats werden gerade in der Zeit am höchsten gespannt, wo zu dem Bewußtsein der alten parlamentarischen Rechte das wohlbegründete Recht der jetzigen Mittelklassen hinzutritt. Die Entwickelung der communalen Institutionen nimmt daher für diese Zeit einen umgekehrten Gang. Die aufsteigende Bildung sind neue Institutionen der Ortsgemeinde, welche von der weltlichen Seite aus neu gestaltet werden, und mit denen dann die älteren Kreis- und Stadtverfassungen ziemlich unverändert sich zusammenfügen. Es erscheint dadurch auch äußerlich eine umgekehrte Reihenfolge der communalen Institutionen angemessen.

I. **Die Verfassung des Kirchspiels (Parish)**, welche im Mittelalter nur der kirchlichen Seite des Staates angehört, tritt von dieser Zeit an als das unterste Glied in den weltlichen Staat ein.

Die anglonormannische Gestaltung des Miliz-, Gerichts- und Polizeiwesens hatte die kleinen weltlichen Gemeindeverbände, Zehntschaften, tithings, schon frühzeitig zu Unterbezirken herabgedrückt, in welchen der provost, tithingman, headborough als Gerichts- und Polizei-Schulze die Befehle der Sheriffs, Bailiffs, Chief Constables zu vollziehen, im Uebrigen nicht einmal ein selbständiges Berufungsrecht, geschweige denn einen Vorsitz in einer Gemeinde-Versammlung hatte. Diese Schwäche der oft nicht einmal territorial geschlossenen Zehntschaft hatte ihre alte Wurzel auch in den Besitzverhältnissen, da geschlossene Bauerndörfer mit zusammenhängenden Hoflagen in England niemals die Regel waren, da vielmehr das Uebergewicht des großen Grundbesitzes gegenüber einer Ueberzahl kleiner Hauseigener mit und ohne Land, Pachtbauern, Pächter, kleiner Gewerbetreibenden und Arbeitsleuten von jeher feststand. Der eigentlich feste Mittelpunkt, die Seele der Ortsgemeinde, wurde damit Kirche, Pfarre und hie und da ein Schulhaus. Die sonntägliche Vereinigung zum Gottesdienst, die Feier kirchlicher Acte und Feste, der gemeinsame Begräbnißplatz wurden stärkere Elemente für ein örtliches Gemeindeleben als die Miliz-, Gerichts- und Polizeiinstitutionen, für die die villata nur Unterstelle ist. Durch eine langsame stillschweigende Aenderung tritt daher in der gemeinen Vorstellung und im Sprachgebrauch das Kirchspiel an die Stelle der alten Zehntschaft. In der größeren Hälfte der villatae fällt beides örtlich zusammen. Die größeren Ortschaften aber, namentlich Städte, bilden oft mehre Kirchspiele, und umgekehrt umfaßt das Kirchspiel oft mehre Zehntschaften, besonders im Norden von England. De facto konnten zusammengepfarrte Ortschaften ihre Polizei-, Gerichts- und Steuerlast gemeinschaftlich aufbringen, wie ihre Churchrate; und umgekehrt konnte eine große Ortschaft ihre weltlichen Lasten nach Kirchspielen aufbringen. Es machte sich das seit dem Verfall des court leet um so natürlicher, als die kirchliche Gemeindeversammlung nunmehr die einzige und ziemlich häufige Versammlung der Ortsgemeinde bildete. Es ist daraus auch wohl erklärlich, wenn gegen Ende des Mittelalters, selbst in weltlichen Gesetzen, nicht selten das Kirchspiel genannt wird, wo correcter die Zehntschaft oder township zu nennen gewesen wäre.

Zahl und Umfang der Kirchspiele sind durch die Reformation an sich nicht geändert. Wie aber in der Spitze der Staatsgewalt der kirchliche und weltliche Staat jetzt zu einer höheren Einheit verbunden sind, so rücken nun auch auf der untersten Stufe das Kirchspiel und die weltliche Ortschaft, die kirchliche und weltliche Ortsgemeinde immer enger ineinander. Die Elemente dieser Verbindung liegen theils in den kirchlichen Ortsämtern, theils in der kirchlichen Steuer, am meisten aber in den neuen Aemtern und in dem neuen Steuersystem, für welches die Gesetzgebung der Tudors das Kirchspiel zur Grundlage macht.

1. Der Ortspfarrer, rector oder vicar, ist auf der kirchlichen Seite das Haupt und die Obrigkeit der Ortsgemeinde. Von der Seite der weltlichen Verfassung aus, in Gemeindesteuern und öffentlichen Lasten, ist er zwar nur ein hervorragendes Mitglied der Gemeinde, unterworfen der Steuerpflicht und den öffentlichen Lasten

gleich jedem anderen Mitglied der Gemeinde. Schon seit dem Statut Marlebridge ist indessen die Pfarrgeistlichkeit von der Gerichtsfolge beim sheriff's tourn entbunden, und in soweit in eximirte Stellung gesetzt. Seit der Entstehung des Friedensrichteramts kommt dazu die Ernennung angesehener, reich dotirter Ortspfarrer in die Friedenscommission, durch welche die Idee eines obrigkeitlichen Amts auch von der weltlichen Seite aus einen Anhalt gewinnt. Die Gesetzgebung der Tudors fügt noch einige Elemente eines Polizeiamts hinzu, die Controle des Kirchenbesuchs der Papisten, eine Anzeigepflicht bei gewissen Uebertretungen der Reformationsgesetze, die Einregistrirung von Gesinde-Zeugnissen, ja sogar die Vollstreckung der Prügelstrafe an rogues. Die spätere Gesetzgebung hat indessen diese Weise nicht fortgesetzt.

2. Die beiden Kirchenvorsteher, Churchwardens*), sind von der kirchlichen Seite aus betrachtet nur untergeordnete Hülfsbeamte des Pfarrers. Neben ihnen erscheinen in großen Kirchspielen auch noch Synodalzeugen, synodsmen, sidesmen, questmen, als Hülfsbeamte der Kirchenvorsteher; in der Regel aber ist die Pflicht der Synodalzeugen zu amtlichen Anzeigen presentments mit dem Amt der Kirchenvorsteher verbunden. Die Pflicht „anzuzeigen alle notorische Verbrechen in Bezug auf Kirche, Geistliche und Pfarrkinder" ist auch in ihren Amtseid aufgenommen, und nochmals eingeschärft in den canones von 1603. — Von der weltlichen Seite aus erhält das Amt nun aber eine neue Stellung durch die Entstehung der Kirchensteuer. Indem die Gemeinde für die Erhaltung der Kirchengebäude ursprünglich freiwillig eintritt, erhält sie auch ein unabweisbares Recht einer Mitverwaltung an dem kirchlichen Vermögen, für welche die Churchwardens von der Gerichtspraxis als Corporation anerkannt werden. Da das verfallende Amt des constable für mancherlei Functionen eines Schulzenamts nicht mehr zuverlässig erschien, so wird nun gelegentlich eine Reihe von Pflichten eines Ortsvorsteheramts den Kirchenvorstehern auferlegt. In der Zeit der Tudors sind es hauptsächlich solche, welche mit der Kirchenzucht in Verbindung stehen, Strafeinziehungen für versäumten Kirchenbesuch, Uebertretung der Fasten, Entheiligung des Sonntags, Theilnahme an Conventikeln; dann aber auch die Strafeinziehung für Zechen und Trunkenheit, 4 Jac. I. c. 5 für Jagdcontraventionen, Maß- und Gewichtsübertretungen, Trödler, Hausirer ꝛc. Dies verbunden mit ihrer Stellung als Armenaufseher giebt ihnen die Stellung als ordentliche und erste Beamte der Ortsgemeinde, welche nach Herkommen und Gerichtspraxis von der Gemeinde zu wählen sind, während nach den canones von 1606 in

Ermangelung gütlicher Uebereinkunft der eine Kirchenvorsteher von der Gemeinde zu wählen, der andere von dem Pfarrer zu ernennen ist.

3. Die Unterstellen des Sakristan (sexton) und des Beadle bilden dienende Aemter, die auch zu weltlichen Gemeindezwecken verwendbar sind. Das Amt eines Kirchspielschreibers (parish clerk), ist häufig von einem jungen Hülfsgeistlichen besetzt, der als Respondent in der Liturgie und für andere Pfarrpflichten Hülfe leistet. Mit den wachsenden Geschäften der Ortsgemeinde wird er aber ein sehr thätiges Mitglied der Gemeindeverwaltung, in dieser Stellung auch von der Gemeinde remunerirt und ernannt.

Die persönliche Basis dieses Kirchspiels ist die kirchliche Ortsgemeinde, die materielle Basis die in ihrem Entstehen schon früher erörterte Kirchensteuer (Church rate).

Zur kirchlichen Ortsgemeinde im rein kirchlichen Sinne gehören alle der Seelsorge unterworfene Personen, also auch Frauen, Kinder, Dienstboten, die unter der allgemeinen Bezeichnung Inhabitants einbegriffen sind. Durch die Entstehung positiver Leistungen in Geld und Amt gegen den Schluß des Mittelalters, also durch die Entstehung der Churchrate und des Amtes der Churchwarden, entsteht nun aber der weltliche Begriff einer activen Ortsgemeinde, parishioners im engeren Sinne, an welcher nur diejenigen Theil nehmen können, welche Theilnehmer der öffentlichen Lasten sind. Das Grundprinzip des paying scot and bearing lot hat sich ebenso wie in der Stadtgemeinde, in der Zehntschaft, hundred, Grafschaft und in der communitas regni als gemeine Rechtsvorstellung auch für das Kirchspiel geltend gemacht. Sie fand in der Gerichtspraxis eine unzweideutige Anerkennung, soweit irgend eine sichere Analogie des weltlichen Gemeinderechts reichte. Die entscheidende Basis wurde aber hier die Kirchensteuer, deren Beitragspflicht von Hause aus eine weitere war, als die der alten weltlichen Gerichts- und Polizeisteuer. Die gegebene Grundlage von Bewilligungen für die Kirche war offenbar der christliche Hausstand als solcher. Die Kirchensteuer erscheint daher von Anfang an als Personalsteuer nach Größe des Hausstands, beruhe dieser auf freehold oder copyhold, auf dauerndem oder zeitigem Besitz, auf Miethe oder Pacht. Es kam bei dieser Frage offenbar nicht darauf an, ob ein Pfarrgenosse an den Gerichts- und Polizeilasten und Parlamentssubsidien betheiligt war, sondern nur, ob er an den dauernden Wohlthaten der Kirche als dauerndes Mitglied des Gemeindeverbandes theilnahm. Dafür aber war die Verschiedenheit der Besitzweise gleichgültig, vielmehr nur die dauernde Begründung eines Hausstandes das Entscheidende. Andererseits aber entscheidet doch wieder die Analogie der weltlichen Steuern und Lasten über das Maß der Steuer, insofern der Ertragswerth des Realbesitzes, soweit er körperlich dem Gemeindeverband angehört, das Maß der Steuer bestimmt. Nach Analogie sonstiger Communallasten zog die Praxis auch außerhalb Wohnende nach Umfang ihres Realbesitzes heran. Jeffreys Case 5. Co. 67.

Während aber die weltlichen Steuern nur Surrogate und Umwandlungen ursprünglich persönlicher Dienste in Miliz, Gericht und Polizei sind, und deshalb das politische Recht sich zunächst durch die persönliche Dienstpflicht bestimmt, so ist bei dieser Ortsgemeindelast, die Geldsteuer das Primäre; das Amt der Churchwardens hat erst durch die Steuer selbst eine Bedeutung erlangt, und ist verglichen mit den Miliz-, Gerichts- und Polizeipflichten in der That eine untergeordnete Last. Entscheidend für die Eigenschaft eines Parishioner ist daher lediglich die Beitragspflicht zu den Kirchspielssteuern, wie sie durch Eintragung in die Kirchspielsbücher, Parish Books, sichtbar wird. Diese Beitragspflicht giebt das Stimmrecht in der Gemeinde (Smith Parish S. 63. 94 und citt). Der positive Nachweis einer wirklichen Bezahlung der Kirchensteuer kann nur durch positives Gesetz zur Vorbedingung des Stimmrechts gemacht werden, versteht sich aber nicht nach common law. (Faulkner v. Elger, 4. B. et C. 449). Ebenso kann die Bedingung eines einjährigen Wohnsitzes nur durch positives Gesetz gestellt werden, wie dies in einzelen Fällen neuerer Zeit geschehen ist.

Die Erhebung der Kirchensteuer nach vorgängiger Besprechung mit der Gemeinde wurde nunmehr ein Hauptgeschäft der Kirchenvorsteher. Die Versammlung der Gemeinde erfolgte dem Zweck entsprechend wo möglich in der Sakristei, vestry, wovon die Gemeindeversammlung selbst den Namen vestry erhielt. Die Berufung der Gemeinde erfolgte durch die Churchwardens, als ihre Amtspflicht und ihr Amtsrecht. Den Vorsitz überließ man regelmäßig dem Pfarrer als erstem Mitglied der kirchlichen Ortsgemeinde, Ehren halber. Ein positives Recht auf den Vorsitz ist durch kein Präjudiz und durch keine Analogie festzustellen; nach Analogie der steuerbewilligenden Commoners ist vielmehr die Versammlung ihr eigener Herr, sowohl für die Ernennung des Chairman wie für die Vertagung. Daß das adjournment von der Bestimmung der Majorität abhängt, ist auch durch Präjudizien anerkannt. Die Abstimmung geschieht mit gleichem Stimmrecht, analog den alten Gerichtsversammlungen, den Parlamentswahlen, den Parlamentsbeschlüssen. Die Abstimmungsweise ist in der Regel durch Aufhebung der Hand, in schwierigen zweifelhaften Fällen durch einen Poll.

In dieser Weise hat sich eine ziemlich gleichmäßige Praxis der Kirchspielsversammlungen gebildet. Die so gestalteten Kirchspiele erreichten im Jahre 1371 nach einer Zusammenzählung von Stowe aus den Sheriffsberichten die Zahl von 8632. Im Jahre 1520 wurde die Zahl auf 9407, unter Jacob I. auf 9282 angegeben, (Camden Britannia 161. 162). Es waren nämlich in Folge der Reformation durch das Schwinden der persönlichen Zehnten eine Anzahl von Pfarren in den Städten eingegangen. Das Kirchspiel in dieser Gestalt bot sich nunmehr der Gesetzgebung der Tudors als ein neues tragfähiges Glied für neue bedeutungsvolle Pflichten des Gemeinwesens dar.

*) **Ueber die Stellung der Churchwardens** ist schon hier als die praktische Hauptschrift hervorzuheben: John Steer, Parish Law, 2nd Ed. by George Clive, London 1843, 8., welche aber in historischen Angaben dürftig und unzusammenhängend erscheint. Aus Burn's Ecclesiastical Law gehört hierher hauptsächlich der Artikel Churchwarden I. 398—415 ii und Parish III. 78—91. Bedeutende Verdienste durch wirkliche Benutzung der älteren Quellen hat T. Smith, the Parish 1857, 8°. Ueberzeugend nachgewiesen ist hier namentlich der überwiegend weltliche Charakter und das alte Recht der Gemeinde an dem Amt der Churchwardens. Die älteste Erwähnung von „geschworenen Männern" bei der Einschätzung von Steuern und bei der Einschätzung der Naturalverpflegungskosten bei Durchmärschen (Rotuli Parl. 21. Edw. III. No. 22) bezieht sich augenscheinlich nicht auf diese Beamten. Wohl aber erscheinen sie schon a. 1343 als „Wardens of the goods" der Kirche in den Rot. Parl. 15. Edw. III. und in den Year Books, 11. Hen. IV., — als Bewahrer der Temporalien der Kirche „temporal estate" in den Year Books 37. Hen. VI. fol. 30. Unbestimmtere Namen wie lay guardiens (Kennet pag. 647) und „sworn men" kommen noch in den Gesetzen zur Zeit Jakobs I. vor. Erst allmälig wird der Name Wardens of the Parish Church (Year Books, 19. Hen. VI. fol. 66), Churchwardens, ein technischer und fester. Die Gerichtspraxis erkannte sie ausdrücklich an als Beamte des Kirchspiels, und nicht des Patrons (Strange's Reports, p. 715), als temporal officers (13. Coke's Reports, p. 70): „of common right, the choice of churchwardens is in the parishioners, and, if the incumbent chooses one in any place, it is but by usage." (Cases temp. Hardwicke p. 275.) „Der Archidiaconus hat nicht die Gewalt zu wählen oder ihre Erwählung zu controliren" (1. Salked's Reports, p. 166). „Die Churchwardens müssen die Gemeinde berufen" (1. Modern Reports, p. 236). „Der Geistliche beruft niemals die Gemeindeversammlungen; denn dies ist das Amt der Churchwardens" (Strange's Reports, p. 1045). „Der geistliche Hof hat keine Jurisdiction zur Feststellung der Rechnungen eines Churchwarden" (ebendas. p. 974, 1133 etc.). Die Gemeinde kann ihn daher jederzeit aus dem Amte entfernen (Year Books, 26.

Hen. VIII. fol. 5). „Die Pfarrgenossen haben das Recht dann andere Wardens zu ernennen, welche eine Klage auf Rechnung gegen die abgesetzten haben sollen" (Year Books, 8. Edw. IV. fol. 6). Die älteren kirchlichen canones von 1571 sprechen auch ausdrücklich von einer Wahl der Gemeinde in erster Stelle: „Aeditui, pro consuetudine suae quique Parochiae, parochianorum suorum, et ecclesiastici sui ministri, suffragiis eligentur: alioqui aeditui non erunt: nec amplius quam unum annum durabunt in illo munere, nisi forte iterum eligantur." Auch die gesetzliche Anerkennung der Nothwendigkeit einer jährlichen Neuwahl in 27. Hen. VIII. c. 25, s. 23, drückt aus, daß das Amt nach Analogie der ordentlichen Gemeindeämter, und nicht der Kirchenämter angesehen werden soll. Erst die consolidirte Staatskirche erhebt in den Canones von 1603 einen etwas weiter gehenden Anspruch durch Einschiebung folgender Clausel:

Can. 89. Die Churchwardens sollen gewählt werden durch den vereinten Consens des Pfarrers und der Pfarrgenossen, wenn möglich. Wenn sie aber über solche Wahlen nicht einig werden können, dann soll der Pfarrer wählen den Einen, die Pfarrgenossen den Andern.

Vom Standpunkt des gemeinen Rechts aus sind nun zwar diese Canones bindendes Gesetz nur für die Geistlichkeit, nicht für das Laienthum. Der dominirende Einfluß der Staatskirche seit den Zeiten der Stuarts hat indessen das stärkere Recht des Pfarrers soweit durchgesetzt, daß anerkannter Weise dies Verfahren in der Mehrzahl der Kirchspiele das Herkommen bildet, und daß nur in den Kirchspielen von London die Gemeindewahl für beide Kirchenvorsteher als notorisches Herkommen feststeht. Die ursprüngliche Nachgiebigkeit der Kirche gegen das Gemeinderecht erklärt sich an dieser Stelle wohl aus der ursprünglichen Freiwilligkeit der Kirchensteuer, in welcher der Schwerpunkt des Amtes lag. Uebrigens ist die Doppelstellung des Amtes (die mit einem Wahlrecht der Gemeinde ja an sich nicht unvereinbar ist), nicht abzuleugnen; denn:

(1) sind die wardens als Curatoren des Kirchengebäudes, des Kirchhofes, der Kirchenwege und als Vertreter des beweglichen Vermögens der Kirche, doch jedenfalls gemischt kirchliche Beamte. In Ausübung der Polizei der Kirche, des Kirchhofes, des Gottesdienstes und der Sonntagsfeier, sowie in der Controlle und Aufbewahrung der Kirchenbücher sind sie nach der herkömmlichen Kirchenverfassung jedenfalls rein kirchliche Beamte.

(2) als rein weltliche Beamte erscheinen sie in Veranlagung und Erhebung der Kirchensteuer, als Armenaufseher und in den Pflichten eines niederen Polizei- und Ortsgemeinde-Amts, welches ihnen die spätere Gesetzgebung auferlegt.

In den kirchlichen Functionen sind sie im Allgemeinen den kirchlichen courts (Oberbehörden), in den weltlichen Functionen den weltlichen Gerichtshöfen (Oberbehörden) untergeordnet. Doch hat sich die Praxis unter dem Einfluß verschiedener politischer Constellationen einigermaßen schwankend gebildet, und zwar im Ganzen zu Gunsten der kirchlichen Behörden.

II. Die bedeutungsvollste und nachhaltigste communale Schöpfung, welche aus dieser Verbindung des kirchlichen und weltlichen Staats hervorging, ist die Kirchspiels-Armenpflege *). Die positive Fürsorge für die Armen fiel im Mittelalter der Kirche anheim, in welcher ursprünglich $\frac{1}{4}$, in England $\frac{1}{3}$ der Zehnten für die Armenpflege bestimmt war. Später wurde sie eine Hauptaufgabe der Klöster, theils nach ursprünglicher Bestimmung, welche ihnen die Pflicht der Hospitalität auflegte, theils weil sie eine Menge von Zehnten appropriirt hatten. Die weltliche Gesetzgebung befaßte sich nur negativ mit Abwehr des Bettelns und Vagabondirens, 23. Edw. III. c. 7.; 12. Ric. II. c. 7. Nach 19. Henry VII. c. 12. sollen arbeitsunfähige Bettler in die Hundertschaft gehen, in welcher sie geboren sind oder die drei letzten Jahre gewohnt haben; anderswo zu betteln wird untersagt. Durch 22. Henry VIII. c. 12. werden die Friedensrichter ermächtigt unter sich Bezirke zu bilden, und solche den arbeitsunfähigen Armen als Bettelbezirk anzuweisen, dessen Ueberschreitung durch Fußblock bei Wasser und Brod gebüßt wird. Arbeitsfähige Bettler sollen geprügelt und gezwungen werden, nach dem Orte ihrer Geburt oder dahin, wo sie die letzten drei Jahre gewohnt haben, zurückzukehren.

Von dieser Zeit an übernimmt die Staatsgewalt aber auch eine positive Armenpflege. Durch 27. Henry VIII. c. 25. werden die einzelen Hundertschaften, incorporirten Städte, Kirchspiele und Vorwerke angewiesen, die Armen durch freiwillige Almosen so zu unterhalten, daß sie nicht genöthigt seien öffentlich zu betteln, bei Strafe von 20 sh. monatlich für jede Person, welche Beiträge verweigert. Die Kirchenvorsteher und andere wohlhabende Einwohner sollen am Sonntag durch Büchsen und in anderer Weise Sammlungen dazu veranstalten, und die Geistlichen jede Gelegenheit benutzen das Volk zur Wohlthätigkeit zu ermahnen. Arbeitsfähige sollen zu dauernder Arbeit angehalten werden bei 20 sh. Strafe für das säumige Kirchspiel. Schon in diesem Gesetz herrscht also die Maxime, nicht Einzelalmosen in Geld zu geben, sondern die Beiträge und Collecten zu einem Gemeindefonds (stock of the parish) zu vereinigen. Das Geschäft, die Arbeitsfähigen zu beschäftigen, den Arbeitsunfähigen zu helfen, wird den Kirchenvorstehern oder zwei „anderen aus dem Kirchspiel" (den später sog. overseers of the poor) auferlegt, mit der Autorisation die dazu nöthigen Maßregeln zu treffen (in good and charitable wise take such discreet and convenient order). Es ist damit die spätere Kirchspielsarmenpflege in den wesentlichen Grundzügen schon fundirt. Die entscheidende Veranlassung lag auch dazu in der frühzeitigen Verwandlung der gebundenen in freie Arbeit, welche zeitweise große Fluctuationen und Nothstände unter den arbeitenden Klassen veranlaßte. Unter Heinrich VIII. gaben, wie schon das Datum des Gesetzes beweist, mehr augenblickliche Nothverhältnisse als die Aufhebung der Klöster den nächsten Anstoß dazu. Die vorangegangenen Regierungen hatten sich großen Theils in einem Nothstand befunden, der an die zeitige Herstellung der Ruhe und Ordnung als nächstes Ziel zu denken hatte. Mit Heinrich VIII. war die Staatsgewalt in dem Maße consolidirt, um aus eigener Bewegung auf diesem Hauptgebiet die humanen Aufgaben der mittelalterlichen Kirche in sich aufzunehmen. — Durch die um jene Zeit erfolgende Aufhebung der Klöster wurden freilich Schwärme von Bettlern mobil gemacht, die zeitweise den Gemeinden zu großer Belästigung wurden, die aber durch das Prinzip der Gesetzgebung sich mit der Zeit regelmäßiger vertheilen mußten. Allerdings erwuchs aber durch die Säcularisationen der Krone eine neue moralische Pflicht zu dieser positiven Fürsorge, da die appropriirten Zehnten dafür mit verhaftet waren. Sie waren zum guten Theil an Günstlinge und Private übergegangen, während die Last der Armenpflege jetzt in erhöhtem Maße den Gemeinden zufiel, um in gleichmäßiger Vertheilung wiederum eine Last des Realbesitzes, und zugleich eine Wurzel kräftiger Gemeindeinstitutionen und neuer politischer Rechte zu werden.

Eben deshalb behielt die Gesetzgebung unabänderlich die einmal eingeschlagene Richtung bei. Nach 1. Eduard VI. c. 3. sollen Häuser für Arme durch die fromme Wohlthätigkeit des gutgesinnten Publikums und Materialien zu arbeitsamer Beschäftigung der Armen beschafft werden. Freilich fällt dies unter dem Adelsregiment über den unmündigen König erlassene Gesetz dann weiter in den rohesten Zwang gegen arbeitsfähige Bettler zurück, die mit Brandmarkung, Sclaverei und Todesstrafen bedroht werden. Nach drei Jahren wird indessen das mildere Gesetz Heinrich's VIII. wieder hergestellt. Arbeitsunfähige Bettler sollen durch die Constables von Ort zu Ort bis zu ihrem Geburts- oder Wohnort zurücktransportirt werden. Durch wiederholte Verordnungen wird die Ernennung von Almoseneinsammlern anbefohlen zur Aufbringung von Geldbeiträgen für die Armen „durch freundliches Zureden", nöthigenfalls durch Ermahnungen des Bischofs. Nach 5 et 6 Edw. VI. c. 2. sollen die Einsammler an einem bestimmten Sonntage im Jahre unmittelbar nach dem Gottesdienst „schriftlich aufsetzen, wieviel jeder Mann wöchentlich beitragen will für das folgende Jahr," und wenn Jemand widerspenstig sein würde, soll der Geistliche ihn gütlich ermahnen; wenn er aber bei seiner Weigerung bleibt, dem Bischofe Anzeige machen. Dieser soll ihn kommen lassen und ihm zureden auf gütlichem Wege und dann weiter „nach seinem Ermessen Maßregeln treffen zur Abhülfe dessen." Unter derselben Regierung werden drei große Hospitäler in der Hauptstadt begründet, die indessen ebenso wenig ausreichten, wie die durch gütliches Zureden aufzubringenden Beiträge.

Das St. 5. Eliz. c. 3 verstärkt daher das gütliche Zureden des Bischofs durch einen Erscheinungsbefehl vor der nächsten Friedenssession, und die Friedensrichter sollen ihm wiederum gütlich zureden; endlich, wenn er sich nicht zureden lassen will, ihn „einschätzen zu einem angemessenen Armenbeitrag", und im Fall der Weigerung ihn in das Gefängniß setzen bis er bezahlt. Durch 14. Eliz. c. 5. werden die Friedensrichter allgemein ermächtigt die Einwohner zu Beiträgen abzuschätzen für den Unterhalt der altersschwachen und arbeitsunfähigen Armen, und solche nöthigenfalls durch Gefängnißstrafe einzutreiben. Durch 18. Eliz. c. 3. werden diese Vorschriften noch etwas erweitert; das Eigenthümliche dieses Gesetzes ist die Vertheilung der Armenbeiträge auf neu zu bildende friedensrichterliche Bezirke, divisions, also kleine Kreisarmenverbände, — ein Versuch, der nach 20 Jahren wieder aufgegeben ward. Am Schluß des 16. Jahrhunderts aber veranlaßte die beunruhigende Zunahme gewerbsmäßiger Bettler und herumziehenden Gesindels die Einsetzung eines Unterhaus-Comité's, zu dem unter Anderen Sir Francis Bacon gehörte, welches die zu ergreifenden Maßregeln der öffentlichen Wohlthätigkeit, Zwangsbeschäftigung der Armen, Bestrafung der Bettelei und Landstreicherei in eine zusammenhängende Erwägung nahm. Armenpflege und Polizei bildeten schon seit Menschenaltern ein nicht mehr zu trennendes System, in vier Richtungen zusammenfassend: (1.) polizeiliche Strafen gegen Betteln und Vagabundiren, (2.) zwangsweise Nöthigung der arbeitenden Klassen in Dienste zu gehen, woran sich dann etwas später (3.) die Einrichtung von Landarmen- oder Correctionshäusern anschloß, (4.) ein System der öffentlichen Wohlthätigkeitspflege durch die Kirchspiele. Das Resultat waren sechs zusammenhängende für die Communalverwaltung wichtige Gesetze, von welchen hierher nur das St. 39. Eliz. c. 3. gehört, welches bereits die Grundzüge der Armengesetzgebung im engeren Sinne so enthält, wie solche mit Elisabeth abschließt. Nur eine neue Redaction dieses Gesetzes ist das st. 43. Eliz. c. 2., welches länger als zwei Jahrhunderte hindurch die englische Armenpflege normirt hat. Die leitenden Grundsätze des großen Armengesetzes sind:

1. Die Armenpflege ist die allgemeine gleichmäßige Last eines jeden Kirchspiels (parish). Der Arme hat aber nicht die freie Wahl sich an ein beliebiges Kirchspiel zu wenden, sondern es verbleibt bei den früheren Gesetzen, wonach Personen, welche nicht ar-

beiten können oder wollen, genöthigt werden in dem besonderen Kirchspiel zu bleiben, in welchem sie einheimisch, d. h. in welchem sie geboren oder seit drei Jahren wohnhaft sind. Es liegt darin zugleich die Grundlage eines Niederlassungsrechts; jedoch so, daß die Armen nach der Fassung des Gesetzes den nothdürftigen Unterhalt im zeitigen Aufenthaltsort finden, und nur bei rogues und vagabonds ein Rücktransport eintritt. Zwei Menschenalter später hat freilich die Restauration den größeren staatlichen Gesichtspunkt den Interessen des großen Grundbesitzes und der Neigung der kleinen Ortsgemeinden zur Abschließung geopfert. Durch das st. 13 et 14 Car. II. c. 12. wird binnen 40 Tagen nach der Ankunft die polizeiliche Ausweisung jeder Person gestattet, welche muthmaßlich der Armenpflege zur Last fallen kann (likely to be chargeable), und deren Rücktransport nach dem Kirchspiel, in welchem sie zuletzt eine gesetzliche Niederlassung hatte durch Geburt, eigene Wirthschaft, Aufenthalt, Lehrlingschaft oder Dienst für einen Zeitraum von wenigstens 40 Tagen, wodurch der Grund zu einem äußerst verwickelten Niederlassungsrecht gelegt wird.

2. Für die persönlichen Functionen dieser Armenpflege wird das Gemeindeamt der Armenaufseher gebildet. In jedem Kirchspiel sollen zunächst die Kirchenvorsteher Armenväter sein, und neben ihnen zwei oder mehre Overseers of the poor, welche von Jahr zu Jahr aus den ansäßigen wohlhabenden Einwohnern von den Friedensrichtern zu ernennen sind. Diese Armenaufseher sollen „Maßregeln treffen zu einer arbeitsamen Beschäftigung der Kinder aller solcher Eltern, welche außer Stande erscheinen ihre Kinder zu erhalten, sowie auch aller solcher Personen, welche ohne die Mittel zu leben kein ordentliches Gewerbe oder Geschäft treiben zur Erwerbung ihres Unterhalts.“ Zu dem Zweck sind sie ermächtigt „solche Geldsummen aufzubringen, wie sie deren bedürfen werden zur Anschaffung eines genügenden Vorraths von Flachs, Hanf, Wolle und anderer Waaren oder Stoffe, um die Armen zu beschäftigen; sowie auch die nöthigen Summen für die Unterstützung lahmer, blinder, alter und arbeitsunfähiger Personen und zur Unterbringung von Kindern als Lehrlinge.“ Personen, welche zu arbeiten sich weigern, können sie in ein Arbeitshaus oder Gefängniß schicken, und auch ein besonderes Armenhaus für die arbeitsunfähigen Armen des Kirchspiels anlegen. Armenkinder können sie zwangsweise als Lehrlinge unterbringen.

3. Zur Aufbringung der für die Armenpflege nöthigen Mittel ermächtigt das Gesetz die Kirchenvorsteher und Ar-

menaufseher „wöchentlich oder sonst durch Einschätzung eines jeden Bewohners, Pfarrers, Vicars und anderer, und eines jeden Inhabers von Ländereien, Häusern, Zehnten u. s. w. in dem gedachten Kirchspiel die nöthigen Summen aufzubringen", — womit eine Kirchspielsarmensteuer legal constituirt ist. Der Hergang der Gesetzgebung ergiebt, daß man bei der schrittweisen Einführung des Steuerzwangs immer die kirchliche Gemeinde vor Augen hatte, wie denn auch der Geistliche selbst an erster Stelle unter den Steuerpflichtigen genannt wird. Die Basis der neuen Anforderung war also der christliche Hausstand als solcher ebenso wie in der längst vorhandenen Kirchensteuer. Das Gesetz hat diese Praxis vor sich gehabt, und durch seine Fassung eine Besteuerung im weitesten Sinne gewollt, die jeden occupier umfaßt, beruhe sein Hausstand auf freehold oder copyhold, auf dauerndem oder zeitlichem Besitz, auf Miethe oder Pacht. Auch Außerhalbwohnende gehören durch Grundbesitz in der Gemeinde zu diesen occupiers, ebenso wie man in der Praxis der Kirchensteuer annahm. So entsteht eine durchgreifende Realsteuer, welche nun die neue Grundlage aller Communalbesteuerung werden sollte.

*) **Die Geschichte der englischen Armengesetzgebung** behandeln R. Potter's Observations on the poor laws, on the present state of the poor, and on houses of industry London 1755. Burn's History of the Poor Law 1764. F. M. Eden, State of the poor, or a History of the labouring classes in England 3 Vols. 4°. 1796. Sir George Nicholl's History of the English Poor Law, in connexion with the legislation and other circumstances affecting the condition of the people 1854. 2 Vols. 8. Mit sehr schätzenswerthen historischen Beiträgen gehört hierher auch R. Pashley's Pauperism and Poor Laws 1854. c. 5, 6.

Das Mittelalter hat die Scheidung des negativen und des positiven Elements der Armenpflege streng festgehalten, und jene dem Staat, diese der Kirche zugewiesen. Nach 23. Edw. III. c. 7 soll Niemand einem arbeitsfähigen Bettler Almosen geben. Durch 12. Ric. II. c. 7 wird jedem Arbeiter verboten seinen Wohnort zu verlassen, ohne Zeugniß eines Friedensrichters für das Vorhandensein eines erheblichen Grundes; wer ohne solches Zeugniß wandernd betroffen wird, kann ergriffen und in den Fußblock gesetzt werden. Arbeitsunfähige Personen mögen in ihrem zeitigen Aufenthaltsort bleiben, wenn die Einwohner für ihren Unterhalt sorgen wollen, sonst sollen sie an ihren Geburtsort zurückkehren um dort unterhalten zu werden. Die st. 19. Henry VII. c. 12; 22. Hen. VIII. c. 12 waren nur Fortsetzungen dieses rein polizeilichen Systems. Wenn der Mirror c. I. § 3 sagt, daß nach „gemeinem Recht" die Armen zu erhalten seien, durch die Geistlichkeit, Pfarrer und Pfarrgenossen, so ist damit wohl nur ausgedrückt, daß die positive Pflege überhaupt der Kirchenverfassung einschließlich der Privatwohlthätigkeit zufalle; während die weltliche Gesetzgebung sich nur negativ mit Abwehr des Bettelns und Vagabondirens befaßt.

Allerdings scheint in den einzelen Pfarren die Armenpflege nur sporadisch gehandhabt zu sein. Die Institution der Klöster und ähnlicher Stiftungen concentrirte diese Fürsorge in sehr ungeregelter Weise an einzelen Punkten. Schon von der angelsächsischen Zeit her aber stand es fest, daß ein bestimmter Theil des geistlichen Einkommens im Ganzen den Armen bestimmt sei. Die ursprüngliche Gesetzgebung der Kirche machte bekanntlich vier Theile, nach welchen der Zehnt verwandt werden sollte. In England ist in der Regel nur von einer Dreitheilung die Rede, da für die Ausstattung der Bisthümer auf anderem Wege sehr reichlich gesorgt war. Es sollte also 1/3 für die fabrica ecclesiae, 1/3 für die Armen, 1/3 für die Geistlichkeit verwendet werden. Nach kirchlichen Anordnungen, an welche in den Parlamentsverhandlungen 25. Eduard III. erinnert wird, waren die geistlichen Stiftungen gemacht „um das Wort Gottes zu lehren, Gastfreundschaft, Almosen und andere Werke christlicher Liebe zu üben"; das Letztere wurde freilich mehr von den Klöstern und Stiftern als von den einzelen Pfarrgeistlichen geübt. In 15. Ric. II. c. 6 (vergl. 4. Hen. IV. c. 12) wird zur Verhütung der Nachtheile der Appropriationen der Zehnten durch geistliche Stifter speziell verordnet, daß in solchem Falle „eine bestimmte und verhältnißmäßige Geldsumme jährlich gezahlt und vertheilt werden soll von den Früchten und Einkünften jener Kirche an die Armen des Kirchspiels für immer."

Tendenziöser Weise wird häufig die Bedeutung der Klöster für die Armenpflege übertrieben, und damit die schwere Last der späteren Parochial-Armenpflege der Reformation zur Last gelegt. Mit Recht bemerkt dagegen Hallam Const Hist. I. 108: „Allerdings erhielten viele Arme hier Unterstützungen. Allein das blinde System des Almosengebens in der römischen Kirche ist notorisch mehr Grund als Heilung der Bettelei. Die in verschiedenen Grafschaften zufällig vertheilten Klosterstiftungen konnten nimmermehr dem Zweck einer geordneten Armenpflege genügen; und die Armen, die hier an die Thore klopften, wurden dadurch eben so sehr zu vagabondirender Bettelei verleitet, wie reell unterstützt. Schon während der Dauer der Klöster mußten regelmäßige Sammlungen für die Armenpflege durch eine Reihe von Statuten veranlaßt werden." Der Kirche und den klösterlichen Institutionen fehlten in ihrer damaligen Gestalt sowohl das ausreichende Personal, wie die Geldmittel zu einer wirksamen Armenpflege. Bei der fortgeschrittenen Gestalt der Gesellschaft war die Armenpflege überhaupt nicht mehr zu trennen von der Armenpolizei. Nur durch die weltliche Gesetzgebung und durch Mithülfe der Gemeinden konnte das bloße Polizeisystem mit den humanen Maßregeln der Fürsorge wirksam verflochten werden. In der That gehen durch die ganze Gesetzgebung der Tudors die Polizeimaßregeln gegen den Arbeitsfähigen mit den Humanitätsmaßregeln für den Arbeitsunfähigen Hand in Hand; und nur zu sehr erinnern die ersteren noch an die ganze Roheit, die neben so vielem Großen sich durch die weltlichen Institutionen des Mittelalters hindurchzieht. Nach 27. Henry VIII. c. 25 dürfen keine Almosen außerhalb der Ortschaft oder des Kirchspiels gegeben werden bei Strafe des Zehnfachen. Störrige Bettler sollen das erste Mal geprügelt werden; das zweite Mal soll ihnen das rechte Ohr gestutzt werden; und werden sie nochmals des Bettelns schuldig befunden, so sollen sie des müßigen Vagabondirens angeklagt, die Todesstrafe erleiden „als felons und Feinde des Gemeinwesens". Nach 1. Edw. VI. c. 3 soll jeder Arbeitsfähige, der sich keiner ehrlichen Arbeit widmen und auch nicht in Dienst gehen will (sei es auch nur für Essen und Trinken), als Vagabund an der Schulter gebrandmarkt und Jedem, der ihn haben will, als Sclav zugesprochen werden auf zwei Jahre zum Unterhalt bei Wasser und Brot; er soll einen eisernen Ring um den Hals, die Arme oder Beine tragen, durch Prügel zur Arbeit angehalten werden ꝛc. Wenn er entläuft soll er als Sclav auf Lebenszeit zugesprochen werden, und wenn er nochmals entläuft als felon die Todesstrafe erleiden. Wenn ihn Niemand als Sclaven verlangt, soll er zu harter Arbeit beim Wegebau in Ketten verwendet werden. Dies wurde aufgehoben durch 3. et 4. Edw. VI. c. 16. Doch ist auch in 14. Eliz. c. 5 wieder die Bestimmung eingeflochten, daß rogues, vagabonds und störrige Bettler (d. h. im Allgemeinen alle Arbeitsfähigen, die für den üblichen Lohn nicht arbeiten wollen) das erste Mal nachdrücklich geprügelt und am rechten Ohr gebrannt werden, im Wiederholungsfalle die Strafe der Felonie, im dritten Falle die Todesstrafe erleiden sollen. Erst mit der Consolidirung der gesammten Armen- und Arbeitspolizeigesetzgebung verlieren sich die Barbareien. Die abschließende social-politische Gesetzgruppe 39. Eliz. ist für ihre Zeitverhältnisse ein vollendetes Meisterwerk: cap. 1 against the decaying of towns and houses of husbandry; c. 2 for the maintenance of husbandry and tillage; c. 3 for the relief of the poor; c. 4 for punishment of rogues, vagabonds and sturdy beggars; c. 5 for erecting of hospitals and working houses for the poor; c. 6 touching lands given to charitable uses; c. 12 concerning labourers. Zweihundert Jahre parlamentarischer Parteigesetzgebung haben an dem Armengesetz Elisabeth's keinen einzigen Satz zu verbessern gewußt. Solche social-politische Gesetzeswerke entstehen weder aus einem bloßen Beamtenkörper noch aus einer Parlamentsbeschließung, sondern nur aus einem festen Zusammenwirken beider in ihrer damaligen Gestalt. Die spätere Zerreißung in ein cabinet (Ministerrath) und eine parlamentarische Beschließung unter dem Einfluß einer herrschenden Partei hat die Fähigkeit dazu verloren, und für sociale Umgestaltungen von Grund aus bis heute noch nicht wieder gewonnen. Ueber dem Endresultat des langen experimentalen Ganges der Gesetzgebung hat man später die Vorstufen ganz vergessen. Schon Lambard, Coke, Dalton übergehen die älteren Gesetze vor Elisabeth in einer Weise, die den geschichtlichen Faden auch des Gemeindewesens sehr fühlbar zerreißt. Aus Unkenntniß jener älteren Zustände wiederholt sich heute der sehr wohl gemeinte, aber wenig überlegte Rath, die Armenpflege „der Kirche" zu überlassen auch in England.

Zur Erläuterung des Gesetzes, 42. Eliz. c. 2 bemerke ich noch Folgendes:

(1) Die Bezirke der Armenverwaltung sind grundsätzlich die Kirchspiele. Die Gesetzgebung der Restauration hat aber auch darin dem Bestreben der Absonderung nachgegeben und es den Betheiligten anheim gestellt, die Kirchspiele zu theilen und den kleineren Verbänden, soweit sie dazu geeignet sind, eine gesonderte Armenpflege zu gestatten. Wo ein Kirchspiel mehre weltliche Zehntschaften tithings, townships umfaßt, können diese also für die Armenpflege wieder als gesonderte Ortsarmenverbände sich constituiren, was namentlich in den großen ländlichen Kirchspielen des Nordens vielfach geschehen ist. Aber auch ohne eine solche Grundlage können Kirchspiele aus örtlichen Gründen gesonderte Armenbezirke bilden, so daß seit dieser Zeit die Zahl der Ortsarmenverbände die Zahl der kirchlichen Parochien um mehre Tausend überschreitet.

(2) Die Ernennung der Armenvorsteher erfolgt nach dem Gesetz Elisabeth's durch die Friedensrichter. Dies ist wohl als Neuerung zu betrachten. Als das ältere Gesetz 27. Hen. VIII. c. 25 den Kirchspielen anheim stellte, das

Geschäft, die Arbeitsfähigen zu beschäftigen und den Arbeitsunfähigen zu helfen durch die Kirchenvorsteher oder zwei andere aus dem Kirchspiel zu besorgen, blieb es natürlich der Gemeinde überlassen, ihre Delegirten unter eigner Verantwortlichkeit zu ernennen. In einzelen Orten ist die Wahl solcher Armenväter wirklich erfolgt, die der Gemeindeversammlung Rechnung zu legen hatten. Es ergiebt sich dies aus noch vorhandenen Kirchspielsurkunden bis in die Zeit von 1570 zurück. Zugleich ergiebt sich, daß noch mehre Beamte als collectors und als distributors gewählt wurden (Smith parish S. 145 und 509), über die Wahl solcher collectors überhaupt vergl. Smith S. 178, 179. — Die Gründe der Neuerung lagen wohl darin, daß man durch diese Ernennung die noch sehr ungleichmäßige und mangelhafte Armenpflege besser durchzuführen glaubte, und daß man eine Ernennung durch die Polizeiobrigkeit bei einer neuen mit Widerstreben eingeführten Last für wirksamer hielt. Die spätere Praxis hat eine Art von Mittelweg eingeschlagen, bei welchem man der Gemeindeversammlung ein Vorschlagsrecht giebt und die friedensrichterliche Ernennung nur als eine formelle Bestätigung behandelt.

(3) Die Gestaltung der Kirchensteuer in dem Gesetz Elisabeth's ist die Zusammenfassung der früheren Versuche in ein gleichmäßiges System. Die Kirche hatte immer noch die Verpflichtung der Geistlichkeit von wegen ihres Zehntbesitzes festgehalten. Noch die Injunctions von 1547 und 1559 enthalten die Vorschrift: „weil die Güter der Kirche die Güter der Armen genannt werden, sollen alle Pfarrer, Vicare, Präbendare und andere bepfründete Männer, wenn sie nicht auf ihren Pfründen resident sind, sofern sie jährlich 20 L. oder darüber auszugeben haben, künftig vertheilen unter die armen Kirchspielsgenossen oder andere Einwohner in Gegenwart der Kirchenvorsteher oder anderer ehrbarer Männer aus dem Kirchspiel den vierzigsten Theil der Früchte und Einkünfte der gedachten Pfründen." Aus diesem Gesichtspunkt erklärt sich auch die Nennung des Pfarrers oder Vicars unter den Beitragspflichtigen an erster Stelle, und die namentliche Hervorhebung der Zehnten unter den steuerpflichtigen Gegenständen. So lange das Gesetz Elisabeth's in seinem ursprünglichen Sinne durch „arbeitsame Beschäftigung" der Armen in den Einzelgemeinden gehandhabt wurde (vergl. 3. Car. I. c. 4), scheint die Gesammtmasse der Armensteuer in mäßigen Grenzen geblieben zu sein. Nach Angaben von Coode und Nicholls betrug sie im Jahre 1650 = 188,811 L., war aber 1688 schon auf 700,000 L. gestiegen.

Ein interessantes Specimen der Armenpflege in den ersten 25 Jahren nach dem Gesetz Elisabeth's giebt Smith, Parish S. 626 ff. in Auszügen aus den Gemeindeprotokollen des Kirchspiels Steeple Ashton in Weltshire.

III. In gleichem Geist wird die Wege- und Brückenbaulast durch die Gesetzgebung der Tudors als Theil des Communalwesens gestaltet.

Sie galt als Communallast (trinoda necessitas) schon im angelsächsischen Staat, wo man die alte zu einem bäuerlichen Landsturm herabgesunkene Landwehr gern zu solchen Diensten verwendete. Die normannische Zeit erzwang die Instandhaltung der Wege und Brücken durch die gewöhnlichen Polizeibußen, amerciaments. Erweiterung,

Verlegung und Schließung von Wegen ward geregelt durch einen Cabinetsbefehl aus der Kanzlei, writ ad quod damnum, wodurch der Sheriff angewiesen wird, mittels einer Untersuchungs-Commission festzustellen, ob die beabsichtigte Aenderung nicht dem Publikum nachtheilig sein werde. Die Instandhaltung der Wege und Brücken war ein stehender Artikel der Befragung in dem Sheriff's tourn und in dem Court leet. Dabei hatte sich die sachgemäße Scheidung geltend gemacht, daß die Wegelast grundsätzlich den kleinen Ortsgemeinden, die Brückenlast der ganzen Grafschaft obliege. Der wirkliche Gebrauch für das Publikum begründete die Pflicht der sämmtlichen Einwohner zur Erhaltung Coke II. Inst. 700. In seltenen Fällen ruhte die Last ausnahmsweise auf einem Privatbesitz als Bedingung einer alten Verleihung (by tenure). Diese Grundsätze, wie sie durch die normannische Verwaltung gleichmäßig durchgeführt waren, gelten nun als gemeines Recht common law.

Die Aufrechterhaltung derselben beruht nach der Polizeipraxis normannischer Zeit auf einem Anklageverfahren, und zwar zunächst durch dienstliche Anzeige (presentment) bei der King's Bench, bei den reisenden Richtern oder bei den Criminal-Assisen. Durch ein Commissorium konnte der Sheriff damit befaßt werden, bis durch 28. Ed. III. c. 9. ihm auch dieser Theil der Gerichtsgeschäfte entzogen ward. Daneben steht auch eine gewöhnliche Anklage indictment von Privaten gegen die verpflichtete Gemeinde. Bei der Brückenlast kann solche gegen jeden Besitzer eines beitragspflichtigen Grundstücks angebracht werden; der so Angeklagte mag in die ganze Buße verurtheilt werden, und dann seinen Regreß gegen sämmtliche Beitragspflichtige der Grafschaft sammt oder sonders nehmen. Durch 22. H. VIII. c. 5. §. 1. werden presentments vor den Generalsitzungen der Friedensrichter mit gleicher Wirkung wie vor den Assisen eingeführt. Endlich kann ein fiscalisches Strafverfahren ex officio, criminal information, bei den Reichsgerichten eintreten.

Die Gesetzgebung der Tudors hat diese Grundsätze wesentlich ergänzt. Das Statute of bridges 22 H. VIII. c. 5. normirt die Beitragspflicht zu den Brücken, die auf allen householders ruhen soll, mögen sie Ländereien besitzen oder nicht, und auf allen Grundstücken, mögen die Besitzer in der Grafschaft wohnen oder nicht. Das Lästige und Unzureichende des Anklageverfahrens durch presentment und indictment führt nun aber nach dem Grundsatz der Arbeitstheilung weiter zur Bildung eines neuen Gemeindeamts, des Surveyor of Highways durch 2 et 3 Phil. et Mary c. 8*). Auf dieses Organ der Ortsgemeinde geht nun die nächste Verpflichtung zur Instandhaltung der Wege über, und dem entsprechend ermächtigt ihn das Gesetz die Einwohner in ungefähren Abstufungen nach der Größe des Grundbesitzes zu Hand- und Spanndiensten heranzuziehen, sowohl die Besitzer von Land, wie die Besitzer eines Gespanns, wie überhaupt alle householders, auch Büdner und Arbeitsleute mit eigenem Hausstand.

Es waren damit dieselben Grundlagen einer Gemeindeverfassung, wie für das Armenwesen, so für die Wegeverwaltung gelegt: das Kirchspiel als Bezirk; der Surveyor als Ortsbeamter; Naturalleistung nach der Größe des household und Realbesitzes, die später allmälig in eine Geldsteuer nach dem Maßstab der Armensteuer überging.

Einen etwas anderen Verlauf nahmen die mehrfach analogen Einrichtungen über die Wasser-Communication. Regulative für Häfen und Schiffahrt, waren mit der alten Verfassung der sogenannten 5 Häfen verbunden. Eine Verordnung für die Miethsschiffer der Themse erging unter der katholischen Marie. Eine Leuchtthurms- und Lootsenordnung folgt unter Elisabeth, — gleichzeitig mit der Bildung privilegirter Corporationen dafür, da Pflichten und Rechte dieser Art sich nicht wohl mit örtlichen Gemeindeverbänden incorporiren ließen. Aehnlich verhielt es sich mit den Deichverbänden, die nach den Bedürfnissen des Terrains aus den Interessenten gebildet werden müssen. Solche commissions of sewers**) waren schon im Mittelalter zu Stande gekommen und werden im Geist der älteren Einrichtungen durch 23. H. VIII. c. 5. geregelt.

*) **Das Wegegesetz 2 et 3 Phil. et Mary c. 8** hat die Gemeindelast dahin abgestuft: jeder Besitzer von einem Pflug Land hat zum bestimmten Tag und Ort zu gestellen einen Wagen oder Karren, bespannt mit Ochsen, Pferden oder anderem Zugvieh nach Gewohnheit des Landes, nebst zwei tüchtigen Männern und den sonst nöthigen Utensilien. — Jeder Besitzer eines Gespannes oder Pfluges im Kirchspiel hat in gleicher Weise einen Wagen mit zwei Männern zu stellen; statt des Wagens müssen auf Verlangen auch zwei Mann gestellt werden. (§ 2.) Jeder andere Einwohner, householder, cottager and labourer, der arbeitsfähig und nicht auf Jahresdienst im Gesindeverhältniß steht, muß an demselben Tage persönlich oder durch einen arbeitsfähigen Stellvertreter Handdienst leisten. Personen mittlerer Klasse (40 Sh. Grundrente, 5 L. bewegliches Vermögen) sollen zwei Mann stellen (18. Eliz. c. 10 § 2). Die einzelen Elemente des Communalwesens sind dann durch dies und eine Reihe ergänzender Gesetze dahin fixirt:

1) Als Bezirk der Wegebaupflicht ist ausdrücklich das Kirchspiel, Parish, nicht die alte weltliche Zehntschaft zu Grunde gelegt.

2) Die Wahl der surveyors soll nach dem Gesetz so geschehen, daß die Constables und Churchwardens jährlich die Parishioners berufen, um

zwei rechtschaffene Männer als surveyors of the highways zu wählen, mit der Ermächtigung die nöthigen Wagen und Arbeiter für das Ausbesserungswerk zu beordern und zu dirigiren, und bestimmte Tage zu den Wegearbeiten festzustellen. Für die Ablehnung des Amts droht das Gesetz eine Geldbuße von 20 Sh.

3) Die Wegebaulast ist zunächst noch auf Naturalleistung basirt. Die Norm für den Spanndienst ist ein Pflug Land, d. h. 100 acres, nach späterer Normirung 50 Pfd. Sterl. per annum. Gleichgestellt ist der sonstige Besitz eines Gespanns. In der Praxis zog man daher auch die Besitzer von Equipagen und von Gespannen zu gewerblichen Zwecken heran, und verstand das Gesetz streng alternativ von Besitzern von Land oder Gespann. Wer mehre Pflug Landes besitzt, wird zu ebenso viel Gespannen herangezogen, mag er solche besitzen oder nicht. Nach 5. Eliz. c. 13; 29. Eliz. c. 5 werden sechs Arbeitstage für die Wegebesserung durch die Friedensrichter fixirt. Reichen aber die durch das Gesetz angeordneten Arbeitskräfte nicht aus, so schützt dies die Gemeinde nicht gegen eine Anklage wegen unzureichend unterhaltener Wege; denn die Statuten sind nur gemacht „in aid of the common law," Dalton, Justice cap. 26. Es bedarf also in solchem Falle der Ausschreibung ergänzender Steuern. Durch 22. Car. II. c. 12 wird weiter verordnet, daß „wenn die Friedensrichter in ihren allgemeinen Quartalsitzungen sich überzeugen, daß die Wege mittels der statutenmäßigen Arbeiten nicht genügend zu erhalten sind, sie eine oder mehre Geldeinschätzungen ausschreiben mögen auf alle Einwohner, Eigenthümer oder occupiers von Grundbesitz oder anderem Vermögen, welches gewöhnlich zur Armensteuer eingeschätzt wird." Dieser Uebergang in Geldbeiträge nach dem Maßstab der Armensteuer rückt dann im 18. Jahrhundert weiter. — Bei der Brückenbaulast hatte das Gesetz ausdrücklich jeden occupier für beitragspflichtig erklärt; die Gewöhnung an die mittelalterliche Weise der Communalsteuer war aber so festgewurzelt, daß man sehr gewöhnlich die einzelen Hundertschaften, und innerhalb derselben die einzelen Kirchspiele zu fixirten Summen annahm und solche durch die Chief constables und Constables einzog, bis durch 1. Anne c. 18 dieser dem Gesetz Heinrich's VIII. widersprechende Gebrauch untersagt wurde.

In enge Verbindung mit dieser Neugestaltung der Wegeerhaltungspflicht tritt nun die Wegepolizeiordnung. Nach dem ursprünglichen Wegegesetz sollen die courts leet gegen alle Vergehen des Statuts inquiriren und alle fines und amerciaments erkennen. Im Falle sie säumig, sollen die Friedensrichter in den Sessionen inquiriren. Alle Bußen sollen zur Wegereparatur verwendet werden. Nach 5. Eliz. c. 13 soll jede amtliche Anzeige eines Friedensrichters von einem „highway out of repair" die Kraft eines presentment durch zwölf Männer haben und auf Grund dieser „conviction" unmittelbar auf die Buße erkannt werden. Eine Polizeibestimmung über die Breite und Lichthaltung der Wege enthielt schon das St. Winchester 13. Edw. I. c. 5. Durch 5. Eliz. c. 13 werden diese Vorschriften spezialisirt, im 18. Jahrhundert spezialisiren sie sich weiter zu Wegeordnungen über Lichthaltung, Trockenhaltung, Wegweiser, Meilensteine, Beseitigung von nuisances aller Art, deren Handhabung nun vorzugsweise den Friedensrichtern anheimfällt. Schon nach dem St. Winchester sollten ferner die Constables periodische Berichte über den Zustand der Wege erstatten; im 18. Jahrhundert ist diese Berichterstattung auf die Wegeaufseher übergegangen.

) **Die Commissions of sewers sind nach anderen Grundsätzen als das gewöhnliche Communalwesen geregelt. Die Erhaltung der Deiche bildet das dauernde Realinteresse des Grundstücks, nicht eines Gemeindeverbandes als solchen. Die dazu nöthigen Beiträge, sewers rates, sind durch das Gesetz dem gefährdeten Grundeigenthümer als solchem (6. Henry VI. c. 6) auferlegt, nicht dem nutzenden Inhaber, occupier, wie die Communalsteuern. Die dazu nöthigen obrigkeitlichen Gewalten werden durch eine Königliche Commission ertheilt vom Lordkanzler, Lordschatzmeister und den Chief Justices der Reichsgerichte an Personen von einem Grundbesitz von 40 Mark per annum rc. Die commission bildet einen court of record, also mit arbiträren Strafbefugnissen und Executionsrechten. Sie überwacht in ihrem gemessenen Bezirk die Erhaltung und Reparatur der Stromdeiche, Reinigung der Flüsse und Abzugskanäle, Aufbringung der nöthigen Geldbeiträge, und sie verfährt dabei nach Umständen durch Augenschein oder mit einer Jury, entweder nach Deichverbandsgewohnheit oder nach Bedürfniß und Ermessen (discretion). Zugleich handhabt sie die Polizeiordnung der Anlage durch summarische Büßungen. Manches lehrreiche Material enthalten schon die älteren Commissions aus der Zeit Henry VI., Edw. IV., Henry VII.

IV. **Durch die vorstehenden Einrichtungen ist die Ortsgemeindeverfassung Englands und ein neues Gemeinde-Steuersystem zur Consolidirung gekommen,** beruhend auf folgenden drei Momenten:

1. Der Bezirk dieser Ortsgemeinde ist das Kirchspiel Parish, welches jetzt die alten Zehntschaften Tithings, Townships, mit dem verfallenden Amt der Constables in den Hintergrund drängt. Wie Kirche und Pfarre von jeher der feste Mittelpunkt der kirchlichen Gemeinde waren, so werden jetzt die Armen- und Wegebeamten, dio Armen- und Wegesteuern, das lebendige Verbindungsglied derselben Gemeinde mit dem weltlichen Staat.

2. In dem System der Ortsämter sind zunächst die Kirchenvorsteher und Armenaufseher absichtlich verbunden, — ein einfacher und praktischer Ausdruck der Nichttrennung von Kirche und Staat. In ihren kirchlichen Geschäften sind die Kirchenvorsteher der kirchlichen Obrigkeit, in der Armenverwaltung der weltlichen Polizeiobrigkeit (den Friedensrichtern) untergeordnet, mit übrigens gleichen Rechten und Pflichten wie die Armenaufseher. Das Wahlrecht der Gemeinde für die Kirchenvorsteher bleibt als populäres Wahlelement neben dem Ernennungsrecht der Friedensrichter für die overseers stehen. Das Steuerbewilligungsrecht der Gemeinde für die Kirchensteuer, das Steuerauflegungsrecht der Armenbeamten für die Armensteuer wirkt hier auf der untersten Stufe des Staatslebens gegenseitig ermäßigend im Sinne nothwendiger Verständigung. Etwas zurücktretend schließen

sich daran die Wegeaufseher und die Constables, deren in einem Kirchspiel auch mehre vorkommen, wo mehre townships zu einer parish eingepfarrt sind. Zum Zweck der Steuereinsammlung kommen auch nach Bedürfniß collectors vor, wie schon in dem ersten Armengesetz 27. Henry VIII. c. 25.

3. Die Ortsgemeindesteuern gewinnen von dieser Zeit an eine sehr erhöhte Bedeutung. Die Anforderungen an das Gemeinwesen waren im Mittelalter einfacher gewesen, so lange die arbeitenden Klassen noch massenweis im weiteren Hausstand aufgingen, und daher nur für die Kirche, nicht für die Commune vorhanden waren. Das mittelalterliche Gemeindeleben umfaßte nur Functionen, in denen persönlicher Dienst und Naturalleistung vorherrschen (Miliz, Gericht, Polizei, Wegebau). In das neuere Communalsystem ist die Geldwirthschaft entschieden eingetreten. Die Kirchensteuer wurde zwar noch oft sehr patriarchalisch für einzele Zwecke des Kirchendienstes mit einem Penny pro Kopf 2c. aufgebracht (Smith 510. 511.), die Armensteuer dagegen war eine gleichmäßig durchgreifende, durch die Armenbeamten erzwingbare Steuer. In ähnlicher Weise ist es die Brückensteuer. Der Wegebau wird zwar noch durch Naturalleistungen bestritten, die aber wesentlich auf derselben Klasse von occupiers und Grundeigenthümern ruhen. Die dabei vorkommenden Strafbußen trafen zwar noch in alter Weise die Theilnehmer am court leet und waren durch Einschätzungs-Commissionen zu vertheilen. Da sie aber seltener, in kleinen Summen und immer sehr zufällig eintraten, so wurden sie in der Praxis wohl eben so aufgebracht, wie die gewohnten Communalsteuern. Das System einer Communalbesteuerung, welche auf der Haushaltung ruht nach dem Maßstab der visible profitable property in the Parish, wird damit der ordentliche Typus aller Communalsteuer. Einige Abweichungen davon, die bei der Kirchensteuer durch die Weise ihrer Entstehung und älteren Handhabung, — bei der Wegebaulast und bei den polizeilichen Beiträgen durch Gesetz begründet waren, — ignorirte man leicht, da die Differenzen kaum nennenswerth, ihre Geltendmachung unverhältnißmäßige Weitläufigkeiten und vervielfältigte Rechnungen verursacht hätte. Schon hieraus erklärt es sich, warum die Armensteuer immermehr als die regelmäßige, alles Uebrige als ein Anhang oder Zuschlag dazu betrachtet werden konnte. Das Brückengesetz Heinrich's VIII. hatte die nöthigen Beiträge schon legal auf dieselben Personen (occupiers) gelegt. Ein Gesetz Heinrich's VIII. für die Beiträge zum Bau der Grafschaftsgefängnisse lenkt in dieselben

Wege ein. Nach 23. Hen. VIII. c. 2. (Statutes of the R. III. p. 364) sollen in einer Anzahl Grafschaften die Friedensrichter in den Sessionen sich darüber mit den high constables und Ortsschulzen vereinbaren (agree) und außer den 40 sh. freeholders die Besitzer von 20 L. an beweglichem Vermögen eingeschätzt werden; die Sache selbst war eine neue, die man dann durch temporäre Verlängerungen hinzog 33. H. VIII. c. 17; 37. H. VIII. c. 23; 1. Mary sess. 2. c. 14; 5. Eliz c. 24; 13. Eliz. c. 5 u. s. f., bis sie endlich auf den Fuß der gewöhnlichen Communalsteuern kam. Die Grenze der activen und der passiven Theilnahme an der alten Gerichts- und Polizeigemeinde im court leet war niemals eine feste gewesen, insofern man nach Bedürfniß auch copyholders, im Nothfall auch Andere zum Dienst der Gerichtsmänner heranzog. Gesetzliche Analogie, Vereinfachung des Einschätzungsgeschäfts, Gewöhnung der Steuerzahler, gemeinschaftliche Handhabung der Oberinstanz durch die Friedensrichter, — Alles wirkte zusammen um alle örtlichen Steuern allmälig auf den Maßstab der Poor rate zu bringen. Diese Verschmelzung wird dann als fait accompli sichtbar in dem st. 13. et 14. Car. II. c. 12, und noch vollständiger in der folgenden Periode in 12. Georg II. c. 29.

Die Ortsgemeinde hat durch diese mannigfaltigen Pflichten ein viel regeres Leben, und damit auch die Triebkraft zu Neubildungen gewonnen, welche als Gemeindeausschüsse zu Gemeindezwecken erscheinen. Die Einschätzungs-Commissionen, committees of assessment, gehören schon dem Mittelalter an. Daneben erscheinen jetzt Committees of jurats, 4 oder 8 geschworne Schiedsmänner for offences given and taken, d. h. zur gütlichen Beilegung von Streitigkeiten zwischen Nachbar und Nachbar. Häufig wird auch eine Art von Gemeindeverwaltungsrath, Committee of assistance erwählt, bestehend aus 13 Personen, und zwar solchen, die früher Kirchenvorsteher oder Constables gewesen sind, — der unwillkürliche Ausdruck des Grundsatzes, daß die persönliche Thätigkeit, die Verwaltung, den nächsten Beruf zur Mitbeschließung giebt. Aus diesen Committees sind dann hauptsächlich die sog. Select Vestries entstanden

Aus dem Gesammtsystem der neuen Verwaltung bildet sich ferner ein erweitertes Recht zur Errichtung von Ortsstatuten, Bye laws, welches zuerst aus der Praxis des Gemeindelebens im court leet hervorgegangen war. Uebernahm die Gemeinde gemeinnützige verfassungsmäßig anerkannte Beiträge wie die Kirchensteuer, oder erfüllte sie gesetzliche Pflichten wie Wegebau- und Armenpflege, so mußte sie auch befugt sein Anordnungen „für die bessere Erfüllung derselben“ zu trefsen. In diesem Sinne erkannte die Gerichtspraxis frühzeitig bindende Beschlüsse der Mehrheit an: inhabitants of a town, without any custom, may make Ordinances or Byelaws for the reparation of the Church, or a highway, or of any such thing which is for the general good of the public; and in such case the greater part shall bind the whole, without any custom, Coke 5 Reports p. 63a. Als Grenze ist dabei jedoch immer inne gehalten, daß keine andere Steuer als zu gesetzlich autorisirten Zwecken, oder zu solchen die wie die Kirchensteuer auf altem Herkommen und indirecter Anerkennung des Gesetzes (18. Edw. I.) beruhen, erhoben, und daß Nichts gegen das gemeine Landesrecht statuirt werden dürfe.

Die Gesammtheit dieser Verhältnisse bestimmte nunmehr die Stellung der Ortsgemeindeversammlung, vestry. Ein verfassungsmäßiges Recht befragt zu werden, hatten die Gemeindegenossen nur bei der Kirchensteuer nach dem Hergang ihrer Entstehung. Daran reihte sich ihr ebenso entstandenes Wahlrecht der Kirchenvorsteher oder wenigstens eines derselben. Für die Wegeaufseher war ein Wahlrecht durch das st. 2 et 3 Phil. et M. gegeben. Ein Vorschlagsrecht für die Ernennung der Armenaufseher reihte sich daran naturgemäß an. Ein Vorschlags- oder Wahlrecht für die Constables stand altherkömmlich nur dem Court leet zu, der aber auf besonderem Privilegium beruht, einen anderen Kreis von Personen als die Parish umfaßt und seit dem 15. Jahrhundert in Verfall kommt. Ein grundsätzliches Wahlrecht für die Constables konnte unter diesen Umständen nicht wohl zur Entwickelung kommen. Mancherlei Fragen der Ortsverwaltung wurden aber naturgemäß von den Beamten vor die Gemeinde zur Besprechung gebracht, ohne daß dazu eine gesetzliche Verpflichtung bestand.

Seit den Zeiten der Stuarts ist indessen die Fortbildung dieser Verhältnisse eine örtlich verschiedene. Für die wichtigen Verhältnisse bestand nach Gesetz oder Herkommen ein allgemeines gleiches Stimmrecht; die weltlichen Gerichte ließen sogar Injurienklagen zu wegen willkürlicher Ausschließung eines Steuerzahlers von der Versammlung. Wo eine wohlhabendere Klasse von Pächtern oder Freisassen in ländlichen, ein Ackerbürgerthum in städtischen Kirchspielen vorhanden war, beschäftigten sich solche volle Gemeinde-Versammlungen, open vestries, noch ziemlich lebendig mit den Gemeinde-Angelegenheiten. An anderen Orten beschränkte sich die active Theilnahme auf einen alten Gemeinde-Ausschuß oder einen Verwaltungsrath von ehemaligen Armenaufsehern und constables, der leicht zu einer Ergänzung durch Cooptation kam.

Nach wenigen Menschenaltern erschien dies Verhältniß unter dem Namen einer select vestry als Herkommen, durch welches größere Gemeinde-Versammlungen in Vergessenheit kamen. Wieder in anderen Orten beschränkte sich Alles auf die jährlich ernannten und gewählten Beamten. Es haben dabei weniger politische Tendenzen als vielmehr Ortsbedürfniß und bequeme Gewohnheit gewaltet. Ob das Vorbild der Stadtcorporationen und ihrer governing bodies eingewirkt hat, wiefern überhaupt eine Wechselwirkung zwischen beiden stattfand, mag dahin gestellt bleiben. Thatsache aber ist es, daß die activen Körperschaften in sehr vielen Kirchspielen aus einer kleineren Zahl von Pfarrgenossen bestanden, und daß die spätere Gerichtspraxis kein Bedenken trug, solche select vestries als eine rechtmäßige Gewohnheit anzuerkennen, ohne solche nach der sonstigen Regel auf den Regierungsantritt Richard's I. zurück zu datiren. Eben so ist es Thatsache, daß die Gesetzgebung seit den Zeiten der Stuarts in dieser Richtung unthätig blieb, vielmehr indirect das Absterben des Gemeindelebens förderte.

*) **Für die consolidirte Kirchspielsverfassung dieser Zeit** in ihrem regen Leben hat ein sehr großes Verdienst die Darstellung des Advokaten Toulmin Smith, welcher mit persönlicher Vorliebe eine Wiederaufgrabung der im 18ten Jahrhundert überwachsenen und fast verschütteten Kirchspielsverfassung vorgenommen hat, und der aus älteren Originalprotokollen und anderen Quellen die schätzenswerthesten Beiträge für die Geschichte des Kirchspiels giebt, besonders in der zweiten Auflage seiner Hauptschrift: the Parish, its Powers and Obligations at Law. London 1857. 8. Es ist namentlich hervorzuheben die Uebersicht der Kirchspielsämter, Capitel III.; der Kirchspielscommittees, Cap. IV.; der Gegenstände kirchlicher Verwaltung, Cap. VII. und der Extract aus den Kirchspielsprotokollen von Steeple Ashton im Anhang, welcher zugleich einen wohlorganisirten Vorschußverein für diese Ortsgemeinde ergiebt.

Die geschichtlichen Verdienste werden auch nicht vermindert durch manche einseitige Rechtsanschauung und Folgerung, die sich aus dem Gegensatz gegen die habituelle Mißachtung des örtlichen Gemeindelebens seit Menschenaltern und gegen die neuere Centralisation bilden mußten. Dahin gehört vor Allem seine Ueberschätzung der Gemeinde-Autonomie, die in der von ihm erstrebten Weise mit dem heutigen Zustand der Gesellschaft unvereinbar, in einem neueren Staatswesen nicht sein darf. Die Befugniß eigene Statuten zu errichten und die Befugniß zur Selbstbesteuerung hat in England nur bebestanden für Zwecke und Gebiete, welche der Gemeinde kraft des Gesetzes als Communalpflicht obliegen. Die von ihm citirten Aussprüche, z. B.: parishioners have a sole right to raise taxes for their own relief, without the interposition of any superior court (Viner, Abridgment v. Parishioners), und weiter: None but Parliament can impose a tax; but the greater part of a parish can make a Bye-Law to raise Tax (I. Modern Reports p. 194), beziehen sich in ihrem Zusammenhange auf das alte Recht, die verwirkten Polizeibußen unter sich aufzubringen und die im Parlament bewilligten Subsidien unter sich zu vertheilen, nicht aber darauf durch Mehrheitsbeschlüsse die Gemeindegenossen zu nützlichen Zwecken nach subjectivem Ermessen zu besteuern. (Smith 558, 563.) Der Versuch die ganze Entstehung der church rate aus der Befugniß des Kirchspiels zum Erlaß von Statuten (Smith 536, 583 ff.) abzuleiten, ist daher auch ein verfehlter. In dem Lauf der geschichtlichen Entstehung ist nie von vorangegangenen statutarischen Vorbeschlüssen, sondern immer nur von der Bewilligung für den einzelen Fall des Bedürfnisses die Rede. Jene Ansicht verläuft im Grunde in eine petitio principii; denn um die Gemeinde zu Gunsten der Kirche zu besteuern, mußte erst die Gesetzmäßigkeit des Zwecks feststehen. Auch die Beispiele wirklich vorhandener bye-laws für Nichtzahlung der Gemeindesteuer, Nichtübernahme der Gemeindeämter, Nichterfüllung der gesetzlichen Gemeindeamtspflichten u. dgl. (Smith 608) bethätigen nur den Grundsatz, daß bye-laws gesetzliche Verpflichtungen bestärken aber nicht begründen können. Einige Beispiele könnten allerdings zweifelhaft sein, wie ein Ortsstatut, welches anordnet, daß Personen, welche leichtsinnig solche aufnehmen die der Gemeindearmenpflege zur Last fallen, nicht nach ihrem Vermögen, sondern nach der Gefahr welche sie der Gemeinde bringen, besteuert werden sollen. (Smith 528). Allein im Fall des Rechtsstreits würden die Gerichte ein solches für das Niederlassungsrecht doch äußerst bedenkliche Statut schwerlich als ein „gutes Statut" anerkannt haben.

Von dem größten Interesse ist die Zusammenstellung der nach Bedürfniß vorkommenden C o m m i t t e e s: Committee of Jurats 229, Committee of Assistance 229, Committee of watch and ward 230 (der alte Gemeindeausschuß von provost und vier Männern zur Vertretung der Ortschaft im court leet), Committee for assessment 230, Committee for raising and distributing poor relief, for audit (Rechnungsprüfung), of destruction of vermin (Raupenvertilgung) 230. Die außerdem genannten Committees sind Schöpfungen neuerer Parlamentsacten. Einen eigenthümlichen Verlauf nahm die Verwaltung der milden Stiftungen, charitable foundations, die soweit sie für G e m e i n d e zwecke und für G e m e i n d e mitglieder gegründet waren, wohl in den Kreis der Gemeindeverwaltung hätten fallen sollen, für die man aber aus technisch juristischen Gründen besondere Curatorien zu ernennen pflegte, durch die sie sich von dem Communalwesen ablösten und ihrem Zweck nur zu oft völlig entfremdet wurden. Smith 267, 278 ff.

Diese ernste mühsame Communalverwaltung gab dann auch die Anknüpfung zu mancherlei Ortsfestlichkeiten, die in einem wirklich lebendigen Communalwesen zur Erhaltung freundnachbarlicher Beziehungen im Ganzen wohlthätig wirkten. Der Bischof von Bath berichtet darüber am 5. November 1663, daß seine Pfarrgeistlichkeit der Meinung sei, solche Ortsfeste zu erhalten „zur Erinnerung an die Widmung der Kirchen, zur Civilisirung des Volks, zur Erholung, zur freundlichen Beilegung von Streitigkeiten, zur Vermehrung der Liebe und Freundschaft, als Feste der Mildthätigkeit, zur Unterstützung der Armen und aus vielen anderen Gründen." Smith 499, 500. Solche Kirch-, Gerichts- und andere Feste kommen unter dem Namen der Ales (wie bei den deutschen Bauern das „Kindelbier" ꝛc.) vor, specieller als: Bridge-Ales, Church-Ales, Clerk-Ales, Give-Ales, Lamb-Ales, Leet-Ales, Midsummer-Ales, Scot-Ales, Withsun-Ales und noch andere.

Zu einer unbefangenen Anschauung des Kirchspiels ist es nothwendig, immer die Stellung der Oberinstanz in das Auge zu fassen, weshalb auch hier sofort die Stellung des Friedensrichteramts angeschlossen wird. Bei Smith erscheint die Oberinstanz der Friedensrichter und der Kreisverwaltung, sowie die höhere Stellung des Parlaments und der Gesetzgebung, fast wie eine Usurpation gegen die souveräne Ortsgemeinde. Die seltsame Vorstellung, welche im Friedensrichteramt, in der ganzen Gesetzgebung durch statuta, und in dem gesammten Parlamentarismus eitel Usurpation und Verderbniß der common law sieht, ist eine begreifliche Reaction gegen die Zustände des 18. Jahrhunderts, auf welche ich noch oft zurückkommen werde.

V. **Von den früher ausgebildeten Gebieten des Communalwesens tritt nunmehr die Kreispolizeiverwaltung, insbesondere das Friedensrichteramt** in unmittelbare Verbindung mit dieser Ortsgemeindeverfassung. Die Polizeiverwaltung, welche sich eben deshalb zunächst an die Kirchspielsverfassung anschließt, behält die am Schluß des Mittelalters gewonnenen Grundlagen, sie erweitert sich aber (1.) als Oberinstanz der Ortsgemeinde, (2.) durch neue Gebiete der polizeilichen Thätigkeit, (3.) durch Fortbildung des Friedensrichteramts als Voruntersuchungsamt, — woneben dann die alten courts leet bis auf sporadische Reste absterben.

1. In der ersten Richtung hat die Gesetzgebung darauf Bedacht genommen, sogleich bei der Gestaltung der Kirchspielverfassung eine Oberinstanz sowohl für die Seite der Steuern, wie für die Seite der Amtsverwaltung zu bilden.

Von der Seite der Steuern aus ist dies am vollständigsten geschehen bei der Armensteuer. Zwei Friedensrichter haben die von den Armenaufsehern ausgeschriebene Steuer zu bestätigen. Zwei Friedensrichter können, wenn sich das Kirchspiel unfähig erweist seine Armen zu erhalten, eine andre Ortschaft innerhalb der Hundred aushülflich einschätzen; und wenn auch dies nicht genügt, mögen die Quartalsitzungen eine Ortschaft innerhalb der Grafschaft zur Aushülfe einschätzen. Die Quartalsitzungen entscheiden auch die Reclamationen gegen die Steuereinschätzung. Zwei Friedensrichter erlassen den Auspfändungsbefehl, wenn es zur executivischen Beitreibung kommt. Zwei Friedensrichter nehmen die Rechnungen der abgehenden Armenaufseher ab, und erzwingen die Auslieferung der Bestände nöthigenfalls durch Pfändungsorder, mit Appellation an die Quartalsitzungen. Die Quartalsitzungen schätzen jedes Kirchspiel ein zu einem verhältnißmäßigen Beitrag für Unterstützungsbedürftige in den Gefängnissen und Hospitälern. 14. Eliz. c. 5. § 2; 43. Eliz. c. 2. § 14; 19. Car. II. c. 4. § 1. Durch orders der Friedensrichter wird endlich über Niederlassungsrecht, Rücktransport und Kostenerstattung zwischen den Armenverbänden entschieden. — Im Gebiet der Wegeverwaltung normiren sie die Arbeitstage für die Wegebesserung, entscheiden Reclamationen und schreiben später die etwa nothwendige Ergänzungssteuer nach dem Maßstab der Armensteuer aus. — Bei der Brückensteuer erfolgt die Ausschreibung unmittelbar durch die Quartalsitzungen. — Durch verschiedene Maßregeln ist schon zur Zeit der Stuarts die Zusammenschmelzung verschiedener für polizeiliche Zwecke nothwendiger Kreisbeiträge zu einer county rate vorbereitet, welche dann im 18. Jahrhundert durch Gesetz erfolgt.

Von der Seite der Amtsführung aus erfolgt zunächst die Ernennung der overseers of the poor durch zwei Friedensrichter. Zwei Friedensrichter erzwingen durch Geldbußen die Abhaltung monatlicher Sitzungen, durch Gefängnißstrafe die Ablegung der Jahresrechnung. Zwei Friedensrichter genehmigen die von den overseers beschlossene arbeitsame Beschäftigung der Ortsarmen. Durch Order zweier Friedensrichter erfolgt die Anhaltung der Armen zur Zwangsarbeit, die zwangsweise Unterbringung in Lehrlingschaft, die Heranziehung alimentationspflichtiger Verwandten und des natürlichen Vaters eines bastard. Die Friedensrichter können in dringenden Fällen die Unterstützung eines Bedürftigen decretiren. Sie halten durch Ordnungsstrafen die Armenaufseher und constables zu der pünktlichen Ausführung bestimmter Amtspflichten an. Die Quartalsitzungen endlich sind die allgemeine Beschwerde-Instanz für die Appellation „aller Personen, die sich durch irgend eine Handlung oder Unterlassung der Kirchenvorsteher oder Armenaufseher beschwert fühlen.“ 43. Eliz. c, 2. § 6. — Für die Wegeaufseher, deren Ernennung in dieser Zeit noch durch Wahl der Gemeinde erfolgt, bilden die Quartalsitzungen und einzelen Friedensrichter die Controlinstanz zur Ausführung der Wegeordnung und entscheiden in ihren Sessionen die rechtlichen Streitpunkte. — Die Verwaltung der Graffschaftsbrücken erfolgt unmittelbar durch die Quartalsitzungen. — Die Unterordnung der constables und deren Pflicht zum periodischen Erscheinen bei den Sessionen zu dienstlichen Anzeigen (presentments), zur Berichterstattung über den Zustand der Wege, folgt schon aus der älteren Polizeiverfassung. Mit dem Verfall des court leet ging auch die Ernennung der constables immermehr auf das Friedensrichteramt über, 13 et 14 Car. II. c. 12. § 9. Aus dem Ernennungsrecht folgerte die Praxis auch ein Entlassungsrecht. Die coroners werden durch 1. Hen. VIII. c. 7. dem Ordnungsstrafrecht subordinirt. Nur die churchwardens sind den Friedensrichtern lediglich in ihrer Eigenschaft als overseers of the poor untergeordnet. — Im ganzen Gebiet der Ortsgemeindeverwaltung schlägt die Gesetzgebung immer mehr den Weg ein, die Amtspflichten zu specialisiren, und für die einzelen Versäumnisse, Insubordinationen und Pflichtwidrigkeiten Geldbußen zu drohen, auf welche die Friedensrichter summarisch erkennen. An die Stelle eines unbestimmten Aufsichtsrechts treten überall nach dem Bedürfniß abgegrenzte, bestimmte Controlbefugnisse und Ordnungsstrafen.

2. In der zweiten Richtung erfolgt zunächst eine Consolidirung der mittelalterlichen Polizeigesetze, zu dem Zweck solche verständlicher für die Einzelanwendung zu machen und ein summarisches Büßungssystem einzuführen. Auch wo keine bedeutenden materiellen Aenderungen eintreten, ist diese weitschichtige Gesetzgebung für den Handgebrauch der Friedensrichter bequem gemacht; zugleich aber auch auf wichtige neue Gebiete ausgedehnt*).

Die Arbeitspolizei, für welche die Friedensrichter die Nachfolger der alten justices of labourers sind, consolidirt sich zu einem mit Sicherheitspolizei und Armenpflege in einander greifenden großen System, welches in 5. Eliz. c. 4. zu einem codifizirten Abschluß kommt. Es enthält in einer langen Reihe von Geldbußen (klagbar vor zwei Friedensrichtern mit einem Denunciantenantheil) einen Polizwang gegen unbeschäftigte Personen zu Gesinde- oder gewerblichen Diensten, ländliche Gesindeordnung, Vorschriften über Gesindeatteste, Polizeijurisdiction über Kündigung und Dienststreitigkeiten, Vorschriften über die Höhe der Löhne und Arbeitsstunden. Zunächst daran und an das Armengesetz schließt sich ein System der Zwangslehrlingschaft, welche durch Orders der Friedensrichter sowohl gegen arme Knaben und Mädchen, wie gegen die Herrschaften zwangsweise gehandhabt wird.

Die Gesetzgebung gegen Vagabundiren und Betteln 39. Eliz. c. 4; 1. Jac. I. c. 1; 13 und 14 Car. II. c. 12 gestaltet sich zu einem verwickelten Decernat der Friedensrichter über Feststellung des Heimathsrechts, Vagabundenpässe, Bezahlung von Transport- und Strafkosten.

Die Gewerbeordnung Elisabeth's 5. Eliz. c. 4 führt für den städtischen Gewerbebetrieb, sofern er den Charakter einer technischen Handfertigkeit hat, eine siebenjährige Lehrlingschaft ein, sowie eine polizeiliche Jurisdiction der Friedensrichter über Streitigkeiten zwischen Meister und Lehrling. Daneben geht fort die frühere Gesetzgebung über die Betriebsweise gewisser Gewerbe, namentlich für Wollenzeuge, für Lederzubereitung 1. Jac. I. c. 22, Braureglements, Schlächter- und Bäckerreglements u. dergl. in der Absicht dem Publikum solide Arbeit zu sichern.

Seit den Tudors beginnt auch ein Bierhausconcessionswesen durch 7. Hen. VII. c. 2; 5 et 6. Ed. VI. c. 25; 2. Jac. I. c. 9. f.; 3. Car. I. c. 3. Analog ist das Erforderniß von Concessionen zu Aufkauf und Spedition von Korn, Butter und Käse, welche nach 5. Eliz. c. 12. § 2 von drei Friedensrichtern zu ertheilen sind.

Ein weiteres Gebiet bilden die Jagdcontraventionen in der doppelten Richtung gegen unqualificirte Personen und gegen Ueberschreitung der gesetzlichen Jagdordnung 11. Hen. VII. c. 17 u. sp. Gesetze. Unter den Stuarts beginnt namentlich die starke Hervorhebung der Jagd als ein Recht der höheren Stände mit 1. Jac. I. c. 27; 3. Jac. I. c. 13, und das Vorrecht der Grundherren zur Erhaltung von Wildhegern 22 et 23. Car. II. c. 25. Die leichteren Uebertretungen fallen hier wieder den einzelen Friedensrichtern zur summarischen Büßung zu.

Ein neues Gebiet der friedensrichterlichen Sessionen bilden ferner die Landarbeits- und Besserungshäuser, houses of correction, 39. Eliz. c. 4, welche durch 7. Jac. I. c. 4. im ganzen Lande durchgeführt, ziemlich früh auch schon aushülflich für Zwecke der Criminaljustiz gebraucht wurden. Die Verwaltung derselben, die Anstellung und Controlirung des Beamtenpersonals, bildet nun ein wichtiges Geschäft der Quartalsitzungen, welches durch engere Ausschüsse committees geführt zu werden pflegte, die dann später auch durch die Gesetzgebung autorisirt sind.

Ein besonderes, durch die Reformation veranlaßtes Gebiet, bilden endlich noch die zahlreichen Strafgesetze und Polizeimaßregeln gegen Papisten, Conventikel und Dissenters, die theils durch die Criminalassisen, theils durch die Quartalsitzungen, theils in den leichteren Fällen durch die einzelen Friedensrichter summarisch gehandhabt werden.

Es ist einleuchtend, wie in diesen neuen oder neugestalteten Gebieten die Quartalsitzungen der Friedensrichter zugleich die Stellung einer Kreisverwaltungsbehörde erhalten, welche die mehr administrativen Geschäfte durch orders (und öfters schon durch committees oder auch durch ernannte Commissarien) zu regeln hat. Noch zahlreicher sind die Urtheile, orders, und Maßregeln, welche durch diese Gesetzgebung den einzelen Friedensrichtern, oder je zwei Friedensrichtern, oder auch in seltneren Fällen 3, 4, 6 Friedensrichtern aufgetragen sind. Der Gesichtspunkt ist dabei ein empirischer gewesen, je nachdem man die Assistenz eines rechtsgelehrten Friedensrichters (quorum) nach der Natur des Geschäfts für rathsam hielt, oder aus anderen Gründen eine gegenseitige Controle. Durch diese Scheidungen hat die englische Polizeiverwaltung allmälig die Beweglichkeit wieder gewonnen, die durch die Auflösung des Sheriff-Amts verloren gegangen war, und zugleich hat sie eine Solidität gewonnen, die dem jährlich wechselnden, sportulirenden Sheriffamt fehlte.

Wie aber in der deutschen Gerichtsverfassung der ehrwürdige Grundsatz der Collegialität der Gerichte sich als völlig unausführbar erwies für Bagatellsachen, so machte man in England mit jedem Menschenalter, und unter jeder politischen Richtung, die Erfahrung, daß der Grundsatz des Spruchs durch judge and jury praktisch unausführbar ist für die große Masse der kleinen Straffälle. Die vorige Periode hatte eine offenkundige Abweichung davon möglichst vermieden. Man versteckte die summarischen Strafgewalten der Friedensrichter damals noch unter erweiterte Verhaftungsbefugnisse bis zur nächsten Session und andere indirecte Maßregeln, die freilich der Sache nach schon eine Strafe enthielten. Mit dieser Periode tritt eine Strafgewalt ohne jury (summary conviction) direct und ohne Scheu hervor. Schon in den obigen Gesetzgebungs-Gruppen sind zahlreiche Strafbüßungen vor 1 oder 2 Friedensrichtern enthalten; ebenso in der Oberinstanz der Friedensrichter über den Ortsbeamten. Aber auch außerhalb dieser Gesetzgebung treten namentlich seit den Zeiten der Stuarts recht zahlreiche Strafbüßungen vor einem Friedensrichter ein. So bei verweigerter Annahme gesetzlicher Münzen 19. Hen. VII. c. 5. § 6; bei Contraventionen gegen das Reglement für den Verkauf von Brennmaterialien 7. Ed. VI. c. 7; 43. Eliz. c. 14; wegen Uebertretungen der Wirthshausordnung und Trunkenheit 1. Jac. I. c. 9; 4. Jac. I. c. 5; 21. Jac. I. c. 7; 1. Car. I. c. 4; wegen verbotenen Fluchens und Schwörens 21. Jac. I. c. 20; wegen verbotenen Geschäftsbetriebs an Sonn- und Feiertagen 1. Car. I. c. 1; 3. Car. I. c. 1. § 3; 29. Car. II. c. 7; wegen leichterer Uebertretungen der Fleischerordnung 1. Jac. I. c. 22, der Gewichtsordnung 16. Car. I. c. 19; wegen Zerstörung der Fischbrut 3. Jac. I. c. 12. §. 2, wegen Contraventionen gegen das Reglement für ansteckende Krankheiten 1. Jac. I. c. 31, wegen Einführung von Schlachtvieh 18. Car. II. c. 2. — Zwei Friedensrichter erkennen bei gewissen Steuerdefraudationen 15. Car. II. c. 11. § 17; bei Weigerung von Gestellung von Wagen zum Königlichen Dienst gegen Bezahlung 13. Car. II. c. 6; 1. Jac. II. c. 10; bei Contraventionen gegen das Braureglement 12. Car. II. c. 23. 24; ferner in der polizeilichen Civiljurisdiction erlassen zwei Friedensrichter die Order zur Alimentirung der bastards, 18. Eliz. c. 3. § 2; 7. Jac. I. c. 4 § 7, vergl. 3. Car. I. c. 4. § 15; zwei Friedensrichter entscheiden die Streitigkeiten über die Ausweisung eines Ortsarmen durch orders of removal; zwei Friedensrichter ertheilen die Bierschankconcessionen. Drei Friedensrichter ertheilen die Concessionen für Aufkauf und Spedition von Korn, Butter und Käse; vier Friedensrichter erkennen auf Entbindung des Lehrlings vom Contract (5. Eliz. c. 4. § 35); sechs Friedensrichter treten an die Stelle einer erloschenen Deichcommission (13. Eliz. c. 9.) Und so wird man in den Gesetzen dieser Periode immer noch ziemlich deutlich die Rücksicht auf den Rechtspunkt und die Rathsamkeit einer gegenseitigen Controlle überall erkennen, wo ein Zusammenwirken mehrer Friedensrichter verlangt wird.

3. In dritter Richtung erfolgt die Erweiterung des Friedensrichteramts zu einem Voruntersuchungsamt für Straffälle aller Art**). Sie knüpft sich zunächst an die Befugniß Bürgschaft (bail) von dem Angeklagten anzunehmen. Bei den langen Zwischenräumen zwischen den periodischen Sitzungen der ordentlichen Strafgerichtshöfe war dieser Punkt im Mittelalter noch wichtiger geworden als heute. Das st. Westminster I., 3. Ed. I. c. 15. enthielt bereits Vorschriften über das Verfahren des Sheriff bei Bürgschaftsannahme. Durch 1. Ric. III. c. 3; 3. Hen. VII. c. 3. wurde dies eins der sehr populären Geschäfte der Friedensrichter; doch so, daß sie über die Entlassung in nächster Gerichtssitzung Bericht erstatten sollen. In st. 1 et 2 Phil. et M. c. 13; 2 et 3 Phil. et M. c. 10 ergeht nun ein genaueres Regulativ: daß nur je zwei Friedensrichter, darunter ein rechtsverständiger (quorum), beide gleichzeitig anwesend, die Bürgschaft annehmen und solche in schriftlicher eigenhändiger Ausfertigung der nächsten ordentlichen Criminalassise einberichten sollen. Bevor dies aber geschieht, sollen sie eine examination mit dem Verhafteten und eine information mit denen welche ihn einbringen, über das Factum und die Umstände desselben, so weit solches zum Beweis des Verbrechens wesentlich, schriftlich auffetzen und den Criminalassisen mit einsenden. — So wurde hier zum ersten Male legal eine Vernehmung des Angeschuldigten und ein Zeugenverhör angeordnet, und zugleich das Friedensrichteramt ermächtigt den verfolgenden Theil und die Zeugen durch Cautionsbestellung zum Erscheinen in der

späteren Gerichtssitzung anzuhalten (to bind over, to prosecute and to give evidence). Diese Vor-inquisition soll nun aber in jedem Falle eintreten, mag die Bürgschaft annehmbar erscheinen oder nicht, und es entsteht so die noch heute bestehende Voruntersuchung durch kurze Protokolle der Friedensrichter, in der vom Gesetz vorgeschriebenen Weise unter ihrer Handschrift und Insiegel, welche durch die Praxis dann noch specieller als Zwischenstadium zwischen dem ersten Angriff und dem Hauptverfahren gestaltet wurde.

Neben diesem in dreifacher Richtung erweiterten Geschäftskreis des Friedenrichteramts steht nun im Hintergrund ihre Stellung als ordentlicher Criminalgerichtshof mit jury in den collegialischen Quartalsitzungen, welche der allgemeinen Fassung der Commission gemäß mit den Criminalassisen der reisenden Richter concurrirt, — also auch dem Recht nach in schweren Straffällen. In einigen Fällen wird sogar zu Gunsten der Grafschaftsassisen und Quartalsitzungen in dieser Zeit die Jurisdiction der Reichsgerichte beschränkt, wie bei der information upon penal statutes durch 21. Jac. I. c. 4. Auch diese Strafgewalt mußte nicht wenig dazu beitragen, das Ansehen des Amts zu heben, und in Verbindung mit der Beweglichkeit ihrer Jurisdiction in leichten Fällen, die schwerfälligen courts leet mit ihrer jährlich zweimaligen Sitzung zu überwachsen und zu verdrängen.

Alle diese mannigfaltigen Befugnisse werden nun zusammengefaßt in den periodisch ausgefertigten Commissionen, wie sie schon seit den Zeiten Richard's II. üblich. In den zahlreichen Ausfertigungen aber waren durch Versehen der Abschreiber allmälig Incongruenzen entstanden. In dem Michaelis term von 1590 wurde deshalb die Fassung genau revidirt, unter Vorsitz des Chief justice Wray zwischen den Reichsrichtern vereinbart, dem Lordkanzler als das correcte Formular vorgelegt und von diesem genehmigt. Die früher speciell aufgezählten Statuten und Ordonnanzen werden in eine allgemeine Clausel zusammengefaßt (Reeves V. 228). Das so gefaßte Formular ist bis heute im Gebrauch geblieben. Diese Commissionen, analog wie die der reisenden Richter, begründen durch die formularartige Gleichmäßigkeit der Ausfertigung eine feste verfassungsmäßige Gestaltung des Amts, die bei dem mannigfaltigen Wechsel der politischen Richtungen eine wichtige Garantie gegen Parteitendenzen darbot.

Um so wichtiger erschien in dieser Gestalt die Festhaltung des Königlichen Ernennungsrechts. Es wird daher sehr nachdrücklich unter den Tudors in Erinnerung gebracht „daß Niemand außer dem König die Autorität haben soll, Friedensrichter zu ernennen, sondern daß alle solche Beamte durch Patent unter dem großen Siegel und unter Autorität des Königs ernannt werden sollen in allen Grafschaften und anderen Orten des Reichs, ohne Rücksicht auf irgend welche entgegenstehende Verleihungen, Gebräuche, Verjährungen, Gestattungen, Parlamentsacte und andere Dinge," 27. Henry VIII. c. 24. § 2. Vorbehalten bleiben die besonderen Friedensrichter in den Städten und in den sogenannten Pfalzgrafschaften mit den dort vorkommenden Abweichungen in den Formen der Ernennung.

Andererseits war und blieb das Friedensrichteramt doch immer in starker Abhängigkeit nach Oben, keineswegs vergleichbar mit seiner heutigen Selbständigkeit. Wie im 15. Jahrhundert die Uebermacht der großen Barone auf die Miliz- und Polizeiverwaltung drückte, so war es in der Zeit der Tudors die starke Centralverwaltung, welche sie in strenger Disciplin erhielt. Abgesehen davon, daß das Reichsgericht als oberster Bewahrer des Friedens, also verfassungsmäßige Oberbehörde, ein grundsätzliches Abberufungsrecht (certiorari) und Correctionsrecht behielt, wurde auch aus der Kanzlei und aus dem Cabinet des Königs eine unmittelbare Einwirkung auf die Geschäftsführung geübt. Noch kam es oft genug vor, daß auch die reisenden Richter in den Assisen in barscher Weise mit Absetzung und Bestrafung drohten. In der That war zu einer strengeren Handhabung der Obergewalt noch eine dringende Veranlassung. Die Parteikämpfe der beiden Rosen hatten noch auf lange Zeit hinaus einen Geist der Parteilichkeit, Leidenschaftlichkeit und Demoralisation in vielen Richtungen zurückgelassen in einer Generation, die unter Parteikämpfen aufgewachsen war. Im Zusammenhang damit steht das declarirende st. 3. Henry VII., c. 1., welches in Anwendung der außerordentlichen Strafgewalt des Königs im Rath festsetzt, daß ein engerer Ausschuß des Privy-Council summarische Strafgewalten üben soll gegen Amtsmißbräuche aller Art und eine Reihe gemeingefährlicher Vergehen. In 4. Hen. VII. c. 12 erläßt der König eine ernsthafte Ansprache an die Friedensrichter mit eindringlichen Ermahnungen zur getreuen Erfüllung ihres Amts bei Vermeidung seiner höchsten Ungnade, unter Androhung einer sofortigen Streichung aus der commission, und Bestrafung des Ungehorsamen (was aber, wie Lord Coke IV. Inst. 17. hinzufügt, doch nur zu verstehen sei in an ordinary course of justice by way of indictment upon this act and not by any absolute power). Diese unter dem Namen der „Sternkammer" bekannte Strafabtheilung des Staatsraths übt eine zeitweise unwiderstehliche Gewalt gegen den Einzelbeamten. Was ursprünglich Bedürfniß der Zeit, und für die Reformation vielleicht nothwendiger Durchgang, wird schon unter Heinrich VIII. nebenbei ein Tummelplatz kleinlicher Denunciationen. Während dann in der Zeit der Stuarts das moralische Ansehen des Friedensrichteramts wieder wächst, erscheint grade jenes Eingreifen von oben in wachsender Willkür. Die absolutistischen Bestrebungen der Stuarts mußten einen systematischen Druck auch auf das Friedensrichteramt üben, und es entstand daraus ein wichtiges Streitfeld in dem Verfassungskampf, in welchem die Republik den Druck auf anderer Seite übte.

Das Ehrenzeugniß indessen, welches Lord Coke 4. Inst. 170. ausspricht: „es ist eine solche Form eines subordinate government für die Ruhe und den Frieden des Reichs, wie kein Theil der christlichen Welt ein Gleiches hat, wenn es gehörig ausgeführt wird", — ist in späteren Menschenaltern oft und mit freudigem Stolz wiederholt worden. Als die Restauration den Druck, den die militärischen Gouverneure Cromwells geübt, wieder entfernt hatte, galt die Friedensjustiz, trotz einer noch etwas patriarchalischen Handhabung und großem Eifer gegen Wilddiebe, doch im Ganzen als eine rechtschaffene Justiz in einer verderbten Zeit. Zu den schweren Mißbräuchen, mit denen Jacob II. sein kurzes Regiment bezeichnete, gehörte auch die systematische Willkür, mit welcher Friedensrichter, die dem Parteitreiben des Hofes sich unwillfährig erwiesen, aus den Listen gestrichen wurden. Friedensrichteramt und Jury gingen unbefleckt in das 18. Jahrhundert hinüber.

*) **Für die Erweiterung des Friedensrichteramts** enthält mancherlei zerstreutes Material Reeves, History of the English Law, Bd. IV. und V. (namentlich Bd. V. S. 227 ff.). Aeußerst umfangreich, oft schon weitschweifig, meistens keines Commentars bedürftig, sind die Gesetze dieser zwei Jahrhunderte. Den Quellen fast gleichzustellen ist die umfassende Schrift von Lambard, Eirenarcha, or the office of a Justice of the Peace, die in ihren verschiedenen Auflagen 1579, 1581, 1582, 1588, 1591, 1592, 1594, 1599, 1607, 1610, 1614, 1619, den fortschreitenden Umfang des Amts nach dem Standpunkt der zeitigen Gesetzgebung recht übersichtlich giebt. Die weiteren Fortschritte sind dann ausführlicher, aber in ungeordneter Weise ersichtlich in Dalton's Justice of the peace 1618, 1619, 1622, 1626, 1629, 1630, 1635, 1643, 1697. Aeußerlich am meisten hervortretend ist die Erweiterung des Amtes durch Consolidirung, Umbildung und Neubildung polizeilicher Gebiete.

1) Das System der Arbeitspolizei, wie es schon unter den Plantagenets begründet war, wird unter den Tudors zu einer innerlich zusammenhängenden mit Sicherheitspolizei und Armenpflege ineinander greifenden Gesetzgebung. Diese polizeiliche Behandlung der Lohnarbeit erreicht ihren Höhepunkt wohl in dem noch geltenden st. 5. Eliz. c. 4, verclausulirt mit einer langen

Reihe von Geldbußen. Es erstreckt sich auf ländliches Gesinde, ländliche und städtische Lohnarbeit überhaupt (servants, labourers, artificers). Der leitende Grundsatz ist, daß Personen ohne sichtbare Mittel des Lebensunterhalts durch die Friedensrichter gezwungen werden zu einer Lohnarbeit in Landwirthschaft oder bestimmten Gewerben. Unbeschäftigte Personen zwischen 12 und 60 Jahren, die nicht geborene Gentlemen oder literati sind, die auch kein Grundeinkommen von 40 Sh. oder bewegliches Vermögen von 10 L. besitzen, können auf Verlangen eines Landwirths genöthigt werden, landwirthschaftliche Lohndienste zu leisten, oder auch zur Arbeit in dem Gewerbe, in welchem sie aufgewachsen und geübt sind. Auf Verlangen von Wirthschaftsbesitzern findet ein förmliches Pressen der arbeitenden Klassen zu landwirthschaftlichem Gesindedienst statt, wobei die Friedensrichter den Jahreslohn festsetzen und nöthigenfalls beitreiben. Ebenso können Mädchen vom 12ten bis 40sten Jahre durch zwei Friedensrichter oder den Gemeindevorsteher zum jahresweisen Dienst in der Wirthschaft genöthigt werden bei Gefängnißstrafe. Für das ländliche Gesinde wird eine Gesindeordnung beigefügt. Einseitige Entlassung ohne vorhergegangene vierteljährige Kündigung oder ohne erheblichen durch zwei Zeugen zu erweisenden Grund büßt die Herrschaft mit 40 Sh. Verlassen des Dienstes andererseits oder Weigerung der Dienstpflicht wird mit Gefängniß bestraft, bis der Ungehorsame sich fügt. Kein ländlicher Dienstbote darf seine Ortschaft oder seinen Bezirk verlassen, um in einem anderen zu dienen, ohne Zeugniß des Constable oder Gemeindevorstehers oder zweier ansäßiger Einwohner, einzuregistriren bei dem Ortspfarrer. Niemand darf in Dienst genommen werden ohne Vorzeigung eines solchen Attestes. Entlaufenes Gesinde wird durch writ of capias verfolgt und gefänglich eingezogen bis zur Bestellung einer Bürgschaft für das Weiterdienen bei derselben Herrschaft. — Das Gesetz überläßt ferner den Friedensrichtern durch Lokalpolizeiverordnungen (assizes) nach hergebrachter Weise die Höhe der Löhne zu bestimmen für Tage- und Wochenarbeit in den einzelen Hauptzweigen der Land- und Hauswirthschaft. Die Lohnsätze werden durch Sheriffs und Friedensrichter in der Ostersitzung, in den Stadtcorporationen durch den Bürgermeister normirt, unter Androhung von zehn Tagen Gefängniß für den, welcher mehr fordert oder mehr giebt (wiederholt durch 1. Jac. I. c. 6). Die Arbeitsstunden der Lohnarbeit werden im Sommer von 5 Uhr bis Abends 7 oder 8 Uhr festgestellt, mit zwei Freistunden für Frühstück und Mittag und noch einer halben Stunde Ruhe in den heißesten Monaten; in den sieben Wintermonaten von Zwielicht zu Zwielicht, mit 1½ Stunden Zwischenzeit.

2) Die damit weiter zusammenhängende Gesetzgebung gegen das Vagabundiren und Betteln 39. Eliz. c. 4 wird öfter erneut, namentlich auch unter den Stuarts durch 1. Jac. I. c. 1; 13. et 14. Car. II. c. 12 etc., jedoch so, daß dem neueren Gesetz gewöhnlich die Substanz des älteren wieder einverleibt wird. Es entsteht dadurch ein verwickeltes Decernat der Friedensrichter über Feststellung des Heimathsrechts, Vagabundenpässe, Zeugnisse, Bezahlung von Transport- und Strafkosten aus öffentlichen Kassen; Prämien an die Constables für Aufgreifen der Vagabunden; Strafandrohung wegen Versäumniß. In weiterer Verbindung mit dieser Bettelstrafgesetzgebung steht das System von Landarbeitshäusern, Houses of correction (s. unter 7). Diese ganze Verwaltung liegt jetzt in den Händen der Friedensrichter. In den mittelalterlichen Gesetzen war zwar noch der Sheriff als concurrirend genannt; das Gesetz

39. Eliz. hebt aber die früheren Strafgesetze auf, übergeht den Sheriff und schließt ihn damit von diesem Gebiete aus.

3) Weiter schließt sich daran eine allgemeine Gewerbeordnung und Gesetzgebung über Lehrlingschaft 5. Eliz c. 4. Durch diese Gewerbeordnung wird der städtische Gewerbebetrieb, sofern er irgend den Charakter einer technischen Handfertigkeit (craft, mystery) hat, an eine siebenjährige Lehrzeit gebunden. In gewissen Gewerben sollen die Dienstcontracte mit den Arbeitern (Gesellen) wenigstens auf ein Jahr geschlossen werden. Wieder in anderen Gewerben soll der Meister auf je drei Lehrlinge wenigstens einen Gesellen (journeyman) halten. Ueberhaupt wird das Lehrlingsverhältniß Gegenstand einer umfassenden Polizeijurisdiction zwischen Meister und Lehrling. In Ermangelung gütlicher Einigung vor einem Friedensrichter entscheiden darüber die Quartalsitzungen und entbinden entweder den Lehrling vom Lehrcontract, oder erkennen andererseits gegen den schuldigen Lehrling auf Correctionshaus oder angemessene Züchtigung (§ 35). Entlaufene Lehrlinge sollen ergriffen und gefänglich eingezogen werden bis zur Stellung genügender Bürgschaft.

4) Weiter schließt sich daran das System der Zwangslehrlingschaft, welches wieder in engerer Beziehung zu der Armengesetzgebung steht, 43. Eliz. c. 2. Zur Ersparung der Kosten der Armenpflege wird dies, selbst mit einem Zwang gegen das Publicum zur Annahme von Armenlehrlingen in Landwirthschaft oder Gewerbe gehandhabt. Die Gesetzgebung betrachtet eine Unterbringung minderjähriger Personen einerseits als ein Hauptmittel zur Verhütung der Armuth (5. Eliz. c. 4); andererseits gilt eine solche Unterbringung armer Kinder als ein Hauptmittel zur Verminderung der Armenkosten (43. Eliz. c. 2). Recht und Pflicht der Unterbringung wird dadurch Gegenstand sehr spezieller Anordnungen. Nach 5. Eliz. c. 4 § 25 kann jeder Besitzer eines Haushalts und einer halben Hufe Land unter dem Pfluge einen Lehrling vom 10ten bis zum 18ten Jahr annehmen, zum Dienst in der Landwirthschaft bis zum 21sten oder 24sten Jahr. Nach § 35 kann jeder solcher Besitzer minderjährige Personen auffordern, ihm als Lehrling zu dienen in der Landwirthschaft oder in einem anderen benannten Gewerbe: im Fall der Weigerung soll auf erhobene Klage der Weigernde mit seinen Gründen vor einem Friedensrichter gehört, und wenn dieser das Lehrverhältniß passend befindet, so lange zur Haft genommen werden, bis er sich dem proponirten Lehr- oder Dienstvertrag fügt. Andererseits ist jeder Besitzer eines Hausstandes und mindestens einer halben Hufe Land verpflichtet, auf Verlangen der Kirchenvorsteher und Gemeindeaufseher, arme Kinder in solchen Lehr- oder Dienstvertrag aufzunehmen. Auch die höheren Stände und die Geistlichkeit sind von dieser Verpflichtung nicht ausgenommen. — Ebenso ist die Armenverwaltung ihrerseits berechtigt zur Ersparung der Armenkosten arme Kinder als sogenannte Kirchspielslehrlinge nöthigenfalls zwangsweise auszuthun. Nach 43. Eliz c. 2 § 5 können die Armenaufseher mit Zustimmung zweier Friedensrichter alle Kinder über neun Jahre alt, deren Eltern sie zur Unterhaltung ihrer Familie für unfähig erachten, zwangsweise in die Lehre bringen bei Jedermann, der in der Lage ist Diener zu halten, und zwar Knaben bis zum 24sten Jahre, Mädchen bis zum 21sten Jahre oder bis zu ihrer Verheirathung. Es geschieht dies durch Abschließung eines gewöhnlichen formalen Lehrcontracts, im Falle der Lehrling consentirt. Im Falle des Widerspruchs tritt aber ein sehr umständliches Verfahren ein (binding over), wobei die Friedensrichter zuerst

feststellen das Alter, die Bedürftigkeit und die Angemessenheit der Unterbringung, sowie die Eltern des Kindes hören. Demgemäß ergeht eine Order, durch welche die Armenaufseher den Lehrcontract nach dem gewöhnlichen Formular abschließen, der dann wieder von den Friedensrichtern zu genehmigen, zu zeichnen und zu untersiegeln ist.

5) Das Bierhaus-Concessionswesen ist eine neue Schöpfung dieser Periode. Das Gesetz 7. Henry VII. c. 2 gegen Vagabunden und Bettler ermächtigt zum ersten Male je zwei Friedensrichter den öffentlichen Bierverkauf in Städten und Ortschaften nach ihrem Ermessen zu unterdrücken, sich Sicherheiten von den Bierwirthen für gutes Verhalten bestellen zu lassen, und darüber in den Sessionen zu beschließen. Nach 5. et 6. Edw. VI. c. 25 mögen zwei Friedensrichter den Bierverkauf in gemeinen Häusern und Kneipen untersagen und keine Bierwirthschaft dulden, welche nicht öffentlich gestattet und zugelassen sei von den Sessionen oder von zwei Friedensrichtern, bei Vermeidung von Gefängnißstrafe 2c. Und dabei sollen sie sich Cautionen bestellen lassen von den Wirthen, wegen Nichtgestattung ungesetzlicher Spiele und wegen Erhaltung der guten Ordnung. Die Quartalsitzungen sollen ferner untersuchen, ob kein Act von den Wirthen begangen sei, der eine Verwirkung der gestellten Sicherheiten rechtfertige. Durch 2. Jac I. c. 9; 4. Jac. I. c. 4, 5; 7. Jac. I. c 10 wird die Wirthshausordnung eingeschärft, mit weiteren Strafen gegen unconcessionirte Wirthe und mit Androhung einer Untersagung des Geschäfts bis auf drei Jahre und Gefängnißstrafe (3. Car. I. c. 3). Diese Gesetze gingen jedoch mit Widerspruch durch das Parlament; die Meinungen darüber blieben getheilt, die Klagen über den Unfug der Wirthshäuser dauern fort. In der Zeit der Bürgerkriege hat sich das Parteiwesen dieses verführerischen Gebiets bemächtigt, und gelegentlich tauchen Beschlüsse auf, wie die der Quartalsitzungen zu London 1682, allen Besuchern von Conventikeln die Concession zu verweigern. Auch in späteren Zeiten suchten die Friedensrichter öfter willkürliche Bedingungen für die Concession aufzustellen, oder Concessionen wegen politischer Parteimeinung zu verweigern, bis allmälig das Einschreiten der Reichsgerichte den politischen Unfug im Wesentlichen beseitigte.

6) Ein neues Gebiet friedensrichterlicher Verwaltung bilden seit den Zeiten der Stuarts die Jagd-Contraventionen. Die alte strenge Regalität der Jagd war in der vorigen Periode zu Gunsten der höheren Stände stillschweigend aufgegeben, indem die Praxis der Forstverwaltung die Gesetze auf Jagdliebhaber von Stande nicht mehr anwandte. Bald darauf zeigt sich umgekehrt ein Bestreben der höheren Klassen, die niederen von diesem Toleranzsystem auszuschließen. Die Regierung Ric. II. war bei der politischen Lage des Reichs der Wendepunkt dafür. Durch 13. Ric. II. st 1 c. 13 wird jedem Laien, der nicht wenigstens Grundbesitz von 40 Sh. Grundrente (also die Wahlberechtigung), und jedem Geistlichen von weniger als 10 L. Einkommen, untersagt, Jagdhunde und Jagdzeug für gentleman's Wild zu halten, bei einem Jahr Gefängniß. Die Periode der Tudors war dem Fortschreiten in dieser Richtung nicht günstig: desto günstiger die der Stuarts. Das st. 1. Jac. I. c. 27 § 3 bedroht das Halten von Jagdhunden und Jagdnetzen mit drei Monat Gefängniß — außer für Besitzer von 10 L. Grundrente aus erblichem Eigenthum, 30 L. aus lebenslänglichem Grundbesitz, oder Besitzer von 200 L. an beweglichem Vermögen, oder für Söhne eines Lord, eines Ritters, oder Erbsöhne der

Esquires. Das st. 3. Jac. I. c. 13 beschränkt den Besitz von Jagdgewehren und Geräthschaften auf Inhaber einer Grundrente von 40 L. oder beweglichen Vermögens von 200 L., und ermächtigt jeden freeholder von 100 L. Rente dem Unbefugten Jagdgewehre und Geräthschaften wegzunehmen. Das st. 7. Jac. I. c. 11 § 7 hat einen noch höheren Census für die Jagd von Fasanen und Rebhühnern. Am günstigsten war dieser Richtung natürlich die Zeit der Restauration. Das st. 22. et 23. Car. II. c. 25 beschränkt den Gebrauch von Jagdgewehren auf Personen von 100 L. Rente aus freehold oder 150 L. Rente aus Erbpacht auf 99 Jahre oder längere Zeit, mit Vorbehalt der Rechte des Erbsohns eines Esquire oder einer Person von noch höherem Stande, und des Eigenthümers oder Beamten eines Forstes, Parks, einer höheren oder niederen Jagd. Zugleich wird den Grundherren eines manor vom Range eines Esquire zum erstenmal das Recht beigelegt, unter ihrer Handschrift und Siegel Wildheger, Gamekeepers, zu ernennen, mit der Befugniß im Bereich des Guts Flinten, Jagdhunde und Jagdgeräthschaften unqualificirten Personen wegzunehmen, und auf Grund eines friedensrichterlichen warrant auch Haussuchungen danach anzustellen. Die lange Reihe von Strafklauseln, die sich aus diesem Jagdrecht hervorbilden, hat die doppelte Richtung gegen unqualificirte Personen einerseits, andererseits gegen qualificirte Personen wegen Ueberschreitung der gesetzlichen Ordnung. Die meisten gehören in das Gebiet der ordentlichen Strafjustiz, wie namentlich die aus der Zeit der Tudors 11. Hen. VII. c. 17; 33. Hen. VIII. c. 6; 23. Eliz. c. 10; 1. Jac. I. c. 27. Die leichteren Uebertretungen fallen aber immer mehr in das Gebiet friedensrichterlicher Polizei-Jurisdiction, wie das Wegnehmen reglementswidriger Gewehre, Uebertretung der Schonungszeit, Widersetzlichkeit gegen die Wildheger, 22. Car. II. c. 25. In der Zeit der Stuarts zeigen sich bereits Symptome von dem unbändigen Eifer und der patriarchalischen Willkür, mit welcher dieser Theil des Friedensrichteramts sprichwörtlich gehandhabt wurde.

7) Ein neues Gebiet bildet ferner die Gefängnißverwaltung. Die Houses of correction, welche in Verbindung mit der Armengesetzgebung Elisabeth's entstanden waren, hatten von Hause aus polizeiliche Zwecke. Durch 7. Jac. I. c. 4 wurden sie im ganzen Lande durchgeführt und zur Ergänzung der Armenverwaltung, für Arbeitsscheue, Bettler, weggelaufenes Gesinde, Vagabunden benutzt Coke 2 Inst. 725—732, allmälig auch für Zwecke der Criminal-Justiz aushülflich gebraucht. Demgemäß bilden sie ein wichtiges Thema für die Verwaltung der Quartalsitzungen, die auch das Beamtenpersonal anstellen. Die alten Grafschaftsgefängnisse dagegen, die verfassungsmäßig der ordentlichen Criminaljustiz zugehören, bleiben altherkömmlich unter Oberaufsicht des Sheriff, dessen Recht durch 14. Edw. III. c. 10; 19. Henry VII. c. 10; 23. Hen. VIII. c. 2 ausdrücklich bestätigt wird. Der Sheriff muß indessen den Anweisungen der Quartalsitzungen wegen Vollstreckung ihrer Strafurtheile Folge leisten, woraus sich allmälig eine Oberinstanz der Friedensrichter auch für diese Verwaltung gebildet hat.

8) Ein eigenthümliches unsere religiösen Vorstellungen verletzendes Gebiet bildet sodann die Religionspolizei, die Anwendung der Strafen des praemunire (in manchen Fällen sogar des Hochverraths) auf den religiösen Dissens, die Anwendung des Geldbußensystems zur Erzwingung der äußeren Conformität. Dies Strafsystem ist Anfangs gegen die Papisten gerichtet, dann aber auch gegen

die Sekten, und zeitweise gegen die Dissenters vorzugsweise. Die einzelen für das Gebiet der Friedensrichter jener Zeit praktischen Rubriken sind: Agnus Dei (die Importirung von Kirchengemälden, Kreuzen rc., bedroht mit den Strafen des praemunire, vor den Criminalassisen oder Quartalsitzungen 13. Eliz. c. 2, ?, 7, 17; 23. Eliz. c. 1 § 2). Arms and horses (die Friedensrichter sollen den popish recusants Waffen und Munition wegnehmen 3. Jac. I. c. 5 § 27, 28). Books and relics (zwei Friedensrichter haben nach katholischen Büchern und Reliquien zu suchen, und solche zu vernichten; Crucifixe werden in den Quartalsitzungen zerbrochen). Feme coverts (Ehefrauen, welche als recusants überführt sind, werden in das Gefängniß gesetzt, bis sie sich conformiren; es müßte denn der Ehemann 10 Sh. monatlich an den König zahlen 7. Jac. I. c. 6 § 28). Jesuits and priests (27. Eliz. c. 2 § 13). Impugning supremacy (Personen über 16 Jahr, die sich über einen Monat von der Kirche fern halten, die Königliche Suprematie anfechten oder Conventikel besuchen, sind von einem Friedensrichter zu verhaften, bis sie sich conformiren 35. Eliz. c. 4 § 1). Maintaining the pope's jurisdiction (Strafe des praemunire 5. Eliz. c. 1 § 2 und 15; 23. Eliz. c. 1 § 2). Mass (die Celebrirung oder Anhörung einer Messe mit 200 (100) Mark und einem Jahr Gefängniß zu büßen 23. Eliz. c. 1 §. 4). Oath of allegiance (durch zwei Friedensrichter den recusants abzunehmen 3. Jac. I. c. 4 § 13, 24; 7. Jac. I. c. 6 § 26; 15. Car. II. c. 15 § 3). Prophecies (5. Eliz. c. 15). Recusancy (Recusants, die sich conformiren, aber nicht innerhalb Jahresfrist das Abendmahl nehmen, 20 bis 60 L. Geldbuße für jedes Jahr; churchwardens und constables die nicht die nöthige Anzeige machen 20 Sh. Buße 3. Jac. I. c. 4 § 3, 4). — Zur Cognition eines einzelen Friedensrichters gehört namentlich der einfache Nichtkirchenbesuch ohne erschwerende Umstände, not repairing to church. 23. Eliz. c. 1 § 5; 1. Jac. I. c. 5; 3. Jac. I. c. 5. Das Hauptgesetz nach der Restauration ist die Acte gegen Conventikel 22. Car. II. c. 1, worin der einfache Besuch von Conventikeln zu den summarischen Straffällen vor einem Friedensrichter gehört. Zwei Friedensrichter können nach 16. Car. II. c. 1, 4 wegen Besuchs von Conventikeln sogar bis 20 L. Geldbuße oder sechs Monate Gefängniß erkennen — was den Zeitgenossen aber doch als eine übertriebene Ausdehnung der summarischen Strafen erschien.

Diese Uebersicht enthält wesentlich vollständig die neuere Polizeigesetzgebung. Als mehr temporärer Natur sind übergangen die Gesetze gegen übermäßige Ausdehnung der Schafheerden 25. Hen. VIII. c. 13 und gegen Errichtung von Arbeiterwohnungen ohne Land 31. Eliz. c. 7. Die älteren Gesetze dieser Richtung 4. H. VII.; 27. H. VIII.; 5. Ed. VI.; 5. Eliz. (39. Eliz. c. 2) wurden aufgehoben durch 21. Jac. I. c. 18, ebenso wie die meisten älteren Gesetze gegen die liveries.

Nimmt man hinzu die oben im Text aufgezählten neuen Straffälle wegen Uebertretung der Polizeiordnung in ihren verschiedenen Richtungen und wegen der Amtsversäumnisse der Gemeindebeamten, so entsteht ein ungefähres Bild von dem Umfang der Erweiterungen des Polizeistrafamts und von dem wachsenden politischen Einfluß der Klasse, welche gewohnheitsmäßig dies Amt besetzt. Man beachte aber, daß mit der discretionären Gewalt der Friedensrichter nach unten, auch die discretionären Gewalten von oben wachsen, und daß erst nach der Restauration eine Ermäßigung in beiden Richtungen eintritt.

) **Die Ausbildung des Voruntersuchungsamts der Friedensrichter bedingt einen kurzen historischen Rückblick. Fast tausend Jahre zurück zeigt die englische Rechtsbildung eine stetig wachsende Verstärkung der Gemeindepflicht zur Friedensbewahrung und Strafverfolgung, wobei die spätere Pflicht immer cumulativ der schon vorhandenen hinzutritt. Diese Pflichten sind verschieden bei der handhaften That, und beim delictum occultum.

1) Bei der handhaften That ist die Zehnt-, Hundert- und Grafschaft zur Verfolgung des Thäters in der Weise des Landsturms (hue and crye) verpflichtet unter Führung ihres tithingman, hundredman, shiregerefa. Die Amtspflichten des constable und chief constable aus den späteren Milizordnungen sind damit cumulirt. Das ganze System des hue and crye gilt eben deshalb als altes Landesherkommen, welches später durch einzele Parlamentsstatuten aufgefrischt wurde. Man konnte neuerdings diese sämmtlichen Statuten aufheben: es blieb dennoch beim hue and crye der common law, da die herkömmlichen Gemeindepflichten niemals ausdrücklich aufgegeben, sondern nur durch spätere Einrichtungen erleichtert, zum Theil überflüssig gemacht, unpraktisch geworden sind.

2) Bei dem delictum occultum gestaltet sich die Pflicht der Gemeinde zur Rüge und Gemeindezeugniß, also Zeugen- und Denunciantenpflicht (veritatem dicere nec celare). Diese Gemeindepflicht ist durch die fortschreitende Gesetzgebung wieder aufeinander gehäuft. Es ist

(1) eine Pflicht der Ortsgemeinde, tithing; man begnügt sich aber mit dem tithingman und den vier Gerichtsmännern, die im Hundredgericht diese Gemeindepflicht thun. Als später die größeren Bildungen hinzugetreten sind, begnügt man sich mit dem bloßen presentment des constable (tithingman), der eben deshalb immer noch bei den Sessionen erscheinen muß. Seine dienstlichen Anzeigen (presentments) werden nun bloßes Informationsmaterial für die höhere Instanz.

(2) es ist sodann Pflicht der hundred nach dem Rügeverfahren der normannischen Zeit. Diese Pflicht wird durch die zwölf Männer der hundred geübt im Sheriff's tourn und in den abgezweigten courts leet. Nachdem aber später größere, stärkere Institutionen dazu getreten sind, kommen diese kleinen Rügejuries allmälig außer Anwendung. Man begnügt sich mit den dienstlichen Anzeigen (presentments) des constable der Hundred (high constable), welcher eben deshalb bei den Sessionen erscheinen muß, und man behandelt auch diese presentments als bloßes Informationsmaterial für die höhere Instanz.

(3) es ist Pflicht der ganzen Grafschaft, wie sie in Gestalt der vereinigten Hundreds (oder vielmehr von Ausschüssen aus den Hundreds) vor den reisenden Richtern erscheinen soll, um auf die capitula itineris eidlich befragt zu werden. Im 14ten Jahrhundert erleichtert sich aber die Praxis diese Pflicht, indem man vor den reisenden Richtern statt einer besonderen Jury für jede Hundred, eine große Jury für die ganze Grafschaft einschwört, und diese natürlich aus den angesehensten Männern, womöglich Friedensrichtern bildet. Diese große Jury erscheint nun bei den Assisen, um in alter Weise die auf Friedensbewahrung und Beamtenverwaltung der Grafschaft gerichteten Artikel zu beantworten, worunter jetzt namentlich auch die Amtsführung der coroners und

constables, der Armen- und Wegeaufseher ausdrücklich einbegriffen wurde. Es entstand dadurch eine in jener Zeit sehr wichtige Competenz zur Anbringung allgemeiner Landesbeschwerden, und ein neuer Titel für ein Controll- und Aufsichtsrecht gegenüber den Ortsgemeindebeamten. In den eigentlichen Strafsachen aber nimmt nunmehr die Grand Jury den Gemeindeverbänden die schwere Pflicht der presentments ab, indem sie den anzeigenden und verfolgenden Theil (informer), der gewöhnlich identisch ist mit dem Hauptzeugen, sowie die wichtigsten anderen Zeugen für die Anklage hört, und sich aus dem Beweismaterial soweit informirt, um ein indictment selbst auf sich zu nehmen, welches ursprünglich von den einzelen Hundreds aus eigener Kenntniß und Information auf ihren Eid genommen werden mußte.

Wenn man erwägt, welche außerordentliche Erleichterung durch dies Verfahren den Zehnt- und Hundertschaften geboten wurde, so begreift man, daß diese Neuerungen der Praxis ebenso willig allerseits entgegen genommen wurden, wie um dieselbe Zeit die inquisitorische und bevormundende Thätigkeit der besoldeten Beamten auf dem Continent. So entstand das noch heute übliche Verfahren vor der großen Jury, welches dann, als praktikabel befunden, auch auf die Quartalsitzungen der Friedensrichter sich ausdehnte. Nur mußte man sich bei letzteren mit dem gewöhnlichen Material von Geschwornen zur Bildung einer Anklagejury begnügen, da hier die angesehenen Elemente fehlen, welche bei den Assisen der reisenden Richter zur Assistenz des Richteramts erscheinen.

Bei dieser collegialischen Ausübung der centralisirten Rügepflicht trat es nun aber in der Praxis immer mehr hervor, daß eine collegialische Thätigkeit nur anwendbar ist auf Rechtsprüche (hier also auf Prüfung der Frage, ob die Anklage erheblich und gehörig begründet sei). Die sonstigen Akte der Strafverfolgung eignen sich nur zur Handhabung durch Einzelbeamte. Man schlug daher in der Praxis denselben Weg ein, den die Gesetzgebung bei dem Polizeirichteramt eingeschlagen hatte: nämlich *Abzweigung gewisser Functionen von dem Collegium der Friedensrichter* an Einzele. Es lag dies um so näher, als die große Jury der Assisen von jeher mit dem Personal der Friedensrichter zum großen Theil identisch war. Die einzelen Friedensrichter übernehmen demgemäß:

(1) Die *vorläufige Information* durch Vernehmung des Angeschuldigten und der Hauptzeugen für die Anklage, also dasjenige, was ursprünglich der Hundredjury als Vorbereitung zu ihrem Verdict privatim überlassen war.

(2) Sie entscheiden auf Grund dieser Information über die *Annahme einer angebotenen Bürgschaft*, was ihnen seit 1. Richard III. c. 3; 3. Hen. VII. c. 3 gesetzlich beigelegt ist.

(3) Sie übersenden ihr Informationsmaterial den nächsten Assisen oder Quartalsitzungen (mit oder ohne die Person des Angeschuldigten), um dort den Spruch der großen Jury einzuholen. Dies *commitment* nimmt wiederum den Gemeinden eine umständliche Thätigkeit ab; denn ursprünglich hatte die Hundred durch zwölf ihrer Mitglieder die Anklage persönlich zu präsentiren.

(4) Die Friedensrichter sorgen zugleich für die künftige Hauptverhandlung, indem sie den Informer und die Hauptzeugen zum *Erscheinen daselbst verpflichten*. Diese Anzeige- und Zeugenpflicht ist wieder nur ein Ausfluß der alten Gemeindepflicht; denn jede Gemeinde ist vorzugsweise verpflichtet, ihre *wissenden* Mitglieder zu gestellen zum Zweck des veritatem dicere nec ce-

lare. Was also der Gemeinde sammt oder sonders oblag, erfüllt der Informer und der Zeuge im Namen der Uebrigen. Es ist nur eine Erleichterung der Gemeindepflicht, wenn sich der einzele Friedensrichter sogleich an die geeigneten, wissenden Personen hält.

So entsteht die noch heute übliche Praxis der Voruntersuchung, die durch das Gesetz eine wünschenswerthe Nachhülfe erhielt. Durch 1. et 2. Phil. et M. c. 13; 2. et 3. Phil. et M. c. 10 gestaltete sich nun die Form der Voruntersuchung gleichmäßig. In Fällen von felony erfolgt eine Bürgschaftsannahme durch zwei Friedensrichter, in Fällen unter felony vor einem Friedensrichter. Aus der Befugniß der Zulassung des bail folgerte man auch ein Verhaftungsrecht for want of bail, und es entstand nun der leitende Grundsatz, nach welchem die Sicherungshaft während der Voruntersuchung mit gewissen Maßgaben in das gewissenhafte Ermessen der Friedensrichter gestellt ward, während vor jenen Gesetzen das Verhaftungsrecht der Friedensrichter äußerst streitig gewesen war Coke IV. Inst. 177.

Ja es schien eine Zeit lang eine Gefahr vorhanden mit den Friedensrichtern zu einem einseitigen bloßen Inquisitionsprozeß zu kommen durch ein sogenanntes Verfahren durch information, welches einen eigenthümlichen Incidentpunkt der Regierung Heinrich's VII. bildet. Schon unter Eduard III. waren aus vorbehaltenen Königlichen Gewalten die sogenannten informations hervorgegangen — ein rein amtliches Untersuchungsverfahren ohne Ankläger bei dem Court of Exchequer und King's bench, besonders für Amtsvergehen und leichtere Straffälle, zu Finanz- und Polizeizwecken. Unter Heinrich VI. und Eduard IV. waren sie häufig geworden. Heinrich VII. überträgt diesen Inquisitionsprozeß auf die Friedensrichter. Schon nach 3. Henry VII. c. 1 (dem Statut über die Sternkammer) können die Friedensrichter solche Anklagegeschworene, welche eine begründete Anklage unterdrücken (concealment) summarisch und ohne Jury in eine arbiträre Strafe nehmen, was offenbar mit den damaligen Parteieinflüssen auf die juries zusammenhing. Durch 11. Henry VII. c. 3 werden aber Assisen und Friedensrichter ermächtigt alle Vergehen gegen ein geltendes Statut, außer Verrath und Felonie, durch bloße information im Namen des Königs ohne Jury zu entscheiden. Es ist hier auf kürzestem Wege ein Inquisitionsprozeß in der Weise des Continents und zwar vor Einzelrichtern eingeführt. Der Hauptzweck war ein finanzieller, um die Beitreibung von Geldstrafen auf Grund von gehässigen meist in Vergessenheit gekommenen Strafstatuten zu sichern. Für den Gesammtbetrieb wurde dann ein General-Fiscalat unter dem Namen der Masters of the King's Forfeitures gebildet, in welchem Empson und Dudley die äußerste Erbitterung des Volks auf sich zogen, die ihnen zuletzt persönlich zum Verderben wurde. Dies, und der Widerspruch gegen leitende Grundsätze der ordentlichen Strafjustiz, der Geist des Friedensrichteramts und der Jury, also der lebendige Communalsinn, führte dahin an dem Grundsatz des Anklageprozesses festzuhalten. Durch 1. Henry VIII. wird gleich beim Regierungsantritt dieses Königs die ganze Einrichtung wieder aufgehoben.

Von dieser Zeit an tritt die verständige Combination der beiden Elemente ein, durch die sich das Einzelrichteramt auf die Abstrafung der kleinsten Bußfälle und auf die Functionen des Voruntersuchungsrichters beschränkt, ohne im ordentlichen Strafprozeß das verfassungsmäßige Zusammenwirken von judge und jury wieder in Frage zu stellen. Der Geist dieses ordentlichen Verfahrens bestimmt in stetiger Rückwirkung den Geist des summarischen Verfahrens ohne jury.

Es ist nun aber einleuchtend, wie auch von dieser Seite aus das Friedensrichteramt den alten court leet vollständig überflügelt. Die jährlich zweimal zusammenkommende Ortsgemeinde kann mit dem schwerfälligen Aufgebot aller ihrer Mitglieder die stets präsente Thätigkeit des Friedenrichteramts nicht ersetzen. Ihre Inquisition konnte also in der Concurrenz mit den Friedensrichtern nur wenige Straffälle übrig behalten. Ebenso hat aber auch die summarische Strafgewalt der Friedensrichter ihnen massenhaft die kleinen Polizeistraffälle vorweg genommen. Allerdings sind durch die Statuten dieser Zeit noch eine Anzahl Bußfälle zur Competenz der courts leet verwiesen, welche ich hier beiläufig erwähnen will: Tödtung von Hasen, 14. Hen. VIII. c. 11, Gastwirthe, welche Pferdebrod unter dem reglementsmäßigen Gewicht backen 32. Hen. VIII. c. 14, Aufziehen von Pferden unter der reglementsmäßigen Statur 32. Hen. VIII. c. 13, Nichtinstandhaltung der Schießstände ꝛc. 33. Hen. VIII. c. 6, 8, 9, Straffälle betreffend die Lebensmittel und Arbeitspolizei 2. Edw. VI. c. 15, Ueberschreitung der Weintaxen 7. Edw. VI. c. 5, Uebertretungen gegen das Wegegesetz 2. et 3. Phil. et M. c. 3; 5. Eliz. c. 13; 18. Eliz. c. 9, — gegen das Milizgesetz 4. et 5. Phil. et M. c. 3, wegen Zerstörung der Fischbrut 1. Eliz. c. 17, Einfangen von Fasanen und Rebhühnern 1. Jac. I. c. 25, reglementswidriges Aufbauen von Arbeiterwohnungen 23. Eliz. c. 10 vergl. 31. Eliz. c. 7. Es war dabei aber wohl weniger die Absicht, die courts leet neu zu beleben und zu erweitern, als vielmehr eine gleichmäßige Ausführung jener Polizeiverordnungen zu sichern mit Rücksicht darauf, daß an einzelen Orten die courts leet doch noch thätig, und ihre Mitwirkung bei gewissen Fragen der Ortspolizei rathsam erschien.

VI. **Das Gerichtswesen** bildet in diesen zwei Jahrhunderten den völlig stabilen Theil des Staatswesens. Das fortschreitende, bewegliche Element desselben liegt nur in dem Amt der Friedensrichter, und ist in seiner Verflechtung mit dem Polizeiwesen im vorigen Abschnitt erörtert. Abgesehen davon bleibt die constitutionelle Gerichtsverfassung, basirt auf judge und jury, auf ein systematisches Zusammenwirken von Königlichen Beamten und Gemeindeausschüssen in Civil- und Criminalassisen und in den Quartalsitzungen der Friedensrichter, unverändert in der Gestalt, die sie am Schluß des Mittelalters gewonnen hat. Die Geschwornenlisten werden in alter Weise aus dem herkömmlichen Personal gebildet, die nöthige Zahl zu jeder Grafschaftsassise von dem Sheriff gestellt, in den städtischen Quartalsitzungen von einem Gerichtssekretair. Der Census des Geschwornendienstes wird dem veränderten Geldwerth entsprechend durch 27. Eliz. c. 6. von 40 sh. freehold auf 4 L. verdoppelt, so wie auch die Taxe eines Ritterlehns in dieser Zeit auf 40 L. statt 20 L. Grundrente berechnet wurde. Die Thatfrage, welche von der jury zu entscheiden ist, wird durch die Praxis zu einer geregelten Beweisverhandlung, in welcher die

Geschwornen nicht mehr aus eigener Wissenschaft und Privatkunde, sondern nach Maßgabe der vorgelegten Beweise ein Gesammturtheil abgeben. Durch st. 1. Edw. VI. c. 1. § 6 wird auch die Zulassung von Vertheidigungszeugen in dem Beweisverfahren vor der Urtheiljury zunächst für die friedensrichterlichen Sessionen legalisirt. Aus der Praxis bildet sich dabei eine Reihe fester Maximen der Beweisführung (law of evidence), die theils aus den Bedürfnissen eines so zusammengesetzten Gerichts, aus der Nothwendigkeit einfacher Beweisverhandlungen vor der jury, theils aus Rücksichten auf Parteirechte hervorgehen, und mit zahlreichen Präsumtionen behaftet sind. Ein leitender Gesichtspunkt bleibt stets die Rücksicht auf die gemessene Zeit des gesammten mitwirkenden Gerichtspersonals. Unzweifelhaft ist dieses stetige Zusammenwirken von richterlichen Beamten und Gemeindeausschüssen, in welchen Ritter, Bürger und Bauern Jahr aus Jahr ein zusammentreten, der eigentliche rechtliche Halt und Kern der Gesammtverfassung.

Allerdings hat im Anfang dieser Zeit das Parteiwesen die Jury afficirt. Nicht nur die Gesetze, sondern auch die Geschichtsschreiber bestätigen, daß die Nachwehen des Kampfes der beiden Rosen auch die Jury ergriffen hatten und zum Theil die Veranlassung zur Einsetzung der sogenannten Sternkammer wurden. „In Erwägung, daß durch rechtswidrige Anstiftungen, durch besondere Trachten, Zeichen, Abzeichen und Verpflichtung von Anhängern . . . durch Bestechung, durch treuloses Benehmen der Sheriffs bei Anfertigung der Geschwornenlisten, durch Bestechung der Geschwornen“ ꝛc., die Ordnung und Ruhe des Reichs gefährdet ist, — wird der Kanzler und eine Anzahl Großbeamte und Lords ermächtigt, solche Uebelthäter und andere vor sich zu laden und auf erhobene Untersuchung zu bestrafen, als ob sie auf dem hergebrachten Rechtswege überführt wären. Diese Minister- und Staatsrathsjustiz hat indessen in der Zeit der Tudors den eigentlichen Gang der Rechtspflege wenig afficirt. Unter den Stuarts erscheinen einige Versuche einer Disciplinarbestrafung der Geschwornen durch die Sternkammer, welche mehr auf Einschüchterung berechnet waren. Wirksamer erwies sich die Einwirkung serviler Sheriffs bei der engeren Auswahl der Geschwornen. Im Ganzen betrachtet aber hat die Geschwornenverfassung die Zeit der Bürgerkriege ehrenvoll überstanden. Ihrer Natur nach war sie der Versuchung weniger ausgesetzt als die beamteten Richter. Unter Karl I. wie unter Cromwells Regiment galt sie als eine zuverlässige Schranke gegen die zeitigen Machthaber, die man wohl zu umgehen, aber nicht zu brechen wußte. Unter Karl II.

erscheint sie von der allgemeinen Corruption des Staatsbeamtenthums unberührt. Die Sternkammer war inzwischen aufgehoben, und in einem berühmten Rechtspruch von 1679 erkannten nunmehr die Reichsgerichte die Unverantwortlichkeit der Geschwornen für die Rechtmäßigkeit ihres Gewissenspruchs an. Unter Jacob II. hat die Freisprechung der Bischöfe gegenüber der Verfolgung eines despotischen Monarchen die dauernde Ueberzeugung hinterlassen, daß in dem einstimmigen Geschwornenspruch die stärkste Garantie liegt, welche eine Gerichtsverfassung gegen Parteileidenschaft überhaupt gewähren kann.

Neben dieser laufenden Justiz durch Richter und Geschworne dauert allerdings noch ein Grafschaftsgericht des Sheriff fort. Durch 2 et 3. Eduard VI. c. 25 wird sogar die regelmäßige Abhaltung desselben von Monat zu Monat eingeschärft. Der eigentliche Sinn der Einrichtung ist indessen nur eine periodische Erledigung der laufenden Grafschaftsgeschäfte, neben welchen die Reste einer Civiljustiz in Bagatellsachen immer mehr verkümmern. Auch als Versammlung der Gerichtsmänner erscheint sie aus demselben Grunde bloß nominell, und nur durch das Geschäft der Grafschaftswahlen von Zeit zu Zeit politisch bedeutend. Die localen courts leet dauern an einigen Orten noch mit einem Theil ihrer alten Geschäfte fort. Ebenso verfallen, und meistens nur für nicht richterliche Geschäfte thätig erscheinen die Patrimonialgerichte. Die einigen Städten verliehene Civiljustiz scheint jedoch in dieser Zeit neben den Assisen noch praktisch lebendig geblieben zu sein.

Ueber die Consolidirung des Gerichtsverfahrens durch die Praxis im Laufe dieser Periode vergl. Biener, Engl. Geschw.-Ger. Bd. I. § 20, betreffend die Fortbildung der großen Jury — insbesondere über die Entstehung der examination S. 139, — über die Verbindung des Vorverfahrens mit der großen Jury S. 140 ff., 189, 190, — über das Beweisverfahren vor der Urtheilsjury S. 181 ff., 199 ff., — über Vertheidigungsbeweis und Vertheidigung 187 ff., — über die Unverantwortlichkeit der Jury S. 192 ff., 217 ff. — Sodann in Betreff der einzelen Havpttheile des Verfahrens Bd. II. § 42 über die Entstehung der information, — § 43 Voruntersuchung, — § 50 indictment, — § 51 Beweisführung, — § 52 Vertheidigung, — § 54 law of evidence. Die criminalistischen Schriften von Staunford und Hale ergeben im Einzelen erschöpfend die praktische Fortbildung dieser Zeit.

Die organische Einrichtung der Gerichte und der Jury ist während dieser ganzen Zeit systematischer Parteikämpfe in merkwürdiger Weise stabil. Alles Bedeutende beruht in diesen zwei Jahrhunderten auf stillschweigender Consolidirung durch die Praxis. Die Ergänzung durch Statuten verschwindet daneben als unbedeutend. Beispielsweise das st. 23. Henry VIII. c. 15, wonach die Criminalgeschwornen in Stadtcorporationen freemen von 40 L. in beweglichem Vermögen sein mögen. Ueber die Nachwehen des Kampfes der beiden Rosen für die Justiz vergl. Palgrave, Privy Council p. 142 ff., der dabei an die Zustände der Jury in Wales erinnert. Die einzelen Versuche gegen Geschwornensprüche durch Strafurtheile der Sternkammer einzuschreiten, vergl. bei Hallam, Const. History I. c. 1 (Throckmorton in 2 Mary). Ueber eine gewisse Abhängigkeit der Jury unter Elisabeth vergl. ebendas. c. 5. Ueber die Zustände unter Carl II. ebendas. c. 13. In zusammenhängender Darstellung würdigt die Resultate dieser Epoche richtig und unbefangen Biener, das Englische Geschw.-Ger., Bd. I. § 26, 31.

VII. **Die Milizverfassung dieser Zeit,** obgleich in ihren gesetzlichen Grundlagen lange unverändert, gewinnt eine veränderte Bedeutung dadurch, daß sie die einzige Bewaffnung des Landes bildet. Die alten Lehnsmilizen sind jetzt praktisch beseitigt.*) Das Streben der Tudors geht von Anfang an entschieden dahin, auch das Gefolgs- und Condottierewesen des hohen Adels gründlich zu beseitigen, indem sie das Halten bewaffneter Gefolgen mit den Zeichen und Livreen des Herrn unerbittlich streng verfolgen. Es ist unzweifelhaft auch bewußte Politik, wenn die Tudors zur Verhütung der Wiederkehr ähnlicher Zustände wie unter dem Hause Lancaster, größere auswärtige Kriege vermeiden, und den kriegerischen Adel der regelmäßigen Kriegführung entwöhnen.

Die ganze Aufmerksamkeit der Tudors wendet sich von nun an den Grafschaftsmilizen**) zu. Unter Heinrich VIII. wurde sogar trotz aller Fortschritte der Kriegskunst die Einübung der Mannschaften im Bogenschießen dringend eingeschärft. Da eine gleichmäßige Ausrüstung und Uebung der Bevölkerung in der langen Friedenszeit sich überhaupt nicht erhalten hatte, so begann Heinrich VIII. in Fällen des Bedürfnisses wieder durch Verwaltungsmaßregeln die Grafschaften zur Gestellung einer bestimmten Zahl von Mannschaften zu zwingen. Die Gesetzgebung half dabei nach durch einzele Vorschriften über die Heerfolge der Königlichen Vasallen und Beamten, und über den militärischen Gehorsam der Mannschaften gegen die vom König bestellten Capitäne (19. Hen. VII. c. 1 und spätere Gesetze.) Entsprach diese Weise nicht ganz der älteren Milizverfassung, so verursachte sie andererseits weniger Kosten und Beschwerden, als eine gleichmäßige Ausrüstung und Uebung aller Einsassen im Milizdienst. Die Königlichen commissions fanden keinen ernstlichen Widerspruch in dieser Zeit der Unterwürfigkeit der Parlamente. Gelegentlich wurden solche Mannschaften auch außerhalb des Reichs verwendet, ohne daß eine Berufung auf die älteren Parlamentsbeschlüsse unter Eduard III. stattfindet. Der lehnspflichtige Grundbesitz wie die Communen waren im Grunde genommen gleich interessirt der Verwaltung freie Hand zu lassen, um nicht eine strengere Ausführung der eigentlich gesetzlichen Dienstpflicht herbeizurufen. Unter Heinrich VIII. kommt zu diesen Zwecken schon eine Ernennung außerordentlicher Commissarien vor, die als Lieutenants des Königs, (später Lord-Lieutenants), zu augenblicklichem Bedürfniß die nöthigen Mannschaften durch Zwangsmaßregeln gegen Grafschaften und Städte aufbringen. Auch in 3. Eduard VI. ist bei den katholischen Unruhen von solchen Lieutenants die Rede, „um die Grafschaften in militärische Ordnung zu bringen.“ Diese Gewalten werden dann sanctionirt durch st. 4 et 5 Phil. et Mary c. 3, welches die Königlichen Lieutenants schon als bekannt voraussetzt. Gleichzeitig wird durch ein neues Milizgesetz 4 et 5 Phil. et M. c. 2 die ganze besitzende Bevölkerung für die Bewaffnungspflicht neu abgestuft, der große Besitz darin wiederum sehr stark herangezogen, und zeitgemäße Aenderung des Waffensystems getroffen.

Unter Jacob I. werden jedoch diese älteren Milizgesetze über die Abstufung der Milizpflicht wieder aufgehoben, 1. Jacob I. c. 25. § 46. Es scheint die Anschauung zurückzukehren, daß die insulare Lage eine geregelte Bewaffnung überhaupt unnöthig mache. Seit dieser Zeit behielt sich die Regierung Aushebung nach Bedürfniß vor, und legte Waffenmagazine in den Grafschaften an. Die Stadt London hielt besondere einexercirte Truppen, die auch in einer freiwilligen Association, der sog. Artillery Company einen Anhalt fanden.

Mit diesen tief verfallenen Militäreinrichtungen begann dann der Bürgerkrieg unter Karl I., in welchem die Milizen von London auf der einen Seite, berittene Gutsbesitzer und Pächter auf der anderen Seite den Kern der ersten Formation bilden. Waren diese Milizen schon an sich den militärischen Ansprüchen der Zeit ziemlich entfremdet; so verloren sie ihren Zusammenhang vollends, als durch den Bürgerkrieg ihre inneren Bestandtheile auseinandergingen. Während Freisassen und Städte überwiegend auf die Seite des Parlaments traten, blieb der größere Theil des Adels und der alten Gentry mit Pächtern und Dienstleuten auf der Seite des Königs, so daß es zeitweise so aussehen mochte, als ob mittelalterliche Lehns- und Grafschaftsmilizen einander im Kampfe gegenüberständen. In dem Parlamentsheer gab indessen die bessere Disciplin und der Fanatismus religiöser und politischer Ueberzeugung allmälig die Richtung zur Bildung regulärer Truppen. Nach lange hingezogenem Kampf erzeugte der Feuereifer der puritanischen Secten, die Energie Cromwells und die bedeutenden Geldmittel des Parlaments ein Heer „nach dem neuen Modell“, d. h. reguläre Reiterei, Dragoner und Fußvolk, gebildet aus den eifrigsten Kämpfern der Miliz, in strenger Disciplin und unerschütterlicher Tapferkeit, unter Offizieren aus ihrer eigenen Mitte. In der entscheidenden Schlacht bei Naseby fochten zwar auf der Parlamentsseite angeblich nur 9 in auswärtigen Feldzügen gebildete Offiziere; auf Seiten der Königlichen mehr als 1000. Wie in dem französischen Kriege siegte aber auch hier das nach dem neueren Militärsystem formirte Freisassenthum über die persönliche Tapferkeit des Adels und seiner Dienstleute, die nur noch im unregelmäßigen Reitergefecht Ehre einzulegen wußten.

Das barsche Militär-Regiment des Protector ließ aber den Eindruck eines unversöhnlichen Gegensatzes stehender Armeen mit dem verfassungsmäßigen Recht der regierenden Klasse zurück. Die Restauration löst also diese Regimenter auf und bildet durch 13. Car. II. c. 6; 13 et 14. Car. II. c. 3; 15. Car. II c. 4 eine neue Miliz***) mit der bewußten Tendenz einer Bewaffnung des Grundbesitzes, gegen den Absolutismus und gegen die unteren Klassen zugleich gerichtet.

Vergeblich versucht dagegen Jacob II. durch Beseitigung der Miliz und formirte Soldheere noch einmal die Parlamentsmacht zu brechen. Die stehende Armee hatte unter Carl II. schon durch den ungeordneten Zustand der Finanzen zu keiner Bedeutung kommen können. Die unter Jacob II. schnell zusammengeworbene, tendenziös mit papistischen Offizieren besetzte Armee, verließ den König dennoch im entscheidenden Augenblicke.

Und so schließt denn diese Zeit mit dem allgemeinen Eindruck, daß jede stehende Armee eine Gefahr der Verfassung, die einzig legale Kriegsmacht vielmehr nur die Landesmiliz sein dürfe, welche nun im Interesse der besitzenden Klasse die unter der Restauration gebildete Gliederung in folgender Weise beibehält. Der König ernennt den Lord-Lieutenant in jeder Grafschaft, und auf dessen Vorschlag eine Anzahl Deputy-Lieutenants als stellvertretende Verwaltungs-Commissare. Der Lord-Lieutenant ertheilt auch die Offizier-Patente vom Obersten bis zum Fähnrich herab. Besitzer von 500 L. Grundrente oder 6000 L. in anderem Vermögen stellen einen gerüsteten Mann zu Pferde; für ein höheres Vermögen verhältnißmäßig mehr. Besitzer von 50 L. Grundrente oder 600 L. in beweglichem Vermögen stellen einen gerüsteten Mann zu Fuß, für ein höheres Vermögen verhältnißmäßig mehr. Besitzer darunter werden durch die Constables angehalten zur Anschaffung der Waffen, zum Sold und zu den Nebenkosten nach billiger Einschätzung beizutragen.

Das Ganze ist eine schwerfällige zu größeren militärischen Zwekken unverwendbare Bewaffnung unter dem Commando und Einfluß der besitzenden Klassen, vorzugsweise des Grundbesitzes, welche aber zur Aufrechterhaltung der inneren Ordnung und als Gegengewicht gegen eine fortan nicht mehr entbehrliche reguläre Armee****) von geringem Umfang hinreichend erschien.

*) **Die Reste der Lehnsmilizen** sind nur noch sporadische Erscheinungen. Eine Scene wie in dem Bauernaufstand unter Heinrich VI., in welchem noch einmal 40,000 Berittene erscheinen konnten, um sich die Bauern abzuwehren, kehrt nicht mehr wieder. Ebenso verschwindet das Material, mit welchem die Schlachten der Rosen geschlagen wurden. Zu den Maßregeln, welche Heinrich VII. der Aristokratie so verhaßt machten, gehörte auch die unerbittliche Strenge gegen die bewaffneten Gefolgschaften, ihre Farben, Zeichen und Livreen. Die schweren Erfahrungen eines Menschenalters aber konnten die Strenge rechtfertigen. Bei dem Versuch der Zusammenziehung eines größeren Heeres a. 1492 ist noch einmal von 1600 Ritterlanzen und 20,000 Fußtruppen die Rede, die größtentheils nur durch Werbeverträge gestellt werden konnten. Von da an aber sind auswärtige Kriege, die zu einer Bildung von Heeren in der alten Weise hätten führen können, überhaupt vermieden. Die Markgrafschaften an der Grenze von Wales und Schottland, als Militär-Gouvernements mit feudalem Anstrich, werden unter Heinrich VIII. aufgehoben. Als natürliche Folge der Lage erhielt sich indessen eine gewisse militärische Gewöhnung des Landadels der Grenze bis zur Zeit der schottischen Union. Der seltsame Versuch Carl's I. die Lehnsmilizen als solche gegen Schottland aufzubieten (1640) war ein reiner Anachronismus, verursacht durch die Finanznoth, und erfolglos.

Das Lehnswesen bestand also nur noch als Finanz- und Sportel-Quelle. Eine eigene Behörde unter dem Namen des Court of Wards war seit Heinrich VIII. für die nutzbare Verwaltung solcher Lehnsgefälle abgezweigt. Unter Eduard VI. und Elisabeth wurden eigene Commissare ernannt, um mit den „Besitzern von Grundstücken zum Werth von 40 Pfd. Sterl. jährlich, welche die Ehre des Ritterschlags ablehnen", über eine billige Abfindung zu verhandeln. Auch diese finanzielle Bedeutung der Lehne mit Vormundschaft, Veräußerungsgebühr und allem Zubehör, erlischt durch das den Lehnsnexus aufhebende Gesetz 13. et 14. Car. II. c. 12, wodurch die ehemaligen Feudalherrschaften und Ritterlehne vollständig in das Rechtsverhältniß des Freisassenbesitzes, free socage zurücktreten. Innerhalb dieses Besitzes bleiben sie aber nach wie vor an der Spitze der Staatsgrundsteuern, der Realsteuern der Commune, der Milizlast, des Friedensrichteramts, des Geschwornendienstes. Der ehemalige court of chivalry ist zu einem Heroldsamt herabgesunken.

) **Das Milizgesetz 4. et 5. Phil. et M. c. 2 setzt folgende Stufen der Bewaffnung: Weltliche Personen mit einem Grundbesitz von 1000 Pfund Sterl. jährlich und darüber sollen vom 1. Mai 1558 ab 6 Pferde halten, geeignet um Halblanzen beritten zu machen, 3 davon mit genügendem Harnisch, verstähltem Sattel und genügenden Waffen, und 10 leichte Pferde mit Waffen und Rüstung für leichte Reiter, auch 40 leichtere Rüstungen (corselets), 40 dünnplattirte Rüstungen, 40 Piken, 30 lange Bogen, 30 Pack Pfeile, 30 Pickelhauben, 20 Hellebarden, 20 Arkebusen und 20 leichte Pickelhauben. Grundbesitzer von 1000 Mark bis 1000 Pfd. Sterl. haben 4 Pferde zu Halblanzen mit der vollen Ausrüstung für 2 zu halten, 6 leichte Pferde mit Ausrüstung, 30 Corselets und sonst wie vorher. — Von 400 Pfd. Sterl. bis 1000 Mark 2 Pferde, 4 leichte Pferde, 30 Corselets, 20 Piken, 15 lange Bogen &c. — Von 200 bis 400 Pfd. Sterl. ein schweres Pferd mit Rüstung, zwei leichte, 10 Corselets, 10 Piken &c. — Von 100 bis 200 Pfd. Sterl. zwei Pferde und Rüstung für leichte Reiter, 2 Corselets, 3 Piken &c. — Von 100 Mark bis 100 Pfd. Sterl. ein Pferd und Rüstung für einen leichten Reiter, 2 Corselets &c. — Von 40 Pfd. Sterl. bis 100 Mark 2 Corselets, 2 Piken &c. — Von 20 bis 40 Pfd. Sterl. ein Corselet, eine Pike &c. — Von 10 bis 20 Pfd. Sterl. eine leichte Rüstung, eine Arkebuse &c. — Personen von 5 bis 10 Pfd. Sterl. eine gestopfte Rüstung, eine Hellebarde &c.

Weltliche Personen im Besitz von 1000 Mark in beweglichem Vermögen: ein Pferd für eine Halblanze, ein Pferd gerüstet für einen leichten Reiter, 2 Corselets &c. — Besitzer von 400 Pfd. Sterl. bis 1000 Mark in beweglichem Vermögen: für einen leichten Reiter ein Corselet &c. — Besitzer von 200 bis 400 Pfd. Sterl. bewegliches Vermögen, ein Corselet, eine Pike &c. — Von 100 bis 200 Pfd. Sterl. ein Corselet &c. — Von 40 bis 100 Pfd. Sterl. zwei leichte Rüstungen &c. — Von 20 bis 40 Pfd. Sterl. eine leichte Rüstung &c. — Von 10 bis 20 Pfd. Sterl. einen langen Bogen &c.

Sonstige Personen, welche Jahreseinkünfte, copyhold, oder erbliches Gut zu dem jährlichen Reinwerth von 30 Pfd. Sterl. oder darüber haben, sollen mit Kriegsrüstung belastet werden nach den obigen Ansätzen des beweglichen Vermögens. Niemand soll an Land und beweglichem Vermögen zugleich eingeschätzt werden.

Alle Bewohner von Städten, Ortschaften, Kirchspielen, die in den vorigen Ansätzen nicht speziell enthalten sind, sollen auf ihre gemeinschaftlichen Kosten solche Rüstung und Waffen halten, wie die Königlichen Commissarien bestimmen werden. Schriftliche Verträge darüber zwischen den Commissarien und 12, 8 oder 4 der ersten Gemeindeglieder sollen in duplo ausgefertigt werden.

Der Lordkanzler soll die nöthigen commissions unter dem großen Siegel an eine Anzahl der Friedensrichter ausstellen, um die Anschaffung dieser Pferde und Waffenstücke zu überwachen. Die Quartalsitzungen entscheiden über die Geldstrafen für Uebertretung der Acte mit erweiterten Strafvollstreckungsgewalten.

In c. III. folgt eine besondere Act for the taking of musters, wodurch in Erwägung, „daß die Musterungscommissionen bisher gehindert seien durch die Entfernung der ausgehobenen und durch das Freimachen der brauchbarsten Leute durch Gunst und Bestechung" verordnet wird: daß die wissentliche Entfernung (willingly absent himself) und die Versäumniß in Mitbringung der besten Bewaffnungsstücke, die der Ausgehobene hat, mit Gefängniß auf zehn Tage oder 40 Sh. Geldbuße durch den Musterungscommissar summarisch gebüßt werden soll. Dazu kommen schwere Geldbußen für Commissare, Capitäne und Untercapitäne. Diese Vergehen werden alternativ vor den reisenden Richtern, Quartalsitzungen oder courts leet verfolgt. In Zeiten, wo die bewaffnete Macht zum Dienst beisammen ist, werden die Vergehen der Offiziere dieser Art von dem Commandirenden summarisch gebüßt. Die ältere Acte 2. et 3. Edw. VI. c. 2 § 6, wodurch das Austreten eines eingestellten Soldaten als felony erklärt ist, wird wieder hergestellt. Vermöge dieser Gewalten dauerten die Aushebungen ungefähr in der Weise fort wie unter Heinrich VIII. durch Ernennung von General- und Ortscommissarien zur Aushebung. Die Schwerbewaffneten (men at arms) bezeichnete man jetzt als Speere oder Lanzen, etwas später als Cürassiere. In den Musterungs-Instructionen des Privy Council von 1572 findet sich die Vorschrift, daß unter 100 Männern zu Fuß 40 Arkebusirer, 20 Bogenschützen, wenn so viel zu haben sind, die Uebrigen Hellebardiere und Pikenmänner sein sollen.

Als nun durch 1. Jak. I. c. 25 § 47 das Hauptgesetz cap. II. aufgehoben wurde, blieb doch dieses Musterungsgesetz bestehen. Es fielen nur fort die bestimmten Abstufungen der Bewaffnungspflicht; es blieben aber die administrativen Gewalten der Krone zur Aushebung, kraft der nach gemeinem Recht und älteren nicht aufgehobenen Statuten bestehenden Milizpflicht, und das Strafrecht wegen Desertion aus cap. 3 § 9. Es fand sich indessen keine erhebliche Gelegenheit zu ihrer Geltendmachung bis zu den Zeiten der Bürgerkriege. Die Beibehaltung der Londoner Lokalmiliz beruhte auf besonderem städtischen Bedürfniß und Reichthum. Die oben erwähnte Artillery-company hatte im Jahre 1537 die noch heute bestehende Incorporationscharte erhalten, als eine Gilde zur Uebung im Bogenschießen, in Armbrust und Handgewehr, wie sie als eine Ergänzung des Milizsystems noch heute fortbesteht.

***) **In der Milizgesetzgebung Carl's II.** 13. Car. II. c 6; 13. et 14. Car. II. c. 3; 15. Car. II. c. 4 erscheint die Miliz lediglich als eine Bewaffnung des Besitzes im Interesse der regierenden Klasse. Das Ernennungsrecht, welches (vorbehaltlich Königlicher Bestätigung oder Kassirung) der Lord-Lieutenant für die Deputy-Lieutenants und Miliz-Offiziere übt, läuft darauf hinaus, daß sich das Verwaltungs- und Offizier-Corps aus der Grafschaftsgentry bildet. Der große Rittergutsbesitz (3000 Thlr. G. Grundrente) und der reichste städtische Besitz (30000 Thlr. G. anderes Vermögen) stellt die Reiterei. Der reiche Bauer (300 Thlr. G. Grundrente) und der wohlhabende Bürger stellt das Fußvolk. Die übrige Bevölkerung ist für die Gestellungspflicht infra classem. Die Constables sollen indessen die kleineren Besitzer unter 50 Pfd. Sterl. Grundrente oder 600 Pfd. Sterl. beweglichem Vermögen anhalten nach demselben Verhältniß Waffen, Löhnung und andere Nebenkosten zu beschaffen. Papisten oder andere, welche den Eid verweigern, können herangezogen werden mit 11 Pfd. Sterl. jährlich für einen Reiter und dessen Ausrüstung, oder 30 Sh. für einen Fußsoldaten und dessen Ausrüstung. Indessen braucht Niemand in Person zu dienen, sondern kann dem Capitän zur Bestätigung einen Stellvertreter präsentiren (§ 25). Der Offiziersold während des actuellen Dienstes wird aus dem Staatsschatz gezahlt (§ 7). Den unteren Offizieren können aus der Grafschaftssteuer außerordentliche Gratificationen zur Ermunterung bewilligt werden (§. 12). Gemeine Soldaten erhalten während der Uebungszeit: der Reiter 5/6 Thlr., der Fußgänger 1/3 Thlr., wo nicht ein anderes Abkommen zwischen Prinzipal und Stellvertreter getroffen ist (15. Car. II. c. 4 § 2). In Fällen einer Invasion oder Insurrection erhält der Stellvertreter gewöhnlich einen Monatssold voraus.

Zur Bestreitung der Munition und anderer Bedürfnisse darf die Verwaltung eine jährliche Milizrate ausschreiben, die auf ein Jahr nicht übersteigen soll ein Viertel der Monatsgrundsteuer von 70,000 Pfd. Sterl., wie solche nach 12. Car. II. c 29 erhoben wurde. Dabei war London zu 4666 Pfd. Sterl.,

Kent und Suffolk zu 3655 Pfd. Sterl. und noch 27 größere Grafschaften zu über 1000 Pfd. Sterl. eingeschätzt, die kleinen Grafschaften dagegen, Westmoreland zu 73 Pfd. Sterl., Rutland zu 272 Pfd. Sterl., und so aufsteigend. Die Städte mit eigener Miliz gehen noch unter den Maßstab der kleinsten Grafschaft, bis zu 5 Pfd. Sterl. herab. Der Lordlieutenant beruft die Miliz und organisirt sie in Compagnien, Schwadronen und Regimenter, führt sie, verwendet sie oder läßt sie führen und verwenden in Fällen von Aufruhr oder Invasion. Die periodischen Uebungen der Mannschaften werden vom Lord-Lieutenant oder zwei Deputy-Lieutenants angeordnet, Regimentsübungen nicht über einmal, Compagnieübungen nicht über viermal jährlich. Zu den ersteren braucht der Mann nicht über vier Tage, zu den letzteren nicht über zwei Tage von Hause abwesend zu sein.

Die so gebildete Miliz, welche sehr übertrieben auf 130,000 Mann veranschlagt wurde, war eine Einrichtung, die von der regierenden Klasse, welche sie befehligte, ungemein hoch gehalten wurde. Sie beiseit zu setzen, gehörte zu den unbesonnensten Schritten, durch welche Jakob II. in kürzester Zeit die beiden politischen Parteien zu gemeinsamem Widerstand trieb.

****) **Die Anfänge der stehenden Armee sind in der Zeit der Stuarts** zuerst eine Schöpfung der republikanischen Parlamentspartei in Opposition gegen die herkömmliche Stellung der Gentry, wie denn auch das Personal der höheren Offiziere aus verdienstvollen Kämpfern der Parlaments-Armee ohne jede Rücksicht auf Geburt gebildet wurde. Die funfzig Leibgarden, welche Heinrich VII. errichtet hatte, waren mehr bewaffnete Hofdiener als Soldaten. Die funfzig berittenen Hofgarden Heinrich's VIII., in der Weise eines französischen corps de gensd'armes, wurden wieder aufgehoben. Nur in einigen befestigten Plätzen im Tower von London, Portsmouth, Dover, und einigen Forts an der schottischen Grenze wurden einige kleine Garnisonen, hauptsächlich Artilleristen, gehalten, um das äußere Ansehen der Widerstandsfähigkeit zu conserviren.

Die Generalität bestand unter Carl I. aus einem Lord-General, Lieutenant-General, Serjeant-Major-General. Später a. 1656 setzte Cromwell zwölf Militärgouverneure und Civilstatthalter in den Grafschaften mit dem Titel Major-General ein. Nach der Restauration betrug die stehende Armee etwas über 5000 Mann einschließlich der auswärtigen Garnisonen. Anfangs des Jahres 1685 rechnete man etwa 7000 Mann Fußvolk und 1700 Mann Kavallerie und Dragoner, wozu noch etwa 7000 Mann in Irland kommen mochten. Um dieselbe Zeit (1683) war das Generalfeldzeugmeister-Amt zu der Verfassung umgebildet worden, welche es bis in die neueste Zeit behalten hat.

Einen Incidentpunkt bilden die Kriegsgerichte dieser Zeit. In der vorigen Periode war das oberste Kriegsgericht der Lehnsmiliz unter dem Constable und Marshall bei Gelegenheit von Aufständen zuweilen als ein summarisches Strafgericht mit einem Verfahren nach Kriegsrecht bestellt worden. Unter den ersten Tudors war davon nicht die Rede. Elisabeth proclamirte das Kriegsrecht nach dem Aufstand im Norden von 1570, stand aber auf Vorstellung des Raths davon ab, da offenbar aus dem zerfahrenen Lehnsmilizwesen keine Strafgewalt gegen Civilpersonen abzuleiten war, vielmehr die Magna Charta ausdrücklich dagegen sprach. Dennoch wurde 1588, als eine Landung der Spanier drohte, eine Ordonnanz erlassen, nach welcher die Verbreiter päpstlicher Bullen und aufrührerischer Flugschriften von dem Militärbefehlshaber bestraft werden sollen. Im Jahre 1595 wird sogar ein Provost-Marshall durch Commission ernannt, der auf Anzeige der Friedensrichter notorisch rebellische und unverbesserliche Uebertreter ergreifen und in Gegenwart der Magistrate hängen lassen soll. Die Königin sichert den Beamten im Voraus die Straflosigkeit für dies ungesetzliche Verfahren zu. Unter Carl I. ging dies systematisch weiter, bis das Statut 16. Car. I. ein solches Verfahren ausdrücklich für illegal erklärte; wie denn auch 1640 die Richter einstimmig aussprachen, daß von einem Kriegsrecht nur die Rede sein könne, wenn ein wirklicher Feind der Königlichen Armee gegenüberstehe. Die Restauration hat in diesem Punkt die verfassungsmäßigen Schranken niemals überschritten.

Für den wirklichen Kriegszustand diente als Grundlage das st. 7. Hen. VII. c. 1; 3. Hen. VIII. c. 5; 2 et 3. Edw. I. c. 2 § 6, wonach das Verlassen der Königlichen Armee ohne des Königs Erlaubniß für Felonie erklärt ist; ebenso die Desertion nach 5. Eliz. c. 5.

VIII. **Die Städteverfassung dieser Zeit** bildet insofern einen Schlußpunkt der Darstellung als in den Städten die neuere Kirchspielsverfassung mit der älteren Gerichts- und Polizeiverfassung zusammentrifft.

In den städtischen Kirchspielen galt nunmehr das System der Kirchenvorsteher, Armen- und Wegeaufseher und die damit verbundene Besteuerung ebenso wie in den ländlichen. Diese Neubildung ging ihren selbständigen Weg ohne Zusammenhang mit der alten Stadtverwaltung, die aus dem court leet hervorgegangen, für die Gerichts- und Polizeiverwaltung, für Friedensrichteramt und Bildung der Jury, sowie die Verwaltung des älteren Grundvermögens diente. In Städten, welche aus mehren Kirchspielen bestanden, trat diese Scheidung auch äußerlich vor die Augen, indem jedes Kirchspiel für die Zwecke der Armen- und Wegeverwaltung nicht etwa ein bloßes Stadtviertel bildete, sondern eine s e l b s t ä n d i g v e r p f l i c h t e t e O r t s g e m e i n d e. Auch die Bürgerschaft bestand für diese Zwecke aus verschiedenen Personen. Die Pflichten des Kirchspiels und das Stimmrecht in der vestry kamen allen Kirchspielsgenossen zu; während die Theilnahme am eigentlichen Stadtregiment im äußersten Maße nur den alten Gerichtsmännern des court leet, noch öfter nur den capital burgesses oder einer ähnlichen kleinen Körperschaft zustand.

Bei dieser Trennung gerieth das Stadtregiment in eine Isolirung, die der fortschreitenden Bildung engerer Körperschaften ungemein förderlich war. Der court leet hatte meistens nichts mehr zu thun. Die laufende Thätigkeit lag in den Händen der Friedensrichter. Mochte das Friedensrichteramt durch die Grafschaft oder durch eine besondere städtische Commission verwaltet werden: in beiden Fällen waren es diese Polizeiherren, welche in Strafjustiz und Polizei die täglichen Functionen der Ortsobrigkeit übten. Für die Verwaltung des alten Stadtvermögens stand ihnen zwar noch ein Bürgerausschuß town council etc. zur Seite, aber diese Verwaltung war in den meisten Städten unbedeutend. Auch die städtischen Geschwornenlisten, mit denen sich die Gesetzgebung nur beiläufig und oberflächlich befaßte (23. Hen. VIII. c. 13), waren sehr zusammengeschrumpft; weder darin, noch in dem jährlich wechselnden Amt der constables lag eine rechte Grundlage für eine Theilnahme der Bürgerschaft im Ganzen.

Dieser factische Zustand wurde nun durch die Incorporationscharten zu einem rechtlichen erhoben. Die Zahl derselben wächst in dieser Periode sichtlich. In der Zeit der Tudors werden 54 Incorporations-Charten, 43 Nichtincorporations-Charten, in der Zeit der Stuarts 53 Corporations-Charten gezählt. Schon Heinrich VII. hat der Stadt Bristol 1499 in auffallender Weise eine Charte ertheilt, nach welcher sich der Rath der aldermen durch Cooptation ergänzen soll. Doch waltet anscheinend noch keine politische Tendenz vor.

Aber grade das übermäßig starke Wahlrecht der Städte zum Parlament sollte verhängnißvoll für die Entwickelung ihres inneren Lebens werden. Dies Verhältniß war entstanden zu einer Zeit, in welcher das Unterhaus mehr als ein Anhang zum großen Rath angesehen ward, und die Städte vorzugsweise als Steuerzahler. Jetzt war das Unterhaus eine einheitliche Körperschaft geworden, deren Mitglieder sich nach langen politischen Kämpfen nicht mehr als die Beauftragten ihres Wahlkreises, sondern des ganzen Landes ansahen. Daß in dieser Gesammtheit die Städte einen mindestens zehnmal größeren Antheil einnahmen als ihnen zukam, war an der Interessenrichtung der Gesetzgebung seit Eduard III. sichtbar geworden. Eine Ausgleichung war dabei stillschweigend eingetreten durch den persönlichen Einfluß, den die benachbarte Ritterschaft durch die Polizei- und Milizverwaltung, und als Oberaufsichtsinstanz über die Kirchspiele übte. Die größere Hälfte der Städte fand sich dadurch in einer Abhängigkeit von der kreisverwaltenden Gentry, und deren Einfluß gestaltete sich um so natürlicher, als die Wahlen in den kleinen städtischen Wahlkreisen wie Enclaven innerhalb der Grafschaftswahlen vor sich gingen, umgeben von den Einflüssen und Stimmungen des größeren Körpers.

Seit Heinrich VIII. ist dies Verhältniß ein Gegenstand der Aufmerksamkeit für die Staatsregierung geworden. In der Zeit der Reformation wird das Bestreben sichtbar, einen Regierungseinfluß auf diese kleinsten Wahlkörper auszuüben. Ohne positive Aenderungen in der Stadtverfassung wird daraus ein gouvernementales System, welches das Unterhaus mit der Staatsverwaltung in Uebereinstimmung zu halten sich bemüht, und zu dem Zweck auch neue der Krone präsumtiv ergebene Wahlflecken creirt. In diesem Sinne werden 17 boroughs, die im Verlauf der Zeit ihr Wahlrecht verloren hatten restaurirt, 46 neu berufen, so daß der ohnehin unförmlichen Vertretung der Städte noch 123 neue Abgeordnete hinzugefügt sind. Die neu ertheilten Charten geben meistens die Stadtverwaltung und zuweilen auch das Parlamentswahlrecht in die Hände von Ausschüssen oder Gemeinderäthen, welche das erste Mal von der Krone ernannt, sich später durch Cooptation ergänzen. Auch zeigt die Staatsverwaltung schon eine Tendenz, entstehende Zweifel über das Wahlrecht in diesem Sinne zu entscheiden. Folgenreich war namentlich ein Gutachten der Richter, welches in dem Michaelis-Term 40 et 41 Eliz. dem Privy Council erstattet wurde. Nach der alten Grundlage der Stadtverfassung konnte es zwar nicht zweifelhaft sein, daß der Antheil an Amt und Steuer, paying scot and bearing lot, das Bürgerrecht begründe. Allein diese Grundlage war zu einer Zeit entstanden, ehe die Städte zugleich eine politische Stellung im Parlament erhalten hatten. Jetzt war jeder Wahlflecken für den Gesammtkörper des Staats ein Factor von formell gleicher Bedeutung wie die größte Grafschaft. In dem großen Grafschaftsverband war für das politische Recht zunächst entscheidend die persönliche Thätigkeit, secundär die Steuerzahlung. Diese Grundanschauung hatte das ganze Mittelalter beherrscht; es mußte Recht erscheinen sie auch für die Städte anzuerkennen. Für Polizei und Miliz war nun aber die Leistung der höheren Klasse entschieden überwiegend. Um ein jus aequum, ein wirklich billiges Verhältniß für die Gesammtheit der Grafschaft und der einbegriffenen Städte herauszubringen, mochte hier eine Beschränkung eintreten. In den Grafschaften ging das Wahlrecht nur bis zu denen herab, die den Geschwornendienst zu leisten hatten; auch dieser Grundsatz, auf die städtischen Geschwornenlisten angewandt, führte auf Beschränkung. In der Grafschaft bildete die kreisverwaltende Gentry einen ziemlich festen Kern für den Wahleinfluß: Analoges konnte für den stadtverwaltenden Körper angemessen erscheinen. Von diesen und ähnlichen Betrachtungen scheinen die Richter ausgegangen zu sein, indem sie sich für die Zulässigkeit von stehenden Ausschüssen (select bodies) aussprachen; für eine Befugniß der select bodies zur Errichtung von Statuten, bye laws; für die bindende Kraft solcher Statuten, wenn sie formell errichtet oder durch lange Uebung sanctionirt seien; für die Anerkennung eines langjährigen Gebrauchs in solcher Richtung; für die Zulässigkeit einer Wahl der städtischen Beamten durch einen Ausschuß oder Gemeinderath. (Dies letztere wird dann wieder aus der Befugniß zur Errichtung besonderer Statuten hergeleitet.) Alle solche Einrichtungen werden erklärt für „gut, zulässig und übereinstimmend mit dem Gesetz und ihren Charten, zur Vermeidung der Unordnung und Verwirrung von Volkswahlen.“ Dies bloße Gutachten wurde dann später als „case of corporations“ mit der Autorität eines gerichtlichen Präjudizes citirt. Die Tragweite dieser neuen städtischen Grundlage zeigt sich allmälig in folgenden Punkten:

1) Die Wahl der städtischen Beamten erfolgt nun nach zahlreichen Charten schon ausdrücklich und legal durch einen engeren Ausschuß, common council, capital burgesses, select body, governing body, der sich selbst wieder durch Cooptation ergänzt. Dasselbe gilt nicht selten nach ausdrücklicher Bestimmung auch von den Parlamentswahlen. Wo die Charte es nicht enthält kann ein solches Recht auch durch Verjährung oder „alten Gebrauch“ begründet werden, ohne bis auf Richard I. zurückzugehen.

2) Die Befugniß zum Erlaß von Statuten, Bye-laws, wird zwar von der Gerichtspraxis in gewissen äußersten Schranken gehalten, insofern das Statut die Wahlen nicht direct gegen den Inhalt der Charte umgestalten, und überhaupt die Grundverfassung der Corporation nicht ändern soll. Indessen ließ man auch darin einen „langjährigen Gebrauch“ passiren.

3) Die schlimmste Folge des Incorporationsprinzips wurde jedenfalls die willkürliche Gestaltung des Kreises der Bürgerschaft, in welcher das mittelalterliche Prinzip der Uebereinstimmung von Rechten und Pflichten nun nach der andern Seite verschoben ward. Charten, Statuten und „Uebung“ schufen allmälig eine große Zahl von Ehrenbürgern, honorary freemen, ohne Antheil an den Lasten und der Verwaltung der Stadt, — sogar außerhalb wohnende, — und doch mit einflußreichen Stimmen. Der neue Begriff eines Corporationsmitglieds, freeman, nimmt ebenso Unqualificirte auf und macht sie zu Hauptpersonen, wie er die nach der alten Stadtverfassung berechtigten burgesses massenhaft ausschließt.

Geringachtung der politischen Macht des kleinen Bürgerthums, Ueberschätzung des dauernden Einflusses der Krone auf die kleinen Ortschaften, vorzugsweise aber die Gewöhnung an das Hergebrachte, waren wohl die Hauptmotive, aus denen die Regierung der Tudors diese Dinge unverändert fortgehen ließ.

Zu einer ganz tendenziösen Behandlung führten nun aber diese Verhältnisse in dem Jahrhundert der Stuarts. Die Gentry, welche jetzt in den bewußten Bestrebungen einer regierenden Klasse hervortrat, konnte der Abnormität des städtischen Wahlrechts nicht anders Herr werden, als durch eine künstliche, zuletzt gewaltsame Verbildung der Stadtverfassungen, um die städtischen Wahlen dem inneren Leben der Grafschaft zu assimiliren. Hand in Hand mit den Anschauungen und Interessen der Landgentry ging dabei die Staatskirche, da die Opposition gegen die staatskirchliche Aristokratie, das Dissenterwesen, in den Städten ihren Hauptsitz hatte, und bei unbeeinflußten Wahlen einer Majorität im Unterhause ziemlich sicher war. Das Königthum, anders als im Jahrhundert der Eduarde, nahm in dieser Lage offen Partei gegen die Städte, und versuchte abwechselnd einen Kampf gegen die Parlamentsverfassung überhaupt. Schon Jacob I. hielt eine ständische Gliederung und Bildung geschlossener städtischer Körper (close boroughs) für sehr „politisch", und ließ im zwölften Regierungsjahre bei der Creirung des Fleckens Dungannon durch seine Richter erklären, „daß der König durch seine Charte die Bewohner einer Stadt in Form von gesonderten Klassen (select classes) und einer Communalty so incorporiren könne, daß der Gesammtkörper das Recht habe Abgeordnete zum Parlament zu senden, während gleichzeitig die Ausübung des Rechts auf die select classes beschränkt werde". Nach diesem Muster wurden unter Jacob I. und Carl I. 17 alte Flecken in das verloren gegangene parlamentarische Wahlrecht wieder eingesetzt, vier Parlamentsflecken neu creirt, und außerdem zu Ehren der ständischen Gliederung (aber nicht zu ihrem eigenen Besten) den beiden Universitäten ein Parlamentswahlrecht verliehen. Das Parlament, welches seit Jacob I. die ausschließliche Entscheidung über seine Wahlen erstreitet, erkennt nun ebenfalls in einem Committeebeschluß von 1623 den Grundsatz an, daß eine Beschränkung auf einen engeren Kreis von Wählern durch „Verjährung und unvordenkliche Gewohnheit" gültig erfolgen könne. Andererseits wird in einem berühmt gewordenen Committee von 1640 unter Vorsitz des Serjeant Glanville die alte Maxime, daß jeder Theilnehmer an scot und lot wahlberechtigt sei, als die im zweifelhaften Falle anwendbare, normale wieder anerkannt.

Das an sich gerechte Verhältniß der städtischen Vertretung fand seinen unwillkürlichen Ausdruck in der von Cromwell octroyirten Verfassung, welche den Städten nur wenig über $\frac{1}{3}$ der Unterhausstimmen zugestand, also relativ die Städte auf ungefähr $\frac{1}{15}$ ihres bisherigen Stimmverhältnisses zurückführte.

Um so eifriger kehrte die *Restauration* zu den alten Grundsätzen zurück, und gab grade den verfallensten Ortschaften das für die Gentry probat gefundene Stimmrecht am liebsten zurück. Da indessen die dissenterischen Neigungen der Städte fortdauern, und der durch die Bürgerkriege unterbrochene alte Einfluß der Gentry nicht sogleich wiederkehrt, so beginnt ein systematischer Kampf der regierenden Klassen, jetzt vereint mit dem Königthum, gegen die Selbständigkeit der Stadtcorporationen. Schon die Corporationsakte 13 et 14. Car. II. c. 2 nimmt eine Reinigung der Verwaltungen vor, indem die städtischen Beamten Eide über ihr politisches Glaubensbekenntniß leisten müssen, widrigenfalls sie durch Königliche Commissarien ihrer Stellen entsetzt und durch andere ersetzt werden. Kronbeamte, non resident burgesses, eifrige Parteigänger werden an ihre Stelle gesetzt, und die Bürgerlisten mit auswärtigen Ehrenmitgliedern überfüllt. Durch unwürdige Richter wird der Grundsatz einer Verwirkung der Stadtcharte wegen Mißbrauchs und Formwidrigkeiten zur Geltung gebracht, wobei jeder Act der Gemeindebehörden und des Gemeinderaths als strafbarer Act der Corporationen selbst gelten soll. Nach diesem Princip werden die Stadtcharten massenhaft cassirt, oder in Folge von Einschüchterung dem König zur Disposition gestellt, um durch neue nach oligarchischem Muster ersetzt zu werden. Unter Jacob II. wird der Feldzug gegen die Corporationen in demselben Sinne fortgesetzt, überall select bodies geschaffen, und solche städtische Ausschüsse ebenso wie die städtischen Amtsstellen für widerruflich erklärt nach dem Willen der Krone. Noch in der letzten Stunde machte Jacob einen vergeblichen Versuch sich die Herzen der Nation wiederzugewinnen durch eine Ordonnanz vom 17. October 1688 wegen Wiederherstellung der Corporationen, Cassirung der Aufgabeacte, Erneuerung der älteren Charten. Die Mehrzahl machte davon Gebrauch, kehrte jedoch auch so nur in einen schon verkünstelten Zustand zurück, um die Achillesferse der Parlamentsverfassung zu bleiben bis zum heutigen Tage.

*) **Ueber die Verkünstelung der Stadtverfassungen im 17ten Jahrhundert** verweise ich im Einzelen auf Merewether und Stephen, und hebe nur noch Folgendes hervor:

1) Die Uebertragung der Rechte der Bürgerschaft auf einen engeren Ausschuß wird nun abgeleitet aus dem Begriff der „Corporation", wobei seit 1466 auch eine stillschweigende Incorporirung angenommen werden konnte (corporation by implication), indem die Jurisprudenz lehrte, daß wenn der König den „Bürgern einer Stadt" Land in feefarm verleihe, diese Ausdrucksweise schon eine Incorporirung in sich schließe. Als Beispiel, in welcher Weise zur Zeit Elisabeth's incorporirt wurde, hebe ich hervor die Charte für Leicester von 1599: die Bürger und ihre Rechtsnachfolger sollen ein body politic and corporate sein unter dem Namen „Mayor, Bailiffs and Burgesses of the Borough of Leicester", mit der Befugniß, Grundstücke zu veräußern und zu erwerben, zu klagen und verklagt zu werden unter ihrem Corporations-

namen. Außer dem Mayor soll die Stadtverwaltung aus zwei Bailiffs bestehen und 24 Notablen (honest and discreet men) unter dem Namen Aldermen, und 48 anderen notablen Einwohnern unter dem Namen eines Gemeinderaths, Common Council. Mayor und Aldermen sollen die Befugniß haben Statuten (bye-laws) zu erlassen für die gute Verwaltung der Bürger, Handwerker und Einwohner. — Die Basis der corporation ist hier nicht die Bürgerschaft, sondern ein engerer Körper. Die Stadtverfassung bestimmt nur die wesentlichen Bestandtheile dieses engeren Körpers, dessen Wahl oder Cooptation dem Herkommen oder besonderer Bestimmung als sekundär überlassen wird.

2) Für die Befugniß zum Erlaß von Statuten blieb die Hauptautorität wiederum das Gutachten der Richter unter Elisabeth. Ein Gesetz Heinrich's VII. von 1503 hatte zwar eine vorgängige Prüfung der Statuten verordnet durch den Kanzler, Schatzmeister, die beiden Chief-Justices, oder je drei von ihnen, oder durch die reisenden Richter bei den Assisen. Allein die Gerichtspraxis nahm seltsamer Weise an, daß die Unterlassung nur eine Strafe begründe, keine Ungültigkeit des Statuts.

3) Ueber die erste Einführung der non resident burgesses vergl. Merewether p. 613, 688, 1134, 1535, 1871. Ueber den Mißbrauch des Stimmrechts der sogenannten potwallers ebendaselbst 1165, 1226 und Register. Ueber die Zunftverfassung der City von London die heutige Comm.-Verf. § 88. In York war schon durch Charte 9. H. VIII. 1517 ein Zunftregiment eingeführt, in welchem die 13 höheren Zünfte je zwei Gemeinderäthe, die 15 niederen Zünfte je einen Gemeinderath ernennen; Gemeinderath und Zunftvorsteher wählen dann die Sheriffs und Aldermen.

4) Die Geschichte der Verwirkung der Charters wegen Mißbrauchs durch sogenannte informations quo warranto enthält am Schluß dieser Periode allerdings mancherlei verdächtige Umstände. Die mächtige Corporation von London fügt sich ohne Widerstand; die kleineren Corporationen sind auffallend schnell zur Selbstaufgabe bereit. Hinter dem Einen lag vielleicht ein stiller Wunsch der reichen Klassen nach Unabhängigkeit von großen Wahlkörpern, hinter dem Anderen die isolirte Lage der corporations, die als Verwaltungskörper nur zu wenig mit der Bürgerschaft zusammenhängen. Die ganze Zeit bietet ein Knäuel von Intriguen der Parteien und Interessen, in welchen die Stellung des Königthums um deshalb nicht weniger unwürdig erscheint.

Die Weise, in welcher das Gesetz Heinrich's VIII. die neu creirten Parlaments-Stimmrechte in Wales vertheilte, beweist, daß man ein angemesseneres Verhältniß zwischen städtischen und Grafschaftswahlen wohl zu finden wußte. Die Tudors waren aber mit dem Reformationswerk zu sehr beschäftigt, um sich dieser Frage zuzuwenden, die nach der damaligen Stellung der Parlamente sekundär erschien. — Die Stuarts befanden sich mehr als einmal in der Machtstellung, dies Verhältniß so zu ordnen, wie es der Gerechtigkeit und dem Bedürfniß des Staats entsprach, und bereits in Analogien anerkannt war. Sie konnten 1. den großen Grafschaften mehr als zwei Vertreter geben, da die Zahl 2 nach dem Hergang der Entstehung der Repräsentation keine wesentliche war. 2. Sie konnten die kleineren Flecken auf einen Abgeordneten herabsetzen wie in Wales; sie konnten die kleinsten Flecken disenfranchise wie dies in zahllosen Vorgängen des Mittelalters vorlag, und in der jetzigen Steuerverfassung kein Hinderniß mehr fand. Sie konnten 3. wenn wirklich kein fester Maßstab für das Verhältniß der Gesammtzahl von Grafschafts- und städtischen Abgeordneten zu finden war, beide wenigstens auf die gleiche Zahl bringen, wie dies in Wales geschehen war. Sie mußten 4. den städtischen Geschwornendienst dem Bedürfniß und der Analogie entsprechend durch Gesetz regeln, woraus das städtische Wahlrecht von selbst wieder auf eine Rechtsgrundlage zurückgekehrt wäre. Durch sachgemäße Verschmelzung der Kirchspielsverfassung, namentlich der Armenpflege, mit der Stadtverwaltung hätte wie auf dem Continent eine selbstthätige Bürgerschaft und ein kräftiges gesundes städtisches Wesen auch in England entstehen können. — Statt dessen haben die Stuarts vom Anfang bis zum Schluß mit den Städten nur ihre „Königskunst" getrieben. Die Vorstellung, daß das Königthum nicht Politik zu treiben, sondern das suum cuique, die Vertheilung des staatlichen Rechts nach der staatlichen Leistung zu regeln hat, sowie überhaupt jedes Verständniß der Rechtsgrundlagen ihres englischen Staats ist dem schottischen Königshause völlig fremd. Es war aber der letzte Zeitpunkt, in dem die Regelung geschehen mußte; denn, nachdem einmal die städtischen Stimmen mit den Machtverhältnissen der gentry und ihren Parteien als Rechnungsfactoren fest verwachsen waren, war eine legale Regelung nicht mehr möglich.

C. Die vielseitigen Umbildungen des Communalwesens, die regere Thätigkeit der höheren und Mittelklassen sowohl im Kirchspiel wie in der Kreisverwaltung, in Verbindung mit der Blüthe des Ackerbaues und dem Aufschwung von Handel und Gewerbe, haben die Ständeverhältnisse dieser Zeit in bedeutungsvoller Weise geändert, und ein Aufrücken der Klassen bewirkt, für welches durch die gebrochene Macht der großen kriegerischen Barone Platz geschaffen war. Die Abstufungen dieser Zeit sind so aufzufassen, daß die Mittelklassen der vorigen Periode als „Gentry" neben die Lords, der wahlberechtigte dritte Stand jetzt in die Stellung von Mittelständen tritt, alle Stände gewissermaßen eine Stufe höher rücken.

1. Lords und Gentry sind in dieser Zeit schrittweise so an einander gerückt, daß der erbliche Reichsadel nicht mehr wie am Schluß des Mittelalters als mächtiger Stand und regierende Klasse für sich dasteht, sondern als eine erbliche Ehrenauszeichnung (nobility) innerhalb einer viel zahlreicheren einflußreichen Klasse, die sich unter der Bezeichnung gentry im Sprachgebrauch des Rechts, des Heroldsamts und des gemeinen Lebens consolidirt.

Die Machtverhältnisse des Besitzes zunächst haben sich dadurch verändert, daß in dem Kampf der beiden Rosen der übermächtige Reichthum der großen Baronengeschlechter dahin geschwunden ist. Es handelt sich dabei nicht sowohl um eine „Ausrottung" der Geschlechter, als darum, daß die alten unter Eduard IV. massenhaft confiscirten

Herrschaften nicht in der alten Weise wieder verliehen wurden, sondern zersplittert und mit verminderten Erträgen; und daß andererseits die erbliche Reichsstandschaft immer zahlreicher an Besitzer verliehen wurde, deren Besitzungen, mochten sie vererbt oder durch Neuverleihungen, namentlich aus ehemaligen Klostergütern, gebildet sein, sehr verschieden waren von den alten Baronien, die man im Schatzamt als honors fortzuführen gewohnt war. In diesen Besitzungen war kein Zusammenhang mehr mit einer Nachbarschaft, in welcher gentlemen und Pächter sich als retainers einer alten „gnädigen Herrschaft" zu betrachten gewohnt waren. Es waren Besitzungen wie viele andere der landsässigen Ritterschaft. Durch die friedliche Entwickelung der Zeit, durch den lebendigen Verkehr mit den reich werdenden Städten hatte sich die Grundrente der dem Adel zunächst stehenden Grundbesitzer überhaupt in bedeutendem Maße erhöht. Als 1640 das lange Parlament zusammentrat, berechnete man das Einkommen der Mitglieder des Unterhauses auf 400,000 L., ihren Grundbesitz dreimal höher als den der Lords. — In gleichem Maße galt dies von den geistlichen Herren im Parlament in Folge der Säcularisation; auch die wenigen neu creirten Bisthümer waren nicht mit dem alten Reichthum an Grundbesitz ausgestattet.

Mit den Besitzverhältnissen hatte sich nun aber in gleichem Maße die rechtliche Stellung im Kreis- und Communalleben verändert. Die alte Bedeutung der Barone als persönliche Herren eines waffengeübten uniformirten Gefolges hatte aufgehört. Aller Schwerpunkt der öffentlichen Thätigkeit des Grundbesitzes und seines Einflusses fällt daher in die Miliz- und in die Polizeiverwaltung. Die hohen Ehrenämter derselben stehen jetzt an der Stelle, an welcher die Seigneurs des Mittelalters gestanden hatten. Die einflußreiche Betheiligung am Staat liegt jetzt in den Friedenscommissionen, die mit dem Personal der Milizverwaltung großentheils zusammenfallen. Die habituelle Gestalt dieser Commissions mußte daher auf die Dauer die rechtlichen Vorstellungen vom Stande in analoger Weise bestimmen wie einst die Organisation der Lehnsmilizen. Die Friedenscommission enthielt aber als Hauptbestand den Rittergutsbesitz der Grafschaft, thatsächlich fast ebenso sicher vom Vater auf den erstgebornen Sohn übergehend wie der Grundbesitz. An der Spitze der Commission stand regelmäßig als custos rotulorum (der zugleich zum Lordlieutenant der Miliz ernannt zu werden pflegte) ein weltlicher Lord aus dem Parlament. Die Zahl der Lords wurde unter den Tudors in einem so mäßigen Umfang erhalten, daß ein Sitz im Oberhaus und eine

Commission an der Spitze der Grafschaftsverwaltung sich regelmäßig decken konnten. In der letzteren Stellung erschien nun aber der erbliche Edelmann und Rathgeber der Krone nur als primus inter pares, unter gentlemen mit wesentlich gleichen Amtspflichten und Rechten. Bei aller Deferenz gegen Mylord entstand hier für den reicheren Grundbesitzer in viel höherem Maße das Gefühl der Pairie als in jener Zeit, in welcher der große Baron mit seinen Gefolgen Hof hielt. Die Idee eines bloßen Vorrangs, Vortritts (precedence) tritt an die Stelle der älteren von Unterordnung und persönlicher Treue.

In der Periode der Stuarts findet diese neuere Anschauung ihren Ausdruck in einer massenhaften Erhebung in die Pairie. Schon aus der Zeit der Tudors werden zwar eine ziemliche Anzahl von Titel-Erhöhungen und Neuverleihungen aufgezählt, in einer Gesammtzahl von 146. Darunter sind indessen nicht viele Neuverleihungen, und die Gesammtzahl der gleichzeitigen Pairien erhob sich nur bis zu dem Maximum von 59. Schon Jacob I. brachte es aber auf 62 neue Creirungen, Carl I. auf 59, Carl II. auf 64, Jacob II. auf 8, zusammen 193, die nach Abzug von 99 erloschenen Pairien eine Zahl von ungefähr 150 weltlichen Pairs ergaben. Schon diese Zahlenverhältnisse mußten die neue Grundanschauung entscheiden, welche die Pairie als einen erblichen durch Patent verliehenen Vorrang innerhalb der gentry, nicht aber als eine regierende Klasse für sich anzusehen begann; und grade im 17. Jahrhundert kehrte mit dieser breiteren Grundlage auch ein Selbstbewußtsein und eine corporative Selbständigkeit in die Pairie zurück. Unter Jacob I. wird der Grundsatz erstritten, daß ein Lord als erblicher Rath der Krone auch zu jeder Parlamentssession berufen werden muß. Die Restauration vollendet diese politische Stellung der Pairie und zwar gleichzeitig mit der radikalen Aufhebung des Lehnsnexus durch 12. Car. II. c. 24, unter ausdrücklicher Verwandlung aller ehemaligen Rittergüter in free and common socage, Freieigenthum nach gemeinem Landesrecht. Noch immer fanden sich an der Spitze der Pairie einige Familien von wirklich fürstlichem Besitz und Königlicher Verwandtschaft; der großen Mehrzahl nach ist der englische Adel bereits zu einer „potenzirten Gentry" geworden.

Diese Gentry selbst erweitert sich nun aber in jedem Menschenalter mit dem Besitz und mit der öffentlichen Stellung auf der sie beruht. Ihr Kern war am Schluß des Mittelalters die landsässige Ritterschaft, deren Besitz durch das Erstgeburtsrecht und Familienstiftungen (entails) ziemlich stetig erhalten werden konnte. Andererseits hatten aber doch die Adelskämpfe, unter Heinrich VIII. das Gesetz über die erweiterte Testirfreiheit, im 17. Jahrhundert die Bürgerkriege zu mannigfaltigem Besitzwechsel geführt, in welchen auch die reich gewordenen städtischen Klassen in großer Zahl einrücken. Die neuen Besitzer gehen dann durch Friedenscommission und Parlament zuerst politisch, und nach einiger Zeit auch gesellschaftlich ganz in die Reihen der alten Gentry über. Da aber Friedenscommission und Parlament auch städtische Honorationen umfaßt, da der wachsende städtische Besitz und der gleiche öffentliche Beruf diese Klassen eng verknüpft, so reihen sich nun auch immer zahlreicher städtische Honorationen in die Gentry ein. Die Ehrenbezeichnung des Esquire, die am Schluß des Mittelalters den städtischen Herren nur vereinzelt ertheilt wird, breitet sich aus auf die reiche städtische Klasse von liberaler Erziehung und Beschäftigung, ungefähr innerhalb der Grenzen, in welcher diese Klassen die Aufnahme in die Friedenscommissionen nachzusuchen und zu erhalten pflegten. Selbstverständlich blieb ferner der Pfarrgeistlichkeit der alte Ehrenrang der Esquires, verbunden mit der zahlreichen Aufnahme von Pfarrern in die Friedenscommissionen; woran sich dann die höhere studirte Klasse der Advokaten (die quorum der Friedenscommissionen), die studirten Aerzte, die höheren Civil- und Militärbeamten anreihen. Fast überfreigiebig wurde das etwas niedere Prädicat eines gentleman ertheilt.

So hat sich in Staat und Gesellschaft eine erste Klasse in ziemlich bedeutendem Umfang gebildet — theils mit persönlichen, theils mit höheren erblichen Ehrenprädicaten. Innerhalb der höchsten Stufen der Pairie erstreckt sich der höhere Rang bis auf die Enkel, innerhalb der niederen Stufen der Pairie und bei den zu Grafschaftsrittern wählbaren Personen noch auf die Söhne; im Uebrigen ist der Rang ein persönlicher. Nicht die Familie mit ihrer ganzen Descendenz, sondern nur der Träger des Familienbesitzes und des damit verbundenen Berufs zu öffentlicher Thätigkeit, erhält die gesetzliche oder gewohnheitsmäßige Distinction. Das Geldbedürfniß hat Jacob I. veranlaßt, diese Ehren noch zu vermehren durch die erbliche Würde eines Baronet, welche gegen die sonstige englische Regel als bloße Titulatur mit keiner öffentlichen Pflicht verbunden ist. Schon unter den Stuarts ist diese Würde successiv an 900 Personen verliehen, und im Verlauf der Zeit zu einer verbindenden Mittelstufe zwischen der Pairie und dem weiteren Kreise der Gentry geworden.

Am Schluß der Periode pflegte man das durchschnittliche Einkommen eines Pairs auf ungefähr 3000 L., das eines Baronet auf 900 L., das eines Unterhausmitgliedes auf 800 L. abzuschätzen.

2. Die wahlberechtigten Freisassen der Grafschaften und die wahlberechtigten Bürger der Städte, erscheinen nach dem Aufrücken der Gentry zu einer regierenden Klasse nunmehr als der politisch berechtigte Mittelstand. Die ältere Grundauffassung, nach welcher die Klassen, welche gewohnheitsmäßig den laufenden Geschwornendienst leisten, also die 40 sh. freeholders, auch die wahlberechtigte Körperschaft bilden, ist in der Grafschaft unverändert beibehalten. Es tritt dazu noch der Dienst der Constables, der Kirchenvorsteher, Armen- und Wegeaufseher, der nicht genau demselben Census folgt, der sich aber thatsächlich ungefähr innerhalb derselben Klassen zu halten pflegt. Es treten dazu die jetzt schon erheblichen Armensteuern, Wege- und Brückenbaulasten, zu denen diese Klassen gleichmäßige, auch im Verhältniß zur gentry namhafte Beiträge leisten. Ungefähr dasselbe Verhältniß waltet im Milizdienst. Wäre mit Rücksicht darauf der Census herabzusetzen gewesen, so hätte er andererseits erhöht werden müssen, seitdem durch st. 27. Eliz. c. 6. der Census für die Geschwornenlisten verdoppelt, der Dienst auf freeholders von 4 L. beschränkt war. Im ungefähren Durchschnitt entsprach der Satz von 40 sh. noch immer der ungefähren Abgrenzung des persönlichen Dienstes. Es findet sich daher kein Bestreben an dem alten Ansatze etwas zu ändern.

Etwas unklarer lag die Abgrenzung in den Städten. Hier wirkte die Beschränkung der activen Theilnahme an der Verwaltung fortschreitend auf das Parlamentswahlrecht zurück, so daß meistens nur die select bodies, capital burgesses etc. an den Wahlen theilnahmen, und die alte Regel vom Stimmrecht aller Theilnehmer an scot und lot thatsächlich zur Ausnahme wurde. Die Indifferenz, welche sich aus der Entwöhnung persönlicher Mitthätigkeit ergiebt, der Mangel aller Statistik zur Uebersicht der Verhältnisse, stillschweigend auch wohl ein Gefühl, das eine solche Beschränkung nach dem Gesammtverhältniß recht und billig sei, wirkten hier zusammen. Die rechtliche Form für diese Abschließung wurde nun die „Incorporation," die entweder bei der Ertheilung ausdrücklich nur für einen engeren Kreis ertheilt war, oder als so ertheilt verstanden wurde. Dieses Verhältniß wird in der Gerichtspraxis, in der Rechtswissenschaft und in den Wahlentscheidungen des Unterhauses seit Jacob I. in dem Maße anerkannt, daß man darin keine bloße Usurpation und nackten Mißbrauch erkennen darf, sondern eine stillschweigende Ausgleichung der anomal großen Vertretung der Städte durch ein ebenso anomales Verkürzen der wahlberechtigten Klassen. Im endlichen Resultat wird dadurch der Gentry ein überwiegender Einfluß gesichert, wie er ihr für ihre Leistungen im Kreis- und Communalverband wirklich zukam. Trotz grober Anomalien im Einzelen bleibt in dem Gesammtverhältniß der Stimmen noch ein jus aequum, weshalb es denn schließlich bei der bunten Mannigfaltigkeit blieb, aber ein böses Problem einer spätern Zeit hinterlassen wurde, in welcher jenes Gesammtverhältniß nicht mehr bestand.

Der so geschlossene Wählerkreis ist wirthschaftlich betrachtet ein aufsteigender. Die Zahl der Freisassen war durch die Rückkehr der übergroßen Klostergüter in das Privateigenthum, durch die Theilbarkeit des Grundbesitzes und die Testirfreiheit seit Heinrich VIII. unzweifelhaft gewachsen. Noch mehr hatte die fortschreitende Bodencultur und der Absatz in den reich gewordenen Städten das Grundeinkommen auch der kleineren Freisassen erhöht. Die spätere Angabe, daß im 17. Jahrhundert 160,000 Freisassen mit einem durchschnittlichen Einkommen von 60—70 L. vorhanden gewesen, mag wie alle Statistik dieser Zeit übertrieben sein; allein vorbehaltlich einer großen Verschiedenheit in den einzelen Grafschaften ist das Dasein eines zahlreichen und wohlhabenden Standes der freien Bauern unverkennbar. Ein wohlhabender Mittelstand war auch in den Städten zu finden, der in dem Aufschwung von Handel, Schiffahrt und Gewerbe seinen Boden fand, und seit Heinrich VIII. von oben herab begünstigt wurde durch freundliche Pflege der Gilden, Handwerkervereine, Innungen, ihrer sicheren Nahrung und ihres soliden Gewerbebetriebes. Ruhe, Wohlstand und Wohlbefinden sind der vorherrschende Charakter der ganzen Zeit der Tudors; Reichthum und Wohlstand sind auch im 17. Jahrhundert trotz der Bürgerkriege noch wachsend.

Diese ökonomische Lage, verbunden mit dem Bewußtsein politischer Rechte, mit der lebendigen Thätigkeit im Kirchspiel, mit der fortschreitenden geistigen Entwickelung der Kirchenreformation machte die Mittelklassen zu Hauptträgern eines unabhängigen Sinnes und zum Hauptsitz der Opposition gegen das dynastische Staatskirchenthum der Stuarts. In dem entscheidenden Kampf mit dem Königthum treten diese Mittelklassen von Anfang für das Parlament, die fanatisirten puritanischen Elemente zuletzt als Ausschlag gebend ein; weshalb denn auch die Restauration in den städtischen Mittelklassen religiösen Dissens und politische Hetorodoxie gleichzeitig bekämpfte.

3. Die nicht wahlberechtigten Klassen in Stadt und Land bilden zwar eine persönlich freie, rechtlich geschützte,

in Familien- und Vermögensrecht den höheren gleichgestellte Klasse, aber ohne active Theilnahme an der Bestimmung des Staatswillens. „Diese Klasse hat weder Stimme „noch Autorität in dem Gemeinwesen, sondern soll regiert werden und „nicht Andere regieren.“ (Harrison a. 1586.) Gesellschaftlich und privatrechtlich erscheint auch diese Klasse um eine Stufe erhoben.

Die ehemalige Leibeigenschaft, soweit sie als vereinzelte Anomalie der Lage der arbeitenden Klassen noch vorhanden, verschwindet spurlos.

Die copyholders sind aus Pachtbauern zu erblichen Besitzern geworden. Die ehemalige Unfreiheit des Guts dauerte nur fort in Gestalt von Reallasten und wenigen gemessenen Diensten. Die Zustimmung des Herrn zu Veräußerungen und die Gebühren beim Besitzwechsel dienten practisch dazu diese Art des Grundbesitzes sogar stetiger zu conserviren als den Freibesitz. Je mehr solche Güter auch von Personen höherer Stände gern erworben wurden, um so mehr verlor sich die Idee einer unfreien Bauerschaft in die einer besonderen Besitzweise.

Die Stellung der kleinen vom Stimmrecht ausgeschlossenen freeholders wurde unwillkürlich verändert durch die starke Herabsetzung des Münzfußes und Geldwerthes, besonders seit Heinrich VIII. Indem der Schilling auf den dritten Theil seines Werths herabsank, und der Geldertrag der Grundstücke stetig stieg, rückten eine Masse kleiner Freisassen fortschreitend in die Wahlberechtigung auf.

Auch die Stellung der bloßen Handwerker ohne Landbesitz hob sich durch den wachsenden Wohlstand, durch den Innungsschutz, welchen die Gesetzgebung der Tudors gewissermaßen als ein Aequivalent für die Gewerbe- und Arbeitspolizei gab.

Auch für die untersten arbeitenden Klassen hat die Gesetzgebung der Tudors in hergebrachter, der Zeit zusagender Weise eine väterliche Fürsorge getragen, durch Regelung der Lebensmittelpreise und Löhne. Die glaubhaftesten Angaben ergeben, daß ein Tagelohn von $3\frac{1}{2}$ d. täglich im Vergleich zu den Preisen der Lebensmittel ein verhältnißmäßig hoher war.

Mehr als dies verlangten die arbeitenden Klassen jener Zeit überhaupt nicht. Die Behäbigkeit im wirthschaftlichen Leben, der gleiche Schutz im Privatrecht, der gleiche Genuß derselben Grundrechte, ließ diese Klassen die Gewaltacte der Tudors gegen die höher stehenden Klassen ohne Beunruhigung, fast ohne Theilnahme ansehen. Auch diese Klassen wurden zwar mit kleinen Steuerbeiträgen, beim Wegebau mit Handleistungen herangezogen, jedoch zu allen Zeiten mit großer Schonung.

Diese Beiträge waren in der That noch unbedeutend; man konnte sie ignoriren, da man seit dem Mittelalter noch immer das politische Recht zunächst nach dem Gerichtsdienst zu messen gewohnt war. Der Milizdienst war unter den Tudors wenig belästigend, und wurde durch die Gesetze der Restauration für sie auf kleine Geldbeiträge herabgesetzt. Auch bei den Gemeindeämtern wurde die Grenze noch ziemlich festgehalten.

Daß das Gesammtverhältniß als eine gerechte Vertheilung von bürgerlichem Recht und bürgerlicher Last empfunden wurde, zeigt der Verlauf der Revolution, in welcher auch die leidenschaftlichste Geltendmachung des Rechts der Persönlichkeit und die Verwirklichung des republikanischen Ideals vielmehr zu einer bedeutenden Erhöhung des Census führte. Die ständischen Grundlagen dieses Staatswesens waren bereits so unabänderlich gelegt, daß die Gewaltthätigkeiten Carl's I. und Jacob's II., die Gewaltthätigkeiten Cromwells und der Puritaner, zwei royalistische, eine republikanische und eine ständische Revolution spurlos daran vorübergingen.

*) **In der Bildung der regierenden Klasse, nobility und gentry,** tritt zunächst hervor der alte Bestand der Pairie. Heinrich VII. hatte zu seinem ersten Parlament nur noch 29 weltliche Herren berufen können, darunter eine erhebliche Zahl erst unter dem Hause Lancaster neu Geadelter; andere wurden später wieder in ihren Rang und theilweise in ihren Besitz eingesetzt. Die Zahl der neucreirten und im Range erhöhten Pairien wird angegeben: unter Henry VII. auf 20, unter Henry VIII. auf 66, unter Eduard VI. auf 22, unter Mary auf 9, unter Elisabeth auf 29. (Dodd Manual of Dignities 1843, S. 526). Die Tudors beschränkten sich dabei auf ältere ritterschaftliche Familien. In der Zeit der Stuarts betrugen die Aenderungen dagegen: 98 unter Jakob I., 130 unter Carl I., 137 unter Carl II., 11 unter Jakob II., zusammen 376 unter den Stuarts gegen 146 in der Zeit der Tudors. Die Regierungszeit der Tudors hat in jedem Jahre durchschnittlich etwa eine Aenderung in die Pairie gebracht, die Regierungszeit der Stuarts deren drei. Neu creirt hat Jakob I. allein 62 Pairs, Carl I. 59, Carl II. 64, Jakob II. 8 (May, Const. Hist. 1861 c. 5 not. 1), — zusammen nicht weniger als 193. (In dem folgenden Jahrhundert von 1700—1800 sind dann noch creirt: 34 Herzöge, 29 Marquis, 109 Grafen, 85 Viscounts, 248 Barons.) Elisabeth hatte überhaupt nur sieben neue Pairs creirt, und unter diesen war nur ihr Minister Cecil ein homo novus. Jakob I. hielt eine Zeit lang die Würden eines Barons, Viscount und Earl für 10,000, 15,000 und 20,000 Pfd. Sterl. feil, wovon in einem Jahre vier Earls Gebrauch machten (Franklyn's Annals, p. 33). Mit der unköniglichen Regierungsweise wächst unter seinen Nachfolgern auch die leichtfertige Vertheilung der höchsten Würden des Staats. Allerdings sind außer der englischen Gentry auch viele schottische Pairs unter die englischen Lords aufgenommen; allein auch die schottische Pairie war unter Jakob I., Carl I. und II. um 214 neue Creirungen bereichert — mehr als in der ganzen schottischen Geschichte seit Malcolm III. vorgekommen.

Die erbliche Adelstitulatur des baronet sollte gewissermaßen an die Stelle des banneret treten, welche in der Schlacht von Edgehill 1642 zum letzten Mal verliehen wurde und allmälig ausstarb. Im Jahre 1604 hatte Jakob I. nicht weniger als 300 Ritter auf einmal creirt, und nach den Anschauungen dieses Königshauses sollte die Aristokratie etwa so wie auf dem Continent zu einem „Ornament der Krone" werden. Nach den ursprünglichen Statuten ist die neue Würde eines baronet der Hauptsache nach käuflich für 1095 Pfd. Sterl., doch soll dabei auf gute Familie gesehen werden, auf Abstammung von Leuten, die schon vom väterlichen Großvater her Wappen führen und eine Grundrente von 1000 Pfd. Sterl. jährlich haben, was dann noch näher specificirt wird. Da indessen der Absatz der in Aussicht gestellten 200 Patente nicht ganz leicht zu bewirken war, so hielt man sich nicht streng an jene Vorbedingungen, die überhaupt als Beschränkungen der Prärogative den Nachfolger nicht banden. Der zuerst am 22. Mai 1611 creirte Baronet war Sir Nicolas Bacon, und dann wurde die Würde noch unter Jakob I. an 200 Personen verliehen, unter Carl I. an 253, unter Carl II. an 426, unter Jakob II. an 20. Die Gesammtzahl der Ernennungen beträgt bis zum heutigen Tage über 1700, von denen etwa 750 noch existent sind; wozu dann noch eine kleinere Zahl von schottischen und irischen Baronets kommt, deren besondere Creirung mit der Union aufhörte. Die reichsten altritterlichen Familien sind meistens in die Pairie und in diese baronetcy übergegangen; doch bestehen auch noch mehre Tausend Familien der alten landsässigen Ritterschaft, die ihren einfachen Namen führen und ihre Abstammung nur durch das Familienwappen anzeigen.

Die Gleichstellung der städtischen Honorationen mit den Titulaturen Esquires und Gentlemen datirt im Ganzen erst aus der Zeit Heinrich's VIII. Schon unter Heinrich VII. ist zum ersten Mal nicht ein Ritter, sondern ein bloßer Esquire Sprecher des Unterhauses, und bald darauf ein Bürger von London. Es war dies die Zeit, in der man das Wort gentleman anfing ungefähr in dem modernen Sinn zu gebrauchen, „der den Gentleman juristisch von dem Edelmann, moralisch von dem unerzogenen Plebejer scheidet." (Mackintosh, Hist. I. 269.) Diese Zuzählung der städtischen Honorationen ist in langsamem Wachsthum. Der reiche städtische Rentier, der wirkliche Banquier und Großhändler, der Rathsherr der größeren Städte, wurde wohl ziemlich unbestritten dazu gerechnet. Die Friedens-Commissionen der Grafschaft und der Städte gaben den äußeren Maßstab für diese rathsfähigen Klassen, wie man sie mit einer Reminiscenz an deutsche Städte nennen möchte. Größerer Besitz, besonderer Beruf, Bildung und gewohnheitsmäßiger Dienst in den obrigkeitlichen Aemtern sind hier wie in der landed gentry das Scheidungsmerkmal. Eben deshalb wurde der Kaufmann mit offenem Laden, der Krämer, der Handwerker nicht dazu gerechnet, auch wenn er an Wohlstand manchen Landedelmann weit übertraf. Die Masse der handel- und gewerbetreibenden Klassen wurde entschieden zu den Mittelständen gerechnet und nennt sich noch heute „middle classes", obgleich der reiche Tuchmacher im Norden, der Specereikrämer in London, der Schiffsrheder von Bristol auch damals kaum den Hut vor dem Lord lüftete.

Die Gleichstellung der studirten Klassen datirt, wie erwähnt, aus der kirchlichen Stellung, die sich dann auf das höhere Civil- und Militärbeamtenthum ausdehnte. Man unterscheidet daher gentlemen by birth, gentlemen by office, gentlemen by reputation. Eine Praxis darüber bildete sich bei den Gerichten in Folge des Gesetzes Henry V. über die Beifügung des Ranges und Charakters in den gerichtlichen Ladungen. Dies giebt auch der Jurisprudenz eine gelegentliche Veranlassung zur Verhandlung des Gegenstandes z. B. Coke II. Inst. 668. Die gesellschaftliche Anschauung vom gentleman jener Zeit giebt wohl Selden, Titles of honour p. 852: a gentleman is one that either from the blood of his ancestors, or the favour of his soveraigne, or of those that have the vertue of soveraignte in them, or from his own vertue employment, or otherwise, according to the customes of honour in his countrie, is ennobled, made gentile, or so raised to an eminencie above the multitude, that by those lawes and customes he be truly nobilis, or noble, whether he have any title, or not, fixed besides on him."

Die Continuität der Stände ist in England nie unterbrochen. Das Recht des mittelalterlichen Adels war der Sache nach zunächst auf die ehemalige Ritterschaft in breiterer Ausdehnung übergegangen; nicht blos wie auf dem Continent durch Titel, Ehrenrechte, Königliche Verleihung, sondern durch innere Berechtigung. Durch die Verschmelzung der Besitzverhältnisse mit dem Amt erwirbt dieser zahlreiche niedere Adel seine Stellung ebenso rechtmäßig wie der mittelalterliche hohe Adel. Die obrigkeitlichen Aemter bleiben ihm, weil er nach wie vor die wirklichen (nicht blos die eingebildeten) Lasten der Feudalzeit trägt, und sich gefallen läßt, daß solche mit dem Wachsen des Staats in jedem Menschenalter wachsen. Eben dieser Grundlage wegen hat die Gentry auch keine Neigung zu einer exclusiven Abschließung, und läßt es sich gefallen, daß die städtischen Honorationen nicht blos die Steuern, sondern auch die Ehrenamtslasten mit ihr theilen. Die gewohnheitsmäßige Thätigkeit im Ehrenamt des Heeres (Miliz), des Gerichts (Friedenscommission) und in der Kirche (Wissenschaft) bildet das gemeinsame Band der gentry, innerhalb deren sich aber die Ansprüche der alten Geburt, des großen Besitzes und des hohen Amts durch erbliche Würden, Titel und Vortritt geltend machen.

In diesem Sinne entstand seit Heinrich VIII. durch Gesetz, durch die Praxis der Gerichte und des Heroldsamts eine sehr umfangreiche Präcedenztafel, in welcher die allgemeinen Rubriken Esquires und Gentlemen den Abschluß anzeigen, innerhalb deren dann eine überaus zahlreiche Masse von Personen durch Geburt, Würde und Amt, als distinguirtere Klasse hervortritt. Diese Präcedenztafeln, welche bei Blackstone und sonst in Rechts- und heraldischen Schriften erörtert werden (Gneist, Adel und Ritt. S. 47—50), sind ein Gemisch von Geburtsrecht, geistlicher und weltlicher Amtswürde, Ordensehre und Besitzrecht, wie es den Zeiten der Tudors und Stuarts wirklich entsprach und noch heute den Anschauungen des Heroldsamts und der conservativen Hofetikette im Ganzen entspricht. Die heute pedantisch scheinenden Abstufungen haben ihrer Zeit dazu gedient, die Ansprüche der älteren distinguirten Klassen soweit zu befriedigen, daß sie mit dem mäßigen Recht des „Vortritts" zufrieden, nicht nach ständischer Absonderung mit ungleichem Recht strebten. Der von den Rechtsbüchern abweichende engere Begriff der Gentry in den heraldischen Büchern stellt allerdings die Abstammung durch Geburt und das Familienwappen viel stärker in den Vordergrund. Diese Bücher haben aber niemals einen Einfluß auf das Staatsleben geübt.

Das Endresultat ist eine Gentry, zusammengesetzt: (1) aus dem großen Grundbesitz der ehemaligen Herrschaften und Rittergüter als Kern, und in anerkannten, zum Theil erblichen Präcedenzstufen; (2) aus den städtischen Honorationen, soweit sie gewohnheitsmäßig in die Friedenscommissionen aufgenommen zu werden pflegten; (3) aus den studirten Klassen, — alle verbunden durch Gleichheit des Familien- und Vermögensrechts unter sich und mit allen anderen liberi homines des Reichs.

Dieser positiven und lebendigen Gestalt der Ständeverhältnisse entsprechend wird nun auch der Lehnsnexus als ein völlig veraltetes und sinnlos gewordenes Verhältniß aufgehoben. Jacob I. und Carl I. hatten darüber mit dem Parlament verhandelt; jene Versuche hatten sich aber zerschlagen, weil man der Krone ein Aequivalent für ihre erbliche Revenüe aus Lehnsvormundschaft, relevia, und Lehnssporteln geben mußte, und sich darüber veruneinigte. Das lange Parlament hatte die Lehnslasten kurzweg aufgehoben (24. Febr. 1645), und die Restauration fand darin einen der wenigen Punkte, welche man ohne Vorbehalt von der Revolution annahm. Das aufhebende Gesetz 12. Car. II. c. 24 lautet so radikal, wie ein Gesetz über Aufhebung des Lehnsnexus nur lauten kann: that the court of wards and liveries and all wardships, liveries, primer seisins, values and forfeitures of marriage, by reason of any tenure of the king's majesty, or of any other, by knight-service, — and all other gifts, grants, charges, incident or araising for or by reason of wardship etc. — be taken away and discharged from the 24th of February 1645: and that all fines for alienations, and also aid pur file marier, and pur fair fitz chevalier, be taken away and discharged as from the same day.“ Aller Lehnsbesitz wird für die Zukunft dem Freisassenbesitz „free and common socage“ ausdrücklich gleichgestellt, und fließt nun mit dem bäuerlichen und städtischen Freibesitz zusammen in eine große unscheidbare Masse von freehold. Auch alle zukünftigen Königlichen Verleihungen dürfen kein Lehn mehr constituiren (all future grants of lands by the king should be in free and common socage). Das wunderliche Aequivalent der Krone für die verlorene erbliche Revenüe wurde nun freilich in einer Bier- und Branntweinsteuer gefunden, die ebenfalls schon vom langen Parlament temporär eingeführt war. Mit der Verwandlung der Lehne in Freisassengut kehrt nun auch die volle Testirfähigkeit über den Grundbesitz zurück. Schon durch 32. Hen. VIII. c. 1; 34. Hen. VIII. c. 5 war dem Grundbesitzer gestattet worden über $^2/_3$ des Grundbesitzes zu Ritterlehn, und über alles Gut in free socage by will and testament zu verfügen. Durch die Verwandlung aller Ritterlehne in free and common soccage wird das letztere nun die durchgreifende Regel.

) **Die wahlberechtigten Mittelstände, deren Abgrenzung sich aus dieser, wie aus den Zuständen der vorigen Periode (S. 227 oben) ohne weitere Erläuterung ergiebt, haben im Laufe des 17ten Jahrhunderts ein politisches Selbstbewußtsein und eine ausschlaggebende Bedeutung erlangt, die sie weder in der vorigen noch in der folgenden Periode gehabt haben. Die Angaben über Zahl und Wohlstand der yeomanry zur Zeit der Bürgerkriege werden auch durch ihre Geldleistungen in den Bürgerkriegen und durch den starken Einfluß der Mittelstände bei den Wahlen bestätigt. Neue Mittelstände sind aber wie immer neuen Ideen vorzugsweise zugänglich. Auch die von Cromwell extemporirte Verfassung, welche ein Grundeigenthum von 200 L. Werth (nach heutigem Geldwerth etwa einen Bauerhof von 6000 Thlr.) in den Grafschaften als Census setzt, zeigt einen wohlhabenden Bauerstand an, auf den sich Cromwells Regiment gegen die Gentry stützen mußte. Für nicht begründet halte ich die Annahme in Pashley, Pauperism S. 169, daß beim Tode Heinrich's VIII. nur die Klasse der großen Grundbesitzer vermehrt, die der yeomen in allmäligem Verschwinden gewesen sei. Die angezogene Notiz von Eden spricht nur von cottagers, — also Besitzern von einem Haus und ein Paar Acker Land, die allerdings vielfach einer neueren Wirthschaftsweise weichen mußten. Das Wohnhaus des englischen Bauer war roh genug und bis zu der Zeit Elisabeth's noch ohne Schornstein; allein die reichliche Nahrung und das behäbige Ansehen der mittleren und unteren Klassen ist vielfach und glaubhaft bezeugt. Die Verdienste Heinrich's VIII. sind neuerdings von Froude in begeisterter Schilderung übertrieben, und auch das Zunft- und Arbeits-Schutzwesen mehr als richtig idealisirt. Allein die Hebung der ökonomischen Selbständigkeit der Mittelklassen innerhalb der damaligen Wirthschaftsordnung ist nicht überschätzt. Es kam dazu noch eine Aenderung der gesellschaftlichen Genüsse dieser Zeit, welche die Mittel der vornehmen Klassen der Gastfreiheit gegen Nachbarn, Gefolgen und Dienstleute mehr entzogen, in andere Richtungen lenkten, und so den unmittelbaren Einfluß des großen Besitzes sowie des vornehmen Clerus auf die Mittelstände verringerten. Der alte Treueid gegen einen Privatlehnsherrn wurde in diesen Zuständen zur reinen Formalität. Die Klassen, die früher massenweis als müßige Diener zu den großen herrschaftlichen Haushaltungen gehörten, fanden jetzt als Pächter, Handels- und Gewerbsleute eine mühsamere, aber unabhängigere Existenz. Die Neuheit der Stellung und der Mangel einer festen Begrenzung in den Mittelständen zeigt sich übrigens auch in dem Mangel aller eigentlichen Standes- und Rangbezeichnungen. Der Name Yeoman für die ländlichen Freisassen tritt ungefähr an die Stelle des probus et legalis homo des Mittelalters. Die Bezeichnung mystery, magisterium, und das davon abgeleitete Mistier (Master) wurde in weitem Umfang als eine ehrenvolle Bezeichnung des Handels- und Gewerbestandes auch bei gerichtlichen Acten gebraucht. Coke II Inst. pag. 668. In den Präcedenztafeln erscheint der ganze Mittelstand in Bausch und Bogen als Yeoman.

***) **Der nicht wahlberechtigte dritte Stand** wird zwar in der Rechts- und Volkssprache niemals so bezeichnet, weil die ständischen Bezeichnungen regelmäßig aus früheren Epochen entnommen werden. Er hat aber der Sache nach diese dritte Stelle als eine ziemlich gleichartig berechtigte Masse von „liberi homines“ im älteren Sinne. — Ueber das Verschwinden der Reste der Leibeigenschaft handelt in der Zeit Elisabeths eine viel citirte Stelle des Sir Th. Smith de rep. III. c. 10. Eine gelegentliche Erwähnung von Leibeigenen in Gerichtsurtheilen unter Jacob I. ist eine antiquarische Curiosität. Bei der Gesammtgestaltung der Lohnarbeit hatten die regierenden Klassen weder ein Interesse, noch, nach ihrer Thätigkeit im öffentlichen Leben, einen Sinn für Erhaltung jenes isolirten Bruchstücks mittelalterlicher Barbarei. — Ueber die Verhältnisse der copyholders, über die privileged villenage und pure villenage vergl. Blackstone II. 92 ff. Die den Feudallasten analogen Reallasten des copyhold wurden durch 12. Car. II. c. 24 nicht aufgehoben, weil man sie als privatrechtliche iura quaesita ansah, und zwar mit Recht, insofern die Staatsgrundsteuer, der Geschwornendienst und die älteren Gemeindelasten immer noch auf dem freehold ruhten, und der lassitische Bauerhof in Bezug auf die unmittelbaren Ansprüche des Staats noch einen Theil des herrschaftlichen manor bildete. Es blieben also stehen die Gebühren bei der Veräußerung, Vererbung, die heriots etc. an die Grundherrschaft, jedoch mit Veräußerlichkeit und Testirfähigkeit unter diesen Maßgaben.

Ueber die Gewerbegesetzgebung dieser Zeit vergl. oben S. 301. Zum ersten Male zeigt die Staatsverwaltung unter den Tudors eine systematische Fürsorge für die arbeitenden Klassen als solche. Im Anschluß an die mittelalterliche Polizei erscheint eine wirklich billige Regelung der Löhne und Lebensmittelpreise, Verbote der Entvölkerung des Landes durch übergroße Pachtungen und Verwandlung von Aeckern in Weideflächen, durch Verbote von Erfindungen zur Deplacirung der Handarbeit; ernsthafte Fürsorge für Arbeitsamkeit, Armenpflege, selbst Volksvergnügungen; freundliche Rücksicht für Gilden, Handwerkervereine, Handelsgesellschaften, und andere Maßregeln, wie sie jener Zeit möglich, wie sie jedenfalls von den unteren Klassen dankbar empfunden wurden.

Wie man aber diese Klassen zur Zeit Elisabeth's politisch ansah, ergiebt ein ausdrückliches Zeugniß bei Harrison (a. 1586):

> „Die vierte und letzte Klasse des Volks in England sind Tagearbeiter, arme Landleute und einige Kleinhändler (welche kein freies Land haben), copyholders, und alle Handwerker (ohne Land) als Schneider, Schuhmacher, Zimmerleute, Ziegelstreicher, Maurer ꝛc. Diese vierte und letzte Klasse also hat weder Stimme noch Autorität in dem Gemeinwesen, sondern soll regiert werden, und nicht andere regieren. Sie sind indessen doch nicht ganz vernachlässigt; denn in cities und corporirten Städten (in Ermangelung von yeomen) ist man wohl genöthigt die inquests (leet juries) aus solcher Art Leute zu bilden. Und in Dörfern werden sie sehr gewöhnlich zu Kirchenvorstehern, sidesmen, Bierkostern gemacht und hier und da zu constables."

Die ständischen Grundanschauungen während der Zeit der Bürgerkriege sind in den zahlreichen Darstellungen dieser Zeit behandelt. Wie wenig es sich dabei um einen gesellschaftlichen Kampf der unteren gegen die oberen Klassen handelte, zeigen die Vergleichsverhandlungen unter Carl I., z. B. die Cromwell und den anderen Führern zugedachten Pairswürden. Selbst in der amtlichen Sprache der Republik laufen „die drei Stände des Reichs" unwillkürlich unter. Lehrjungen und Straßenpöbel haben nur wenige Tage bei dem ersten Ausbruch von Gewaltthätigkeiten eine scheinbare Rolle gespielt. Die Confiscationen und Sequestrationen der Republik gelten durchgängig nur der politischen Gesinnung, nicht der gesellschaftlichen Stellung der vornehmen Klassen. Umgekehrt hat die Restauration nur einen Druck gegen die politische Gesinnung, nicht gegen die gesellschaftliche Stellung der unteren, insbesondere der städtischen Klassen geübt. Es zeigt sich namentlich keine Tendenz zur Erweiterung der Arbeitspolizei.

D. **Die Gesammtverhältnisse des Staats, welche sich aus diesen Communal- und Ständeverhältnissen zusammenfassen, haben eine neue Grundrichtung erhalten durch die Reformation.** Die Grenzlinien zwischen kirchlicher und weltlicher Staatsverfassung, bisher bewacht durch die Nationaleifersucht, sind gefallen, seitdem beide sich vereinigen unter einem obersten Herrn.

Das Königthum ist Erbe der Kirche geworden, und herrscht darin als absoluter Herr mit seinem geistlichen Beamtenstaat; während es im Bereich der Weltlichkeit nur als höchste Autorität mit beschließenden Parlamenten, stehenden Gerichten und selbständigen Gemeinden waltet. War damit ein Schritt geschehen zur Befreiung der Geister, so war damit ein ebenso bedenklicher Schritt geschehen zur Zersetzung der Parlamentsverfassung. Die Macht, welche in dem bisher höheren Kreise der Kirche unbeschränkt herrschte, erhielt die Tendenz auch in dem Kreis der weltlichen Gesetzgebung, Besteuerung und Verwaltung nicht an die Zustimmung von Laienkörperschaften gebunden zu sein. Die Autorität, welche die neuen Glaubenswahrheiten in den höchsten menschlichen Dingen festgestellt hatte, konnte sich leicht als die absolute Autorität in allem Anderen fühlen. Noch fühlbarer mußten diese Vorstellungen zurückwirken auf die Umgebungen des Hofes, auf die politischen Anschauungen der staatskirchlichen Geistlichkeit und des Beamtenthums. Hieraus ergiebt sich:

1) die neue Stellung des Königlichen Raths. Mit dem Zurücktreten der Lords unter Heinrich VII. war der Rath wieder in die ursprüngliche Stellung zurückgetreten als ein höchster collegialischer Beamtenkörper. Die Bildung dieses Privy Council ist wieder ein Ausfluß des Königlichen Willens; die Ueberfluthung des Raths durch das Oberhaus hat aufgehört.

Die neue Erscheinung der Zeit ist nun zunächst das Wiederaufleben einer außerordentlichen Strafgewalt in diesem Beamtenkörper. Die Nachwehen der Parteikämpfe, Disharmonien der Gesellschaft, Uebermuth der Großen und ihrer zeitweise wieder auftauchenden Gefolgen, Tumulte zur Gefährdung des Friedens, Parteilichkeit und Bestechlichkeit der Sheriffs, die tief untergrabene Stellung der Geistlichkeit: — diese Gründe führt das st. 3. Hen. VII. c. 1 als die bestimmenden auf zur Einsetzung der später sogenannten „Sternkammer". Und diese Gründe waren unzweifelhaft richtig. Ein Ausschuß des Privy Council unter Vorsitz des Lordkanzlers wird durch das Gesetz ermächtigt, gewisse Vergehen gegen Ruhe und Ordnung summarisch und ex officio in der Weise des kirchlichen Beamtenprozesses (upon bill or information) zu bestrafen. Es lebt damit wieder auf eine alte Gerichtsweise coram rege, die in der vorigen Periode als jurisdictio extraordinaria auf einen engen Wirkungskreis zurückgedrängt, jetzt in neuen Verhältnissen und in dem neuen Geist der Parlamente kein ernstliches Hinderniß findet. Das Neue ist die Uebertragung der Befugnisse des „Königs im Rath" auf einen engeren

Ausschuß zum Zweck der größeren Wirksamkeit. Selbstverständlich sollten die Befugnisse des Theils auch dem Plenum zustehen; und dieser Zustand ist schon um die Mitte der Regierung Heinrich's VIII. eingetreten. Die mannigfaltigen administrativen Gewalten, welche die Durchführung des Reformationswerks bedingte, und der umfassende Geist der Staatsverwaltung hoben die Bedeutung des Privy Council, und brachten es auf seinen Höhepunkt unter der Regierung Elisabeth's. Parallel damit ging der High Commission Court, als ein geistlicher Staatsrath innerhalb des kirchlichen Staatsorganismus, welcher die verfassungsmäßigen Gewalten des Kirchenregiments handhabte, und lange Zeit der kirchlichen Verwaltung die nothwendige Stetigkeit und eine gewisse Selbständigkeit gab.

In der Zeit der Stuarts richten sich nun aber die Gewalten des Privy Council nicht mehr gegen die dem Staat und der Reformation feindlichen Widerstandselemente, sondern wider die verfassungsmäßigen Rechte des Parlaments und der communae. Ministerium, Staatsrath und Staatsgerichtshof in einem Körper wird jetzt das mächtige Beamtencollegium, der gefürchtete, durch Willkür und Gewaltsamkeit verhaßte Gegner des Parlaments; der High Commission Court der Träger einer quälerischen, büreaukratischen und zuletzt, unter Laud, katholisirenden Richtung der Staatskirche, bis sich der gesammelte Widerstand des Landes dagegen zusammenfaßt in st. 16. Car. I. c. 10. 11, und mit Berufung auf die Magna Charta „den ganzen Hof der sogenannten Sternkammer mit aller Jurisdiction, Gewalt und Autorität", und ebenso den High Commission Court für immer aufhebt.

Das Privy Council war damit zurückgetreten in seine Stellung vor der Reformation. Allein inzwischen war eine stillschweigende, unscheinbare, von den Zeitgenossen lange Zeit wenig bemerkte Aenderung vor sich gegangen. Schon Jakob I. hatte nach dem Tode der alten Minister Elisabeth's die Sitte der formalen, continuirlichen Behandlung der Staatsgeschäfte im Rath, die feierlichen Sitzungen des Collegium, die geregelte Berathung mit Assistenz der Reichsrichter, die formale Beurkundung durch Protokoll immer mehr verlassen, um seine persönlichen Ideen von Kirche und Staat in formlosen Cabinetsberathungen engeren Kreises wirksamer zur Geltung zu bringen. Carl I., selbst reizbar und unerfahren, hatte mit unbesonnenen Rathgebern diese Regierungsweise fortgesetzt in einem Staatswesen, dessen innere Verhältnisse eine solche Leitung längst nicht mehr zu ertragen vermochten. Das der späteren Zeit unbegreifliche Schwanken dieses Monarchen, die extremste, gewaltthätige, absolutistische Regierungsweise, — das muth-

und haltlose, sogar feige Zurückweichen (Strafford!) vor ernstlichem Widerstand, — das unbedingte Aufgeben Königlicher Prärogativen unter dem stillen Vorbehalt des Wortbruchs — stand in einem engen Zusammenhang mit dieser Geschäftsweise einer Cabinetsregierung, in welcher Carl vom ersten bis zum letzten Tage für die ihm gegenüberstehenden Macht- und Rechtsverhältnisse kein Verständniß hatte. Wie in den älteren Perioden das Oberhaus, so tritt jetzt zum ersten Male das Unterhaus (1641) dieser Cabinetsregierung mit der Gegenforderung entgegen, daß „Vertrauensmänner“ des Parlaments in die Regierung zu berufen.

Unter Cromwell war zwar auch in diesem Punkt der Königliche Gedanke der Regierung in der Bildung eines Council zur Geltung gekommen. Unter Carl II. aber beginnt ein zweites Menschenalter einer Cabinetsregierung, die in dem Ministerium der Cabale die höchste Stufe der Verworfenheit erreichte. Die Reichsrichter, welche als die rechtsverständigen Staatsräthe der common law dem Rathe einen Halt gegeben hatten, fanden sich in ihrer Stellung schon unter Jakob I. erschüttert durch die Absetzung des Lord-Oberrichters Coke, durch die systematische Besetzung der Richterämter mit Parteimännern der „Obersouverainetät“, durch die persönlichen Einwirkungen des Cabinets und Hofes auf die Richter. Das Urtheil in dem Steuerverweigerungsfall des Hampden hatte die Meinung von der Unzuverlässigkeit auch des richterlichen Elements im Rathe zurückgelassen. Die Königliche Weise, mit welcher Cromwell die Gerichtshöfe wieder mit Männern von Charakter und Rechtschaffenheit besetzt hatte, war unter Carl II. bald vergessen; Männer wie Jeffreys fanden eine Stelle nicht blos auf der Richterbank, sondern unter Jakob II. sogar an der Spitze eines extemporirten Oberkirchenraths! In diesem Netz von Intriguen und Verworfenheit ging im Laufe eines zweiten Menschenalters die Idee einer Regierung des „Königs im Rath“ nicht nur politisch, sondern auch moralisch unter. In einem dritten Menschenalter sind dann unter Wilhelm und Anna noch die letzten Versuche der Wiederherstellung des Königlichen Raths gemacht. Die Weise der Regierung durch ein cabinet hatte aber einmal Fuß gefaßt; es waren inzwischen die weiteren Vorbedingungen nachgeholt, die eine solche Regierung thatsächlich, rechtlich und sittlich möglich machen, — womit das System der Stuarts in die heutige Weise einer parlamentarischen Parteiregierung durch einen Ministerrath (cabinet) übergeht.

2) Das **Oberhaus** ist mit der veränderten Stellung des Raths gewissermaßen in die Verhältnisse des 14. Jahrhunderts zurückgekehrt.

Der Schwerpunkt des Staats liegt jetzt wieder im Privy Council, während die geistlichen und weltlichen Pairs zu einer Ehrenrepräsentation des Besitzes werden. Ihr Einfluß beruht nur in der Berufung zu einflußreichen Aemtern; denn ihre Wurzeln im Grafschaftsverband sind durch den Kampf der Rosen und durch die Reformation untergraben. Grade in diesem glänzenden, jetzt anerkannt erblichen, geschmeidigen Adel und in den geschmeidigen Bischöfen fanden sich die nöthigen Majoritäten ebenso leicht für die Gewaltthaten Heinrich's VIII., wie für die verschiedenen Religionen Heinrich's, Eduard's VI., der katholischen Marie, der protestantischen Elisabeth. Auch der Muth und das Gewissen der hohen Geistlichkeit scheint mit Thomas Morus und Fisher begraben zu sein. Die großartige Haltung, die wahrhaft Königliche Handhabung der Prärogative unter den Tudors beruht nicht auf dem Beistand ihres alten Magnum Consilium, sondern wie in den Regierungen des Continents auf der Verkörperung des Staats im „King in Council."

Erst unter den Stuarts kehrt allmälig ein selbständiger Sinn in das Oberhaus zurück, unverkennbar in Verbindung mit der consolidirten Grafschaftsverfassung. Schon unter Jakob I. wird der Grundsatz erstritten, daß ein Pair zu jeder Parlamentssession berufen werden muß; es erneut und befestigt sich die Stellung des Oberhauses als höchster Gerichtshof des Landes. Die Anschauungsweise der Stuarts, die Parteikämpfe, besonders die Restauration führen eine große Zahl neuer Pairsernennungen herbei. Neue Kräfte, neue Anschauungen, neue Gewöhnungen, neue Einflüsse strömen von Jahrzehnt zu Jahrzehnt in schon ansehnlichem Umfang aus den Grafschaften in das Oberhaus. Es sind nicht mehr die Lords als Herrenstand des Mittelalters, sondern die Lords als Spitzen einer angesehenen das Land verwaltenden Gentry, welche dem Oberhaus die neu gewonnene Kraft zuführen. Es ist der dauernde Einfluß des Grundbesitzes im Friedensrichteramt und in der Grafschaftsmiliz, welcher die Pairie wieder von unten herauf politisch gehoben und sittlich gekräftigt hat. Schon in den Bürgerkriegen ist mit geringen Schwankungen die Haltung der Lords auf beiden Seiten eine würdige geworden. Eben deshalb vermochte die Republik kein anderes Oberhaus zu Stande zu bringen, und unter der Restauration kehrt selbstverständlich das alte Haus der Lords zurück, um von da an das mächtige und stetige Organ der regierenden Klasse zu bleiben. Bei dem Uebergang der Regierungsweise aus einem Königlichen Rath in ein cabinet übernimmt das Oberhaus einen stark bestimmenden Einfluß auf die Bildung des Ministeriums, ja in dem nächsten Menschenalter nach der Revolution sogar den entscheidenden Einfluß, bis gegen die Mitte des 18. Jahrhunderts der stärkere Einfluß der commoners auch in dem Personal des cabinet sichtbar wird.

3) Die Zusammensetzung des Unterhauses hat in dieser Periode einige äußerliche Aenderungen erfahren. Unter Heinrich VIII. werden 27 Parlaments-Mitglieder für Wales, 4 für die Grafschaft und Stadt Chester, und ebenso 4 für die Grafschaft und Stadt Durham unter Carl II. hinzugefügt; unter den meisten Regierungen sind noch eine Anzahl neuer Wahlflecken creirt, im Ganzen 180 neue Parlamentssitze geschaffen. Trotz der Uebermacht der Königlichen Prärogative unter den Tudors fühlen sich die communae den wachsenden Steuerforderungen gegenüber auf soliderem Boden stehend als das damalige Oberhaus. Selbst in dem alten Mißbrauch der benevolences und Zwangsanleihen ist immer noch das Recht der Steuerbewilligung grundsätzlich anerkannt; Heinrich VIII. gerade sieht sich direct und im stärksten Maße darauf verwiesen, und erlangt auch durch die Popularität seiner Regierung bisher Unerhörtes. Elisabeth sucht durch Sparsamkeit die Geldbewilligungen wieder zu vermeiden. Ein gutes Vernehmen mit den Commoners geht aber durch alle diese Regierungen hindurch. So widerstrebend die Stellung des Unterhauses den Staats- und Kirchenmännern dieser Zeit sein mochte, so haben doch die Tudors in den wenigen Fällen eines ernstlichen Conflicts nachgegeben, namentlich in der Steuerbewilligung und in der Monopolfrage. Ihrer Auffassung entging es nicht, daß die Communalverbände in ihrer Selbstthätigkeit und als Steuerkörper eine wachsende Selbständigkeit gewannen, daß ihre Regierung in der Uebereinstimmung mit dem Nationalgeist, mit dem Recht und mit den Bedürfnissen des Landes ihre Macht finden müsse.

In der Zeit der Stuarts tritt das Selbstgefühl der Commoners stärker hervor. Der alte Communalverband hat inzwischen neue Wurzeln erhalten in der consolidirten Kirchspielsverfassung und neuen Steuern, aus welchen sich auch eine lebendige Betheiligung der yeomanry, ein früher unbekanntes Selbstvertrauen der Mittelklassen, ihr stärkerer Einfluß auf die Parlamentswahlen ergeben hat. Weiter hinauf hat die Ausdehnung des Friedensrichteramts der ländlichen und städtischen Gentry in viel weiteren Kreisen politischen Einfluß gegeben, und den Unterschied zwischen dem größeren und kleineren Adel mehr ausgeglichen. Im geistigen Leben des Volks zeigt sich das innerliche Durchdringen der Reformation. Diesen realen Verhältnissen gegenüber tritt nun ein doctrinärer, schroffer Absolutismus kirchlicher Staatsmänner und politisirender Kirchenmänner in dem Cabinet der Stuarts auf, bis beide Richtungen in offenem Kampfe ihre Kräfte messen. Auch in und nach diesem Kampf bleibt aber die Wurzel der politischen Macht der Commoners das Steuerbewilligungsrecht, welches sich durch die Aufhebung des Lehnsnexus und der darauf beruhenden erblichen Revenue des Königs verstärkt, und durch die Hereinziehung der Geistlichkeit in die parlamentarische Steuerbewilligung und in das active Wahlrecht zum Parlament consolidirt. Diese Zusammenziehung der gesammten directen Staatssteuern, verbunden mit den neuen Bedürfnissen der Krone, des Staats und des Heeres, zunächst aber die schlechte Finanzwirthschaft unter Carl II., führen wieder zu einer Consolidirung des Steuerbewilligungsrechts in ein **Budgetfeststellungsrecht**. Die dem Mittelalter noch fremde Idee eines Staatsbudgets war in der Verwaltung der Treasury zu einer freilich noch unvollkommenen Ausführung gelangt. In der Zeit der Restauration rückt nunmehr der Einfluß des Unterhauses durch eine sogenannte „Appropriations-Clausel" in das Ausgabebudget des Staats, und gewinnt dadurch eine weniger sichtbare, aber intensivere und nachhaltige Einwirkung auf den Gang der Staatsverwaltung. Mitten in den Intriguen des Hofes und der Parlamentsparteien kommt diese stille Aenderung zur Geltung durch 17. Car. II. c. 1; gleichzeitig mit dem Recht die Verwendung der öffentlichen Einkünfte selbständig zu prüfen, — die praktische Vermittelung eines Uebergangs der höchsten Controle von dem König auf das Unterhaus.

Die gewaltigen Bewegungen und Kämpfe des so zusammengesetzten Staatswesens während des 17. Jahrhunderts haben seit Menschenaltern Alle, welche den Verhältnissen von Staat und Gesellschaft mit ernstem Sinn sich zugewandt, mehr beschäftigt als irgend eine andere Aenderung in dem inneren Leben der europäischen Staaten. Es ist nicht die Aufgabe dieser Darstellung, diesen Kampf in seinem Verlauf nachzuweisen, sondern vielmehr die Grundlagen darzulegen, auf denen sein endlicher Ausgang beruht.

Die **erste** Epoche bildet die Zeit der Tudors, in welcher der weltliche und der geistliche Staat des Mittelalters sich zusammenfassen in dem King in Council; in welcher das Königthum den Höhepunkt seiner Macht und seines Glanzes erreicht, innerhalb welcher aber eine innere Spannung bereits sichtbar wird.

Die **zweite** Epoche bildet die erste Hälfte des 17. Jahrhunderts, die Entstehung der Cabinetsregierung, der Angriff des Königthums gegen die Parlamentsrechte, die in Bürgerkrieg und Hinrichtung Carl's I. enden.

Die dritte Epoche bildet eine kurz dauernde Herrschaft der puritanischen Secten und ihrer stehenden Armee unter dem Protectorat Cromwell's, — der Sache nach eine Zeit der Militärdictatur.

Die vierte Epoche bildet die Restauration, die Wiedereinsetzung des King in Parliament und der regierenden Klasse.

Die fünfte Epoche ist ein gewaltsamer und sinnloser Versuch Jakob's II. zur Umstürzung der Kirchen- und Parlamentsverfassung, welcher mit der Vertreibung des Königs in der schonenden Rechtsform einer Thronentsagung endet.

Charakteristisch ist diesen Epochen der Verfassungskämpfe, daß aus dem Mißbrauch der Königlichen Gewalt und aus der Schlechtigkeit der zeitigen Staatsregierung die die politische Freiheit begründenden Gesetze hervorgehen. Die durch die Commoners erstrittene Petition des Rechts 3. Car. I. c. 1, und die Abschaffung der Sternkammer 16. Car. I. c. 10. 11, reihen sich wie eine dritte Magna Charta, die Habeas Corpus Acte, das Budgetrecht des Unterhauses und die Bill der Rechte reihen sich wie eine vierte Magna Charta den Hergängen unter Johann und Eduard I. an.

Die großen Kämpfe aber, welche innerhalb dieser Verfassung zwischen den großen Factoren des Staatslebens geführt sind, werden für alle Zeiten die größten Precedents bleiben, welche die europäische Gesellschaft für die Erkenntniß der Grundbedingungen politischer Freiheit als einen dauernden Gewinn davongetragen hat. Am Schluß der Periode zeigen sich einige wenig sichtbare Verschiebungen in den Factoren der Staatsgewalt. Im Uebrigen ist ein Jahrhundert der Revolutionen und Restaurationen an den dauernden Grundlagen des Staats, an Gemeindeinstitutionen und Ständeverhältnissen, spurlos vorübergegangen.

*) **Die Verfassungselemente des 16. und 17. Jahrhunderts** sind trotz des Wechsels der Machtverhältnisse der Form nach stetig die alten drei.

1) Die Stellung des Privy Council unter den Tudors ist zuerst durch polizeiliche Bedürfnisse, dann durch die Reformation bestimmt, woraus sich auch die lange dauernde Nachgiebigkeit der Parlamente erklärt. Der Name „Sternkammer" war niemals amtliche Benennung, sondern nur die volksübliche Bezeichnung des Staatsraths als Strafbehörde. Vergl. darüber Gneist Bd. I. § 20 und zahlreiche englische Schriften wie Hale's Jurisdiction of the House of Lords c. V.; Hudson's Treatise of the Court of Star-Chamber; Palgrave's Essay on the King's Council p. 104 ff. Sehr künstlich ist die gelehrte Ausführung bei Hallam, Const. History I. p. 67 ff. Das Verfahren der Sternkammer ist wesentlich das des Kanzleihofes, nach Vorbild des canoni-

schen Prozesses, wie ja auch der Lordkanzler den Vorsitz führt. Aus der Inquisition in reinen Beamtenkörpern entsteht nothwendig der Drang zum Geständniß, und daraus die Praxis der Tortur, die zwar von allen englischen Juristen als Theil des gemeinen Rechts geleugnet, aber doch von allen als ein außerordentliches Verfahren anerkannt wurde. Thomas Smith und Sir Edward Coke, die sich so stark darüber aussprechen, haben selbst wiederholt als Untersuchungsrichter die Tortur angewandt, die in solchen Fällen auf Spezialbefehl des Königs oder Privy-Council applicirt wurde, in dem letzten urkundlichen Fall a. 1640. Der Kreis dieser administrativen Strafgewalt, ursprünglich bestimmt für forces, frauds, stellionate, and the inchoations or middle acts towards crimes, combination of multitudes, and maintenance or headship of great persons (Bacon's Henry VII. p. 85), wurde immer unbestimmter auf contempts der Königlichen Autorität erstreckt. Der Charakter des Hofes ist aber unter jeder Regierung ein verschiedener. Unter Heinrich VII. war er ein Staatsschutz gegen mächtige Uebelthäter; unter Heinrich VIII., Eduard VI. und Elisabeth das machtvolle populäre Instrument zur Durchführung der Reformation. Alle Zeitgenossen erkennen die Tüchtigkeit seines Wirkens an, mit Ausnahme der „politischen Fälle". Allein auch diese sogenannten politischen Fälle waren im letzten Grunde Fälle des Widerstandes gegen die staatskirchliche Autorität, und die ganze Zeit war tief durchdrungen von der Pflicht der Obrigkeit, den wahren Glauben zu schützen, selbst die äußerste kirchliche Opposition verlangte noch immer, daß das Volk „zur Lehre und zum Bekenntniß des wahren Glaubens kräftig genöthigt" werde. In dem Verfahren gegen Wentworth ordnete sogar das Unterhaus selbst ein Untersuchungsverfahren nach dieser Weise an. Reeves, History V. 231, 232. Erst unter den Stuarts, als diese Zwecke erreicht, als weder gegen mächtige Große, noch gegen ernstliche katholische Revolten mehr einzuschreiten war, fand sich die neue Richtung an, welche die verletzte Autorität des Königs, verweigerte ungesetzliche Steuern, mißliebige Geschwornensprüche, mißliebige Parlamentsmitglieder und Andere mit unerschwinglichen Geldstrafen und Quälereien niederdrückte. Die Erbitterung war so allgemein, daß die Aufhebung der Sternkammer im Ober- und Unterhause von 1640 ohne Widerspruch durchging, und daß zur Wiedereinführung derselben kein späterer Versuch gemacht ist.

Die connexe Bildung des High Commission Court ist ebenso von den Zeitgenossen als nothwendige Consequenz der Reformation angesehen. Die Opposition Leicester's, Burleigh's und anderer Staatsmänner Elisabeth's hatten ihren Hintergrund wohl nur in den Eifersuchten weltlicher und geistlicher Staatsmänner dieser Zeit. Der Hof übte ja nur kollegialisch die verfassungsmäßigen Gewalten, welche dem Kirchenregiment von jeher zugestanden, und das dabei gehandhabte Maß der Strenge war zur Durchführung des Reformationswerks in der Zeit der Tudors wohl nothwendig, und darum nicht unpopulär. Anders ward die Sache freilich seitdem im Sinne der Stuarts die ordentliche Strafgewalt dieses Beamtenkörpers mit der außerordentlichen Gewalt der Sternkammer sich ineinandergreifend ergänzte. Von Anfang an war das Personal beider zum Theil identisch. Durch die tägliche Praxis der Staatsgeschäfte mußten sich die Vorstellungen des Kirchenregiments immer mehr auf das weltliche übertragen, und zur Quelle neuer politischer Grundlehren werden. Die theologische Anschauung vom Verhältniß der Obrigkeit bildete sich hier in einer Geistlichkeit, die sich herkömmlich von jedem Einfluß der Volkswahl und Volksgunst frei fühlte. In ihrem täglichen Beruf, in

Lehre und Seelsorge, war sie gewohnt, das ganze Laienthum als ein leitungsbedürftiges Element zu betrachten, und solche Vorstellungen übertragen sich unwillkürlich auch auf die Gebiete, in welchen das Laienthum der geistlichen Leitung durchaus nicht bedarf. Ihr Eifer hatte sich verdoppelt, seitdem durch die Königliche Suprematie die Macht in kirchlichen mit der in weltlichen Dingen zusammenfloß, und der Reiz geistiger Herrschaft durch den Reiz politischer Macht verstärkt ward. Nach der siegreichen Durchführung der Reformation wird diese politisirende Seite der Theologie die vorherrschende. Und die Familie der Stuarts, statt diese Richtung zu ermäßigen, wird selbst zur Trägerin und Verkünderin einer neuen „Ober-Souverainetät".

So schritt in dem höchsten Regierungskörper eine neue Staatslehre sichtbar weiter, welche wie auf dem Continent die ständischen Rechte des Laienthums als unzeitgemäße Hindernisse und Usurpationen ansah. Ihr Ideal, der reine Beamten-Organismus, fand einen breiten Boden zunächst in einigen Theilen des Landes, in welchen die Grafschaftsverfassung aus örtlichen Gründen nicht zur Festigkeit kommen konnte. So entstanden Provinzialregierungen im Norden und Westen des Reichs: unter dem Namen des Council of Wales, 34. Henry VIII., welches sich über vier benachbarte englische Grafschaften ausdehnte, und später ein analoger „Court of the Lord" in York. In größtem Maßstab erschien das System anwendbar auf Irland. Alle diese Beamtenkörper nehmen die Verwaltungsformen der kirchlichen Vorbildung an, in der Jurisdiction das inquisitorische amtliche Verfahren der Sternkammer. Die selbständige Verwaltung der communae widersprach überhaupt den vom kirchlichen Staat entlehnten Idealen. Ortspfarren, Capitel, Universitäten, Colleges können weder in der Verfassung der Commune aufgehen, noch nach der Weise weltlicher Gemeinden behandelt werden. Ihr Zweck und ihre Zusammensetzung verbieten dies, machen vielmehr ein Aufsichtsrecht der höchsten Gewalt nothwendig, welches nicht wie bei der communa ein bloßer Regulator zur Beobachtung der Rechtsschranken bleiben kann, sondern selbstthätig eingreifen muß zur Erhaltung des geistigen Lebens und des sittlichen Zwecks der Institution. Die Idee eines allgemeinen „Visitations- und Correctionsrechts" (Aufsichtsrechts) gegen die Unterinstanz dehnt sich wiederum von dem geistlichen auf den weltlichen Staat aus und wird zum politischen Parteiaxiom. — Ebenso die von den geistlichen Körperschaften hergenommene Idee einer Incorporation von Berufsklassen. Während communa und Parlament grundsätzlich alle Besitz- und Berufsklassen zu gemeinsamen öffentlichen Pflichten vereinen, glaubte die neue Lehre beliebige Besitz- und Berufsstände incorporiren und durch Königliche Gnade mit beliebigen Privilegien ausstatten zu können, wie dies mit den städtischen corporations in weitestem Maße geschah. — Endlich entwickelt sich aus dem geschlossenen Amtsorganismus auch wieder eine eigene Gesetzgebungsgewalt, welche anfangs ergänzend, dann concurirend, zuletzt suspendirend und destructiv der Landesgesetzgebung im Parlament gegenüber tritt. Seitdem sich der Rath die unbestimmte Befugniß beilegte, den Ungehorsam gegen die Königliche Autorität zu büßen, wurden auch verfassungswidrige ordinances erzwingbar. Es kehrte ein Verhältniß wieder, wie in der normannischen Zeit, in welcher die unbestimmte Befugniß zu amerciaments auch die Befugniß zu gesetzlichen Anordnungen involvirt. Schon in 31. Hen. VIII. c. 8 war ein Versuch in dieser Richtung gemacht (Burnet, Hist. I. 263), aber sehr bald in 1. Edw. VI. wieder aufgegeben. Auch die ordinances Elisabeth's dienen bona fide nur transitorischen und populären Zwecken.

Erst unter den Stuarts kehrt sich auch hier wieder die Tendenz der Ordonnanzen um, bis zu einem schließlichen Kampf der beiden gesetzgebenden Gewalten wider einander. Die Aufhebung der Sternkammer und aller affiliirter Councils in 16. Car. I. c. 10, 11 traf also allerdings die Wurzel des absolutistischen Baues.

2) Die neuere Zusammensetzung und Stellung des Oberhauses beruht negativ zunächst auf dem Verschwinden der Militärmacht der großen Barone. Positiv und dauernd aber entschied darüber die Reformation und die neuere Gestalt der Staatsverwaltung und des Communalwesens. Mit der Reformation verschwindet ein fester Bestand von 26 regelmäßig geladenen Aebten und zwei Prioren. In dem Parlament vom 13. April 1539 erschienen nur noch 20 geistliche Pairs neben 41 weltlichen; und dies letztere Element ist in stetigem Steigen. Was aber die Pairs des 15. Jahrhunderts zuviel, haben die Lords im 16. zu wenig: politische und moralische Selbständigkeit. Derselbe Geist, der auf dem Continent den Adel durch Heranziehung an den Hof und durch die Bevorzugung in den besoldeten Aemtern dienstbar macht, ergreift für diese Zeit auch den englischen Adel. Länger als ein Jahrhundert hört er auf der Vertreter der Rechte des Landes zu sein. Einfluß und Bedeutung in Allem, was für die Zeit Reiz hatte, hing jetzt von der Gunst des Königs ab, um welche die alten Familien mit den neu creirten und reich gewordenen Günstlingen wetteifern. Die breiter fundirte Stellung der Gentry ist unter den Tudors noch nicht hinreichend entwickelt. Der Bruch in der Stellung der alten regierenden Klasse aber ist nirgends stärker sichtbar als in der Unfähigkeit dieser Pairs sich selber zu schützen. Das schwer errungene Recht der Pairsgerichtsbarkeit wird unter Heinrich VIII. wirkungslos gegen die despotische Laune. Das ordnungsmäßige Anklageverfahren macht Platz den regellosen bills of attainder, durch welche der König in Gesetzesform seine gefallenen Günstlinge verurtheilen läßt. In die Mitte gestellt zwischen den königlichen Willen und eine zustimmende Mehrheit der Commoners, wagt der erbliche Rath der Krone keinen Widerstand mehr. Die blutigen Gewaltthaten dieser Zeit sind nur Sanctionen Königlicher Beschlüsse durch Specialgesetz.

Wenn Carl I. in hoher Noth 1640 noch einmal die Pairs für sich, in Gestalt eines Magnum Consilium zusammenrief, so war dies ein Anachronismus. Ober- und Unterhaus waren längst zu einem größeren Körper zusammengeschmolzen und in der jetzigen Gestalt des Staats ebenso wenig mehr zu trennen wie Amt und Steuer. Den Lords fehlte nach den Hergängen der letzten hundert Jahre sowohl der Besitzeinfluß wie das moralische Ansehen, um jetzt noch mit dem Königlichen Rath (cabinet) einen Staatskörper für sich zu bilden. Sie erklären sich daher auch selbst für incompetent. Eben darum bilden die Lords auch keinen eigenen Factor mehr in den Bürgerkriegen, sondern theilen sich wie die Gentry in zwei Feldlager und zwei Parlamente.

Inzwischen hat jedoch die freigiebige Vertheilung der Pairien unter den Stuarts die stärksten Elemente der Grafschaftsjury mit ihrem wachsenden Einfluß im Friedensrichteramt in das Oberhaus gezogen. Zahl und Einfluß derselben wächst seit der Restauration, insbesondere auch durch die Reorganisation der Miliz, womit dann im Laufe des Jahrhunderts die politische Macht einer ständischen Körperschaft vollständig wiederkehrt. Zur Zeit Coke's war die Zahl der weltlichen Pairs bereits auf 106 gewachsen 4. Inst. p. 1, die weitere Zunahme ist oben S. 332 angegeben.

3) Die Stellung des Unterhauses ist in dieser Zeit staatsrechtlich unverändert. Es ist Mitfactor der Gesetzgebung, consentirt zu den allerwichtigsten

Gesetzen, sogar zu den neuen Glaubenslehren. Es ist steuerbewilligender Körper und übt eine Controlle der Verwaltung durch Landesbeschwerden. Die vorherrschende Stimmung des Hauses führt freilich zu dem Consens in die Gesetzesvorlagen als Regel, und zu einer Connivenz gegen Verwaltungsmißbräuche. Zu dem Unternehmen einer Ministeranklage hat sich das Haus im 16. Jahrhundert nicht mehr erhoben. Die ideale Macht eines legitimen Königthums, welches mit dem vollen Bewußtsein seines staatlichen Berufs handelt, steht unter Heinrich VIII. und noch vollständiger und fleckenloser unter Elisabeth auf dem Höhepunkte. Wie das Oberhaus in der Verurtheilung mißliebiger Günstlinge, so erscheint das Unterhaus in der Duldung von Zwangsanleihen, in der Ahndung unehrerbietiger Opposition, oft genug königlicher als der König. Neben der Servilität des Oberhauses verräth jedoch das Unterhaus noch immer Symptome unabhängiger Gesinnung. Die schwülstige untergebene Sprache der Commoners gehört überhaupt zum Styl der Zeit; ihre Nachgiebigkeit bei Zwangsanleihen und Gewaltacten gegen Einzele gehört zum Egoismus der Zeit. Ihre Unterwürfigkeit in religiösen Fragen ist die nationale Sympathie für die englische Kirche. In grundsätzlichen und materiellen Fragen, wie Steuern und Monopolen, zeigen sie sich hartnäckig genug. Die Regierung der Tudors hat in Würdigung dieser Verhältnisse die Commoners in ihrer eigenen Weise behandelt, gelegentlich durch Einfluß auf die Wahlen, und durch Creirung neuer abhängiger Wahlflecken.

In der Periode der Stuarts ist die wachsende Macht des Unterhauses zeitweise verdeckt durch die Phasen des Verfassungskampfes (s. die folgende Note). Die stetige Wurzel derselben ist aber die Gestalt der Miliz, Polizei, Jury und der Ortsgemeinde, und die Steuerbewilligung. Diese Grundlagen bleiben unverändert, und darum auch das Haus der commons, in dem sie sich zusammenfassen, stetig wachsend. Für die formalen Parlamentsrechte ist vorbehaltlich der nachfolgenden Angabe der einzelen Hauptmomente des Verfassungskampfes das Resultat:

(1) Der Antheil, sowohl an der gesetzgebenden Gewalt des Staats wie an dem Steuerbewilligungsrecht, ist durch die Hauptgesetze dieser Zeit, namentlich durch die Petition und durch die Declaration der Rechte gegen Ueberschreitungen der Königlichen Prärogative unzweideutig festgestellt.

(2) Insbesondere für den Einfluß des Unterhauses auf die Finanzen entscheidend, ist die Aufhebung der erblichen Lehnsrevenüe durch das lange Parlament a. 1645 und durch das spätere Gesetz der Restauration; sodann die Hereinziehung der Geistlichkeit in die parlamentarische Besteuerung, und vor Allem die Entstehung des Budgetrechts unter Carl II. Nachdem die besonderen Steuerbewilligungen der Geistlichkeit längst den ständischen Charakter verloren hatten, war es nur eine etwas verspätete Consequenz, wenn unter den Stuarts endlich auch diese äußere Form zum Wegfall kam. Durch einfache Uebereinkunft zwischen dem Lord-Kanzler und Erzbischof Sheldon hörten seit 1664 die besonderen Steuerausschreibungen in der Convocation auf, wogegen man der Geistlichkeit als selbstverständlich das Stimmrecht zu den Parlamentswahlen zugestand, welches ihr nach dem Grundsatz des Wahlrechts der 40 Sh. freeholders zukam, da sie ihr geistliches Realeinkommen als freehold auf Lebenszeit besitzt. Nach diesem neueren System wurden zum ersten Mal durch 16. et 17. Car. II. c. 1 die parlamentarischen Subsidien erhoben ohne einen Versuch zum älteren System zurückzukehren. Durch die völlige Gleichstellung des Lehnsbesitzes als free and common socage ist das Grundsteuersystem vereinfacht und eine veränderte Erhebung derselben herbeigeführt, die

bereits unter der Parlamentsregierung und unter Cromwell praktisch durchgeführt war. Charakteristisch aber für die Stuarts ist, daß die eigentliche Grundlegung des Budgetrechts durch die Appropriationsklausel 17. Car. II. c. 2 zunächst aus einer Hofintrigue hervorging, durch die Carl II. auf Anrathen des Sir George Downing die Cabinetsregierung gegenüber der Staatsverwaltung zu stärken glaubte.

(3) Mit der Macht des Unterhauses ist dann auch das im 16. Jahrhundert ruhende Recht der Anklage durch impeachment wieder erwacht und hat in dem Parteikampf und in der Verwaltungsweise der Stuarts einen fruchtbaren Boden gefunden. Von 1620—1688 werden 40 Fälle eines parlamentarischen impeachment aufgezählt.

Die Verstärkung der Corporationsprivilegien des Parlaments (privileges im engeren Sinne) gehört der speziellen Parlamentsgeschichte an.

) **Die Grundlagen der Verfassungskämpfe des 17. Jahrhunderts sind die einzige Seite des an rechtlichen und sittlichen Momenten so reichen Zeitalters, welche in das Bereich dieser Schrift gehören. Die Epochen der Bewegung darin sind:

1) Die Zeit der Tudors. Alle Einzelheiten der obigen Darstellung ergeben, daß Miliz-, Gerichts- und Polizeiwesen unverändert die auf Selbstthätigkeit begründete Gestalt beibehalten, ja, daß eine neue vielseitige Thätigkeit der Ortsgemeinde hinzugetreten ist. Unbestritten ist auch das Recht der Parlamente. Heinrich VII. hat überhaupt sieben Parlamente gehalten, und in jedem derselben sich Subsidien bewilligen lassen. Die fünf ersten Parlamente Heinrich's VIII. haben ebenso die Subsidienbewilligung zum Hauptgegenstand; von der Reformation an beginnt eine noch viel intensivere Thätigkeit. Elisabeth sucht die Bewilligungen selten zu machen, niemals aber Steuern ohne Parlament zu erhalten. Seit Richard II. war übrigens das Tonnen- und Pfundgeld dem Könige auf Lebenszeit bewilligt worden, und dadurch die erbliche Revenüe soweit verstärkt, um die laufenden Bedürfnisse der Staatsregierung zu bestreiten. Ebenso unbestritten ist die parlamentarische Gesetzgebung. Die Thronfolge resp. Suprematie aller fünf Monarchen des Hauses Tudor ist auf Parlamentsgesetze basirt. Das Reformationswerk wurde in allen politisch entscheidenden Einzelheiten zu Stande gebracht durch die Beschlüsse des Parlaments vom 3. November 1529 (welches sieben Jahre lang prorogirt ward), und zwar meistens auf „Anträge" des Unterhauses. Sogar die Glaubensartikel der Reformation (31. Hen. VIII. c. 14 etc.), die sämmtlichen Suprematie- und Uniformitäts-Akten, die Liturgie, die ganze Stellung der Staatskirche beruhen auf parlamentarischer Gesetzgebung. Das Jahrhundert der Tudors ist parlamentarischer als jedes vorangegangene, insofern das Parlament niemals wichtigere Aufgaben gehabt hat. Das Neue aber ist, daß die Verbindung des kirchlichen Staats und seiner Hierarchie mit dem Königthum von oben herab die weltlichen Institutionen mit einem monarchischen Geiste durchdringt. Die Tudors haben nach innen und nach außen diesen Zuwachs ihrer Macht in Königlichem Sinne gehandhabt durch kraftvolle Vertretung der Reformation, durch wirthschaftliche und politische Entwickelung der Nationalkraft. War das religiöse Element in Heinrich VIII. rücksichtslos dem politischen untergeordnet, so haben seine drei Kinder auf dem Throne durch die Wahrhaftigkeit ihrer Ueberzeugung, wenn auch in entgegengesetzter Richtung, das Königthum auch in dem religiösen Gefühle des Volks rehabilitirt. Der Uebergang aus der alten in die neue Kirche machte ein persönliches Regiment auf diesem Gebiete nothwendig, dem die gewaltthätige egoistische

aber mit klarem Verstand vorschreitende Persönlichkeit Heinrich's VIII. entspricht. Für die innere Landesverwaltung ist es die Normalzeit des king in council und weiser Gesetze; an vielen dieser Gesetze haben 200 Jahre parlamentarischer Gesetzgebung nichts zu verbessern gewußt. Für ihre der Größe ihres Staats zugewandten Intentionen fanden die Tudors in der Parlaments-, Miliz-, Gerichts-, Polizei-, Stadtverfassung kein Hinderniß, sondern nur eine starke Stütze. Sie haben zuweilen den Widerspruch in hochfahrender Weise zurückgewiesen; sie haben aber niemals ohne Parlament regieren wollen. Das schöne Vermächtniß, welches in dieser Richtung Elisabeth zurückließ, sind die Worte, mit denen sie dem Widerspruch gegen die Monopole nachgab, den Fehlgriff zugestand, und zurücknahm: I have ever used to set the last judgment-day before my eyes, and so to rule as I shall be judged to answer before a higher judge; to whose judgment-seat I do appeal, that never thought was cherished in my heart that tended not to my people's good (Parl. Hist. IV. p. 480). Die Fehler und Härten dieses muthigen, willenskräftigen Geschlechts waren die Fehler ihrer Zeit und ihres Volkes, mit dessen Größe, dessen Wohl und dessen Recht sie sich eins wußten. Nach einem halben Jahrtausend waren sie das erste einheimische Königsgeschlecht, der Abstammung und dem Sinne nach Engländer. Ein solcher king in council war allerdings im Stande, der inneren Gegensätze dieses Staatswesens Herr zu bleiben.

2) Die zweite Epoche ist das erste Menschenalter der Stuarts, die Zeit der Angriffe gegen die Landesverfassung. Es handelt sich nicht mehr um den Ruhm und die Größe des Landes, nicht mehr um den Sieg des befestigten Glaubens und den Schutz des hergebrachten Landesrechts, um großartige Pflege und Förderung der schwächeren Klassen, sondern nur um den dynastischen Willen zu regieren. Alle Ziele dieses Königsgeschlechts sind daher verfehlt nach außen wie nach innen. Vertretung des Protestantismus in dem großen Kampf des Jahrhunderts war die äußere Aufgabe gewesen: die Stuarts haben ihn verlassen, zuletzt verleugnet. Versöhnung der Ansprüche des geistlichen Standes mit dem widerstrebenden Geist des Selfgovernment, Befestigung der Nationalkirche, und doch Toleranz gegen Andersgläubige war die innere Aufgabe gewesen, welche die Stuarts vom dynastischen Standpunkt aus stets verkehrt haben. Positive Reform der Stadtverfassungen und ihrer Parlamentsvertretung war die Specialaufgabe: die Stuarts wußten nur durch gewaltsame planlose Eingriffe die Verwirrung zu vermehren. England war nun einmal der Gegenpol alles romanischen Wesens geworden. Seine europäische Stellung wies unzweideutig auf eine kraftvolle Entwickelung seiner Seemacht und das entschiedene Eintreten für die Sache der Reformation. Statt dessen verzettelte sich Jakob I. in das Intriguennetz der Fürstenhöfe des Continents, welches für England nur sekundäres Interesse hatte und durch ein ehrliches Eintreten für die Reformation gerade zu zerreißen war. Die doctrinäre Verkehrtheit Jakob's I., die Ziellosigkeit Carl's I. verdarben und verbitterten vorweg die Stellung zu ihren Parlamenten. Das mangelnde Gefühl der Königlichen Pflichten, das mangelnde Verständniß des Landesrechts, die Gleichgültigkeit gegen die Ehre und gegen das Interesse ihres Landes, der Mangel an Wahrhaftigkeit und Treue, die Talentlosigkeit für jede dauernde politische Combination charakterisiren die schottische Königsfamilie. An deren Stelle steht bei ihnen die „Königskunst" und eine theologische Jurisprudenz. — Carl I., gereizt durch Verweigerung der herkömmlichen Revenue und der Subsidien und durch stetigen

Widerspruch, proclamirt nach der Auflösung seines dritten Parlaments unzweideutig das absolute Königthum. Noch unzweideutiger sind die darauf folgenden Maßregeln einer elfjährigen Regierung ohne Parlament, vor Allem die neuen Zölle und Auflagen, unter denen das Schiffsgeld allein einen bedeutenderen Jahresbetrag als die Subsidien und Fünfzehntel ergab. Zu dem Mangel des Verständnisses für den Königlichen Beruf kommt in Carl I. noch das besondere Mißverständniß der Widerstandselemente. Grade vom Hofe aus verstand man noch am wenigsten das entscheidende Gewicht, welches jetzt die commons in die Wagschale der Staatsgewalten warfen. Die Geschichte Englands hatte bisher noch kein Beispiel irgend einer großen Bewegung, die von dem unteren Hause ausgegangen wäre. Als Körperschaft wie als Individuen erschienen die commoners der Hofregierung nur als Elemente zweiten Ranges. Ein Verständniß für das mit jedem Menschenalter wachsende Recht und Selbstbewußtsein, welches aus der jetzigen Gestalt der Grafschaft und der Ortsgemeinden hervorgehen mußte, ein Verständniß für das Recht früher untergeordneter Elemente, welche jetzt die wirklichen Staatsfunctionen erfüllen, war gerade in der Weise jener Cabinetsregierung unmöglich. Das Scheitern dieser absolutistischen Verwaltung aber, trotz der Umsicht und Energie Strafford's, hat seinen letzten Grund in der Unmöglichkeit die Grafschaftsverwaltung mit ihren Sheriffs, Friedensrichtern und Juries, dem Absolutismus dienstbar zu machen. Das Zusammenhalten von Ritterschaft und Städten, die Gestaltung der bewaffneten Macht als Grafschaftsmiliz, der Mangel der ausführenden Ortsbeamten erschöpfte die Mittel des Systems. Die Kriegsnoth und der schottische Aufstand zwangen zur Wiedereinberufung des Parlaments, in welchem durch die Majorität sowohl der Lords wie der Gemeinen die Aufhebung des Schiffsgeldes und der Sternkammer, die Anklage und Verurtheilung des leitenden Ministers beschlossen wird. Alle weiteren Versuche zu einer Beilegung des Verfassungsstreits verlaufen in dem offenen Kampf, in dem die Leidenschaftlichkeit des einen, die Wortbrüchigkeit des andern Theils keinen Boden des Vergleichs mehr finden.

Wie in der Sache, so ist nun auch in der Form der Staatsregierung dieser Zeit ein bedeutungsvoller Wechsel eingetreten. Unter Carl I. beginnt jenes System der Regierung des King in cabinet, wie es der englische Staat am wenigsten in dieser Zeit ertragen konnte. Die Unbesonnenheit und Unstetigkeit des Königs und seiner ersten Rathgeber mußten von Anfang an schwer lösbare Verwickelungen bringen. Wie in früheren Jahrhunderten von Seiten der Barone, so tritt jetzt von Seiten des Unterhauses zum ersten Mal die Gegenforderung auf, daß die Verwaltung des Königs das „Vertrauen" des Hauses haben solle, to employ such counsellors, ambassadors, and ministers as the p a r l i a m e n t may have cause to c o n f i d e i n, without which we cannot give his Majesty such supplies as is desired, (in der großen Remonstranz von 1641). Die Cabinetsregierung erzeugt die parlamentarische Parteiregierung. In den Grundlagen dieser Verfassung aber lag es, daß jede Krisis in neuerworbene Rechte des Parlaments verläuft. Unter Jakob I. hat das Unterhaus die Ungesetzlichkeit der Monopole, die Entscheidung über bestrittene Wahl und eine gewisse Gerichtsbarkeit erkämpft; unter Carl I. die petition of rights 3. Car. I. c. 1, welche mit der Aufhebung der Sternkammer und des hohen Commissionshofes 16. Car. I. c. 10 11 zusammengenommen eine neue Magna Charta bildet. Die Bewilligung des Tonnen- und Pfundgeldes auf ein Jahr wurde zwar vom Oberhaus verworfen und die Steuer nun ohne Consens erhoben. In 16. Car. I. muß aber die Illegalität sowohl dieses Schritts, wie des Schiffsgeldes, anerkannt werden; schon früher (a. 1628) der entschiedene Vortritt des Unterhauses als des eigentlich steuerbewilligenden Körpers.

3) Die dritte Epoche bildet die englische Republik, commonwealth. In dem Bürgerkrieg hatte London, die wirthschaftlich und politisch entwickeltere südöstliche Seite Englands, die Mehrheit der städtischen Bevölkerung und ein Theil der regierenden Klasse auf Seiten des Parlaments gestanden, dessen Uebergewicht sich auch durch die viel größeren Finanzquellen, die besser geregelte Verwaltung, und zuletzt durch die tüchtigere Bildung der Heeresmacht documentirt. Sinclair berechnet die Staatseinnahmen für die Zeit vom Nov. 1640 bis zum Nov. 1659 auf 83,331,198 Pfd. Sterl., darunter allein 32,172,321 Pfd. Sterl. Grundsteuer. Es waren das Summen, an welche keine frühere Staatsregierung mit ihren Subsidien und Funfzehnteln zu denken gewagt hatte. Ebenso ist die Repräsentation nach außen und nach innen durch Oliver Cromwell so glänzend, wie die durch ein legitimes Königthum. Die machtvolle, gefürchtete Vertretung der protestantischen Sache, die religiöse Toleranz, die Entwickelung der Seemacht und der inneren Landeskräfte — das und Anderes war die Verwirklichung des königlichen Berufs zur Beschämung eines entarteten Königsgeschlechts, welches die englische Politik im Auslande mit Schande und Verachtung bedeckt hat.

Was aber jener Zeit nicht gelingen konnte, war die Herstellung einer parlamentarischen Regierung. Der Grund dieses Scheiterns lag in der Entstehung dieser Staatsgewalt aus dem Führer eines siegreichen Heeres und einer siegreichen Partei. Derselbe Fanatismus, der diese Siege erkämpft, hatte auch die alten regierenden Klassen aus ihrer verfassungsmäßigen Stellung geworfen, die Lords aus dem Parlament, die landed gentry zum großen Theil aus ihrem Besitz, die alte Geistlichkeit aus ihren Pfründen, die mächtige Körperschaft der Juristen aus den Staatsämtern. Die alte Gentry sah sich zum Theil schwer verfolgt; durchweg war ihr alter Einfluß in Grafschaft und Parlament gebrochen. Die anglikanisch gesinnte Geistlichkeit fügte sich widerwillig einem aufgedrungenen presbyterianischen Wesen. An Stelle der in ihrer Nachbarschaft geachteten und volksbeliebten Männer fanden sich überall neue Menschen, Emporkömmlinge an der Spitze der Regimenter, der Gouvernements, der leitenden Aemter; überall „Wohlgesinnte", d. h. Männer der herrschenden Partei, die mit dem Rigorismus puritanischen Wesens die große Mehrheit drücken und reizen. Eine so gestellte Regierung konnte nur als Militärdiktatur, nicht aber unter selbstthätiger Mitwirkung einer Grafschaftsverwaltung mit ihrer Jury und ihren Ortsämtern im Gange bleiben. Indem sie aber mit den wahren Meinungen und Sympathien der einzelen Kreise im Widerspruch stand, war es noch unmöglicher, mit einem daraus zusammengewählten Parlament in Frieden zu bleiben. Das Protektorat führt daher zu einer Beiseitschiebung der Parlaments- und Grafschaftsverfassung in gleichem Maße, wie das absolutistische Königthum. Trotz der gewaltigen Persönlichkeit Cromwell's ist dieser Zustand von Anfang bis zum Ende nur als ein transitorischer empfunden worden.

In der That waren die ständischen Grundlagen des englischen Staats bereits unabänderliche geworden. Die höheren persönlichen Leistungen im Staat waren mit dem größeren Besitz, der Geschwornendienst und das Ortsgemeindeamt mit dem mittleren Besitz so fest verwachsen, daß ein englisches Staatswesen nur auf die herkömmliche Gemeinde und Kreisverfassung basirt, nur in dem herkömmlichen aus Kreis- und Stadtverbänden zusammengefaßten, theils gewählten, theils durch Erbrecht und Amt gebildeten Parlament zusammengefaßt werden konnte. Jede andere Combination führte zu einem Widerspruch von Macht und Rechtsvorstellungen. Als daher der Zwiespalt zwischen König und Parlament, zwischen Staatskirche und Dissenterthum, der Zwiespalt in den regierenden Klassen selbst die alten Formen zerbrochen hatte, zeigte sich die Unmöglichkeit mit jeder anderen Gruppirung zu einer harmonischen Selbstbestimmung und Selbstthätigkeit im öffentlichen Leben zu kommen. Kirchspiel, Grafschaft und Parlament standen sich als disjecta membra gegenüber von dem Augenblick an, in welchem Staatskirche und Bischöfe beseitigt, die erblichen Pairs außer Thätigkeit gesetzt, die königlich gesinnte Gentry ihrer politischen Rechte und ihres Besitzes beraubt, die kleinen wahlberechtigten Städte in Masse beseitigt, aller Census von Grund auf neu gestaltet war. Besitz, staatliche Leistung und politisches Recht waren seit Menschenaltern in Lords, Gentry und Freisassen — in Corporationsbürgern — in Staatsgeistlichkeit und studirten Klassen so fest verwachsen, mit herkömmlichem Einfluß und eingewurzelten Volksanschauungen so verwebt, daß alle Staatsideale der Puritaner, alle Kraft und Einsicht Cromwells, alle sachliche Zweckmäßigkeit vieler Neuerungen weder ein neues Oberhaus, noch ein neues Unterhaus, noch eine parlamentarische Regierung zu Stande bringen konnten. Die neue Staatsgewalt fand in Grafschaft, in Miliz, in Friedensrichtern und Jury ein stetiges instinctives Widerstreben, und vermochte sich nur durch barsches Militär- und Polizeiregiment, so schroff wie es Carl I. je versucht, aufrecht zu erhalten. Der ganze Verlauf der Zwischenregierung ward daher von dem alten Landadel, der staatskirchlichen Geistlichkeit, dem Juristenstand, ja in der vorherrschenden Stimmung der Nation als eine schwere Verletzung wohlerworbener Rechte empfunden. Den Großthaten der fanatisirten puritanischen Partei folgte ein unversöhnlicher Haß der besitzenden Klassen. Die gewaltsame Verschiebung aller herkömmlichen Verhältnisse ließ selbst bei denen, welche die Berechtigung der Revolution grundsätzlich anerkannten, das Gefühl eines in der Ausführung begangenen Unrechts zurück. Eben deshalb ist auch die Zeit der Republik spurlos vorübergegangen an dem inneren Staats- und Communalleben. Nicht eine Einrichtung, nicht ein Gemeindeamt, nicht eine Verwaltungsmaxime dieser Art datirt aus jener Zeit. Selbst die Kirchensteuer mußte durch Zwangsordonnanzen in Gang gehalten werden. An diesem Punkt ist es nicht blos der Haß der regierenden Klasse, sondern es ist der Mangel eines jeden Organisationsgedankens, der die 20 Jahre von 1640—1660 aus der Gesetzsammlung und aus der Erinnerung verwischt hat.

4) Die Restauration ist die Wiedereinsetzung der regierenden Klasse in ihre parlamentarische Verfassung, jedoch mit Beseitigung der aus der Reformation hervorgegangenen Königsgewalten, die durch den Mißbrauch verhaßt und verdächtig geworden waren. — Berechtigt war dieser Hergang insoweit, als das englische Volk den Kampf gegen das Königthum begonnen und durchgekämpft hatte, um seine Parlamentsverfassung zu erhalten, nicht aber um dem fanatischen, mürrischen, puritanischen Wesen und seiner stehenden Armee dienstbar zu werden. Berechtigt war die Restauration für die regierende Klasse, insofern das was sie erstrebte und wiedererhielt, ihr wirklich zukam. Unberechtigt war der nächste Gebrauch, welchen Gentry und Staatskirche von der wiedergewonnenen Gewalt in leidenschaftlichem Parteigeist zu machen beginnen. Ihr Haß scheint unversöhnlich, und reiht in dem 17jährigen Parlament von 1661—1678 eine Verfolgungsmaßregel

auf die andere: die Corporationsacte 13. Car. II. c. 12 zur Purificirung des städtischen Beamtenthums und zur dauernden Verdrängung aller Dissenters aus den städtischen Aemtern; die Uniformitätsacte 13. et 14. Car. II. c. 4, strenger als unter Carl I., zur Verdrängung der Gegner aus den geistlichen Aemtern und Pfründen; das Preß- und Censurgesetz 13. et 14. Car. II. c. 33 und 16. Car. II. c. 7; die Acte gegen die Conventikel 16. Car. II. c. 4; die tiefdurchdachte Testacte 15. Car. II. c. 2, die principielle Durchführung des staatskirchlichen Charakters aller obrigkeitlichen Aemter. Diese Unversöhnlichkeit einer in ihrem Recht und ihren Gefühlen beleidigten regierenden Klasse, dieser stetige Mißbrauch der Staatsgewalt zur Verfolgung und Kränkung derjenigen, welche anders über Kirche und Staat zu denken verdächtig sind als die herrschende Partei, war auch in England nicht neu. Sie hatte aber einst ihren Hauptsitz gehabt im Oberhaus. Und grade hierin zeigte sich, wie sehr der Schwerpunkt der Verfassung bereits in die communae gerückt war, wie viel einschneidender eine Gesetzgebung und Staatsverwaltung in den Händen einer factiösen Wahlversammlung geworden war. Noch gab es eine Macht im Staat, die das alte Schutzrecht für den schwächeren Theil, das alte Protectionsrecht für den ungerecht Verfolgten üben konnte. Ein volksbeliebter König hatte wie in allen früheren Menschenaltern noch sehr wirksame Stützen außer dem Parlament gegen seine commoners, ja er war durch Eid und gegebenes Wort zu dieser Schutzpflicht verbunden. Aber unter Verläugnung dieses Berufs hat Carl II. noch einmal mit einem Maß der Leichtfertigkeit, Pflichtvergessenheit und Gewissenlosigkeit das von Gott gesetzte Amt verwaltet, wie es in der Geschichte einzig dasteht. Er ließ Factionen und Minister steigen und fallen oder in Anklagestand versetzen, und trieb zwischendurch einen Handel mit der Religion und den Besitzungen seines Landes, für den das Urtheil der Geschichte noch keinen hinreichenden Ausdruck gefunden hat. Während Carl I. den Glauben an das Königthum politisch, hat Carl II. diesen Glauben moralisch vernichtet. Entsprechend diesem Regierungssystem ist die Zeit Carl's II. die eigentliche Bildungszeit der Cabinetsregierung. Als 1679 Sir William Temple die Wiederherstellung des King in council versuchte, erschien das Ganze schon als unverständliche Neuerung. Die 400 Jahre alte Grundform des parlamentarischen Regiments war dem König wie dem Parlament zu einer lästigen Fessel geworden. — Wie früher und später sind aber dennoch in den Grundlagen des parlamentarischen Wesens die gesunden Keime enthalten, die in unverwüstlicher Triebkraft aus dem Schmutz und Verderbniß dieser Regierung die habeas-corpus-Acte und die politische Unverantwortlichkeit der Jury wie eine neue Magna Charta den politischen Freiheiten des englischen Volkes hinzufügen, — „the era of good laws and bad government", wie sie Fox genannt hat.

5) Die fünfte Epoche bildet der nochmalige Versuch Jakob's II. die geschmälerte Königsgewalt durch Umsturz der Landesverfassung in Kirche und Parlament wieder zu gewinnen. In seinem sinnlosen Unternehmen ist kein Zusammenhang mehr mit den wirklichen Elementen der englischen Verfassung zu finden. Die schnelle Vereinigung der beiden politischen Parteien, welche sich kaum noch durch eine Gradation des activen und passiven Widerstands unterscheiden, macht diesem Versuch und der Regierung Jakob's ein Ende, und schließt den Verfassungskampf mit der Bill der Rechte, welche in 13 Punkten noch einmal die Uebergriffe des Königthums zusammenfaßt und für illegal erklärt. „Und sie beanspruchen, fordern und bestehen auf den gesammten und einzelen vorgedachten Rechten, als auf ihren

unbezweifelten Rechten und Freiheiten." Mit dieser Versicherung, die in der so formulirten Gestalt unter den jetzt mehr als hinreichenden Schutz der Parlamente und der Gerichte gestellt ist, schließt nunmehr das Jahrhundert der Verfassungskämpfe zu Gunsten des Parlaments und der regierenden Klasse, zum Nachtheil des Königthums, welches in der Declaration der Rechte nur noch negativ, als die Gefahr der Verfassung erscheint. Innerhalb dreier Menschenalter war dies entartete Königthum in allem seinem Thun und allen seinen Unterlassungen dem englischen Volke unverständlich geworden.

In den Kämpfen dieses Jahrhunderts, in den unendlich mannigfaltigen Phasen des Streits, sind der Reihe nach die inneren Gegensätze des so zusammengesetzten Staatswesens der Nation in allen ihren Schichten vor die Augen getreten, um Verstand und Gemüth in seiner tiefsten Innerlichkeit zu ergreifen. In diesem Streit wurden die Hergänge des Mittelalters in Kirche und Staat noch einmal lebendig als ein unerschöpfliches Material von Streitargumenten für beide Seiten. Dieselbe Behandlung erfuhren die Satzungen der geoffenbarten Religion. Die Zeit ist für das geistige Leben der Nation die eines riesenhaften Fortschritts zum Selbstbewußtsein über staatliche und allgemein menschliche Dinge. Das aber was die politische Litteratur von der des Continents scheidet, ist die unmittelbare praktische Beziehung auf den Staat und seine Verwaltung. Das Verständniß von dem, worauf es ankommt, welches schon den Adel der Magna Charta charakterisirt, kehrt auf einer höheren Stufe in den Geistern und Herzen der jetzigen Generation wieder. In Cavalieren und Puritanern, in Hobbes wie in Locke, spiegeln sich die praktischen Erfahrungen im wirklichen Staat. Es ist die Schule des Gemeindelebens und ihre Zusammenfassung im Parlament, die auch den extremsten Parteien im Guten wie im Schlimmen das Verständniß und einen wirksamen Einfluß auf den Staat giebt. Es ist die Gewöhnung des Gemeindelebens und seine sittlich läuternde Kraft, die von unten herauf die Fäulniß im Staat wieder abstößt, welche der Hof der Stuarts um sich verbreitet hatte. In wunderbarem Gegensatz gegen die späteren Revolutionen des Continents, in welchen aus der Begeisterung für die Idee der Freiheit die Gewaltthat und die Unfreiheit hervorgeht, wird hier die Aera der schlechtesten Königsfamilie, des verdorbensten Hofes, des corrumpirtesten Parlaments die Aera großer, die politische und sittliche Freiheit des Volks begründenden Gesetze. Denn das Entscheidende für die politische Freiheit der Völker ist nicht die Macht der sogenannten „Ideen" und der Persönlichkeiten, sondern die Gestalt der Institutionen, welche Staat und Gesellschaft verbinden, d. h. der Gemeinde-Institutionen, welche das Verständniß und den Sinn für den Staat den an sich geschiedenen Klassen der Gesellschaft gewohnheitsmäßig anerziehen. In diesen Grundlagen wurzelt die Macht des Sittengesetzes, welches in diesen wie in den folgenden Menschenaltern sich nicht durch, sondern vielmehr gegen die Parlamente behauptet hat.

Sechste Periode.

Das achtzehnte Jahrhundert.

Will. u. Mary 1689—1694.	George I. 1714—1727.
William III. 1694—1702.	George II. 1727—1760.
Anne 1702—1714.	George III. 1760—1820.

A. Mit Reformation, Revolution, Restauration und Vertreibung Jakob's II. sind die Grenzmarken der verfassungsmäßigen Gewalten in England in unzweideutigen Präcedenzen festgestellt. Der Kampf zwischen sovran power und Magna Charta, wie ihn Lord Coke genannt hatte, ist beendet. Die Thronbesteigung Wilhelm's III. mit dem bestätigenden Grundsatz der Declaration der Rechte bezeichnet einen formalen Abschluß der englischen Verfassung, den Beginn der eigentlich „constitutionellen“ Periode. Sie wird eröffnet in einem Parlament, welches Thronfolge, Reichsverfassung und Unterthanenrechte declarirend feststellt, und solche mit Stolz „die unabänderlichen Freiheiten und Geburtsrechte“ des englischen Volks nennt.

Das rechtliche und das sittliche Urtheil der Nachwelt hat sich mit seltener Uebereinstimmung für die „glorreiche Revolution“ ausgesprochen. Es war keine Auflehnung gegen göttliche und menschliche Ordnung, wenn nach den Erfahrungen dreier Menschenalter die Nation sich von einer Dynastie lossagte, an welcher jede Aufgabe des Königthums und der Zeit unverstanden vorübergegangen war. Schon das frühere Mittelalter machte die Erfahrung, daß das Leben und die Gewohnheit des Hofes ganze Dynastengeschlechter unheilbar zu verderben vermag. Frühere Jahrhunderte hatten das Leben mehr als eines englischen Königs in einer Weise beendet, die weit mehr den Charakter des Verbrechens an sich trug als das, was diesem König widerfuhr. Wenn dennoch die englische Nation mit standhafter Duldung drei Menschenalter hindurch eine Mißregierung ertragen hat, wenn sie am Schluß die frivolste Gewaltthätigkeit Jakob's II. mit der schonenden Fiction einer Thronentsagung verschleiert: so liegt der Grund dieser Mäßigung in der reiferen Erfahrung eines zum Mannesalter gediehenen Volks. Es war nicht jene Unerfahrenheit eines jeder Selbstthätigkeit im öffentlichen Leben entwöhnten Volks, welche die französische Revolution und ihre Nachfolger charakterisirt, sondern es war das Bewußtsein der tiefen Erschütterung aller rechtlichen und sittlichen Grundlagen, welche dem Sturz der legitimen Monarchie folgen, es war die Voraussicht der darauffolgenden Ueberfluthung des Staats durch die Gesellschaft, ihren Egoismus, ihr Parteiwesen, um derentwillen die Nation so Schweres geduldig trug. Zum ersten Mal mit dem klaren Bewußtsein der Folgen eines Dynastiewechsels hat das englische Volk den mannhaften Entschluß gefaßt, diese Folgen dennoch zu übernehmen.

Die daraus hervorgehenden Zustände sind vergleichbar den nächsten beiden Menschenaltern nach der Magna Charta. Die Unzufriedenheit war nie größer gewesen als jetzt, wo Alles erreicht war. Es giebt nicht zwei Menschenalter in der englischen Staatsgeschichte so öde und so armselig wie diese, in denen keine neue Institution, kein staatsrechtlicher Gedanke, nichts was Geist oder Gemüth erheben könnte, mehr zu keimen scheint. Diese Zeit ist noch mehr als „uninteressant", und es war eine seltsame, fast paradoxe Aufgabe, die sich der glänzendste Geschichtschreiber Englands grade mit dieser Epoche gestellt hat, in einem künstlerischen Bauwerk, von welchem eben nur das schöne vestibule vollendet ist.

In der That waren die Schwierigkeiten der neu eingesetzten Regierung fast unüberwindlich. Auch die große Persönlichkeit Wilhelms III. vermochte die Widersprüche nicht zu lösen, die in die verfassungsmäßige Stellung des Königthums gekommen waren, welches den Whigs nur als ihre Schöpfung, den Tories nur wie eine Regentschaft erschien. Dem König fehlten für seine großen europäischen Gesichtspunkte die Sympathien beider Parteien, für seine innere Politik die Herzen des Volks. Ein übermüthiger factiöser Adel, eine intriguirende Geistlichkeit, ein geldstolzes Bürgerthum, eine dauernd apathische Stimmung der unteren Klassen, verwickelte Parteiprogramme ohne irgend welche große Ziele, launischer Wechsel der herrschenden Meinungen und Parteien sind die äußeren Erscheinungen, die auch unter Anna, Georg I. und II. noch fortdauern. Auch dieses erste Menschenalter des Hauses Braunschweig-

Hannover enthält nur wenig Momente, auf welche die Nation mit Stolz und Genugthuung zurückblicken könnte. Es waren unsägliche Schwierigkeiten jetzt von unten herauf aus dem inneren Leben der Nation zu überwinden, welche ein gerechtes, weises, pflichtbewußtes Königthum in England einst leichter überwunden hatte.

Allein wie in dem Staatswesen des Alterthums und des Mittelalters die stille Arbeit des Volkslebens gewöhnlich unbemerkt bleibt, und nur die Entfaltung dieses Lebens zu großen Staatsactionen vom Geschichtschreiber beachtet wird: so übersieht man leicht, daß diese öde Zeit die Periode innerer Selbstthätigkeit, einer stillen Arbeit ist, welche der inneren Gegensätze schrittweise Herr wird, und hinter welcher sich dann in der neuen Schule der Staatsmänner seit Chatham, im Kampfe mit Amerika und mit Frankreich, ein Staatswesen in Riesengröße aufrichtet, — die glänzendste Epoche Englands, die Regierungszeit Georg's III.

*) **Quellen und Litteratur dieser Periode** fallen in ihrer Massenhaftigkeit so sehr einerseits dem allgemeinen Staatsrecht, andererseits der politischen Geschichtschreibung im Ganzen wie im Einzelen anheim, daß für die besonderen Zwecke einer History of Selfgovernment eine leichte Auslese der zugänglichsten Hülfsmittel genügend erscheinen wird.

1) Die Gesetze dieser Zeit bilden ein fast unabsehbar anschwellendes Material auch für die Gestaltung der Kreis- und Communalverwaltung. Die amtliche Gesetzsammlung der Statutes of the Realm endet zwar mit dem Tode Anna's. Die currenten Gesetzsammlungen enthalten aber das Material wesentlich vollständig und correkt, allerdings aber noch immer mit Weglassung einzeler veralteter Parlamentsacten und der private acts.

2) Für die Parlamentsverhandlungen reicht die Parliamentary History Bd. V.—XXXVI. vom Jahre 1668 bis zum 12. August 1803, womit dies Sammelwerk überhaupt schließt, und als (Hansard's) Parliamentary Debates in einer neuen Serie fortgesetzt wird.

3) Eine eigentliche Bearbeitung der englischen Rechtsgeschichte für diese Zeit fehlt. Sie schien der Jurisprudenz bei dem überaus großen Umfang der Gesetze und der Präjudizien entbehrlich; man zog es vielmehr vor, und gewöhnte sich immer mehr daran, unter hergebrachten alphabetischen Rubriken das Erforderliche zu suchen und zu finden. Um die Mitte der Periode entstand indessen die weltberühmte Schrift Blackstone's Commentaries on the Laws of England, in erster Auflage 1765, und bis zum Schluß des Jahrhunderts in noch elf Auflagen. Sie enthält in vol. I. (rights of persons) eine ziemlich anschauliche Darstellung des öffentlichen Rechts in schöner Diction. Ihr Hauptverdienst ist die unparteiische Fixirung und gefällige Darstellung der Hauptmomente, worin sie auch von ihren neueren Bearbeitern (Stephen, Bowyer, Warren, Kerr) nicht übertroffen ist. Für das Communalwesen giebt sie ein überaus dürftiges, den Ausländer irreleitendes Bild, unter Verweisung auf Burn's Justice für das Einzele. Auch sind die historischen Einleitungen ein dürftig und leicht compilirtes Beiwerk. Für eine Gesammtübersicht der unend-

lich reichen staatsrechtlichen und staatswissenschaftlichen Litteratur darf ich wohl auf R. v. Mohl die Litteratur der Staatswissenschaften Bd. II. 1856, S. 3—236 verweisen.

4) Für das Communalwesen erscheint in dieser Zeit als Hauptschrift: Burn's Justice of the Peace in erster Auflage 1755, zwei kleine Bände; dann wachsend auf vier Bände bis zur neunzehnten Auflage 1800, jetzt in 29ster Auflage zu 7 sehr umfangreichen Bänden (1845—52), in alphabetischer Ordnung der Artikel. Die sonstigen Monographien dieser Gruppe müssen der Darstellung des heutigen Rechts überlassen bleiben.

5) Aus der allgemeinen und politischen Geschichte sind etwa hervorzuheben: Hallam, the Constitutional History of England, vol. III. (bis zum Tode Georg's II.). — Lord Mahon, History from the peace of Utrecht etc. 1836. — 54. 6 vols (toryistisch). — W. Massey, History of England under George III. vol. I., II. 1855 ff. — Th. Erskine May, constitutional History since the accession of George III. vol. I. 1861. Der unendlich reiche Apparat steht noch vielfach den Familien- und Parteibeziehungen der Gegenwart zu nahe. Diese Geschichte behandelt unmittelbar fast nur Parteistellungen im Parlament, in denen allein das innere Leben der Verfassung nicht zur Anschauung kommt. Das Urtheil über die Parteimänner dieser Zeit gleicht den Geschichten der „deutschen Höfe", die als solche kein gerechtes Urtheil über die Regierungen ergeben.

6) Für die statistischen und Verwaltungszustände des achtzehnten Jahrhunderts enthält ein recht schätzbares Material John Adolphus, the political state of the British Empire. London 1818 ff. 4 Vols. 8⁰. wozu in den Schriften von Mc. Culloch und anderen volkswirthschaftlichen Arbeiten, besonders aber in den Schriften über die Geschichte des Armenwesens ein reichhaltiges Material hinzutritt.

B. Das innere Leben des Staats in seiner Kreis- und Communalverfassung beruht noch erkennbar auf den alten drei Grundpfeilern, Heer, Gericht und Kirche. Die alten Institutionen sind mehr in das Einzele entfaltet: aber im Wesentlichen sind die inneren Aufgaben dieselben geblieben, — die Aufgaben des weltlichen und des kirchlichen Staats, wie sie im Mittelalter gesondert sich gegenüberstehen, jetzt in Einem zusammenfassend. Die Communaleinrichtungen bilden jetzt zwei große Gruppen:

1. Die älteren, schon im Mittelalter ausgebildeten Institutionen der Miliz, der Gerichtsverwaltung, der Strafjustiz und Polizeiverwaltung und der städtischen corporations. Sie haben überwiegend den Charakter von Kreis- und Bezirksverfassungen. Ihnen gehören die älteren schon im Mittelalter entwickelten Aemter und Steuern an. Sie treten jetzt wieder in den Vordergrund, nachdem der überwiegende Einfluß des kirchlichen Verwaltungssystems zurücktritt. Die Milizverfassung kann dabei nach ihrer Bedeutung und aus formellen Gründen der Darstellung an letzter Stelle stehen.

2. Die neueren Institutionen der Ortsgemeinde-

Verwaltung, deren selbständige Bedeutung erst seit dem Zeitalter der Tudors datirt: die Kirchspielsverfassung, die Ortsarmen- und Wegeverwaltung und einige schon in diesem Jahrhundert beginnende, erst im 19. Jahrhundert an Bedeutung gewinnende Erweiterungen.

In diesem mit jedem Menschenalter fester gewachsenen System stehen die alten und die neueren Institutionen, der Kreisverband und der Ortsgemeindeverband, das Amt und die Steuern, in einem so durcheinandergreifenden Verbande, daß es zweckmäßig scheint, zunächst eine Uebersicht der Bezirke, Aemter und Steuern zu geben und daran die acht Institutionen des Gemeindelebens in der obigen Ordnung anzureihen.

I. **Die Bezirke und Aemter des selfgovernment** ergeben sich in ihrer jetzigen Zusammenschichtung aus dem historischen Hergang.

Die Grundeintheilung bilden die alten Grafschaften, jetzt 40 an der Zahl, nachdem die Pfalzgrafschaften von Chester und Durham einverleibt, und die Grafschaft Monmouth von Wales zu England gezogen ist. Dazu treten die zwölf Grafschaften von Wales. Die Grafschaft ist nach wie vor der Grundbezirk für die Gerichtsverfassung, für die Assisen der reisenden Richter, für das Sheriffamt, für die Miliz- und Polizeiverwaltung unter dem Lord-Lieutenant.

Die Hundreds, die mittelalterlichen Unterkreise oder Sammtgemeinden für die Miliz- und Polizeiverwaltung, bestehen in ihren uralten Begrenzungen fort, und werden benutzt, um die darin ansäßigen Friedensrichter periodisch zu kleinen Sessionen zu vereinigen.

Die Tithing, Zehntschaft, ist der mittelalterliche Ortsgemeindeverband, erkennbar daran, daß dafür ein besonderer Constable bestellt wird. Noch immer dient die Zehntschaft als unterster Bezirk für Polizei- und Milizverwaltung. Für die wichtigeren Functionen der Ortsgemeinde ist dagegen das Kirchspiel parish die eigentlich thätige Ortsgemeinde, die nur zufällig mit den alten Zehntschaften zusammenfällt.

Zwischendurch liegen in dieser Dreitheilung die liberties, d. h. Ausnahmsbezirke für die Gerichts- und Polizeiverwaltung. Sie sind im Allgemeinen coordinirt den Hundreds, mit einem besonders bestellten bailiff für die Sheriffsgeschäfte. Zu diesen liberties im weiteren Sinne gehören aber auch die städtischen corporations, in denen sich die Gerichts- und Polizeiverwaltung in der Weise der Kreisverwaltung organisirt findet.

Die Kreis- und Gemeindeämter für diese Bezirke sind nunmehr folgende:

1. Das Amt des Sheriff, das tausend Jahre alte Statthalteramt der Grafschaft, bildet jetzt eine Unterstelle der Reichsgerichte

für Ladungen, Executionen, Strafvollstreckungen, Einziehung der alten Gerichtssporteln und Bußgelder, mit dem Vorsitz in dem nominell noch bestehenden Grafschaftsgericht, mit einem Ehrenvortritt und mancherlei Resten einer alten Statthalterschaft. Das Amt wird in dieser Weise jährlich wechselnd aus den größeren Grundbesitzern der Grafschaft besetzt.

2. Das Amt des Lord-lieutenant, das neuere Statthalteramt der Grafschaft, besetzt aus den vornehmsten Grundbesitzern der Grafschaft, thatsächlich auf Lebenszeit, mit der Befugniß zur Ernennung der Milizoffiziere und der Milizverwaltungscommissarien, Deputy-lieutenants, die größeren Theils mit dem Personal der Friedensrichter zusammenfallen, ebenso wie der Lord-lieutenant regelmäßig zum ersten Friedensrichter, Custos rotulorum, ernannt wird.

3. Das Amt der Friedensrichter, Justices of the Peace, beruht auf den Polizei-Verwaltungs-Commissionen und bildet die eigentliche Seele der Kreis- und Polizeiverwaltung mit fast unabsehbaren Functionen als Voruntersuchungsamt, als Polizeirichteramt, als Oberinstanz der Ortsgemeinde, als Kreisverwaltungsbehörde und als Strafgericht mit Jury in den Quartalsitzungen. Am Schluß des Jahrhunderts betrug die Zahl der activen Grafschafts-Friedensrichter in England 2357, in Wales 305. (Report from the Committee of Statutes 1796.)

4. Das Amt der Coroners, hauptsächlich eintretend bei ungewöhnlichen Todesfällen mit einer Jury aus der Nachbarschaft, und noch in mittelalterlicher Weise in der Regel besetzt durch Wahl aller Freisassen der Grafschaft.

5. Das Amt der Constables, die als High-Constables für die hundred, als Petty-Constables für die alten Ortschaften ein Polizeischulzenamt darstellen.

6. Das Amt der Wegeaufseher Surveyors of Highways.

7. Das Amt der Churchwardens und Overseers of the Poor.

8. Die städtischen Bürgermeister, Friedensrichter, Rathsherren und Gemeinderäthe, Coroners und Constables nach der Verfassung der Corporations.

Schon im Laufe des 18. Jahrhunderts muß die Zahl der in diesen Gemeindeämtern jährlich thätigen Personen 100,000 erreicht haben. Dazu tritt weiter der Geschworenendienst in den Civil-Assisen, der Dienst der großen und der kleinen Jury in den Criminal-Assisen und Quartalsitzungen der Grafschaften und Städte und der Coroners

Jury. Dazu endlich die Strafverfolgungs- und Zeugenpflicht des Einzelen mit ihrer breitesten Basis in der alten Pflicht zur Landsturmfolge (hue and crye). Die Gesammtheit dieser Verhältnisse stellt das Communalwesen von der Seite der persönlichen Thätigkeit dar, an die sich nun die materielle Seite der Communalsteuern anschließt.

II. **Das Communalsteuersystem dieser Zeit** bildet ein fest organisirtes Ganze, welches sich correspondirend an die Kreis- und Ortsgemeindebezirke und Aemter anschließt.

1. Eine Grafschaftssteuer, County-Rate, erhält ihre consolidirte Gestalt durch 12. George II. c. 29. Schon die Gesetze Heinrich's VIII. hatten die Sessionen der Friedensrichter ermächtigt, die für Erhaltung der Grafschaftsbrücken und Grafschaftsgefängnisse erforderlichen Gelder durch eine Kreisauflage auszuschreiben. Durch weitere Gesetze war dies ausgedehnt auf die Kosten der Correctionshäuser, Transportkosten der Vagabunden und dreierlei Beiträge zur Erhaltung von Gefangenen. Diese sieben Steuern werden durch das gedachte Gesetz zu einer Kreisgerichts- und Kreispolizeisteuer zusammengezogen, dann noch auf analoge Zwecke ausgedehnt, und schon seit dem st. 13. et 14. Car. II. c. 12 nach dem Fuß der Armensteuer aufgebracht. Sie erreichen am Schluß des Jahrhunderts einen Betrag von 200,000 L.

2. Die Borough Rate, eine städtische Gerichts- und Polizeisteuer, wird nach denselben Grundsätzen für diese und analoge Zwecke in den städtischen Quartalsitzungen ausgeschrieben, nach Herkommen aber auch vielfach für andere Bedürfnisse der städtischen Corporationen.

3. Die Church Rate, Kirchensteuer, wird nach alter Gewohnheit von den Gemeindeversammlungen (Vestries) für die Erhaltung der Kirchengebäude und die Bedürfnisse des Gottesdienstes bewilligt.

4. Die Poor Rate, Armensteuer, wird nach dem Gesetz Elisabeth's periodisch nach Bedarf von den Kirchenvorstehern und Armenaufsehern ausgeschrieben; sie hat in den Jahren 1748—1750 einen Durchschnittsbetrag von 730,000 L., in den Jahren 1783—1785 einen Durchschnittsbetrag von 2,000,000 L. erreicht.

5. Die Wegebausteuer Highway Rate tritt ergänzend neben die Hand- und Spanndienste, auf denen grundsätzlich die Wegebaupflicht noch beruht, jedoch jetzt schon in erheblichem Betrage.

Außerdem werden Geldbeiträge zu den Milizkosten in den Milizgesetzen dieser Zeit, ungefähr nach den Grundsätzen der Kreispolizeisteuer erhoben. Die wachsenden Bedürfnisse des Ortsgemeindelebens werden durch die Armensteuer oder besondere Zusatzsteuern nach demselben Prinzip erhoben. Durch die Gerichtspraxis ist die Natur dieser Gemeindesteuern als Realsteuern, welche von dem sichtbaren, nutzbaren Realbesitz in der Gemeinde, visible profitable property in the Parish, nach dem Mieths- oder Pachtvertrag desselben zu erheben, immer fester und gleichmäßiger festgestellt. Nach einer späteren Zusammenstellung eines Report von 1843 waren in dem Geschäft der Einschätzung damals nicht weniger als 180,000 Gemeindebeamte von Jahr zu Jahr thätig, — unzweifelhaft ein wichtiges Element, um das Bewußtsein der Zusammengehörigkeit im Nachbarverband lebendig zu erhalten, zugleich auch um die Leistungen des Realbesitzes für das Gemeinwesen von Jahr zu Jahr vor Augen zu führen. Dazu tritt noch eine fortdauernde Thätigkeit der Kreisverbände bei Einschätzung der Staatsgrundsteuern und assessed taxes. — Der Gesammtbetrag der Communalbesteuerung ist zwar nicht mehr festzustellen, scheint aber wie heute ungefähr ein Fünftel des Staatsbudgets mit Schwankungen darüber und darunter betragen zu haben, am Schluß des Jahrhunderts 3 bis 4 Millionen Pf. Sterl.

Aus der Combination dieser Gemeindeämter und Steuern ergiebt sich sodann das wirkliche Leben der Kreis- und Communalverbände des 18. Jahrhunderts in der schon angegebenen Reihe wie folgt:

III. **Die Gerichtsverwaltung der Grafschaft** hat noch immer einen nominellen Mittelpunkt in dem County-Court des Sheriff. In der Wirklichkeit wird fast die ganze Civiljustiz von den Reichsgerichten und Civilassisen verwaltet, so daß sich der active Antheil der Grafschaft auf die Besetzung des Sheriffamts und Gestellung der Geschworenen zu den Civilassisen beschränkt. Der Sheriff hatte zwar noch die Befugniß, Personalklagen bis zu 40 sh. zu verhandeln, und mit den zum County-Court erschienenen Freisassen als Gerichtsmännern zu entscheiden. Wegen mangelhafter Besetzung und mangelhaften Verfahrens wurde aber davon wenig Gebrauch gemacht. In der Hauptsache war das „Civilgericht" des Sheriff herabgesetzt zu einer Unterstelle der Reichsgerichte für Ladungen, Executionen und Gestellung der Jury. Für diese laufenden Amtsgeschäfte bestellt er auf die Dauer seines Amtsjahrs einen stellvertretenden Undersheriff, dessen Anwaltsstube das Centralbureau bildet, von welchem aus die Einzelgeschäfte durch die bailiffs of hundreds vollzogen werden, an deren Stelle aber wiederum contractlich angenommene Gerichtsdiener (bound-bailiffs) die meisten Einzelgeschäfte besorgen. Ebenso gebührt dem Sheriff die verantwortliche Anstellung der Beamten des Grafschaftsgefängnisses. Das Sheriffamt bedeutet also hauptsächlich ein Anstellungsrecht für die lokalen Unterbeamten der Civilgerichtsverfassung. Durch die eigenthümliche Stellung und Ernennung des Sheriff wird dies Anstellungswesen und die Auswahl der Geschworenen unabhängig von der herrschenden Partei im Parlament.

Bei Weitem kräftiger und bedeutungsvoller ist der Antheil der Grafschaft durch die Gestellung der Jury zu den Civilassisen der reisenden Richter. Die Urlisten der Geschworenen werden jetzt durch die Ortsgemeindebeamten angefertigt 7. Will. III. c. 32; 3. Geo. II. c. 25. Die Weitläuftigkeiten des alten Verfahrens bei Gestellung der Dienstliste sind durch die Praxis und durch st. 3. Georg II. c. 25 etwas vereinfacht. Die Restauration hatte versucht, durch 16. et 17. Car. II. c. 3 den Census der Civilgeschworenen von 40 sh. auf 20 L. zu erhöhen, war jetzt nach drei Jahren davon zurückgekommen. Durch st. 4. et 5. Will. et Mar. wird jetzt der Census dauernd auf 10 L. (68 Thlr.) Grundrente aus freehold oder copyhold festgestellt; durch 3. George II. c. 25 werden gleichgestellt 20 L. Grundertrag aus Pachtung auf 500 Jahre oder auf Lebenszeit. In dieser Abgrenzung wird nun der Civilgeschworenendienst, in der Regel zweimal jährlich, durch eine vom Sheriff ausgewählte Liste geleistet.

In einer Anzahl von Städten waren für das Bedürfniß einer Lokaljustiz wieder neuere Civilgerichte entstanden, nach einem Muster in London unter Heinrich VIII. Zu großen Mängeln des Verfahrens trat aber gewöhnlich eine schlechte Besetzung dieser Gerichte; die meisten erwarben sich kein Vertrauen und kamen oft wieder außer Gebrauch. In ähnlicher Weise verhielt es sich mit den nominellen Resten von Patrimonialgerichten.

IV. **Die Polizeiverwaltung der Grafschaft im weitesten Sinne** beruht nunmehr auf einer Vereinigung zahlloser Geschäfte in dem Personal der Friedensrichter, welche die Verbindung des größeren Besitzes mit den persönlichen Amtspflichten, einer durchweg auf Gesetzen beruhenden Kreisverwaltung darstellen, in welcher Justiz und Administration grundsätzlich verbunden sind. In kurzen Grundzügen ist ihre Stellung folgende:

1. Die einzelen Friedensrichter bilden das Voruntersuchungsamt für alle Arten von Verbrechen und Vergehen, mit Ausnahme der ungewöhnlichen Todesfälle, welche dem Coroners Inquest zufallen. Sie erlassen auf ergehende Anzeige den Befehl zur Haft oder zur einfachen Ladung an die Constables. Sie verhören den verfolgenden Theil, die Zeugen und den Angeschuldigten und nehmen darüber mit ihrem Gerichtsschreiber kurze Protokolle auf. In leichteren Fällen er-

mächtigt sie das Gesetz auf diese Verhandlung das Strafurtheil zu sprechen (summary conviction); in schwereren Fällen überweisen sie die Sache an die nächsten Assisen oder Quartalsitzungen (commitment) zum ordentlichen Strafverfahren mit großer und kleiner Jury.

2. Die einzelen Friedensrichter (je einer oder zwei) bilden das Polizeirichteramt für die eben bezeichnete unabsehbare Reihe summarischer Strafsachen, welche die Zahl der Straffälle vor Richter und Jury um mehr als das Zehnfache übersteigen. Das Verfahren dabei ist im Wesentlichen das der Voruntersuchung. Die Straffälle dieser Gruppe sind zunächst die kleineren Polizeicontraventionen, welche in den Gerichtsverfassungen des Continents dem Einzelrichteramt zuzufallen pflegen. Dazu tritt noch ihr Amt als Steuer-Untersuchungs- und Strafrichter, welches durch die weite Ausdehnung der inländischen Verbrauchssteuer (excise), durch die Zoll-, Post- und Stempelgesetze des 18. Jahrhunderts einen weiten Umfang gewinnt. Sodann ein umfassendes Decernat in der gesammten Bettel-, Landstreicher-, Gewerbe-, Sitten-, Bier- und Gasthaus-, Wege-, Jagd- und Fischerei-Polizei, welche in der Weise einer jurisdiction verwaltet wird. Nach Vorgang der früheren Jahrhunderte hat sich die Gesetzgebung der schweren Mühe unterzogen, an diesen Angelpunkten des bürgerlichen Lebensverkehrs zuerst sich selbst klar zu machen, was der Gesetzgeber zu gebieten und zu verbieten hat, und für jeden so formulirten Fall eine summarische Strafe zu setzen, auf welche nach Anhörung der Betheiligten erkannt wird. Daran reiht sich ein System der Arbeitspolizei, wie es zur Regelung der Löhne, der Gesinde-, Lehrlings- und Tagelohnverhältnisse auf Grund der Gesetzgebung Elisabeth's abgeschlossen ist, sowie noch einige Fälle einer polizeilichen Civiljurisdiction, welche durch den Mangel örtlicher Civilgerichte nothwendig wurden. Alles dies mit Appellation an die Sessionen der Friedensrichter, in letzter Instanz oft an die Reichsgerichte.

3. Die Quartalsitzungen der Friedensrichter bilden ein collegialisches Strafgericht, in welchem ein rechtskundiger Friedensrichter den Vorsitz führt, und mit einer großen und kleinen Jury in analoger Weise verhandelt, wie der vorsitzende Reichsrichter in den ordentlichen Assisen; meistens beschränken sich indessen die Sessions auf mittlere Fälle, vergleichbar der Competenz der französischen Correctionalgerichte.

4. Die Friedensrichter bilden sodann die Oberinstanz für die Ortsgemeindeverwaltung in einer durch die Gesetze speciell bestimmten und abgestuften Weise:

(1) Die einzelen Friedensrichter treten ein, wo es sich

darum handelt den Ortsgemeindebeamten zu seiner Amtspflicht anzuhalten, und wo ein collidirendes Privatinteresse die sofortige Mitwirkung eines höheren Beamten rathsam macht, wie bei der arbeitsamen Beschäftigung der Ortsarmen, Bestätigung ausgeschriebener Steuerbeträge, Erlaß von Orders zum Rücktransport von Armen, Heranziehung von Verwandten zur Armenunterstützung u. dgl. In der Mehrzahl dieser Fälle sind es zwei Friedensrichter, welche dabei zusammenwirken in den Formen einer summarischen Gerichtsverhandlung unter Oberinstanz der Quartalsitzungen.

(2) Für wichtigere Geschäfte dieser Art haben sich sodann die Special sessions als eine Art von Mittelinstanz gebildet, deren periodische Gestaltung erst dem 18. Jahrhundert angehört. Schon die älteren Gesetze hatten ein Zusammentreten von drei, vier oder sechs Friedensrichtern für gewisse wichtige Angelegenheiten vorgeschrieben. Zur Ernennung der Armenaufseher sollten alle Friedensrichter der Hundredschaft berufen werden ꝛc. Es war damit die Veranlassung gegeben zu einer periodischen Versammlung aller in der Hundredschaft ansässigen Friedensrichter, die sich nun zweckmäßig auch zur Vornahme anderer Gerichts- und Verwaltungsgeschäfte benutzen ließ. Man einigte sich gewöhnlich über den Hauptort des Bezirks als Versammlungsort, wählte einen Vorsitzenden, einen Clerk to justices, und bestimmte eine Geschäftsordnung. Die Gesetzgebung verwies nun aber immer mehr Geschäfte, namentlich die Ernennung und Bestätigung der Ortsgemeindebeamten, die Wegebaustreitigkeiten, die Ertheilung der Schankconcessionen vor solche Specialsitzungen, so daß diese Unterbezirke eine wichtige Mittelstufe der Verwaltung werden.

(3) Die Quartalsitzungen, welche in gesetzlich bestimmten Zeiten mindestens viermal alljährlich alle Friedensrichter vereinigen, sind zunächst die Appellationsinstanz für die Strafurtheile der einzelen Friedensrichter und kleinen Sitzungen; die Beschwerdeinstanz für die Orders der Specialsitzungen und einzelen Friedensrichter. Zugleich aber bilden sie auch eine Kreisverwaltungsbehörde für solche Geschäfte, deren unmittelbare Leitung dem collegialischen Kreistage zufallen mußte, nämlich Ausschreibung der County Rate, Anstellung des Rendanten der Kreiskasse, Curatorium für das Grafschaftsgefängniß und Correctionshaus, sowie sonstige Gerichtslokale 9. George III. c. 20, Erlaß von Polizeiregulativen für Lebensmittelpreise, Arbeitslöhne ꝛc. nach dem mittelalterlichen System, von Regulativen für Abdeckereien, Instruktionen für die Verwaltung der Gefängnisse, Gebührentaxen der Constables und anderer Grafschaftsbeamten, Ertheilung der Concessionen

für Getreidekäufer 5. Eliz. c. 12, für Pulvermühlen, 12. George III. c. 61, für Abdeckereien 26. George III. c. 71, Einregistrirung der dissenterischen Kapellen 1. Will. et M. c. 18; Anstellung von Controll- und Aichungsbeamten der Maß- und Gewichtsverwaltung — eine Gesammtmasse von Geschäften, welche in der Praxis das County-Business genannt zu werden pflegte.

Durch das Friedensrichteramt ist der politische Einfluß aller dieser Gewalten verbunden mit dem Grundbesitz. Der mittelalterliche Census von 40 L. Grundrente wurde durch 5. George II. c. 18; 18. Geo. II. c. 20 erhöht auf eine Grundrente von 100 L. aus freehold oder copyhold, erblich oder auf Lebenszeit oder auf mindestens 21 Jahre Pacht; ohne Census qualificirt sind Lords', ihre ältesten Söhne und Erben, sowie die ältesten Söhne und Erben einer Person von 600 L. Grundrente. In dieser Zeit, in welcher die zahllosen richterlichen und Landrathsgeschäfte des Friedensrichteramts schon eine gewisse Vorbildung voraussetzen, bildete sich dann auch die Sitte der angesehneren Familien, besonders der Erstgeborenen, unter Verzicht auf den lucrativen Betrieb des Ackerbaus und städtischer Geschäfte, auf gelehrten Schulen und Universitäten diejenige Vorbildung zu gewinnen, welche durch die Praxis des Friedensrichteramts auch weiter in das Parlament führt. Die so qualificirten Friedensrichter bedurften keiner Assistenz mehr von besonderen rechtsverständigen Collegen (Quorum), und im Zusammenhang damit ward es immer mehr die Regel, alle ernannten Friedensrichter in der Quorum-Clausel zu wiederholen, d. h. alle mit der höheren juristischen Qualification zu ernennen, und dadurch die Ernennung von studirten Juristen in den Friedens-Commissionen überflüssig zu machen.

Unmittelbar diesem höheren Personal der Kreisverwaltung untergeordnet sind nun die Aemter der Kreis- und Ortsschulzen, constables. Als Kreisschulze ist der high constable hauptsächlich bestimmt zur Ausführung solcher friedensrichterlicher Befehle, die an mehre Unterconstabler gerichtet sind; auch erscheint er bei den Sessionen der Friedensrichter, um in alter Weise seine presentments zu machen und Bericht zu erstatten. Die Ortsschulzen, petty constables, behalten zwar ihre älteren Functionen als selbständige Friedensbewahrer mit eigenem Verhaftungsrecht; sie werden aber durch den wachsenden Umfang der friedensrichterlichen Verwaltung immer mehr Vollziehungsbeamte für die Decrete, Orders und Urtheile der einzelen Friedensrichter und Sessionen, in denen sie regelmäßig erscheinen um ihre presentments und Berichte zu erstatten. Nach Verfall des court leet werden sie immer regelmäßiger von den friedensrichterlichen Sessionen ernannt und eingeschworen, und bilden in dieser Gestalt ein meistens unter ärmeren Gemeindegliedern alljährlich wechselndes Gemeindeamt. Als ein kräftiges Verbindungsglied tritt nun aber dieser Amtsthätigkeit noch hinzu:

1. Die unmittelbare Thätigkeit der Mittelklassen als Urtheiljury bei den Criminalassisen und Quartalsitzungen.

2. Die Anklagejury bei den Assisen und Quartalsitzungen.

3. Die Betheiligung der gesammten Bevölkerung an der Anklage- und Zeugenpflicht, die von den Friedensrichtern gegen die geeigneten Personen durch Zwangskaution gehandhabt wird.

Die gesammte Strafgerichts- und Polizeiverwaltung in dieser Gestalt unterliegt nun aber nach wie vor einer Controle und Revision durch die Reichsgerichte, die in der vorigen Periode noch in engerer Verbindung mit dem Königlichen Rath standen. Diese Verbindung hatte immer mehr aufgehört, als in der Zeit der Stuarts die höchste Verwaltung die Gestalt von vertraulichen Ministerconferenzen (cabinet) annahm. Um so mehr überzeugte sich jene Zeit von den Gefahren einer Verbindung dieser höchsten Instanz mit den Geschäften eines Ministerraths. Sie blieben ungeschmälert in der Hand der festen collegialischen Behörden, und werden nun in doppelter Weise (1) durch ein Abberufungsrecht, writ of certiorari, (2) durch Mandatsprozeß, mandamus, ausgeübt. Vermöge des ersteren kann die King's bench sowohl gegen Voruntersuchungsacte, wie gegen Anklagen, wie gegen Urtheile und Orders einschreiten, die Entscheidung an sich ziehen, bestätigen, cassiren, abändern. Das mandamus tritt ergänzend ein, um die Friedensrichter in und außerhalb der Sitzungen zur Erfüllung der gesetzlichen Obliegenheiten im Fall der Rechtsverweigerung anzuhalten. Die übertriebene Centralisation der Geschäfte in einer solchen höchsten Instanz, sowie das Bestreben nach größerer Selbständigkeit der Grafschaftsverwaltung, haben nun aber im achtzehnten Jahrhundert die Gesetzgebung veranlaßt, immer massenhafter das certiorari abzuschneiden, und die Entscheidungen der Quartalsitzungen für endgültig zu erklären, mit Ausnahme der Fälle, wo bestimmte Privatrechte oder wichtige staatsrechtliche Grundsätze im Spiel sind. Mit dieser Decentralisation*) ist dann die Grafschaftsverwaltung in das zulässige, empirisch im Einzelen festgestellte Maß der Selbständigkeit eingetreten.

*) **Die Decentralisation der Polizeiverwaltung** ist in der heutigen Gestalt erst eine Schöpfung des achtzehnten Jahrhunderts. Alle Gewalt der Friedensrichter war Jahrhunderte hindurch ein persönlicher Auftrag des Königs gewesen, wobei es dem Machthaber unbenommen blieb, auch das schon begonnene

Geschäft dem Commissar wieder abzunehmen und durch seine ordentlichen Beamten erledigen zu lassen, d. h. durch die höheren Behörden, Courts, welche nun in der Zwischenzeit immer mehr den Charakter fester Gerichtsbehörden erlangt hatten. So ergab sich ein Abberufungsrecht durch writ of certiorari sowohl gegen die einzelen Friedensrichter wie gegen die Sessionen, sowohl gegen Voruntersuchungsacte wie gegen Urtheile erster oder zweiter Instanz und gegen Orders. Diese Oberinstanz mit concurrirender Gewalt war in der Regel die Kings bench, in gewissen Fällen die Kanzlei, in seltenen Fällen der Court of Common Pleas. Seit den Zeiten der Restauration beginnt nun Anfangs sporadisch das Wegziehen dieses Rechtsmittels. Durch 12. Car. II. c. 23, 24 wird in gewissen Steuerfällen das Certiorari weggenommen. Nach 3. et 4. Will. et Mar. c. 12. sollen alle Wegestreitigkeiten in der Grafschaft entschieden werden und kein indictment und keine Order durch certiorari abberufen werden. Ebenso nach 1. Anne c. 18 Streitfragen über Brückenreparatur. Wo aber „das Recht und der Titel zur Reparatur in Frage kommt", mag die Sache durch Bericht an die Kingsbench kommen. 5. et 6. Will. et Mar. c. 11. In dieser Weise schreitet nun die Gesetzgebung weiter in massenhafter Aufhebung des Certiorari bei der Wege- und Brücken-Verwaltung, bei der Einschätzung der Kreissteuern und in zahllosen Polizeiregulativen. Allgemein erschwert wurde ferner die Abberufung durch hohe Prozeßcautionen und andere Formvorschriften 8. et 9. Will. III. c. 33; 5. Geo. II. c. 19. und sp. Gesetze. In der Mehrzahl der späteren Gesetze wird die Wegnahme des Certiorari eine stehende Clausel. Uebersieht man die Gestaltung der Oberinstanz, so wie sie jetzt in der Schrift von H. Leeming und R. Cross, General and Quarter sessions of the Peace. 1858. S. 314—443. tabellarisch geordnet ist, so lautet die entschiedene Regel: „judgment to be final and conclusive", „no certiorari", „adjudication to be final", „order to be final" etc. Die Ausnahmen z. B. in bastardy, excise, highways, poor, turnpike acts etc., lassen bald erkennen, daß die Instanz bei den Reichsgerichten offen bleiben soll, wo Privat-Vermögensrechte, Grundrechte und durchgreifende Prinzipien des öffentlichen Rechts im Spiel sind. Auch wo es ausdrücklich weggenommen ist, bleibt es doch in Zweifel noch „der Krone" vorbehalten, also dem Attorney General. Dagegen waltet entschieden das Bestreben ob, Alles was Gegenstand concreter Beurtheilung ist, endgültig durch die Quartalsitzungen entscheiden zu lassen.

Gleichzeitig mit dieser Decentralisation tritt die Gestaltung der Quartal- und Specialsitzungen als fester Instanzen für die Kreisverwaltung auf. Von Hause aus war ihr Verhältniß ein anderes. Alle friedensrichterlichen Geschäfte waren unmittelbar Königlicher Auftrag; einige dieser Geschäfte waren den Einzelen überwiesen, andere den Friedensrichtern sammt und sonders in den Sessionen. Die sessions bilden also eine besondere Behörde für wichtigere Angelegenheiten, aber keine Mittelinstanz. Nur in einigen Gesetzen der vorigen Periode, die wie die Gewerbe- und Arbeitspolizei ein zusammenhängendes System bilden, erscheinen schon die sessions wie eine Oberinstanz für dieselbe Frage. Seit der Restauration aber wird in den Gesetzen immer häufiger die Appellation von den einzelen Friedensrichtern an die General sessions gegeben, die nun in reinen Strafsachen die regelmäßige Appellation — gegen die Orders der Friedensrichter und kleinen Sitzungen die Beschwerdeinstanz bilden. Noch heute gilt indessen die historisch erklärliche Regel, daß diese Appellation sich nicht von selbst versteht, wo sie nicht ausdrücklich gegeben; während umgekehrt das certiorari beim Reichsgericht selbstverständlich gilt, wo es nicht ausdrücklich genommen ist. Dies Instanzenverhältniß und die übermäßige Aufhäufung der Geschäfte bei der Quartalsitzung veranlassen auch die Ausbildung der Special sessions, welche den Gesetzen und der Praxis des 18. Jahrhunderts angehören, und eine angemessene Mittelinstanz für gewisse Verwaltungszweige bilden, wie denn namentlich die Wegeverwaltung und später das Schankconcessionswesen durch ausdrückliches Gesetz auf periodische Special sessions basirt wurde.

Die Gesetzgebung über dies Instanzenverhältniß ist zwar für eine Uebersicht sehr weitschichtig, nicht aber für die Anwendung. Die tausendmalige Erörterung der Frage in der Gesetzgebung hatte den großen Vorzug, daß man sich in concreto jedesmal klar machen mußte, ob eine wichtige Prinzipienfrage vorliege, für welche die Entscheidung des Reichsgerichts offen zu lassen. Und deshalb ist diese Gesetzgebung für Legislaturfragen sachlich wichtiger, als die große Litteratur des Continents über „Centralisation und Decentralisation", welche oft genug wie eine Philosophie de la misère des Absolutismus aussieht.

Der politische Charakter der Polizeigesetzgebung bleibt übrigens im Ganzen derselbe, wie er zur Zeit Elisabeths nach untenhin geworden war. Durch die Bedürfnisse der zeitigen Gesellschaft kam noch manches neue Regulativ und viele specielle Polizeigesetze für London und andere engere Bezirke hinzu. Das Polizeistrafsystem, welches nun schon tausende von Straffällen umfaßte, wurde im Ganzen milder, in ein paar Gebieten, wie bei den Jagdcontraventionen, aber auch schärfer.

V. **Die Stadtverfassung der municipal corporations** schließt sich dem vorigen Gebiet zunächst an, weil sie nur eine Modification der Kreisgerichts- und Polizeiverfassung darstellt; während die Armen- und Wegeverwaltung den einzelen Kirchspielen obliegt und mit Bürgermeister und Rath, mit der eigentlichen Corporation in keinem Zusammenhang steht. Die englischen Städte bilden jetzt in abgeschlossener Gestalt zwei Gruppen, deren Rechtsverhältnisse sich durchkreuzen:

1. Etwa 200 Städte von England und Wales sind berufen als besondere städtische Wahlkreise Abgeordnete zum Parlament zu senden (parliamentary boroughs). Die Zahl derselben war unter den Stuarts so abgeschlossen, daß 25 cities 50 citizens, 172 boroughs 339 burgesses, die fünf Seehäfen 16 barons sandten. Etwa die Hälfte dieser Parlamentsflecken war im Verlauf der Zeit durch ausdrückliche Charte incorporirt und fiel also zugleich unter die folgende Rubrik.

2. Beinahe 300 Ortschaften (municipal boroughs) haben seit der Zeit Heinrich VI. durch technische Incorporationscharten und Lokalacten eine geschlossene Organisation, in der Regel mit Bürgermeister und Rath erhalten. Dazu gehören auch 19 Städte, die das noch weiter gehende Recht einer county-corporate erhalten haben, die also wie eine selbständige Grafschaft sogar ihren eigenen Sheriff, Coroner und eine gesonderte städtische Miliz haben.

Nach der Vertreibung der Stuarts wurde es bald klar, wo die eigentlichen Gegner der Stadtverfassungen ihren Sitz hatten. Das Verfahren der Stuarts bei Cassirung von Stadtverfassungen wurde zwar einstimmig für ungesetzlich erklärt; die darauf begründete bill aber im Oberhaus abgeworfen. Eine bill zur Wiedereinsetzung der Corporationen in ihre alten Freiheiten kam ebenfalls nicht zum Austrag. London hatte sich wenigstens ein gesetzliches Anerkenntniß ausgewirkt, daß sein Stadtrecht nicht durch ein quo warranto cassirt werden dürfe, für die übrigen Städte blieb es wesentlich beim Alten; ja schon das Conventionsparlament bestätigte die select bodies. Die Entscheidungen des Parlaments über die Gültigkeit der Wahlen blieben nach wie vor bald parteiisch, bald prinziplos und schwankend, und durch ein neues Gesetz wurden die Sheriffs angewiesen stets zu verfahren nach der letzten Entscheidung des Unterhauses. Der zahlreichen örtlichen Bedürfnisse der Stadtverwaltung suchte man jetzt nicht mehr durch Charten der Krone, sondern durch Lokalacten des Parlaments Genüge zu thun, deren unter Wilhelm III. 11, unter Anna 10, unter Georg I. 15, unter Georg II. 46, unter Georg III. nicht weniger als 400 aufgezählt werden. Die Ertheilung neuer Parlamentssitze an bisher nicht vertretene boroughs hat aufgehört, nachdem die letzte Charte, welche Carl II. an Newark ertheilt hatte, im Unterhause lebhaften Widerspruch gefunden.

Das ganze städtische Wesen war und blieb eine Aufhäufung von Anomalien, die sich nur zufällig ausglichen. Die alte Stadtverfassung der Corporation beschränkt auf Polizeiverwaltung und das alte Stadtvermögen, — der lästige und kostbare Theil der Armen- und Wegeverwaltung in den Händen der davon gänzlich getrennten Kirchspiele, — wieder andere Theile des städtischen Lebens in den Händen besonders gebildeter commissions oder trusts; ein Theil der im Parlament vertretenen Städte durch Incorporations-Charten in eine formirte Verfassung gebracht, ein anderer Theil noch auf der Basis des inzwischen verfallenen, mittelalterlichen court-leet; ein Theil der incorporirten Städte im Parlament vertreten, ein anderer Theil nicht; die kleinsten, gänzlich verfallenen Ortschaften repräsentirt durch zwei Abgeordnete gleich der größten Grafschaft, einige jetzt schon bedeutende Städte völlig unvertreten. Dies waren die im letzten Resultat sichtbaren Folgen der planlos auf einander gehäuften städtischen, mehr als zehnfach zu starken Vertretung. Die unvermeidliche Folge wurde die Unterordnung der wirklichen Ortsinteressen unter die parlamentarischen Parteiinteressen, und in der Zeit Georg's III. die systematische Ausdehnung eines Bestechungssystems auf die gesammten Wählerschaften dieser verkrüppelten kleinen Wahlkörper. Die regierende Klasse war und blieb genöthigt das innere Leben dieser städtischen Verbände umzubilden und zu verbilden, um in dem Parlament die Geltung zu finden, die ihr nach dem Maß ihrer persönlichen Leistungen und Steuerlast im Staate wirklich zukam. Das demoralisirende Element des Bestechungssystems wirkte bei dieser Lage der Verhältnisse mehr auf die ärmlichen Mittelklassen der rotten boroughs zurück, ließ aber dem 19. Jahrhundert das schwierigste Problem der Reform zurück.

VI. **Die Milizverfassung** dauert bis in die Mitte des 18. Jahrhunderts, auf der Grundlage und in dem Geist der Gesetzgebung Carl's II. fort, als eine Bewaffnung der besitzenden Klassen, sowohl nach Oben wie nach Unten. Die Miliz wurde gelegentlich gemustert und auf kurze Zeiten eingeübt. Man fand sie indessen kostbar und störend für den Verkehr des Landes, und vernachlässigte sie so, daß bei dem Einfall des Prätendenten das Land gegen eine Ueberrumpelung fast schutzlos erschien. Auch nach überstandenem Schreck trat die frühere Sorglosigkeit bald wieder ein. Mit Ausnahme der Stadtmiliz von London schlafen Musterungen und Uebungen von Neuem ein, bis im Jahre 1756 die Besorgniß einer Invasion zu dem Entschluß führt, eine weniger zahlreiche aber kampffähigere Landesmiliz zu bilden. Das neue Milizgesetz 30. Geo. II. normirt den Bestand der Mannschaften auf 30,740 Mann, vertheilt auf die Grafschaften in Gruppen von 240—1600 Mann, in Wales von 80—360 Mann. Die städtischen Counties sind den betreffenden Grafschaften einverleibt. Schon in 2. Geo. III. erfolgt eine neue Redaction des Gesetzes, und nach vielen Zusatzgesetzen wieder eine neue Consolidirung in 26. Geo. III. c. 107, in welcher Gestalt die Miliz dann bis 1802 fortgedauert hat, gelegentlich verstärkt durch Volontär-Corps, welche man seit 1780 den Milizregimentern hinzuzufügen begonnen hatte. Im Jahre 1796 veranlaßte ein drohender Einfall von Frankreich die Entstehung einer supplementary militia, um nach System des Milizgesetzes die doppelte Summe der Mannschaften aufzubringen. Die so gestaltete Miliz war und blieb für eine unmittelbare Verwendung im Felde mangelhaft; noch immer war sie indessen so zahlreich, und das stehende Heer von so geringem Umfang, daß materiell und moralisch ein Gleichgewicht der beiden Elemente angenommen wurde. Die Offizierstellen werden als unbesoldete Ehrenämter nach einem speciellen Census abgestuft, der für die Deputy-lieutenants normal 200 L. Grundrente beträgt, für den Oberst 1000 L., bis herab zum Fähndrich mit 20 L. Grundrente oder 500 L.

an beweglichem Vermögen. Um desto mangelhafter erschienen freilich die durch Auslosung mit Stellvertretung zusammengewürfelten Mannschaften und die durch Gehalte und Prämien beisammen gehaltenen Stämme von Unteroffizieren. Da städtische Honorationen weniger Interesse für den Dienst zeigten, so bestand das sehr zahlreiche Offiziercorps vorzugsweise aus landed gentry, und sehr gewöhnlich verband sich mit dem Friedensrichteramt auch eine Stellung als deputy lieutenant und eine höhere Offizierstelle in der Miliz. Wie ein jedes Landwehrsystem so hat auch diese Miliz wenigstens die Aufgabe erfüllt, einen gewissen militärischen Sinn und militärisches Interesse rege zu halten — und zwar hier vorzugsweise innerhalb der höheren Klassen, in welchen persönlicher Muth und gute Bewaffnung den Mangel der technischen Ausbildung und Disciplin theilweise ersetzen konnte. Trotz aller Mängel war diese Militärmacht für die Aufrechterhaltung der inneren Ordnung des Landes im Nothfall noch genügend, wenn auch zur unmittelbaren Verwendung im Kriege ungeeignet.

Die europäische Machtstellung Englands und seine Colonien bedingten daneben freilich das Halten einer stehenden Armee, die im Laufe des 18. Jahrhunderts sich langsam aber stetig erweitert. Unter Georg I. 1717 war die Zahl auf 16000 gestiegen; sie wuchs bedeutender im siebenjährigen und im amerikanischen Kriege. Nach dessen Beendigung wurden in Großbritannien und Irland noch 40,000 Mann beibehalten, die aber bald wieder durch die Kriege mit Frankreich zu einer ansehnlichen Armee sich ausdehnten. Dessenungeachtet hielt die regierende Klasse den Grundsatz der Declaration der Rechte fest, nach welcher das Halten einer stehenden Armee in Friedenszeiten ein Widerspruch gegen die Grundrechte sein soll, der nun seit dem Regierungsantritt Wilhelms III. von Jahr zu Jahr durch eine mutiny act gestattet wird. Im Eingang jeder mutiny bill wird mit vorsichtiger Reservation das Dasein der stehenden Armee als ein nur durch die auswärtigen Verhältnisse zeitweise bedingter Ausnahmezustand hingestellt; durch die einjährige Dauer der mutiny act behält das Parlament die formelle Befugniß der Auflösung stets in der Hand. Noch wirksamer aber glaubte die Gentry einer Wiederkehr der Versuche der Stuarts dadurch vorzubeugen, daß dem Offiziercorps der Armee durch eine allmälig eintretende Aenderung der Charakter des bloßen Militärbeamtenthums entzogen wurde. Die Offizierpatente erhielten durch ein System des Stellenkaufs den verwandten Charakter der Ehrenämter der regierenden Klasse wieder, und gleichzeitig ward durch ein Stufensystem dafür gesorgt, diese Art des Einkaufs als eine ehrenvolle Versorgung jüngerer Söhne dem Erstgeborenen bequem zu machen. Schon nach einem Reglement von 1763 waren diese Einkaufssummen von 450 bis 840 L. für die Fähndrichsstellen normirt, aufsteigend bis zu 4500 bis 6000 L. für den Obristlieutenant, — eine dem Continent fast unverständliche Einrichtung, die aber aus der Gewohnheit der höheren Klassen Rang und Amt im Staat durch persönliche und Geldopfer zu erkaufen consequent hervorging, und dem Erfolge nach das Offiziercorps der Sinnesweise der regierenden Klasse homogen erhielt.

Als eigentlicher Schwerpunkt der Landesbewaffnung steht nun aber diesem künstlich zusammengesetzten System eine Seemacht gegenüber, die dem Umfang und der Tüchtigkeit nach im 18. Jahrhundert endlich die Stellung einnimmt, die der Eigenthümlichkeit des Landes entspricht. In dieser normalen Wehrverfassung Englands kehren denn auch die normalen Grundsätze einer Heeresverfassung wieder, wie sie die entwickelten Verfassungen des Continents für ihre Landmacht haben.

Die Milizgesetze des 18. Jahrhunderts bieten ein monotones Detail von Bestimmungen dar, welche in dem späteren Gesetz meistens wörtlich so lauten, wie im früheren. Nach 2. Geo. III. c. 1; 26. Geo. III. c. 107. ernennt der Lordlieutenant 20 oder mehr Deputy-lieutenants mit einem Census von 200 L. freehold, für die kleinsten Grafschaften 150 L. Er ernennt ferner die Obersten mit einem Census von 1000 L. oder der doppelten Summe in Erbexpectanz. Der Census des Oberstlieutenants ist 600 L., des Majors oder Capitains 200 L. (oder Erbe zu 400 L. oder jüngerer Sohn eines Besitzers von 600 L.) Ein Lieutenant zu 50 L. und bewegl. Verm. von 1000 L., oder beides zusammen 2000 L., oder Sohn eines verstorbenen Besitzers von 600 L. Ein Fähnrich 20 L. und bewegliches Verm. von 500 L. 2c. — Die Grundstücke sollen wenigstens zur Hälfte in derselben Grafschaft liegen. Inactive Offiziere können ihren Halbsold fortbeziehen. Der Offizier erhält während der Uebungszeit den gewöhnlichen Sold der Armee, der Stabsoffizier jedoch nur den des Capitains. — Wegen militärischer Verdienste in Zeiten einer Rebellion oder Invasion können auch Personen ohne den gesetzlichen Census bis zum Capitain, unter Umständen zum Oberstlieutenant befördert werden. Bei der Bildung der Kriegsgerichte dürfen Armee-Offiziere nicht über den Milizmann richten und umgekehrt. Als Adjutanten können Armee-Offiziere ernannt werden unter Beibehaltung ihres Ranges; sie können auch ohne den gesetzlichen Census eine Lieutenantsstelle erhalten. Ihr Hauptgeschäft ist die Instruction der Offiziere und Mannschaften bei den Jahresübungen, die Aufsicht über den Stamm und über die Vorräthe. Die Sergeanten wurden anfangs aus der stehenden Armee entnommen. — Die Aushebung erfolgt periodisch durch Ballot. Befreit vom Milizdienst sind Pairs, Offiziere, Unteroffiziere und Soldaten der stehenden Armee, Mitglieder der beiden Universitäten, staatskirchliche und dissenterische Geistliche, Constables, das Büreaupersonal der Anwälte, Lehrlinge, Matrosen, Mitglieder gewisser privilegirter Körperschaften und „arme Leute", welche mehr als ein eheliches Kind haben. Quäker müssen einen Substituten bezahlen. Personen, die körperlich unfähig oder unter dem gesetzlichen Maß sind, werden, wenn sie das Loos betroffen hat, freigelassen, sofern sie weniger als 100 L. besitzen. Entstandene Lücken werden durch nachträgliche Auslosung ergänzt. Der persönliche Dienst oder die Stellung eines Substituten wird durch summarische Geldbußen erzwungen. Die Zusammensetzung der Regimenter, Bataillone und Compagnien ist durch das Gesetz fixirt; ebenso die Bildung des Stabes, die Uebungszeiten. Die unter Waffen gerufene Miliz ist den Kriegsartikeln unterworfen und erhält den üblichen Sold der stehenden Armee. Für die laufende Verwaltung hält der Lordlieutenant mit seinen Deputy-lieutenants ein General Meeting in der Grafschaft. In den Unterbezirken werden Subdivision Meetings von den dazu gehörigen Deputy-lieutenants gehalten. Gruppirungen und Geschäftsgang sind überall denen der Friedensrichter nachgebildet. Deputy-lieutenants und Friedensrichter ergänzen sich gegenseitig in den Functionen der obrigkeitlichen Gewalt, auf die es bei der Milizverwaltung in Zuerkennung summarischer Bußen, Aufstellung der Listen, Einquartierung, Vorspann u. s. w. ankommt. Die Hauptmasse der Clauseln, welche in der heutigen Gestalt der Communalverfassung (§. 90) gegeben werden sollen, erscheinen bereits in den Milizgesetzen des 18. Jahrhunderts.

Die Miliz nach diesem System ist noch einmal lebendig geworden in der Periode der französischen Kriege. 1793 und 1796 wurde zur Vermehrung der Mannschaften auch eine suppleméntary militia eingeführt. Es zeigte sich aber sofort, daß die Neigung der höheren Classen mehr dahin ging, „Freiwilligencorps" zu bilden. Das erste Gesetz darüber 34. Geo. III. c. 31. sichert dem Freiwilligen, welcher unter Offizieren, die eine Commission vom König oder Lord-Lieutenant erhalten haben, in ein Corps eintritt, die Löhnung der Linientruppen zu, im Fall der Mobilmachung oder im Fall eines Aufgebots zur Unterdrückung von Aufruhr oder Tumult. Der so Eintretende soll vom ordentlichen Milizdienst befreit, während der Einberufung aber auch dem Kriegsrecht unterworfen sein, und einem aus Offizieren des Voluntärcorps gebildeten Kriegsgericht. Die Offiziere sollen ein Recht auf Halbsold, die Unteroffiziere ein Recht auf das Invalidenhaus haben, wenn sie im actuellen Dienst invalide werden. Vier Jahre später erging das erste Gesetz 38. Geo. III. c. 51. zur Bildung von freiwilligen Corps zu Pferde, yeomanry cavalry, ebenfalls unter Offizieren durch Ernennung des Lord-Lieutenant. Es fanden sich dazu gentlemen und wohlhabende Pächter in großer Zahl, die sich auf eigene Kosten beritten machten und größtentheils equipirten, im actuellen Dienst aber den gewöhnlichen Sold erhielten und während der Uebungszeit die übliche Einquartirung. Alle Supplementar-Miliz wie die Voluntär-Corps hielten übrigens die Verbindung der bewaffneten Macht mit dem Besitz fest, die commissions sämmtlicher Offiziere werden vom Lord-Lieutenant ertheilt; in der Zeit der drohenden Invasionen von Frankreich wurden sogar erhebliche Abtheilungen von Freiwilligen von großen Besitzern auf eigene Kosten gestellt und ausgerüstet. Die nach dem Gesetz von 1796 gebildete Supplementar-Miliz wurde im Frühling 1798 wirklich mobil gemacht, die Gesammtmassen der Miliz dienten aber sehr bald als Material zu Anwerbungen für die stehende Armee, die mit gewissen Maßgaben durch Parlamentsbeschlüsse gestattet wurden.

Das ganze System der englischen Wehrverfassung ist unverkennbar ein durch die Lage des Landes bedingtes und anomales, in welchem aber die Anomalien sich vielfach ausgleichen. (1) Die anomale Stellung der stehenden Armee mit ihrem Werbesystem, Offizierkauf und ihrer jährlichen mutiny act ist anwendbar auf ein Land, welches seine Truppen zu entfernterem Colonialdienst braucht, und nur in längeren Perioden als Theilnehmer an activen Kämpfen innerhalb des europäischen Staatenverbandes Theil zu nehmen genöthigt ist. (2) Die Miliz, die anderswo in dieser Gestalt bedeutungslos sein würde, behielt in ihrem Offiziercorps immer noch militärische Elemente, da die Colonien und ostindischen Besitzungen der englischen Gentry ein genügendes Feld für den praktischen Kriegsdienst darboten, auf dem sich sogar bedeutende militärische Capacitäten bilden konnten. Während die Verhältnisse des Landes an sich leicht zur Verweichlichung und zur Rückkehr in die allzu friedliebenden Zustände der angelsächsischen Zeit führen würden, hat sich hier wiederum in der regierenden Klasse die militärische Tüchtigkeit erhalten, die auch durch den Stellenkauf in der Armee, diese künstliche Verbindung des Besitzes mit den Militärämtern, erhalten wurde. (3) Die normalen Lebensbedingungen eines Wehrsystems, deren keine Nation schließlich entbehren kann, finden sich wieder in der Seemacht, sogar verbunden mit einem sehr gewaltsamen Conscriptionssystem. Es ist natürlich, daß bei den völlig verschiedenen Verhältnissen des Continents bald die eine, bald die andere dieser Seiten einseitig aufgefaßt wird.

VII. **Die Kirchspielsverfassung des 18. Jahrhunderts** schließt sich nun als die primäre Grundlage des Communalwesens an die bisherigen für größere Verbände bestimmten Institutionen an.

Die Kirchenvorsteher und ihre Nebenbeamten, die Kirchensteuer in ihrer periodischen Bewilligung durch die Gemeindeversammlungen, die Oberinstanz der kirchlichen Courts bestehen grundsätzlich in der alten Weise fort. Die geringere Selbständigkeit der Mittelstände seit den Zeiten der Restauration, das starke Uebergewicht der Gentry, des Friedensrichteramts, der Grafschaftsverwaltung wirken aber im Ganzen nicht fördernd auf das örtliche Gemeindeleben. In dreifacher Richtung treten namentlich die stehenden Gemeindeausschüsse, select vestries, immer zahlreicher an die Stelle der wirklichen Gemeindeversammlungen.

1. Die durch Gewohnheit entstandenen Ausschüsse, die sich nur noch aus den gewesenen Kirchenvorstehern und Armenaufsehern bilden oder nur durch Cooptation ergänzen, werden durch die Gerichtspraxis als „gute Gewohnheiten“ und als legitimirte Vertreter der Gemeinde anerkannt.

2. Durch Lokal- und Personalakten wurden nicht selten select vestries für einzele Kirchspiele nach ähnlichem Muster speciell gebildet, wie durch 2. Geo. II. c. 10 für Spittlefields, wonach die select vestry aus dem Pfarrer, den Kirchenvorstehern, Armenaufsehern und den Personen bestehen soll, welche ein solches Amt einmal verwaltet oder die Ablehnungsbuße dafür gezahlt haben, so lange sie householders im Kirchspiele bleiben und die Armensteuer zahlen. Solche Orts-

gesetze für die Kirchspiele in und um London wurden dann wieder das Muster für andere Lokalakten.

3. Durch Specialgesetze wurden beim Neubau von Kirchen öfters select vestries in der Weise eingeführt, daß sie eine stehende Commission nur der kirchlichen Gemeinde für rein kirchliche Zwecke bilden sollen, abgelöst von der alten Verbindung mit der weltlichen. Durch 10. Anne c. 11 wurde die Commission zum Neubau von 50 Kirchen in und bei London ermächtigt, mit Zustimmung des Bischofs eine angemessene Zahl wohlhabender Einwohner in jedem Kirchspiel zu einer select vestry zu ernennen, die sich später durch Cooptation ergänzen soll, — ein System, welches dann im 19. Jahrhundert in schärferer Absonderung der rein kirchlichen von den übrigen Verhältnissen weiter schreitet.

Diese Absonderungen dienen im Allgemeinen zu einer Abschwächung des Ortsgemeindelebens, welches im Durchschnitt den Verhältnissen der städtischen corporations gleicht. Eine Uebersicht der Verhältnisse in einer Reihe von Kirchspielen geben die Reports on select and other Vestries 1830, No. 25, 215.

Die Stellung der Staatskirche im 18. Jahrhundert kann in die Institutionen des Selfgovernment nur beiläufig eingeflochten werden; denn sie hängt nur in der untersten Stufe ihrer Hierarchie, dem Pfarramt, und dann wieder in den obersten Stufen ihrer Regierung (dem bischöflichen Amt als Theil des Oberhauses, als Theil gewisser Committees des Staatsraths und gewisser Staatsverwaltungs-Commissionen) mit dem weltlichen Staatsorganismus zusammen. Die dazwischen liegenden Stufen behalten im Allgemeinen einen selbständigen Charakter im Geist der älteren Kirchen-Verfassung. Die innere Kirchendisciplin ist nach Aufhebung des High Commission Court den Erzbischöfen und Bischöfen verblieben.

Sehr schwer und langsam hat die Staatskirche im Laufe des 18. Jahrhunderts ihren Frieden mit dem parlamentarischen Staat geschlossen. Es ist unverkennbar, daß sie in den Bürgerkriegen des 17. Jahrhunderts in Gefahr gekommen war, ein Instrument wechselnder Parlaments-Parteien zu werden. Darum hatte sie mit ihren Theorien von der „absoluten Gewalt" so lebhaft Partei für die Stuarts genommen, war aber oft, und schließlich durch Jacob II. so schwer verletzt und hintergangen worden, daß sie sich selbst der Widerstandspartei anschloß. Durch die zweite Revolution war die Gefahr ihrer Unterwerfung unter die wechselnden Regierungen der Parlamentsparteien nur verdoppelt: daher das lange und hartnäckige Widerstreben gegen die neue Ordnung der Dinge, in welcher die oppositionelle, ja geradezu jakobitische Stimmung der Mehrheit der Pfarrgeistlichkeit noch ein Menschenalter, in etwas engerem Kreise noch ein zweites Menschenalter fortdauerte. Allmälig findet sie indessen ihre Stellung auch im parlamentarischen Staate wieder durch folgende Momente:

1) Der kirchliche Besitz, mit dem Recht des freehold, wird von der parlamentarischen Regierung geschützt und erhalten; er repräsentirt noch immer

die Einkünfte eines continentalen Königreichs und dient in England dazu, die nothwendige Würde der Kirche neben einer sehr reichen regierenden Klasse mit cumulirtem Grundbesitz zu erhalten.

2) Die Permanenz der kirchlichen Amtshierarchie wird durch den Rechtsbegriff der sole corporation erhalten, und dient ebenso wie die starre Incorporation der Universitäten dazu, den Einfluß der Parlamentsparteien von dem kirchlichen Amt fern zu halten. Eben dahin wirkt dem Erfolge nach das weit ausgedehnte Aemterbesetzungsrecht (Patronat) von lords und gentlemen, von Kapiteln, Universitäten und anderen Körperschaften.

3) Der Staatskirche bleibt noch immer eine erhebliche kirchliche Gerichtsbarkeit, welche freilich in Collisionsfällen einer Regelung durch eine Staatsbehörde in höchster Instanz unterliegt, die aber mit mancherlei obrigkeitlichen Rechten sich auf die Dissenters erstreckt. Ebenso bleibt es bei den Regierungsgewalten des bischöflichen Amts über die niedere Geistlichkeit.

4) Das Bekenntniß zur Staatskirche bleibt die Vorbedingung für Parlament und obrigkeitliche Aemter. Das tiefdurchdachte System der Testakte 25. Car. II. c. 2 hat diesen auf fast anderthalb Jahrhunderte geschlossenen Bund der Staatskirche mit dem Staat, des obrigkeitlichen Amts und der regierenden Klasse, ausgedehnt auf Alles, worauf politischer Einfluß im Staate beruht (bear any office, civil or military, or receive pay, salary, fee, or wages, by patent or grant etc.). Andererseits bleibt der kirchliche Besitz voll herangezogen zu den Lasten der Ortsgemeinde, die Geistlichkeit ein lebendiges Glied der vestry, ein starkes Element der Friedenscommissionen und des Oberhauses, und wächst allmälig in zunehmender Wahlverwandtschaft mit der regierenden Klasse in die Parlamentsregierung hinein.

Das Ganze giebt das Bild eines tief verflochtenen Gegenseitigkeitsverhältnisses zwischen Kirche und Staat, zwischen Geistlichkeit und regierender Klasse, in welchem die Kirche das Wesentliche ihrer Verfassung, die Selbständigkeit des Lehramts, unter eigenthümlichen Verhältnissen bewahrt. Andererseits hat die regierende Klasse die Wucht dieser Verbindung für ihre Stellung nach unten so vollständig begriffen, daß der Schutz dieser Stellung das erste Losungswort der Tory-Partei ward und blieb. Die starke Seite des Systems lag auf der politischen Seite, insofern dadurch eine Hauptgrundlage für das Uebergewicht der regierenden Klasse und die Möglichkeit einer parlamentarischen Parteiregierung gegeben war, — das Alles freilich auf Kosten kirchlicher Wirksamkeit in Lehre und Seelsorge, und mit einer gewissen lähmenden Rückwirkung auf die Volkserziehung, auf das geistige Leben der Nation überhaupt. Eben daraus entwickelt sich der Methodismus des 18. Jahrhunderts, mehr von der Seite des Gemüths aus; während die älteren an dem Gegensatz gegen die Staatskirche der Stuarts entstandenen Secten jetzt in einem ziemlich einflußlosen Separatismus zurücktreten.

In analoger Weise sind auch die großen Innungen der studirten Juristen durch ein abgeschlossenes, einer wissenschaftlichen Ausbildung allerdings nicht förderliches Corporationswesen vor dem Einfluß der parlamentarischen Parteiregierung sicher gestellt.

VIII. Die Armenverwaltung des Kirchspiels, mit ihren Armenaufsehern und Armensteuern, bleibt in diesem Jahrhundert das lebendigste Element der Ortsgemeinde, noch immer bestimmt durch das

Armengesetz Elisabeths. Die engherzige Behandlung des Niederlassungsrechts und das Ausweisungssystem der Restaurationsgesetzgebung 13. et 14. Car. II. c. 12 wird continuirt durch 1. Jac. II. c. 17, und für dauernd erklärt durch 12. Anne c. 18. Diese, sowie die Mehrzahl der ergänzenden Gesetze 3. et 4. Will. et Mar. c. 11 (Berechnung der 40 Tage), 8. et 9. Will. III. c. 30 (Heimathsatteste), 9. et 10. Will. III. c. 11; 2. Anne c. 6; 5. Geo. I. c. 8; 3. Geo. II. c. 29; 6. Geo. II. c. 31; 21. Geo. II. c. 10; 31. Geo. II. c. 11; 20. Geo. II. c. 36 drehen sich überwiegend um settlement und removal, um die Schwierigkeiten eines immer enger und strenger gestalteten Niederlassungsrechts. Das st. 9. Geo. I. c. 7 beschränkt die Befugnisse der Friedensrichter die Unterstützung eines Armen zu dekretiren, und führt versuchsweise ein System der Ausmiethung und der Beschäftigung in besonderen Armenhäusern ein.

Für die Armensteuer wird durch 17. Geo. II. c. 3 eine Publication der Einschätzungsliste nach erfolgter Bestätigung durch die Friedensrichter, durch 17. Geo. II. c. 38 eine geordnete Rechnungslegung der Armenaufseher und eine Auslegung der Rechnungen zur Einsicht der Steuerzahler angeordnet. Im Jahre 1750 berechnete man die Armenkosten noch etwa auf 700,000 L., i. J. 1776 auf 1,500,000 L., 1783—85 auf 2,000,000 L., 1801 auf 4,000,000 L.

Diese Steigerungen der Gemeindelast und vielfache Beschwerden der Verwaltung veranlaßten dann gegen Ende des Jahrhunderts die berühmte Gilbert's Act, 22. Geo. III. c. 83, welche wesentlich neue Grundsätze der Armenverwaltung in solche Gemeinden einführt, welche durch Beschluß von zwei Drittel der Steuerzahler die Acte annehmen. Es wird dadurch die Steuererhebung von der laufenden Verwaltung getrennt, und für die Letztere ein System besoldeter Guardians eingeführt. Mehre Kirchspiele können sich zu einer gemeinsamen Armenverwaltung (union of parishes) vereinigen, womit die Einrichtung eines besonderen Arbeitshauses verbunden ist, mit speciellen Vorschriften für die Verwaltung und Visitation der Arbeitshäuser, überhaupt mit der Tendenz eine „arbeitsame Beschäftigung“ an die Stelle der Geldalmosen zu setzen. Durch 31. Geo. III. c. 110 wird endlich auch zur Milderung des Ausweisungssystems die übelste Clausel des Restaurationsgesetzes aufgehoben: es soll Niemand mehr auf Grund der bloßen Wahrscheinlichkeit, sondern erst, wenn er actuell dem Kirchspiel zur Last gefallen, ausgewiesen werden.

IX. Eine Erweiterung der Functionen der Ortsgemeinde auf Grundlage der Armensteuer, zu Zwecken der Wohlfahrts-, insbeson-

dere Gesundheits- und Baupolizei ist im Laufe dieses Jahrhunderts an vielen einzelen Orten eingetreten. Die stetige Wirthschaftsordnung des 18. Jahrhunderts und die frühreife Gesetzgebung der Tudors machten eine durchgreifende Gesetzgebung in dieser Richtung noch nicht nothwendig, in welcher England hinter den fürsorglichen Einrichtungen des Continents jetzt zum ersten Mal zurückzubleiben scheint. Das alte System der Friedensbewahrung war auf diese positiven Zwecke des Gemeindelebens nicht berechnet. Die Gesetze der Tudors, die für ihre Zeit das Mögliche geleistet, hatten im Sinne des englischen Selfgovernment doch überall gemessene Gewalten der Obrigkeit und gemessene Zwecke der Communalsteuern gesetzt, welche für neue Bedürfnisse nicht ausreichten. Dafür half nun die Parlamentsgesetzgebung durch eine Ueberzahl von Local- und Specialacten nach. In London enthielten schon ältere Commissions of sewers einige Reglements für die Straßenreinigung. In dieser Zeit folgt eine lange Reihe von Lokalgesetzen für die Zwecke der Straßenreinigung und Erleuchtung. Auch in sehr zahlreichen Provinzialstädten wurde den dringendsten Anforderungen einer Feuer- und Baupolizei, Pflasterung, Straßenreinigung, Entwässerung, Beleuchtung, Nachtwachtwesen, Verschönerungsanlagen nachgeholfen. Unter Geo. III. namentlich gehören die nicht weniger als 400 Lokalacten vorzugsweise dieser Richtung an, die sich auch auf nichtstädtische Kirchspiele nach Bedürfniß ausdehnt. Unter den Baupolizeiordnungen, die seit den Zeiten der Königin Anna für London erlassen waren, hat die von 1774, Robert Taylor's Act, 14. Geo. II. c. 78 eine gewisse Berühmtheit erlangt. Solche Gesetze wurden dann wieder Muster für andere Ortsgesetze, in denen sich freilich eine endlose Reihe von immer wörtlich wiederkehrenden Clauseln allmälig bis auf das Unerträgliche aufhäuften. Die öconomische Grundlage dieser neuen Einrichtungen war regelmäßig eine Ortssteuer nach den Grundsätzen der Poor Rate. Für die Amtsverwaltung wurden Curatorien, Special trusts, Commissioners, und unter ähnlichen Namen gebildet, die nun in den Städten oft gesondert von der polizeilichen Stadtverwaltung (corporation), in den übrigen Kirchspielen oft ganz gesondert von den ordentlichen Kirchspielsbeamten dastanden. Die Oberinstanz für Steuer und Amtsverwaltungsfragen, für Reclamationen und Zwangsvollstreckungen, bildeten die Friedensrichter in der sonst üblichen Weise. Mangelhaft geordnet war vielfach die Theilnahme der Steuerzahler an solchen Verwaltungen und die Rechnungscontrolle. Das Vorbild der Select Vestries und der städtischen Corporations hat dabei überwiegend im Sinne einer Beschränkung der Theilnahmerechte gewirkt. Erst im 19. Jahrhundert haben dann die Bedürfnisse der neuen Gesellschaft eine Consolidirung dieser örtlichen Einrichtungen herbeigeführt.

X. **Die Wegeverwaltung des Kirchspiels** bildet den Schluß dieser Ortsgemeinde-Institutionen. Sie beruht noch immer auf den Grundlagen der Gesetzgebung der Tudors mit ihren Wegeaufsehern, Hand- und Spanndiensten und nachhülflichen Wegesteuern, unter Controlle und Oberinstanz der Friedensrichter. Die Gesetzgebung hat sich lange Zeit nur darauf beschränkt einzele Punkte im Sinne dieser Zeit zu modificiren. Durch 3. et 4. Will. et Mar. c. 12 wird das Ernennungsrecht der Wegeaufseher den Friedensrichtern übertragen, an Stelle des bisherigen Gemeindewahlrechts. Die Entscheidungen der friedensrichterlichen Sessionen werden von der Oberinstanz (Certiorari) der Reichsgerichte befreit. Die ergänzende Geldsteuer ist schon in diesem Gesetz der Diskretion der Quartalsitzungen überlassen, jedoch mit einem Maximum von 2½ pCt. des armensteuerpflichtigen Einkommens. Erst 1773 folgt wieder eine codificirte Wegeordnung 13. Geo. III. c. 78, die das System der Hand- und Spanndienste noch beibehält, jedoch daneben schon billige Taxen zu Ablösung der Naturaldienste fixirt. Die Materialkosten des Wegebaues werden durch eine Wegesteuer aufgebracht, die von den kleinen Bezirkssitzungen der Friedensrichter auszuschreiben; und wo die Naturaldienste nicht ausreichen, können die Wegeaufseher mit Genehmigung der Quartalsitzungen eine Hülfssteuer bis zu einem Maximum von 3¾ pCt. des Realeinkommens ausschreiben. Aus dem Jahre 1814 findet sich eine Berechnung, nach welcher der Werth der Naturaldienste damals auf 551,241 L., die Abfindungsgelder für nichtgeleistete Naturaldienste auf 287,059 L., die Wegebausteuer auf 621,504 L. berechnet wird. Ein ähnliches Verhältniß war wohl schon am Schluß des 18. Jahrhunderts vorhanden.

Das örtliche Bedürfniß von Kunststraßen wurde durch Lokalacten geregelt, welche einem Curatorium (turnpike trust) von Friedensrichtern und Anderen die nöthigen Expropriationsrechte, Verwaltungsbefugnisse und Gewalten über ihre Beamten, die Befugniß zur Erhebung von Chausseegeldern verleihen, ihr Verhältniß zur gesetzlichen Wegepflicht der Kirchspiele ordnen, und eine noch strengere Wegepolizei zur Anwendung bringen. Nach einigen vorbereitenden Gesetzen geht daraus eine allgemeine Chausseeordnung 13. Geo. III. c. 84 hervor, welche ergänzend zu den einzelen Lokalacten hinzutritt.

Die Brückenverwaltung und Brückensteuer bleibt unter der Verwaltung der Quartalsitzungen nach den Grundsätzen des st. 22. Hen. VIII.

c. 5; wobei das Zusatzgesetz 1. Anne c. 18, auch hier das Certiorari der Reichsgerichte aufhebt.

Die Wegegesetzgebung dieser Zeit dreht sich als Anfangs- und Endpunkt hauptsächlich um das st. 3. et 4. Will. et M. c. 12, und 13. Geo. III. c. 78. Nach dem erstern Gesetz sollen am 26. December die Kirchspielsbeamten und Einwohner sich versammeln, und eine Liste entwerfen der Personen von 10 L. Grundrente oder 100 L. Vermögen oder 30 L. Einkommen, event. eine Liste der wohlhabendsten Personen überhaupt, welche 2 Friedensrichtern in einer Specialsession zu überreichen ist und aus denen dann die Friedensrichter die surveyors ernennen. Diese Erweiterung der friedensrichterlichen Gewalten charakterisirt auch die folgenden Bestimmungen. Alle Streitigkeiten über Wege sollen in der Grafschaft entschieden werden, kein Indictment und keine Order durch certiorari abberufen werden. „Wo aber das Recht oder der Titel zur Reparatur in Frage kommt," kann die Sache durch Bericht an die kingsbench kommen. (5. et 6. W. et M. c. 11.) Der Surveyor soll alle 4 Monate die Wege inspiciren und einen eidlichen Bericht über den Zustand erstatten. Alle 4 Monat sollen die Friedensrichter in ihrer Division eine Special-Sitzung für die Wege halten und darin die presentments der Surveyors sowie deren Rechnungslegung entgegen nehmen. Auf Eid des Surveyor können sie ausgelegte Gelder durch eine Steuerausschreibung aufbringen lassen. In den Quartalsitzungen aber können sie Geldbeiträge ausschreiben von allen Einwohnern, Eigenthümern und occupiers von Grundstücken und von beweglichem Vermögen, soweit es zur Armensteuer eingeschätzt zu werden pflegt, nicht über 6 d. auf das L. Die Sessionen mögen auch die Weise der Erhebung, Verwendung und Rechnungslegung durch ihre Orders näher bestimmen. Nach 1. Geo. 1. c. 52. geht eine Appellation von den Special- an die Generalsitzungen.

Die consolidirte Wegeordnung von 1773 enthält keine eigentlich neuen Verwaltungsgrundsätze. Es handelte sich hauptsächlich darum, die geltenden Bestimmungen für die Friedensrichter und Ortsbeamten übersichtlich zu machen. Das System der Naturalleistungen sollte noch die Regel bleiben, die ergänzenden Geldbeiträge waren aber unentbehrlich und die experimentale Gesetzgebung darüber wechselnd, zuweilen sich widersprechend. Burn's Justice klagt daher in den ersten Ausgaben über die ungewöhnliche Confusion in diesem Titel wegen der Menge alter Gesetze, die durch spätere fünf-, sechsmal oder öfter verändert seien.

C. Die Zusammenfassung der Elemente des Besitzes durch die vorstehenden Institutionen begründet noch immer, wie in den früheren Jahrhunderten, die politische Stellung der Stände. Sie erscheinen noch immer in der Gesammtheit, im Staat, nach denselben Grundsätzen zusammengefaßt wie sie in Grafschaft und communa zu Amt und Steuer verbunden sind. Ihre Geltung beruht also wie in der Gesellschaft auf dem Besitz: aber nicht auf dem nackten Besitz, der als blos gesellschaftliche Potenz stets bestritten und bekämpft ist, sondern auf den Leistungen des Besitzes in Ehrenamt und Steuer. Die Dreitheilung der Stände danach ist noch die alte: innerhalb der regierenden Klasse ist aber mit dem Wachsthum des Staats und mit den Veränderungen im Geist der Verfassung ein weiteres Aufsteigen bemerkbar.

1. Die regierende Klasse, Nobility und Gentry, steht jetzt selbstbewußt und anerkannt da als die Klasse, welche unter Wahleinfluß der Mittelklassen das Unterhaus, durch erbliche Ernennung aus den hervorragendsten Familien das Oberhaus bildet. Ihr gewaltiges Uebergewicht beruht auf der Verschmelzung der Gewohnheit der Ehrenämter mit den festen Besitzmassen. Ihre Abgrenzung gegen die Mittelstände hatte sich einst ohne Rangstreit gebildet. Charakteristisch für die Grundlagen der Verfassung, war in dem Jahrhundert der Revolutionen und Restaurationen kein Versuch gemacht worden, den mittelalterlichen Census von 40 L. Grundrente für den Grafschaftsritter auf die städtischen Abgeordneten auszudehnen, oder zu erhöhen. Erst die Nachwehen der Revolution führen zu einem Rangstreit zwischen einer übermüthigen Landaristokratie und einem geldstolzen Bürgerthume, und damit zu einer Ausdehnung des Census, der die Ueberlegenheit der landed gentry dem städtischen Patriciat fühlbar machen sollte. Der Grafschaftsritter soll fortan 600 L. Grundrente aus freehold oder copyhold, der städtische Abgeordnete ebenso 300 L. Grundrente besitzen, 9. Anne c. 5. Das Friedensrichteramt soll bedingt sein durch eine Grundrente von 100 L. aus freehold oder copyhold, erblich oder auf Lebenszeit oder auf mindestens 21 Jahre Pacht. Ein analoger Census besteht in den Milizgesetzen. Unabhängig von diesem Census bleiben qualificirt die ältesten Söhne und Erben der Lords und der Besitzer von 600 L. Grundrente. Alle übrige Begrenzung in den Ehrenprädikaten Esquires und Gentlemen blieb der Gerichtspraxis und der Sitte überlassen, mit Rücksicht auf liberale Erziehung, Beruf, gewohnheitsmäßige Stelle in den Friedenscommissionen und im Parlament. Die älteren Familien erhielten als solche die Erinnerung an ihre Abstammung durch die Familienwappen. Gemeinsam aber bleibt der ganzen regierenden Klasse die Anwartschaft auf die Pairie und auf die Mittelstufe des Baronet. In den Jahren von 1700—1800 sind nicht weniger als 34 Herzöge, 29 Marquis, 109 Grafen, 85 viscounts, 248 Barone und mehr als 500 Baronets neu creirt, welche schon für sich allein genügen würden die Bedeutung der erblichen Würden als Ehrenauszeichnungen der Gentry in ihrer dermaligen Gestalt zu bestimmen. Der Lehnsnexus ist aufgehoben. Die Ernennung zur Pairie setzt weder eine bestimmte Art, noch ein bestimmtes Maß des Besitzes voraus, keinen privilegirten Grundbesitz, kein Fideicommiß, keine gutsherrlichen Rechte; noch weniger begründet sie solche. Alles Feudale

darin ist nur Name und Rechtsfiction, um die Weise der Vererbung des Sitzes im Reichsrath zu regeln. Das Lebendige darin ist die Anerkennung des Grundsatzes, daß die Selbstthätigkeit der höheren Klassen, ihre hingebende gewohnheitsmäßige Thätigkeit im Staat, nur zu gewinnen ist durch entsprechende Ehrenrechte. Die so gestaltete Pairie ist also eine nochmalige vom wechselnden Wahleinfluß unabhängige Ehrenrepräsentation der Gentry, aus deren Reihen sie hervorgeht, in deren Reihen die ganze Familie außer dem Pair selbst zurückbleibt und stetig zurücktritt. Die Sitte der höheren Stände, den Erstgebornen weder im besoldeten Staatsamt noch im gewinnreichen Privatleben, sondern in dem mühevollen Ehrenamt thätig zu erhalten, — regelmäßig übergehend von Vater zu Sohn wie der Besitz selbst: dieser lebendige Grundsatz des mittelalterlichen Adels hat durch seine Fortdauer die nobility lebendig erhalten. Wo von unten herauf die Lasten des inneren Staatslebens noch auf dem Grundbesitz ruhen, wo die tägliche Mühe und die geistige Arbeit desselben von einer höheren grundbesitzenden Klasse getragen wird, wo der große Grundbesitzer die Eigenschaften des Meistbesteuerten und des studirten Beamtenthums in sich vereint: da ist solche Stellung eines erblichen Adels noch immer eine lebendige, in den Rechtsvorstellungen des Volks anerkannte. Die massenhaften Ernennungen von 268 Pairs und 528 Baronets unter Georg III. bezeichnen den Höhepunkt dieser Stellung der regierenden Klasse.

2. Die wahlberechtigte Mittelklasse umfaßt im Ganzen noch die Elemente, welche gewohnheitsmäßig den Geschwornendienst leisten, und die Aemter der Ortsgemeinde versehen. Sie ist noch immer abgegrenzt nach dem mittelalterlichen Census des Geschwornendienstes (40 sh. = 13⅓ Thlr. Rente aus freehold), in den Grafschaften nach der activen Theilnahme an der Corporation in den Städten. Im Einzelen allerdings decken sich diese Rechtsverhältnisse längst nicht mehr. Der Census des Geschwornendienstes ist im Anfang dieser Periode auf 10 L. erhöht, das Wahlrecht der kleinen freeholders aber beibehalten. Umgekehrt sind die copyholders von 10 L. jetzt zu dem Geschwornendienst und zu den Gemeindeämtern herangezogen, ohne ihnen ein Stimmrecht zu gewähren. Durch die schwerfälligen und kostbaren Formen der Veräußerung des Grundbesitzes und durch die Familienstiftungen (entails) ist eine Aufstauung des Grundbesitzes entstanden, die durch den leichteren Zuzug in den Städten, durch die Blüthe von Handel und Gewerbe noch befördert wurde. Dies, und das am freehold haftende politische Recht, veranlaßte die regierende Klasse zu einem Auskaufen der noch vorhandenen Bauerhöfe, während andererseits die poli-

tische Thätigkeit und die humanistische Bildung des Squire ein Zurückziehen der höheren Klasse vom persönlichen Betriebe des Ackerbaues veranlaßt. Dies Alles hat im Laufe des 18. Jahrhunderts eine so massenhafte Vermehrung der Pachtverhältnisse herbeigeführt, daß man den ganzen ländlichen Mittelstand als Pächter zu bezeichnen sich gewöhnte (einschließlich der kleinen freeholders und der copyholders), und daß sich in der That der ländliche Mittelstand in eine starke Abhängigkeit von der landed gentry versetzt sah. In den Städten kam dazu eine gefährliche Nachsicht der Gesetzgebung und Praxis, die immer massenhafter grade die intelligenteren Gewerbe und Berufe von Geschwornendienst und Gemeindeämtern befreite. In Wechselwirkung damit stand das Zerfallen der Selbstthätigkeit der Mittelstände in den corporations und in den Kirchspielen, die fortschreitende Bildung der select bodies und select vestries. Im Ganzen und Großen fehlte überhaupt den Mittelständen ein stetiger Zusammenhang in organisirten Körperschaften, wie sie die regierende Klasse in den Quartalsitzungen, den großen juries und corporations hatte. Die Zahl der Wahlberechtigten wurde im Jahre 1768 nur noch auf 160,000 berechnet (Massey I. 338) und mag im Laufe des Jahrhunderts durchschnittlich 200,000 nicht überstiegen haben. Und dies Uebergewicht der Zahl ward durch den überwiegenden Einfluß der regierenden Klasse weit überboten. Zugleich sind es sociale Gründe, welche eine Erschlaffung des Wahleinflusses der Mittelklasse herbeiführen. Die feste Wirthschaftsordnung des 18. Jahrhunderts hat keine besonderen socialen Forderungen hervorgerufen. Selbst da, wo in den Stadtgemeinden ein allgemeines Stimmrecht noch lebendig war, werden regelmäßig dieselben aristokratischen Elemente gewählt, wie in allen anderen. Die Parteimeinungen dieser Wahlkörper unterscheiden sich durch nichts von den gewöhnlichen Parteigegensätzen im Parlament; denn durchgreifende sociale Gegensätze der unteren Klassen waren noch nicht vorhanden. Politisches Recht, politische Leistung und Besitzmacht deckten sich noch im Ganzen und Großen. Erst in den letzten Jahrzehnten des Jahrhunderts zeigen sich die eingetretenen Verschiebungen in einer gewissen Unruhe der Wahlkörper. Aber dennoch geht die regierende Klasse in dem vollen Sicherheitsgefühl ihrer Macht und ihres Rechts in den großen Kampf gegen die französische Revolution, in welchem sie den sicheren Boden an ihren Mittelständen nie verloren hat.

3. Die dritte Klasse bilden wie früher die durch den mittelalterlichen Census vom Geschwornendienst befreiten kleinen freeholders, die copyholders, die nichtbesitzenden arbeitenden Klassen, — frei im

Rechtsschutz der Person, durch keine rechtliche Schranke vom Erwerb des Besitzes, vom gleichen Familienrecht, vom Aufsteigen in die höhere Klasse abgesondert, als Inhaber eines eigenen Hausstandes auch stimmberechtigt in den open vestries der Ortsgemeinde — aber ohne Theilnahme an der Repräsentation im Parlament, da sie nach der alten Verfassung der communae nicht active Theilnehmer derselben gewesen waren. Das Gefühl eines Widerspruchs, welcher namentlich in der Stellung der copyholders lag, nachdem sie als erbliche Eigenthümer in die volle Last des Geschwornendienstes und der Gemeindesteuern eingetreten waren, ist schon im Laufe des Jahrhunderts wiederholt laut geworden. Die Bewegungen von 1780, die von der Whigopposition ausgehenden Vorschläge zur Einführung des allgemeinen Stimmrechts, sind Vorboten der noch ein halbes Jahrhundert entfernten Reformbill. Noch auf ein ganzes Menschenalter sind diese Regungen wieder verschwunden. Erst eine große sociale Umwandlung und die Noth der arbeitenden Klassen machten nach Beendigung der französischen Kriege von dieser Seite aus Forderungen geltend, deren Verwirklichung aber der Darstellung des heutigen Rechts angehört.

Das 18. Jahrhundert schließt noch mit dem mittelalterlichen Grundsatz, daß in dem Ständerecht die persönliche Leistung, namentlich der actuelle Geschwornendienst das Nächstbestimmende bleibt, an welches sich die Steuerpflicht als das Secundäre (freilich untrennbar und selbstverständlich) anschließt; daß also der bloße Steuerbeitrag noch kein Parlamentswahlrecht giebt, wo er nicht verbunden ist mit einer gewohnheitsmäßigen Thätigkeit intellectueller Kräfte im Dienst des Gemeinwesens. Die darin liegende Ungleichheit erschien dem Rechtsbewußtsein der Zeit noch als ausgeglichen durch die überwiegende Stimmzahl der Mittelstände, deren willige Unterordnung unter die regierende Klasse naturgemäß auch für die darunter stehenden Klassen bestimmend wurde.

*) **Die politische Gesammtstellung der regierenden Klasse** will ich aus Band I. § 47 dieser Schrift noch einmal recapituliren:

1) Der Schwerpunkt der Grafschaftsverwaltung und des Stadtregiments, das Friedensrichter-Amt, mit allen seinen Straf-, Polizei- und andern Gewalten ist durch einen Census von 100 L. Grundrente der gentry gesichert. Dieser Census schließt städtische Grundbesitzer, Geistliche, grundbesitzende Advokaten u. s. w. nicht aus, und gilt überhaupt nicht für die städtischen Friedens-Commissionen; allein gerade für den großen Verband der Grafschaft giebt er der landed gentry das entschiedene Uebergewicht und eine feste politische Organisation, welche durch die Gestalt der Polizeiverwaltung auch über das städtische Leben übergreift.

2) Die Milizverwaltungs-Commission und die Offizierstellen sind durch direkten Census, durch die Kostbarkeit des Dienstes und durch das Vorschlagsrecht des Lordlieutenant der Gentry gesichert.

3) Das **Sheriffamt** bildet durch den schweren Aufwand in Ehren-Ausgaben ein Reservat der regierenden Klasse.

4) Die **Anklagejury** der Assisen wird herkömmlich aus Friedensrichtern und analogen Elementen gebildet.

5) Die Vertretung der Grafschaft und der Städte im **Unterhaus** ist durch direkten Census und durch die schweren Ehren-Ausgaben den reicheren Elementen der Gentry reservirt, deren Spitzen dann endlich in der Pairie einen dauernden vom Wahleinfluß unabhängigen Antheil an der Staatsgewalt finden.

Es ist in der That nicht schwer, die Kette der Einflüsse aufzufinden, durch welche die regierende Klasse das Parlament, und vom Parlament aus die wichtigeren Aemter des Staates occupirt. Alle diese Einrichtungen würden indessen auf die Dauer ihren Einfluß weder erhalten noch erweitert haben, wenn nicht von unten herauf Besitz und Staatslasten so verbunden wären, um diese Geltung zu wohlerworbenen Ehrenrechten für gewohnheitsmäßige Leistungen zu machen. Nur durch diese Rechtsgrundlage wurde schrittweise der Antagonismus der Kirche und der städtischen Elemente überwunden, die in der ersten Hälfte des 18. Jahrhunderts noch lebhaft genug vorhanden waren. Die Gleichmäßigkeit der Selbstverwaltung hat auch die städtische Gentry in Interessen und Sinnesweise assimilirt.

Und in eben dieser Grundlage beruht die **lebendig gebliebene Pairie**, die nicht mehr die regierende Klasse selbst darstellt, wie die mittelalterlichen Seigneurs, sondern eine sehr viel breitere Grundlage hat und sich viel weiteren Klassen öffnet. Die Art und Weise, in welcher dies Hervorgehen der Pairie aus den breiten Reihen der Gentry verkannt und die Pairie als eine Continuation des mittelalterlichen Herrenstandes angesehen werden konnte, ist charakteristisch für die gesellschaftliche Auffassung aller Stammbäume. Vor einem Menschenalter wollten unter 249 Lords nicht weniger als 188 mittelalterlicher Adel sein, während eine etwas solidere Untersuchung des Sir Harris Nicolas ergab, daß von der ganzen englischen Peerage, wie sie 1830 bestand, nur $^{1}/_{3}$ von anerkannt ritterschaftlichen Familien aus der Regierungszeit Elisabeth's abstammt, und unter diesen wieder nur ein kleiner Bruchtheil einen baronial descent beanspruchen konnte. Die 9458 Familien, welche nach einer parlamentarischen Ermittelung von 1798 berechtigt waren, Familienwappen zu führen, enthalten allerdings die Elemente in sich, welche dem niedern Adel des Continents entsprechen, und die sich auch ihrer Zeit die Turnier- und Stiftsfähigkeit auf dem Continent zu erhalten wußten; allein auch darunter sind die Mehrzahl Familien der neueren Gentry, die ihr Wappen vorschriftsmäßig angemeldet haben. Besondere ritterschaftliche Corporationen und Verbände, autonomische Familien-, Vermögens- und Erbrechte, durch die sich in Deutschland die Kluft zwischen dem Besitz und der öffentlichen Leistung der höheren Stände, zwischen ihrem Anspruch und zwischen ihrem wirklichen Recht, mit jedem Menschenalter mehr erweiterte, sind freilich in England nie vorhanden gewesen. Die Popularität und der politische Einfluß der großen Familien hielt grade von den Spitzen der Gesellschaft diese Art der Selbsttäuschung fern, und ermäßigte damit auch die Prätensionen der kleineren Gentry. Jedermann wußte beispielsweise, daß die alten stolzen Percys nicht weniger als dreimal ausgestorben sind und den Familiennamen nur auf den Ehemann der Erbtochter übertragen haben; daß der unter Georg II. creirte „Percy, Herzog von Northumberland", Sir Hugh Smithson, Sohn eines Apothekers war. Beim Regierungsantritt Georg's I. bestand das Oberhaus aus 22 Herzögen, 2 Marquis, 64 Grafen, 10 Viscounts,

67 Baronen, 16 schottischen Pairs, 26 geistlichen Pairs; von diesen Pairien bestanden aber nur noch 52 unverändert beim Tode Georg's IV. Diese gewaltige Bewegung innerhalb der Pairie beweist doch nur, daß die Thätigkeit des Besitzes im Staat, die gewohnheitsmäßige persönliche Betheiligung am selfgovernment die einzig lebendige Grundlage einer rechtlichen Stellung der höheren Stände ist, daß alle diese Ehren erworbene Ehren sind, ebenso wie im Mittelalter. Die lebenslängliche Thätigkeit im Friedensrichteramt und die schwere Nachtarbeit der Parlamente, also die Praxis des Staats, ist das eigentliche Lebens-Prinzip, welches den großen Familien die hervorragende Stellung sichert: nicht rechtliche Absonderung von anderen Ständen, nicht Titel- und Ordenswesen, sondern das organische Leben des Staats, das stetige Ineinandergreifen und Ineinanderwachsen von Besitz und Amt, von Steuer- und Amtslast. Wie in den manors der Grafschaften die festen Punkte liegen, in welchen stets ein Höchstbesteuerter, ein Friedensrichter zu finden ist, — wie diese Elemente vereint den festen Kern der Kreisverwaltung bilden, — so erscheinen sie dann concentrirt im Parlament als „Haus der Pairs". Und dies Verhältniß hat fortgedauert bis zur Gegenwart. Noch im Jahre 1855 habe ich im englischen Oberhause gezählt: 61 Lords als Lordlieutenants an der Spitze einer Grafschaftsverwaltung, 116 Lords in den Miliz-Commissionen und als Milizoffiziere, 58 in der activen Armee, 67 active oder ehemalige Minister oder Unterstaatssekretäre, 108 ehemalige Unterhausmitglieder &c. Der Typus des privatisirenden Lords war zu allen Zeiten eine einflußlose Abartung. Wie völlig unmöglich es ist, ohne diese gewohnheitsmäßige Thätigkeit den höheren Ständen ein Bewußtsein ihres Berufs zu erhalten, zeigt theoretisch die lange Reihe der wohlgemeinten Schriften des Continents über den „Beruf des Adels", die der unwillkürlich treue Spiegel des mangelnden Bewußtseins sind, — zeigen practisch die Versuche der Bildung von Adelskammern auf dem Continent, die in der Regel nicht einen dauernden Rath der Krone für Staatsgeschäfte, sondern eine gesellschaftliche Institution nach den Ideen eines Hofmarschall- und Heroldsamts ausdrücken, und die ihren Mittel- und Schwerpunkt in dem täglichen Leben der fürstlichen Höfe finden, in welchem der Staat mit seinen sehr ernsten Ansprüchen an eine gesammelte, stetige und an dieser Stelle stets sehr formelle Thätigkeit unmöglich zur Geltung kommen kann. Meine Gesichtspunkte in der Schrift über Adel und Ritterschaft, 1851, finden sich auch wieder in neuesten englischen Schriften, z. B. in der Edinburgh Review, Januar 1854, S. 229 ff. Das Parlament mit seinem adligen Oberhause stellt allerdings die Verbindung von Besitz und Amt dar, aber nicht eines eingebildeten, durch bloße Adelstitel fortgesetzten Amts; nicht eines eingebildeten, durch bloße Adelstitel fortgesetzten Besitzes; nicht eines privilegirten Grundbesitzes, der mit dem ganzen inhaltlos gewordenen Lehnsnexus in England verschwunden ist, sondern eines jeden Besitzes, der seine Steuern und persönlichen Pflichten im Staate erfüllt. Dabei ist auch die Steuerzahlung selbstverständlich. Die Stellung der Pairs in Gesetzgebung und Steuerbewilligung wäre undenkbar, wenn sie nicht zugleich auch die Meistbesteuerten des Reichs wären; die Stellung der Gentry in der Kreisversammlung undenkbar, wenn die steuerausschreibenden Friedensrichter nicht selbst Meistbesteuerte wären; die Stellung der Mittelstände in den Ortsgemeinde-Aemtern undenkbar, wenn nicht die einschätzenden Beamten selbst nach gleichem Fuße steuerpflichtig wären.

D. Der constitutionelle Staat des 18. Jahrhunderts, dies in der civilisirten Welt unablässig nachgeahmte Bild einer freien Verfassung, — ist die Zusammenfassung der obigen Verhältnisse in ein Parlament, bestehend aus dem König, den geistlichen und weltlichen Lords im Oberhaus, den Vertretern der communae im Unterhaus. Mit dem Parlament ist indessen der Inbegriff der Staatsgewalten, trotz der behaupteten „Omnipotenz", keineswegs erschöpft.

Geschichtlich hat sich das Parlament angeschlossen an ein Königthum mit vollen Regierungsrechten, die nicht Ausfluß der Parlamentsrechte, sondern originäre Gewalten des Königs sind. Diese Gewalten dauern fort, stetig erweitert, beschränkt, modificirt durch die Gesetzgebung, also durch den „King in Parliament", aber doch ihren Grundbestandtheilen nach davon abhängig, schon der vorparlamentarischen Verfassung, der common law angehörend. Diese Regierungsgewalten haben sich verzweigt in eine Reihe verfassungsmäßiger Behörden (courts), in neuere durch Parlamentsacte gebildete (parliamentary boards), und wieder andere durch die Praxis der Ministerverwaltung gestaltete (secretaries of state u. a.). Diese Gewalten fassen sich endlich zusammen im „King in council" -- dem König als Haupt der (mit einem später untergeschobenen Wort) sogenannten Executivgewalt.

Der englische Staat ist also Monarchie in einem doppelten Organismus: als King in parliament und als King in council. Das heißt: der König ist in Ausübung der Staatsgewalt entweder an die Zustimmung des einen, oder an den Beirath, die Gegenzeichnung des andern gebunden. Dies ist es, was der Staatsregierung die im Mittelalter begründete Einheit continuirlich erhalten hat.

Vierhundert Jahre lang hat das Privy Council diesem Staatswesen als die nothwendige Grundform gedient. Es enthielt in den einzelen Großbeamten die Spitzen der Staatsverwaltung mit Befugnissen, die man der Stellung moderner Departementschefs vergleichen mag. Es enthielt aber in seiner collegialischen Gestalt und in der Mitwirkung der Reichsrichter zugleich die Garantien einer festen, stetigen, verfassungsmäßigen Regierungsweise. Jahrhunderte lang blieben die Chief Justices und andere Richter sammt oder sonders, theils Mitglieder, theils Justitiarien und begutachtende Assistenten der Reichsregierung. Erst mit dieser Gestalt des permanent council hatte unter Eduard I. begonnen die wirkliche Innehaltung der Grundsätze der Magna Charta in der laufenden Regierung. In dem privy council ist die lange Reihe der organischen Gesetze gestaltet, auf denen das englische selfgovernment, die ganze innere Formation des Staatswesens beruht.

Die collegialische Gestalt der Staatsregierung hat im 15. Jahrhundert die convulsivischen Bewegungen des Baronenkrieges, im 16. Jahrhundert die Probleme der Reformation überwunden. Erst im 17. Jahrhundert hat allerdings das Council die Regierung der Stuarts nicht mehr zu tragen vermocht; doch nur durch ihre eigene Schuld. Mit den Stuarts eben hat jene verhängnißvolle Regierungsweise begonnen, welche die Staatsgeschäfte nicht mehr in formalen Sitzungen des Raths, sondern in formlosen Cabinetsberathungen mit einigen Vertrauten zu führen beginnt. Dies Cabinet der Stuarts ist, wie oben bemerkt, der Uebergang aus der alten in die neuere Regierungsweise durch ein parliamentary cabinet geworden.

Inzwischen sind aber folgende Aenderungen eingetreten. (1) Die grundsätzliche Unabsetzbarkeit der Richter. Die ordentliche Civil- und Strafjustiz gehört zwar schon seit dem Mittelalter vor die „Gerichtshöfe des gemeinen Rechts“; das Personal der Richter aber war zwar factisch lebenslänglich, doch dem Recht nach in der Stelle von absetzbaren Justitiarien der Reichsregierung. Auch die Unabsetzbarkeit der Richter hatten in England erst die Parlamente den Stuarts abfordern müssen (a. 1641 Parl. History IX. p. 208). Erst durch 13. Will. III. c. 2 ist der Grundsatz im Wesentlichen zugestanden und damit die Festigkeit deutscher Gerichtsverfassung erreicht. Inzwischen hat auch die Reichskanzlei (Chancery) durch die Permanenz des großen Beamtenpersonals nahezu die Festigkeit eines Gerichtshofes erlangt. In Folge der Ausbildung der Competenzverhältnisse sind aber nunmehr die vier Magnae Chartae, welche die englische Verfassungsurkunde bilden (S. 344), die Grundrechte, die Grundprincipien des öffentlichen Rechts überhaupt unter die Auslegung der Reichsgerichte gestellt. (2) Die gesammte Polizeiverwaltung in ihrer Verzweigung als Sicherheits-, Gewerbe-, Arbeits-, Sittenpolizei rc., die Oberinstanz über die Ortsgemeindeverwaltung, die Miliz, und Alles, was eines Mißbrauchs der Gewalten von oben herab fähig, ist inzwischen durch eine unabsehbare Kette von Gesetzen theils decentralisirt, theils in allen leitenden Grundsätzen unter die Reichsgerichte, insbesondere die king's bench gestellt. (3) Die Kirche hat inzwischen die Unabhängigkeit von der laufenden Ministerverwaltung wieder erhalten; die Rechtsinnungen, als die Vorstufen des Richteramts, die Universitäten und andere gelehrte Körperschaften sind durch starke corporative Selbständigkeit außerhalb des Bereichs der Ministergewalten gesetzt. (4) Das Oberhaus ist inzwischen aus dem selfgovernment der Grafschaft so consolidirt, um durch Staatserfahrung und selbständige Stellung wiederum, wie schon im 15. Jahrhundert, die Stellung eines permanenten großen Raths einzunehmen. (5) Das außerordentliche Eingreifen der zeitigen Staatsregierung in den Lauf der Justiz und Verwaltung hat durch die Aufhebung der Sternkammer 16. Car. I. c. 10 aufgehört.

Die danach übrig bleibenden Geschäfte des privy council haben nur den Charakter des beweglichen Theils der Staatsregierung, in welchem es sich noch um Maßregeln der auswärtigen und Colonialpolitik, um einzubringende neue Gesetze, um temporäre Maßregeln, um Neubesetzung vacant gewordener Aemter handelt. Für dies übrig bleibende Gebiet waren die ceremoniellen Plenarsitzungen eines zahlreichen Collegiums in der That weder nothwendig noch angemessen. Das gesammte innere Leben des Staats war durch die Stellung der Gerichte und Corporationen schon in eine so stabile Gestalt gerathen, daß ein Staatsrath daneben keinen Sinn mehr hatte. Die ursprüngliche mißbräuchliche Regierungsweise der Stuarts erhält unter diesen Umständen eine relative Berechtigung, und wird von nun an der wirkliche Typus der activen Regierung in folgenden, jetzt bedeutend verschobenen Stellungen:

I. Der Königliche Rath Privy Council ist noch immer in der amtlichen Sprache des öffentlichen Rechts der verfassungsmäßige Sitz der Staatsregierung. Der Sache nach aber sind seine ehemaligen Functionen in zwei Richtungen auseinander gegangen. Die stabilen Staatsrathsgeschäfte sind auf die Gerichtshöfe und andere feste Körperschaften, die beweglichen Elemente sind auf einen Ministerrath übergegangen, der sich nun aus fünf, sieben oder mehren Hauptmitgliedern des Raths bildet als „die zeitige Regierung Seiner Majestät" (cabinet). Diese Regierungsweise, hervorgegangen aus den cabinets Jacob's I. und Carl's I., aus den cabinets oder Conspirationen unter Carl II. und Jacob II., erwies sich schon im Anfang dieser Periode als die einzig noch mögliche Form. Auch der großen Persönlichkeit Wilhelm's III. war es nicht mehr möglich gewesen, eine gemischte Verwaltung von Tories und Whigs zu bilden; in den Jahren 1793—96 waren die dissentirenden Elemente stillschweigend ausgeschieden, bis ein homogenes Whig-Cabinet übrig blieb. Wilhelm III. hat zum letzten Mal in wirklichen Berathungen eines Privy Council präsidirt. Man überzeugte sich durch die Praxis selbst, daß die neuen Gesetzvorschläge und Maßregeln, auf welche jetzt das Council beschränkt war, nur von principiellen Standpunkten einer in sich einigen Regierung an das Parlament gebracht werden konnten. So wie die Verfassung jetzt geworden war, mit Wegfall aller Entscheidungsgewalten des Raths und aller außerordentlichen Gewalten des „Königs im Rath“, war keine andere Weise der Regierung mehr möglich. Eben darum getraute sich keine Partei die Verwaltung unter anderen Bedingungen zu führen; darum wurde kein ernstlicher Versuch der Wiederherstellung der legalen Regierungsweise gemacht. Da aber gesetzlich nichts geändert ist, so wird in den betreffenden Fällen noch eine formelle „Rathssitzung“ gehalten, zu welcher außer den Ministern pro forma einige homogene Mitglieder des Privy Council einzuladen sind. Der Staatsrath ist eine blos nominelle Versammlung geworden zur formellen Ratification und Publication solcher Beschlüsse des Ministeriums, welche verfassungsmäßig vom „König im Rath“ ausgehen müssen.

An diese neue Form der Staatsregierung knüpft sich nun der jetzt überwiegende Einfluß des Parlaments auf Personal und Richtung derselben. An die Stelle der Vertrauensmänner der Stuarts treten nun die Vertrauensmänner des Parlaments: im ersten Menschenalter fast nur adlige Herren aus dem Oberhaus, später mit starker Concurrenz der principal debaters des Unterhauses; denn es zeigte sich bald, daß eine Regierung ohne dies Vertrauen des anderen Hauses nicht mehr zu führen war.

II. Das Oberhaus, der große permanente Rath des Königs, umfaßt die geistlichen und weltlichen Lords. Die große Vermehrung der Zahl der weltlichen Pairs macht aber die Vertretung der Kirche durch die Bischöfe zu einer immermehr herabsinkenden Minorität, einem ergänzenden Supplement. Durch die große Zahl aussterbender Pairien wurde Platz für die neuen Barone gewonnen, deren massenhafte Ernennungen im Laufe des 18. Jahrhunderts (248 Barone, 25 Viscounts, 109 Grafen, 29 Marquis, 34 Herzöge) schon oben erwähnt sind. Wie die Pairie einerseits der regierenden Klasse ihr höchstes Ehrenrecht gewährt, so giebt sie andererseits dem Körper der Staatsregierung diejenige Stabilität, deren eine von Majoritätsbeschlüssen stets abhängige Regierung allerdings bedarf. Dieselbe Rechtsvorstellung, welche in jedem Kreisverband einen festen Bestand besitzender Familien als dauernden Halt eines selbständigen selfgovernment anerkennt, erzeugte und erhielt auch die Vorstellung, daß die Selbstregierung des gesammten britischen Volks nur in dem erblichen Sitz hervorragender Männer derselben Art ihren Kern und dauernden Halt finde. Diese Vorstellung hat sich erfahrungsmäßig befestigt, jemehr der schnelle Wechsel der Parteistellungen und Parteiminister einen Halt für die Rechts- und Verwaltungsordnung des Reichs bedingte, welcher im Königthum nicht mehr zu finden war. Die dazu erforderlichen Eigenschaften bot die

Pairie umsomehr dar, als sie von der Seite des Besitzes aus (seit Aufhebung des Lehnsnexus) vollständig das gemeine Landesrecht in Familie und Vermögen repräsentirte; von der anderen Seite, indem sie die Gewohnheit der persönlichen Thätigkeit im Staatsamt in höchster Stufe und in höchstem Maße darstellte. Gerade durch die massenhaften Pairsernennungen unter Georg III. wurde daher das Bewußtsein der Einheit der Reichsregierung mit den wahlberechtigten communae und der regierenden Klasse vollendet und damit jene Einheit der Action in dem parlamentarischen Staatskörper erzeugt, welche England weder in einer früheren noch in einer späteren Zeit in diesem Maße besessen hat.

III. Das Unterhaus besteht in seiner jetzt verfassungsmäßig abgeschlossenen Gestalt aus:

80	Mitgliedern	für die	40	Grafschaften Englands,
12	=	=	12	Grafschaften von Wales,
50	=	=	25	Cities,
339	=	=	172	Landstädte und Flecken,
16	=	=	8	Seehäfen,
4	=	=	2	Universitäten.

Wie die Communae selbst, so bildet ihre so zusammengefaßte Vertretung keine Repräsentation von Geburtsständen, Besitzklassen, Berufsklassen, Interessen; sondern eine Repräsentation der Gerichts-, Miliz-, Gemeindeamts- und Steuerpflichten. Eben danach haben sich die höchstbesteuerten Träger dieser Ehrenämter als Wählbare zum Parlament abgeschlossen (mit 600 L. und 300 L. Grundrente), die Mittelstände bis zu der alten Grenze des Geschwornendienstes herab als Wähler. In den Städten ist das ungebührliche Uebergewicht der Zahl der Vertreter ausgeglichen durch eine ebenso ungebührliche Verstümmelung der Wahlkörper, durch welche im letzten Resultat ein Uebergewicht der regierenden Klasse zum Vorschein kommt, wie es im 18. Jahrhundert ihren öffentlichen Leistungen im großen Durchschnitt entsprach. Alle diese communae nunmehr seit Jahrhunderten verbunden durch ein gleiches System des Selfgovernment und der Realsteuern, und die daraus folgenden Wechselbeziehungen haben mit dem Bewußtsein der Zusammengehörigkeit in sich und unter sich jene Gleichmäßigkeit der Anschauung und des Willens gewonnen, auf welchem die sogenannte „Omnipotenz" des Parlaments beruht.

Der King in Parliament ist so umgeben von einem größten Reichsrath, der in 3 concentrischen Kreisen das Council (cabinet), das Magnum Consilium der geistlichen und weltlichen Lords, und das Haus der Gemeinen in sich begreift. Dieser höchste Staatskörper (corporate body) hat als solcher:

1. die gesetzgebende Gewalt in jeder Richtung;

2. die Finanzgewalt durch Bewilligung neuer Steuern, Erneuerung periodischer Steuern und durch die jährliche Feststellung des Staatshaushalts im Ganzen und im Einzelen (Budgetrecht);

3) die Controlle der Staatsregierung und zwar (1) Controlle der Verwendung der Staatsmittel nach den festgestellten Rubriken des Budget. (2) Untersuchungsrecht gegen die Verwaltungsmißbräuche, dessen Grenze auf Präcedenzfällen beruht. (3) Das Recht der Anklage gegen die Diener der Krone, welches im ersten Menschenalter nach der Revolution noch in 15 Fällen, seitdem nur in ein paar vereinzelten Fällen geübt ist; denn es war seitdem mit der veränderten Stellung des Ministerraths (mit dem Wegfall der Entscheidungsrechte und außerordentlichen Gewalten, des Council) ein direkter Mißbrauch der Staatsgewalten fast unmöglich, und die Versuchung dazu einer zeitigen Majorität des Parlaments gegenüber sehr gering geworden.

Unverkennbar und anerkannt ist überhaupt der Schwerpunkt der Staatsgewalt in das Unterhaus gefallen, und es handelt sich seitdem weniger um die Besorgniß eines Mißbrauchs der Staatsgewalt gegen die Majorität, als von einem Mißbrauch der Staatsgewalt durch die Majorität. Das Parlament, und vorzugsweise das Unterhaus, anstatt die Staatsverwaltung zu controlliren und Minister zur Verantwortung zu ziehen, ist in wachsendem Maße selbst regierender Körper geworden. Seine Majorität controllirt nicht mehr die Reichsverwaltung, sondern designirt die Verwalter selbst. Die rechtliche Verantwortlichkeit tritt in den Hintergrund vor einer „politischen" Verantwortlichkeit, d. h. vor einem durch die Parteiverhältnisse des Unterhauses bedingten System des Ministerwechsels.

Die Gründe, aus welchen diese Regierungsweise dem Lande als die rechte und normale erscheint, liegen in den geschichtlichen Hergängen. Wie sich die Ueberzeugungen des Individuums durch die Erfahrungen der Jahre bestimmen, so bilden sich die Grundanschauungen der Völker durch die Lebenserfahrungen von Generationen. Seit dem Anfang des 17. Jahrhunderts hatte das Königthum nicht mehr die Königlichen Pflichten, nicht mehr die wirklichen und dauernden Aufgaben des Staates erfüllt, sondern einem inhaltlosen Königlichen Eigenwillen und den Interessen eines zeitweise tiefentsittlichten Hofes gedient. Selbst die große Persönlichkeit Wilhelm III. hatte ein letztes, den Anschauungen des Landes fremdartiges Ziel. Drei Menschenalter hatten die Ueberzeugung hinterlassen, daß eine Parteiregierung aus den Reihen der regierenden Klasse in diesem Lande mehr Garantie einer starken und gerechten Staatsregierung darbiete, und weniger Gefahr für die Freiheit, als die legale Regierungsweise des „Königs im Rath". Das Entscheidende dabei sind nicht formelle, mechanische Einrichtungen (die sich leicht nachahmen lassen), sondern die inneren Zusammenhänge, dynamische Kräfte, sittliche Ueberzeugungen. Wenn die Völker aufhören, an regierungsfähige Dynastien zu glauben, so folgt der Glaube an regierungsfähige Klassen, Parteien und Parteimänner. Unter Beibehaltung aller monarchischen Formen und Begriffe hat dieser Glaube den Schwerpunkt des Staats aus dem Rath in das Unterhaus gerückt.

Die Gerechtigkeit fordert, noch einmal daran zu erinnern, daß die äußeren Gründe dieser Veränderung ohne Ausnahme in dem Mißbrauch der Königlichen Gewalten beruhen. Die Petition des Rechts, die Aufhebung der Sternkammer, die Bill der Rechte schneiden nur schwer gemißbrauchte Prärogativen ab. Die willkürliche und gewissenlose Verwendung der Staatsmittel unter Carl II. hat erst jene scharfe Anziehung der Applicationsclausel veranlaßt, durch welche die Staatsregierung nicht nur bei neuen, sondern auch bei alten Ausgaben der dominirenden Controlle des Unterhauses unterliegt. Die Umsturzpläne Jacob II. haben die jährlich nothwendige Genehmigung der stehenden Armee durch eine mutiny bill herbeigeführt. Die schweren Mißbräuche der Verwaltung haben die Grenze zwischen Gesetzgebung und Administration dahin geschoben, daß Alles, was den Charakter einer mittelbaren Geldbill oder einer Ausnahme vom gemeinen Recht hat, in das Gebiet der private und local bills und dadurch in das Machtbereich des Parlaments fällt. Da fast keines der Königlichen Rechte von den Stuarts nicht gemißbraucht war, so nehmen jene Gesetze den ganzen beweglichen Theil der Regierungsgewalten hinweg, der noch im King in Council lag. Da aber die socialen und politischen Bedürfnisse eines Volks stetig herauswachsen aus dem formellen Verfassungsrecht, da jede Staatsgewalt in jeder Form außerordentlicher Machtvollkommenheiten bedarf: so blieb nichts übrig, als daß die wirkliche Staatsregierung, der König im Rath, stets zurückgehen mußte auf den „König im Parlament", daß das Ministerium Jahr aus Jahr ein in der Lage war, wirklich nothwendige Mittel und Gewalten sich vom Parlament ertheilen zu lassen.

Nicht diese Machtverhältnisse bilden die Eigenthümlichkeit des englischen Staatswesens, sondern der Geist, in welchem das erworbene Recht gehandhabt wird. Warum hat diese Parteiregierung die Grundrechte und das ganze öffentliche Recht des Landes besser geachtet als vor ihr das Königthum? Warum beschränkt sie den ganzen Amtswechsel einer neu eintretenden Regierung auf die 60 political offices? Warum hat sie ihre Macht nicht gebraucht, um Sheriffs und Jury, um Friedensrichter, Corporations- und Gemeindebeamte, um die ganze innere Landesverwaltung ihren Parteizwecken dienstbar zu machen? Warum wird hier kein Versuch gemacht, die laufende Amtsverwaltung im Einzelen den Parteiansichten der zeitigen Verwaltung dienstbar zu machen? Warum ist die Stellung der Richter und der Juristen-Innungen, warum der Besitz und die Selbständigkeit der Staatskirche von den Parteiregierungen unangetastet geblieben? Offenbar liegen die Gründe nicht in jenen äußern Einrichtungen und Machtverhältnissen. Von Innen heraus vielmehr beruht die Voraussetzung eines solchen Uebergewichts der Commoners auf der Gestalt und dem Sinn der Wahlkörper, aus denen das Haus der Commoners periodisch hervorgeht. Die Gestaltung dieser Kreis-, Stadt- und Ortsgemeinden, — das nachzuweisen war die Aufgabe dieses geschichtlichen Theils, — bildet die eigentliche Lebenswurzel dieser Verfassung, aus der in unverwüstlicher Triebkraft die Harmonie der Stände, das Unterhaus, das Oberhaus, die gesammten Parlamentsrechte, der feste Sinn zu ihrer Behauptung und rechten Ausübung, die politische Freiheit, die sittliche Tüchtigkeit der Nation hervorgegangen ist. Die Selbstthätigkeit der besitzenden Klassen in der Arbeit des öffentlichen Lebens, im Parlament, im Kreis- und Gemeindeamt, ist das Lebensprincip der Parlamentsverfassung.*) Jede Lücke, jede Entartung, jede grundsätzliche Abweichung von den Maximen dieses Communalwesens, war stets die Wurzel der Disharmonien, welche innerhalb jedes Jahrhunderts in der Regierung des Reichs sichtbar werden. Und mit der Abweichung von diesen Grundsätzen sind denn auch im 19. Jahrhundert gewisse Störungen in die Parlamentsverfassung getreten, deren Veranlassung erst aus der folgenden Darstellung der heutigen Zustände erkennbar werden wird.

*) **Die Selbstthätigkeit der besitzenden Klassen in Kreis- und Gemeindeamt ist das Lebensprinzip der Parlamentsverfassung.** Dies Lebensprinzip ist im Parlament allein weder zu suchen noch zu finden. Das wirkliche Parlament war in keiner Zeit ein Spiegel der Tugend, und die bloße Geschichte der Parteistellungen, der Parteimänner und ihres großen Knäuels von Familienverbindungen mit allen ihren menschlichen Schwächen und Widerwärtigkeiten, läßt die Größe dieses Staatswesens in seiner Gesammtentwicklung schwer begreifen, ja kaum ahnen. Auch sind die Schwächen der einzelen Theile so offenkundig und durch die Presse so bloßgelegt, daß sie fast ebenso bekannt geworden, wie die Erfolge des Ganzen. Schon an einer anderen Stelle habe ich die Einseitigkeiten hervorgehoben, die im 19. Jahrhundert so fühlbar hervortreten: die

einseitige Erhebung der höheren Klassen auf Kosten der Mittelstände, der arbeitenden Klassen, der geistigen Bildung des ganzen Volks; mangelhafte wirthschaftliche Entwickelung der unteren Klassen, das Verschwinden des kleineren Bauerstandes, Versäumnisse in der Befreiung des Grundbesitzes von veralteten Lasten; die Mängel der Civiljustiz und des Strafrechts; ein überwucherndes System von Schutzzöllen und indirekten Steuern; Verschwendung der Staatsmittel; Hindernisse der höheren Entwickelung des geistigen Lebens durch die Stellung der Staatskirche; mangelhafte auswärtige Politik und Anderes. Vieles davon wurde gut gemacht durch die insulare Lage, durch den natürlichen Reichthum des Landes, durch die ungeheuren Fortschritte des Handels, durch den Verfall der concurrirenden Seemächte. Solche Schwächen wurden jedenfalls nicht fühlbar in einer Zeit großer Aufgaben des Staats, die von großen Männern in großer Weise gelöst wurden.

Wie im antiken Staat ist diese Größe der Sinnesweise aber das Erzeugniß der Institutionen, die positive Schöpfung einer bewußten Gesetzgebung. Freilich erscheinen gewisse Grundlagen des Selfgovernment nach Namen und Formen in so fester Continuität mit dem England des späteren Mittelalters, daß wohl die Vorstellung von einer „Naturwüchsigkeit" dieses Staats entstehen konnte. Allein das dauernd Wirksame darin ist die Vertheilung der Steuer- und Amtslast des Staatslebens auf die Communalverbände. Diese Grundlagen können niemals naturwüchsig sein, sondern sind positiv gestaltet durch altes Verwaltungsrecht und viele Hunderte von Gesetzen. Nach gleicher Vertheilung dieser Lasten fand sich allerdings die Fortbildung von selbst. Die daraus folgende Gewöhnung genügte, um eine fortdauernde Theilnahme der nachbarlich verbundenen Communitates an Allem rege zu halten, was sie zunächst anging, und folgeweise das Interesse und den rechten Sinn für Alles, was die Gesammtheit anging. Der ursprüngliche Zwang zu den Grafschafts- und Gemeindeämtern wurde bald überboten durch den regen Eifer der höheren Stände, welche als Meistbesteuerte das dringendste Interesse an redlicher Verwaltung hatten, und welche sehr bald auch die Ehre und den Einfluß solcher Stellungen zu schätzen begannen, die, freilich in mühevoller Arbeit, zu den höheren und höchsten Stellen der zeitigen Verwaltung führten, für Manchen auch in die erbliche Pairie. Verständniß und Sinn für das öffentliche Leben, das rechte Gefühl für das Verhältniß von Pflichten und Rechten, von staatlicher Leistung und politischem Einfluß, bilden sich hier praktisch im Einzelen und eben darum fest und nachhaltig in dem Gemeindeleben.

Die Milizverfassung zunächst, obgleich heute mehr bekannt durch die Geschichte ihres Verfalls als durch die Geschichte ihrer Thaten, ist dennoch in ihrer Bedeutung nicht zu unterschätzen. Die Bedeutung jedes Landwehrsystems ist die Erhaltung des militärischen Geistes der Nation: und dies hat auch die englische Miliz in ihrer schwächsten Gestalt geleistet. Sie hat wie im Mittelalter der englischen Gentry ihren halbmilitärischen Charakter erhalten. Für Verwaltung und Gesetzgebung aber hatte sie den Erfolg, in der regierenden Klasse ein gemeinsames Verständniß und Interesse zu erhalten, ohne welches eine gesetzliche Ordnung militärischer Dinge nicht möglich ist.

Die Gerichtsverfassung führt in jedem Kreise zweimal jährlich die Reichsrichter, mindestens viermal die Friedensrichter mit einer Jury zu mehrtägiger Sitzung zusammen, d. h. in jeder Sitzungs-Periode wechselnd vergegenwärtigen sich Tausende von Parlamentswählern die wirkliche Anwendung der Gesetze, aus der sich die Rechtsvorstellungen eines Volks bilden. In dieser practischen Anwendung werden auch die nothwendigen Formen stillschweigend klar. Daß Richter und Jury nicht gewählt, sondern nur ernannt werden dürfen, erschien dabei so selbstverständlich, daß selbst an die Möglichkeit gewählter Gerichte nie gedacht ist. Ebenso ist man bei der practischen Anwendung des Landesrechts nicht auf die Forderung besonderer Handels- und Gewerbegerichte gekommen; man hat vielmehr die kräftigere, als politische Gesammtgrundlage bedeutendere Jury beibehalten.

Die Strafgerichts- und Polizeiverwaltung ist durch das Friedensrichteramt die Wurzel nicht blos der politischen Macht, sondern auch der politischen Bildung der englischen Gentry geworden. Die Polizeigewalt ist nun einmal das unmittelbare staatliche Band der kunstvoll zusammengesetzten europäischen Gesellschaft geworden, daher ebenso mannigfaltig, umfassend, eingreifend in ihren Gewalten wie auf dem Continent. Es fehlt in England kein Glied in der

Kette unseres Polizeistaats: doch mit dem Unterschied, daß sie nicht von Agenten der Centralverwaltung, sondern von unabhängigen Gentlemen verwaltet wird; daß eben deshalb die Gesetze in unendlich mühsamer Arbeit so gefaßt sind, um anwendbar für den gebildeten Mann auch ohne technische Beamtenbildung zu werden, andererseits so, um das Gesetz zur Regel, die discretionäre Gewalt des Beamten zur festbegrenzten Ausnahme zu machen. Daß solche Geschäfte nur Männern von Besitz und Bildung — in den Städten unbesoldeten Rathsherren — grundsätzlich unter Königlicher Ernennung in dauerndem Amt anvertraut werden dürfen, ist die durch Erfahrung von Jahrhunderten festgestellte Maxime. Durch ihre Tüchtigkeit haben diese Friedenscommissionen ein „Aufsichtsrecht" der Staatsbehörde abgeworfen, die alte Oberinstanz der Reichsgerichte auf Prinzipienfragen beschränkt, alles Uebrige auf eine „Correspondenz" zwischen dem Lordlieutenant und dem Minister des Innern zurückgeführt. Das wichtige Element aber, welches diese Kreistage in das Parlament bringen, ist die durchgehende praktische Bekanntschaft mit den öffentlichen Geschäften. Gewiß 3/4 der Unterhausmitglieder waren bis zur Reformbill praktische Verwaltungsbeamte in diesem Sinne.

Die Kirchspielsverfassung sodann hält auch die Mittelstände durch die Aemter der Kirchenvorsteher, Armen- und Wegeaufseher, durch laufende Verwaltung und jährlich wiederkehrende Steuereinschätzung in der praktischen Kenntniß von öffentlichen Dingen, welche die allein nachhaltige politische Bildung einer Nation ausmacht. Selbst in den Städten wurde der Verfall der alten Corporationsverfassung minder fühlbar durch die Fortdauer dieses Kirchspiellebens und durch das städtische Friedensrichteramt.

Auch im Verhältniß zur Kirche war dies nachbarliche Band noch erhalten. Sie ist zwar von oben herab regiert durch das bischöfliche Amt, in ihren einzelen Stufen aber noch zusammenhängend mit weltlicher Verfassung durch Grundbesitz und Kirchenzehnten, die an den Steuern und Lasten der Commune durchweg theilnehmen, durch die Friedenscommissionen und durch die übrigen oben bezeichneten Beziehungen.

Die Summe dieser Verhältnisse bildet aber die innere Landesverwaltung, so wie sie aus den drei Grundpfeilern des mittelalterlichen Staats, Heer, Gericht und Kirche sich entfaltet hat. Es ist der ganze Staat, der hier in seinem inneren Leben vor uns liegt, — in allen den Functionen, durch welche der Staat Herr der Gesellschaft bleibt, durch welche er den erwerbenden, besitzenden, genießenden, politisirenden Menschen zwingt, das praktische Verständniß und den rechten Sinn zu gewinnen für das, wodurch der Mensch würdig wird, ein freier Mann zu sein in einem freien Staat.

So abgerissen die Statistik des 18. Jahrhunderts ist, so lassen sich doch ungefähre Zahlen combiniren. Wir finden am Schluß desselben 3800 active Friedensrichter (darunter Herzöge von Königl. Blut und zahlreiche Lords), wenigstens doppelt so viele Gentlemen als Milizoffiziere, Deputy-Lieutenants, Sheriffs; etwa 10,000 Geschworne in den Grafschafts-Assisen und viermal jährlich in den Quartalsitzungen. Sodann in etwa 14,000 Kirchspielen und Ortschaften jährlich wechselnd ein Polizeischulze, ein Wegeaufseher, 2 Kirchenvorsteher, 2—4 Armenaufseher und andere Nebenämter und Committees. Abgesehen von dem künstlich eingeflochtenen Verhältniß der Kirche und ihres Lehramts beruht dieser Staat auf einer Selbstthätigkeit der höheren Klassen und Mittelstände in einem Maße, wie solches geschichtlich nur noch in Rom und in den griechischen Republiken wiederzufinden ist. Das besoldete Beamtenthum erscheint daneben als ergänzend, beschränkt auf das nothwendige Maß, namentlich in dem hochbesoldeten Richteramt, in den besoldeten Offizieren der Armee und der kleinen Milizstämme und in dem zahlreichen Finanzbeamtenthum. Das Uebrige ist Büreau- und dienendes Personal, wie es überall gleichmäßig vorkommt.

Diese Weise der Verbindung von Besitz und Amt ist das Wesen der englischen Verfassung. Weil sie analog wie im Mittelalter fortdauerte, konnte sich auch die Verfassung in mittelalterlicher Weise kontinuiren. Das wesentlich Neue ist freilich das ergänzende Steuersystem, wodurch es möglich wird, eine Reihe von staatlichen Leistungen um Geld zu kaufen, welche ohne das die steuernden Klassen als persönlichen Dienst und als schwerere Last zu tragen haben würden. Dies Beamten-Element ist aufgenommen, zum Theil in sehr angesehener Stellung.

Wo aber die Grenze dessen liegt, was sich der Art und dem Maß nach nicht für Geld kaufen läßt, daß das Wichtigste und Kostbarste, daß der Charakter, der zu einer öffentlichen Verwaltung gehört, nicht um diesen Preis allein zu haben ist, das wissen die besitzenden Klassen nur da, wo sie die Staatsgeschäfte gewohnheitsmäßig selbst verrichten.

Und wenn diese Klassen das gemeinsam Nothwendige, das Gesetz, in täglicher Selbstübung in das Leben führen, so wissen sie auch, um was es sich handelt, wenn sie selbst oder durch ihre Delegirten, Gesetze zu berathen haben. Die ganze Wählerschaft zum Parlament mochte im 18. Jahrhundert aus etwas mehr oder etwas weniger als 200,000 Personen bestehen, von welchen damals etwa die Hälfte, Jahr aus Jahr ein wechselnd, den wirklichen Staat in eigener Thätigkeit kennen lernte. Ueberdies handelte es sich in jener Zeit einer stabilen Wirthschaftsordnung um wenige Fragen, gewöhnlich zur Zeit nur um eine. Durch das Zusammenwirken einer selbstthätigen Wählerschaft ward dafür gewonnen eine Gesammtintelligenz und eine Gesammtkraft von unermeßlichem Nachdruck.

In Ober- und Unterhaus haben sich die so erfüllten Staatspflichten zusammengefaßt zu den entsprechenden politischen Rechten. Aus den steuernden sich selbst verwaltenden communae hat sich das Unterhaus: aus der Selbstthätigkeit der höheren Stände im obrigkeitlichen Amt hat sich das Oberhaus zusammengefügt. Es ist ein erblicher Rath der Krone geworden, so weit jene Gewohnheit der besitzenden Klassen erblich ward. Daß dieser erbliche Rath der Krone nur ernannt, nicht gewählt werden darf, ist der Ausdruck des staatsrechtlichen Grundsatzes, daß in der großen, zusammengesetzten europäischen Gesellschaft, in unseren eben deshalb monarchischen Staaten, Heer und Kirche, Gericht und Polizei nur durch ernannte Beamte verwaltet werden sollen. Jede Anomalie darin ist bis in die neueste Zeit hinein consequent beseitigt. Die weiteren inneren Zusammenhänge, wie Steuer und Selbstthätigkeit sich gegenseitig ergänzen, wie die regierende Klasse immer an der Spitze der Steuerzahler, die Meistbesteuerten an der Spitze der Bezirks- und Ortsverwaltung stehen, — wie in den Kreisverbänden alle Elemente von Ober- und Unterhaus, — ernannte und gewählte Beamte gleichmäßig wiederkehren, — wie Pairie und Commoners auf dem Boden eines gleichen Familien- und Eigenthumsrechts, auch durch das Band der Familie mit einander verbunden und verwachsen sind, — das Alles ergiebt sich aus den grundlegenden Institutionen als weitere Folge.

Verfassung und Verwaltung durchdringen sich hier, nicht nach einem mechanischen System der Theilung, sondern nach einem gleichmäßigen Gesetz, welches die sociale Macht des Besitzes, seine staatliche Pflicht, sein politisches Recht in Uebereinstimmung, und damit zu allseitigem Anerkenntniß als öffentliches Recht bringt. Allerdings treten bei der Fortbewegung, bei beabsichtigten Aenderungen in diesem Staatswesen, nothwendig zwei Grundanschauungen hervor, je nachdem man den Staat von oben nach unten, oder von unten nach oben hinaufsieht. Es bildet sich danach eine Verwaltungspartei, Tories, und eine Verfassungspartei, Whigs, je nachdem man die Einheit der Staatsgewalt oder das politische Recht des Einzelen als das letztentscheidende ansieht. In ruhendem Zustand gedacht aber ist beides eines, und was die Whigs und Tories zu regierungsfähigen Parteien macht, ist eben das, worin sie als selbstverständliche Voraussetzung einig sind.

Die innere Kraft eines solchen Gemeinwesens beruht darauf, daß es die ganze Erziehung des Volks auf den Staat richtet, daß es in dem Lord und Gentleman wie in dem Pächter und Handwerker den rechten Sinn für das öffentliche Leben weckt, daß es in diesem Sinne alle Klassen verbindet, vor Allem aber den höheren Klassen das männliche Streben und den Schwung verleiht, der seine Geltung und seinen Werth in dem sucht, was der Mann in dem Staat ist. Die schlichteste Anerkennung des Staats wird hier das Ziel und der Stolz eines Menschenlebens; während in dem inhaltlosen Treiben der höheren Stände — wo dieser Sinn fehlt — die unendlich vervielfältigten Ehren des Staats werthlos geworden sind.

Diese Erziehung für den Staat hat die Größe Englands begründet, wie einst die Größe Roms. Das Einzele darin ist einförmig, nüchtern und ernst, wie im altrömischen Wesen, weit entfernt von den glänzenden Bildern, die durch de Lolme und durch den Verfasser des esprit des lois in Europa einst verbreitet wurden; aber diese nüchternen Institutionen sind fest und nachhaltig, und in der Stunde der Gefahr, in der Prüfung durch große Aufgaben, zeigen sie den ganzen Schwung und die Größe des Charakters einer stolzen freien Nation. In dem Kampfe gegen die amerikanischen Colonien, noch mehr in dem Kampfe gegen die französische Revolution wurde es dem Erfolge nach sichtbar, was die Erziehung eines Volkes für den Staat bedeutet. In Alt-England, auf einer Basis von dem Umfang dreier preußischer Provinzen, war ein Staat aufgewachsen, welcher Wales, Schottland und Irland sich einverleibt, den Norden Amerika's colonisirt, den glücklicheren Theil Asiens und einen neuen Erdtheil sich angeeignet, die Seeherrschaft der Erde, die Ebenbürtigkeit mit den Landmächten durch ruhmvolle Waffenthaten erworben hat. Und was vielleicht mehr ist: Ein Volk, welches im Angelpunkt des Welthandels die Reichthümer und den Luxus der ganzen Erde in sich aufgehäuft, welches Massen von Nabobs und Emporkömmlingen in jeder Generation seiner Gentry assimilirt, welches im Glück und Glanz einer Weltherrschaft die Einfachheit der Sitte, die Wahrheitsliebe, die Gottesfurcht, den Sinn der Gerechtigkeit und der Mäßigung des Mächtigen gegen den Schwachen bewahrt hat.

So schien dieser deutsche Volksstamm von der Vorsehung dazu bestimmt, der europäischen Welt den Begriff des freien Staats im achtzehnten Jahrhundert zu bewahren, um ihn im neunzehnten zu einem Gemeingut der europäischen Welt zu machen. Hier war nicht wie im antiken Staat der politischen Freiheit die sociale und die persönliche geopfert. Zum ersten Mal in der Geschichte war hier in einem großen Staatswesen der volle Begriff der Freiheit verwirklicht: die sociale, die persönliche, die politische Freiheit, ohne die eine der andern zu opfern.

Die sociale Freiheit, d. h. die rechtliche Möglichkeit des Geringsten, durch Talent und Verdienst zu Besitz und Ehren aufzusteigen, — das, was die politische Unbildung als den einzigen Inhalt der Freiheit, égalité et fraternité, verstanden hat.

Die persönliche Freiheit, die in der Machtfülle der Staatsgewalt die Achtung vor der Person und dem Eigenthum des Einzelen bewahrt, die in England zuerst von der Magna Charta erstrebt, mit jedem Jahrhundert weiter gereift, im achtzehnten Jahrhundert in den englischen Grundrechten, in einer sorgfältigen Einhegung der Polizeigewalt durch die Gerichte und durch selbständige politische Körperschaften, zu voller Reife kam.

Die politische Freiheit, die Fähigkeit zu einem staatlichen Gesammtwillen, die Fähigkeit eines Volks, sich seine Gesetze selbst zu geben, die nach der Jahrhunderte alten Erfahrung dieses Volks nur durch allseitige Thätigkeit im Einzelen erworben und erhalten wird. Man kann die Freiheit, wenn man sie so begriffen, auch nur ganz wollen. Was einer einseitig socialen Anschauung als Beschränkung der Freiheit erscheinen mag, war hier in der That nur die Erfüllung ihres ganzen Inhalts.

Wählen und Wahlrecht, politische Conversation und Lectüre, Presse und Vereinsrecht sind die gewaltigen Verbindungsglieder dieser politischen Freiheit, deren Wesen die Selbstthätigkeit im Staat ist. Sie sind hier die machtvollen Hebel der Freiheit geworden, wo sie die Ideen einer Bevöllerung verbinden, welche in der täglichen Uebung das Bewußtsein der öffentlichen Pflichten, die praktische Kenntniß vom Staat und den rechten Sinn dafür gewonnen hat. Auch ohne diese Voraussetzung haben sich Presse und Vereinsrecht als gewaltige Kampfmittel für die Förderung socialer Interessen und als Aufklärungsmittel darüber erwiesen. Die organischen Unterlagen des freien Staats freilich sind auch in England niemals durch diese Mächte eingeführt worden, sondern bedürfen, wie im Alterthum und im Mittelalter, einer Conception an anderer Stelle.

Die tausend Jahre englischer Geschichte, welche nunmehr hinter uns liegen, bezeugen, daß die Freiheit ein erworbenes Gut, daß sie die Schöpfung einer harten ausdauernden Arbeit und stürmischer Zeiten ist. Sie bezeugen in dem Durchgang durch den Kampf der Leidenschaften, durch blutige Gewaltthat und schweres Unrecht, daß dem Gerechten sich zuletzt alle Dinge zum Besten kehren. Den um die Freiheit ringenden und immer zurückgleitenden Völkern des Continents aber beurkunden sie durch die That deutlicher als das Wort des großen Denkers: e pur si muove!

Auf dem Höhepunkt der Parlamentsverfassung treten mit dem Anfang des neunzehnten Jahrhunderts die Symptome innerer Veränderungen auf, welche dereinst, in abgeschlossener Gestalt, eine siebente Periode der Verfassungsgeschichte bilden werden. Es ist die unscheinbare Erfindung der Maschine, welche die Erwerbs- und Besitzverhältnisse des Landes von Grund aus umgestaltet, den besitzenden Klassen, den Mittelständen und den arbeitenden Klassen neue Elemente, Vorstellungen und Interessen zugeführt und damit dem Staat neue Grundlagen gegeben hat. In dem kunstvoll zusammengefügten Bau des englischen Staatswesens zeigen sich die Folgen der socialen Umgestaltung an den beiden schwächsten Punkten: in der politischen Stellung der Städte, der Mittelstände überhaupt, und in der socialen Stellung der arbeitenden Klassen. Schon nach einem Menschenalter steht das Resultat vor Augen, daß einerseits die Staatsgewalt ihre Pflicht gegen den schwächeren, schutzbedürftigen Theil der Bevölkerung nicht mehr zur Genüge erfüllt; daß andererseits Pflicht und Recht, Besitz und politische Macht sich in dieser Neubildung der Gesellschaft nicht mehr decken, und eine Reform der Verfassung bedingen. Die Aenderungen gehen daher in doppelter Richtung.

Einerseits werden durch die Reformbill die Stimmrechte so verändert, daß die Städte, und überhaupt die Mittelstände, zu stärkerer Geltung ihrer Interessen kommen. Die Zahl der Wähler wird annähernd verdoppelt. Diesen neuen Wählern aber dieselben Pflichten persönlicher Selbstthätigkeit aufzuerlegen wie der alten Wählerschaft, hielt man weder für nothwendig, noch würde in dem Parteikampf der Reformbill eine Majorität dafür zu finden gewesen sein.

Andererseits holt die Gesetzgebung solche Pflichten des Staats nach, welche jetzt durch die Noth der arbeitenden Klassen als unabweisbar vor Augen traten: Gesundheits-, Baupolizei, Volksunterricht, verbesserte Armenpflege. In diesen neuen Gebieten aber den Communalverbänden ernstliche Zumuthungen persönlicher Selbstthätigkeit zu machen, hielt man nicht für nothwendig; man würde dafür auch in dem Parteistreit keine Majorität gefunden haben.

Die eine Reform war die natürliche Aufgabe der Whigs, die andere diejenige der Tories. Wir finden beide in regem Wetteifer, zuletzt gegenseitig das Nothwendige anerkennend. Selbst die für den Augenblick schmerzhaften Operationen der Aufhebung der Schutz- und Kornzölle, der Navigationsacten, der Zehntablösung, der sonstigen Befreiungen des Grundbesitzes werden zuletzt von beiden Seiten zugestanden. Ein wachsender Gesammtwohlstand, relative Verminderung der Noth und bessere Erziehung der unteren Klassen stehen bereits vor Augen. Alles Einzele schreitet fort, die Verwaltung des Ganzen wie des Einzelen ist vielfach zweckmäßiger geworden, nur Eines ist zurückgekommen: der Zusammenhang des Ganzen, das sichere Bewußtsein eines einheitlichen Staatswillens.

Die Geschichte des englischen selfgovernment ergiebt den Grund dieser Erscheinung. Die früheren organischen Einrichtungen beruhten auf sorgfältig vorbereiteten Gesetzen, die nach zwei Seiten hin für das staatlich Nothwendige gesorgt, die für jedes politische Recht eine persönliche Pflicht auferlegt, und dadurch den Besitz dem Staate dienstbar erhalten hatten. Alle entscheidenden Grundlagen der Verfassung waren entstanden vor der Zeit, ehe das Königthum die Selbstthätigkeit eingebüßt, ehe der alte permanente Rath sich in ein Cabinet verwandelt hatte. Die Parteiregierung der Whigs und Tories war erst eingetreten in einen Staat mit fertigen Grundlagen. Es gab im achtzehnten Jahrhundert weder sociale Probleme zu lösen, noch neue Kreis- und Gemeindeverbände zu bilden, noch neue Wahlrechte zu schaffen: die grundlegende Gesetzgebung war fertig.

Das Neue in der Reformbill war der Versuch, durch einen Parteikampf unmittelbar die organischen Grundlagen des Staats neu zu gestalten. Es war der erste Versuch dieser Art in der englischen Geschichte: und dieser Versuch ist allerdings verfehlt. In Folge des Zusammentreffens alter und neuer Uebelstände stand die Mehrzahl der städtischen Bevölkerung in ihren Wahlbezirken jetzt fast als zusammenhangslose Masse da, und grade in England bilden die Städte schon die Hälfte des Ganzen. Wo die Selbstthätigkeit und folgeweise der Sinn für den Staat fehlt, beruht alle Verbindung der Menschen auf den Lebensanschauungen, die sich im Erwerb, im Besitz und in der Geselligkeit bilden, — auf dem Zuge der Interessen. Das ihnen geläufige Vorbild der Verbindung ist die Actiengesellschaft mit gewähltem Verwaltungsrath. In diesem von dem gewaltigen Leben der industriellen Gesellschaft durchdrungenen und beherrschten Zeitalter schieben sich analoge Vorstellungen überall unbewußt unter. Das Unterhaus erscheint nicht mehr als eine Vertretung der Staatsleistungen, sondern lediglich als eine Vertretung der „Interessen", das Oberhaus als eine Vertretung wieder anderer „conservativer" Interessen. Während grade in England die Institutionen der Gemeinde und des Kreises, des Staats und der Kirche, Jahrhunderte lang daran gearbeitet haben, den Gegenpol der socialen Interessen zu bilden, den Menschen zu zwingen und zu gewöhnen, gegen den natürlichen Zug des Interesses seine persönlichen Pflichten im Staate zu erfüllen, so erscheint nach dieser neuen Ansicht das Alles unnöthig, auch der sittliche und der patriotische Sinn im Staat erscheint wie ein Erzeugniß der freien Concurrenz. Dem entsprechend betrachten die neuen Wählerschaften das so leicht erworbene politische Recht als ihren selbstverständlichen Antheil an der großen Gesellschaft, deren Verwaltungsrath zu wählen sei. Ueberall, wo es gilt selbst zu verwalten, selbst etwas zu thun, entsteht nur der Drang zu wählen und durch Andere thun zu lassen. Alsbald bemächtigt sich nun der neuen Wählerschaften ein lebendiger Trieb, die „Verfassung auszubauen". Nach ihrem Muster ließen sich mit Leichtigkeit Kreis-, Stadt- und Dorfparlamente bilden und damit, wie man glaubte, das parlamentarische System in die untersten Kreise durchführen. Bei dem noch etwas solideren Versuch der Städteordnung von 1835 hatte man noch den guten Willen, die bestehenden Zustände erst kennen zu lernen, bevor man sie verbesserte. Jahre lange Vorarbeiten gingen auch noch der Kreisarmen-Ordnung voran, welche aber die Grundsätze des Selfgovernment schon direct verleugnet. Von da an ging es weiter abwärts: die Wegeordnung, die Gesundheitsacte, die Gesetze über Kreis- und Ortspolizei, das Stadtgesetz für London, die Gemeindeordnung von 1858 sinken immer tiefer bis zu dem allseitigen Anerkenntniß einer Mißgeburt. Man hatte unbewußt dieselben Wege betreten, welche in Frankreich den constitutionellen Staat von unten herauf unmöglich gemacht, welche es bewirkt haben, daß die constitutionelle Verfassung an der modernen Gesellschaft nicht haftet. Der nächst sichtbare Erfolg war auch in England die Verdrängung der alten Gemeindeschulzen durch ein Gensdarmerie-Corps, Verdrängung der Gemeinde-Armenverwaltung durch ein Corps von 10,000 Buchhaltern und Schreibern, eine analoge Stadtverwaltung, eine immer weiter greifende Aufsichtsinstanz durch Regierungs-Commissarien und Ministerial-Rescripte, ein Sichzurückziehen der besten Kräfte aus dem Ortsgemeindeleben.

So entarten von unten herauf die Institutionen, welche das Parlament nur zusammenfaßt, und in nothwendiger Rückwirkung reflectirt nun die Aenderung auf das Haus der Communen, auf die Stellung der Parlamentsparteien, der leitenden Parteimänner, der Presse, der öffentlichen Meinung. Da für eine Theilnahme am Staat in dieser Gestalt keine Grenze zu ziehen ist, so entstehen weiter die chronischen Beschwerden neuer Reformbills, unablässige Reformideen für die Verwaltung, „Reorganisationen", die auf nichts als neue Beamtenetats hinauslaufen u. s. w. Während aber die Ideen vom Staat in unabsehbarem Reichthum wachsen, werden seine wirklichen Erzeugnisse immer dürftiger und mechanischer, bis bei der Durchsichtigkeit englischer Verhältnisse die öffentliche Meinung und ihre großen Organe langsam zu der Selbsterkenntniß durchdringen, daß die „Parlamentsmaschine" von unten herauf erschüttert sei, daß das neue Selfgovernment zur Carricatur, die Reformbills zur Charlatanerie zu werden drohen.

Diese Selbsterkenntniß scheint in den letzten Jahren bis zu einem Stillstand gediehen, wie er politischen Wendungen vorangeht. Die regierenden Klassen sind bisher zurückgewichen, weil die Macht socialer Ideen in der That unwiderstehlich ist in einer Generation, in welcher so riesenhafte Umgestaltungen aller erwerbenden Arbeit zusammentreffen mit dem Bedürfniß so vieler und so tiefgreifender Reformen. So wechselnd diese Ideen, so muthlos und nachgiebig werden sie, wenn die schlimmen Erfolge ihres Thuns sichtbar vor Augen treten. Ihre Macht sinkt von selbst zurück, in ihrer eignen Weise, wenn keine neuen Angebote mehr zu machen sind.

Die möglichen socialen Grundreformen sind dem Grundsatz nach gewährt: etwas Großes, in die Augen Fallendes, ist von dieser Seite nicht mehr anzubieten. Das Bewußtsein vom Staat ist aber grade bei denen geblieben, welche zunächst zu helfen die Einsicht und die Macht haben. Die im Staat noch selbstthätigen Klassen haben seit Kurzem begonnen, die Pseudogemeinde-Ordnungen und Reformbills bei Seite zu schieben, und wieder an Consolidirung des Vorhandenen zu denken. Das englische Volk hat Jahrhunderte lang mit Ernst und Ausdauer daran gearbeitet, die nothwendigen Grundlagen des öffentlichen Rechts und der politischen Freiheit ebenso sicher zu gestalten, wie einst das römische Volk sein mustergültiges Privatrecht. Diese Arbeit eines Volks ist sein dauerndes Erbtheil und berechtigt zu der Hoffnung, daß wie in früheren Jahrhunderten, so auch in diesem, das Alte und das Neue wieder zu verbinden ist zu einem lebensfähigen Ganzen. Um ein genügendes Urtheil darüber zu gewinnen, bedarf es zuerst einer umfassenden Darstellung der gegenwärtigen Zustände, nach welcher wir auf die Frage der Consolidirung zurückkommen.

Druck von G. Bernstein in Berlin, Mauerstr. 53.

GPSR Compliance

The European Union's (EU) General Product Safety Regulation (GPSR) is a set of rules that requires consumer products to be safe and our obligations to ensure this.

If you have any concerns about our products, you can contact us on ProductSafety@springernature.com

In case Publisher is established outside the EU, the EU authorized representative is:

Springer Nature Customer Service Center GmbH
Europaplatz 3
69115 Heidelberg, Germany

Batch number: 10844623

Printed by Printforce, the Netherlands